Les apathiques et les rebelles

Les apathiques et les rebelles

Des exemples canadiens de mutinerie et de désobéissance, 1812 à 1919

Sous la direction de
CRAIG LESLIE MANTLE

PRESSE DE L'ACADÉMIE
CANADIENNE DE LA DÉFENSE

THE DUNDURN GROUP
TORONTO

Publié par Dundurn Press Ltd. et Presse de L'Académie Canadiennne de la Défense, en collaboration avec Défense nationale et Travaux publics et Services gouvernementaux Canada.

Catalogue D2-202/2007 F

Impression : Marquis

Catalogage avant publication de Bibliothèque et Archives Canada

Les apathiques et les rebelles : des exemples canadiens de mutinerieet de désobéissance, 1812-1919 / sous la direction de Craig Leslie Mantle.

Publ. aussi en anglais sous le titre: The Apathetic and the Defiant.
Publ. en collab avec: Presses de l'Académie canadienne de la défense.
Comprend des références bibliographiques et un index.
ISBN 978-1-55002-720-4

1. Mutineries--Canada--Histoire. 2. Délits militaires--Canada--Histoire. 3. Discipline militaire--Canada--Histoire. 4. Canada--Forcesarmées--Histoire. 5. Canada--Histoire militaire. I. Mantle, Craig Leslie, 1977-

FC226.A6314 2007   355.1'3340971
C2007-902054-2

1 2 3 4 5   11 10 09 08 07

La publication de cet ouvrage a été rendue possible grâce à l'aide financière du ministère du Patrimoine canadien par l'entremise du Programme d'aide au développement de l'industrie á l'édition (PADIÉ), du Conseil des Arts du Canada, du Conseil des Arts de l'Ontario, et l'association pour l'exportation du livre canadien (AELC).

Nous avons pris soin de retrouver les propriétaires du copyright se rapportant au contenu de ce livre. L'auteur et l'éditeur seront heureux de recevoir tout renseignement leur permettant de rectifier des références et des crédits dans des éditions ultérieures.
J. Kirk Howard, President

Imprimé et relié au Canada.
Imprimé sur du papier recyclé.
www.dundurn.com

Presse de l'Académie Canadienne de la défense
C.P 17000 succursale forces
Kingston, ON K7K 7B4

Dundurn Press	Gazelle Book Services Limited	Dundurn Press
3 Church Street, Suite 500	White Cross Mills	2250 Military Road
Toronto, Ontario, Canada	High Town, Lancaster, England	Tonawanda, NY
M5E 1M2	LA1 4XS	U.S.A. 14150

REMERCIEMENTS

Comme le veut l'adage, « ce n'est qu'après avoir perdu quelque chose que l'on comprend comme on y tenait ». Maintenant que nous en sommes à l'étape de la publication du présent ouvrage, je regrette de devoir quitter autant de collègues formidables dont le soutien et la collaboration m'ont grandement facilité la tâche et rendu le travail agréable. Il ne me reste qu'à espérer que j'aurai un jour le plaisir de travailler de nouveau avec eux tous.

Dès le départ, le Colonel Bernd Horn, Ph.D., le directeur de l'Institut de leadership des Forces canadiennes, a accordé son appui et ses encouragements habituels au rédacteur comme au projet dans son ensemble. Son enthousiasme et son vif désir de voir cet ouvrage prendre forme ont été une véritable source d'inspiration. Il m'a donné accès de bonne grâce et sans hésiter à toutes les ressources possibles et imaginables. Howard Coombs, un loyal ami et collègue, m'a gracieusement offert son aide chaque fois que j'en avais besoin. Ma seule crainte, c'est d'avoir abusé de sa générosité et de ne pas avoir réussi à lui rendre la pareille.

Il serait négligent de ma part de ne pas remercier Joanne Simms et Carol Jackson (encore une fois) pour leur excellent soutien administratif. Le présent livre, comme bien des choses à l'ILFC, serait resté à l'état de projet sans leur professionnalisme et leur aide précieuse et opportune. L'Adjudant Marc Bourque de l'Académie canadienne de la Défense nous a fait profiter de son expertise technique chaque fois qu'il le fallait – bien trop souvent, je suis au regret de le dire. Je tiens à remercier sincèrement toutes ces personnes.

Je tiens aussi à témoigner ma profonde gratitude à tous ceux et celles qui ont contribué à la présente collection. Outre leurs responsabilités militaires et/ou universitaires, ces collaborateurs ont tous trouvé le temps de produire des chapitres de grande qualité et de répondre avec une infinie patience à mes nombreuses questions et demandes. Si j'ai pu être en quoi que ce soit un fardeau pour eux, je m'en excuse. Leur passion pour tout ce qui touche l'histoire mérite des éloges et est, je l'espère, contagieuse.

Il me faut également remercier ceux et celles qui ont aidé l'ILFC à obtenir les images reproduites dans le présent ouvrage. Ted Zuber a offert l'illustration originale qui orne la couverture du présent livre. La passion que notre projet lui a inspirée a été manifeste dans sa volonté de mettre son talent au service de notre entreprise. William Constable nous a fait profiter de ses talents de cartographe et je lui suis reconnaissant de son travail. Janet Lacroix du *Centre d'imagerie interarmées des Forces canadiennes* ainsi que France Beauregard et Maggie Arbour-Doucette du *Musée canadien de la guerre*, en plus des membres des équipes respectives du *Glenbow Museum* et de *Bibliothèque et Archives Canada*, plus particulièrement Jean Matheson, nous ont tous offert leur temps et leur énergie sans compter.

Aussi, mes sincères remerciements à Thérèse Lessard et PM 2 Paul Pellerin qui ont révisé la traduction française de ce volume.

Je tiens enfin à remercier mon épouse, Angela, pour avoir encore une fois enduré mes multiples exigences. Elle a été pour moi un souffle d'air frais, parfois même la voix de la raison; sans elle, le présent ouvrage n'aurait pu voir le jour.

TABLE DES MATIÉRES

AVANT-PROPOS 11

PRÉFACE 13

INTRODUCTION 15

Première partie : Le XIXe siècle

Chapitre 1 ᔓ « *Les hommes, parce qu'ils avaient subi la tyrannie,* 31
étaient heureux que les Américains les capturent » *– Mutineries*
dans la Royal Navy pendant la guerre de 1812
MARTIN HUBLEY ET THOMAS MALCOMSON

Chapitre 2 ᔓ *Guerre de 1812 – Milice de Lincoln* 89
JAMES W. PAXTON

Chapitre 3 ᔓ *Mécontentement au Haut-Canada durant la guerre* 119
de 1812 : Le 2e Régiment Leeds de Gananoque
HOWARD G. COOMBS

Chapitre 4 ᔓ *Enhardis par de mauvais comportements : La* 151
conduite de l'Armée canadienne dans le Nord-Ouest, de 1870 à 1873
JAMES MCKILLIP

Chapitre 5 *Le retour de nos héros au pays : Résistance, désordres,*   173
émeutes et « mutinerie » parmi les combattants canadiens de la
guerre des Boërs
CARMAN MILLER

Deuxième partie : L'époque de la Première Guerre mondiale

Chapitre 6 *Mauvais comportements chez les soldats :*   199
Émeutes déclenchées par les soldats de la Force expéditionnaire au
Canada durant la Première Guerre mondiale
P. WHITNEY LACKENBAUER

Chapitre 7 *Cuir poli et acier étincelant : Accusations de*   271
mutinerie au sein du Corps d'intendance de l'Armée canadienne au
camp Bramshott, en Angleterre – novembre 1917
CRAIG LESLIE MANTLE

Chapitre 8 *La discipline, les sanctions et le leadership militaires*   309
pendant la Première Guerre mondiale : Le cas de la 2e Division
canadienne
DAVID CAMPBELL

Chapitre 9 *Pour du corned-beef et des biscuits :*   359
Accusations de mutinerie au sein du 43e Bataillon, Corps
expéditionnaire canadien, novembre et décembre 1917
CRAIG LESLIE MANTLE

Chapitre 10 *Crise de leadership :*   391
La 7ᵉ Brigade et la « mutinerie » de Nivelles en 1918
IAN MCCULLOCH

Chapitre 11 ✧ *Les dimensions du leadership militaire :*   425
La mutinerie à Kinmel Park, les 4 et 5 mars 1919
HOWARD G. COOMBS

Chapitre 12 ✧ *Désaffection et désobéissance dans le sillage*   461
de la Première Guerre mondiale : L'attaque par des soldats canadiens
du poste de police à Epsom le 17 juin 1919
NIKOLAS GARDNER

APPENDICE 8.1   487
APPENDICE 8.2   488
APPENDICE 8.3   489
APPENDICE 8.4   490
APPENDICE 8.5   491
APPENDICE 8.6   492

APPENDICE 11   495

COLLABORATEURS   499

GLOSSAIRE   502

INDEX   505

AVANT-PROPOS

J'ai le grand plaisir de vous présenter *Les apathiques et les rebelles : Des exemples canadiens de mutinerie et de désobéissance, 1812 à 1919*, le deuxième volume publié par l'Académie canadienne de la Défense sur les écarts de conduite chez les militaires. Faisant suite à l'ouvrage récemment paru qui explore les causes principales de la désobéissance, intitulé *Les réticents et les récalcitrants : Points de vue théoriques sur la désobéissance chez les militaires*, ce volume renferme une série d'études de cas historiques qui couvrent plus d'un siècle de l'histoire militaire canadienne à ses débuts. Il montre clairement que pendant plus de cent ans, diverses formes de désobéissance ont marqué tous les conflits, les grands comme les petits, auxquels le Canada a participé. Les militaires canadiens de toutes les époques ont servi avec grande distinction et beaucoup de courage, mais nous ne devons pas oublier que certains se sont mal comportés; comme seuls les souvenirs positifs demeurent avec le temps, cette collection de leçons retenues se veut une façon de corriger les défauts compréhensibles de notre mémoire sélective.

Je recommande cet ouvrage à quiconque s'intéresse au leadership militaire, car bon nombre des motifs de désobéissance du passé s'appliquent encore aujourd'hui à peu de choses près. Des erreurs de leadership et la négligence à faire respecter une éthique militaire solide, par exemple, ont contribué à la longue aux actes de désobéissance, et si on ne s'attarde pas à corriger ces erreurs par l'instruction et l'éducation, elles ne pourront que se répéter dans l'avenir. Il est à espérer qu'en reconnaissant les cas où les leaders ont erré par le passé, nous serons mieux en mesure d'éviter la reproduction de situations semblables aujourd'hui et demain.

L'Académie canadienne de la Défense en général, et l'Institut de leadership des Forces canadiennes en particulier, accueilleront vos commentaires avec plaisir et espèrent que les discussions subséquentes amélioreront notre compréhension collective de cette question qui porte en elle des ingrédients néfastes au succès, que ce soit en garnison ou pire encore dans les opérations au pays et à l'étranger.

Le Commandant de l'Académie canadienne de la Défense,

Major-général P.R. Hussey

PRÉFACE

L'Institut de leadership des Forces canadiennes (ILFC) est fier de publier *Les apathiques et les rebelles : Des exemples canadiens de mutinerie et de désobéissance, de 1812 à 1919*, le deuxième d'une série de trois volumes axés sur la désobéissance militaire. Ces ouvrages fondamentaux portent sur la désobéissance militaire et son lien avec un leadership efficace d'un point de vue théorique et pratique. Le premier volume, intitulé *Les réticents et les récalcitrants : Points de vue théoriques sur la désobéissance chez les militaires*, a mis l'accent sur l'aspect philosophique et a établi le fondement théorique pour comprendre l'inconduite.

Ce deuxième volume, qui a été élaboré une fois de plus sous la direction de Craig Mantle, est axé sur une approche historique et pratique. En résumé, il analyse des cas canadiens de désobéissance depuis la guerre de 1812 jusqu'à la Première Guerre mondiale. Chaque étude de cas explique le climat militaire et social de l'époque, en plus de définir la nature parfois changeante de la désobéissance et de la discipline militaire au fil du temps.

Il est important de noter que *Les apathiques et les rebelles : Des exemples canadiens de mutinerie et de désobéissance, de 1812 à 1919* est publié dans le cadre du projet d'essais sur le leadership stratégique de l'ILFC et sous les auspices des Presses de l'Académie canadienne de la Défense (ACD). Nous avons toujours voulu créer un ensemble distinct de connaissances sur le leadership opérationnel afin que les centres de développement professionnel, les militaires, les employés civils de l'équipe de la Défense, les chercheurs et le public en général puissent étudier des exemples canadiens au lieu d'exemples d'autres pays comme cela a toujours été le cas par le passé. Après tout, les nombreux cas tirés de notre propre histoire militaire se rapprochent davantage de la culture et du caractère de nos forces militaires.

Le présent volume, ainsi que les autres volumes de la série, comble une lacune importante, c'est-à-dire qu'il traite du côté obscur des opérations militaires. Au lieu de mettre en scène des militaires héroïques et accomplis, le volume examine le côté misérable de la profession des armes. Cependant, il permet de mieux comprendre les causes de la désobéissance et le lien entre l'inconduite et le leadership ainsi que les facteurs conjoncturels. Au lieu de s'appuyer uniquement sur la théorie et des interprétations érudites, le volume donne de vrais exemples qui peuvent être analysés et dont il est possible de tirer des leçons intemporelles. Le prochain volume de la série, *Les insubordonnés et les dissidents : Des exemples canadiens de mutinerie et de désobéissance, de 1920 à nos jours*, fournira des exemples semblables tirés de la Deuxième Guerre mondiale.

Le présent volume, et la série entière démontrent que nous sommes en voie d'atteindre notre objectif grâce aux efforts collectifs de l'ILFC, des membres des Forces canadiennes, des établissements d'enseignement et des chercheurs. La littérature militaire typiquement canadienne s'accroît et fournit les exemples et les sources nécessaires aux institutions militaires et civiles à l'échelle nationale et internationale.

Les apathiques et les rebelles : Des exemples canadiens de mutinerie et de désobéissance, de 1812 à 1919 est le dernier-né et nous croyons qu'il constitue un ajout important au projet. Je suis d'avis que vous trouverez le volume d'un grand intérêt et d'une grande utilité, que vous soyez militaire, chercheur ou simplement intéressé par l'étude du leadership et de la profession des armes. Comme à l'habitude, l'ILFC vous invite à lui communiquer vos commentaires et questions.

Le directeur de l'Institut de leadership des Forces canadiennes,

Colonel Bernd Horn

INTRODUCTION

*Et nous leur ordonnons, par la présente, de vous obéir en
tant que leur supérieur et vous ordonnons d'observer et de
suivre tous ordres et directives que vous recevrez de temps à
autre, de nous ou de votre officier supérieur, selon les règles
et la discipline de la guerre[1].*

Tous les militaires, quel que soit leur grade, doivent obéir à leurs
supérieurs. Tous les professionnels des armes, qu'il s'agisse du Chef d'état-
major de la Défense[2] ou de la toute dernière recrue, sont obligés de
respecter les ordres légaux donnés par ceux qui sont au-dessus d'eux[3]. Bien
sûr, une telle conformité est essentielle à la réussite militaire. Toutefois,
pour diverses raisons, qui vont d'un leadership déficient à la peur, de
l'élitisme au stress et de la négligence à l'apathie absolue, cette obéissance
à laquelle on s'attend ne se manifeste pas toujours ou se manifeste d'une
façon qui est loin d'être appropriée[4]. Le refus d'obéir aux ordres peut
prendre de nombreuses formes. Les observateurs inexpérimentés ou même
les personnes directement visées ne remarquent pas toujours certaines
formes de désobéissance. Des militaires de tout âge ont trouvé des moyens
uniques et ingénieux de camoufler leur désobéissance. Par exemple, ils
simulent une maladie ou une infirmité, exécutent la lettre plutôt que
l'esprit d'un ordre ou se vengent d'un leader qui à leur avis s'est comporté
de façon contestable[5]. Sans aucun doute, cette courte liste est loin d'être
complète[6]. Cependant, dans certaines circonstances, le refus de
« poursuivre » est bien évident. Quand les conditions sont trop mauvaises,
quand toutes les autres avenues ont été explorées ou quand la situation est
tout simplement trop grave pour se taire ou ne rien faire, soldats, marins

ou aviateurs refusent parfois, individuellement ou collectivement, de respecter les ordres de leurs supérieurs.

Dans l'expérience militaire du Canada, les cas de désobéissance, à petite ou grande échelle, ne sont certainement pas inconnus et ont toujours côtoyé la conduite honorable pendant les conflits ou déploiements outre-mer. De tels actes se sont aussi produits en temps de paix, mais il semble qu'ils soient plus courants quand les risques pour la vie sont nombreux, quand le niveau de stress est élevé, quand les conditions sont rudes et quand les répercussions d'un mauvais leadership sont graves. Inspiré des expériences des 19e et 20e siècles, le présent volume offre un certain nombre d'études de cas qui démontrent clairement que le « mal » est toujours allé de pair avec le « bien ». Heureusement que le bien a toujours été prédominant et continuera sans aucun doute de l'être.

Voici le deuxième volume d'une « collection[7] » d'essais qui vise à comprendre les dynamiques fondamentales de la désobéissance dans le contexte canadien. Les raisons derrière un tel comportement sont d'abord décrites, puis divers exemples précis de militaires canadiens des trois armées (Armée de terre, Marine et Force aérienne) qui se sont montrés désobéissants sont expliqués. Le premier volume de la collection, *Les réticents et les récalcitrants : Points de vue théoriques sur la désobéissance chez les militaires*, publié par les Presses de l'ACD en 2006, explore la désobéissance d'un point de vue multidisciplinaire. Le présent volume réunit des leçons retenues dans divers domaines comme la psychologie, l'anthropologie et l'histoire dans le but d'explorer de façon convaincante les raisons pour lesquelles les militaires ne respectent pas leurs obligations légales[8].

Le troisième volume, rédigé sous la direction d'Howard Coombs, présente des études de cas historiques de 1920 à aujourd'hui. Tout comme dans le présent volume, on a tenté d'offrir des analyses applicables aux trois armées et à toutes les principales contributions militaires du Canada depuis la moitié jusqu'à la fin du 20e siècle. Ensemble, ces volumes couvrent la quasi-totalité de deux siècles d'histoire militaire canadienne. Ils permettront en bout de ligne de comprendre un peu mieux les expériences du pays tout au long des conflits qui l'ont formé et des engagements qu'il a pris par la suite.

Pour des questions de clarté et de fluidité, le présent volume est divisé en deux grandes sections. Dans la première section, le 19e siècle est abordé alors que la deuxième section traite entièrement de la Première Guerre mondiale. Compte tenu de l'ampleur des contributions militaires du Canada pendant la période s'échelonnant de 1914 à 1919, il est normal que la plupart des cas soient tirés de ces années. En plus d'être organisée chronologiquement, la deuxième section, qui est composée de sept chapitres en tout, est aussi présentée par région pour ainsi montrer que la désobéissance se manifestait partout où il y avait des militaires canadiens, que ce soit au pays après avoir été recrutés, en France pendant ou immédiatement après le combat ou encore, en Angleterre en attendant d'être rapatriés.

Dans de nombreux chapitres, vous trouverez bien plus que les explications généralement acceptées de certains événements, comme les émeutes auxquelles des soldats canadiens ont participé au lendemain de la Première Guerre mondiale. En fait, le présent volume explique sous une nouvelle perspective quelques événements qui ont déjà retenu l'attention des historiens et en conséquence, peut être considéré en quelque sorte comme « révisionniste ». À quelques exceptions près, l'historiographie du Canada a eu tendance à ne pas tenir compte des cas de mutinerie et de désobéissance. Par conséquent, bon nombre des chapitres du présent volume apportent une nouvelle contribution au domaine de l'histoire militaire[9]. Il ne faut pas oublier qu'un grand nombre des exemples sont explorés pour la toute première fois de façon méthodique. À cet égard, le volume est en soi innovateur parce qu'il dévoile et explique certains des cas les moins connus d'inconduite. Des historiens réviseront peut-être un jour l'analyse proposée. D'autres chercheurs exprimeront leur désaccord avec certaines interprétations et ils sont d'ailleurs invités à le faire puisque seul un examen à la loupe du problème de la désobéissance permettra une meilleure compréhension des origines, des dynamiques, des solutions et des mesures de prévention. Des failles dans le leadership, généralement d'officiers et de sous-officiers supérieurs, ont expliqué bon nombre des cas étudiés, et c'est la raison pour laquelle les militaires qui se sont conduits de façon illégale ou inadéquate ont suscité la sympathie de nombreux collaborateurs. La façon d'étudier chacun des cas, c'est-à-dire du point de vue des protagonistes ou depuis les niveaux subalternes, y est peut-être pour beaucoup. Dans d'autres cas, par contre, le blâme a été jeté sans ambages sur les protagonistes.

Dans le premier chapitre, l'auteur explique comment les mutineries de 1797, qui ont causé la perte de certains éléments de la Royal Navy à Spithead et dans le Nore, ont eu des effets profonds et durables sur les relations entre les officiers et les matelots jusqu'au 19e siècle, en particulier pendant la guerre de 1812. À l'aide d'une étude de cas, Martin Hubley et Thomas Malcomson abordent les dynamiques des mutineries axées sur la « promotion des intérêts », c'est-à-dire la réaction négative à des conditions difficiles, comme la tyrannie des leaders ou les problèmes trop fréquents d'approvisionnement et de versement de la solde. De plus, les deux auteurs suggèrent que l'absence de stabilité ou les changements fréquents apportés à la composition de l'équipage des navires ont joué un rôle dans les mutineries en question, car le système de discipline essentiel au succès était perturbé et les possibilités d'interaction entre les leaders et les subalternes étaient réduites.

Dans le chapitre suivant, James Paxton, Ph.D., présente un examen probant de l'expérience vécue par la milice de Lincoln pendant la guerre de 1812. Les commandants britanniques étaient indignés de l'imprévisibilité et de l'inconstance de la milice, mais James Paxton montre que les fermiers-soldats qui désertaient et retournaient chez eux se retrouvaient en fait dans une situation délicate attribuable à des obligations incompatibles, soit défendre le Haut-Canada et défendre leur famille et leur ferme, leur seul moyen de subsistance. Les miliciens combattaient, ils combattaient d'ailleurs bien et avec bravoure, mais lorsqu'ils jugeaient que leurs fonctions compromettaient inutilement le bien-être de leur famille, ils retournaient à leurs champs. Dans la plupart des cas, on ne mettait pas vraiment en doute leur loyauté, mais on leur reprochait plutôt de ne pas vouloir que leur vie civile souffre de leurs obligations militaires.

Au chapitre 3, dans son premier de deux articles, Howard Coombs aborde les expériences de la milice de Leeds pendant la guerre de 1812. Bon nombre de miliciens, forcés de participer au conflit, ont déserté quand ils ont senti que leurs intérêts étaient affectés par la guerre. Howard Coombs soutient qu'au fil des ans, les habitants du canton de Leeds and Lansdowne avaient appris à protéger leurs intérêts et acceptaient difficilement toute digression, comme un service prolongé dans la milice, susceptible de porter atteinte à leur réussite. En réaction à ce qui, selon eux, étaient des intrusions inutiles dans leur vie quotidienne, un nombre élevé de miliciens ont déserté, alors que d'autres ne se sont pas présentés au rassemblement. Certains miliciens ont même refusé sans réserve de participer aux attaques contre l'ennemi. Sous de nombreux aspects, les articles de Coombs et de Paxton se recoupent. Il semble que pour ces habitants, les besoins du gouvernement passaient après leur bien-être, celui de leur famille et celui de leur communauté. Selon ces deux articles du moins, cette affirmation semble vraie dans des régions situées aux deux extrémités opposées du lac Ontario.

Le chapitre 4, rédigé par le Major James McKillip, sert de pont entre le début et la fin du 19e siècle. Le Maj McKillip soutient de façon convaincante que le manque de professionnalisme des miliciens canadiens, envoyés vers l'ouest pour étouffer la rébellion des Métis au Manitoba en 1870, aurait pu encourager les Métis à reprendre les armes en Saskatchewan en 1885. Il décrit comment les soldats canadiens ont attaqué les civils à Winnipeg et dans les environs et se sont en fait moqués des autorités civiles, y compris du service policier. Selon l'auteur, le manque de discipline stricte serait responsable de l'inconduite des soldats. En effet, lorsque des normes disciplinaires ont finalement été appliquées, quoique bien trop tard pour sauver les relations entre la milice et les Métis, les actes de violence infligés à la population civile ont chuté.

Dans le chapitre 5, le professeur Carman Miller examine la relation entre les cas de désobéissance et le leadership dans le contexte de la Guerre d'Afrique du Sud. Les officiers qui tenaient très peu compte des nuances culturelles à l'intérieur de leur force, par exemple du fait que leurs soldats étaient volontaires et que les officiers, les s/off et les soldats se connaissaient souvent ou étaient parents, ont rapidement causé du ressentiment dans les rangs. Un tel sentiment, jumelé à de mauvaises conditions de service, a entraîné le déclin, parfois exceptionnel, du moral et de la discipline. Le rôle de l'alcool dans le manque de discipline est également souligné dans le chapitre, tout comme dans de nombreux autres du volume. L'alcool, lorsqu'il servait à déjouer l'ennui ou à célébrer le retour imminent à la maison, avait généralement un effet négatif sur le comportement des soldats. Il est intéressant de noter que Carman Miller aborde bien plus que les causes habituelles de la désobéissance et révèle que les tensions nationalistes ont également contribué à l'inconduite de certains. En éliminant ses éléments les moins disciplinés, le South African

Constabulary a malheureusement renvoyé un grand nombre de soldats canadiens qui, dans leur ensemble, n'étaient pas particulièrement aptes au travail policier sédentaire. Le comportement de ces soldats-policiers laissait beaucoup à désirer parce qu'ils étaient confrontés, selon eux, à une institution discriminatoire dominée par les Britanniques qui avaient peu de temps pour les habitants de leurs colonies.

Dans le chapitre 6, le premier essai consacré à la Première Guerre mondiale et qui par conséquent, marque le début de la deuxième section du volume, P. Whitney Lackenbauer, Ph.D., présente un compte rendu très intéressant et détaillé de l'inconduite des soldats au Canada en 1916. Ce comportement résultait en grande partie d'un patriotisme excessif et d'une xénophobie extrême qui poussaient les Canadiens à mépriser et dans certains cas, à éliminer toute manifestation de « germanisme ». Les soldats canadiens ripostaient rapidement aux insultes des « Allemands » par des actes de vengeance destructeurs et souvent violents. Toutefois, dans d'autres cas, l'alcool était responsable de l'inconduite des soldats, car il réduisait les inhibitions et constituait une cause de friction entre un Canada « sobre » et une culture militaire qui encourageait la consommation d'alcool. Bien que bon nombre des études de cas présentées dans le chapitre portent sur le comportement inapproprié de certains soldats, l'auteur donne un brillant exemple de leadership proactif qui a permis d'éviter une autre émeute parmi les soldats canadiens. Dans ce cas bien précis, il est facile d'établir un lien entre un leadership efficace et la fréquence des cas de désobéissance ainsi que leur gravité.

Mon premier article du volume, qui constitue le chapitre 7, concerne une mutinerie menée par 18 conducteurs du Corps d'intendance de l'Armée canadienne en Angleterre en 1917. Le nombre de protagonistes était élevé et en conséquence, les motifs de leur inconduite étaient nombreux et divers, mais la faute en incombe en gros à un leadership inefficace. En effet, l'ordre que les soldats devaient exécuter a été si mal formulé et transmis que bon nombre de soldats ne savaient absolument pas ce que leurs supérieurs attendaient d'eux. De plus, beaucoup jugeaient inacceptable la façon dont leurs supérieurs les traitaient, particulièrement compte tenu de leur mauvais état de santé et des sacrifices qu'ils avaient faits. Quand la chaîne de commandement a refusé de porter attention à leurs nombreuses plaintes et encore moins de prendre des mesures, les soldats ont désobéi à un ordre tout à fait légal pour montrer leur mécontentement.

Le chapitre 8, rédigé par David Campbell, Ph.D., offre une étude comparative du nombre et du type d'infractions disciplinaires commises dans les nombreux bataillons de la 2e Division d'infanterie canadienne pendant la Première Guerre mondiale. L'auteur fait observer que les différences s'expliquent par le fait que les soldats étaient parfois au combat et par conséquent, n'avaient pas la possibilité de commettre des infractions alors qu'à d'autres moments, le manque de stabilité de la chaîne de commandement dérangeait le bon fonctionnement du processus disciplinaire, ce qui entraînait malheureusement un nombre élevé d'infractions. Dans d'autres cas, l'arrivée fréquente de nouveaux membres pour remplacer les pertes faisait augmenter l'indiscipline, car les recrues connaissaient mal les exigences du service militaire et le devoir d'obéissance. Encore une fois, il n'est pas surprenant que l'alcool ait catalysé la désobéissance. Cependant, l'auteur soutient principalement que la faute revient aux leaders, particulièrement les officiers. En effet, les chefs n'exerçaient pas un leadership paternaliste, c'est-à-dire qu'ils ne veillaient pas à ce que leurs soldats soient bien traités de façon à assurer leur bien-être. Les soldats satisfaits étaient moins susceptibles d'agir de façon inappropriée que les soldats qui avaient été négligés d'une façon ou d'une autre. Voilà un autre chapitre qui souligne dans quelle mesure le leadership permet d'éviter ou d'encourager des infractions au code de discipline militaire.

Au chapitre 9, mon deuxième article, j'aborde une petite mutinerie menée par des soldats du 43e Bataillon qui étaient d'ailleurs déjà punis pour manquement à la discipline. Je commence par analyser brièvement les « relations contractuelles », c'est-à-dire que les soldats croyaient qu'en échange de leur service, de leurs sacrifices et au besoin, de leur vie, les leaders devaient combler leurs besoins essentiels, entretenir avec eux des rapports fondés sur le respect et assurer leur bien-être du mieux qu'ils pouvaient. En fait, les soldats de la Première Guerre mondiale voulaient un leadership adéquat dans tous les sens du terme. S'ils ne l'obtenaient pas, les risques de désobéissance augmentaient énormément. Dans le cas qui nous intéresse, les soldats étaient d'avis qu'ils n'avaient pas reçu des rations suffisantes et à la première occasion, ils ont refusé de se rassembler jusqu'à ce que des changements soient apportés. Ce cas est pratiquement unique dans l'histoire du Canada puisqu'il s'agit d'un des rares cas de mutinerie sur un champ de bataille, bien que l'ennemi n'ait pas été présent.

Au chapitre 10, le Lieutenant-Colonel Ian McCulloch offre le premier exemple de mutinerie et de désobéissance au lendemain de la Première Guerre mondiale. Déjà publiée dans *Le Bulletin de doctrine et d'instruction de l'Armée de terre*, maintenant nommé *Le Journal de l'Armée du Canada*[10], son analyse soutient que la mutinerie de la 7e Brigade d'infanterie canadienne à Nivelles, en Belgique, en décembre 1918, n'a pas été causée par le ressentiment des soldats devant l'obligation de marcher avec l'attirail au complet, comme le veut l'explication habituelle, mais plutôt par le dégoût des soldats envers la façon dont ils avaient été dirigés pendant l'attaque de Tilloy quelques mois auparavant. Aux prises avec un nouveau commandant de brigade qui rejetait des procédures de combat éprouvées, qui refusait de reconnaître l'intelligence des soldats à son service et qui ne pouvait pas, ou ne voulait pas, coordonner son infanterie et son artillerie de façon à lancer une attaque efficace, les soldats ont jugé que leur vie était mise en danger inutilement. Certains ont même refusé de se rassembler afin de montrer leur colère. Toutefois, le Lcol McCulloch précise également que les officiers qui devaient veiller au bien-être des soldats ont plutôt opté pour des congés prolongés, abandonnant ainsi leurs subalternes pendant la période qui a suivi l'armistice. Les officiers qui sont restés, soit souvent les inexpérimentés qui n'avaient pas servi dans leurs bataillons assez longtemps pour gagner la confiance des soldats et encourager leur obéissance, insistaient sur un rituel de temps de paix qui agaçait beaucoup les subalternes lassés de la guerre. Le Lcol McCulloch soutient que les lacunes des leaders à divers niveaux de la structure de commandement de la brigade ont contribué à la désobéissance des soldats.

Dans son deuxième article, au chapitre 11, Howard Coombs analyse une des mutineries les plus connues de l'histoire du Canada, la mutinerie de Kinmel Park. D'autres analyses de la mutinerie en question ont généralement mis l'accent sur des causes « matérielles », comme la qualité médiocre des rations et des logements. Tout en reconnaissant le rôle que ces causes ont joué dans la désobéissance, Howard Coombs pousse son analyse et soutient que le manque de communication efficace entre les leaders et les subalternes, particulièrement en ce qui a trait aux raisons derrière le rapatriement sans cesse reporté, a accéléré le déclenchement de la mutinerie. Plus important que toute autre chose, le mauvais leadership a été à l'origine de l'émeute qui a coûté la vie à un certain nombre de soldats canadiens et en a mené de nombreux autres en cour martiale.

Le dernier chapitre, rédigé par Nikolas Gardner, Ph.D., montre qu'une fois les hostilités terminées et attendant le rapatriement au pays, des soldats canadiens ont désobéi non pas parce qu'ils étaient frustrés de voir leur retour sans cesse retardé, comme certains historiens l'ont dit, mais plutôt à cause de l'animosité qui régnait depuis longtemps entre les soldats canadiens et la population locale, du moins pour ce qui est des troubles à Epsom, dans le comté de Surrey. L'arrestation de deux Canadiens en juin 1919 est l'étincelle qui a mis le feu aux poudres. Les soldats canadiens ont attaqué le poste de police pour essayer de libérer leurs camarades emprisonnés, mais dans la foulée, un policier a été tué et de nombreux autres ont été blessés. Dans son récit, Nikolas Gardner souligne aussi les difficultés qui peuvent surgir quand le contrat implicite entre les soldats et la structure de commandement (en échange de leur service et du respect des normes disciplinaires, les subalternes s'attendent à ce que leurs leaders les dirigent bien et assurent leur bien-être) est annulé comme lorsque la discipline en temps de guerre est trop dure ou que les soldats sont mal guidés et motivés.

En définitive, on trouve dans l'ensemble du volume un certain nombre de thèmes importants qui mettent en lumière le rôle central que le leadership joue dans l'irruption d'actes de désobéissance, peu importe leur envergure et la période au cours de laquelle ils se produisent. Bon nombre de ces thèmes, cités dans un ordre aléatoire ci-après, apparaissent à la simple lecture du présent résumé. L'exposé qui suit est loin d'être exhaustif, mais vise simplement à aiguiser l'appétit du lecteur et à présenter certains des concepts les plus importants contenus dans les chapitres.

Il est important de noter que lorsque la communication flanche, que ce soit parce que l'information vitale n'est pas diffusée à toutes les personnes concernées ou parce qu'on ne veille pas à ce que les ordres soient bien compris, les personnes qui auraient grandement profité de l'information et d'une communication claire se montrent habituellement mécontentes. Une mutinerie aurait peut-être pu être évitée si les soldats avaient compris *les raisons pour lesquelles* ils devaient endurer certaines conditions. Toutefois, la communication est un processus « bidirectionnel » et les mécontents utilisaient toute une gamme de moyens pour informer leurs supérieurs que tout n'allait pas bien. Dans de nombreux cas, ils optaient pour la mutinerie après avoir tenté (en vain) de porter leurs plaintes à l'attention de leurs supérieurs au moyen de la chaîne de commandement officielle, comme on le leur avait appris et comme on les encourageait à faire. Chose certaine, les soldats ne décidaient pas à l'aveuglette de désobéir. Ils utilisaient plutôt la désobéissance pour exposer aux supérieurs les problèmes, mineurs ou majeurs, qui existaient dans leur commandement et qui pouvaient être résolus. Ce n'est qu'après avoir évalué leur situation que bon nombre de soldats ont agi illégalement, pour des raisons précises et dans un but précis.

De plus, les soldats ne se conduisaient pas mal seulement entre eux. Dans de nombreux cas, les soldats ont terrorisé les civils de la région en détruisant leurs biens, en salissant des réputations et à l'extrême, en commettant des meurtres. Paradoxalement, certains soldats combattaient directement avec les communautés qu'ils avaient juré de protéger. Avant ou après la guerre, des soldats sont devenus des parias dans certaines villes canadiennes ou dans des petits villages anglais en raison de leur indiscipline. En général, la nature des rapports entre les soldats et les communautés dépendait beaucoup de la période et de l'endroit. Alors que certains soldats désertaient l'armée pour aider leur communauté à répondre aux besoins de base, comme ce fut le cas pendant la guerre de 1812, d'autres, quelque cent ans plus tard, agressaient les habitants simplement par malveillance.

On peut prétendre que la discipline manquait généralement à la fin des hostilités, particulièrement quand les leaders laissaient tomber leurs responsabilités envers leurs subalternes. Au lieu d'assurer le bien-être physique et mental de leurs subalternes, bon nombre d'officiers les abandonnaient, et malheureusement, la chaîne de commandement normale, qui maintenait habituellement un niveau raisonnable (et dans certains cas, excellent), disparaissait pour ainsi dire et des conséquences prévisibles s'en suivaient. Dans de nombreux cas, les officiers prenaient congé de leurs subalternes pour aller se divertir dans les villes à proximité, comme Londres ou Paris. Même en temps de guerre, les leaders qui ne prenaient aucune mesure contre la désobéissance ou qui tout simplement « fermaient les yeux » encourageaient à leur insu leurs subalternes à agir de la sorte. Par contre, lorsque des normes disciplinaires étaient appliquées, la fréquence des actes d'inconduite diminuait. À de rares exceptions près, des cas de désobéissance et de mutinerie ne se sont pas produits en présence de l'ennemi : cela se passait plutôt en zone arrière, loin du combat.

Le roulement élevé des officiers et des soldats dans un bataillon d'infanterie ou à bord d'un navire de guerre causait aussi une série de problèmes uniques. À de nombreuses occasions, la confiance et le respect dans la relation supérieurs-subalternes étaient bousculés dans une certaine mesure par de nouveaux leaders qui imposaient leur personnalité et leur style de commandement et en conséquence, perturbaient la structure qui s'était avérée efficace jusqu'alors. En travaillant continuellement aux côtés de leurs subalternes, les leaders donnaient le ton en termes de discipline à l'intérieur de leur commandement et expliquaient, en paroles ou en gestes, le comportement attendu. Le transfert ou la perte d'un supérieur obligeait les soldats à rebâtir une relation avec leur nouveau leader. De plus, l'afflux de nouveaux matelots ou soldats qui ne savaient pas tous comment se comporter, était aussi responsable de l'augmentation du nombre d'actes de désobéissance.

Compte tenu de la nature des activités des soldats, il n'est pas surprenant que les études qui suivent établissent à quel point le lien entre les soldats, soit la camaraderie, était étroit. Qu'il s'agisse de libérer des camarades emprisonnés, d'avoir une « mémoire sélective » qui ne retient que les détails qui ne pourraient incriminer leurs camarades ou d'emprunter la voie de la mutinerie et de la désobéissance, les gestes collectifs des soldats démontrent les effets négatifs de la cohésion quand les liens qui unissent les soldats ne servent pas à atteindre les buts légitimes de l'armée et du gouvernement[11]. Comme les soldats travaillaient ensemble, enduraient les mêmes épreuves, couraient les mêmes risques et étaient soumis aux mêmes règles et règlements, il n'est pas surprenant d'apprendre qu'ils agissaient aussi ensemble de façon inappropriée.

Finalement, les soldats avaient de grandes attentes envers leurs supérieurs. Leurs désirs, comme le soutiennent de nombreux auteurs dans les pages qui suivent, étaient raisonnables et justifiés. Ils souhaitaient un traitement respectueux, des rations adéquates, une chaîne de commandement coopérative et de la compétence sur le champ de bataille, et bon nombre ont pris des mesures illégales pour dénoncer la conduite de leurs leaders quand ces derniers ne répondaient pas à l'une ou l'autre de ces attentes. Il semble juste de supposer que de nombreux soldats croyaient avoir conclu avec l'armée une sorte de « contrat social » en vertu duquel ils « avaient droit », en échange de leur service, à certaines concessions, dont un leadership adéquat n'était pas la moindre. Il s'agit peut-être là d'une des leçons les plus importantes à retenir du volume, soit que les leaders qui ont négligé leurs soldats, peu importe comment ou pourquoi, devaient généralement s'attendre à ce que ces derniers réagissent mal et parfois leur désobéissent. Par contre, les leaders qui s'évertuaient à traiter équitablement et respectueusement leurs soldats et qui en assuraient le bien-être obtenaient la confiance et, plus important encore, l'obéissance de ces derniers.

Encore une fois, j'espère sincèrement que le présent volume sera utile à tous ceux qui s'intéressent au leadership militaire, mais particulièrement à ceux qui dirigent quotidiennement des soldats, des matelots et des aviateurs en mission ou non. Le caractère historique de la collection ne devrait dissuader personne de lancer une discussion fructueuse sur les thèmes présentés, car vous vous rendrez probablement compte, après une lecture attentive, que de nombreuses causes de désobéissance dans le passé demeurent les mêmes de nos jours, à quelques exceptions près bien sûr. Il nous reste à espérer que nos efforts collectifs contribueront un tant soit peu au bon fonctionnement et à l'efficacité des Forces canadiennes d'aujourd'hui, ainsi qu'à une meilleure compréhension de notre passé militaire. Rien ne pourrait nous apporter plus grande satisfaction.

C.L.M.
Kingston

NOTES EN FIN DE CHAPITRE – INTRODUCTION

1   Commission des officiers de la Première Guerre mondiale, telle qu'elle est citée dans Desmond Morton, *When Your Number's Up: The Canadian Soldier in the First World War* (Toronto, Random House, 1993) 96.

2   Au Canada, selon le principe du contrôle civil de l'armée, le Chef d'état-major de la Défense reçoit des directives du premier ministre par l'intermédiaire du ministre de la Défense nationale. « La *Loi constitutionnelle* de 1867 prévoit l'établissement, au niveau fédéral, de forces armées dont le commandement, le contrôle et l'administration sont décrits dans la *Loi sur la Défense nationale*. C'est au Gouvernement du Canada qu'il revient d'en préciser le mandat, la mission et le rôle dans la défense du pays, par des

lois et des directives du Cabinet. » Voir *Servir avec honneur : La profession des armes au Canada*, Kingston, Académie canadienne de la Défense – Institut de leadership des Forces canadiennes, 2003, p. 13. Pour obtenir une courte description juridique, veuillez consulter la *Loi sur la Défense nationale*, article 3 (Mise en place), article 4 (Ministre) et article 18 (Chef d'état-major de la défense).

3   On autorise, et non encourage, les militaires à désobéir à des ordres qui sont « manifestement contraires à la loi » ou autrement dit illégaux. Soit dit en passant, un des principes décrits dans l'Énoncé d'éthique de la Défense encourage les membres des Forces canadiennes et les employés du ministère de la Défense nationale à « obéir à l'autorité *légitime* et l'appuyer » (sans italique dans l'original).

4   Certaines causes importantes de la désobéissance sont expliquées en détail dans Craig Leslie Mantle, éd., *Les réticents et les récalcitrants : Points de vue théoriques sur la désobéissance chez les militaires*, Kingston, Presses de l'ACD, 2006. Une analyse du lien entre l'élitisme et la désobéissance est aussi présentée dans Col Bernd Horn, « Le côté obscur des élites : l'élitisme en tant que catalyseur de la désobéissance », *Le Journal de l'Armée du Canada*, vol. 8, no. 4 (hiver 2005), p. 65-79.

5   Pour obtenir un exemple récent de désobéissance (lorsque des soldats canadiens ont refusé d'obéir aux ordres et de mener une patrouille en Afghanistan en raison du danger), veuillez consulter Adam Day, « Une reprise de l'affaire somalienne : l'argument défensif des voyous, le syndrome de l'écœurement extrême et le mythe de l'incident isolé », sous la direction du Col Bernd Horn, *Perspectives de l'extérieur : Opinions de journalistes et d'analystes de la défense sur le leadership militaire au Canada*, Kingston, Presses de l'ACD, 2005, p. 149-151.

6   Veuillez consulter Richard Holmes, *Acts of War: The Behavior of Men in Battle*, New York, The Free Press, 1985, p. 316-331 pour obtenir un compte rendu très intéressant de la façon dont des soldats de tout âge ont cherché à désobéir aux ordres.

7   Il faut noter que ces volumes peuvent être utilisés séparément et qu'ils peuvent être lus dans n'importe quel ordre. Puisqu'ils portent tous sur une forme ou une autre de désobéissance, d'un point de vue théorique ou historique, les volumes sont naturellement groupés pour former un tout.

8   Voir la note 4.

9   Parmi les auteurs qui ont déjà abordé les questions fascinantes de la mutinerie et de la désobéissance, en plus de la discipline en général, mentionnons Desmond Morton, « "Kicking and Complaining": Demobilization Riots in the Canadian Expeditionary Force, 1918-19 », *Canadian Historical Review*, LXI, no. 3, 1980, p. 334-60; Desmond Morton, « The Supreme Penalty: Canadian Deaths by Firing Squad in the First World War », *Queen's Quarterly*, vol. 79, no. 3, 1972, p. 345-52; P. Whitney Lackenbauer, « The Military and "Mob Rule": The CEF Riots in Calgary, February 1916 », *Canadian Military History*, vol. 10, no. 1, 2001, p. 31-43; P. Whitney Lackenbauer, « Under Siege: The CEF Attack on the RNWMP Barracks in Calgary, October 1916 », *Alberta History*, vol. 49, no. 3, 2001, p. 2-12; Christopher M. Bell et Bruce A. Elleman, *Naval Mutinies*

of the Twentieth Century: An International Perspective, London, Frank Cass, 2003; Andrew B. Godefroy, *For Freedom and Honour? The Story of the 25 Canadian Volunteers Executed in the First World War*, Nepean, CEF Books, 1998; Chris Madsen, *Another Kind of Justice: Canadian Military Law from Confederation to Somalia*, Vancouver, University of British Columbia Press, 1999.

10   Pour obtenir l'article original, veuillez consulter Lieutenant-Colonel Ian McCulloch, « Crise de leadership : la 7e Brigade et la "mutinerie" de Nivelles en 1918 », *Le Bulletin de doctrine et d'instruction de l'Armée de terre*, vol. 3, no. 2 (été 2000), p. 35-46.

11   Donna Winslow, par exemple, a étudié la façon dont une cohésion surdéveloppée et centrée vers l'intérieur, qui pousse les soldats à se protéger de ceux qui n'appartiennent pas à leur groupe, a eu des effets négatifs sur la discipline dans le Régiment aéroporté du Canada à l'époque de la torture et du meurtre d'un adolescent en Somalie. Veuillez consulter Donna Winslow, « Misplaced Loyalties: Military Culture and the Breakdown of Discipline in Two Peace Operations », sous la direction de Carol McCann et Ross Pigeau, *The Human in Command: Exploring the Modern Military Experience*, New York, Kluwer Academic/Plenum Publishers, 2000; et Donna Winslow, *Le régiment aéroporté du Canada: une enquête socio-culturelle*, Ottawa, Commission d'enquête sur le déploiement des Forces canadiennes en Somalie, 1997.

Première partie

❧

Le XIXe siècle

1 ᔑ

« Les hommes, parce qu'ils avaient subi la tyrannie, étaient heureux que les Américains les capturent » – *Mutineries dans la Royal Navy pendant la guerre de 1812*[1]

MARTIN HUBLEY ET THOMAS MALCOMSON

L'image d'une mutinerie à bord d'un navire s'est ancrée dans la culture populaire à partir du film hollywoodien « Les Révoltés du Bounty », qui raconte l'histoire de la rébellion de l'équipage contre l'apparement cruel Capitaine Bligh, ainsi qu'à la suite d'incidents sanglants similaires, au cours desquels un équipage a pris possession d'un navire par la force. Pourtant, la réalité des mutineries en mer qui se sont produites au XVIIIe siècle est bien différente de cette vision populaire, et pour une large part fausse, de ce genre d'événements. Comme plusieurs auteurs l'ont démontré, les mutineries menant à la prise de contrôle du navire, bien que cela se soit déjà produit, étaient dans les faits très rares au sein de la Royal Navy à cette époque. Une mutinerie prenait en règle générale plutôt la forme d'un arrêt de travail, par lequel l'équipage manifestait son mécontentement face à ses conditions de travail, comme la mauvaise qualité de la nourriture, un salaire versé trop tard, voire pas du tout, ou les mauvais traitements infligés par un ou plusieurs officiers, officiers mariniers ou sous-officiers. On a défini ce genre de mutinerie axée sur la « défense des intérêts » comme étant « une initiative collective destinée à améliorer ou à préserver la situation du groupe du point de vue de la rémunération et des conditions de travail »[2].

Au XVIIIe siècle, les officiers de la Royal Navy utilisaient le mot « mutinerie » pour décrire tant un geste de désobéissance individuel qu'une forme de résistance collective, mais aussi, dans de rares occasions, la prise de contrôle violente d'un navire, au cours de laquelle les officiers étaient dépouillés de leur autorité et tués. Les mutineries fondées sur la « défense des intérêts », qui étaient à peu près exempts de violence, ont été nombreuses dans la Royal Navy du XVIIIe siècle, et s'inscrivaient dans le courant d'une tradition similaire de sédition et d'insurrection sur la terre ferme à cette époque[3]. Cependant, avant les années 1780, les manifestations de violence à grande échelle ne se produisaient habituellement que si l'une des parties avait enfreint les règles implicites de la mutinerie[4]. L'historien Brian Lavery estime qu'entre 1793 et 1815, chaque année, de 12 à 15 causes ont été entendues en cour martiale pour mutinerie, de tous les genres, et ce nombre passe à 1 000 incidents au total, quand on ajoute les châtiments sommaires imposés par les capitaines en vertu des pouvoirs dont ils étaient personnellement investis[5].

Avant et au cours de la guerre de 1812, les mutineries motivées par la « défense des intérêts » étaient de loin les plus fréquentes dans les eaux nord-américaines, et c'est ce genre avant tout qui fait l'objet du présent chapitre[6]. Notre propos portera 1) brièvement sur les causes et les conséquences des mutineries de 1797 de Spithead et du Nore dans la Royal Navy, 2) on se penchera sur la façon dont tant le concept de mutinerie maritime que les conséquences des événements de Spithead et du Nore ont été importés dans les eaux nord-américaines avant la guerre de 1812, et 3) on évaluera l'incidence que tout cela pourrait avoir eu à bord des navires au cours de la guerre en tant que telle. C'est sous forme d'étude de cas que l'on examinera cette question, en retenant les incidents survenus sur trois navires[7]. Immédiatement après les événements de Spithead, le HMS *Latona* a connu une mutinerie à St. John's, Terre-Neuve, qui s'est presque étendue aux autres navires de la station. Au cours de la guerre de 1812, deux incidents, sur le HMS *Epervier* et le HMS *Espiegle*, permettent de voir comment la résistance collective des matelots a contribué à la perte de l'*Epervier* aux mains de l'ennemi et au limogeage du « tyrannique » capitaine de l'*Espiegle* en cour martiale, après une série d'événements malheureux, dont une possible incapacité à engager le combat contre l'ennemi.

SPITHEAD ET LE NORE

On ne peut discuter de mutinerie dans la Royal Navy au cours de la guerre de 1812 sans d'abord faire ressortir l'importance des terribles mutineries de

Spithead et du Nore, car elles constituent un précédent et plantent le décor en termes de discipline et de résistance dans la Royal Navy, où que ce soit dans le monde, au cours des décennies subséquentes. Il existe de nombreuses études des événements de Spithead et du Nore, car ces mutineries ont non seulement mis en péril l'existence de la marine, mais ultimement celle du régime britannique et de l'Empire britannique, puisque l'un et l'autre reposaient sur la Royal Navy et sa puissance maritime[8].

Quand les grandes guerres contre la France ont commencé en 1793, la Royal Navy a rapidement gonflé ses effectifs, qui sont passés de 16 000 matelots et marins en 1792 à près de 86 000 hommes à la fin de 1794, et jusqu'à plus de 130 000 en 1813. Bien que bon nombre de ces hommes avaient joint la marine de leur propre gré, certains avaient été « incités » à s'enrôler, sinon, c'était le recrutement forcé, afin de pouvoir bénéficier de la générosité du roi. À partir de 1795, on a promulgué diverses lois des quotas, qui permettaient aux autorités locales d'enrôler des nombres déterminés d'hommes dans la marine, qui, sur papier, devaient tous être des volontaires. La plupart des 30 000 hommes enrôlés à l'aide de cette mesure étaient de jeunes ouvriers et artisans de la campagne à la recherche de travail, et non, comme on les a souvent dépeints, des agitateurs politiques instruits et lettrés[9].

D'autres observateurs prétendent que bien qu'une influence politique extérieure n'ait peut-être pas été exercée sur les mutins, c'est-à-dire que quelqu'un les ait guidés, certains des « hommes concernés étaient conscients d'enjeux plus élevés comme la liberté et la tyrannie ». Pareils « enjeux » étaient liés, entre autres choses, à la publication en 1792 de l'ouvrage de Thomas Paine, *Les droits de l'homme*, à la Révolution française en cours et aux activités politiques des Sociétés correspondantes de Londres. Sur le pont inférieur, les véritables extrémistes et révolutionnaires étaient probablement rares et incapables d'exercer une grande influence sur les opinions et, par la suite, les revendications de la majorité des matelots de la flotte[10]. Cependant, ces nouvelles conceptions, conjuguées à l'expansion rapide de la taille de la flotte et à l'arrivée massive de terriens qui ne connaissaient rien de la vie en mer, ont aggravé et généralisé les problèmes de moral et de discipline dans la marine[11].

Pendant les mois de février et mars 1797, l'amirauté et Lord Howe, qui en était à ses derniers jours comme commandant de la Channel Fleet, avaient reçu plusieurs requêtes anonymes demandant une augmentation de la solde, qui n'avait pas connu de hausse depuis 1652[12]. Ces requêtes n'ont été prises au sérieux ni par Lord Howe ni par l'amirauté, et le 16 avril, après avoir attendu des semaines que leurs griefs soient entendus, les matelots ont déclenché une mutinerie générale à la base de la flotte à Spithead, près de Portsmouth, en refusant collectivement de prendre la mer. Dans les jours suivants, des délégués élus de chaque navire ont engagé des négociations avec un groupe d'officiers supérieurs, tout en réitérant leur loyauté envers leur souverain et leur volonté de lever l'ancre pour aller se battre contre les Français, dans l'éventualité où la flotte ennemie déciderait de quitter Brest. Les matelots voulaient aussi avoir une meilleure nourriture et de meilleurs soins médicaux pour les blessés, et ils étaient également plus préoccupés par les officiers qui maltraitaient leurs hommes ou appliquaient des sanctions excessives pour maintenir la discipline. Il semble qu'un autre grief implicite ait été les primes versées aux terriens en vertu des lois des quotas. En effet, les terriens avaient souvent droit à des sommes beaucoup plus importantes que les marins qui avaient volontairement joint les rangs de la marine avant l'entrée en vigueur des lois. On a donné suite à la majorité des demandes, et le 23 avril, un pardon royal a été accordé aux mutins, ce qui a mis fin à la première mutinerie.

Parce que le Parlement britannique a fait traîner les choses en longueur et tardé à mettre en œuvre les nouvelles mesures en raison des coûts supplémentaires évalués à quelque 536 000 £ par année rien que pour l'amélioration des salaires et des vivres alors que les finances étaient au plus bas à cause de la guerre en cours, une deuxième mutinerie, plus violente encore que la première, s'est déclarée le 7 mai[13]. Les mutins ont renvoyé à terre quelque 100 officiers, dont deux amiraux et dix capitaines, c'est-à-dire près du cinquième de ceux qui se trouvaient à bord. Les hommes ont également pris le contrôle absolu de la flotte. Lord Howe, qui était alors à la retraite, tirant profit du grand respect que les hommes éprouvaient à son endroit, a mené les négociations au nom du roi, afin de persuader les hommes que leurs griefs avaient été entendus et que la situation allait être corrigée. Les membres du Parlement ont finalement adopté une loi en ce sens le 9 mai. Le 15 mai, la mutinerie s'était résorbée, après que Lord Howe eut en outre accepté de renvoyer les officiers controversés, et ce, sans l'autorisation de l'amirauté, qui en fut outrée.

À ce moment-là, une autre mutinerie avait déjà commencé le 12 mai au Nore, une aire de mouillage près de l'embouchure de la Tamise. Le Nore n'était pas une base de la flotte comme l'était Spithead, mais un point de recrutement et une aire de mouillage qu'utilisaient les navires à destination ou en provenance des chantiers maritimes qui bordaient le fleuve, comme Chatham et Sheerness. Les mutins du Nore voulaient les mêmes avantages que ceux qui avaient été concédés aux mutins de Spithead (avantages qui, ils l'ignoraient, avaient déjà été accordés au reste de la marine), mais ils voulaient également des modifications au code de justice militaire, une solde à intervalles réguliers, des avances aux matelots enrôlés de force, plus de permissions et une répartition plus équitable et plus généreuse du butin, ainsi que le pardon des déserteurs et un droit de regard dans le processus de nomination des officiers. Étant donné l'absence d'une flotte permanente sous le contrôle des mutins au Nore et le peu d'appui populaire à la suite des compromis de Spithead, l'amirauté a refusé de faire d'autres concessions. Le 27 mai, l'incident a pris des proportions plus inquiétantes quand les matelots de l'escadron de la mer du Nord, au large de Yarmouth, se sont mutinés et ont navigué jusqu'au Nore pour se joindre aux équipages qui se trouvaient déjà là-bas[14].

Grâce à ces renforts, les mutins se sont mis à constituer une menace stratégique en tentant de bloquer l'embouchure de la Tamise et d'ainsi interrompre l'important trafic de navires marchands à destination ou en provenance de Londres. Le départ de l'escadron de la mer du Nord accroissait le risque d'une incursion de la flotte néerlandaise, que l'escadron avait pour mission de repousser. Tout cela conduisit l'amirauté à adopter la ligne dure. Pendant que circulait de l'information sur des concessions accordées plus tôt et que les délégués des navires ergotaient entre eux, la mutinerie s'est épuisée par manque de ravitaillement et d'appui. Matelots et navires loyaux abandonnaient les mutins ou persuadaient leurs compatriotes de les suivre, par la force ou autrement. Le 13 juin, tout était terminé[15]. Les mutins de Spithead, qui avaient eu droit au pardon royal, ne furent pas traduits en cour martiale, alors que plus de 400 matelots ayant participé aux événements du Nore ont été jugés. Soixante hommes furent condamnés à mort, au fouet ou à la prison, mais après que la clémence royale se soit manifestée, au plus deux douzaines d'entre eux ont bel et bien été pendus[16].

On a souvent décrit la mutinerie de Spithead comme un mouvement dirigé par un groupe réunissant des activistes politiques extérieurs, des républicains irlandais ou des hommes recrutés selon les quotas. Dans les faits, les meneurs venaient des forces vives de la marine, autrement dit, c'était des officiers mariniers et des matelots brevetés, ayant des années de service à leur actif, comme Valentine Joyce, par exemple, un aide second-maître de 26 ans. On ne sait pas exactement qui est à l'origine de la mutinerie du Nore, à l'exception de son porte-parole, Richard Parker, un homme qui avait étudié la législation des quotas. À Spithead, on pense que ce sont avant tout des officiers mariniers et des matelots chevronnés qui ont enclenché le mouvement, et que l'influence extérieure y a été minimale, voire inexistante. Pourtant, certains indices démontrent clairement que parmi les marins du pont inférieur, « [...] les traditions séculaires de patriotisme et de loyauté envers la Couronne avaient pris un peu de plomb dans l'aile, ce qui avait permis aux nouvelles idées sur les droits fondamentaux de la personne de s'immiscer dans les esprits »[17].

Les grandes mutineries ont radicalement modifié les attitudes des matelots comme des officiers de la Royal Navy, et ces répercussions sont restées présentes au sein de la flotte au cours de la guerre de 1812. L'historien N.A.M. Rodger a dressé une liste des changements à court et à long termes qui ont résulté des mutineries. Il souligne que « dans les moments qui ont immédiatement suivi les mutineries, les hommes étaient perturbés et nerveux, et les officiers restaient très craintifs. Aucun capitaine ne savait à quoi s'en tenir [...] Les capitaines moins résolus s'effondraient, alors que les capitaines plus autoritaires réagissaient avec sévérité dès le moindre signe d'agitation[18] ». À plus long terme, les gens de l'amirauté comprirent que les concessions accordées à Spithead remettaient en question la capacité des officiers d'exercer leur commandement à leur guise, et bien qu'ils déclarèrent rapidement qu'aucune autre demande de destitution d'officiers ne serait tolérée, les matelots étaient convaincus qu'ils avaient acquis le droit de faire de telles demandes. À l'amirauté, on avait résolu que les nouveaux « droits » des matelots obtenus à Spithead ne pouvaient aller jusqu'à rejeter des techniques de commandement ou à expulser des officiers. Lord St. Vincent a rapidement adopté une approche plus stricte de la discipline dans l'escadron de la Méditerranée placé sous ses ordres, et une nouvelle politique privilégiant la mise en application du code de discipline de la Royal Navy est devenue la règle. Les requêtes anonymes qui étaient reçues étaient désormais traitées dès le départ comme des actes de mutinerie[19].

On retrouvait souvent à la tête des mutins des officiers mariniers et des matelots d'expérience, car les matelots ne se rangeaient que derrière des hommes qu'ils respectaient et admiraient. De plus, ils étaient perçus comme formant l'« aristocratie naturelle » du pont inférieur où ils faisaient régner la discipline, en d'autres termes, ils servaient de lien entre les officiers et les matelots. En permettant à des terriens d'usurper ce rôle, ce qui a miné le respect mutuel entre matelots et officiers, l'univers naval du pont inférieur a été chamboulé et cela a fini par éroder sa stabilité[20]. Après la mutinerie du Nore, au moins 15 autres mutineries limitées à un seul navire se sont produites au cours de l'année 1797[21]. La mutinerie du *Latona* à St. John's, Terre-Neuve, illustre bien l'évolution qui prenait place sur le plan social, et la nouvelle façon de maintenir l'ordre en faisant appel aux fusiliers marins et à la force brute, plutôt que de compter sur le leadership et la négociation, a été importée en Amérique du Nord.

HMS *LATONA*

Le HMS *Latona* (38), une frégate de cinquième rang dont l'équipage comptait officiellement 284 membres, a été construite en 1781 et a effectué sa dernière mission en 1792. L'équipage de ce navire a été directement impliqué dans la seconde mutinerie de Spithead, entre les 7 et 15 mai 1797, juste avant de lever l'ancre à destination de Terre-Neuve, mais il n'a pas participé à la mutinerie précédente, du 16 au 23 avril, puisque le navire était en radoub à Sheerness. Le récit de la mutinerie résumé ci-dessous repose sur les journaux de bord des officiers et du capitaine de la frégate, ainsi que sur les feuilles d'appel du navire, ce qui a permis de jeter un nouvel éclairage sur les événements en Angleterre et à Terre-Neuve[22]. Les comptes rendus précédents de la mutinerie du *Latona*, comme celui du Capitaine A. Fisk, mettaient en règle générale l'accent sur un prétendu déplacement de Spithead au Nore au cours de la mutinerie à cette dernière aire de mouillage près de Sheerness, et à la désaffection de l'équipage. On supposait également que ces troubles étaient aussi dus au fait que des conscrits forcés et des détenus avaient été embarqués sur le *Latona* à Sheerness pour compléter son équipage. Les journaux de bord et les feuilles d'appel laissent toutefois planer un doute quant aux motifs de désaffection, au nombre de conscrits forcés à bord, à l'endroit où ils se seraient joints à l'équipage et à savoir si le *Latona* a même jamais jeté l'ancre au Nore au moment où une mutinerie y sévissait. Une analyse de la correspondance de l'amirauté laisse aussi supposer que les problèmes de vivres et de solde étaient peut-être plus répandus dans l'escadron de Terre-Neuve[23].

Le 15 avril 1797, la veille de la journée où la première mutinerie de Spithead a éclaté, le capitaine du *Latona*, Arthur Kaye Legge, s'était vu confier le commandement du *Cambrian* (40)[24]. Capitaine du *Latona* durant quelques années, il avait été remplacé le 26 avril par John Bligh, un admirateur de William Waldegrave[25]. Le 14 avril 1797, 32 hommes de l'équipage du *Latona*, dont plus des deux tiers étaient des matelots brevetés et des officiers mariniers, ont également été affectés au *Cambrian*. Cela représentait 16 pour cent du total de l'effectif figurant sur la liste de paye du *Latona* à ce moment-là, c'est-à-dire 200 marins. Il était assez courant à cette époque que les officiers s'adjoignent un groupe d'hommes fidèles, qui les suivaient de navire en navire. Le Capitaine Legge souhaitait certainement que des membres d'équipage aguerris et des visages connus l'accompagnent à bord du *Cambrian*, dont son cuisinier, son commis, son charpentier et son médecin de bord ainsi que trois mousses volontaires et deux aspirants de marine[26].

La première mutinerie de Spithead avait pris fin le 23 avril, et le 27 avril, l'honorable William Waldegrave, vice-amiral de la flotte Bleue, et son serviteur montaient à bord pour bientôt prendre la mer à destination de Terre-Neuve. Le Vice-amiral Waldegrave a rapidement assumé le commandement de la station de Terre-Neuve et le rôle de gouverneur de la colonie. Cependant, le 8 mai, la situation recommençait à dégénérer à Spithead. On peut lire dans le journal de bord du capitaine que l'après-midi de ce jour-là, l'équipage du navire l'a obligé à faire descendre du bateau un maître de manœuvre et un premier officier. Pourtant, on comprend à la lecture des journaux de bord que pendant que la mutinerie battait son plein, le navire avait continué d'être nettoyé et réparé et que les matelots avaient continué de veiller au gréement et à l'approvisionnement et de s'acquitter de toutes les autres corvées habituelles, comme si de rien n'était, tout au long de cette période.

L'équipage a ensuite insisté à deux reprises pour que le navire se rende à l'aire de mouillage de St. Helen's, où les autres mutins étaient à l'amarrage. La première fois, le 9 mai, le capitaine « a jugé plus prudent d'acquiescer » pour la sécurité du navire, mais le retour à Spithead s'est fait le même jour. L'après-midi du 11 mai, l'équipage du navire se dirige vers le gaillard d'arrière, pénétrant du même coup dans le sanctuaire réservé au capitaine et aux officiers. Après que le capitaine et les officiers du navire eurent refusé de se joindre aux mutins, les hommes ont persévéré et fait débarquer les officiers, dont peut-être l'Amiral Waldegrave, car le journal de bord indique que le pavillon de ce dernier a été descendu ce jour là. Maintenant sous les ordres du premier officier, le *Latona* a quitté Spithead et a jeté l'ancre de nouveau à St. Helen's, tout près. Ce même jour, alors que la mutinerie atteignait son paroxysme, Waldegrave semblait s'occuper de changements dans l'ordinaire, car sa correspondance contient l'accusé de réception d'une demande de l'amirauté d'autoriser une ration de fromage de 16 onces pour tous ses matelots[27].

Le lendemain, l'équipage avait de nouveau changé d'avis et voulait que la chaloupe ramène le capitaine et les officiers à bord. Cela fait, le *Latona* est revenu, encore une fois, à Spithead. Dans les jours suivants, les divers délégués des navires ont rencontré Lord Howe, et le 16 mai, la mutinerie était terminée. Le 25 mai, 27 nouveaux hommes ont été transférés du *Royal William* au *Latona* pour remplacer ceux qui l'avaient quitté pour embarquer sur le *Cambrian* et pour remplir d'autres couchettes vides à bord du *Latona*. Tous ces hommes étaient des terriens inexpérimentés et parmi eux, il y avait neuf Écossais et cinq Irlandais[28]. Le 26 mai, Waldegrave était de retour sur le *Latona* et y hissait de nouveau son pavillon. Malheureusement, il ne reste semble-t-il aucun document qui aurait pu témoigner de ses expériences ou de son opinion au sujet des mutins à ce moment-là.

Le 27 mai, seulement douze jours après la fin de la seconde mutinerie à Spithead, alors que les troubles se poursuivaient au Nore et que la mutinerie de Yarmouth venait de commencer, le *Latona* quittait Spithead. Avec l'*Adelphi* (18) et le *Nereid* (36) à ses côtés, il devait escorter un convoi vers St. John's et rallier la station de Terre-Neuve, pendant que les deux autres bâtiments l'accompagneraient jusqu'à St. John's, pour ensuite poursuivre leur chemin vers Halifax, à destination de la station nord-américaine[29]. La frégate allait connaître une traversée mouvementée. Après avoir levé l'ancre, les hommes en provenance du *Royal William*, qui étaient selon toute vraisemblance des volontaires, ont commencé à se plaindre de ne pas avoir encore reçu leur prime[30]. Ils ont protesté avec tant de vigueur que Waldegrave décida de retarder son départ et les autorisa à se rendre à la base navale, où le commissaire, Charles Saxton, refusa de les payer parce que c'était dimanche. Waldegrave fut contraint de jeter l'ancre pour la nuit afin que des dispositions puissent être prises le lendemain. Par la suite, l'amirauté déclara que Saxton avait eu tort d'agir de la sorte[31].

Le *Latona* hissa enfin les voiles le 10 juin pour quitter l'Angleterre, après avoir été retardé par la question de la prime et en raison de vents défavorables.[32] Waldegrave craignait que des nouvelles des événements du Nore ne parviennent aux oreilles des hommes et n'incitent l'équipage à se soulever. Alors que le navire se trouvait toujours dans la Manche et que le mauvais temps s'acharnait sur lui, Waldegrave écrivit au secrétaire du conseil d'amirauté, Evan Nepean :

> [...] je suis au regret d'informer leurs Seigneuries qu'en raison de certains indices observés au sein de l'équipage du navire le jour où nous avons quitté Torbay, je suis convaincu que si nous avions jeté l'ancre une autre fois dans n'importe quel port anglais, les hommes auraient refusé de reprendre la mer. La situation est tout à fait calme en ce moment, mais l'état d'esprit des hommes semble tel que tout article incendiaire ou compte rendu, peu importe de qui, sur l'insurrection en cours à Sheerness rendrait de nouveau l'équipage parfaitement ingérable[33].

Le 27 juin, le *Latona* a brièvement jeté l'ancre à Saint-Michel, dans les Açores, où l'équipage répandit la nouvelle, dans les navires de la flotte méditerranéenne qui s'y trouvaient, des mutineries et des concessions de l'amirauté. Les hommes du *Latona* ont envoyé une missive à l'équipage de la frégate *Romulus* (36), dans laquelle ils déclaraient : « [...] nos conditions sont meilleures qu'auparavant [...] et un mauvais officier ne peut rester sur le navire ». Ils affirmaient de plus qu'il suffisait aux matelots de consigner leurs griefs par écrit, en employant des termes précis, « et vous pouvez être assurés que la situation sera corrigée, de la part même du capitaine jusqu'au dernier des officiers sur le navire ». De telles affirmations ont conduit les hommes du *Romulus* à se mutiner : ils ont pointé deux canons sur le gaillard d'arrière et exigé que deux officiers soient expulsés. Le capitaine, qui promit de ne pas imposer de sanctions, étouffa l'affaire[34].

Le *Latona* rallia enfin St. John's le 19 juillet (sans le convoi, dont il avait perdu la trace dans une brume épaisse, quelques jours plus tôt), où étaient déjà à quai les *Romney* (50), *Venus* (38), *Mercury* (28) et *Pluto* (14)[35]. Peu de sanctions ont été appliquées au cours du périple. Entre le départ de l'Angleterre et l'arrivée à Terre-Neuve, les journaux de bord ne mentionnent que deux hommes punis, Jonathan Butler, qui a reçu 12 coups de fouet pour avoir frappé un supérieur, et George Smith, qui a reçu 24 coups de fouet pour « mutinerie, désobéissance aux ordres et insolence envers un officier supérieur »[36]. Waldegrave apporta presque immédiatement son pavillon sur le *Romney*, un navire plus important et plus spacieux. Le 22 juillet, le Capitaine Frank Sotheron [37] monte à bord du *Latona*, accompagné d'un nouveau premier lieutenant, Jason Slade, où il relève Bligh du commandement du navire. La première décision des nouveaux arrivants est de punir de nouveau George Smith en lui imposant 12 autres coups de fouet pour avoir frappé un supérieur.

Le 22 juillet, Waldegrave écrit à Londres pour annoncer le retour imminent du *Pluto* en Angleterre, en raison du « piètre état » du navire et parce qu'il y avait cinq ans que son équipage n'avait pas été payé[38]. Le *Romney* leva l'ancre le 23 juillet, et Waldegrave hissa de nouveau son pavillon sur le *Latona*. Selon les journaux de bord, à peu près rien ne laissait présager ce qui allait bientôt se produire sur le *Latona*. De ce moment jusqu'à la mutinerie du 3 août, il ne s'est produit que deux incidents inhabituels. Le 28 juillet, William Courtney reçoit une douzaine de coups de fouet « pour ivresse et insolence envers un officier supérieur », et le même jour, plus de 50 livres de beurre et 100 livres de fromage sont jugés impropres à la consommation.

Le 25 juillet, le *Latona* transfère 39 hommes à bord du *Romney* au retour de celui-ci. Parmi ces hommes se trouvent des surnuméraires qui étaient à bord du *Latona* depuis l'Angleterre. Il reçoit en retour 30 hommes du *Romney*. Il vaut la peine d'examiner le roulement de l'équipage ainsi que sa composition ethnique à ce moment-là. Le *Latona* ne comptait qu'un petit nombre de matelots d'origine étrangère, bien moins que les pourcentages couramment observés à cette époque de dix à quatorze pour cent, mais on y retrouvait par ailleurs une forte proportion de matelots autres qu'Anglais, principalement des Écossais et des Irlandais[39]. La feuille d'appel du 30 juillet 1797, juste avant le début de la mutinerie à St. John's, montre que le *Latona* a à son bord 43 terriens, 42 matelots non brevetés et 94 matelots brevetés. Parmi ces 179 marins, de ceux dont le lieu de naissance est connu, environ 50 pour cent sont anglais, 21 pour cent écossais, 15 pour cent irlandais et 3 pour cent gallois[40]. Chez les officiers mariniers et les marins brevetés dans d'autres domaines, comme les officiers de pont et les chefs de pièce, les origines ethniques sont tout aussi hétérogènes. Des 53 hommes de cette catégorie, environ 53 pour cent sont anglais, 9 pour cent écossais, 7 pour cent gallois, 6 pour cent irlandais et 4 pour cent d'origine étrangère[41].

Entre le 1er janvier et le 1er août 1797, quelque 81 hommes ont joint les rangs de l'équipage du navire, ou 36 pour cent des hommes ayant droit à une solde au 30 juillet, alors que 91 hommes ont été libérés, soit environ 41 pour cent. Au cours de la même période, dix autres hommes ont été libérés pour cause de maladie, alors que 14 hommes en ont profité pour déserter le navire[42]. En tout et partout, quelque 117 hommes, ou 52 pour cent des hommes inscrits sur la liste de paye, avaient quitté le navire pour diverses raisons en six mois, et seulement 81 hommes sont venus les remplacer. Ce roulement était pour la plus grande part le résultat des échanges avec le *Cambrian*, le *Royal William* et le *Romney*. Il semble que le *Latona* présentait un équilibre très précaire du point de vue tant de la composition que de la stabilité de l'équipage, mais pas vraiment pour les raisons fournies dans les récits antérieurs de la mutinerie.

On ne saura peut-être jamais ce qui s'est exactement produit le 3 août, mais on comprend à la lecture de la correspondance de Waldegrave que l'incident était plus grave que ce qui en a ensuite été raconté[43]. Il vaut la peine de reproduire dans son entièreté sa lettre à William Cavendish-Bentinck, Duc de Portland, Secrétaire de l'Intérieur et Secrétaire d'État responsable de Terre-Neuve :

> Puisque l'on parlera sans nul doute de la très atroce conduite de l'équipage du *Latona* en Angleterre, et que les circonstances seront grandement exagérées, je sens qu'il est de mon devoir de relater toute l'affaire de façon plus détaillée que le récit qui est d'abord parvenu aux bureaux de Monsieur le Duc.

Le 3 courant, les gabiers de misaine du *Latona* ont refusé de monter dans la mâture et ont demandé d'une seule voix à être mis aux fers. Quand le Capitaine Sotheron a voulu punir le meneur, les hommes se sont interposés; cependant, après que tous les officiers aient dégainé leurs épées et que les fusiliers marins aient pointé leurs baïonnettes (sur lesquelles se sont piqués certains mutins avant de reculer), le châtiment fut appliqué. Une fois dans leurs hamacs, les matelots ont commencé à proférer de terribles injures. Ils menaçaient les fusiliers marins de les jeter par-dessus bord et laissaient planer la promesse de <u>représailles sanglantes</u> dès que le navire serait de nouveau en <u>haute mer</u>. À terre, la conduite de ces scélérats a été aussi condamnable et impudente – ils ont certainement tout fait pour inciter les hommes à la sédition dans la garnison, sans oublier les nombreux actes de violence commis à diverses occasions. Le dimanche du 6 courant, après qu'un navire, le jour précédent, eut apporté la bonne nouvelle de l'exécution de Parker et annoncé du même coup que la mutinerie dans la flotte avait été réprimée en Angleterre, je me suis dit que le moment était tout indiqué pour m'adresser à une partie de l'équipage du *Latona*, avant son entrée à l'église. Ce que j'ai fait [...] les matelots étaient alors entourés de fusiliers marins, de membres de l'Artillerie royale et des compagnies de flanc du Royal Newfoundland Regiment. Mon allocution a paru toucher non seulement les mutins, mais également la plupart des personnes présentes, tant les militaires que les civils. Dans l'ensemble, cela a été très utile, comme on le constate dans les adresses ci-jointes qui ont rapidement suivi.

Toutes ces adresses, ainsi que les répliques qui ont suivi, ont été présentées sur le *Latona*, et à ce moment-là, les hommes semblaient vraiment regretter leurs gestes : quant à savoir si on peut croire en la sincérité de ces apparents regrets, seul le temps nous le dira[44].

Il est également utile de se pencher sur les termes employés dans les adresses de Waldegrave à ses matelots, ainsi que dans les répliques de ces derniers, puis dans la réplique subséquente de Waldegrave. L'emploi, plus particulièrement, des mots « Anglais » et « Britannique » permet peut-être de mieux comprendre la façon dont Waldegrave considérait les matelots autres qu'anglais de son escadron. L'adresse du 3 août est reproduite ci-dessous :

> Le commandant en chef n'a pu réprimer son indignation en écoutant le récit des gestes infâmes et des actes de rébellion perpétrés par les matelots du HMS *Latona*, et surtout après leur promesse solennelle, à Saint-Michel, de toujours obéir à leurs officiers. Tant qu'ils n'auront pas totalement renoncé à se conduire de la sorte et ne se comporteront pas en véritables Anglais, ils doivent savoir que toute indulgence leur sera refusée et qu'ils seront traités avec la sévérité que leurs errements justifient tout à fait. Le commandant en chef est heureux d'apprendre que les officiers mariniers et certains des matelots, ainsi que tous les fusiliers marins du *Latona*, se sont conduits de façon exemplaire et ont démontré qu'ils sont des sujets loyaux de leur Roi et de véritables citoyens de leur pays, et il les en remercie[45].

Quand la mutinerie a semblé s'aggraver, Waldegrave a durci le ton dans son adresse aux fusiliers marins et matelots qui se rendaient à l'église le 6 août. Après avoir d'abord remercié ses fusiliers marins de leur indéfectible appui, il a rappelé l'estime dans laquelle les tenaient les habitants de St. John's, tout en soulignant que ces mêmes habitants regardaient les matelots du *Latona* avec « horreur et haine, compte tenu de l'ignominie de leur conduite tant à terre qu'en mer ». L'amiral ajouta ce qui suit :

> Cela dit, vous ne devez pas conclure que je crois qu'il n'y a pas un seul homme honnête et attaché à son roi et à sa patrie parmi vous. Au contraire, j'espère qu'il y en a beaucoup, mais en ne prenant que votre conduite en considération, je suis obligé d'en arriver à la conclusion que

vous êtes pour la plupart des coquins ou des lâches. Si la majorité d'entre vous se braque contre ses officiers et refuse d'obéir à leurs ordres légitimes, je n'ai d'autre choix que de déclarer que vous êtes des traîtres à l'endroit de votre roi et de votre patrie; s'il n'y a que quelques scélérats parmi vous, ce que vous prétendez être le cas, je dois alors me résoudre à voir en vous une bande de veules félons, puisque vous acceptez de vous laisser intimider par quelques vauriens, qui ne souhaitent rien de mieux que de nous voir devenir des esclaves de la France [...] tous les autres navires de l'escadron jouissent de l'affection et du respect des hommes, des femmes et des enfants, alors que ces derniers évitent les chiens enragés du *Latona*, et pas un navire de l'escadron n'accepterait de s'associer avec vous [...][46].

Waldegrave informa les hommes qu'il avait donné comme directive aux magistrats locaux d'incarcérer ou de faire fouetter tout marin qui commettrait un crime à terre et de ne lui donner que du pain et de l'eau, étant donné qu'on considérerait qu'il avait « renoncé au titre de marin britannique ». En ajoutant qu'ils attendaient impatiemment des nouvelles de leur « grand délégué Parker » et de la mutinerie du Nore, l'amiral leur apprit froidement que Parker avait été pendu, et précisa que comme les hommes « l'avaient pris comme modèle durant ses heures de gloire », ils devaient maintenant « prendre sa fin comme exemple de ce qui les attendait ». Il poursuivit en leur disant qu'ils pourraient « vraiment tirer une leçon profitable de l'histoire du vil agitateur ». Tout en insistant sur le fait qu'il ne s'adressait qu'aux « mauvais éléments » de l'équipage du *Latona* et que les « Anglais de bonne souche » ne se laisseraient pas séduire par les propos de ces scélérats, « qui ne sont pas des marins et ne survivent que par la rapine et le pillage », Waldegrave a exhorté les matelots à « s'avancer noblement en tant que marins britanniques » et à sauver leur honneur en dénonçant les mutins[47].

Waldegrave mit ensuite en garde les matelots en leur disant que si la mutinerie se poursuivait, ses meneurs seraient condamnés à mort et que les batteries d'artillerie de St. John's avaient reçu l'ordre de « bombarder le *Latona* à boulets rouges, si jamais vous me poussiez, de par votre conduite rebelle, jusque dans mes derniers retranchements ». Tout en rappelant la « mutinerie et la traîtrise » de Spithead et l'hypocrisie des matelots, Waldegrave a souligné que même quand les mutins avaient pris le contrôle du *Latona*, la discipline avait été impitoyablement appliquée, et ajouté que :

> [...] maintenant que les officiers de Sa Majesté ont repris le commandement, vous semblez croire que la discipline n'a plus lieu d'être, et que vous pouvez vous saouler, contredire vos officiers, leur désobéir, rester à terre aussi longtemps que vous en avez envie, maltraiter et voler les habitants, bref, commettre toutes les énormités qui devraient conduire à la potence.

Enfin, l'amiral termina son adresse en faisant de nouveau appel au sens de l'honneur et à la loyauté des hommes et en leur demandant de « [...] se rendre à l'église et de prier Dieu, afin qu'Il vous inspire des sentiments qui vous permettront de jouir du respect et de l'affection de vos concitoyens en ce monde et de la joie éternelle dans l'autre monde »[48].

Comme cela s'était produit à Spithead et au Nore, la mutinerie du *Latona* a par la suite créé un sentiment de méfiance et de crainte entre les officiers et les hommes ainsi que de la part des autres unités militaires stationnées à St. John's. Comme l'a observé un historien de Terre-Neuve du XIXe siècle, Charles Pedley, « durant une saison, les hommes ont semblé ne pas savoir à qui faire confiance, et chacun avait l'impression d'être un objet regardé avec défiance par les autres »[49]. Dans ce contexte, Waldegrave a reçu une série de lettres obséquieuses de la part des officiers mariniers et des fusiliers marins, ainsi que des divers éléments de la garnison à terre, dans lesquelles ils réitéraient leur loyauté envers le roi et leur patrie, pendant que le Royal Newfoundland Regiment offrait une récompense de 20 guinées à tous les éventuels dénonciateurs de mutins, après quoi la garnison d'artillerie offrit une récompense de 30 guinées.

L'amiral et gouverneur répondit avec diplomatie et de façon similaire à toutes ces missives, en commençant par remercier leurs auteurs de leur appui et de leur loyauté, puis en leur disant que leurs écrits seraient portés à l'attention de ses supérieurs en Angleterre[50]. Ce qui est sans doute le plus important dans tout cela fut sa correspondance avec les fusiliers marins du

Latona. Le Sergent John Williams avait écrit à Waldegrave pour le remercier de s'être adressé aux hommes et lui dire que les fusiliers marins :

> [...] sont absolument horrifiés et indignés par tout signe de mutinerie et de désaffection, et c'est pourquoi nous sommes déterminés à défendre avec nos vies notre gracieux souverain et la glorieuse Constitution du pays.

> Nous savons que tous les Anglais de bonne souche sont indissolublement attachés à notre bon gouvernement, et que personne, hormis le plus détestable des vauriens, le plus diabolique des mécréants, ne peut vouloir enfreindre l'ordre actuel et sacré des choses[51].

Dans une autre lettre, Waldegrave se confond en remerciements pour l'« intervention éminemment loyale et virile » des fusiliers marins, car il était bien conscient de l'importance cruciale de leur rôle pour le maintien de la discipline sur ses navires et savait quelle catastrophe l'attendait si jamais ils s'acoquinaient avec les mutins[52].

La mutinerie s'est poursuivie plusieurs jours. On ne sait pas exactement quels gestes les mutins ont posés pendant leur séjour à terre, mais ce fut de toute évidence suffisant pour s'aliéner les habitants et les autres militaires. Trois autres matelots brevetés, tous trois Irlandais, ont profité de la mutinerie pour déserter à St. John's le 12 août, alors que la correspondance entre les deux camps continuait[53]. Estomaqués des allégations de Waldegrave, les hommes clamaient leur innocence et leur loyauté, tout en reconnaissant qu'une minorité avait agi de façon répréhensible sous l'effet de l'alcool et que tout homme déloyal méritait « le châtiment le plus lourd qui puisse être infligé, tout en faisant preuve d'humanité ». Ils ont relevé la réaction positive de Waldegrave à l'offre du Newfoundland Regiment of Volunteers de remettre une récompense de 20 guinées à quiconque dénoncerait des mutins. Les matelots prétendaient qu'ils étaient « aussi loyaux que n'importe quel régiment ou tout autre groupe d'hommes » envers le roi et la Constitution, et en guise de preuve, ils offraient une récompense de 50 guinées à quiconque divulguerait le nom d'hommes qui devaient être punis[54].

Waldegrave n'était guère impressionné, et il rappela que leur conduite avait beaucoup inquiété les habitants de St. John's. Il reconnaissait que l'ivresse avait été un facteur, et il espérait que les hommes « avaient profondément honte et se repentaient sincèrement ». Il continuait pourtant de douter de leur prétendue loyauté, en disant :

> [...] dès les débuts de la mutinerie au sein de la flotte, vous avez fait partie des éléments les plus provocateurs, et depuis votre arrivée ici, votre insolence à l'endroit de vos officiers et votre refus actif d'obéir à leurs ordres justifient la peine capitale.

Waldegrave leur fit également savoir ce qui suit : « Seule votre conduite future pourrait me convaincre de votre réel repentir en regard de vos comportements inacceptables et subversifs jusqu'ici et rétablir votre loyauté ». Quant à la question de la récompense, l'amiral fit remarquer que leur offre serait « très méritoire », si ce n'était du fait que les hommes avaient eu « la possibilité chaque jour de vos vies de dénoncer les meneurs de vos activités diaboliques antérieures ». Jusqu'à ce que cela soit fait, Waldegrave n'entendait pas changer d'avis, et ses officiers et lui-même ne pourraient jamais avoir confiance en eux, alors que les hommes ne pourraient pas :

> [...] jouir d'un seul moment de joie ou de paix [...] Vous méfiant les uns des autres, votre conscience coupable vous tourmentera jour et nuit, jusqu'à ce que votre mort prématurée vous libère des souffrances de ce monde, pour être traduits devant ce terrible tribunal, auquel nul ne peut échapper, pas plus le roi que le mendiant[55].

Pourtant, le 14 août, Waldegrave envoyait une lettre de St. John's à destination de Londres, dans laquelle il écrivait : « [...] tout est actuellement tout à fait calme ici, et je suis heureux d'ajouter que je suis certain que les choses demeureront ainsi ». Waldegrave jugeait qu'il n'y avait que de 15 à 20 « véritables conspirateurs » sur le *Latona*. Il en était venu à cette conclusion après que, le 12 août, le Sergent John Dailey du Royal Newfoundland Regiment se soit rendu. Dailey avait admis avoir discuté sous un vigneau avec quelques matelots du *Latona* descendus à terre d'une éventuelle mutinerie générale (à laquelle auraient pris part jusqu'à 500 soldats de la garnison). Quand on l'avait interrogé, il avait répondu qu'il était saoul et ne se souvenait pas très bien des détails de la conversation. Waldegrave a demandé au colonel du régiment de le rétrograder simple soldat et de l'expulser de l'île, car c'était « un homme à la moralité douteuse ». Il déplorait de ne pouvoir en faire un exemple plus manifeste, mais devait y renoncer, même si cela avait été nécessaire pour « sauver l'île ». Il se plaignait auprès des autorités de Portland du fait qu'en tant que gouverneur de Terre-Neuve, il n'était pas autorisé à convoquer des cours martiales générales pour traduire en justice des militaires extérieurs à la marine et devait envoyer de tels contrevenants à Halifax pour y être jugés. Même si Dailey avait pu être traduit en justice à St. John's, les officiers supérieurs auraient dû quitter leur poste pour venir témoigner devant la cour, alors que la situation était critique et que Waldegrave pensait qu'il « courait le risque d'un mutinerie générale dans l'escadron comme dans la garnison »[56].

Parmi les 15 à 20 marins « intrigants » qui selon Waldegrave étaient à l'origine du problème, il semble que seulement cinq furent bel et bien punis, et ce, assez modérément, compte tenu de ses menaces. Les journaux de bord nous apprennent que le 3 août, Archibald Gilles, un matelot breveté de 24 ans originaire de Greenwich, a été châtié pour mutinerie en recevant un nombre indéterminé de coups de fouet, alors qu'un autre homme a reçu une douzaine de coups de fouet pour vol. Gilles était probablement l'instigateur de la première grève des gabiers de misaine, qui avaient refusé de monter dans la mâture. Plus tard, le 7 août, un homme reçoit six coups de fouet pour « insolence envers le capitaine d'armes », et un autre, Samuel Debett, un matelot breveté de 26 ans d'origine irlandaise, reçoit trois douzaines de coups de fouet pour mutinerie. Dans la même veine, le 12 août, trois autres hommes sont punis pour « insolence et propos séditieux », l'un d'entre eux recevant douze coups de fouet et les deux autres quinze coups de fouet chacun[57].

Le fait que les menaces de châtiments sévères proférées par Waldegrave aient été suivies de punitions relativement légères en regard d'infractions aussi graves infligées à quelques hommes illustre ce que John Byrn a qualifié de « système de terreur sélectif », qui, de par sa nature, faisait que le droit naval et sa composante pénale reposaient sur des méthodes d'intimidation similaires à celles du système juridique fondé sur le *Bloody Code* (code sanglant) en vigueur en Grande-Bretagne. La peine capitale, bien que les crimes punissables de mort étaient nombreux dans le code juridique tant civil que maritime, était appliquée assez rarement, à des fins d'intimidation et pour faire un exemple; les châtiments sommaires étaient beaucoup plus courants et souvent appliqués de façon similaire. Il est également possible que Waldegrave ne souhaitait pas convoquer de cour martiale, soit parce qu'il ne disposait pas du nombre de capitaines requis, soit parce que les éventuels témoignages auraient pu laisser transpirer un mécontentement encore plus important, ce qui aurait pu les faire mal paraître, lui et ses capitaines[58]. Les gens de l'amirauté étaient loin d'être éblouis par la façon dont Waldegrave avait réagi face aux événements. En réponse aux missives de l'amiral, Nepean écrit avoir été inquiet « [...] d'apprendre qu'un telle situation était apparue, et que selon les circonstances que vous décrivez, vous n'avez pas été en mesure de mettre le criminel face à son châtiment [...] », alors que dans la suite de sa lettre il exprime sa satisfaction à l'égard des efforts des officiers et des fusiliers marins pour réprimer la mutinerie[59].

À la lecture des journaux de bord, on constate que les troubles à bord du *Latona* ont peut-être été réglés, mais l'agitation n'a jamais complètement disparu. C'était loin d'être un navire joyeux[60]. Le 10 septembre 1797, sans demander l'autorisation de l'amirauté, Waldegrave ordonna au *Latona* de lever l'ancre et de quitter St. John's pour rallier l'île de Madère, puis Lisbonne, en compagnie du HMS *Surprize* (24), qui avait pour mission de dénicher les navires à destination de l'Angleterre et de les escorter jusqu'à la mère patrie. Waldegrave a à ce moment gravement enfreint ses ordres et a été sévèrement réprimandé par Londres[61]. Dans sa réponse, Waldegrave souhaite que l'amirauté considère sa décision d'envoyer le *Latona* faire la traversée vers Madère et le Portugal comme une « erreur de jugement », une décision qu'il avait prise parce qu'il voulait faire ce qui serait « le plus profitable au Service de Sa Majesté ». En priant les membres du conseil de lui pardonner ses erreurs « tout à fait involontaires », il explique :

> [...] que dès le moment où je suis monté à bord de ce
> navire jusqu'à celui où il a quitté St. John's, les germes de
> la mutinerie y ont toujours été plus ou moins présents, et
> je croyais vraiment que le meilleur moyen, et à dire vrai,

le seul moyen de dompter l'équipage consistait à envoyer
ce navire faire un long voyage [...][62].

On ne sait pas vraiment si Waldegrave pensait qu'un changement de climat serait profitable pour la santé de ses matelots, en raison de l'absence de bœuf frais, de jus de citron et d'autres aliments à St. John's, ou s'il croyait simplement que c'était la façon la plus pratique d'éloigner de sa station un navire rempli, selon lui, de fauteurs de troubles.

Les trois sujets qui revenaient constamment dans les griefs de ses matelots faisaient souvent l'objet de la correspondance de Waldegrave avec l'amirauté, immédiatement après la mutinerie. Waldegrave abordait les difficultés d'approvisionnement, les problèmes de monnaie et ses pouvoirs légaux et judiciaires à titre de gouverneur civil et militaire. Dans plusieurs lettres, il parle de la nécessité de fournir une meilleure nourriture aux hommes des navires de la station de Terre-Neuve, plus particulièrement, du sucre, du bœuf frais et du jus de citron. Le jus de citron permettait de combattre le scorbut, alors qu'un régime alimentaire moins dépendant du bœuf salé contribuait également à prévenir le scorbut parmi les matelots. Le 18 octobre, il écrit aux gens de l'amirauté que les matelots du *Pluto* ont demandé à leur capitaine de recevoir la même ration de jus de citron et de sucre que celle à laquelle ont droit les hommes du *Romney* depuis le 1er mai, car les fournisseurs locaux refusaient du bœuf frais au *Pluto* durant les trois mois d'été. Waldegrave a accepté de les ravitailler selon une quantité rétroactive au 1er mai, dans « le but de calmer les esprits mécontents au sein de l'équipage du sloop en question », et de ravitailler également le *Surprize* et le *Shark* (16), dont « la situation est comparable ». La note de l'amirauté sur la lettre indique que bien que les membres du conseil approuvaient la ration demandée, ils rejetaient tout ravitaillement rétroactif et ne permettraient pas « que soit portée quelque accusation de ce genre à la connaissance de la population »[63].

Ce même mois, Waldegrave écrit une série de lettres justifiant l'adjudication de nouveaux contrats d'approvisionnement pour le porc et le bœuf. Ces contrats tenaient compte des courts séjours de l'escadron dans le port et des problèmes éprouvés avec les fournisseurs précédents. Il souligne que « depuis que j'ai pris le commandement de cette station, les navires ont nécessairement passé beaucoup de temps en mer, et puis, le fait que les matelots aient plus ou moins été privés des bienfaits du jus de citron et du sucre [...] le premier étant si rare à Terre-Neuve qu'on ne pouvait se le procurer qu'à grand-peine [...] »[64]. On procéda à un examen détaillé de l'état des provisions à St. John's dans la garnison comme dans l'escadron, du point de vue des « [...] victuailles fournies aux hommes, en visant à leur offrir des aliments salubres et nourrissants, plutôt qu'une nourriture si mauvaise que même un chien n'en voudrait pas [...] ». Cet examen révéla que les entrepôts contenaient des milliers de livres de porc, de farine, de beurre, de bœuf et de pois totalement impropres à la consommation. Il semble que cet examen n'a été réalisé qu'en réaction à la mutinerie[65].

Tout en écrivant pour défendre ses décisions pendant la mutinerie, Waldegrave indique aussi qu'il va immédiatement dépêcher le HMS *Surprize* à Halifax afin d'en rapporter des espèces sonnantes et trébuchantes pour la garnison, « car il est impossible d'en trouver dans l'île, et les soldats sont très mécontents (et je crois que cela se comprend) de leur mode habituel de paiement, qui consiste à leur remettre des coupons à échanger chez les marchands »[66]. Pedley explique que les commerçants locaux prennent souvent comme prétexte la rareté des petites coupures et des pièces de monnaie pour exploiter les soldats, les matelots et autres pauvres travailleurs en leur disant qu'ils n'ont pas de monnaie, ce qui oblige à payer plus que le prix demandé, à moins que le marchand ne rende la monnaie sous forme d'alcool. Le commissaire responsable de la paye de la garnison, à court lui aussi de liquidités, donna en remplacement de la solde des coupons à échanger contre des biens chez les commerçants locaux ou des coupons pouvant être échangés chez un marchand en Angleterre ou en Écosse, en échange uniquement d'une commission de dix pour cent. Waldegrave croyait que s'il n'avait pas pris la décision d'envoyer le *Surprize* en Nouvelle-Écosse pour en rapporter de l'argent, surtout des petites coupures et des pièces de monnaie, la mutinerie aurait pu s'étendre aux forces locales et se généraliser[67].

Le fait que ces préoccupations soit l'élément prédominant de sa correspondance tout de suite après les événements du *Latona* permet de supposer que Waldegrave pensait sans doute que la meilleure façon de prévenir toute agitation ultérieure était de régler les griefs de ses matelots et des soldats de la garnison à terre. Il voulait aussi s'assurer d'être investi de tous les pouvoirs légaux requis pour châtier tous les contrevenants, qu'ils soient des matelots, des soldats en garnison ou des volontaires civils, si jamais d'autres troubles se déclaraient. Dans une autre longue lettre au Duc de Portland, Waldegrave demande que ses fonctions lui confèrent non seulement des pouvoirs civils, mais également des pouvoirs militaires, à titre de gouverneur de Terre-Neuve. Il fait remarquer que même si dans les faits, il remplit de nombreuses fonctions de nature plus ou moins militaire, on ne lui a attribué ni le titre ni les pouvoirs officiels pour ce faire. Il a aussi entretenu une correspondance fournie avec le Prince Édouard, qui était alors le commandant en chef des Forces armées britanniques en Nouvelle-Écosse et au Nouveau-Brunswick, sur la question de savoir qui détenait le commandement global des forces terrestres à Terre-Neuve. Ces questions ont par la suite été réglées à l'avantage de Waldegrave[68].

La question du jus de citron, aussi étrange et futile qu'elle puisse sembler de nos jours, a continué d'occuper une grande place dans la correspondance de l'amiral et montre à quel point la santé et l'alimentation des matelots a pu être une cause importante de la mutinerie. Le 2 décembre, après être revenu avec un convoi, Waldegrave est de retour à Londres, où il écrit au conseil d'amirauté, convaincu que la question de l'approvisionnement en jus de citron du *Pluto* et des autres navires justifie que des fonds publics y soient consacrés. Il demande aux membres du conseil de :

> [...] tenir compte du climat actuel et de ma situation particulière et délicate, qui a exigé que je fasse preuve d'un grand jugement pour éviter que mon escadron ne prenne part à une mutinerie déclarée, et qui a exigé tout autant de doigté et de prudence pour empêcher les mutins d'exacerber l'apparent mécontentement des troupes, pour ensuite unir leurs forces. Alors que la situation était critique, l'équipage du *Pluto* a demandé de recevoir du jus de citron et du sucre, selon les mêmes dispositions que celles consenties au *Latona* et au *Romney* [...] trop conscient du peu d'ascendant que j'avais sur les matelots de l'escadron et craignant de ne pas pouvoir vraiment compter sur l'appui des troupes, j'ai décidé de faire contre mauvaise fortune bon cœur et d'accéder à la demande du *Pluto* [...] Je pourrais prouver que cette mesure a empêché l'équipage du *Pluto* de se

joindre aux activités subversives [...] si cela avait eu lieu, je suis presque certain que les troupes auraient été de connivence, les hommes du *Pluto* étant depuis longtemps dans la région et ayant établi des relations étroites avec les soldats.

Il semble que la demande de fonds de Waldegrave n'a pas été entendue, car la note de l'amirauté sur la lettre se conclut comme suit : « Pas de directives en ce sens dans le carnet de commandes[69]. »

Bien que l'on ne sache pas exactement ce qui a été l'élément déclencheur de la mutinerie du *Latona*, il est probable que le roulement de personnel passablement important qui a eu lieu sur le *Latona* immédiatement avant la mutinerie, tant chez les matelots que chez les officiers, dont le passage de trois capitaines en trois mois, a contribué à l'agitation et a suscité des griefs au sein de l'équipage relativement à la solde, aux vivres et à d'autres sujets. Les concessions faites à Spithead ont peut-être également enhardi les matelots du *Latona* par la suite.

Les mutineries de Spithead et du Nore ont eu des répercussions des décennies durant sur la façon dont la Royal Navy allait aborder les questions de mutinerie, de discipline et de résistance. Bien que la mutinerie restera essentiellement un acte collectif destiné à susciter des négociations et à obtenir gain de cause, la discipline allait être grandement resserrée et la désobéissance punie beaucoup plus sévèrement. Parallèlement, on allait aussi s'efforcer de corriger les véritables motifs de plainte, sans nécessairement les associer officiellement à une quelconque sédition. C'est en employant ainsi la technique du bâton et de la carotte que l'on a créé le modèle qu'allaient épouser les capitaines et les officiers supérieurs en Amérique du Nord au cours de la guerre de 1812.

HMS *EPERVIER*

Les actes de mutinerie ne sont pas toujours aussi extrêmes que ceux décrits dans le premier exemple du présent chapitre. Les deux cas suivants, qui remontent à la guerre de 1812, illustrent deux scénarios différents et deux issues différentes. Dans un cas, on a probablement affaire à un désengagement et peut-être à un mauvais pointage délibéré des armes pour éviter d'infliger des pertes à l'ennemi. L'autre cas est une affaire de désertion, de conflit interpersonnel entre officiers et de lettre anonyme adressée à l'amirauté. Les deux histoires se terminent en cour martiale, où elles donnent lieu à des décisions différentes, bien qu'elles concernent le même principe central concernant l'autorité.

Mis en chantier en juin 1812 et achevé en janvier 1813, le HMS *Epervier,* un brick de la classe *Cruizer,* était équipé de seize caronades de trente-deux livres sur le pont de batterie et de deux canons longs de six livres sur le gaillard d'avant[70]. La structure du brick en faisait un navire très polyvalent, qui pouvait servir d'escorte de convoi comme de navire de reconnaissance et naviguer près des côtes pendant les débarquements et les blocus. Pour le Capitaine Richard Wales, ce serait son second commandement, après quatre ans sur le brick *Ferret* (14). Wales prit son nouveau commandement le 11 janvier 1813, à Chatham, en Angleterre, où le navire recevait son gréement et ses provisions[71]. Le 14 janvier, dix fusiliers marins, un caporal et le Sergent Charles Chapman montent à bord, en provenance des casernes du régiment de la marine de Chatham. Au cours des semaines suivantes, les autres officiers, les matelots, les mousses et les fusiliers marins s'embarquent. Le 12 mars, le brick quitte l'Angleterre avec un convoi à destination de la station nord-américaine et de la guerre en Amérique. Le deuxième jour en mer, le Capitaine Wales ordonne six châtiments. Cinq matelots sont punis pour ivresse; l'un d'entre eux reçoit 24 coups de fouet et les autres 12 coups de fouet, alors qu'un fusilier marin a droit à 12 coups de fouet pour malpropreté. Le convoi navigue vers le sud, dépasse le détroit de Gibraltar et oblique vers l'ouest, en direction de l'île de Madère et le passage vers les Indes occidentales. L'équipage du HMS *Epervier* a accepté de partager le butin de toutes les éventuelles captures avec les autres navires de la Royal Navy, le *Sceptre* (74), le *Rifleman* (18) et le *Forrester* (18), qui escortent le convoi vers l'ouest. Cette entente doit rester en vigueur jusqu'à ce qu'ils atteignent la Barbade.

Le convoi entre dans la baie de Carlisle, à la Barbade, le 28 avril 1813, et l'*Epervier* commence alors à jouer son rôle d'escorte des convois naviguant entre les îles Sous-le-Vent. Au début juillet, l'*Epervier* met le cap sur le nord, à destination des Bermudes, puis d'Halifax, où il rejoint l'escadron qui bloque la région de Boston et de Cape Cod. Le 12 novembre, l'*Epervier* mouille dans le port d'Halifax avec les autres navires de l'escadron, quand un ouragan frappe la Nouvelle-Écosse. La tempête malmène l'escadron, mais aucun des principaux bâtiments n'est irrémédiablement perdu ou endommagé. L'*Epervier* a été entraîné vers le rivage, où il s'est échoué et a coulé, sans pertes de vie cependant. Il faut ensuite attendre dix jours avant que les efforts déployés pour renflouer le brick soient couronnés de succès. Les derniers mois de l'année 1813 sont consacrés à la réparation du navire.

C'est à ce moment de l'histoire que le journal de bord du capitaine survivant prend fin. Le journal de bord suivant est jeté par-dessus bord, avec les transmissions et d'autres documents importants, quand l'*Epervier* est capturé par le sloop américain *Peacock*. Arrêtons-nous un instant et prenons le temps d'étudier d'un peu plus près certains des renseignements contenus dans le journal de bord du capitaine qui est parvenu jusqu'à nous, car ils sont pertinents dans le contexte du récit de la capture et du procès en cour martiale qui a suivi. Au cours de la guerre de 1812, les capitaines avaient reçu l'ordre de consigner par écrit les exercices de leurs hommes avec les canons et les armes légères. Entre le départ de l'Angleterre et le 6 novembre 1813, Richard Wales a dirigé 80 exercices de tir au canon et/ou à l'arme légère. Sur la plupart des navires, à l'époque, on devait simuler les manœuvres et aucun tir réel n'avait lieu, les servants devant mimer les drills. Wales écrit qu'il a tenu un seul exercice de tir réel au canon sur un objectif (un tonneau). Il indique aussi que les fusiliers marins se sont entraînés à plusieurs reprises à tirer sur un objectif avec les armes légères. En comparaison des 26 autres navires rattachés à la station d'Amérique du Nord et des Indes occidentales au cours de la guerre de 1812, l'*Epervier* occupe le deuxième rang pour ce qui est du nombre d'exercices de tir au canon et à l'arme légère rapportés dans les journaux de bord des capitaines, bien au-dessus de la moyenne à l'intérieur de ce groupe de 27 navires[72].

Les capitaines consignaient également le nombre d'incidents s'étant conclus par l'administration d'un châtiment corporel à bord du navire. Au cours des 357 jours couverts par le journal de bord de l'*Epervier* parvenu jusqu'à nous, 65 punitions ont été administrées. Vingt-et-un châtiments ont été administrés avant que le navire ne rallie les Indes occidentales, 21 autres dans les Indes occidentales, et 23 autres encore pendant que le brick était avec l'escadron de Halifax. Aucun châtiment n'est rapporté après le passage de l'ouragan du 12 novembre 1813. Le nombre moyen de coups de fouet que Wales infligeait à ses hommes s'élevait à 17,35 (écart-type = 8,52), selon une fourchette de 6 à 36. Dans 29 cas, le châtiment a consisté en 12 coups de fouet, alors que dans 16 cas, c'est 24 coups de fouet qui ont été administrés. Ces chiffres sont beaucoup moins élevés que la moyenne établie pour les 26 autres navires déjà utilisés pour la comparaison du nombre d'exercices de tir au canon et à l'arme légère. La moyenne de coups de fouet pour les 27 navires (les 26 navires dont il est question plus haut et l'*Epervier*) s'élevait à 23,80 (écart-type = 15,22), selon une médiane de 24 et une fourchette de 2 à 300. Le capitaine de l'*Epervier* semble avoir eu moins recours au fouet que les autres navires de la station d'Amérique du Nord et des Indes occidentales au cours de la guerre de 1812[73]. L'utilisation que fait le Capitaine Wales du fouet confirme les observations de John Byrn selon qui le nombre de coups de fouet était peu élevé dans les îles Sous-le-Vent entre 1784 et 1812. Byrn indique en effet que « [...] dans près de 60 pour cent des cas, le nombre de coups de fouet était de douze ou moins »[74].

L'étude de Markus Eder sur les sentences des cours martiales laisse voir des écarts quant au nombre de coups de fouet imposé, selon l'emplacement de la station concernée. Les tribunaux militaires des eaux plus froides de la mère patrie imposaient plus de coups de fouet que ceux des climats plus chauds, comme dans les Indes occidentales. Eder pose l'hypothèse que cela s'explique par l'incidence négative d'un climat chaud sur la santé et le fait qu'il est plus difficile de se rétablir après un tel châtiment sous les tropiques[75]. Wales ne voyait pas les choses de cette façon. Il a fait administrer à 21 hommes aux Indes occidentales une moyenne de 20,67 coups de fouet (écart-type = 9,69) chacun; et quand son navire naviguait avec l'escadron de Halifax, il a puni 23 hommes d'une moyenne de 15,83 coups de fouet (écart-type = 6,74) chacun. C'est au cours de sa traversée de l'Atlantique qu'il a été le plus clément, alors que 19 hommes ont été châtiés en moyenne de 13,58 coups de fouet (écart-type = 6,27) chacun. Les crimes pour lesquels Wales a fait administrer des châtiments corporels comprenaient 23 cas d'ivresse, 21 cas de désobéissance, 8 cas combinant à divers degrés l'outrage, l'insolence, le manque de respect, une attitude querelleuse et la désobéissance, 5 cas de bagarre, 2 cas de malpropreté, 2 cas de désertion et

1 cas de vol et de comportement séditieux. Seulement 3 hommes ont été punis à 2 reprises, les 62 autres n'ont reçu le fouet qu'une seule fois.

Il est également important de tenir compte du nombre de personnes qui ont fui le navire et dont les noms ont été biffés de la liste d'appel[76]. Au total, 23 hommes ont déserté, dont 21 matelots, 1 fusilier marin de troisième classe et un matelot de deuxième classe (mousse). Parmi les 21 matelots, 9 étaient des matelots non brevetés et 7 des terriens[77]. Seuls 4 d'entre eux ont reçu un châtiment prévoyant entre 12 et 36 coups de fouet. L'intervalle entre l'administration du châtiment et la désertion se situait entre 15 et 146 jours, ce qui laisse supposer qu'un châtiment n'était pas un facteur déterminant dans la décision de ces hommes de déserter le navire. Quinze hommes ont déserté à Halifax, 5 dans les Indes occidentales et 3 ont fui le navire avant qu'il ne quitte l'Angleterre. Vingt hommes ont déserté alors qu'ils étaient en service et 3 pendant un congé. Huit hommes ont déserté seuls, alors que les autres ont fui le navire en groupes de 2 à 4 personnes.

Wales a eu des difficultés avec son premier lieutenant, Thomas Favell, qu'il a accusé de quitter le navire sans permission le 31 décembre 1813. Une cour martiale a ensuite établi que le lieutenant n'avait pas voulu délibérément désobéir à son supérieur, mais que sa faute découlait de son ignorance des règles militaires et d'une conception erronée de ses fonctions. Son châtiment s'est limité à la perte de deux années d'ancienneté[78]. Le séjour de Favell à bord de l'*Epervier* tirait toutefois à sa fin, et le 13 janvier 1814, John Hackett prenait sa place[79].

Le HMS *Epervier* était prêt à prendre la mer au début de janvier, et il a navigué jusqu'à la baie de Boston, où il a capturé le navire corsaire américain *Alfred* (16) le 23 février 1814. Lors de son voyage de retour vers Halifax avec son butin, le Capitaine Wales apprend que les prisonniers américains à bord de l'*Epervier* sont en train de tramer un soulèvement avec des membres de son propre équipage dans le but de se saisir du navire et de mettre le cap sur un port américain. Wales réussit à garder le contrôle de son navire, en partie parce qu'une tempête s'est levée, ce qui obligeait tous les hommes à coopérer pour survivre. À son arrivée à Halifax, Wales envoie une lettre au Vice-amiral Sir John Borlase Warren pour l'informer de la quasi-mutinerie avec laquelle il a dû composer[80]. Après le départ des prisonniers américains, les choses ont semblé se calmer et le 3 mars, l'*Epervier* prenait la mer à destination des Indes occidentales comme escorte d'un convoi.

En partance de La Havane le 25 avril 1814, avec à son bord 118 000 $ US destinés à Halifax, le HMS *Epervier* se dirige vers le nord, formant convoi avec un navire marchand à destination des Bermudes. Au lever du jour le 29 avril, une voile étrangère est visible droit devant. À 8 h ce matin-là, on identifie le navire étranger comme étant un bâtiment de guerre gréé en carré. À 9 h 20, c'est le branle-bas de combat à bord de l'*Epervier* qui se prépare à affronter le navire étranger qui se laisse porter vers lui. Le bâtiment non identifié se révèle être le brick *Peacock* des États-Unis, qui a à son bord vingt caronades de trente-deux livres et deux canons longs de dix-huit livres[81]. Le combat commence vers 9 h 50, alors que les deux sloops sont à une demi-portée de canon l'un de l'autre. Les choses se gâtent dès le premier feu de bordée de l'*Epervier*. Trois des affûts coulissants des caronades de la plage arrière à tribord débarquent au moment de la mise à feu. Les tire-fond utilisés pour fixer chacun des affûts coulissants au pont n'étaient pas assez solidement enfoncés dans le barrot de pont, directement sous le pont, à l'endroit où se trouvait le canon. Les hommes remettent les canons en place, replacent les tire-fond et recommencent à tirer. Les efforts que les servants doivent déployer après chaque tir pour replacer la caronade au-dessus des ouvertures prévues pour les tire-fond et pour ensuite remettre ces chevilles en place nuisent beaucoup à leur efficacité au combat. Les canons de la plage avant ne sont guère plus efficaces, trois hommes ayant été tués et cinq autres blessés. De plus, un canon a fait sauter sa goupille de sûreté et un autre a perdu une clavette de fermeture servant à maintenir les câbles qui limitent le recul des caronades, ce qui les rend inutilisables. Plusieurs des canons de bâbord sont aussi débarqués au moment de la mise à feu parce que leurs tire-fond s'étaient desserrés. Les derniers canons sont neutralisés par le tir ennemi. À 10 h 50, il ne reste qu'un canon en état de tirer, à bâbord, mais c'est du côté opposé aux Américains. Et en plus de ces problèmes, plusieurs hommes refusent de prendre part au combat, s'éloignant des canons.

Cinquante minutes après le premier coup de feu, l'*Epervier* est presque devenu une épave. Quatre pieds et demie d'eau ont envahi la cale, la bôme du mât d'artimon est tombée sur la barre, les boulets ont réduit en lambeaux le gréement courant et le gréement dormant, et toutes les vergues sont endommagées. Wales comprend que la victoire est hors de portée et avec six morts et neuf blessés sur un équipage de 114 hommes, il abaisse le pavillon britannique et l'*Epervier* se transforme en butin. Le navire américain *Peacock* s'en est beaucoup mieux tiré : aucun boulet n'a atteint sa coque et le gréement et la vergue de misaine n'ont subi que des dommages mineurs.

La cour martiale qui a ensuite été convoquée pour juger Wales et ses hommes relativement à la perte du sloop se concentre sur deux éléments : les exercices de tir tenus par Wales, d'une part, et les hommes qui ont abandonné leur poste pendant le combat, d'autre part. On demande aux sept témoins appelés à comparaître de quelle manière Wales dirigeait les exercices de tir et surtout, si les canons avaient jamais fait feu avant le combat. Tous les témoins déclarent sans hésiter qu'aucun tir réel n'a eu lieu avant l'ouragan à Halifax. Le Capitaine Wales et le Lieutenant Hackett expliquant qu'ils ont été trop occupés à remettre en place le gréement après avoir repris la mer en janvier 1814, et qu'ils n'ont pas eu le temps d'entraîner les hommes. En mars, ils n'ont pas pu s'exercer avec de la poudre sur un objectif parce que le beaupré et le mât de misaine s'étaient gondolés et qu'il fallait y voir. Plusieurs témoins ont déclaré que des simulations avaient lieu tous les soirs, sauf quand le temps ne s'y prêtait pas[82]. Tous les témoins convenaient que les hommes savaient manœuvrer les canons, mais qu'ils n'avaient pas pu s'entraîner suffisamment au tir réel. Un seul canon avait été mis à feu depuis le mois de novembre, et c'était pour tester le palan de sûreté latéral que l'on avait réparé après le passage de l'ouragan. Le Lieutenant Harvey a indiqué que le palan avait tenu. Les Lieutenants Hackett et Harvey ont déclaré à la cour que moins de 20 hommes avaient eu leur baptême du feu dans l'équipage. Lors de son témoignage, le quartier-maître James Boyd a indiqué qu'il avait passé « 30 ans en mer, dont 15 au service du Roi, sans jamais prendre part à un combat » avant celui du 29 avril.

Quant aux hommes qui avaient refusé de se battre, Wales n'a pu identifier que quatre d'entre eux. Il a dû reconnaître devant la cour qu'il ne connaissait pas très bien son équipage puisque des recrues de l'Angleterre avaient remplacé de nombreux hommes sur le navire en décembre 1813. Deux des hommes ont déclaré être des Américains, d'où leur refus de se battre. Après la bataille, ils ont joint les forces navales américaines. Finalement, seulement huit hommes ont été reconnus coupables d'avoir abandonné leur poste pendant le combat. Les membres de l'équipage qui avaient été faits prisonniers n'ont pas tous quitté l'Amérique pour être traduits en cour martiale, et on ne sait pas combien d'entre eux sont revenus au juste. Trois des hommes qui avaient refusé de se battre ont été affectés à bord de divers navires de la station des Indes occidentales quand ils ont été renvoyés aux Bermudes à partir des États-Unis. Le maître de manœuvre Joseph Dean n'a pas été traduit en cour martiale en même temps que Wales et a été destitué pour ne pas avoir manifesté « la diligence et l'attitude exemplaire attendus d'un officier dans pareille situation »[83]. La cour martiale convoquée pour Wales a conclu que les officiers et les membres d'équipage non identifiés qui avaient refusé de se battre n'étaient pas à blâmer pour la perte du HMS *Epervier* et ont par conséquent été acquittés[84].

Pendant leur témoignage, les officiers et les sous-officiers ont parlé de la grande vulnérabilité de leur équipage, en utilisant des formules comme « leur faiblesse » et « des hommes qui n'étaient pas de vrais marins », « leur manque de vigueur » et « des hommes en apparence en très mauvaise santé », et « je n'avais jamais vu un équipage aussi médiocre sur tous les plans ». Le premier officier David Gorlan souligne que l'équipage du navire avait été réuni au Nore, comme si en évoquant la mutinerie de 1797 au Nore, il rendait plus crédible son constat navrant. Wales reprochait à l'équipage sa faiblesse, son âge (selon James, deux hommes avaient 70 ans) et le fait qu'il était composé d'étrangers[85]. La feuille d'appel du navire infirme de telles déclarations. Le jour de l'affrontement avec le *Peacock*, l'*Epervier* avait à son bord 83 matelots et officiers, 16 mousses volontaires et 16 fusiliers marins. Parmi les 114 hommes à bord au moment de la bataille, 105 avaient indiqué leur âge et il figurait sur la liste d'appel. L'âge moyen de l'équipage était de 26,04 ans (écart-type = 8,78), selon une fourchette de 13 à 53. Cet âge correspond à l'âge moyen, établi à partir des documents disponibles, des équipages des fusiliers marins britanniques et américains à cette époque[86]. Les hommes dont l'âge n'était pas indiqué étaient des officiers et des sous-officiers, dont aucun ne pouvait avoir 70 ans. Les matelots du HMS *Epervier* n'étaient pas plus vieux que ceux de n'importe quel autre navire de la Royal Navy au cours de la guerre de 1812. Quant à leur lieu d'origine, 71,34 pour cent des hommes étaient britanniques, alors que 15,29 pour cent venaient d'ailleurs, dont l'Amérique et l'Europe. Les officiers et les sous-officiers, qui étaient vraisemblablement tous d'origine britannique, représentaient 11,46 pour cent des membres d'équipage dont le lieu de naissance n'était pas indiqué dans les registres. L'*Epervier* venait au deuxième rang quant au pourcentage de matelots nés à l'étranger parmi les 25 navires dont on s'est servi pour récolter les données destinées à alimenter l'étude en cours de Thomas Malcomson sur les moyens employés pour assurer l'ordre hiérarchique au sein de la Royal Navy pendant la guerre de 1812 et sur les comportements qui venaient troubler cet ordre[87]. L'*Epervier* comptait le plus grand nombre de marins originaires des Indes occidentales (4,12 pour cent) et venait au troisième rang quant au pourcentage d'hommes d'origine américaine (5,10 pour cent)[88]. Si le pourcentage précédemment mentionné de 14 pour cent correspondait à la moyenne à cette époque, 15,29 pour cent n'était pas beaucoup plus élevé; mais si la moyenne se rapprochait davantage de 10 pour cent, Wales aurait eu dans son effectif plus d'étrangers que ce qui était habituel à l'époque.

Wales déplorait aussi que les hommes nouvellement arrivés à la station aient remplacé une grande partie de son équipage. Il déclarait ne pas avoir eu le temps de connaître ses nouveaux matelots, mais il les jugeait faibles. La feuille d'appel révèle que 32 des 114 hommes à bord au moment de la capture s'étaient embarqués sur l'*Epervier* après le 17 novembre 1813. Par conséquent, 28,07 pour cent des hommes de Wales venaient en fait de monter à bord et étaient probablement tellement novices qu'ils en ont perturbé la discipline et le savoir-faire que Wales avaient réussi à établir avant l'ouragan. Wales a déclaré ne pouvoir nommer tous ceux qui avaient quitté leur poste au cours du combat parce qu'ils ne connaissaient pas bon nombre des fautifs parmi le groupe des 32 nouveaux arrivés qu'il avait sous ses ordres depuis quatre mois. Il est un peu étrange que Wales et ses lieutenants n'aient pas su leurs noms après tout ce temps.

Sir Edward Codrington, le capitaine de la flotte de la station nord-américaine au cours de la seconde moitié de l'année 1814, a dit, au sujet de la perte de l'*Epervier*, « [...] le plus déplorable dans cette histoire, c'est que notre sloop a été mis en pièces, alors que l'autre navire n'a à peu près pas été touché! ». Dans une lettre à son épouse, il fait remarquer que Wales est le neveu de Sir John Borlase Warren, et il affirme que les officiers qui ont bénéficié d'un « passe-droit parce qu'une influence a été exercée » pour qu'ils prennent le commandement des navires de la marine « devraient être démis de leurs fonctions ». Codrington poursuit comme suit :

On prétend que les hommes du boucher Corbett avaient
le moral au plus bas jusqu'à ce qu'il soit blessé et

transporté en bas. Le même genre de réputation flotte autour du nom du Capitaine Galpobi, dont le navire n'a pas réagi aussi bien que ce que la discipline supposée régner à bord le laissait prévoir. Le même constat s'applique à bon nombre de ce que nous appelons nos navires d'élite, dont les hommes, parce qu'ils ont subi la tyrannie, étaient heureux que les Américains les capturent, convaincus que ce serait à leur avantage.

L'historien Robert Gardiner pense que « Corbett » était un pseudonyme de Wales et « Galpobi » du Capitaine J.S. Carden, qui avait perdu le *Macedonian* aux mains du *United States* le 25 octobre 1812[89].

HMS *ESPIEGLE*

L'histoire du HMS *Espiegle*, un brick de classe *Cruizer*, et de la révolte de ses hommes contre leur capitaine s'est déroulée différemment et l'issue en a aussi été différente[90]. La liste d'appel de l'*Espiegle* nous apprend que l'équipage était pour une grande part britannique, à hauteur de 67,86 pour cent, avec un pourcentage appréciable d'étrangers de 19,64 pour cent[91]. Comme dans le cas de l'*Epervier*, le lieu de naissance des officiers, qui formaient 10,71 pour cent des membres d'équipage inscrits sur la liste d'appel, n'était pas indiqué. Les Européens formaient 9,82 pour cent de l'ensemble de l'équipage, et les natifs des États-Unis en représentaient 5,36 pour cent. L'équipage de l'*Espiegle* comptait plus d'étrangers que celui de l'*Epervier*. L'âge moyen des hommes à bord de l'*Espiegle* était de 24,20 (écart-type = 8,85), selon une fourchette de 11 à 52, ce qui est légèrement inférieur à l'âge moyen de l'équipage de l'*Epervier*, ce qui s'explique sans doute par la présence d'un plus grand nombre de mousses sur le premier[92].

L'*Espiegle* leva l'ancre à Spithead le 27 janvier 1813, escortant un convoi à destination des Indes occidentales et arriva à Demerara le 22 février, où le Capitaine John Taylor trouva le sloop HMS *Peacock* à l'ancre. Le Capitaine Taylor a alors ordonné au premier lieutenant George Dougal et au second lieutenant George Dyer de changer les mâts de hune et de remettre le

La frégate United States *capture le* Macedonian, *1812. (Bibliothèque et Archives Canada C-4847)*

gréement dormant en place pendant qu'il serait à terre pour discuter de la défense du port de Demerara avec le gouverneur Carmichael. Le *Peacock* a levé l'ancre le 24 février et rencontré le sloop américain *Hornet*, qui était à la recherche de l'*Espiegle*. Le *Hornet* remporta le combat qui s'ensuivit contre le *Peacock*, blessant 30 de ses hommes et tuant son capitaine, William Peake, et sept autres marins au passage.

Le Lieutenant Dougal déclara plus tard, lors des audiences de la cour martiale devant laquelle était traduit le Capitaine Taylor, que le jour de la bataille, il avait aperçu une voile étrangère voguant vers le *Peacock* pour l'intercepter, mais que le combat s'était déroulé hors de vue de l'*Espiegle*. En l'absence de son capitaine et le gréement du navire démonté et étalé sur le pont, il n'y avait rien que les membres de l'équipage du sloop auraient pu faire pour venir en aide à leurs camarades. Quand on lui a demandé pourquoi il n'avait pas envoyé une chaloupe avertir le capitaine, Dougal répondit que lorsque le sloop était en rade de Demerara, il était très loin du rivage et de la ville où le capitaine s'était rendu.

Le Capitaine Taylor était de retour sur son navire le matin du 26 février, et il annonça à ses hommes, après qu'il l'eût apprit du gouverneur, que le *Peacock* avait été coulé. C'est dans la fébrilité qu'il reprit rapidement la mer à la recherche du *Hornet*. Il ne trouva rien, si ce n'est les débris du sloop anéanti. Il revint vers la côte du Suriname, avant de prendre la direction de la Barbade. Là-bas, le matelot Joseph Preston déserta pendant qu'il était en service à terre. Lors de leur passage suivant à la Barbade, le Capitaine Taylor interdit aux canots de provisions de quitter l'*Espiegle,* craignant que d'autres hommes ne désertent le navire, une méthode qu'il avait déjà appliquée à Spithead, avant leur départ. Aux dires du Lieutenant Dougal, des murmures de mécontentement se firent entendre parmi les hommes, outrés du refus du capitaine de les laisser descendre à terre, un répit qu'ils considéraient comme un droit[93].

La liste d'appel montre que seulement dix hommes ont réellement déserté l'*Espiegle*, et aucun avant le départ de l'Angleterre à destination des Indes occidentales. Sept hommes ont déserté à St. Thomas, un à la Barbade et deux à Demerara. Tous ces déserteurs étaient des matelots. Le journal de bord du capitaine révèle toutefois que plus d'hommes ont déserté que ce qui a été consigné sur les feuilles d'appels, et que certains des déserteurs avaient tenté à plusieurs reprises de fuir auparavant. Neuf autres matelots sont inscrits dans le journal de bord comme étant en fuite, mais aucun « R » (pour *running*) n'apparaît à côté de leur nom sur la liste d'appel, alors qu'il en aurait fallu un, lorsque celle-ci a été remise après février 1814. Le « R » manquant le plus étonnant est celui qui aurait dû être accolé au premier officier John Smith, qui a fui le navire le 19 juin 1813, après avoir été mis aux arrêts pour une infraction non précisée depuis le 28 mai. Le journal de bord signale la désertion de onze hommes, tous repris par la suite. Trois de ces hommes ont fui de nouveau. Le matelot James Roach a déserté une première fois le 31 mai 1813 à Demerara, en compagnie de Richard Finnis. Finnis a réussi à s'enfuir, mais Roach était de retour sur le navire le 21 septembre. Le même jour, James Griffin, qui avait déserté le 27 août, était lui aussi de retour. Griffin et quatre autres hommes qui étaient revenus avec Roach ont été punis le lendemain de 24 ou 36 coups de fouet, alors que Roach, pour une raison qui demeure inconnue, ne l'a pas été. Même après qu'on lui ait ainsi fait grâce, le matelot James Roach a quitté le navire pour de bon le 15 octobre 1813, et Griffin a réussi à fuir le 1er décembre 1813. L'autre matelot à s'être enfui à deux reprises se nommait James Cameron. Cameron a déserté une première fois le 15 août, a été capturé le

9 septembre et s'est enfui à nouveau onze jours plus tard. C'est en août et en septembre que la plupart des désertions ou des tentatives de désertion ont eu lieu. Bien que seuls trois hommes sont inscrits comme ayant déserté sur la liste d'appel au cours de cette période, on trouve treize désertions et deux tentatives de désertion dans le journal de bord[94].

On comprend mieux les raisons qui ont incité les hommes à fuir en si grand nombre quand on examine de plus près les sanctions à bord de l'*Espiegle*. Une des accusations qui pesait sur John Taylor était formulée comme suit : « [...] constamment prendre à leur endroit [les matelots] des mesures sévères et cruelles, comme frapper les malades et faire fouetter des hommes portés malades ». La cour a appris que les matelots Francis Sturgess, Roger Preston, Thomas Wallis et James Duncan avaient tous été portés malades quand ils ont été frappés par l'un des deux seconds maîtres de manœuvre, conformément aux ordres du Capitaine Taylor, pour diverses infractions. Sturgess, Preston et Duncan avaient des ulcères aux jambes et aux mains et ont été frappés pour divers motifs indéterminés, Duncan à répétition. Le cas qui a cependant le plus retenu l'attention de la cour demeure celui de Thomas Wallis. Wallis a été frappé sur l'ordre du capitaine pour avoir fumé sur l'échelle avant qui relie le pont inférieur au gaillard d'avant. Taylor avait autorisé les membres de son équipage à fumer exclusivement sur le gaillard d'avant. Lors de son témoignage, le second maître de manoeuvre Richard Marchant a déclaré qu'il avait donné à Wallis 25 coups avec une lanière de 2 pouces et demi. Le second maître de manoeuvre John Foley a ensuite pris la place de Marchant et donné 20 autres coups à Wallis. La cour a pu confirmer que Wallis ne portait pas sa veste pendant qu'on le frappait. Le capitaine a ensuite accusé Wallis d'avoir dit qu'il fumerait encore ailleurs que sur le gaillard d'avant, ce pourquoi Taylor a fait fouetter Wallis sur la passerelle. Le médecin de bord a fait interrompre le châtiment après six coups, disant que Wallis ne pouvait en endurer davantage. Par la suite, le dos de Wallis était « tout enflé par grandes plaques noires » et « très noir partout ». Il a ensuite été porté malade huit jours supplémentaires.

La cour a aussi entendu des témoignages attestant que Taylor avait donné l'ordre de punir des hommes portés malades. Le médecin avait donné congé à John Warm, car celui-ci souffrait de rhumatismes. Taylor a puni Warm de 36 coups de fouet parce qu'il ne croyait pas que le matelot avait des rhumatismes, ce dernier n'ayant pas encore trente ans. De même,

John Roach, alors qu'il était un peu « sonné », s'en prit verbalement au second maître de manœuvre Francis Smith. L'entendant, le canonnier William Checkley a menacé de le dénoncer. Roach se mit alors à engueuler Checkley, qui jugea ses propos séditieux. Checkley empoigna un aviron et frappa Roach à la tête, lui causant une importante contusion, ce qui fit porter Roach malade. Trois jours plus tard, alors qu'il n'était toujours pas rétabli, Roach a été puni pour son comportement envers le canonnier. Quand le médecin s'est opposé, le capitaine lui a répondu qu'« il ne savait pas comment faire une pilule » et qu'il allait bel et bien châtier cet homme. Roach a alors reçu de 24 coups de fouet et a ensuite être porté malade trois semaines additionnelles. Comme on l'a déjà dit, John Roach a déserté le navire à deux reprises; il a réussi à s'enfuir pour de bon la seconde fois.

On dénombre 70 châtiments infligés à 54 des 139 hommes de l'*Espiegle*. Quarante-six hommes ont été châtiés une fois, six deux fois, un trois fois, et John Jones a fait l'expérience de sept sanctions[95]. Le nombre moyen de coups de fouet était de 21,31 (écart-type = 8,76), selon une fourchette de 6 à 48. Dans 36 pour cent des cas, on a donné 24 coups de fouet, alors que dans 30 pour cent des cas, 12 coups de fouet ont été donnés. Soixante-cinq des 70 châtiments ont été administrés à la suite d'une seule faute, et un à la suite de deux fautes. Dans quatre cas, on ne dispose d'aucune information sur le nombre de fautes commises. Dans 47 cas, 18 à 48 coups de fouet ont été donnés, alors que dans 23 cas, de 6 à 12 coups de fouet ont été administrés. Cinquante châtiments corporels ont été administrés entre juin et octobre, une période au cours de laquelle les désertions atteignaient un sommet. Taylor semble avoir recouru au fouet plus souvent et plus sévèrement que ne l'avait fait Wales.

L'obsession du lavage et nettoyage du navire qui habitait le Capitaine Taylor était une autre source de plaintes de la part des matelots. Les officiers, les sous-officiers et les matelots qui ont témoigné devant la cour martiale ont confirmé que les matelots détestaient la corvée quotidienne qui consistait à briquer et à laver les ponts, un rituel qui commençait à 4 h et qui durait quatre heures, avec une pause d'une heure pour le petit déjeuner. Une fois par semaine, ce rituel durait jusqu'à 11 h 30, et ce, même quand le temps était très chaud sous la latitude des Indes occidentales. Les matelots devaient travailler jusqu'à très tard le soir, et les hommes déploraient le peu de temps que cela leur laissait pour se reposer. Au cours du voyage de retour d'Amérique du Nord, les hommes qui ne faisaient pas le guet ne pouvaient pas descendre, car ils devaient rester sur le pont, en plein soleil. Taylor punissait le dernier homme à ranger son hamac le matin en lui faisant polir la cloche du navire. Les hommes se levaient donc plus tôt afin de ranger leur hamac avant que ne retentisse le sifflet du maître de manœuvre annonçant le moment de remonter les hamacs.

Les matelots n'étaient pas les seuls à devoir supporter le comportement abusif de Taylor, puisque les officiers subalternes étaient également victimes de ses accès de rage. Taylor a eu des affrontements avec les lieutenants Dougal et Dyce, le médecin B.E. Omeara, le premier officier John Smith, l'aspirant de marine Henry Powell et le charpentier. On ne sait rien de l'incident avec John Smith, mais il fut assez grave pour que Smith déserte le navire après trois semaines aux arrêts. Les interventions du médecin lors de l'administration des châtiments et des coups de fouet enrageaient Taylor qu'il démit le médecin de ses fonctions. Le 4 novembre 1813, le médecin Omeara de l'*Espiegle* changeait de place avec le médecin Hall du *Goliath* (58). Taylor a également consigné le charpentier à ses quartiers pour être rentré ivre d'un travail à terre à Demerara. Interdit de sortie, sauf pour aller à la rotonde, et avec une sentinelle postée à sa porte pour veiller à ce qu'il reste dans ses quartiers, le charpentier a commencé à divaguer après trois semaines. Il a alors fallu lui enfiler une camisole de force pour contenir sa fureur. La cour a appris que le charpentier avait connu d'autres épisodes de délire, ce qui semble-t-il lui arrivait souvent quand il avait trop bu.

Les lieutenants Dougal et Dyer ont aussi été assignés à leurs quartiers et ont perdu leurs serviteurs à l'automne 1813[96]. Dyer a été confiné à sa cabine pour avoir tenu des propos offensants à l'endroit du Capitaine Taylor. Il a passé une semaine dans sa cabine, après quoi Taylor l'a fait venir sur le gaillard d'arrière et l'a réinstallé dans ses fonctions. Dougal a été assigné à ses quartiers du 24 novembre 1813 au 1er février 1814 pour ne pas avoir empêché les hommes de la grande hune de laisser tomber le boutehors de bonnettes du grand perroquet. Taylor qualifia Dougal de « vaurien ignorant » sur le gaillard d'arrière, devant les matelots et les fusiliers marins, puis il l'a confiné à sa cabine pour avoir tenté de discuter. Alors que le navire approchait de Cork, en Irlande, Taylor libéra Dougal et lui offrit de lui serrer la main et d'oublier l'incident. Taylor insultait constamment ses officiers en public en leur lançant des injures comme « fils de pute ignorant », « petit morveux imbécile » et « sale crapule ». On a également accusé le Capitaine Taylor de ne pas avoir tenu d'exercices de tir au canon et à l'arme légère. On a compris au fil des témoignages que pendant toute la durée du voyage, le capitaine n'a tenu que quatre exercices, un canon ayant été mis à feu à deux reprises. Même si les hommes polissaient l'armement tous les jours, ils n'ont pas appris à s'en servir.

C'est à la suite d'une lettre anonyme envoyée à l'amirauté que leurs Seigneuries ont été informées de la situation, d'où la convocation d'une cour martiale à Portsmouth, qui a siégé du 23 au 26 février 1814. Taylor a d'abord défendu son honneur pour ce qui est de ne pas être venu à la rescousse du *Peacock*, accusant un tiers inconnu de vouloir détruire sa réputation. Sur la question du *Peacock*, il expliqua qu'il était absent pour des motifs officiels et rappela à la cour qu'il avait été démontré que le sloop avait été démonté pour être réparé. Il rejeta les autres accusations, qu'il jugeait trop vagues et nombreuses pour être réfutées adéquatement, en affirmant qu'il est « dans la nature humaine d'être insatisfait et de se plaindre [....] ». Taylor déclara que les matelots avaient eu droit à une permission au Suriname chaque jour, huit matelots et deux fusiliers marins pouvaient s'absenter 20 heures. Il avait interdit seulement deux fois de mettre les canots de provisions à l'eau, par crainte que des hommes n'en profitent pour déserter.

Il rejeta aussi les allégations selon lesquelles il aurait fait fouetter des malades et puni des hommes portés malades, bien qu'il admit ne pouvoir prouver ses dires; il n'avait que sa parole à offrir. Au sujet des matelots identifiés comme ayant été souvent fouettés, Taylor dit d'eux qu'ils étaient « des hommes très paresseux et sales, qui se comportaient de façon dégoûtante ». Il n'avait châtié que ceux qui étaient « les plus apathiques ou retors ». Taylor fit remarquer qu'au cours des cinq derniers mois, seuls ceux qui le méritaient avaient été fouettés. Concernant les innombrables heures consacrées au nettoyage du navire, Taylor répondit qu'aucun homme n'était décédé des suites d'une maladie depuis que le navire avait quitté l'Angleterre. Quant à sa façon de s'adresser à ses hommes, Taylor admit qu'il pouvait être dur, mais il pria les officiers de la cour de reconnaître que la conduite de certaines personnes ou la situation pouvait parfois être tellement exaspérante que n'importe quel capitaine se serait mis en colère. Pour ce qui est des exercices de tir au canon, Taylor joua une carte qui a peut-être influé sur la décision de la cour. Il affirma que c'était en raison de son expérience de capitaine qu'il pouvait décider de ce qui devait être fait et de ce qui pouvait attendre. Taylor rappela à la cour que « si un capitaine ne peut prendre de telles décisions, qui est investi d'un tel pouvoir? ».

Outre les éléments mentionnés ci-dessus, la cour entendit des témoignages selon lesquels le Capitaine Taylor était souvent ivre. Il semble qu'il buvait au dîner, et même s'il restait capable de remplir ses fonctions, comme l'a attesté un témoin, il était « différent après dîner [...] plus impatient et violent ». Les accusations d'ivresse et de non-assistance au *Peacock* contre le *Hornet* ont été rejetées, la cour qualifiant cette dernière accusation de « scandaleuse et non fondée ». La cour a également conclu qu'il n'était pas coupable d'avoir refusé à l'équipage « les avantages habituels du service » quand le navire mouille dans un port, pas plus qu'elle ne l'a jugé coupable d'avoir traité « l'équipage du navire de telle façon qu'il était toujours dans un état proche de la mutinerie ». La cour prononça un verdict de culpabilité à l'endroit du Capitaine John Taylor pour « certaines mesures de sévérité prises envers l'équipage du navire, [et] le fait qu'il avait négligé d'entraîner suffisamment les hommes du sloop au tir au canon »[97]. Les comportements qui semblent toutefois avoir été au fondement de la peine imposée à Taylor sont les « mesures oppressives qu'il a prises à l'endroit de certains des officiers », les « propos absolument scandaleux » qu'il a tenus en s'adressant au Lieutenant George Dyer et sa conduite générale, qui a été qualifiée d'« indigne d'un officier et d'un gentleman ». La cour suspendit Taylor de la marine, tout en formulant une recommandation de réintégration[98].

La décision de la cour confirmait la position des officiers subalternes qui réclamaient le droit d'être traités avec équité et courtoisie par leur capitaine, cela s'inscrivant dans le processus qui ferait d'eux des gentlemen aussi un jour. La cour a à peine reconnu tout ce que les matelots avaient dû endurer sous la férule du Capitaine Taylor. L'expression « certaines mesures de sévérité » minimise ce qu'ils ont souffert. La question de Taylor à savoir « qui est investi de ce pouvoir » a peut-être créé un malaise parmi les officiers de la cour, car si les griefs de l'équipage à propos de leurs conditions de travail aboutissaient à la destitution du capitaine, on risquait de voir d'autres équipages exiger la convocation d'une cour martiale pour se débarrasser d'un officier détesté. Il se peut qu'en raison des expériences antérieures de

Spithead et du Nore, la cour ait jugé qu'il valait mieux ne pas trop accorder d'importance aux plaintes des matelots. Ces griefs devaient être minimisés pour éviter la création d'un précédent qu'auraient pu invoquer d'autres matelots par la suite. Il est intéressant de voir que même si cela était interdit depuis 1809, les nombreuses fois où les matelots de l'*Espiegle* ont été fouettés n'ont suscité aucune remarque parmi les gentlemen de la cour.

Pourtant, c'est exactement à la suspension d'un officier haï que l'on assiste dans cette histoire. La lettre anonyme, sans doute rédigée par Dougal, dans laquelle étaient abordés tant les griefs des officiers que le risque d'une mutinerie dans l'équipage, a été l'élément déclencheur de la convocation d'une cour martiale. La preuve irréfutable des mesures cruelles que Taylor avait prises envers ses officiers subalternes et la description détaillée des châtiments infligés à des hommes malades, à quoi s'ajoute le portrait d'un homme ivrogne et violent jusqu'à la méchanceté, ont suffi à justifier son expulsion de la marine. Parce que les officiers subalternes et les matelots ont réussi à parler d'une seule voix devant la cour martiale, ils se sont mobilisés et ont réussi à se débarrasser de façon légitime de leur capitaine honni et probablement tyrannique. En un sens, ce fut une « mutinerie par voie de cour martiale ».

Dans le cas de l'*Epervier*, le Capitaine Wales jouissait de l'appui de ses officiers subalternes, qui convenaient que toutes les mesures qui auraient pu permettre de combattre efficacement l'ennemi avaient été prises. Pas un seul officier subalterne n'a laissé entendre que l'absence d'exercices de tir réel pouvait avoir contribué à la perte du navire. Il faut toutefois souligner que si Wales avait mené de tels exercices, on aurait su que les goupilles de sûreté et les tire-fonds étaient défectueux, et le problème aurait été corrigé. Le fait que des hommes aient quitté leur poste aux canons dénote aussi un autre problème important au niveau du leadership de Wales. On ne sait pas combien d'hommes en tout se sont éloignés des caronades pendant le combat. Au cours de l'engagement, pas un seul boulet n'a atteint la coque du sloop américain, et pas un seul Américain n'a été tué. Cela, conjugué au fait que bon nombre des matelots de l'*Epervier* sont restés aux États-Unis plutôt que de revenir sous le contrôle des Britanniques lors d'échanges de prisonniers, laisse supposer que de nombreux canonniers ne voulaient pas du tout se battre. Parce qu'ils souhaitaient changer de situation, des membres de l'équipage du HMS *Epervier* ont délibérément perdu la bataille et sont entrés aux États-Unis en tant que prisonniers. Dans ses conclusions, la cour a néanmoins attribué la perte de l'*Epervier* à des chevilles défectueuses, à un ennemi mieux armé et à un équipage médiocre.

Il semble que la cour ait minimisé le rôle actif qu'ont joué les équipages respectifs dans chacun des scénarios. Dans le cas de l'*Espiegle*, en déclarant Taylor coupable de seulement « certaines mesures de sévérité » et non de « cruauté répétée envers les matelots », on réduit l'importance de ce que les matelots ont vécu dans la décision de la cour de renvoyer Taylor de la marine. Dans le cas de l'*Epervier*, en dépeignant les hommes de l'équipage comme des êtres frêles et souffreteux, on en fait des acteurs passifs des événements, ce qui estompe leur contribution réelle à la défaite. En dépouillant les matelots de l'*Epervier* et de l'*Espiegle* de leur influence dans la tournure des événements, les juges préservaient l'image d'officiers qui étaient toujours restés en contrôle de la situation. Que Codrington ait voulu ou pas parler de Wales et de Carden dans sa lettre, ce qu'il faut comprendre de ses remarques, c'est que tous n'ont pas été dupes du déni par la cour des agissements des matelots et des fusiliers marins sur les navires de Sa Majesté. Les peines imposées ont aussi permis aux membres de la cour de ne pas prononcer le plus terrible et le plus redouté des mots: « mutinerie ».

CONCLUSIONS

L'expérience de la mutinerie dans la Royal Navy en Amérique du Nord reproduisait largement les expériences vécues dans les eaux anglaises, avec les troubles de Spithead et du Nore. À la suite de la mutinerie du Nore, on a redéfini la discipline, et on s'est mis à compter beaucoup plus sur les fusiliers marins pour maintenir l'ordre à bord des navires, délaissant les liens hiérarchiques et sociaux qui étaient auparavant la norme entre les officiers mariniers supérieurs et les matelots chevronnés et leurs officiers. L'expérience était également différente à cause de l'existence des États-Unis à titre d'État autonome après 1783, des besoins grandissants du pays en marins compétents en raison de la multiplication des échanges commerciaux et de la possibilité pour les hommes de fuir vers une société semblable, sans oublier la marine américaine qui offrait une meilleure solde et des périodes de service plus courtes.

Les changements fréquents de leadership ainsi que la rupture des liens de confiance et la dégradation de la loyauté entre les membres de l'équipage d'un navire, comme cela se produisait quand les capitaines changeaient de navire accompagnés de leurs partisans, sont peut-être également des facteurs qui ont alimenté les soulèvements, comme on le constate dans les cas du *Latona* et de l'*Epervier*. L'arrivée massive de terriens dans la marine, que ce soit à titre de volontaires ou de conscrits forcés, a aussi joué un rôle, bien qu'on ne doive pas en exagérer l'importance. Outre les problèmes que posaient l'apprentissage de la discipline à de vastes cohortes de recrues et leur entraînement, certains de ces nouveaux marins étaient à n'en pas douter plus instruits et éduqués. Ils étaient ainsi plus en mesure de faire connaître leurs griefs à l'amirauté, de s'organiser, de discuter de leur situation avec les sous-officiers et les autres officiers subalternes (comme cela a pu être le cas sur l'*Espiegle*) ou de communiquer par écrit avec d'autres équipages, comme lors du séjour du *Latona* à Saint-Michel. On peut encore se demander si un service militaire obligé a pu créer un sentiment d'appartenance britannique parmi les hommes, ou si la diversité ethnique dans la cale n'a pas plutôt été un facteur d'agitation. C'est pourquoi quand Waldegrave a fait appel au sens de l'honneur anglais de son équipage, il n'a sans doute pas beaucoup touché les terriens d'origine écossaise et irlandaise parmi ses hommes, à l'instar des Américains à bord de l'*Espiegle* et de l'*Epervier*, qui n'avaient pas très envie de combattre leurs compatriotes pour le compte des Britanniques[99].

Les mutineries pacifiques « axées sur la défense des intérêts », qui se déroulaient conformément aux « règles » officieuses et implicites qui régissaient ce genre de protestations étaient souvent, au XVIIIe siècle, une soupape qui permettait aux hommes de décompresser et aux officiers intelligents de négocier une entente pour régler les griefs avant que la marmite n'explose et que les choses ne dégénèrent et prennent une tournure plus violente. Quand les « règles » ont commencé à changer vers la fin du siècle et que la violence s'est répandue des deux côtés, la marine a continué d'éviter de parler de « mutinerie ». Les capitaines ont vraisemblablement essayé de régler la situation par des procès sommaires dans le plus grand nombre de cas possibles afin d'éviter de devoir recourir à une cour martiale officielle, ce qui aurait pu ternir leur image de commandant. Les hommes sont régulièrement fouettés pour avoir tenu des « propos séditieux », pour

« insolence envers un officier supérieur », pour « avoir frappé un supérieur », pour « désobéissance aux ordres » et d'autres infractions qui permettaient de faire passer des actes de mutinerie pour autre chose. Comme on le constate dans les cas de l'*Epervier* et de l'*Espiegle*, même quand pareils crimes étaient jugés en cour martiale, la marine évitait souvent d'utiliser le mot mutinerie pour ne pas avoir à reconnaître l'influence des hommes et afin qu'on ait toujours l'impression que les officiers avaient gardé le contrôle. Comme le prétend Rodger, cela aurait aussi pu mener à des accusations selon lesquelles des influences extérieures auraient été exercées sur les mutins, alors que la réalité était très différente, car ce sont des officiers mariniers et des matelots brevetés particulièrement expérimentés et compétents qui étaient le plus souvent les instigateurs de ces mouvements, comme Archibald Gilles et les gabiers de misaine du *Latona*.

Tous ces facteurs sont peut-être à l'origine d'une application plus rigoureuse de la discipline de la part des divers capitaines à la station nord-américaine afin de diminuer la désertion et de garder le contrôle de navires où le taux de roulement du personnel était élevé et qui comptaient souvent à leur bord de nombreux terriens et conscrits de différentes origines ethniques, dont certains ignoraient tout de la vie en mer et dans la marine. Comme l'ont démontré Markus Eder et John Byrn, dans la marine, la discipline reposait en règle générale sur la force de l'exemple comme le voulait le « code sanglant » : on cherchait à amener les hommes à se conduire correctement en appliquant un système qui prévoyait de terribles châtiments pour des crimes capitaux comme la mutinerie et la désertion et en employant la terreur de façon ponctuelle plutôt que méthodique et uniforme. Il n'en demeure pas moins que certains capitaines despotiques abusaient des châtiments sommaires pour maintenir leur autorité, alors que les capitaines plus avisés administraient aussi parfois des châtiments sommaires, mais en faisant preuve de plus de mesure. Plus souvent qu'autrement, les mesures disciplinaires ne faisaient qu'envenimer la situation et obligeaient les officiers à marcher sur une corde raide où le moindre faux pas pouvait les précipiter dans une agitation encore plus grande.

En bout de ligne, le principal facteur de prévention des mutineries demeurait le leadership du capitaine, son empathie à l'égard de son équipage et un dosage adéquat des négociations officieuses et des méthodes autoritaires. Il a fallu convoquer une cour martiale dans le cas de l'*Epervier* comme dans celui de l'*Espiegle* pour régler les problèmes de discipline qui régnaient à bord de ces navires. Selon la thèse de doctorat en cours de Malcomson, sur les navires pour lesquels une cour martiale a dû être convoquée à des fins disciplinaires, les châtiments corporels sommaires étaient plus nombreux mais le nombre de coups de fouet moins élevé que sur les navires qui n'ont pas eu besoin d'une cour martiale pour régler les problèmes à bord. Sur ces derniers navires, on administrait moins de châtiments, mais des châtiments plus sévères. Ces cas démontrent comment, dans les décisions rendues en cour martiale, l'amirauté n'hésitait habituellement pas à démettre de ses fonctions un capitaine incompétent et/ou tyrannique, surtout les capitaines qui ne bénéficiaient d'aucune relation dans le milieu politique. Malheureusement pour de nombreux matelots, de telles décisions étaient souvent prises trop tard, après que plaintes et pétitions aient été ignorées et qu'un incident grave se soit produit.

NOTES EN FIN DE CHAPITRE – CHAPITRE 1

Note de l'auteur :

Martin Hubley tient à exprimer sa reconnaissance pour la bourse de doctorat reçue du Conseil de recherches en sciences humaines du Canada, qui lui a permis de poursuivre ses recherches en Angleterre. Il tient également à remercier Keith Mercer, de l'Université Dalhousie, pour les sources additionnelles qu'il a suggérées relativement à la mutinerie du *Latona*.

1. Le titre du présent chapitre est tiré d'une lettre d'Edward Codrington à son épouse, rédigée alors qu'il était capitaine de la flotte à la station nord-américaine et dans laquelle il commente la perte du HMS *Epervier* et du HMS *Macedonian*. Voir E. Codrington à J. Codrington, 7 juin 1814, fonds Sir Edward Codrington, fonds de manuscrits [FM] 24 - F131, *Bibliothèque et Archives Canada* [*BAC*].

2   Au sujet de la rareté des mutineries menant à la « prise de contrôle » du navire, voir A.N. Gilbert, « The Nature of Mutiny in the British Navy in the Eighteenth Century », *in Naval History: The Sixth Symposium of the U.S. Naval Academy*, D.M. Masterton, éd., Wilmington, Scholarly Resources, 1987, p. 111-120 ; N.A.M. Rodger, *The Wooden World: An Anatomy of the Georgian Navy*, Glasgow, Fontana, 1988, p. 237-244 ; Leonard F. Guttridge, *Mutiny: A History of Naval Insurrection*, Maryland, Naval Institute Press, 1992, p. 5-11 ; et Lawrence James, *Mutiny in the British and Commonwealth Forces, 1797-1956*, Londres, Buchan & Enright, 1987, p. 12-13. Pour une typologie, voir Cornelis J. Lammers, « Mutiny in Comparative Perspective », *International Review of Social History*, vol. 48, partie 3 (2003), p. 477.

3   Voir Nicholas Roger, *Crowds, Culture and Politics in Georgian Britain*, Oxford, Oxford University Press [OUP], 1998, pour une excellente discussion historiographique en la matière.

4   Comme défini par Rodger, qui pose trois grandes lignes directrices : « 1. Aucune mutinerie ne doit se produire en mer ou en présence de l'ennemi. 2. On ne doit jamais faire preuve de violence envers les personnes (bien qu'un certain degré de brusquerie et des éclats de voix soient acceptables). 3. Les mutineries ne doivent avoir lieu qu'en vue d'objectifs approuvés dans les traditions de la marine». Les « règles », et la violence subséquente, ont été « réécrites » à la suite des événements qui se sont produits au cours de la guerre d'indépendance américaine, lorsque les mutineries traditionnelles de ce genre ont commencé à être durement réprimées par une marine qui tenait absolument à garder ses navires en service. Ces règles ont de nouveau été modifiées à la suite des événements de 1797. Voir Rodger, *Wooden World*, p. 237-239 et N.A.M. Rodger, *The Command of the Ocean: A Naval History of Britain 1649-1815*, Londres, Allen Lane, 2004, p. 403-404.

5   Les *Regulations and Instructions Relating to His Majesty's Service at Sea* de 1731 et *The Articles of War* (code de justice militaire) de 1749 ont constitué le fondement juridique de la discipline appliquée en mer jusqu'en 1806, quand une version révisée des premières directives a été adoptée. Entre autres modifications, on conféra une plus grande discrétion aux capitaines quant à l'administration de châtiments sommaires plus durs en supprimant la limite théorique de douze coups de fouet pour tout crime. Dans le code de justice militaire, on reconnaît quatre genres de mutinerie. L'article 19 porte sur les « rassemblements séditieux » et les « propos séditieux ». L'article 20 traite des « projets séditieux cachés », alors que la mutinerie en tant que telle est abordée à l'article 34. Le fait de frapper ou de tenter de frapper un officier, dont il est question à l'article 22, était souvent considéré comme un acte de mutinerie, bien qu'il n'ait pas été codifié comme tel. Toutes ces infractions étaient passibles de la peine de mort ou de châtiments moins extrêmes décidés en cour martiale, mais elles faisaient le plus souvent l'objet d'une procédure sommaire. Voir Brian Lavery, *Nelson's Navy: The Ships, Men and Organisation, 1793-1815*, Annapolis, Naval Institute Press, 1989, p. 141-143, et John D. Byrn, *Crime and Punishment in the Royal Navy: Discipline on the Leeward Islands Station, 1784-1812*, Aldershot, Scolar Press, 1989, p. 17-18.

6   Les incidents de désertion massive avant et pendant la guerre étaient habituellement moins courants que les manifestations de mécontentement collectives et débordent du sujet du présent chapitre. On pourrait discuter de la pertinence de considérer ces incidents comme des mutineries du type « prise de contrôle » puisque l'objectif des matelots était alors plutôt de se sortir des griffes de la Royal Navy, ou du moins, de celles du capitaine et des officiers du navire à bord duquel ils se trouvaient. Les deux auteurs sont en train d'étudier ce phénomène dans le cadre de leurs recherches doctorales actuelles, qui permettront de déterminer si de tels incidents se produisaient plus souvent dans les eaux nord-américaines en raison de la discipline plus stricte appliquée à cette station et de la volonté des déserteurs et de la possibilité pour eux de virtuellement disparaître sur le continent américain après avoir fui un navire. Ce scénario semble plausible en regard de la micro-étude de Jamieson portant sur trois navires durant la guerre d'indépendance américaine. Voir A.G. Jamieson, « Tyranny

of the Lash? Punishment in the Royal Navy During the American War, 1776-1783 », *Le Marin du nord*, vol. IX, no. 1 (janvier 1999), p. 63-64.

7 Le quartier général de la station nord-américaine était habituellement à Halifax, en Nouvelle-Écosse, et son commandement s'exerçait de la Nouvelle-Écosse jusqu'aux eaux au large de la Floride. À partir de 1795, les navires de l'escadron passaient souvent l'hiver aux Bermudes, où un dépôt naval a été établi en 1805. On retrouvait également une station plus modeste à Terre-Neuve, dont les installations étaient à St. John's et à qui incombaient des responsabilités distinctes pour la protection de la navigation commerciale dans ces eaux, plus particulièrement des bateaux de pêche et des convois à destination et en provenance de la Grande-Bretagne. L'amiral commandant était aussi responsable de la gestion de cette colonie. Le présent chapitre met l'accent sur l'expérience de la marine de « haute mer » dans l'ensemble de l'Amérique du Nord, y compris à Terre-Neuve, au cours de la période pendant laquelle le commandement nord-américain a été brièvement rattaché à la station des Indes occidentales à la Jamaïque (pour ensuite être séparé de nouveau) au cours de la guerre de 1812. Julian Gwyn, *Frigates and Foremasts: The North American Squadron in Nova Scotia Waters, 1745-1815*, Vancouver, University of British Colombia Press, 2003, p. 95 et 100; Markus Eder, *Crime and Punishment in the Royal Navy of the Seven Years War, 1755-1763*, Aldershot, Ashgate, 2004, p. 63-64 et note en bas de page 1.

8 On peut trouver d'excellents résumés du déroulement des mutineries ainsi que d'autres études à leur sujet dans Guttridge, *Mutiny*, p. 44-73; James, *Mutiny*, p. 33-75, et Rodger, *Command of the Ocean*, p. 441-452, ouvrages dont le présent récit est en grande partie inspiré. Les meilleurs comptes rendus théoriques sont ceux de Conrad Gill, *The Naval Mutinies of 1797*, Manchester, Manchester University Press, 1913, et de James Dugan, *The Great Mutiny*, New York, G.P. Putnam's Sons, 1965, mais on ne retrouve malheureusement pas les sources de ce dernier dans aucune note. L'historiographie est dominée par trois genres d'ouvrage : 1) les ouvrages qui adoptent un point de vue plutôt marxiste placent des républicains irlandais et d'autres extrémistes à la tête des mutineries et dépeignent les matelots en grève comme formant un proto-prolétariat radicalisé, comme celui de Jonathan Neale, *The Cutlass and the Lash: Mutiny and Discipline in Nelson's Navy*, Londres, Pluto Press, 1985; 2) les ouvrages, dont ceux de Gill et de Dugan, qui soutiennent qu'une influence minimale de l'aile radicale a été exercée et que les matelots avaient eu vent des nouvelles idées sur les droits de la personne, ce qui a influé sur leur mouvement; et 3) les ouvrages, dont ceux de Rodger, qui ont tendance à rejeter la participation d'extrémistes ou les notions de droits de la personne, mais qui expliquent les mutineries au moyen de concepts comme le « désordre ordonné » et l'économie morale de la foule dans la société anglaise du XVIIIe siècle; à titre d'exemple de tels ouvrages, citons aussi celui d'E.P. Thompson, *Customs in Common: Studies in Traditional Popular Culture*, New York, The New Press, 1993, p. 16-96 et 185-351. Guttridge et James empruntent plutôt la voie mitoyenne.

9 Rodger, *Command of the Ocean*, p. 442-444, et Christopher Lloyd, *The British Seaman 1200-1860: A Social Survey*, Londres, Collins, 1968, p. 263.

10 Gill, *Naval Mutinies*, p. viii-x et 355-358, James, *Mutiny*, p. 37-39, et Guttridge, *Mutiny*, p. 56.

11 Par exemple, voir Lavery, *Nelson's Navy*, p. 137-138, au sujet des problèmes d'intégration des terriens.

12 De plus, l'échelle salariale de l'armée avait été améliorée en 1795. À n'en pas douter, ce fut également une source de frustration pour les matelots, qui s'attendaient à une hausse similaire de leur solde, mais ne l'obtinrent pas. Certains de ceux qui allaient très bientôt se transformer en mutins, faisaient valoir dans une lettre au chef whig de l'opposition au Parlement, Charles James Fox, que leur patriotisme était aussi grand que celui des soldats. Voir Guttridge, *Mutiny*, p. 46-47.

13 Gill, *Naval Mutinies*, p. 89-93 et p. 97-98, Guttridge, *Mutiny*, p. 47 et 53, et James, *Mutiny*, p. 57.

14 Armi leurs griefs, mentionnons la monotonie des tâches liées au blocus, les arriérés de solde et la tyrannie de certains officiers. Voir Guttridge, *Mutiny*, p. 61-64, et Rodger, *Command of the Ocean*, p. 447.

15 Rodger, *Command of the Ocean*, p. 447-448.

16 Guttridge, *Mutiny*, p. 70-72.

17 *Ibid.*, p. 56

18 Rodger, *Command of the Ocean*, p. 450-453.

19 James, *Mutiny*, p. 63-65.

20 Rodger, *Command of the Ocean*, p. 450-453 et Gill, *Naval Mutinies*, p. 52. Tout cela a contribué à modifier l'essence même de la discipline dans la marine, ce qui a plus tard fait l'objet de débats entre de nombreux historiens. Dans la marine du XVIIIe siècle, la discipline se résumait habituellement à la simple « volonté des officiers et des hommes de combattre et de travailler sur le navire », c'est-à-dire leur niveau de formation ou de compétence. Quand survint la mutinerie de Spithead, et sans doute avant, ce concept avait évolué de façon à englober l'application du droit maritime à tous les grades, « la mécanique d'une institution supérieure, qui ne dépend pas de la personnalité des hommes, ainsi que le respect d'une norme de conduite dans la vie de tous les jours ». Voir David Hannay, *Naval Courts Martial*, Cambridge, Cambridge University Press, 1914, p. 39.

21 Lavery, *Nelson's Navy*, p. 143.

22 Quant aux feuilles d'appel, voir *Latona* Muster Books, de mars 1797 à janvier 1798, ADM 36/12324, *The National Archives of the United Kingdom* [*TNA*]. Les journaux de bord utilisés comprennent les journaux de bord des capitaines Arthur Kaye Legge, du 31 juillet 1796 au 15 avril 1797, ADM 51/1245, John Bligh, du 25 avril au 21 juillet 1797, ADM 51/1198, Frank Sotheron, du 25 juillet 1797 à décembre 1798, ADM 51/1227, puis les journaux de bord des premiers lieutenants John Davies, du 21 septembre 1794 au 12 mai 1797, ADM 52/2636 et du 12 mai 1797 au 19 mai 1802, ADM 52/3153, tous aux *TNA*, et enfin le journal de bord d'un lieutenant inconnu du HMS *Latona*, de 1796 à 1802, ADM L/L/39, *National Maritime Museum* [*NMM*]. Tout au long du présent chapitre, l'interprétation des feuilles d'appel est conforme aux lignes directrices établies dans l'ouvrage de N.A.M. Rodger, *Naval Records for Genealogists*, 3e édition, Kew, Surrey, Public Records Office Publications, 1998, p. 45-57.

23 Un des comptes rendus parmi les plus détaillés, et peut-être le meilleur, demeure celui du Rev. Charles Pedley, *The History of Newfoundland from the Earliest Times to the*

Year 1860, Londres, Longman, Green, Longman, Roberts et Green, 1863, p. 174-183, qui repose essentiellement sur les documents du Colonial Office (ministère des Colonies) trouvés dans la série GN 2/1/A des *Archives provinciales de Terre-Neuve et Labrador*. Les éléments pertinents du point de vue de la marine semblent en règle générale avoir été repris dans la correspondance de Waldegrave avec l'amirauté, auquel il est fait référence dans ce compte rendu. Gerald S. Graham ne fait qu'effleurer le sujet de la mutinerie, en évitant d'entrer dans les détails à cause de l'orientation stratégique de son travail, et explique que l'anxiété suscitée par les événements s'est résorbée quand la nouvelle de la fin de la mutinerie du Nore et de l'exécution de Parker s'est répandue. Voir Gerald S. Graham, *Empire of the North Atlantic: The Maritime Struggle for North America*, Londres, OUP, 1950, p. 225-226. Parmi les ouvrages plus récents dans lesquels les événements du *Latona* sont décrits de façon passablement plus détaillée que chez Graham, notons les suivants : David A. Webber, *Skinner's Fencibles: The Royal Newfoundland Regiment, 1795-1802*, St. John's, Naval and Military Museum of Newfoundland, 1964, Capitaine A. Fisk, « Mutiny in Newfoundland, August 1797 », *Revue canadienne de défense*, vol. XVI, no. 1 (été 1986), p. 58-62, Barry Judson Lohnes, « British Naval Problems at Halifax During the War of 1812 », *Mariner's Mirror*, vol. 59, no. 3 (1973), p. 317-333, Christopher English, « The Official Mind and Popular Protest in a Revolutionary Era: The Case of Newfoundland, 1789-1819 », dans *Canadian State Trials: Law, Politics and Security Measures, 1608-1837*, F. Murray Greenwood et Barry Wright, éd., Toronto, University of Toronto Press [UTP], 1996, p. 296-322, et John Mannion, « "…Notoriously Disaffected to the Government…": British Allegations of Irish Disloyalty in Eighteenth-Century Newfoundland », *Newfoundland Studies*, vol. 16, no. 1 (2000), p. 1-29. Webber aborde très brièvement la mutinerie dans son histoire régimentaire du Royal Newfoundland Regiment. Fisk en fait un compte rendu succinct, à partir de sources secondaires uniquement (surtout Dugan et Webber) et met l'accent sur la crainte d'une mutinerie généralisée dans la garnison de St. John's et les liens plutôt ténus entre le *Latona* et la mutinerie ultérieure de 1800 à la garnison de St. John's, à laquelle on peut peut-être associer les United Irishmen (Irlandais unis). Son ouvrage contient plusieurs points de dissension mineurs, dont il sera question plus loin. Lohnes mentionne à peine l'incident, et réussit pourtant, autre autres erreurs géographiques, à confondre St. John's, Terre-Neuve, avec Saint-Jean (Saint John), Nouveau-Brunswick. English se fie avant tout aux écrits de Fisk et de Webber et à la série CO 194 de la correspondance de Waldegrave (aussi largement reproduite dans les documents ADM 1 concernant son escadron) pour produire son récit et reprend certaines erreurs de Fisk (et Dugan), dont le voyage au Nore et le fait qu'un seul homme a reçu le fouet pour la mutinerie. Mannion s'appuie sur Webber et la même correspondance qu'utilise Pedley. English et Mannion ne consacrent tous deux que quelques paragraphes au *Latona*, une modeste figuration dans d'excellents articles qui portent avant tout sur les questions plus vastes de la grogne populaire, du système judiciaire et de l'apparente menace que faisait planer la présence irlandaise à Terre-Neuve à cette époque. Paul O'Neill mentionne la mutinerie en passant et suppose (sans le démontrer) que les matelots s'étaient soulevés par solidarité avec ceux du Nore. Il affirme de même que les autres navires de l'escadron auraient dû suivre dans le sillon rebelle du *Latona*, mais que cela a pu être évité grâce à la diligence de Waldegrave. Voir Paul O'Neill, *The Oldest City: The Story of St. John's Newfoundland*, St. John's, Boulder Publications, 2003, p. 63-64 et 497. L'incident du *Latona* n'apparaît pas dans l'ouvrage de Jerry Bannister, *The Rule of the Admirals: Law, Custom and Naval Government in Newfoundland, 1699-1832*, Toronto, UTP, 2003, malgré les questions de droit que soulève la poursuite du sergent de l'armée impliqué, peut-être parce que la chose a été abordée dans les textes de Mannion et d'English.

24   Le journal de bord du capitaine affiche le 15 avril 1797, mais la liste d'appel indique qu'il a été libéré le 13 avril 1797. Legge est né le 25 octobre 1766, et en 1781, il occupait le poste d'aspirant de marine à bord du *Prince George* à la station nord-américaine, sous la gouverne du Contre-amiral Digby. À partir de 1791, il a commandé le sloop *Shark*, fut promu capitaine de vaisseau le 6 février 1793, et on lui confia le *Niger* (32), qui, aux côtés du *Latona*, a combattu lors de la bataille du « Glorious First of June », en répétant les signaux de Howe. Au printemps 1795, il a commandé le *Latona* jusqu'à son affectation sur le *Cambrian*. Pour connaître l'ensemble de sa carrière, voir John Marshall, *Royal Navy Biography, or, Memoirs of the Services of All the Flag Officers*, Londres, Longman, Hurst, Rees, Orme et Brown, 1823, vol. 1, partie 1, p. 441-442.

25   Aucun lien avec le William Bligh du *Bounty* qui, par pure coïncidence, commandait le *Director* pendant la mutinerie du Nore. John Bligh est né en août 1771 et a pris la mer en 1782. Après avoir servi dans les Indes occidentales et orientales jusqu'en 1791, il fut promu lieutenant et navigua dans la Méditerranée. Au poste de premier lieutenant du *Barfleur* (98), le navire amiral de Waldegrave, qui était contre-amiral à l'époque, il servit deux ans et participa à la bataille du Cap Saint-Vincent. Il fut promu capitaine de frégate et se vit confier le sloop *Kingfisher* (16), puis il fut promu capitaine de vaisseau le 25 avril 1797 sur le *Latona*. En juillet 1797, il changea de place avec Sotheron sur le *Romney* et prit plus tard le commandement de l'*Agincourt* (64), qui arboraient tous deux le pavillon du Vice-amiral Waldegrave à la station de Terre-Neuve. Pour connaître tous les moments importants de sa carrière, voir Marshall, *Royal Navy Biography*, vol. 1, partie 1, p. 813-814.

26   Liste d'appel du *Latona*, 24 avril 1797, ADM 36/12324, *TNA*. Voir aussi Rodger, *Wooden World*, p. 119-124 et 275-294, pour en savoir plus sur la coutume des partisans.

27   William Waldegrave à Evan Nepean, *Latona*, Spithead, 11 mai 1797, ADM 1/473 f.366, *TNA*. Cela avait peut-être à voir avec la pratique courante parmi les commissaires, qui achetaient les victuailles avec une livre de 16 onces et les revendaient aux matelots en utilisant une livre de 14 onces. Neale, *Cutlass and the Lash*, p. 17, Rodger, *Wooden World*, p. 93-95, et Gill, *Naval Mutinies*, p. 12, 32 et 98.

28   Liste d'appel du *Latona*, 30 mai 1797, ADM 36/12324, *TNA*.

29   Waldegrave à Nepean, *Latona*, Spithead, 25 mai 1797, ADM 1/473 f.369, *TNA*.

30   Quand ces hommes ont été transférés d'un autre navire, il n'a pas été indiqué sur les feuilles d'appel s'ils étaient des volontaires ou des conscrits, mais Waldegrave en parle comme s'il s'agissait de volontaires, et il est probable qu'ils étaient des hommes des quotas. À compter de 1790, le *Royal William*, précédemment un bâtiment de 84 canons de premier rang construit en 1719, devient un bâtiment de garde à

Portsmouth, qui embarque à son bord les nouveaux effectifs et les reconduit vers les autres navires.

31   Waldegrave à Nepean, *Latona*, Spithead, 28 mai 1797, ADM 1/473 f.374, *TNA*.

32   Le navire a fait une courte escale à Yarmouth le 31 mai, qu'il a quitté au sein d'un convoi le 3 juin, et a rallié Torbay le 6 juin. Dugan et James semblent croire que le *Latona* a été d'une quelconque manière impliqué dans la mutinerie du Nore, mais les journaux de bord qui se sont rendus jusqu'à nous laissent entendre qu'il n'y a pas mouillé entre son départ de Sheerness le 31 mars, après avoir rafraîchi sa peinture à base de cuivre, et son arrivée à Spithead le 4 avril, pour ensuite quitter l'Angleterre au début de juin. Il est possible qu'il ait régné une certaine agitation à Yarmouth, car cet escadron s'était mutiné plus tôt, le 27 mai, alors que certains de ses navires avaient rallié le Nore. On ne sait pas trop si le *Latona* était l'un de ces navires, mais cela est peu probable, étant donné l'arrivée tardive du navire et l'absence de toute mention claire de la chose dans les journaux de bord. Voir Dugan, *Great Mutiny*, 125 fn. Il n'est indiqué nulle part dans l'ouvrage de Gill que le *Latona* aurait été présent au Nore. Gill ne mentionne la présence du *Latona* à Spithead qu'en passant. Voir Gill, *Naval Mutinies*, p. 97.

33   Waldegrave à Nepean, *Latona*, en mer, 9 juin 1797, ADM 1/473 f. 380-381, *TNA*.

34   James, *Mutiny*, p. 61.

35   Tant le *Romney* que le *Venus* se sont retrouvés à Spithead le 17 avril, au moment de la première mutinerie, et avaient refusé de prendre la mer avec un convoi à destination de Terre-Neuve. Les matelots ont repris le travail, et les deux navires ont levé l'ancre le 20 avril, après avoir reçu une lettre des délégués qui avaient décidé que ni l'un ni l'autre navire ne devait prendre part à la mutinerie, car si le convoi était parti en retard, cela aurait nui au commerce britannique. Gill prétend que cette décision a été prise au profit de l'amirauté et du grand public, afin de montrer que les mutins étaient loyaux et pouvaient faire preuve de jugement. Voir Gill, *Naval Mutinies*, p. 26. Les auteurs n'ont rien trouvé qui prouve l'existence de pareille entente relativement au convoi du *Latona*, qui a navigué après qu'ait pris fin la seconde mutinerie de Spithead et pendant que la mutinerie de Nore battait son plein.

36   Comme ce dernier incident est survenu le 29 juin, Smith, un matelot breveté du Devon, a pu transmettre l'information au *Romulus* à Saint-Michel. Le nom de Butler ne figure pas sur les listes d'appel.

37   En 1783, Sotheron a été nommé aspirant de marine à la station de Terre-Neuve, puis promu lieutenant. Il a servi sur les frégates *Danae* (32) et *Aeolus* (32). Il a ensuite navigué sur la Méditerranée à bord, entre autres navires, du *Romney* à titre de premier lieutenant, et en 1792, il s'est vu confier le commandement du *Fury* (14). Sotheron a été promu capitaine de vaisseau le 11 décembre 1793 et en 1794, il a été nommé commandant du *Monarch* (74), le navire amiral de Sir James Wallace. Il est ensuite passé au *Romney* en compagnie de Wallace, lorsque ce dernier accepta la nomination de commandant en chef de Terre-Neuve. En 1797, il a pris le commandement du *Latona*, sur lequel il a servi deux ans. Pour connaître tous les moments importants de sa carrière, voir Marshall, *Royal Navy Biography*, vol. 1, partie 1, p. 501-503.

38   Waldegrave à Nepean, *Romney*, à St. John's, 22 juillet 1797, ADM 1/473 f.393, *TNA*. À leur retour en Angleterre, quand on leur dit qu'ils vont retourner à Terre-Neuve, les

hommes du *Pluto* protestent et demandent à l'amirauté de servir ailleurs. Compte tenu de l'ambiance tendue qui régnait à la suite des événements de Spithead, ce genre de protestations était de l'ordre de la mutinerie. Plusieurs matelots ont été jugés et l'un d'eux pendu. Le navire a été renvoyé à St. John's. Voir « John Bryan, 14 July, Spithead », dans *Analysis and digest of court-martial convictions, arranged by offence: J-N 1755-1806*, ADM 12/24 ff. 441-442, *TNA*, et James, *Mutiny*, p. 65.

39   En excluant les officiers et sous-officiers, dont le lieu de naissance figurait sur des documents distincts, on ne compte que 26 matelots sans lieu de naissance parmi ceux inscrits sur la liste d'appel du 30 juillet 1797. Les pourcentages précédents sont donc calculés en fonction de plus ou moins 89 pour cent des matelots inscrits sur les feuilles d'appel. Le nombre de marins du *Latona* nés à l'étranger est inférieur à ce que suppose Lewis. Il évalue à 14 pour cent la proportion d'étrangers, tout en soulignant que les feuilles d'appel du *Victory* affichent 8 pour cent d'hommes nés à l'étranger. Les chiffres du *Latona* sont supérieurs à l'estimation de Lewis pour ce qui est des marins écossais et irlandais. Lewis pose l'hypothèse que les proportions ethniques parmi les matelots britanniques sont les mêmes que chez les officiers, et à partir d'un échantillon de 1 500 officiers, il compte 68,3 pour cent d'Anglais, 13,1 pour cent d'Écossais, 11,7 pour cent d'Irlandais et 3 pour cent de Gallois, selon ceux qui avaient indiqué leur lieu de naissance. Voir Michael Lewis, *A Social History of the Navy, 1793-1815*, Londres, George Allen et Unwin, 1960, p. 60-82 et 129. Neale évalue que les marins anglais ne formaient que 50 pour cent des matelots de la flotte, après quoi les Irlandais et les Écossais constituaient les deux plus importants groupes. Il ne fait toutefois pas d'estimation pour ces groupes. Il pense que 10 pour cent des matelots étaient nés à l'étranger. Voir Neale, *Cutlass and the Lash*, p. 13. Malcomson a démontré que les hommes de la marine sur les Grands Lacs au cours de la guerre de 1812 étaient à 67,7 pour cent des Anglais, à 13,5 pour cent des Irlandais, à 9,1 pour cent des Écossais et à 3 pour cent des Gallois. Il y avait enfin 3,6 pour cent d'étrangers parmi eux. Voir Thomas Malcomson, « Muster Table for the Royal Navy's Establishment on Lake Ontario During the War of 1812 », *Le Marin du nord*, vol. IX, no. 2 (avril 1999), p. 62-63. Cinquante pour cent des hommes de l'équipage de la frégate retenue dans l'étude de Jamieson qui ont passé du temps à la station nord-américaine étaient associés à un lieu de naissance sur les feuilles d'appel : 64 pour cent d'entre eux étaient anglais, 13,5 pour cent irlandais, 11,8 pour cent écossais, 4 pour cent gallois et 6,7 pour cent d'autres nationalités. Voir Jamieson, « Tyranny of the Lash? », p. 62.

40   Arrondi au point de pourcentage le plus proche. Les chiffres réels sont 90 Anglais, 37 Écossais, 27 Irlandais, 5 Gallois, 1 Terre-neuvien et 25 d'origine inconnue. Voir la liste d'appel hebdomadaire du *Latona*, 30 juillet 1797, ADM 36/12324, *TNA*.

41   Les chiffres réels sont 28 Anglais, 5 Écossais, 4 Gallois, 3 Irlandais, 1 Russe, 1 Américain et 11 d'origine inconnue. L'âge moyen de tous les marins à bord, à l'exclusion des officiers et des mousses, était de 25,31 ans, le plus jeune ayant 16 ans et le plus âgé 44 ans (écart-type = 5,96), ce qui se situe dans la moyenne pour l'époque. *Ibid.*

42   La plupart des hommes se sont enfuis à Sheerness ou à Portsmouth, avant que le *Latona* ne hisse les voiles à destination de Terre-Neuve. L'un d'eux faisait partie d'un butin qui avait été capturé pendant le voyage vers St. John's, le 1er août. Huit de ces

déserteurs étaient des matelots brevetés, deux étaient des matelots non brevetés, deux étaient des terriens et deux étaient des mousses. Sept autres hommes (2 terriens, 3 matelots non brevetés et 2 matelots brevetés) ont de plus déserté à Portsmouth, en août 1796. *Ibid.*

43 Fisk se trompe en plaçant le Capitaine Frank Sotheron à la tête du *Latona* à son départ de l'Angleterre en se fondant sur une vague indication dans l'ouvrage de Dugan, selon qui le Capitaine John Bligh s'était vu retirer son commandement sur le *Latona*. Les feuilles d'appel et les journaux de bord semblent démentir une telle affirmation, puisque Bligh est demeuré à bord jusqu'à ce que Sotheron entre en fonctions à Terre-Neuve. Enfin, Fisk déclare que le *Latona* comptait un « nombre important de mécontents dans son équipage », ce qui « envenimait l'ambiance tendue d'un navire qui connaissait déjà de graves problèmes de discipline ». Voir Fisk, « Mutiny in Newfoundland », p. 58. Comme nous le verrons plus loin, les mesures disciplinaires prises à bord du *Latona* se situaient tout à fait dans la moyenne des navires de la Royal Navy à cette époque, et on pourrait même dire que la discipline y était peut-être moins stricte. Voir la note 60 ci-dessous. Fisk s'appuie dans ce cas sur le court texte de Dugan, sans renvoi ni date, selon lequel le *Latona* aurait été au Nore, où l'amiral du port avait envoyé ses conscrits, pour compléter son effectif à partir du *Sandwich*, sur lequel étaient rassemblés des conscrits, des prisonniers et des hommes enrôlés aux termes des quotas à des fins de redistribution au sein de la flotte. On ne sait pas trop si Dugan pensait que cela avait eu lieu avant ou pendant la mutinerie (Voir Dugan, *Great Mutiny*, p. 178-179). Dugan nomme bien le *Latona* parmi les navires dont les délégués avaient pris le contrôle tant lors de la « première mutinerie de Spithead » que des mutineries de « Nore et Yarmouth », selon les registres de l'amirauté (Voir Dugan, *Great Mutiny*, p. 477). Comme Dugan ne donne pas explicitement ses sources, il est difficile d'utiliser ce compte rendu pour confirmer les activités du *Latona*. Les journaux de bord du navire démontrent sans l'ombre d'un doute qu'il n'a pas participé à la première mutinerie de Spithead, seulement à la seconde. Sur ses feuilles d'appel, on ne compte que deux hommes recrutés sur le *Sandwich* au Nore le 31 mars 1797, quand le *Latona* était en radoub à Sheerness, quelque temps avant la mutinerie là-bas et peu de temps avant son départ vers Spithead. L'escadron de Yarmouth s'est mutiné le 27 mai 1797, avant l'arrivée du *Latona* le 31 mai. Si on se fie à ces récits et au ton de la correspondance de Waldegrave avant le départ de l'Angleterre, il est probable qu'il y ait eu des troubles à bord du navire à Yarmouth, mais la présence du *Latona* au Nore au cours des mutineries semble conjoncturelle.

44 Waldegrave au Duc de Portland, Fort Townshend, 14 août 1797, ADM 1/473 f.395-396, *TNA*. Texte souligné dans l'original. Une lettre quasi identique a été envoyée à Nepean, à l'amirauté, deux jours plus tard. Voir Waldegrave à Nepean, Fort Townshend, 16 août 1797, ADM 1/473 f. 398-399, *TNA*.

45 Adresse de Waldegrave, Fort Townshend, 3 août 1797, ADM 1/473 f.400, *TNA*.

46 Adresse de Waldegrave, Fort Townshend, 6 août 1797, ADM 1/473 f.401-402, *TNA*.

47 *Ibid.*

48 *Ibid.*

49 Pedley, *History of Newfoundland*, p. 178.

50 Pour consulter de telles déclarations d'appui dans le texte ainsi que les réponses de

Waldegrave, voir Colonel Thomas Skinner du Royal Newfoundland Regiment au gouverneur de Fort William, 8 août 1797, ADM 1/473 f.403-404, Waldegrave à Skinner, Fort Townshend, 8 août 1797, ADM 1/473 f.405-406, Capitaine James Winters, Corps des Royal Newfoundland Volunteers et autres à Waldegrave, St. John's, 8 août 1797, ADM 1/473 f.406, Waldegrave aux officiers, sous-officiers et soldats des Royal Newfoundland Volunteers, 8 août 1797, ADM 1/473 f.407, Sergent-major Robert Lomax au Major Charleton, commandant de l'Artillerie royale, St. John's, 9 août 1797, ADM 1/473 f.408-409, Waldegrave à Charleton, 9 août 1797, ADM 1/473 f.409-410, et Waldegrave aux officiers et officiers mariniers du *Latona*, 11 août 1797, ADM 1/473 f.414-415, tous aux *TNA*.

51 Sergent John Williams et autres à Waldegrave, St. John's, non daté, ADM 1/473 f.410, *TNA*.

52 Waldegrave aux fusiliers marins, Fort Townshend, 8 août 1797, ADM 1/473 f.411-412, *TNA*.

53 Un autre matelot breveté anglais s'est enfui le 1er août. En tout et pour tout, du 6 décembre 1796 au 31 janvier 1798, 27 hommes ont déserté le navire. On comptait parmi eux 16 matelots brevetés, 5 matelots non brevetés, 4 terriens et 2 mousses. Quant à la nationalité, 16 déserteurs étaient anglais, 4 irlandais, 3 écossais, 1 américain et 1 venait de Smyrne. C'est à Sheerness ou à Portsmouth que 23 hommes ont déserté, avant le départ pour Terre-Neuve et 4 ont fui à St. John's et 4 à Lisbonne lors du voyage de retour vers l'Angleterre. Deux hommes ont déserté dans les semaines qui ont suivi leur châtiment pour avoir quitté leur poste en Angleterre.

54 Équipage du *Latona* à Waldegrave, St. John's, non daté, ADM 1/473 f.412-413, *TNA*.

55 Waldegrave à l'équipage du *Latona*, Fort Townshend, 9 août 1797, ADM 1/473 f.413-414, *TNA*. English prétend que la désaffection, surtout du côté des Irlandais, à la garnison n'était pas répandue à cette époque, comme cela a pu l'être au moment des événements de 1800, et pourtant, c'était ce que le « fonctionnarisme » croyait. Voir English, « The Official Mind », p. 307-311. Si la désaffection sur le *Latona* touchait certainement certains matelots irlandais, y étaient aussi sensibles des Anglais et des hommes d'autres origines, et cela semble avoir été plutôt une réaction aux griefs locaux et aux événements de Spithead et du Nore qu'un complot irlandais.

56 Waldegrave au Duc de Portland, Fort Townshend, 14 août 1797, ADM 1/473 f.395-396, *TNA*.

57 Il y avait Walter Bourke, un matelot breveté de 30 ans, originaire de Limerick en Irlande, et deux hommes, dont le nom ne figurait malheureusement pas sur les feuilles d'appel du navire, Bryan Manning et Michael Burke.

58 Même quand un homme était condamné à la peine de mort, il pouvait s'en tirer grâce à la prérogative royale de clémence. Byrn, *Crime and Punishment*, p. 10-11, et Eder, *Crime and Punishment*, p. 153-154.

59 Nepean à Waldegrave, amirauté, 24 novembre 1797, ADM 2/930 f. 27-28, *TNA*.

60 Entre le 25 août et le 17 janvier 1798, au retour du *Latona* à Portsmouth, onze autres hommes ont été punis à bord du navire. En septembre, Christopher Chandler a reçu vingt-quatre coups de fouet pour « propos séditieux et avoir frappé le capitaine d'armes », et Jason Smith a eu droit à sept coups de fouet pour « propos séditieux ». Michael Farell a reçu 12 coups pour « insolence envers son officier supérieur ». Deux

autres hommes ont reçu douze coups de fouet pour ivresse et vol. En octobre, les fusiliers marins ont commencé à manifester une certaine agitation, quand leur sergent a été réprimandé pour « ivresse et manquement au devoir », alors qu'un autre fusilier marin, Jonathan Rose, a reçu 19 coups de fouet pour « propos séditieux et insolence ». Deux autres matelots, dont Christopher Chandler, dont il a été question ci-dessus, ont aussi reçu 12 coups de fouet pour insolence, et enfin, en décembre, un autre fusilier marin a eu droit à 12 coups pour « ivresse et bagarre ». Au total, entre les mois de mars 1796 et de janvier 1798, 32 hommes ont reçu un châtiment sommaire. Quand on tient compte des 29 hommes pour lesquels le nombre de coups de fouet infligés est indiqué dans les journaux de bord, la moyenne est de 14 coups (min. = 6, max. = 36, écart-type = 6,08). Sept hommes ont été punis pour insolence, 5 pour avoir tenu des propos séditieux, 5 pour ivresse, 6 pour s'être bagarrés ou mal comportés, 3 pour manquement au devoir, 3 pour vol et 2 pour avoir frappé un supérieur. Christopher Chandler et George Smith ont été les seuls à avoir été punis à deux reprises. Il est important de souligner que cela ne semble pas être une situation anormale pour l'époque en termes de châtiments, que ce soit du point de vue du nombre de châtiments sommaires ou de coups de fouet administrés.

61 Nepean à Waldegrave, amirauté, 27 novembre 1797, ADM 2/930 f. 29-31, *TNA*.

62 Waldegrave à Nepean, Londres, 28 novembre 1797, ADM 1/473 f. 435-436, *TNA*.

63 Voir Waldegrave à Nepean, *Latona* à St. John's, août 1797, ADM 1/473 f.422; Waldegrave à Nepean, *Romney* à St. John's, 14 septembre 1797, ADM 1/473 f.423, se plaignant du prix du beurre à Terre-Neuve et autorisant en lieu et place la distribution de sucre à ses hommes, Nepean à Waldegrave, amirauté, 24 novembre 1797, ADM 2/930 f. 28-29, Nepean à Waldegrave, amirauté, 28 novembre 1797, ADM 2/930 f. 32-33 et Nepean à Waldegrave, amirauté, 2 décembre 1797, ADM 2/930 f.34, tous aux *TNA*.

64 Waldegrave à Nepean, *Romney* à St. John's, 2 octobre 1797, ADM 1/473 f. 424-425, *TNA*. Voir aussi Waldegrave à Nepean, *Romney* à St. John's, 15 octobre 1797, ADM 1/473 f.426, *TNA*.

65 Pedley, *History of Newfoundland*, p. 181.

66 Waldegrave à Nepean, Fort Townshend, 16 août 1797, ADM 1/473 f.398-399, *TNA*.

67 Pedley, *History of Newfoundland*, p. 182.

68 Voir Waldegrave au Duc de Portland, Fort Townshend, 25 octobre 1797, CO 194/39 f. 133-138, *TNA*, et Waldegrave à Nepean, Londres, 29 novembre 1797, ADM 1/473 f. 437-457, *TNA*. On y retrouve des exemplaires de la correspondance avec le Prince Édouard et le Duc de Portland. Voir aussi Pedley, *History of Newfoundland*, 183ff, au sujet d'une controverse générale entourant le commandement. Édouard allait devenir le Duc de Kent et le commandant en chef des forces terrestres en Amérique du Nord britannique en 1799; ce dernier poste était vacant en 1797.

69 Waldegrave à Nepean, Londres, 2 décembre 1797, ADM 1/473 f.462-464, *TNA*.

70 J.R. McCleary, « Lost by Two Navies: HMS Epervier, a Most Un-Fortunate Ship, Part One », *Nautical Research Journal*, vol. 41, no. 2 (juin 1996), p. 81-82, pour en savoir plus sur la construction de l'*Epervier*.

71 À moins d'indication contraire dans les notes, le récit des événements sur l'*Epervier* a été établi à partir du journal de bord du capitaine, du 8 janvier 1813 au

31 décembre 1813, ADM 51/2409, *TNA*, et des minutes de la cour martiale convoquée pour Richard Wales, ADM 1/5447, *TNA*.

72 Cette comparaison provient de la thèse de doctorat de Thomas Malcomson en cours de rédaction, et qui porte sur le contrôle et la résistance à bord des navires de la Royal Navy à la station nord-américaine et des Indes occidentales au cours de la guerre de 1812. Le navire qui a dépassé l'*Epervier* est le *Valiant* (74), avec 111 exercices. Le nombre moyen d'exercices de tir au canon et à l'arme légère était de 34,44 (écart-type = 26,42).

73 À dire vrai, l'*Epervier* affiche la moyenne de coups de fouet la plus faible des 27 navires (moyenne = 16,76, écart-type = 7,96), le HMS *Shannon* (38) le suivant de près avec 16,77 coups (écart-type = 8,77). L'écart entre la moyenne de la présente note et celle indiquée dans le texte du présent chapitre s'explique du fait que les données retenues dans l'étude comparative de Malcomson ne comprennent pas les châtiments administrés avant que les navires ne quittent le port à destination de la station de l'Amérique du Nord et des Indes occidentales. Par conséquent, deux châtiments inclus dans la présente étude (qui comptaient 36 coups de fouet chacun) n'apparaissent pas dans l'étude comparative.

74 Byrn, *Crime and Punishment*, p. 75.

75 Eder, *Crime and Punishment*, p. 127.

76 Liste d'appel de l'*Epervier*, de janvier 1813 à avril 1814, ADM 37/4563, *TNA*.

77 Pour le reste, un était un matelot breveté, deux faisaient partie de l'équipe du charpentier, un était capitaine de la hune de misaine et l'autre un chef de pièce.

78 Cour martiale de Thomas Favell, 6 janvier 1814, ADM 1/5440, *TNA*.

79 Liste d'appel de l'*Epervier*, 28 février 1814, ADM 37/4563, *TNA*. John Harvey a également remplacé le second lieutenant William Lovett le 15 janvier 1814, ce qui fait que Wales a perdu ses deux lieutenants la même semaine.

80 Le récit de cette presque révolte est extrait de W.M. James, *The Naval History of Great Britain during the French Revolutionary and Napoleonic Wars, 1811-1827*, Londres, Conway Maritime Press, (1837) 2002, vol. 6, p. 291. Warren a assumé à lui seul le commandement de la station nord-américaine et des Indes occidentales pendant la dernière partie de l'année 1812 et durant toute l'année 1813.

81 Le Capitaine Lewis Warrington commandait le *Peacock*.

82 Wales a ainsi tenu plus de 80 exercices, qui sont inscrits dans le journal de bord du capitaine parvenu jusqu'à nous.

83 Extrait de McCleary, « Lost by Two Navies », p. 86, qui cite David J. Hepper, *British Warship Losses in the Age of Sail*, Rotherfield, East Sussex, Jean Boudriot Publications, 1994, p. 149.

84 Hackett a perdu trois doigts, s'est fait arracher le coude gauche (après quoi il a dû se faire amputer le bras) et a reçu un gros éclat dans la hanche. Les officiers de la cour ont souligné son courage pour être resté sur le pont après ses deux premières blessures. Hackett a eu droit à une pension et a continué de servir dans la marine jusqu'en 1838, partant à la retraite avec le grade de capitaine de frégate. Le Lieutenant Harvey a été nommé capitaine de frégate en 1819, prenant sa retraite peu de temps après avec une demi-solde. Wales resta ensuite au commandement du HMS *Childers* jusqu'en 1817, alors qu'il fut nommé capitaine de vaisseau et relevé de ses fonctions, après quoi nous le perdons de vue. La plupart des matelots et des fusiliers marins qui étaient rentrés en Angleterre pour la cour martiale sont probablement revenus à la vie civile, en

raison de la réduction des effectifs dans la marine qui a suivi la fin de la guerre. Voir « Court-martial of Richard Wales », ADM 1/5447, *TNA*.

85 McCleary, « Lost by Two Navies », p. 83, et James, *Naval History*, vol. 6, p. 294.

86 Malcomson, « Muster Table ». Malcomson a établi l'âge moyen de 404 matelots et officiers à 26,94 ans (écart-type = 5,93). Ira Dye indique que l'âge moyen des matelots américains était de 27,12 ans au cours de la guerre de 1812, l'âge médian étant de 25 ans. Voir Ira Dye, « Physical and Social Profiles of Early American Seafarers, 1812-1815 » dans *Jack Tar in History: Essays in the History of Maritime Life and Labour*, Colin Howell et Richard Twomey, éd., Frédéricton, Acadiensis Press, 1991, p. 221. Les graphiques de Robert Malcomson montrent que l'âge moyen des marins britanniques qui ont participé à la bataille du Lac Érié était de 28,8 ans. Voir Robert Malcomson, « The Crews of the British Squadrons at Put-in-Bay: A Composite Muster Role and Insights », *Inland Seas*, vol. 51, no. 3 (automne 1995), p. 43-56.

87 Sur les 25 navires dont les listes d'appel contiennent le lieu de naissance, la proportion moyenne d'étrangers était de 11,41 (écart-type = 3,31), selon une médiane de 10,86.

88 Ces pourcentages donnent sept et huit hommes originaires respectivement des Indes occidentales et de l'Amérique. Voir la note 38 ci-dessus pour obtenir les pourcentages approximatifs de marins nés à l'étranger à cette époque.

89 E. Codrington à J. Codrington, 7 juin 1814, FM24 - F131, *BAC*. Cette lettre diffère quelque peu d'un passage similaire cité dans Robert Gardiner, éd., *The Naval War of 1812*, Londres, Chatham Publishing, 1998, p. 91-92. Ce qui est le plus préoccupant, c'est l'absence des noms Corbett et Galpobi, qui sont remplacés par des espaces vides dans la citation de Gardiner, et le fait que « boucher » est remplacé par le mot « camarade ».

90 Comme dans le cas de l'*Epervier*, l'histoire du Capitaine John Taylor et du HMS *Espiegle* est tirée du journal de bord du capitaine, du 5 janvier 1813 au 8 février 1814, ADM 51/2289, *TNA*, et des minutes de la cour martiale convoquée pour John Taylor, du 23 au 26 février 1814, ADM 1/5541, *TNA*.

91 Liste d'appel de l'*Espiegle*, 31 août 1814, ADM 37/4577, *TNA*. Le pourcentage de Britanniques montre que 50 pour cent de tous les membres de l'équipage étaient nés en Angleterre (ce qui comprend aussi les Gallois), 12,5 pour cent en Écosse et 5,36 pour cent en Irlande. Sur les 25 navires de la thèse de doctorat de Malcomson dont les lieux de naissance de l'équipage sont connus, l'*Espiegle* présente le pourcentage le plus élevé d'étrangers et vient au deuxième rang pour ce qui est du pourcentage d'Américains et d'Européens. Ces pourcentages donnent respectivement six et onze personnes.

92 L'âge moyen des matelots (à l'exclusion de l'âge de l'unique aspirant de marine comme de celui des mousses) était de 25,97 ans (écart-type = 8,48), alors que l'âge moyen des mousses était de 14,27 ans (écart-type = 1,83).

93 Il était courant que les matelots se mettent à « murmurer » pour faire connaître leur mécontentement aux officiers, se réunissant en petits groupes pour discuter entre eux et se taisant à l'approche d'un officier. Neale, *Cutlass and the Lash*, p. 76.

94 Sept matelots ont réussi à déserter entre le 10 octobre 1813 et le 1er janvier 1814, lorsque le sloop a pris la direction de l'Angleterre. Dans le journal de bord, on ne trouve aucune autre tentative de désertion au cours de cette période. Il est intéressant

de remarquer que pas un seul fusilier marin n'a fui l'*Espiegle*.

95 John Jones a reçu en tout 138 coups de fouet en cinq mois. Ses crimes : ivresse à deux reprises (24 coups de fouet chaque fois), manquement au devoir à une reprise (12 coups de fouet), une accusation de désertion (24 coups de fouet), insolence envers un officier supérieur à deux reprises (12 coups de fouet chaque fois) et un chef d'accusation indéterminé qui s'est traduit par 24 coups de fouet. Sur les 27 navires analysés dans la thèse de doctorat de Malcomson, un seul autre homme, en regard des 1 840 cas examinés, a été fouetté sept fois. Dans la très grande majorité des cas, les fautifs n'ont été fouettés qu'une fois.

96 La cour a semblé soulagée d'apprendre que les officiers n'avaient pas eu à exécuter des corvées indignes d'eux, comme la préparation des repas, puisque les servants des autres au carré des officiers avaient veillé sur eux.

97 Quant à cet aspect de la sentence de Taylor, James fait remarquer qu'il « [...] semblait difficile de punir le commandant de l'*Espiegle* pour un acte de négligence qui affectait plus des deux tiers de la marine britannique [...] ». James rend en partie responsable l'amirauté pour le manque d'exercices de tir réel, qui à son avis ne fournissait pas des stocks suffisants de poudre et de munitions aux capitaines pour assurer un entraînement approprié de leurs hommes sur les canons. James, *Naval History*, vol. 6, p. 195.

98 On a remplacé son nom sur la *Navy list* en 1818, après quoi il n'eut droit qu'à une demi-solde en tant que « commandant subalterne ». Voir Marshall, *Royal Navy Biography*, vol. 4, partie 2, p. 536-538. George Dougal a été nommé capitaine de frégate le 13 juin 1815, mais il est resté sans emploi. *Ibid.*, vol. 4, partie 1, p. 364-367. On ne sait rien de ce qui est arrivé au Lieutenant Dyer.

99 Cela démontre peut-être que la théorie de Linda Colley selon laquelle les guerres britanniques du XVIIIe siècle ont permis pour une grande part de superposer une identité britannique, théorie qu'a reprise Stephen Conway pour démontrer l'utilité de la marine et de l'armée pour créer un sentiment commun d'appartenance britannique parmi les populations du Royaume-Uni, ne s'applique sans doute pas dans tous les cas. C'est une possibilité que Hubley est en train d'étudier plus avant dans le cadre de ses recherches doctorales. Voir Linda Colley, *Britons: Forging the Nation 1707-1837*, Londres, Yale University Press, 1992, p. 35-37 et Stephen Conway, *The British Isles and the War of American Independence*, Oxford, OUP, 2000, p. 165-168.

2 ❧

Guerre de 1812 - Milice de Lincoln

JAMES W. PAXTON

À York, le 25 juin 1812, le Major-général Isaac Brock apprend que les États-Unis ont déclaré la guerre à la Grande-Bretagne. Ironiquement, le général est appelé à défendre une province qu'il déteste profondément. Située aux limites de l'empire, la province du Haut-Canada était trop fruste, trop « reculée » et trop loin de la métropole. Le major-général mourait d'envie d'être affecté en Europe, où ses qualités de soldat pourraient être mieux employées contre Napoléon. Selon lui, les habitants du Haut-Canada étaient très bien adaptés à leur environnement : en majorité nés en Amérique, ils formaient un peuple jaloux et mesquin qui défendait de dangereux principes républicains. Pourtant, en lisant la déclaration de guerre, Brock se rendait compte que la Force régulière était trop peu nombreuse pour défendre la province; c'est donc à contrecœur qu'il a demandé à la milice de renforcer ses troupes le long de la rivière Niagara. Les années et l'expérience semblaient donner raison au général qui avait une piètre opinion de ces citoyens-soldats. Un mois plus tard, Brock informait son supérieur à Québec, Sir George Prevost, que « bien que je ne m'attendais pas à beaucoup de la part de la majorité, c'est encore pire que je pensais ». Il s'explique en ajoutant que « la majorité de la population est indifférente à ce qui se passe ou tellement enracinée en Amérique qu'elle se réjouit à l'idée d'un changement de gouvernement »[1].

Comme il fallait s'y attendre, l'opinion de Brock au sujet de la milice n'apparaît pas dans les mythes populaires qui entourent la guerre de 1812. La plupart des écrits du XIXe siècle et du début du XXe siècle à ce sujet baignent dans l'aura d'autosatisfaction qui accompagne le mythe de la milice, c'est-à-dire l'idée que les habitants du Haut-Canada ont fait front commun pour repousser l'envahisseur. Ce n'est que vers la fin des années 1950 que des spécialistes ont commencé à remettre en question cette interprétation de longue date. Dans deux articles novateurs, les historiens C.P. Stacey et G.F.G. Stanley ont détruit le mythe de la milice en démontrant que ce sont les soldats de la Force régulière britannique qui se sont battus et qui ont donné leur vie pour sauver le Haut-Canada, et non ceux de la milice[2]. Si le révisionnisme de Stacey et de Stanley a réduit le rôle de la milice dans cette guerre, les historiens ont toutefois reconnu que la milice du Haut-Canada avait joué un rôle peut-être moins prestigieux, mais nécessaire. Il n'y a pas longtemps, l'historien George Sheppard a révisé l'histoire à son tour et est revenu à la vision plus pessimiste que Brock avait de la milice du Haut-Canada. En constatant les taux élevés d'absentéisme, de recherche de profit et de chapardage, il est venu à la conclusion que la plupart des colons étaient trop isolés, divisés et soucieux de leurs propres intérêts pour risquer leur vie pour la province. Les habitants du Haut-Canada n'étaient pas ouvertement déloyaux, comme le craignait Brock, mais plutôt des « participants malgré eux ». Lorsqu'un milicien se battait, il le faisait pour protéger ses biens personnels[3].

Malgré leurs différences d'interprétation, Stacey et Stanley pas plus que Sheppard ne situent les actions de la milice dans un contexte qui les rend compréhensibles. La description de Sheppard, qui voit les colons comme des êtres sans profondeur et individualistes, toujours à la recherche d'un profit personnel, ne suffit pas à expliquer les différents comportements adoptés par les habitants du Haut-Canada. Les miliciens ne désobéissaient pas uniquement en raison d'officiers incompétents ou de commandants impopulaires, ou par manque de loyauté. Pour la plupart des observateurs, les miliciens agissaient de manière contradictoire. Leur discipline, leur sang-froid sous le tir et leur bravoure au combat pouvaient impressionner les soldats de la Force régulière, mais les officiers voyaient rouge lorsque les miliciens manquaient de discipline, désertaient en foule, puis se rendaient en prêtant serment de ne pas prendre les armes contre l'ennemi jusqu'à ce qu'ils soient dûment échangés. En tentant de trouver un sens à tout cela, il faut se rappeler que les miliciens n'étaient ni des soldats, auxquels ont les compare trop souvent, ni de simples acteurs économiques rationnels, comme les décrivent les historiens d'aujourd'hui; ils étaient plutôt, à titre de maris, de pères, d'enfants et de voisins, empêtrés dans un enchevêtrement de relations familiales, sociales et économiques qui influençaient grandement leur perception de la guerre et de leur rôle dans celle-ci.

Il est impossible de comprendre l'attitude de ces hommes en tant que soldats sans d'abord les replacer dans leur environnement. Il est donc nécessaire d'examiner le service des miliciens de Niagara pendant la guerre dans le contexte des collectivités rurales agricoles de l'époque. Contrairement aux soldats de la Force régulière, les miliciens et leurs officiers ne pouvaient pas

Sir Isaac Brock. (Bibliothèque et Archives Canada C-7760)

séparer leur devoir envers le pays ou l'empire de leurs obligations en tant que maris et membres de la collectivité. Comme leur famille et leur ferme étaient toujours en danger, les colons ont adopté des stratégies flexibles – se battre une journée et déserter le lendemain – afin de mieux gérer les tensions entre la maison et le champ de bataille. Le comportement inconstant en apparence des miliciens allait directement à l'encontre du sens du devoir des officiers de la Régulière. Des façons incompatibles de voir la guerre ont empoisonné les relations entre la milice et la Force régulière, mais avec le temps, les officiers supérieurs britanniques ont dû réévaluer la place de la milice dans l'enjeu plus vaste de la défense du Haut-Canada.

NIAGARA AVANT LA GUERRE

En 1812, le district de Niagara, délimité au nord et au sud par les lacs Ontario et Érié, et à l'est et à l'ouest par la rivière Niagara et la baie de Burlington, était largement rural et agricole et son économie reposait principalement sur les échanges locaux, comme bien des collectivités à la frontière nord-américaine. La région comptait trois villes (Niagara, Queenston et Chippawa), mais la plus grande d'entre elles (Niagara) n'abritait qu'entre 500 et 800 habitants. La quasi-totalité des 13 000 habitants du district demeuraient et travaillaient à la campagne[4]. Aux premiers colons, aux loyalistes et à ceux que les historiens appellent les « loyalistes tardifs » se sont joints des milliers d'immigrants des États-Unis, majoritairement en provenance des États du nord comme New York, la Pennsylvanie et le New Jersey. La veille de la guerre, environ 60 pour cent de la population était née en Amérique[5]. Les administrateurs coloniaux avaient des doutes quant aux idéologies politiques et à la loyauté des nouveaux arrivants, mais il n'y avait aucun conflit entre les loyalistes et les immigrants. Les deux groupes étaient formés de fermiers qui partageaient à propos de la valeur de la terre et de la possession de terre des idées particulières intimement liées à ce que leurs contemporains appelaient l'« aisance ».

La majorité des familles propriétaires de fermes à Niagara s'efforçaient d'atteindre cette aisance, c'est-à-dire le bien-être matériel et économique de la maisonnée. L'aisance se mesurait à la possession d'une parcelle de terre suffisante pour subvenir aux besoins d'une famille, avec comme principale main-d'œuvre le propriétaire, sa femme et ses enfants[6]. Le père espérait également accumuler assez de capital et de terre au fil de sa vie pour permettre à ses enfants de profiter de la même aisance. En cette matière, du moins, le Haut-Canada a su satisfaire aux ambitions de bien des colons. Les terres, concédées aux premiers colons ou vendues aux immigrants, étaient distribuées à plus grande échelle et de façon plus équitable dans le Haut-Canada qu'en Angleterre. La possession de terres a permis à beaucoup de familles, à force de travail, d'atteindre un niveau d'aisance caractéristique du fermier moyen.

En 1795, un observateur de la société coloniale s'étonnait du peu de « personnes riches ou influentes »[7]. Puisqu'il n'y avait pas de classe inférieure sans terre, les agriculteurs du Haut-Canada exigeaient des salaires que seuls les riches pouvaient payer[8]. Pour cette raison, les fermes autonomes, où le propriétaire et sa famille effectuaient presque tout le travail, sont devenues la norme. Un missionnaire morave voyageant à travers la province en 1798 avait remarqué le lien entre terre et travail et écrivait qu'une « terre mise en valeur témoigne d'un propriétaire non seulement assidu, mais travaillant »[9]. Des similarités dans la vie quotidienne et dans les expériences des classes inférieure et supérieure de la province ont donné au Haut-Canada un caractère à peu près égalitaire, malgré l'inégalité des deux classes en termes de poids démographique. Cela ne veut toutefois pas dire que le Haut-Canada n'était pas une société stratifiée; le pouvoir politique était entre les mains d'un petit nombre de familles principalement loyalistes, mais dans la mesure où les gens venaient dans la province surtout pour y trouver une terre, comme cela semble avoir été le cas, l'inégalité dans les autres aspects de la vie ne posait pas de problème[10].

Ainsi, par choix comme par nécessité, l'agriculture était une affaire familiale. La maisonnée constituait l'unité économique de base où le père employait sa femme et ses enfants comme main-d'œuvre pour s'occuper des cultures et du bétail et de tout ce qui pourvoirait à la subsistance de la famille pendant l'année. Pour s'assurer de répondre aux besoins de la famille, les hommes et les femmes effectuaient des tâches différentes, qui parfois se chevauchaient ou se complétaient[11]. Les hommes faisaient pousser le lin et fabriquaient les rouets et les métiers à tisser que les femmes utilisaient pour transformer le lin en étoffe. En 1805, un quaker anglais du nom de Robert Sutcliff a décrit l'économie domestique d'une famille de douze qui habitait près de Fort Erie. La famille mangeait dans une pièce qui servait également d'atelier de tissage. Une autre pièce contenait des rouets que la femme et les filles utilisaient pour filer. Les filles fabriquaient également des chapeaux de paille et des bonnets pour la famille et probablement pour vendre au village voisin. Lorsqu'ils n'aidaient pas leur père dans les champs, les garçons chassaient ou pêchaient pour compléter l'ordinaire de la famille. Sutcliff était impressionné par le partage des tâches qui permettait à la famille de « vivre indépendamment des fluctuations du commerce »[12]. En combinant leurs efforts, la femme, le mari et les enfants atteignaient l'aisance.

Peu importe les réserves de Sutcliff envers les marchands et le marché, il ne faut pas confondre l'aisance avec l'autosuffisance. Aucune famille ne pouvait produire tout ce qui lui était nécessaire, pas même les produits alimentaires, et d'ailleurs cela n'était point le but visé. Les stratégies des ménages étaient plutôt flexibles, mais conservatrices, et les familles consommaient une partie de leur production et en gardait une autre pour les échanges et le marché. Le blé, par exemple, pouvait être transformé en farine pour l'usage personnel de la famille ou vendu à un marchand ou à la garnison locale, alors que la toile de lin pouvait être transformée en vêtements, échangée à un voisin contre des douves de fût ou des souliers, utilisée pour payer une dette ou vendue en ville pour de l'argent, du thé, des aiguilles ou des tissus importés. Les hommes et les femmes faisaient également du troc avec leurs voisins et amis pour obtenir la plupart de ce dont ils avaient besoin. Par exemple, John Smith, de Forty Mile Creek (aujourd'hui Grimsby), gardait un livre comptable dans lequel il consignait une variété d'échanges avec plusieurs voisins. Sur une certaine période de temps au cours de l'année 1796, Smith a fourni son beau-père en foin, en bœuf et en blé contre cinq quarts de sel et six shillings. Ce que faisaient les familles d'agriculteurs de leurs produits dépendaient surtout des circonstances personnelles, des besoins, de la valeur marchande et du taux de risque qu'elles jugeaient acceptable dans leur quête de profit[13].

Dans le même ordre d'idées, tous les agriculteurs, peu importe le nombre d'enfants à leur charge, devaient faire appel à une main-d'œuvre supplémentaire à certaines périodes de l'année. La plupart du temps, les tâches qui ne pouvaient être remises à plus tard, comme le labour et la récolte, ou les travaux exigeants en main-d'œuvre, comme la construction d'une maison ou d'une grange, ne pouvaient s'effectuer qu'avec l'aide de parents et de voisins. Encore une fois, le livre comptable de John Smith illustre très bien ce fait. En 1797, Smith a demandé 2 £ à Obadiah King pour l'emprunt de deux bœufs et le travail de son fils Benjamin pendant six jours. Même si elles étaient calculées en livres, en shillings et en pence, les dettes étaient généralement payées en nature[14]. Les ententes sur le partage de la main-d'œuvre étaient profitables à tous puisqu'un jour ou l'autre, chacun avait besoin de l'aide d'un voisin. Refuser de participer aux activités de la communauté se traduisait par l'isolement social et la catastrophe économique. Les multiples transactions de petites quantités d'étoffe, d'œufs, de farine, de viande et de main-d'œuvre créaient entre les agriculteurs un large réseau d'obligations réciproques qui formaient la trame de l'aisance. L'interdépendance, plutôt que l'indépendance, était l'une des principales caractéristiques de ces collectivités[15].

Les stratégies économiques flexibles qui menaient à l'aisance prévenaient la dépendance envers une seule culture commerciale. Pour répondre aux besoins de la famille et du marché, les agriculteurs de Niagara faisaient pousser une grande variété de céréales, de fruits et de légumes, un procédé appelé agriculture mixte. Leur rythme de vie était étroitement lié aux saisons et au calendrier agricole et les périodes d'inactivité étaient rares. La saison commençait en mai quand les agriculteurs plantaient l'avoine et les patates. En juin, ils semaient l'orge et récoltaient le foin. Parfois, le foin était également coupé en juillet, quand le seigle était planté. À la fin du mois, le blé était récolté, puis entreposé à l'intérieur. Après la récolte, on plantait les navets, puis, en septembre, les cultivateurs plantaient le blé et le seigle. En octobre et en novembre, les familles récoltaient les patates et les navets. Tout au long de l'année, les agriculteurs fauchaient l'herbe, labouraient les champs et construisaient ou réparaient les clôtures. Pendant les mois hivernaux, il fallait défricher la terre, tailler des traverses de clôture et fabriquer des douilles de fût. Dans la plupart des fermes, le bétail était tout aussi important que les cultures. Les cochons étaient en liberté presque toute l'année, avant d'être engraissés vers la fin de l'été, puis abattus. À l'automne, les agriculteurs sortaient les bovins pour qu'ils puissent brouter dans les boisés[16]. La routine de l'agriculture mixte occupait tous les membres de la famille toute l'année, ce qui renforçait les structures patriarcales et forgeait une vision du monde agraire où le bien-être de la famille primait sur toute chose.

Bien peu d'officiers britanniques comprenaient les valeurs et les idéaux des habitants du Haut-Canada. Ils croyaient que la population majoritairement née en Amérique avait la tête imprégnée de dangereux sentiments républicains. Pour les représentants coloniaux et impériaux nés en Angleterre qui tentaient de transformer la province en « petite Bretagne », l'afflux de colons américains était un mauvais présage. Un de ces représentants, également élu à l'Assemblée coloniale, David W. Smith, déplorait le fait que ses collègues législateurs nés en Amérique défendent les « principes de nivellement les plus stricts » et l'habitude prise par l'Assemblée de considérer les États-Unis comme un « modèle »[17]. Un voyageur français a résumé les craintes de l'époque en disant que « l'esprit d'indépendance qui règne aux États-Unis s'est déjà propagé » dans le Haut-Canada[18].

Avant la guerre de 1812, le système politique de la colonie ne suscitait aucune remise en question sérieuse puisque la plupart des habitants du Haut-Canada étaient trop occupés à défricher la terre et à construire des fermes. Les craintes de plusieurs représentants de l'Empire venaient de leurs propres principes bien ancrés qui cadraient mal avec la réalité de la vie dans le Haut-Canada. Les envoyés chargés d'administrer et de défendre la colonie étaient tous, presque sans exceptions, nés en Grande-Bretagne et avaient servi dans l'armée. Dans le monde militaire britannique ultra-structuré et ultra-hiérarchisé, ils avaient développé une allégeance sans compromis et formelle envers la Couronne et l'Empire. Dans le Haut-Canada, ils servaient les intérêts de la mère patrie, pas ceux des colons[19]. Évidemment, les chefs britanniques voyaient la guerre dans le contexte de l'Empire et les habitants de la province n'étaient pour eux qu'un instrument de défense de l'Empire. Le Brigadier-général John Vincent, à l'instar de beaucoup d'officiers de la Force régulière, ne considérait pas les habitants du Haut-Canada comme des participants à part entière et disait « qu'on ne pouvait supposer que l'attachement de la milice à *notre* cause soit très stable »[20]. Des gens comme Vincent, David Smith et Brock prenaient à tort le localisme pour de l'apathie ou pire encore, de la déloyauté. Une profonde méfiance envers les colons nés en Amérique et un manque d'empathie ont teinté les relations entre les militaires britanniques et les habitants du Haut-Canada tout au long de la guerre.

LA MILICE DE LINCOLN EN TEMPS DE PAIX ET DE GUERRE

Si les collectivités patriarcales et régionalisées ont constitué la toile de fond de la guerre pour les agriculteurs de Niagara, la milice est l'instrument par lequel ils en ont fait l'expérience. Chaque comté a assuré le soutien d'un régiment ou plus selon sa population. En 1811, le district de Niagara a assuré le soutien de cinq régiments, nommés la milice de Lincoln d'après le nom du seul comté du district et constitués d'un effectif de 2 298 hommes. Le 5e Lincoln était le plus grand régiment avec 572 soldats, alors que le 3e était le plus petit avec 350 soldats[21]. Chaque régiment était composé de 8 à 10 compagnies de 20 à 50 soldats. En théorie, tout homme valide âgé de 16 à 60 ans était obligé de faire partie de la milice. Les membres de certaines professions étaient exemptés, notamment les membres du clergé, les meuniers, les enseignants, les passeurs, les chirurgiens et les fonctionnaires. Tous les autres étaient passibles d'une amende de 40 shillings pour les officiers et de 10 shillings pour les militaires du rang s'ils ne se présentaient pas à l'instruction. La milice n'a pas beaucoup exigé des habitants du Haut-Canada. Tous les régiments se rassemblaient le 4 juin de chaque année, pour célébrer la fête du Roi, ainsi que deux à quatre autres fois chaque année. Les rassemblements donnaient la chance de recevoir une instruction militaire rudimentaire, mais pour les soldats, il s'agissait d'une bonne occasion pour boire et socialiser. Pour ses services, un soldat touchait la somme relativement modique de 6 pence par jour, alors qu'un agriculteur engagé par l'armée pour le transport de marchandises gagnait 20 shillings par jour[22].

Contrairement aux armées professionnelles qui séparaient les soldats de la société et érigeaient un mur infranchissable entre les officiers et les soldats, les unités de la milice étaient un microcosme de la collectivité : frères, pères, oncles et voisins y servaient côte à côte. Les officiers étaient généralement des membres de la haute société qui se démarquaient par leur richesse, leur réputation et leurs contacts politiques. Mais les hommes qui occupaient les grades de capitaines ou de colonels cinq jours pendant l'année étaient, les 360 autres jours, les amis, membres de la famille et voisins de ceux qu'ils commandaient. Cela a beaucoup influencé le style de leur leadership. Les officiers qui venaient de la partie la plus riche de la société avaient beaucoup d'influence dans le voisinage, mais la nature réciproque des relations sociales et économiques ne leur permettait pas de commander trop sévèrement leurs voisins. La plupart des officiers considéraient que la persuasion et l'influence donnaient de meilleurs résultats que l'application d'une discipline stricte. En avril 1812, le Colonel John Warren s'est incliné devant ses voisins et a rassemblé le 3e Lincoln à deux endroits distincts de façon à ce que ses troupes n'aient pas à couvrir 30 milles pour se rendre au terrain d'exercice. Le taux de présence augmentait quand les hommes n'avaient pas à s'éloigner de leur ferme[23]. Toutefois, certains n'étaient pas à l'aise à l'idée d'exercer une autorité sur leurs voisins. Juste avant le début de la guerre, un capitaine du 5e Lincoln a démissionné de ses fonctions, car « il ne voulait pas attirer la mauvaise volonté de ses voisins en les obligeant à faire leurs tâches »[24]. Plutôt que de troubler l'ordre normal des relations sociales, il préférait démissionner. Si on en juge d'après ces officiers, la milice reflétait davantage les valeurs de la communauté que celles des officiers réguliers qui les envoyaient au combat.

Pour contrer les tendances démocratiques dans la milice et neutraliser les éléments déloyaux de la population, Brock a cherché à établir la milice sur des bases plus solides. En février 1812, il convainc l'Assemblée de modifier le *Militia Act* de 1808 pour subordonner les officiers de la milice à ceux de la Force régulière, renforcer les sanctions en cas de désobéissance de manière à inclure des procès devant une cour martiale, obliger les officiers à prêter serment d'allégeance et soumettre aussi à ce dernier les soldats et les sous-officiers. Le point le plus important du *Militia Act* de 1812 est la création de deux compagnies de flanc dans chaque régiment. Les compagnies de flanc, qui pouvaient monopoliser jusqu'au tiers de l'effectif du régiment, soit 35 soldats chacune[25], s'entraînaient six jours par mois et obtenaient les officiers les plus expérimentés et les plus compétents. Des dispositions spéciales exemptaient les membres des compagnies de flanc des corvées et des fonctions de jury, en plus de les soustraire aux poursuites judiciaires pour des infractions au civil. On s'attendait à ce que les habitants les plus loyaux se portent volontaires pour remplir les rangs de ces compagnies et que les plus déloyaux demeurent dans les compagnies de bataillon, qui seraient appelées uniquement en cas d'urgence[26]. En mai, tous les régiments de Fort Erie à la rivière Grand et à York avaient terminé le recrutement. Les régiments Lincoln avaient facilement atteint leurs quotas. Il est douteux que les compagnies de flanc aient servi aux fins prévues. En réalité, presque tous les soldats du 2e Lincoln du Colonel Thomas Clark se sont portés volontaires pour les nouvelles compagnies[27]. Beaucoup d'hommes se sont probablement enrôlés pour obtenir les avantages du nouveau service plutôt que par patriotisme.

Comme les soldats de Lincoln l'ont rapidement appris, le service de temps de paix ne les avait aucunement préparés aux exigences de la guerre. Pendant la guerre de 1812, contrairement à ce qui s'était passé durant la Guerre de Sept Ans et la Révolution américaine, la milice a beaucoup compté sur les simples citoyens. Au cours du XVIIIe siècle, les unités de la milice ont de plus en plus agi à titre de bataillons de réserve qui formaient et entraînaient des soldats pour combler les vides dans les régiments de combat. Dans les colonies d'Amérique, les éléments les plus marginaux de la société, c'est-à-dire les jeunes hommes sans terre, les noirs affranchis ou les autochtones, se portaient volontaires ou prenaient la place de personnes plus riche et obtenaient des primes généreuses et une solde plus élevée que celle des soldats réguliers. De cette façon, une personne pauvre pouvait accumuler la somme nécessaire pour l'achat d'une terre, alors que les propriétaires de biens fonciers étaient faits officiers ou échappaient entièrement au service militaire. Bien que manifestement injuste, un tel système a permis de préserver la stabilité du pays en laissant le fardeau militaire aux personnes les plus consentantes et les plus aptes à effectuer le travail[28]. Même si les amendements de Brock ont contribué à aligner la milice du Haut-Canada sur les pratiques antérieures, le système de milice a continué de placer un fardeau militaire plus lourd directement sur les épaules de la population en plus d'offrir moins de récompenses qu'auparavant.

Lorsque la guerre a éclaté, le Haut-Canada était terriblement mal préparé pour résister à une invasion. Personne ne comprenait mieux cela qu'Isaac Brock, la personne chargée de la défense de la province. En juin 1812, uniquement une partie du 41st Regiment of Foot et du 49th Regiment of Foot de Brock était disponible pour servir dans le Haut-Canada et l'entraînement des compagnies de flanc de la milice n'était pas complètement terminé. Pour soutenir ses forces le long de la rivière Niagara, Brock a fait appel aux compagnies de flanc des milices de Lincoln et de York. En quelques jours, près des 800 personnes des Lincoln s'étaient réunies à Fort George. La gaieté et l'empressement avec lesquels les miliciens ont répondu ont surpris et réjoui le général[29], mais malgré ce début prometteur, le comportement de la milice n'a, par la suite, aucunement aidé à sa réputation aux yeux de son commandant.

Les régiments Lincoln avaient pris position le long de la rivière Niagara sur une ligne s'étendant de Fort George à Fort Erie. Les volontaires inexpérimentés s'étaient établis dans des maisons ou des granges à proximité et se familiarisaient avec la vie militaire. Les premières semaines ont été tranquilles, la nouveauté de la vie de camp et l'urgence de la situation se combinant pour garder les soldats à leur affaire. Les officiers de la Force régulière ont remarqué avec plaisir que la discipline et la compétence de la milice « s'amélioraient de jour en jour » et Brock s'est donné la peine de féliciter publiquement les miliciens pour leur « bonne conduite » et leur désir d'apprendre[30]. Un soldat du nom de Charles Askin disait que « la Force régulière américaine était loin d'être aussi bien disciplinée que nos compagnies de flanc »[31]. Les officiers américains auraient pu en dire autant en regardant avec inquiétude les préparatifs sur l'autre rive. Le Major-général américain Amos Hall considérait la milice du Haut-Canada comme « bien disciplinée et bien armée »[32].

Cependant, à la mi-juillet, les officiers de la Force régulière ont commencé à parler d'un fait nouveau plus préoccupant. La milice, reprochait Brock, « faisait preuve, dans le refrènement actuel, d'une impatience loin d'être inspirante »[33]. Lorsqu'il est devenu clair qu'une bataille n'était pas imminente, les soldats habitués à l'indépendance de la vie civile ont commencé à se plaindre des tâches monotones comme les tours de garde et les patrouilles. Bon nombre, libérés des contraintes domestiques, tuaient l'ennui en prenant un coup. Interdire la vente d'alcool aux soldats n'a pas réglé le problème et les soldats des Lincoln ont continué de lever le coude[34]. La milice a rapidement acquis la réputation de corps de troupe débauché et indiscipliné.

Les régiments Lincoln sont arrivés au camp mal équipés pour la campagne. Les soldats fournissaient leur propre uniforme, c'est-à-dire « un manteau court de couleur foncée… un pantalon et un chapeau rond », mais l'armée devait fournir la nourriture, le logis et le reste de l'équipement nécessaire. Cependant, en raison des pénuries chroniques, les officiers ont dû demander à leurs soldats d'obtenir des couvertures et d'autres nécessités par leurs propres moyens »[35]. Comme elle manquait de vêtements, de chaussures, de tentes et de matériel de cuisson, la milice était, pour utiliser les mots de Brock, dans un « état lamentable »[36]. De plus, les compagnies n'étaient pas toutes équipées des mêmes types d'armes, ce qui rendait difficile l'attribution des bonnes munitions[37]. En août, des soldats des régiments Lincoln ont reçu de vieux uniformes du 41st Regiment. La distribution de vieilles tuniques rouges avait davantage pour but de faire croire aux Américains que Brock disposait d'une Force régulière plus nombreuse que d'améliorer le sort de la milice. À cause de l'absence de tentes et d'articles de couchage, des miliciens ont commencé à retourner à la maison dès l'arrivée du froid d'automne[38]. Nombreux étaient ceux qui trouvaient de telles conditions de vie insupportables. Quatorze soldats de la compagnie du Capitaine Daniel Servos du 1er Lincoln ont été réformés parce qu'ils étaient trop vieux ou mal en point pour un service aussi rude. D'autres sont simplement rentrés chez eux sans permission[39]. En novembre, le Major-général Roger Sheaffe, le successeur de Brock, pouvait encore dire de la milice qu'elle « était dans un état de misère en ce qui concerne les vêtements et tout ce qui se rapporte aux articles de couchage et au confort du casernement », même si quelques compagnies des Lincoln ont reçu, au cours du mois, des manteaux, des pantalons, des chemises et des chaussures[40]. L'arrivée de l'hiver a fait augmenter le taux de désertion, alors que les soldats mal vêtus, mal logés et mal nourris rentraient chez eux sans permission[41].

La maladie a vite transformé les camps en hôpitaux. Des soldats mouraient tous les jours. Des camps insalubres où s'entassaient des hommes jusque-là peu exposés à des maladies transmissibles offraient des milieux propices à l'apparition de maladies. Le manque de vêtements, d'équipement et de logis a contribué à la propagation des maladies. « Des miliciens sont morts de pleurésie », déplorait Charles Askin en décembre 1812. « Ils tombent subitement très malades et meurent généralement au bout de huit ou neuf jours. » La maladie ne

Sir Roger Hale Sheaffe. (Bibliothèque et Archives Canada C-111307)

s'attaquait pas à tous de la même façon. Les miliciens ravagés par la maladie s'étonnaient de la bonne santé des soldats de la Force régulière. Askin attribuait la meilleure santé de ces derniers à leurs vêtements plus chauds et à leur constitution plus solide. On invoquait aussi avec raison peut-être le fait que les membres de la Force régulière avaient déjà survécu au processus d'acclimatation décisif et avaient développé des anticorps contre beaucoup de maladies. La maladie et les renvois ont grandement affaibli l'effectif de nombreuses compagnies, ce qui ajoutait un poids supplémentaire aux autres. Askin, jeune soldat optimiste, a écrit à son père que la désertion était devenue « très populaire »[42].

Les miliciens étaient irrités par l'imposition de la vie militaire, mais les exigences du calendrier agricole ont probablement joué un rôle majeur en ce qui concerne le moment et le nombre de désertion. Puisque tout homme âgé de 16 ans et plus était obligé de servir, la milice accaparait la plupart de la main-d'œuvre adulte de sexe masculin. Plus les semaines passaient, plus il y avait de travaux agricoles non accomplis. Après plus d'un mois de service actif, les miliciens avaient hâte de retourner à leurs fermes et à leurs familles. Ce n'est pas surprenant que le taux de désertion ait grimpé en flèche pendant les périodes d'ensemencement et de récolte. Comme les soldats réclamaient à cor et à cri de rentrer chez eux, Brock a dû permettre, à contrecœur, à la moitié de chaque compagnie de rentrer à la maison. Il a « privilégié ceux dont la présence était nécessaire pour la récolte », mais dans le Haut-Canada rural, cela voulait dire presque tout le monde[43]! En se pliant à la demande des miliciens, Brock a donné un exemple que tous les généraux britanniques allaient suivre jusqu'à la fin de la guerre.

L'invasion de la partie sud-ouest du Haut-Canada par Hull au début de juillet a forcé Brock à rappeler les compagnies de flanc après seulement deux semaines. Les soldats qui n'avaient pu rentrer leur récolte se plaignaient âprement et beaucoup refusaient de reprendre le service. Par contre, Brock était plus frustré par les magistrats et les officiers de la milice qui refusaient de faire respecter les ordres que par les absences elles-mêmes[44]. Les officiers compatissants comprenaient parfaitement le dilemme dans lequel se trouvaient leurs soldats; eux aussi avaient des fermes dont il fallait s'occuper et c'est pourquoi ils fermaient les yeux lorsque leurs soldats ne se présentaient pas[45]. Un mois plus tard, environ le tiers des membres de la milice ne s'étaient toujours pas présentés à leur poste[46]. Selon la mentalité de l'armée, si les officiers sont stricts dans leur commandement, les soldats obéiront. Suivant cette idée, les officiers de la milice sont devenus la cible d'une campagne qui visait à combattre l'absentéisme chronique. Une circulaire rappelait aux commandants des régiments de la milice de se familiariser avec la « loi du pays concernant la milice », d'obéir aux ordres, d'établir les documents nécessaires, particulièrement ceux concernant l'absence des soldats, et de traduire les déserteurs en justice[47]. Dans le Haut-Canada, où les officiers étaient les premiers parmi leurs égaux, il était difficile de punir les soldats ou de les astreindre à une discipline stricte. Mettre trop de pression sur un ami ou un voisin en campagne pouvait engendrer des conséquences économiques et sociales néfastes à la maison.

La Force régulière ne voyait les désertions que comme des faits bruts et croyait que la milice ne s'intéressait pas à la guerre. La désertion ne faisait pas que priver l'armée d'un effectif des plus nécessaires, elle minait aussi la cohésion et le moral. Quand tant de gens semblaient favoriser les États-Unis, Brock perdait l'espoir de lever une force suffisante pour défendre la province[48]. En revanche, les officiers de la milice accusaient les chefs britanniques, à l'exception de Brock, de mauvaise gestion et d'incompétence. Ils gardaient cependant leurs commentaires les plus caustiques pour l'intendance, dont l'incapacité de fournir ne serait-ce que les nécessités les plus élémentaires frôlait « l'indifférence criminelle »[49]. Les miliciens croyaient, non sans raison, que le manque de leadership vigoureux les avait laissés dans l'inactivité et la misère, ce qui avait contribué à leur étiolement dans des camps sordides. Quelques officiers britanniques compatissants qui avaient été témoins, dès le début, des privations subies par la milice pensaient de même : ils attribuaient le « moral à la baisse de notre milice autrefois si motivée » au manque d'énergie des supérieurs[50].

Comme la majorité des soldats volontaires, les miliciens de Niagara ont servi pour protéger leur famille et leur foyer, mais lorsqu'ils ont vu que leurs efforts ne portaient pas fruit, ils ont rapidement perdu leurs illusions envers la vie de soldat. Peu d'entre eux étaient préparés aux routines peu glorieuses de la vie de camp et en garnison. Beaucoup de citoyens-soldats ne voyaient pas l'utilité d'effectuer des tâches insignifiantes, et pour eux inutiles, alors que leur famille était laissée à elle-même et qu'il n'y avait personne pour s'occuper des fermes[51]. Les miliciens souhaitaient une guerre rapide et énergique, loin de leur famille et de leur maison. Le peuple du Haut-Canada était reconnaissant envers l'énergique et combatif Brock d'avoir porté le combat là où se trouvait l'ennemi. La mort de ce dernier à Queenston Heights en octobre a encore assombri le moral de la milice[52]. Le Colonel Robert Nichol du 2e Norfolk n'avait pas sitôt fini de pleurer le chef mort au combat qu'il accusait les successeurs de Brock de « mauvaise gestion et d'apathie »[53]. Après Queenston Heights, la guerre a dégénéré en une interminable campagne défensive mal acceptée par les habitants de Niagara qui se sont retrouvés en première ligne.

LA GUERRE DES FERMIERS

Les tensions entre les officiers britanniques et la milice ont augmenté tout au long de l'hiver et du printemps 1813, jusqu'à ce que les désastreuses campagnes de l'année éliminent toute trace de bonne volonté qui pouvait avoir existé entre les deux. L'armée américaine a pris York en avril et les Forces britanniques de Niagara se sont préparées à une attaque contre Fort George. Quelques jours avant la bataille, le Brigadier-général britannique John Vincent, le remplaçant de Sheaffe, se plaignait que la milice désertait en masse. « Je ne peux répondre positivement ni de leur nombre, ni de leur consentement à coopérer », écrivait-il à propos de la milice; « un incroyable taux de désertion continue de témoigner de leur manque d'intérêt envers la cause importante pour laquelle nous nous battons [54] ». Mais lorsque le grondement des canons a annoncé le début de l'assaut, de nombreux déserteurs sont retournés défendre le fort. « Au moment de l'attaque », a rapporté par la suite un officier britannique, « l'afflux de braves à proximité de la scène de l'action a presque doublé la taille de la milice.[55] »

Les miliciens voulaient se battre, mais d'un point de vue professionnel, ils étaient peu fiables. La Force régulière ne connaissait que deux mots pour qualifier le caractère équivoque des agissements de la milice : loyauté et déloyauté. Compte tenu de cette vision étroite des choses, les généraux ne pouvaient prévoir avec précision quand la milice allait rester ou déserter. Pour maints miliciens de Niagara, la guerre abolissait la frontière entre leur rôle de soldat et leur rôle de chef de famille, et leurs désertions en série ne faisaient que confirmer ce fait[56]. Pour la majorité des soldats, la désertion ne constituait pas un geste ultime de provocation. Ils allaient et venaient entre la maison et le front selon la situation. L'absentéisme d'après-bataille était fréquent, car les soldats voulaient rassurer leurs familles, annoncer les mauvaises nouvelles aux voisins et amis et prendre soin des fermes négligées. De manière générale, les soldats désertaient lorsque leur présence n'était pas requise au front et revenaient lorsqu'une bataille était imminente. La désertion en série était beaucoup plus facile et beaucoup plus fréquente lorsque les combats se déroulaient précisément là où habitaient les fermiers, comme ce fut le cas à Niagara. L'absentéisme perturbait la planification et la logistique des Britanniques, mais les permissions non autorisées permettaient aux miliciens de Niagara de défendre leurs familles et de s'occuper d'elles. Ils ne voyaient probablement aucune contradiction entre ces objectifs.

Après la capture de Fort George, Vincent a ordonné à l'armée britannique de se retirer dans la péninsule du Niagara, en direction de Burlington. Bien que démoralisés par la capture du fort, beaucoup de miliciens ont suivi l'armée en croyant qu'il y aurait regroupement pour opposer une résistance à Forty Mile Creek. Un jeune officier des Niagara Light Dragoons, le Capitaine William Hamilton Merritt, a rapporté avec émotion les « pleurs des femmes » le long de la route, pendant le retrait de l'armée dans la péninsule. Mais au lieu d'organiser la résistance à Forty Mile Creek, Vincent a renvoyé la milice, un geste qui semblait annoncer son intention d'abandonner toute la péninsule. Merritt a exprimé ainsi ce qu'il ressentait : « L'idée d'abandonner le pays et de laisser tout ce qui m'était cher derrière moi me chagrinait beaucoup », écrit-il, « mais plus encore la situation malheureuse de ma famille qui était laissée sans défense »[57]. La décision de Vincent de retirer l'armée a confirmé les soupçons des habitants de Niagara quant à l'incompétence et à la timidité de la Force régulière. La plupart ont perdu tout espoir concernant la capacité et le désir des Britanniques de les protéger. Ils sont donc rentrés chez eux pour attendre l'armée américaine.

Pendant l'occupation américaine de Niagara, les soldats américains pillaient les maisons et emportaient ou tuaient/détruisaient le bétail, les récoltes et autres objets de valeur, laissant ainsi beaucoup de famille dans la misère. Sans savoir quand ni même si les Britanniques reviendraient à Niagara, les habitants ont tenté d'établir une entente avec l'ennemi. L'occasion s'est présentée à la fin de mai, quand le Lieutenant-colonel James Preston, le commandant américain de Fort Erie, souhaitait désarmer une population possiblement hostile, a proclamé qu'il protégerait les familles et les biens de tous ceux qui s'engageaient par écrit à ne pas prendre les armes contre les États-Unis[58]. De tels engagements étaient un bon moyen de s'occuper du grand nombre d'hommes faits prisonniers au combat, mais ne s'adressaient pas aux fermiers non armés. Cependant, ni Preston ni les fermiers de la région ne s'embarrassaient de subtilités juridiques et des centaines d'habitants de Niagara ont vu dans ces engagements l'occasion de protéger leurs biens et leurs moyens de subsistance. Lorsque les officiers britanniques sont venus recruter un détachement, les miliciens ont montré leur bout de papier en disant être exemptés de telles tâches. Lorsque Québec a eu vent de ces abus, sir George Prevost a menacé de traiter toute personne signant un engagement comme un traître et de la bannir de la colonie[59].

Prevost n'avait pas à s'inquiéter. Lorsque les officiers américains n'ont pu, volontairement ou non, arrêter la destruction de propriétés privées, beaucoup d'habitants de Niagara ont repris les armes[60]. En petits groupes, ils ont mis à profit leur connaissance du terrain pour tendre des embuscades à des patrouilles sans méfiance et pour recueillir des renseignements pour Vincent à Burlington. La victoire de Vincent sur l'armée américaine à Stoney Creek, le 6 juin, a redonné du courage à beaucoup d'habitants de Niagara, et pendant que les Britanniques reprenaient tranquillement le contrôle de la péninsule, les miliciens se sont soulevés pour attaquer l'arrière-garde américaine[61]. « La population entière est contre nous », s'exclamait le Major MacFarland de la 23rd U.S. Infantry[62]. Quelques habitants du Haut-Canada capturés avaient un billet d'engagement sur eux[63]. Les citoyens-soldats faisaient passer leur moyen de subsistance avant les conventions de guerre.

Les officiers britanniques n'ont jamais vraiment compris ce qui motivait la milice, mais lorsque les vivres vinrent à manquer, ils ont vite appris à apprécier le double rôle des habitants du Haut-Canada, c'est-à-dire celui de soldat et celui d'agriculteur. Leurs adversaires américains avaient su apprécier cet aspect dès le début de la guerre. À l'été 1812, un informateur inconnu chantait les louanges du système britannique au Major-général américain Stephen Van Rensselaer, qui éprouvait des problèmes avec sa milice. De son point de vue privilégié, l'implantation de compagnies de flanc et l'octroi de permissions pour travaux agricoles semblaient propices à la formation d'une force défensive locale bien entraînée et au maintien du moral des citoyens-soldats. Le commentateur anonyme croyait que ces mesures « convenaient aux conditions qui étaient celles du peuple et… leur permettaient de ne pas sentir le poids de la guerre »[64]. Van Rensselaer a abondé dans ce sens et noté que

> la récolte s'est plutôt bien déroulée et la préparation en vue de l'ensemencement n'a jamais été aussi bonne. La tâche de la milice est modifiée de façon à tenir compte autant que possible des conditions du peuple et des mesures sont prises pour ne pas lui faire sentir le poids de la guerre. Les femmes travaillent dans les champs, et elles y sont fortement encouragées[65].

Ce qui semblait être, de l'extérieur, le résultat d'un grand plan bien préparé était la plupart du temps une réponse *ad hoc* des généraux britanniques aux miliciens impossibles à gérer.

En comparaison de la situation aux États-Unis, le système britannique de gestion des soldats et des ressources pouvait sembler un modèle d'efficacité, mais Van Rensselaer a brossé un tableau trop idyllique des conditions dans le district de Niagara. Niagara était le grenier du Haut-Canada, mais en 1813, les fermes et leur capacité à soutenir les habitants et l'armée avaient payé un lourd tribut à la guerre. Les terres abandonnées, les champs ravagés par la guerre, les pénuries de main-d'œuvre et la constitution de réserves ont tous contribué à réduire la production agricole à un moment où la consommation augmentait. Contrairement aux armées d'aujourd'hui, les armées du XIXe siècle s'approvisionnaient majoritairement dans leur secteur d'opération. Très peu venait de l'extérieur, car les longs et fragiles itinéraires de ravitaillement qui s'étendaient au-delà des Grands Lacs, descendaient le Saint-Laurent et traversaient l'océan jusqu'en Grande-Bretagne et aux Antilles étaient incertains, sensibles aux conditions météorologiques et sans protection contre l'interception et l'interruption. Pour obtenir l'énorme quantité de nourriture consommée par des milliers de soldats et leurs animaux chaque mois, les officiers britanniques devaient parcourir la campagne pour acheter du maïs, du blé, des pois, du bœuf et tout autre produit. Malgré des efforts herculéens, l'armée a connu beaucoup de difficultés d'approvisionnement pendant toute la guerre[66].

Les officiers des départements de l'intendance et du quartier-maître se sont rapidement mis les fermiers à dos. Leurs agents payaient souvent moins que la valeur des biens qu'ils emportaient ou ne payaient pas du tout, laissant au fermier le soin de faire les démarches pour obtenir une indemnité auprès du général commandant. Par exemple, aucune indemnité n'a été versée à un fermier de Niagara, Isaac Vrooman, quand son cheval, réquisitionné par l'armée, est mort[67]. Pour l'agriculteur moyen, un cheval n'était pas seulement un gros investissement financier, mais à cette époque où la machinerie agricole n'existait pas encore, il s'agissait également d'un outil indispensable sans lequel la ferme ne pouvait être exploitée. Il n'est pas surprenant que les fermiers soient rapidement devenus peu enclins à laisser leurs cultures, leur bétail ou leurs chevaux à quiconque portait un uniforme.

La voracité de l'intendance n'était qu'une partie du problème. Plusieurs facteurs ont fait diminuer la production agricole pendant la guerre. Un grand nombre de sympathisants américains ont quitté la province pendant le conflit, ce qui a beaucoup diminué le nombre de terres agricoles exploitées. Comme un grand nombre d'hommes étaient au service de la milice, loin de leurs champs et de leurs vergers pour de longues périodes, la production en souffrait. Peu après la capture de Niagara, un officier américain qui y était affecté déclarait au journal local que le service auprès de la milice faisait en sorte que les champs restaient non cultivés[68]. La destruction de Niagara par les Forces américaines en décembre 1813 et le pillage à Saint-David l'année suivante ont également joué un rôle dans l'amoindrissement des ressources en forçant les réfugiés à vivre de la charité de leurs voisins. La propension grandissante des fermiers à faire des réserves de nourriture n'indiquait pas seulement une réticence à vendre aux militaires, mais également une diminution des surplus. Bref, quand il était question de nourriture, les fermiers pensaient d'abord à leurs familles.

L'occupation prolongée de la région de Niagara a dévasté la campagne et contribué à la diminution de la production. Les soldats des deux armées détruisaient les clôtures, piétinaient les champs, volaient la nourriture et prenaient les chariots. Les attaques de propriétés civiles ont également augmenté lorsque les Américains ont pris pied sur la péninsule du Niagara. Depuis Fort George, les soldats américains ont « pillé tous les habitants loyaux » et brûlé le moulin de Clark's and Streets, l'un des seuls moulins fonctionnels de la région[69]. Au retour des Britanniques à l'été, l'endroit était désert. En contemplant les ruines et les cheminées noircies du village de Niagara jadis magnifique, le Lieutenant William MacEwan s'est exclamé : « L'argent n'achètera rien ici »[70]. Mais les soldats devaient encore se nourrir et les ventres affamés qui ne peuvent trouver à manger autrement sont réduits au vol. Un milicien de York du nom de Thomas Ridout, écrivant à son père à partir de Forty Mile Creek, non loin de Niagara, lui racontait comment il exerçait, avec ses camarades, « le vol à grande échelle de pois, de pommes, d'oignons, de maïs, de carottes, etc., car on ne peut rien se procurer autrement, excepté du lait, qui est calculé à la goutte près. Nous brûlons les clôtures et volons les poires et les pêches à une vitesse incroyable », se vantait-il, avant d'ajouter en parlant du général commandant, « il me croit le plus innocent du groupe »[71].

Les gestes posés par des centaines de soldats comme Ridout ont eu de lourdes conséquences pour les habitants de Niagara. Les soldats britanniques qui occupaient la maison de Richard Beasely, par exemple, ont consommé tout le seigle qu'il y avait dans la grange et dans les champs, ils ont utilisé les clôtures comme bois de chauffage et ont réquisitionné, sans jamais les retourner, une carriole et un harnais pour transporter les blessés. La perte de Beasely était minime, mais elle a eu des conséquences désastreuses sur le plan personnel et économique. Comme il le disait dans sa pétition pour obtenir une indemnité, « la ferme dont dépendait principalement ma famille est une perte totale »[72]. C'est en vain que les généraux ont tenté de protéger les propriétés privées, puisque même les menaces de « jugements expéditifs » ne dissuadaient pas les soldats voraces et malveillants[73]. En 1814, la pénurie de nourriture avait atteint un niveau critique. Il y avait, à Niagara, 5 000 troupes de plus que prévu et, pendant un certain temps au cours de l'été, les magasins n'avaient que pour 2 semaines de nourriture. La récolte de l'année précédente était déjà consommée et celle de l'année en cours était encore dans les champs. Comme la plupart des moulins nécessaires pour moudre le blé avaient été détruits, la situation était encore pire[74].

Les défis posés par le déploiement et l'alimentation d'une armée ont obligé les commandants britanniques à modifier leur emploi de la milice. La première modification découle du quasi-échec des compagnies de flanc en 1812 et est incluse dans le *Militia Act* de 1813. La *Loi* a éliminé les compagnies de flanc pour autoriser à la place la création du Battalion of Incorporated Militia qui devait se composer de volontaires qui s'entraîneraient comme la Force régulière et seraient en service pendant toute la durée de la guerre. La nouvelle organisation de la milice visait, selon sir George Prevost, à surmonter « les difficultés de mettre sur pied une milice efficace, inséparable d'une population peu nombreuse et éparpillée sur un vaste territoire »[75]. La Couronne a reconnu les « inconvénients » qui survenaient lorsque les miliciens étaient tenus « loin de leurs familles et de leurs occupations habituelles » et a tenté de corriger la situation[76]. En proposant une force permanente de volontaires en provenance des quatre coins de la province, les représentants de la Couronne admettaient l'inefficacité du système en vigueur et retournaient, pour lever une armée, à un système semblable aux stratégies des guerres inter coloniales. Le bataillon n'a cependant pas répondu aux attentes. Comme il n'y avait pas plus de 300 recrues, les commandants supérieurs ont fait appel à la conscription pour former une milice[77].

Avant l'entrée en campagne en 1814, le Lieutenant-général Gordon

Drummond, élu président du gouvernement colonial et nommé commandant des Forces britanniques du Haut-Canada en août 1813, a tenté de résoudre à la fois les problèmes de main-d'œuvre et d'approvisionnement. Il a demandé à l'Assemblée que les trois quatorzièmes de la milice soient conscrits pour un an, soit une portion inférieure à celle qui avait été canalisée vers les compagnies de flanc. La petite milice stable ainsi envisagée offrirait à Drummond une source de soldats plus fiable tout en libérant les hommes pour qu'ils s'occupent des cultures qui nourriraient l'armée. Cependant, l'Assemblée s'est cambrée à l'idée d'un si grand nombre de conscrits et n'a permis au général que d'avoir un conscrit par quatorze miliciens[78]. Encore une fois, les régiments Lincoln se sont retrouvés en service et une partie de la milice de Lincoln a pris part aux combats majeurs et aux escarmouches qui ont fait rage pendant tout l'été 1814. Deux cents soldats du 2e Lincoln ont combattu avec ténacité à Chippawa, le 5 juillet, où ils ont perdu 20 pour cent des leurs et mérité des mentions élogieuses de leurs commandants[79]. Typiquement, à la suite de l'engagement, les soldats se sont dispersés, sans en avoir reçu l'ordre, et sont rentrés chez eux. Les soldats n'avaient pas simplement hâte de revoir leurs familles : 16 miliciens étaient morts au combat et laissaient dans le deuil 11 femmes et 35 enfants. Les soldats devaient aussi s'occuper de ces familles[80].

Lorsqu'il a eu vent des désertions, Drummond était furieux et disait qu'on « ne pouvait jamais se fier aux membres de la milice »[81]. Toutefois, en moins d'une semaine, le subordonné de Drummond, le Major-général Phineas Riall, lui a rapporté que la milice de Lincoln commençait à se rassembler à Twenty Mile Creek. Quatre jours plus tard, les miliciens ont eu un accrochage avec l'ennemi et obtenu les éloges de leur commandant pour avoir fait preuve de « la plus grande combativité devant l'ennemi »[82]. Après l'escarmouche, Riall attendait avec impatience les renforts qui lui permettraient d'attaquer le gros de l'armée américaine. Si les troupes ne se présentaient pas, l'occasion serait perdue. Les citoyens-soldats ne serviraient pas longtemps, parce que sur les fermes, « c'était la saison des foins » et « le maïs mûrissait rapidement ». Drummond a également pesé les avantages de garder la milice en service pendant que « le comté voisin courait le plus de risques de perdre toutes ses récoltes »[83]. Les 1er, 2e, 4e et 5e Lincoln sont restés assez longtemps pour participer à la bataille de

Lundy's Lane le 26 juillet, puis ils ont été libérés le lendemain[84]. Lundy's Lane fut la dernière bataille menée par la milice de Lincoln.

La place plus grande qu'accordaient Riall et Drummond au rôle d'agriculteurs des miliciens reflétait le nouvel objectif du corps des officiers britanniques d'utiliser au maximum le potentiel militaire et l'énergie productive de la milice. Les efforts systématiques mis en œuvre pour combattre les problèmes chroniques d'approvisionnement dont souffrait l'armée ont commencé en 1813 par des mesures destinées à augmenter le nombre de terres cultivées. Le gouvernement a adopté une politique selon laquelle toutes les fermes abandonnées par des sympathisants américains seraient cédées à des habitants loyaux[85]. Par contre, accroître le nombre de terres n'augmenterait pas en soi la production. Il fallait une main-d'œuvre disponible pour travailler la terre. Les officiers étaient de plus en plus conscients de la nécessité de libérer les agriculteurs de leurs tâches de miliciens pour qu'ils s'occupent de leurs cultures, et ont tenté de garder le contrôle de la plus grande partie possible de la péninsule fertile. C'est l'arrivée au Canada de plusieurs milliers de troupes britanniques par suite de la défaite de Napoléon en Europe qui a permis la mise en place de cette politique[86].

Obtenir de la nourriture des agriculteurs réticents demeurait cependant l'obstacle majeur. Comme l'intendance inspirait maintenant du mépris à la population locale, la tâche de se procurer du blé et du bétail auprès des fermiers a de plus en plus été confiée aux hommes qui connaissaient le mieux la terre et la population, c'est-à-dire les officiers des régiments Lincoln. Pendant les mois de juillet et d'août, les officiers de la milice ont reçu l'ordre de trouver des provisions pour leurs soldats. Les commandants de compagnie devaient obtenir entre cinq et douze boisseaux de blé par soldat à un taux fixe de 2,50 $ le boisseau, et du bétail « à bon marché ». On espérait qu'une coopération volontaire « n'obligerait pas le recours à la coercition »[87], mais l'armée consommait plus de nourriture qu'il y en avait. En août, Drummond a envoyé des officiers influents à travers le comté dans l'espoir de persuader les agriculteurs de battre leur grain plus tôt. Lorsque le blé était prêt pour la transformation, les agriculteurs devaient le transporter vers un moulin où des officiers attendaient pour l'acheter[88]. Beaucoup d'agriculteurs détestaient ce genre d'intrusion dans les opérations quotidiennes de la ferme, mais l'armée s'est montrée ouverte à l'innovation et s'adaptait aux demandes des citoyens-soldats[89]. Si la guerre ne s'était pas terminée en 1814, on se demande à quel point ces réformes auraient été efficaces.

QUELQUES CHIFFRES

Selon l'estimation d'un historien, 75 miliciens des Lincoln sont morts en raison de la guerre; 21 ont été tués au combat ou sont morts des suites de leurs blessures, et 54 autres ont été victimes d'accidents ou de maladies[90]. Le nombre de blessés demeure inconnu, mais en appliquant le ratio traditionnel de 3 blessés pour 1 mort, 63 miliciens de Lincoln auraient subi des blessures non mortelles pendant la guerre. Beaucoup de ces blessures ont dû entraîner une invalidité permanente en raison de la pratique quasi universelle d'amputer les membres blessés. Jusqu'à 6 pour cent des 2 298 hommes enrôlés dans la milice de Lincoln en 1811 ont été tués ou blessés. Ce taux augmenterait considérablement si on enlevait du total des 2 298 les soldats qui se sont enfuis aux États-Unis et le grand nombre de soldats qui se sont avérés trop vieux ou infirmes pour le service actif. Devant le grand nombre de pertes subies par les régiments de la Force régulière, la milice de Lincoln s'en est plutôt bien tirée. Les taux de pertes n'étaient toutefois pas sans conséquences sur le monde rural où le travail de chaque homme avait beaucoup de valeur et la famille, les amis et les voisins devaient s'occuper des veuves et des orphelins. La guerre nous a aussi coûté très cher à d'autres égards. Un voyageur passant par la péninsule du Niagara en 1815 a raconté que « tout était dévasté; les maisons n'étaient plus que cendres, les champs avaient été piétinés et ravagés, les forts démolis, les forêts brûlées, une vraie vision d'horreur »[91]. Les habitants de Niagara ont mis des années à tout reconstruire, mais la région n'a jamais retrouvé sa position dominante au sein de la province. Les secteurs qui n'ont pas été touchés par la guerre ont dépassé Niagara en population et en prospérité[92].

La fin de la guerre a également mis un terme à l'association entre les citoyens-soldats et les soldats de la Force régulière. De cela, au moins, tout le monde était heureux. La guerre avait révélé les divergences en matière de valeurs et d'attentes entre les officiers coloniaux et britanniques qui, lorsque trop longtemps en contact les uns avec les autres, n'aimaient pas du tout ce qu'ils voyaient. Les officiers chargés de défendre l'empire

Destruction du pont Don, à York, pendant la Guerre de 1812. Les dommages causés aux infrastructures et aux terrains pendant la guerre ont nui à la population civile. (Bibliothèque et Archives Canada C-6147)

semblaient totalement indifférents aux besoins et aux objectifs des agriculteurs-soldats, dont la loyauté principale allait à la famille et aux voisins plutôt qu'à l'entité abstraite qu'était pour eux le Haut-Canada. Les régiments Lincoln ont combattu, comme le montrent leurs états de service, mais selon leurs propres règles. Les officiers britanniques considéraient le comportement de la milice comme de l'apathie tendant vers la déloyauté. Mais si aucune partie ne comprenait l'autre, avec le temps, les miliciens ont forcé, par leur recherche continue de l'aisance, les généraux britanniques à modifier, à contrecœur, leurs attentes envers la milice et l'emploi qu'ils faisaient de celle-ci. Les officiers de la Force régulière ne l'ont pas fait pour enlever un poids des épaules des agriculteurs, mais pour maintenir une armée dans le Haut-Canada.

La guerre de 1812 de la milice de Lincoln ne visait pas, à cette époque, à garder le Haut-Canada dans l'empire, ni même à protéger la province d'un gouvernement républicain. On ne voit guère de signes laissant croire à l'intérêt des descendants des loyalistes ou des immigrants ultérieurs pour ce genre de choses, mais cela ne veut pas dire que les habitants de Niagara étaient indifférents à la guerre ou apathiques. Ils ne désobéissaient pas par déloyauté ou par dégoût envers le service militaire. Vivant sur les lignes de front, les citoyens-soldats de Niagara étaient surtout préoccupés par la protection de leurs familles et de générations de durs labeurs qui avaient transformé le milieu sauvage du Haut-Canada en petites fermes confortables. Ils repoussaient les armées américaines un jour et désertaient le lendemain, voilà qui montre bien que la recherche de l'aisance était leur préoccupation supreme.

NOTES EN FIN DE CHAPITRE – CHAPITRE 2

Note de l'auteur:

Je désire manifester ma gratitude au Conseil de recherches en sciences humaines et à la bourse de recherche Donald S. Rickerd en études canado-américaines pour le financement des recherches dont est tiré le présent chapitre. Une version antérieure a été présentée au treizième colloque annuel sur l'histoire militaire qui a eu lieu à Waterloo, Ontario, en 2002. Je tiens également à remercier Jane Errington, Michel Beaulieu, Craig Mantle et Richard Mayne pour leurs commentaires et critiques perspicaces.

1   *Documentary History of the Campaign on the Niagara Frontier in 1812-1814* [*HD*], E.A Cruikshank, éd., Welland, Lundy's Lane Historical Society, 1896-1908, vol. 3, Brock to Prevost, 12 juillet et 28 juillet 1812, p. 123 et 149.

2   C.P. Stacey, « The War of 1812 in Canadian History », *Ontario History*, vol. 50, n° 3 (été 1958), p. 153-159; G.F.G. Stanley, « The Contribution of the Canadian Militia during the War », dans *After Tippecanoe: Some Aspects of the War of 1812*, Philip Mason, éd.,Toronto, Ryerson Press, 1963, p. 28-48.

3   George Sheppard, *Plunder, Profit, and Paroles: A Social History of the War of 1812 in Upper Canada*, Montréal et Kingston, McGill-Queen's University Press [MQUP], 1994, p. 3, 18-39, 83.

4   Janet Carnochan, *History of Niagara*, Toronto, William Briggs, 1914, p. 147. Pour calculer la population du district de Niagara, j'ai utilisé la formule de David McCalla qui consiste à estimer le nombre de ménages à partir des listes nominatives régimentaires. Il s'agit de multiplier le total figurant sur les listes par six, le nombre de personnes par ménage. En 1811, 2 298 hommes figuraient sur les listes des cinq régiments Lincoln, ce qui donne une population de 13 788 personnes. Voir Douglas McCalla, *Planting the Province: The Economic History of Upper Canada, 1784-1780*, Toronto, University of Toronto Press [UTP], 1993, p. 31.

5   Michael Smith, *A Geographical View of the Province of Upper Canada and Promiscuous Remarks on the Government*, Trenton, Moore and Lake, 1813, p. 61.

6   D'après James A. Henretta, « Families and Farms: Mentalité in Preindustrial America », dans *The Origins of American Capitalism: Collected Essays*, James A. Henretta, éd., Boston, Northeastern University Press, 1991; Daniel Vickers, *Farmers and Fishermen: Two Centuries of Work in Essex County Massachusetts, 1630-1830*, Chapel Hill, University of North Carolina Press, 1994; et Richard L. Bushman, « Markets and Farms in Early America », *William and Mary Quarterly*, 3e série, vol.

60, no. 3 (1998), p. 351-374.

7   *Records of Niagara: A Collection of Documents Relating to the First Settlement, 1784–1789* [*RN*], E.A. Cruikshank, éd., Niagara-on-the-Lake, Niagara Historical Society, 1928, vol. 39, Lieutenant-Governor Hope to Commissioners for American Claims, 29 janvier 1786, p. 80.

8   La Rochefoucauld-Liancourt, *La Rochefoucault-Liancourt's Travels in Canada, 1795*, William Renwick Riddell, éd., dans le *Thirteenth Report* des Archives de la province de l'Ontario, Alexander Fraser, éd., Toronto, A.T. Wilgress, 1916, p. 24.

9   Benjamin Mortimer, « From Pennsylvania to Upper Canada with Johns Heckewelder », dans *Yankees in Canada: A Collection of Nineteenth-Century Travel Narratives*, James Doyle, éd., Downsview, ECW Press, 1980, p. 27.

10 Peter A. Russell, « Upper Canada: A Poor Man's Country? Some Statistical Evidence », dans *Canadian Papers in Rural History*, Donald H. Akenson, éd., Gananoque, Langdale, 1982, vol. 3, p. 129-147; Peter Marshall, « Americans in Upper Canada, 1791-1812: 'Late Loyalists' or Early Immigrants », dans *Canadian Immigration Patterns from Britain and North America*, Barbara J. Messamore, éd., Ottawa, Université d'Ottawa, 2004, p. 33-44.

11 Elizabeth Jane Errington, *Wives and Mothers, School Mistresses and Scullery Maids: Working Women in Upper Canada, 1790-1840*, Montréal et Kingston, MQUP, 1995, p. xv, 81-84.

12 Cruikshank, *RN*, vol. 42, Robert Sutcliff Journal, 2 décembre 1805, p. 22-23.

13 R. Janet Powell, éd., *Annals of the Forty, 1783-1818*, Grimsby Historical Society, 1955, vol. 1, p. 29; McCalla, *Planting the Province*, p. 24-27.

14 Powell, *Annals of the Forty*, p. 29.

15 Catharine Anne Wilson, « Reciprocal Work Bees and the Meaning of Neighbourhood », *Canadian Historical Review*, vol. 82, no. 3 (2001), p. 431-464.

16 George Hariot, *Travels through the Canadas*, Londres, 1807; réimpression, Toronto, Coles Publishing, 1907, p. 154-155.

17 *The Correspondence of Lieut. Governor John Graves Simcoe, With Allied Documents Relating to His Administration of the Government of Upper Canada*, E.A. Cruikshank, éd., Toronto, Ontario Historical Society, 1923-1931, vol. 1, Smith à Askin, 2 octobre 1792, p. 232. Jane Errington a démontré qu'en élaborant une idéologie politique distincte pour le Haut-Canada, les élites n'ont pas opté pour les institutions britanniques ou rejeté tout ce qui était américain sans faire preuve d'esprit critique. À vrai dire, les dirigeants politiques du Haut-Canada considéraient les Fédéralistes de New York et de la Nouvelle-Angleterre, dont ils se sentaient proches, comme des alliés dans un combat contre les excès démocratiques de la période post-révolutionnaire. Voir Jane Errington, *The Lion and the Eagle in Upper Canada*, Montréal et Kingston, MQUP, 1988, p. 3-10. Voir également Jane Errington et George Rawlyk, « The Loyalist-Federalist Alliance of Upper Canada », *American Review of Canadian Studies*, vol. 14, no. 2 (1984), p. 157-176.

18 La Rochefoucauld-Liancourt, *Travels in Canada*, p. 30-31.

19 Errington, *The Lion and the Eagle*, p. 29.

20 Cruikshank, *HD*, vol. 5, Vincent à Prevost, 28 mai 1813, p. 252. Italique ajouté.

21 Cruikshank, *RN*, vol. 42, p. 115.

22 Cruikshank, *HD*, vol. 3, Militia Law, 1808, p. 3-7. William Gray donne un excellent aperçu de la milice du Haut-Canada dans William Gray, *Soldiers of the King: The Upper Canadian Militia, 1812-1815*, Erin, Boston Mills Press, 1995.

23 Cruikshank, *RN*, vol. 43, Warren à Shaw, 12 avril 1812, p. 22.

24 Bradt à l'Adjutant-General de la milice, 8 juin 1811, p. 5451-5453, vol. 13, *Upper Canada Sundries* [*UCS*], groupe d'enregistrement [GE] 5 A1, *Bibliothèque et Archives Canada* [*BAC*].

25 Le *Militia Act* stipulait que les compagnies de flanc ne devraient pas dépasser cent soldats par régiment, mais Brock a ordonné aux commandants de régiment de lever des compagnies de 35 soldats exclusivement composées d'officiers et de sergents. Voir Cruikshank, *HD*, vol. 3, *An Act to Amend the Militia Act*, p. 5-11; *Ibid.*, Brock à Nichol, 8 avril 1812, p. 51-52.

26 *Ibid.*, *An Act to Amend the Militia Act*, p. 5-11.

27 *Ibid.*, Brock à Prevost, 15 mai 1812, p. 61-62; Cruikshank, *RN*, vol. 43, Clark à Shaw, 3 avril 1812, p. 21; *Ibid.*, Warren à Shaw, 12 avril 1812, p. 22.

28 Fred Anderson, *A People's Army: Massachusetts Soldiers and Society in the Seven Years' War*, New York et Londres, W.W. Norton, 1984, p. 26-27; John Shy, *A People Numerous and Armed: Reflections on the Military Struggle for American Independence*, Ann Arbor, University of Michigan Press, 1990, p. 37-38, 173-174; et Charles Royster, *A Revolutionary People at War: The Continental Army and American Character, 1775-1783*, New York, W.W. Norton, 1979, p. 65-66, 71.

29 Cruikshank, *HD*, vol. 3, Brock à Prevost, 3 juillet 1812, p. 94.

30 *Ibid.*, 12 juillet 1812, p. 123.

31 *Ibid.*, Quartermaster-General à Clark, 3 juillet 1812, p. 95; Cruikshank, *RN*, vol. 43, Askin to Father, 18 novembre 1812, p. 59.

32 Cruikshank, *HD*, vol. 3, Hall à Tompkins, 28 juin 1812, p. 79; *Ibid.*, Swift et Barton à Tompkins, 24 juin 1812, p. 72.

33 *Ibid.*, Brock to Prevost, 12 juillet 1812, p. 123.

34 Cruikshank, *HD*, vol. 4, District General Order, 20 octobre 1812, p. 141; *Ibid.*, District General Order, 9 novembre 1812, p. 188.

35 Matilda Ridout Edgar, *Ten Years in Upper Canada in Peace and War, 1805-1815*, Toronto, William Briggs, 1890, p. 129; Cruikshank, *HD*, vol. 3, General Order, 4 juillet 1812, p. 97.

36 Cruikshank, *HD*, vol. 4, Brock à Prevost, 3 juillet 1812, p. 94; *Ibid.*, 12 juillet 1812, p. 123.

37 *Ibid.*, District General Orders, 21 octobre 1812, p. 153.

38 Cruikshank, *HD*, vol. 3, Brock à Prevost, 28 septembre 1812, p. 199-200.

39 *Ibid.*, Brock à Evans, 17 août 1812, p. 186; Cruikshank, *RN*, vol. 43, Roll of Males in the Limits of Captain John D. Servos's Company, 1er Regt., p. 34; Cruikshank, *HD*, vol. 3, Brock à Prevost, 28 septembre 1812, p. 199-200.

40 Cruikshank, *RN*, vol. 43, Askin à Father, 18 novembre 1812, p. 59-60; Cruikshank, *HD*, vol. 4, Sheaffe à Prevost, 3 novembre 1812, p. 176.

41 Cruikshank, *HD*, vol. 4, District General Orders, 4 décembre 1812, p. 277.

42 Cruikshank, *HD*, vol. 3, Askin à Askin, 11 décembre 1812, p. 238-239.

43 *Ibid.*, Militia General Order, 10 juillet 1812, p. 119-120.

44 *Ibid.*, Brock à Prevost, 26 juillet 1812, p. 145; *Ibid.*, 28 juillet 1812, p. 149.

45 Cruikshank, *HD*, vol. 5, Suggestions, 7 avril 1813, p. 149-150.

46 Cruikshank, *HD*, vol. 3, Myers à Prevost, 17 août 1812, p. 185-186.

47 Cruikshank, *HD*, vol. 5, Suggestions, 7 avril 1813, p. 149-150.

48 Cruikshank, *HD*, vol. 4, Brock à Prevost, 11 octobre 1812, p. 64-65.

49 *Ibid.*, Nichol to Talbot, 18 décembre 1812, p. 327.

50 Cruikshank, *HD*, vol. 5, J.B. Glegg à anon., 10 janvier 1813, p. 32-33; Cruikshank, *HD*, vol. 6, Rottenburg à Prevost, 7 juillet 1813, p. 199-200.

51 Des miliciens américains ont fait le même genre de remarques pendant la Révolution. Voir Royster, *A Revolutionary People at War*, p. 34, 59-63.

52 Voir à titre d'exemple, Cruikshank, *HD*, vol. 5, W. Chewett *et al.* à anon., 8 mai 1813, p. 200-202.

53 Cruikshank, *HD*, vol. 4, Nichol to Talbot, 18 décembre 1812, p. 327; Cruikshank, *HD*, vol. 5, W. Chewett *et al.* to anonymous, 8 mai 1813, p. 200-202.

54 *Ibid.*, Vincent à Prevost, 19 mai 1813, p. 237.

55 *Ibid.*, Militia District General Orders, 4 juin 1813, p. 301.

56 J'ai emprunté le terme désertion en série à des études récentes sur l'Armée confédérée pendant la guerre de Sécession. Voir Gary W. Gallagher, *The Confederate War*, Cambridge, Harvard University Press, 1997, p. 31-32; William Blair, *Virginia's Private War: Feeding Body and Soul in the Confederacy, 1861-1865*, New York, Presses de l'Université d'Oxford, 1998, p. 66, 88-89.

57 Cruikshank, *HD*, vol. 5, Notes de W.H. Merritt, [mai 1813], p. 261-263.

58 *Ibid.*, Proclamation du Lieutenant-colonel Preston, 30 mai 1813, p. 73.

59 Les habitants de Niagara n'étaient pas les seuls à signer des ententes; beaucoup de soldats du district de Home ont signé des ententes après la capture de York. Voir Stanley, « Canadian Militia during the War », p. 39; Cruikshank, *HD*, vol. 7, Bathurst à Prevost, 11 août 1813, p. 9.

60 Cruikshank, *HD*, vol. 1, MacFarland à sa femme, [1814], p. 73; Cruikshank, *HD*, vol. 5, *New York Evening Post*, 30 mai 1813, p. 272; Cruikshank, *HD*, vol. 6, Notes du Capitaine W.H. Merritt, [juin ou juillet 1813], p. 209; *Ibid.*, New York *Evening Post*, 28 juin 1813, p. 103.

61 E.A. Cruikshank décrit certaines actions qui ont eu lieu au printemps et à l'été 1813. Voir E.A. Cruikshank, « The Lincoln Militia », dans *Records and Services of Canadian Regiments in the War of 1812*, E.A. Cruikshank, éd. (s.l., s.d.), p. 17.

62 Cruikshank, *HD*, vol. 1, MacFarland à sa femme, [1814], p. 73.

63 Cruikshank, *HD*, vol. 6, *Independent Chronicle*, 28 juin 1813, p. 71.

64 Cruikshank, *HD*, vol. 3, anon à Van Rensselaer, 16 septembre 1812, p. 268-269.

65 *Ibid.*

66 Sheppard, *Plunder, Profit, and Paroles*, p. 100-120.

67 [Isaac Vrooman's Petition], 16 mars 1815, 9650, *UCS*, vol. 22, GE 5 A1, *BAC*.

68 Cruikshank, *HD*, vol. 5, Baltimore *Whig*, 14 juin 1813, p. 275.

69 Edgar, *Ten Years in Upper Canada*, p. 228; Cruikshank, *HD*, vol. 6, *New York Evening Post*, 28 juin 1813, p. 103; *Ibid.*, Notes du Capt. W.H. Merritt, [juin ou Juillet 1813], p. 209; Cruikshank, *HD*, vol. 1, Prevost à Cochrane, 30 juillet 1814, p. 177.

70 Cruikshank, *HD*, vol. 9, MacEwan à MacEwan, 31 mars 1813, p. 266.

71 Edgar, *Ten Years in Upper Canada*, p. 212, 225.

72 Beasely à Drummond, 19 mars 1814, p. 7977-7978, vol. 19, *UCS*, GE 5 A1, *BAC*.

73 Cruikshank, *HD*, vol. 6, District General Order, 29 juillet 1813, p. 291.

74 Cruikshank, *HD*, vol. 1, Robinson à Prevost, 27 août 1814, p. 180-181.

75 Cruikshank, *HD*, vol. 5, Prevost à Bathurst, 21 avril 1813, p. 159.

76 Cruikshank, *HD*, vol. 6, Bathurst à Sheaffe, 8 juin 1813, p. 58.

77 Sheppard, *Plunder, Profit, and Paroles*, p. 70-76; Gray, *Soldiers of the King*, p. 31-34.

78 Cruikshank, *HD*, vol. 9, Drummond à Prevost, 8 février 1814, p. 189-190; Cruikshank, *HD*, vol. 1, Drummond à Prevost, 23 juillet 1814, p. 86.

79 Stanley, « Canadian Militia during the War », p. 42; Cruikshank, *HD*, vol. 1, Riall to Drummond, 6 juillet 1814, p. 31-33; Militia General Orders, 10 juillet 1814, p. 8644-8650, vol. 20, *UCS*, GE 5 A1, *BAC*.

80 « A return of the Militiamen who were killed or wounded in the Sortie which Took Place on the 5th Instant », 6 juillet 1814, p. 8602, Vol. 20, *UCS*, GE 5 A1, *BAC*.

81 Cruikshank, *HD*, vol. 1, Drummond à Prevost, 16 juillet 1814, p. 54.

82 *Ibid.*, Riall à Drummond, 15 juillet 1814, p. 60; *Select British Documents of the Canadian War of 1812*, William Wood, éd., Toronto, The Champlain Society, 1923-1928, vol. 3, partie 1, Riall à Drummond, 19 juillet 1814, p. 138.

83 Cruikshank, *HD*, vol. 1, Drummmond à Riall, 23 juillet 1814, p. 86.

84 *Ibid.*, Riall à Drummond, 17 juillet 1814, p. 71; Wood, *Select British Documents*, vol. 3, partie 2, District General Order, 26 juillet 1814, p. 154; Cruikshank, « The Lincoln Militia », p. 23-24.

85 Cruikshank, *HD*, vol. 7, Rottenburg à Prevost, 17 septembre 1813, p. 140; Cruikshank, *HD*, vol. 6, District General Orders, 24 juillet 1813, p. 268-269; et Application of John Mann, 28 août 1813, p. 6662, vol. 16, *UCS*, GE 5 A1, *BAC*.

86 Louis L. Babcock, *The War of 1812 on the Niagara Frontier*, Buffalo, Buffalo Historical Society, 1927, p. 109; Cruikshank, *HD*, vol. 1, Drummond à Prevost, 23 juillet 1814, p. 86.

87 *Ibid.*, Turquand à Secord, 8 juillet 1814, p. 58; *Ibid.*, Militia General Order, 25 août 1814, p. 187.

88 *Ibid.*, Drummond à Prevost, 24 août 1814, p. 186; *Ibid.*, Foster to Ball, s.d., p. 187.

89 Cruikshank, *HD*, vol. 7, Rottenburg à Prevost, 17 septembre 1813, p. 140; Cruikshank, *HD*, vol. 1, Drummond to Prevost, 24 août 1814, p. 186.

90 Cruikshank, « Lincoln Militia », p. 25-27. L'estimation de Cruikshank ne comprend pas les six hommes supposés morts à Chippawa. Voir «A return of the Militiamen who were killed or wounded in the Sortie which Took Place on the 5th Instant », 6 juillet 1814, p. 8602, Vol. 20, *UCS*, GE 5 A1, *BAC*.

91 Thomas Verchères de Boucherville, « The Chronicles of Thomas Verchères de Boucherville », dans *War on the Detroit*, M.M. Quaife, éd., Chicago, Lakeside, 1940, tel que cité dans Sheppard, *Plunder, Profit, and Paroles*, p. 172.

92 David Murray, *Colonial Justice: Justice, Morality, and Crime in the Niagara District, 1791-1849*, Toronto, UTP, 2002, p. 12-14.

3 ⚘

Mécontentement au Haut-Canada durant la guerre de 1812 : Le 2e Régiment Leeds de Gananoque

HOWARD G. COOMBS

Le sens de la nationalité canadienne, qui s'est propagé à partir du Haut-Canada, ou Ontario, vers tout l'ouest et, dans une certaine mesure, vers les Maritimes, date de la guerre de 1812. [...] Le Haut-Canada émerge de ce conflit comme une communauté : ses habitants ne sont plus des Américains et plus seulement des sujets britanniques, mais des Haut-Canadiens. Essentiellement, la guerre de 1812 posa la première pierre de l'édifice national canadien[1].

Dans son histoire du Canada, le professeur Arthur Lower, historien qui fait autorité et qui a le sens de la grande narration, illustre le mythe de la guerre de 1812, un conflit qui aurait unifié les groupes disparates peuplant le Haut-Canada au début du 19e siècle. Toutefois, la réalité du sentiment populaire qui entoure cette guerre est bien plus complexe; ce chapitre l'illustre par l'examen d'une unité de la milice du Haut-Canada, le 2e Régiment Leeds, à partir des écrits de son commandant, le Colonel Joel Stone et d'autres sources de première et de deuxième main.

Situé entre Kingston et Brockville, le canton de Leeds and Lansdowne fut cartographié en 1788, mais les colons ne vinrent s'y établir en quantité appréciable qu'à compter des années 1790[2], notamment à cause des premiers rapports faisant, à tort, état de la pauvreté des terres agricoles. Il a, par conséquent, été virtuellement ignoré durant l'exode des Loyalistes[3] des États-Unis. Après la découverte d'importantes étendues de bonne terre cultivable, la région commença à se peupler de personnes qui voulaient améliorer leur situation financière[4]. Un de ces colons était Joel Stone; sa correspondance illustre non seulement le point de vue du gouvernement du Haut-Canada, mais également la façon dont la communauté exprima son insatisfaction face à sa participation forcée à la guerre. Plus important encore, ces documents montrent la disposition des habitants à s'opposer directement à Stone sur la question et à exprimer leur état d'esprit quant à leur participation à la guerre de 1812.

La tension entre les États-Unis et la Grande-Bretagne devient palpable dans les années précédant 1812. En août 1807, un navire britannique coule le *Chesapeake*, un bâtiment américain et, prélude à la guerre, l'animosité entre les deux pays s'amplifiera encore dans les années qui suivent. Les dirigeants du Haut-Canada ont peur que la majorité des habitants, qui ont récemment immigré, ne combatte pas leurs anciens compatriotes. Ils se sont rendu compte que sans l'entière coopération des colons, la probabilité de succès en cas de guerre avec les États-Unis est faible. À la suite de l'incident du *Chesapeake*, les dirigeants politiques du Haut-Canada commencent donc à encourager activement la loyauté envers la Couronne et à exalter les vertus du lien colonial avec la Grande-Bretagne[5].

Les inquiétudes des autorités sont justifiées. Dans *A Study of Disaffection in Upper Canada in 1812-15*, Ernest A. Cruikshank décrit de nombreux cas d'activités jugées déloyales et traîtres par les autorités. Selon lui, la cause sous-jacente de cette ambivalence et, plus tard, des actes de subversion active, est l'importante immigration des États-Unis dans les décennies précédant immédiatement la guerre[6]. L'élite gouvernante s'inquiète énormément de la loyauté de la milice du Haut-Canada et déploie de grands efforts pour veiller à ce que celle-ci respecte les impératifs militaires de défense[7]. Le gouvernement prend des mesures pour punir les comportements séditieux et pour garantir la loyauté de la population; il promulgue des lois visant à défendre le respect de sa volonté, et les met en application avec l'aide de Loyalistes en vue, comme Stone[8].

L'organisation de la défense du canton de Leeds and Lansdowne tire son origine des lois édictées par l'assemblée législative du Haut-Canada qui, en 1793, décrète que tous les comtés disposeraient d'une milice sédentaire, dans le but unique de repousser un éventuel agresseur[9]. Cette milice est composée de tous les hommes âgés de 16 à 60 ans, leurs officiers étant choisis dans la région, selon les biens qu'ils possèdent. Elle se rassemble une fois par an et est structurée sous la forme de régiments commandés par un colonel, assisté par un lieutenant-colonel et un major. Chaque régiment est normalement composé de cinq à dix compagnies, comportant chacune de 20 à 50 soldats, un capitaine, un lieutenant et un porte-étendard[10].

Devant l'intensification des tensions immédiatement avant le début de la guerre[11], le Major-général Brock, administrateur du Haut-Canada, lance une proclamation demandant la création de compagnies de flanc pour chaque unité de la milice. Ces compagnies seraient composées de volontaires qui s'entraîneraient six jours par mois. Brock pense ainsi créer un noyau autour duquel la milice pourrait s'intégrer en temps de crise[12]. Malheureusement pour le gouvernement du Haut-Canada, cette tentative ne sera pas couronnée de succès, car la milice, dans son ensemble, se montrera fortement réticente à quitter sa région et à servir dans un but autre que la protection régionale. Ses membres sont pour la plupart des fermiers à temps plein qui n'acceptent qu'à contre-cœur la nécessité de servir en tant que soldats temporaires pour assurer la défense de leur foyer. Les tentatives pour leur conférer un rôle autre que celui qu'ils pensent être le leur sont vouées à l'échec[13].

Le comté de Leeds dispose de deux régiments de milice, le 1er Leeds, commandé par le Colonel James Breakenridge et le Lieutenant-colonel Livius Peter Sherwood, et le 2e Leeds, sous les ordres du Colonel Joel Stone et du Lieutenant-colonel Benoni Wiltsie[14]. Stone est un influent Loyaliste de l'Empire-Uni qui s'est installé dans la région de Gananoque en 1792 ou 1793. Il est receveur des postes et a été nommé receveur des douanes en 1803; pendant la guerre, en plus de son poste de colonel de la milice, il sera aussi juge de paix. En février 1812, il est nommé commissaire du district de Johnstown[15], avec pour mandat d'assurer la mise en application de la loi anti-sédition promulguée par le Major-général Brock[16]. Joel Stone est un membre important de la communauté et porte un vif intérêt à la préservation du contrôle britannique sur le Haut-Canada[17]. Dans *Soldiers of the King*, William Gray affirme que le 2e Leeds comptait, en 1811, 418 soldats, et qu'entre juillet 1812 et la fin de 1814, 103 de ses hommes désertèrent aux États-Unis. Il déclare avec flegme que le district de Johnstown « n'était pas considéré comme l'un des plus fiables »[18].

Pour expliquer cette désaffection, Donald Akenson a analysé dans *The Irish in Ontario* le comportement des membres du 2e Leeds au moyen du modèle de comportement prévu qu'il a lui-même établi. En utilisant les résultats des recherches considérables qu'il a effectuées dans le district, il a conclu que la réaction générale des gens à la guerre n'était pas idéologique, mais motivée par leur intérêt personnel. Toute participation à la guerre était considérée comme un engagement à court terme et la majorité de la population attirée dans le conflit attendait des récompenses matérielles en échange de sa participation. Les concepts de patriotisme et de nationalisme ne serviront qu'à rationaliser la recherche du profit et la soif de récompense après la guerre[19].

À cause des réseaux économiques établis dans la région et des modèles d'implantation des colons, de forts liens se sont tissés de part et d'autre de la frontière entre le Haut-Canada et les États-Unis. Ces liens contribuèrent au comportement pragmatique observé. Avec le développement de la colonisation du côté américain, la demande en produits agricoles du Haut-Canada et de biens manufacturés européens distribués par les marchands du nord s'est accentuée. Cette situation a créé pour les fermes et les entrepreneurs du Haut-Canada un marché local très lucratif. En effet, pour écouler leur production, ils peuvent aussi l'expédier vers d'autres régions à des prix comparables, mais ils doivent alors assumer de forts coûts de transport, de manutention et d'assurance[20]. Ces relations commerciales font entrevoir les bases de la théorie de l'intérêt personnel élaborée par Akenson.

Les conclusions d'Akenson sont étayées par les actions menées par le 2e Leeds. Les membres de ce régiment se sont construits leur propre environnement; par conséquent, ils partagent une compréhension commune du rapport entre leurs intérêts et ceux du gouvernement du Haut-Canada. L'historien anglais E. P. Thompson conclut lorsqu'il étudie les classes sociales :

> Il y a création d'une classe lorsque certaines personnes, à la suite d'expériences communes (héritées ou partagées), ressentent et expriment l'identité de leurs intérêts par rapport à eux-mêmes et contre les autres personnes dont les intérêts sont différents des leurs, et généralement opposés. L'expérience de classe est normalement

déterminée par les relations de production à l'intérieur desquelles les personnes sont nées – ou sont involontairement entrées[21].

Il faut se souvenir que lorsqu'il décrit cette expression d'une prise de conscience commune, Thompson conçoit la classe comme « une relation, pas comme une chose »[22]. La composition d'une classe est définie par le rôle social de l'individu et par les tentatives historiques effectuées pour déterminer la façon dont cette classe s'est formée. La classe doit être étudiée comme un processus social et culturel défini par les gens lorsqu'ils créent leur propre histoire[23].

On peut voir la désaffection des membres du 2e Leeds comme l'expression des intérêts communs exposés par Akenson. Ces intérêts communs se fondirent en une action collective en réponse à la participation du Haut-Canada à la guerre de 1812. La collaboration à ce mouvement de protestation ne trouvait pas son origine dans le statut socio-économique, mais dans un modèle presque « thompsonien » d'expériences et d'intérêts hérités et partagés. L'expression des préoccupations communes des habitants de Leeds par rapport aux actes de l'élite gouvernante se manifesta sous plusieurs formes. La désertion, le refus de se rassembler et la façon d'utiliser les lois civiles et militaires pour défendre les membres de la communauté contre le gouvernement central et les autorités militaires furent des manifestations communes de protestation. D'autres indications de l'insatisfaction furent mises en évidence par la manière dont le 2e Leeds se comporta durant son affrontement avec les forces américaines à Gananoque, le 21 septembre 1812, et par les vols commis à la ferme de Joel Stone, où des membres de son régiment et d'autres régiments pénétrèrent dans l'étable le 10 novembre 1814.

LES FORMES DE PROTESTATION INDIVIDUELLE

La désertion est une forme de protestation généralement utilisée pour montrer son mécontentement; pendant la guerre de 1812, de nombreux membres des unités de la milice du Haut-Canada, y compris du 2e Leeds y eurent recours. Alors que la désertion n'est pas définie dans la *Militia Act* (loi sur la milice) de 1808, la présence de ce terme dans les rapports de milice entre 1812 et 1815 semble indiquer qu'il fut généralement appliqué à ceux qui s'étaient enfuis de la région pendant la guerre. Les taux de désertion prouvent la volonté des individus à entreprendre une forme d'action inconciliable avec les intérêts du gouvernement et à commettre des gestes irrévocables. Akenson avance qu'en l'absence de sondages d'opinions précis, le nombre de désertions donne une indication du sentiment populaire par rapport à la guerre[24]. Un examen du chiffre de 418 soldats au 2e Leeds en 1811 avancé par Gray et de sa réduction en 1814 à 315 soldats semble indiquer un déclin de l'effectif entre 1812 et 1814 de presque 25 pour cent. Akenson en arrive à des conclusions semblables à partir des comptes rendus de désertion de trois des sept compagnies du 2e Leeds entre 1812 et 1814[25].

L'examen des éléments de preuve fournis par Akenson et Gray semble révéler une différence dans la façon dont les deux chercheurs ont déduit ces chiffres. Les valeurs de Donald Akenson sont tirées du nombre total de militaires de tous grades de chaque compagnie; son calcul ne tient pas compte de la probabilité, extrêmement faible, que les officiers et sous-officiers aient pu quitter la communauté de manière si absolue. La loi sur la milice stipulait que le gouverneur, le lieutenant-gouverneur ou toute personne responsable de l'administration de la province était responsable de la sélection et de l'approbation des officiers et que ces officiers, à leur tour, devaient choisir les sous-officiers. Il est donc très improbable que des officiers ou sous-officiers ainsi sélectionnés aient pu ne pas appuyer les objectifs du gouvernement ou aient pu ne pas être directement intéressés par leur propre communauté[26]. On peut donc raisonnablement supposer que la probabilité de désertion d'officiers ou de sous-officiers est négligeable.

Dans ce cas, il serait plus utile d'utiliser la méthode de calcul employée par William Gray, qui tient compte uniquement du nombre de soldats, afin d'obtenir une idée plus précise du taux de désertion. Les chiffres d'Akenson sont néanmoins illustrés au tableau 3.1[27].

Si, comme dans le tableau 3.2, on ne tient compte que des simples soldats, les moyennes des désertions calculées avec la méthode d'Akenson augmentent[28].

Outre les trois compagnies étudiées par Akenson, on dispose de l'état d'une quatrième compagnie, celle du Capitaine Joseph Wiltsee; le taux de désertion y est encore plus élevé. Ce rapport indique que 28 hommes

Commandant de compagnie	Effectif de la compagnie (au 4 juin 1812)	Nombre de déserteurs (à partir de 1er juillet 1812)	Pertes moyennes (%)
William Jones	41	6	14.6
Duncan Livingstone	46	14	30.4
Ira Schofield	38	11	28.9
Total	125	31	24.8

Tableau 3.1: Taux de désertion du 2e Leeds

Commandant de compagnie	Effectif de la compagnie (au 4 juin 1814)	Nombre de déserteurs (à partir de 1er juillet 1812)	Pertes moyennes (%)
William Jones	33	6	18.2
Duncan Livingstone	38	14	36.8
Ira Schofield	31	11	35.4
Total	102	31	30.4

Tableau 3.2: Tableau Modifié

« sont passés à l'ennemi à partir des limites de la compagnie du Capitaine Joseph Wiltsee depuis le 1er juillet 1812 ». Étant donné que l'effectif de la compagnie était de 37 hommes au 4 juin 1814, il s'agirait d'un taux de désertion de 75,7 pour cent[29]!

Pour obtenir une indication plus précise de l'attrition en temps de guerre, il est plus approprié d'utiliser comme référence un compte rendu trimestriel de 1812 rédigé après le début des hostilités. On peut alors calculer les pourcentages à partir du nombre de soldats et des totaux généraux pour le 2e Leeds tirés des états de 1814[30]. Les résultats de ces calculs sont reportés au tableau 3.3; ils prouvent que l'effectif du 2e Leeds a légèrement augmenté durant la guerre.

2e Leeds Regiment	24 décembre 1812	4 juin 1814	Différence (%)
Effectif total	365	378	+3.4
Simple soldats	313	315	+0.6
Différence	52	63*	

*Cette augmentation est presque exclusivement due à une hausse du nombre des officiers.

Tableau 3.3 : Comparaison des états trimestriels de décembre 1812 et de juin 1814.

Contrairement à l'apparente contradiction entre les chiffres de désertion dans les quatre compagnies et la stabilité des effectifs du 2e Leeds en temps de guerre, on peut supposer que la majeure partie de ceux qui ont déserté l'ont fait au cours de l'été 1812. Dans de nombreux cas, ces hommes partaient avec leur famille, comme le signale Stone au Colonel James Breakenridge, du 1er Leeds, en juillet 1812 :

> Un M. Wellor, forgeron de son état, qui vivait près de Joseph Haskins à Redaugh, et qui était arrivé chez Seman avec sa famille, était parti en canot avec Kinkcade, un des hommes qui se trouvaient à bord du vaisseau qui a été brûlé, pour, à ce qu'ils avaient annoncé, un voyage de pêche de trois jours. Les deux hommes, qui avaient laissé leurs familles derrière eux, sont revenus le soir même. Le lendemain matin, vers dix heures, est arrivé de la rive américaine un bateau avec environ quinze hommes armés à son bord. Wellor et deux frères dénommés Kinkade ont alors embarqué avec toute leur famille vers les États-Unis, le 14 juillet 1812[31].

S'il était exact, le chiffre de Gray pour 1811 indiquant un effectif de 418 hommes confirmerait la conclusion énoncée ci-dessus. Par conséquent, en décembre 1812, la majorité de ceux qui désiraient quitter le Haut-Canada l'avaient fait. Ceux qui restèrent au 2e Leeds utilisèrent donc d'autres moyens pour marquer leurs divergences d'opinion. Il est également intéressant de se pencher sur une liste de déserteurs compilée par le 2e Leeds en juin 1816. Elle contient 68 noms d'hommes qui sont revenus dans le district de Johnstown après le conflit. Ce document tient compte à la fois des Américains qui résidaient dans le district avant la guerre et des natifs du Haut-Canada[32].

Une autre forme de désertion est l'absentéisme lors des parades régimentaires. En vertu de la loi de 1808, ne pas assister aux rassemblements lorsque l'ordre en est donné est un délit passible d'une forte amende. Si le contrevenant n'est pas en mesure de payer, il est emprisonné de six à douze mois[33]. Les amendements apportés à cette loi en 1812 prévoient une sentence pouvant aller jusqu'à la peine de mort, bien qu'on évite de la prononcer. L'historien George Sheppard critique d'ailleurs Donald Akenson et Shirley Spragge pour ne pas avoir considéré la participation aux rassemblements régimentaires comme un indicateur de désertion. En effet, il estime que devant l'importance des sentences prévues par la loi, ne pas rejoindre le 2e Leeds lorsque l'ordre en était donné était un geste d'une portée significative. Sheppard signale également que l'assiduité fut problématique tout au long de la guerre et que l'absentéisme atteint parfois 70 pour cent. Un des plus graves refus de rejoindre son unité eut lieu en octobre 1813[34].

Un détachement du 76e Régiment à la poursuite de déserteurs. Peinture, 1854. (Bibliothèque et Archives Canada C-39748)

En 1814, Joel Stone envoie à l'administrateur de la province du Haut-Canada, le Major-général Gordon Drummond, le message suivant : « Permettez-moi de rendre compte à votre honneur de l'état général du 2e Régiment Leeds de la milice qui se trouve sous mon commandement depuis le mois de juin 1813, date depuis laquelle ce régiment semble plus négligeant qu'à l'accoutumée[35] ». Stone décrit la façon dont le 27 octobre 1813, il a reçu du Lieutenant-colonel Thomas Pearson, officier supérieur chargé de l'inspection de la milice du Haut-Canada[36], de la part du Major-général Francis de Rottenburgh, l'instruction « d'ordonner la sortie de la totalité de mon régiment ». La plupart des officiers se présentent, mais seulement environ 70 sous-officiers et soldats obéissent. En réponse, Stone ordonne à ses officiers de parcourir le district et de rassembler le reste de son régiment. Cette démarche rencontre peu de succès et alors que les officiers arpentent la région, la majorité des 70 hommes qui s'étaient présentés retournent chez eux. Stone signale immédiatement la situation au Colonel Nathaniel Coffin, adjudant général adjoint de la milice du Haut-Canada[37], qui lui ordonne, le 13 novembre 1813, de prendre les mesures « qu'il jugera les plus indiquées pour le bien du service de Sa Majesté »[38].

Stone décide alors de se servir des dispositions de la loi sur la milice pour obliger tous ses hommes à se rassembler et le 2 décembre, il rencontre tous ses officiers pour leur proposer de poursuivre les contrevenants. Lors de cette réunion, lui et le Lieutenant-colonel Wiltsie, son second, ont une querelle sur la question. Selon Stone, Wiltsie « utilisa des mots tellement inconvenants que je dus lui ordonner de démissionner »[39]. Le 27 décembre, Stone convoque une cour martiale extraordinaire pour faire condamner les hommes qui ont aidé les déserteurs[40]. Il observe à ce propos :

> [...] nous découvrîmes rapidement, à notre grande satisfaction, que nombre des personnes âgées au pays – comme les pères, les mères et les autres chefs de famille – avaient (par leur mauvais exemple et leurs mauvais conseils) pollué les esprits des jeunes, qui au début de l'année avaient promis de faire de bons soldats et de dignes membres de la société[41].

Malheureusement pour Stone, ces tentatives d'application de la loi échouent lorsque celui-ci tente d'obtenir des personnes qu'il pense coupables le règlement des coûts de fonctionnement des tribunaux militaires et civils. En effet, des menaces de « poursuivre ladite cour extraordinaire pour extorsion » proférées notamment par un certain James Breakenridge[42], font perdre toute motivation aux magistrats, qui avaient déjà montré peu d'empressement à instruire les procès[43]. Il est certain que toutes ces manifestations d'opposition ont comme dénominateur commun l'approbation tacite de la communauté.

Ce non-respect des lois et règlements du Haut-Canada est décrit par Joel Stone comme une forme récurrente de protestation. Dans une lettre qu'il adresse au Major-général Drummond en mars 1814, il note qu'un tailleur de son régiment est passé à l'ennemi en 1812, quittant « son travail et les vêtements du Roi dans la confusion »[44]. Il raconte ensuite que le déserteur a été capturé à Ogdensburg et libéré sur parole. Le tailleur a ensuite poursuivi Stone et la cour de district à Brockville pour 15 £. Même si Stone ne précise pas pourquoi le tailleur a fait cette réclamation, il semble que la cela ait à voir avec un travail qu'on lui avait ordonné d'accomplir au nom du 2e Leeds deux ans auparavant. Le jugement est défavorable à Stone et, malgré ses objections, il lui est ordonné de payer. Joel Stone fait en effet remarquer que l'un des trois magistrats qui siégeaient était James Breakenridge[45]. Il formule également un bref et poignant commentaire à propos de l'impact de ce qu'il perçoit comme une application incorrecte de la loi :

> Cette utilisation particulière de la loi m'a alarmé, ainsi que d'autres commandants de la milice, car nous avons toujours considéré comme notre devoir de donner des ordres et de faire notre possible pour fournir les installations nécessaires afin de loger ladite milice lorsqu'elle était de service. Nous étions persuadés que le gouvernement prendrait bientôt des mesures contre des procès déraisonnables comme celui-là. La décision est également perçue comme un signal qu'il est possible à tout le monde de venir ruiner, au moyen des poursuites judiciaires les plus surprenantes, ceux qui ont fait de leur

mieux pour mobiliser les forces vives du pays à une époque où la milice est grandement nécessaire[46].

Les inquiétudes de Stone sont justifiées, puisqu'en juillet 1813, le Lieutenant-colonel Wiltsie lui envoie une lettre l'informant que Breakenridge et d'autres aident certains individus à poursuivre Stone et lui-même pour des griefs qui semblent reliés à leur façon de faire appliquer la loi sur la milice[47]. Malheureusement, il ne semble pas y avoir de trace des décisions prises à ce sujet. Toutefois, Stone mentionne dans une lettre adressée en 1818 à l'adjudant général que les poursuites intentées à son encontre dans le district se calment, bien qu'il soit encore l'objet d'attaques à la Chambre d'assemblée[48].

Finalement, de nombreux membres du 2e Leeds ignorent simplement les demandes de rassemblement lorsqu'ils jugent qu'elles ne sont pas raisonnables. Ces actions communes vont si loin qu'elles gênent l'application des lois promulguées par le gouvernement. Elles constituent également une indication frappante de la relation entre, d'une part, l'autorité centrale de l'époque et, d'autre part, le peuple et les officiels locaux désireux de traduire leur désaccord par des actes. Cependant, tous les habitants opposés au gouvernement ne désertent pas ou ne refusent pas de se rassembler. Certains d'entre eux ont recours à des requêtes pour être dégagés de leurs obligations, d'autres refusent d'obéir aux ordres; une grande majorité, enfin, ignore la guerre et fait commerce avec l'ennemi ou apporte son soutien aux États-Unis.

Malheureusement, on ne peut citer que deux exemples de requêtes envoyées à Joel Stone et demandant l'exemption des obligations envers le 2e Leeds. La première, datée de 1812, est signée par un certain « J » ou « K » Breakenridge[49] et demande qu'un autre homme soit dispensé de participer à la milice : « À mon humble opinion, Simon Gordon doit être exempté de service dans la milice. On m'a dit que vous refusiez d'étudier un certificat que je lui avais donné, mais je ne le croirai pas tant que je ne l'entendrai pas de votre bouche[50] ». L'autre requête, datée du 13 octobre 1812, provient d'une certaine Metty Doughlass, qui implore Stone d'autoriser son plus jeune fils à s'absenter du 2e Leeds. Elle a déjà trois fils dans l'armée et souhaite garder le dernier « pour assurer ma tranquillité d'esprit, pour pouvoir subsister et pour apporter un soutien à ma santé chancelante ». Cet appel est contresigné par six hommes de la communauté, alors que le premier ne comporte qu'une seule signature[51].

À l'examen de ces deux demandes, on peut déduire que, bien qu'une femme puisse se faire entendre, ce sont les hommes qui donnent un caractère acceptable à sa supplique. La requête de Breakenridge ne nécessite pas de contreseing, n'explique pas la raison pour laquelle Simon Gordon devrait être exempté et son ton est arrogant; il s'agit donc d'une correspondance entre égaux. Metty Doughlass, dont le mari est vraisemblablement mort ou absent, a dû, elle, se tourner vers les hommes de sa communauté pour obtenir leur appui. D'après ces exemples limités, il semble évident que les formes acceptées de désaccord dépendent du sexe et du statut.

Au lieu d'envoyer des requêtes, certains membres du 2e Leeds protestent directement et en personne auprès de leur colonel. Dans une lettre de juillet 1812, le Capitaine William Jones demande que certains hommes puissent rentrer chez eux s'il n'est pas nécessaire que leur compagnie soit réunie au complet. « Le pays sera touché par la famine si des dispositions ne sont pas prises pour que les habitants puissent faire leurs récoltes[52]». Le Lieutenant-colonel Benoni Wiltsie, commandant adjoint du régiment, exprime également des préoccupations à propos de l'impact du service dans la milice sur l'économie locale, dans une lettre datée du 13 avril 1813 :

> [...] le devoir que j'ai envers mes concitoyens et en tant que vrai patriote pour vous rappeler la calamité qui ne manquera pas de s'abattre sur nous si la milice les arrache continuellement à leurs familles. Si les hommes restent éloignés un mois, voire six semaines, de leurs fermes, ils ne pourront pas semer le grain de printemps et leur famille souffrira de la famine, qui les menace avant même la moisson. [...] que peut ressentir un pauvre homme éloigné de sa charrue lorsqu'il ne voit rien d'autre pour sa femme et ses tendres enfants que le désespoir et la mort[53]...

Ce conflit entre les exigences de l'agriculture et celles de la milice est une source constante de frictions. Conscient de son existence, les administrateurs du Haut-Canada tentent de résoudre la question avec diplomatie, mais ce n'est pas toujours possible. Les responsables de la milice continuent à faire face à des demandes inconciliables des milieux militaire et civil et, lorsqu'un choix doit être fait, il s'effectue inévitablement aux dépens du second, mettant le colon dans une position inconfortable[54].

Pour les défenseurs des intérêts locaux tels que Wiltsie, ces décisions sont décevantes. Il exprime tout d'abord son insatisfaction de manière acceptable, comme l'exige sa position de membre influent de la communauté et de commandant en second du 2e Leeds; mais il se rendra compte par la suite qu'on n'a pas répondu à ses inquiétudes d'une façon qui lui convient. Sa participation aux mouvements de protestation montre que son comportement est davantage guidé par les normes et les valeurs régionales partagées par la communauté que par son statut socio-économique.

La convocation de cours martiales au sein du 2e Leeds met en évidence d'autres oppositions avec les exigences du service militaire. Le 14 juillet 1813, Stone défère devant un tribunal militaire dix hommes qui ont refusé d'obéir à ses ordres, car « ils considéraient qu'ils étaient contraires à la loi et injustes ». La cour est présidée par Wiltsie et composée du Capitaine Ira Schofield, du Lieutenant Levi Soper et du porte-étendard George Bates; Bates étant malade, Wiltsie ordonne au porte-étendard Nathan Hicock de le remplacer[55]. À l'issue de l'audience, la cour statue « qu'aucun milicien de plus de cinquante ans (...) ne devrait être appelé à servir dans la milice à moins que toute la milice soit appelée ». Les accusés bénéficient d'un non-lieu et n'ont donc aucune amende à payer[56]. Stone exprime son insatisfaction quant à la façon dont Wiltsie a exécuté l'instruction qu'il lui a donnée : « Convoquer une cour martiale et faire appliquer la loi ». À son avis « cela a été si partiellement fait qu'il n'y a pas eu l'effet escompté »[57]. Cette décision peut être considérée comme la preuve du mécontentement grandissant de Wiltsie devant le fait que les intérêts partagés du district ne sont toujours pas pris en compte.

Une autre cour martiale, apparemment menée d'une manière similaire, siège six mois plus tard, sous la présidence du Capitaine Ira Schofield. Quatorze membres du 2e Leeds y comparaissent pour « désertion ». Aucun détail de l'audience n'est disponible, mais on peut supposer que la désertion à laquelle il est fait référence est le refus de se rassembler. Le compte rendu de Schofield est des plus brefs et indique que tous les accusés ont été reconnus coupables et condamnés à l'amende maximale de 20£, immédiatement réduite pour tous[58].

Une dissension ouverte éclate entre Stone et Wiltsie en décembre 1813; elle culmine en mars 1814 avec la requête envoyée par

Stone à Drummond pour instaurer une commission d'enquête sur divers griefs contre Wiltsie :

> Pour avoir traité mes ordres avec mépris – ordres émis sur instruction du Lieutenant-colonel Pearson et approuvés par Son Honneur, feu l'administrateur, en date du 29 octobre 1813 au moment de l'alarme générale – et pour avoir publiquement prétexté la nécessité de s'occuper de ses terres afin d'empêcher les hommes de mon régiment d'obéir auxdits ordres leur enjoignant de répondre à ladite alarme. Pour avoir alors accordé une autorisation d'absence à un homme – sans que j'en prenne connaissance ou que je l'accepte – et pour avoir fait usage d'un langage inconvenant et d'une conduite inappropriée pour un officier à mon endroit, le 27 décembre dernier, date à laquelle je l'ai mis aux arrêts[59]…

Devant la cour martiale qui suivra à Kingston le 15 avril 1814, Wiltsie sera jugé coupable, condamné à 50 £ d'amende et déclaré inapte à servir dans la milice. Il n'acceptera pas cette sentence et refusera de payer l'amende; il sera donc emprisonné à Brockville[60]. L'historienne Shirley Spragge soulève un excellent point lorsqu'elle juge « que l'exemple de cet officier loyaliste, défenseur des miliciens-fermiers aux abois, ne pouvait pas être ignoré par la population »[61]. À de nombreux égards, la conviction démontrée par Wiltsie a dû envoyer un message fort aux habitants de la région quant au manque de sensibilité du gouvernement colonial envers leur bien-être.

On ne dispose que de peu d'exemples documentés de résidents du district ayant marqué leur mécontentement d'une forme autre que celles consignées dans les comptes rendus d'audiences militaires et civiles. On sait que certains d'entre eux exprimèrent publiquement leur désaccord avec la guerre et leur désir de ne pas y participer. Le texte d'un mandat d'arrêt émis le 6 août 1812 par Joel Stone à l'encontre de Johathon Stevens, pour ce qu'on considérait être des pratiques traîtresses, témoigne de telles pratiques :

> [...] [il, Stevens] a fait observer à Wilard Cleonkey qu'il ne devait rien au Roi et que les biens qu'il possédait, il les

avait achetés avec l'argent qu'il avait ramené des États-Unis, que le gouvernement ne lui avait pas donné un penny et que, bon sang, s'il voulait les garder pour les donner aux États-Unis, ce n'était pas de ses affaires[62].

Malheureusement, on ignore la décision rendue.

Il est également fait mention de groupes qui exprimèrent leur appui actif aux États-Unis. En guise d'illustration, en janvier 1813, Joel Dunbar déclara sous serment devant Benjamin Simon ce qui suit :

> David Kilborn, de Witley, annonça au dénommé Dunbar qu'on organisait des réunions privées, l'invita à une de ces réunions qui se tenait le soir même, disant qu'il croyait qu'elle aurait lieu chez Abner Chapins, à Bastard. Le dénommé William ajouta qu'on tenait à jour une liste d'hommes afin que lorsque les Américains viendraient, ils sachent qui était de leur côté[63].

Une fois encore, on ne sait pas ce qui se passa ensuite.

Outre les promesses d'appui, certains habitants du district de Leeds effectueront du commerce transfrontalier avec les États-Unis tout au long du conflit. Avant la guerre de 1812, les échanges commerciaux avec le voisin du sud constituaient une partie importante de la vie quotidienne au Haut-Canada. Comme entrepreneur, Joel Stone participait à ce commerce. On trouve dans ses papiers un reçu d'achat autorisant Joseph Cox « dans un bateau en provenance des États-Unis d'Amérique à débarquer dix-huit barils de sel seulement, ayant payé les droits sur lesdits barils à la douane de Sa Majesté, au port de Kingston, le dix-septième jour de septembre 1811 »[64]. Conjointement à ce commerce réglementé, certains résidents pratiquent la contrebande, une activité qui a provoqué une querelle entre les deux pays avant le conflit[65]. Peu après le début de la guerre, le gouvernement du Haut-Canada tentera de mettre fin au commerce illégal. Une entrée dans le registre de la garnison de Kingston en juillet 1812 ordonne que « tous les navires douteux doivent à l'avenir accoster à la première occasion au quai de M. Walkers et être immédiatement signalés par la sentinelle de service à l'officier de garde, qui transmettra l'information au commandant de la garnison »[66]. Cependant, les diverses tentatives des autorités n'auront que peu de succès et ce commerce, quelquefois officiellement toléré, continuera pour répondre aux besoins de la vie à la frontière[67]. Même Stone et ses subordonnés joueront un rôle dans l'obtention des marchandises américaines dont on a besoin au Haut-Canada. En juillet 1813, il verse une somme de 9,16 £ au Lieutenant Samuel Kelsey, du 2e Leeds, « au titre des pylônes en pin chargés sur la rive américaine »[68].

Selon Donald Akenson, le montant du commerce illégal effectué pendant la guerre est très difficile à chiffrer. Il s'agit d'un moyen de subsistance bien établi pour de nombreuses familles loyalistes, qui ne disparaîtra pas avec le conflit[69]; le pragmatisme du bien-être économique l'emporte sur toute autre considération. Regroupées, ces différentes formes de désaccord avec la guerre forment une expression globale de protestation qui traduit les sentiments de la population. Ces sentiments donneront également lieu à des tensions à grande échelle, comme le prouve le face à face avec les forces américaines à Gananoque, le 21 septembre 1812.

L'ATTAQUE DE GANANOQUE

Les Américains attaquent Gananoque le 21 septembre 1812, lors d'une des rares opérations militaires à Leeds and Lansdowne au cours de la guerre de 1812 qui aient été relatées. Le déroulement de la bataille varie selon les sources[70]. Les Américains en parlent comme d'une brillante victoire remportée par une petite unité et se concentrent sur l'exécution tactique. Les Canadiens, eux, la décrivent comme un exemple de l'indigence morale des Américains, et mettent l'accent sur la faible importance de Gananoque et sur les actes de destruction gratuite perpétrés. Dans *The Pictorial Field-Book of the War of 1812*, Benson J. Lossing la dépeint de la première manière :

> Le vigilant Capitaine (américain) Forsyth a réussi une audacieuse percée au Canada à la fin de septembre. [...] Accostée près du village de Gananoque, la force américaine d'à peine quatre-vingt-quinze hommes ne

rencontra tout d'abord aucune opposition. Mais en arrivant au village, elle fit face à soixante soldats de l'armée régulière britannique et à cinquante miliciens canadiens en ordre de bataille, qui les soumirent à un feu nourri. Forsyth et ses hommes se ruèrent en avant sans tirer une seule balle, jusqu'à ce qu'ils parviennent à moins de cent verges de l'ennemi. Celui-ci se replia alors en ordre dispersé vers le village, poursuivi de près par ses assaillants. Les fugitifs se regroupèrent alors et reprirent le combat, pour être de nouveau obligés de fuir, laissant derrière eux dix morts, plusieurs blessés et quatre miliciens prisonniers. Forsyth ne perdit dans l'affrontement qu'un homme tué et un légèrement blessé. Pour sa sécurité, il détruisit le pont sur lequel il avait poursuivi l'ennemi, puis retourna à ses navires, emportant avec lui comme butin, huit soldats réguliers, soixante affûts d'armes, des barils de munitions fixes contenant trois mille cartouches, un baril de poudre à canon, un baril de pierres à fusil, quarante et un mousquets et d'autres biens publics. Dans l'entrepôt, se trouvaient aussi cent cinquante tonneaux de provisions, mais dépourvu de moyens de les transporter, le Capitaine Forsyth y mit le feu[71].

T. W. H. Leavitt donne, dans *History of Leeds and Grenville Ontario*, le point de vue canadien :

> Au cours de la guerre, le Capitaine Forsyth fit une descente sur Gananoque [...] Il encercla la résidence du Colonel Stone, mais ne le trouva pas. Ayant entendu des gens se déplacer au premier étage, un de ses soldats tira dans cette direction. La balle alla se loger dans la hanche de Mme Stone, lui infligeant une blessure grave, mais pas dangereuse. S'imaginant avoir tué le colonel, les agresseurs partirent immédiatement. Dans son rapport aux autorités américaines, Forsyth fit un récit glorieux de la prise de Gananoque et de la destruction de l'entrepôt

du gouvernement. Mais M. Hiel Sliter, de Rear of Leeds, nous informe que l'entrepôt contenait *un demi-bœuf, quelques vieilles couvertures et de vieux dessus de lit, qui furent tous brûlés par les vaillants Yankees*[72].

On note que dans les deux récits, le 2e Leeds est singulièrement absent.

Pour mieux comprendre les événements du 21 septembre, on doit se reporter au *Kingston Gazette*, un journal local. Un compte rendu publié le 26 septembre confirme que Forsyth a attaqué à Gananoque la milice dont l'effectif était d'environ 50 hommes. Les forces américaines ont pris et détruit une petite quantité de marchandises et ont fait quelques prisonniers, des miliciens pour la plupart. L'article critique le comportement des Américains chez Stone, le jugeant « véritablement disgracieux ». Il blâme également la façon dont était conçue la défense de Gananoque :

> Malheureusement, le Capitaine Schofield et le Lieutenant Bradith étaient, avec 12 hommes du détachement de Gananoque, ici [à Kingston] au moment de l'attaque. Le poste était donc privé de ces deux excellents officiers. Mais il est absolument étonnant que deux officiers aient eu à quitter leur poste pour prendre la direction d'une si petite troupe[73].

Une lettre du Colonel Robert Lethbridge, alors commandant à Prescott, évoque des préoccupations semblables[74]. Sa lettre réagit à un compte rendu de l'affaire rédigé par Stone et, bien qu'il n'y ait plus de trace écrite de ce rapport, il est évident, d'après le ton et la structure de la réponse de Lethbridge, qu'il met en doute l'information qu'il a reçue :

> D'après les termes de votre lettre, je ne peux m'empêcher de craindre qu'on n'ait pas fait preuve de la vigilance nécessaire et je tiens tout particulièrement à ce que vous m'indiquiez clairement le nombre d'officiers (et leur nom), de sous-officiers et de soldats qui étaient présents à ce poste au moment de l'attaque ennemie[75].

Lethbridge prend également note des blessures infligées à Mme Stone et offre ses sympathies. On peut voir que la lettre met en doute l'efficacité de la défense de Gananoque par le 2e Leeds. Le fait que Lethbridge veuille connaître le nombre de membres du 2e Leeds présents durant la bataille et formule un commentaire sur l'effectif des compagnies de flanc montre implicitement qu'il s'inquiète de savoir si Stone a réussi ou non à rassembler son unité.

Une description des événements faite après la guerre place Stone dans le cadre de l'affrontement. Comme il s'agit d'un extrait de demande de remboursement, il contient peu de renseignements et, sans surprise, les faits y sont légèrement exagérés. Ce dernier note :

> Que le 21 septembre 1812, environ 200 ennemis conduits par feu le Colonel Forsyth, ont attaqué Gananoque au moment où deux détachements de la milice avaient quitté le poste sur ordre, laissant votre obligé avec deux officiers subalternes [?] seulement et pas plus de 40 miliciens qui, après avoir déployé les plus grands efforts pour défendre le poste, furent obligés de battre en retraite. L'ennemi commit alors des actes de cruauté et de pillage, tirant des salves de mousquet dans la maison privée de votre obligé sans provocation, blessant Mme Stone. Ils pénétrèrent ensuite dans la maison et emportèrent le contenu de plusieurs coffres et tous les biens personnels de votre obligé, mirent le feu à un entrepôt nouvellement construit, emportèrent toutes les armes et munitions qui y étaient rangées et brûlèrent nos provisions dans ledit entrepôt[76].

Devant les maigres détails fournis, il n'est pas possible de déterminer avec certitude comment les événements se sont déroulés cette nuit-là. Néanmoins, on peut penser que l'inefficacité de la milice face aux forces américaines fut le résultat d'une forme d'action collective, de refus de coopérer. Dans *The Incredible War of 1812*, J. Mackay Hitsman a écrit que bien que les compagnies de flanc se rassemblèrent à l'alarme, « elles s'enfuirent dès qu'elles eurent utilisé leurs mousquets face aux troupes régulières américaines »[77]. Il ne s'agit pas de la réaction d'une troupe déterminée, prête à protéger ses foyers, mais plutôt celle d'un groupe d'hommes qui ne croient pas en la cause qu'ils sont censés défendre.

Des incidents tels que celui-ci conduisirent le Lieutenant-colonel Thomas Pearson[78] à faire part de son opinion sur la milice des districts d'Eastern et de Johnstown à l'adjudant général à York, en janvier 1813 :

> D'après l'expérience que j'ai eue de l'état de cette partie de la milice *et des dispositions de la majeure partie des habitants de ces districts*, je n'hésiterais pas à affirmer que cette force, dans son état actuel, ne comblera jamais les attentes du pays[79].

On peut interpréter la réaction du 2e Leeds à l'incursion du petit contingent américain comme le reflet des dispositions de la population. Le point de vue sur la guerre prédominant dans la communauté poussa des éléments du 2e Leeds à abandonner Gananoque après avoir opposé une résistance de pure forme. Il n'y a aucune preuve dans la documentation disponible que des punitions officielles ou officieuses aient été administrées après cet incident, qui semble avoir été rapidement et commodément oublié par toutes les parties concernées, sauf Stone[80]. Ce dernier continuera en effet à mettre vigoureusement en application les lois de la province dans une région où l'appui au conflit est, au mieux, tiède. En réaction, des membres du régiment de Stone, accompagnés d'hommes d'autres unités, exprimeront leur insatisfaction de manière très directe en novembre 1814.

INCIDENT À LA RÉSIDENCE DE STONE

Au cours de la nuit du 10 novembre 1814, un certain nombre d'individus volent dans l'étable de Stone des biens représentant, apparemment, un montant considérable. Bien qu'on n'ait presque aucune trace écrite de l'incident, deux lettres adressées à Stone par le Colonel Nathaniel Coffin y font allusion[81]. Dans la correspondance officielle, Coffin signale à Stone que l'administrateur du Haut-Canada, le Lieutenant-général Sir Gordon Drummond, a été informé des événements du 10 novembre, qu'il lui adresse ses profonds regrets et qu'il permet en tout temps à Stone de demander des troupes au « commandant de Gananoque » pour éviter tout autre incident du genre. De plus, Coffin informe Stone qu'il sera remboursé pour la totalité des pertes subies[82]. Coffin écrit également à Stone une lettre personnelle dans laquelle il exprime de profonds « regrets et sa mortification devant le comportement des troupes ». Il l'encouragea aussi à continuer son travail au nom de la Couronne :

> Je [Coffin] lui ai fait valoir [à Drummond] que vous ne devriez avoir à supporter ça plus longtemps; sinon, vous seriez dans l'obligation d'abandonner vos biens et de déménager, car il vous est impossible de continuer à vivre à Gananoque dans de telles conditions. J'ai insisté sur l'énorme perte pour le service public que serait votre départ de Gananoque.

Coffin assure Stone qu'une fois qu'il aura déterminé ses besoins, il se verra attribuer une garde « pour empêcher que ce genre d'événement se reproduise »[83]. Coffin précise aussi que Sir George Prevost, le capitaine général et gouverneur en chef des Canadas[84], a ordonné que les coupables soient punis et que l'on fasse prendre conscience aux officiers concernés de leurs lacunes « et de la triste négligence dont ils ont fait preuve quant à leurs hommes »[85]. Il est toutefois possible que ce dernier commentaire ait été motivé par d'autres problèmes dont celui de la paie des miliciens, qui est mentionné dans divers documents et lettres.

À la lecture de ces communications, il est évident que Prevost et Drummond pensent que l'incident survenu à la résidence de Stone est lié à ses tâches officielles et qu'ils sont prêts à lui fournir une protection, à le dédommager et à punir les miliciens reconnus coupables. La référence que fait Coffin à la lettre de Stone datée du 14 novembre prouve que cet événement eu un impact significatif sur ce dernier. Non seulement les hommes qui ont participé à l'incursion chez Stone font partie de ses soldats, mais, plus important encore, sont issus de sa communauté. Stone a, apparemment, insisté sur le fait qu'il pourrait être nécessaire pour lui de quitter la région et de refaire sa vie, ce qui ne pourrait être que le résultat de ce qu'il perçoit comme la censure de la communauté. Il est raisonnable de présumer alors que cet incident a été une forme d'action collective exprimant les intérêts locaux, déclenchée par le fait que Stone n'a pas tenu compte des autres formes de griefs exprimés auparavant. La volonté de la communauté d'affronter directement Stone illustre le clivage grandissant entre le désir de la population de demeurer en dehors du conflit et la volonté des représentants du gouvernement à poursuivre les objectifs de la guerre[86].

CONCLUSION

L'enrôlement dans le 2e Régiment Leeds fut rendu obligatoire par la loi et s'adressait à tous les hommes de la région dont on pouvait raisonnablement penser qu'ils étaient physiquement aptes à participer à la lutte entre les deux nations. En raison du caractère inclusif de la milice de l'époque et des documents accessibles à son sujet, le 2e Leeds constitue un excellent sujet d'étude des formes de mécontentement dans la région de Gananoque. Donald Akenson a expliqué que l'impopularité de la guerre de 1812 auprès des habitants provenait de leur perception non idéologique et centrée sur leurs intérêts personnels de leurs relations avec leurs frères de la rive opposée du Saint-Laurent. Les ententes socio-économiques entre les colons étaient bien plus fortes que le désir d'un gouvernement du Haut-Canada qui agissait comme mandataire pour un roi bien éloigné.

Les formes d'action collective varièrent avec le temps. La première d'entre elles occasionna une émigration de masse vers le côté américain de la frontière des gens mécontents, et de leur famille, au cours de l'été 1812. Les désertions continuèrent quelque peu pendant la guerre, mais pas dans les mêmes proportions qu'au début. Le principal type d'action de masse fut le refus de se rassembler, qui aboutit, en octobre 1813, au refus de la presque totalité de l'unité d'obéir à l'ordre de se regrouper. En raison de la manipulation dont les magistrats locaux et la milice elle-même firent l'objet, il fut presque impossible au Colonel Joel Stone de mener des audiences légales contre les coupables. La mainmise de la communauté sur les organes juridiques militaires et civils se poursuivit tout au long de la guerre, malgré le fait que Stone ait circonscrit le problème et fait appel aux autorités. Cette renonciation généralisée de l'autorité imposée par la loi démontre l'incapacité du gouvernement d'alors à appliquer la primauté du droit face à la désobéissance de masse.

Des individus exprimèrent également leur insatisfaction sous des formes acceptables, comme par l'envoi de lettres et de requêtes. La structure de ces demandes était déterminée contextuellement par le sexe et le statut du demandeur. D'autres personnes exprimèrent vigoureusement leur désapprobation, dans des mots jugés comme relevant de la trahison par les représentants de la Couronne. Il est évident que le soutien accordé aux États-Unis par les habitants du Haut-Canada situés à proximité de la frontière était inextricablement lié aux réalités économiques de la région. Ce point de vue pragmatique des choses et le désir d'assurer leurs moyens de subsistance dans le district même déterminèrent également la réaction des agriculteurs face au service obligatoire dans le 2e Leeds. En effet, en tant que membres influents de la communauté, les officiers de l'unité comprenaient la nécessité pour leurs hommes de pouvoir poursuivre leurs activités agricoles et appuyèrent leur droit à le faire. Dans le cas du Lieutenant-colonel Benoni Wiltsie, cette prise en compte des intérêts partagés transcenda les barrières socio-économiques, mais se solda par la perte de son mandat et par son emprisonnement.

L'opposition commune à la guerre se traduisit par un certain nombre d'autres actions, comme la résistance inefficace et inadéquate opposée par

Prisonniers militaires à l'exercice, à Québec. Tiré des Canadian Illustrated News, 1871. (Bibliothèque et Archives Canada C-56626)

la milice à une attaque américaine d'ampleur limitée à Gananoque, en septembre 1812, et les méfaits collectifs commis à la ferme de Stone en novembre 1814. La répugnance de la milice à assurer une défense efficace des colonies en dit long sur les sentiments des habitants vis-à-vis de la guerre. De plus, la volonté d'affronter Stone, le vol dans sa propriété, l'acceptation de sa condamnation par la communauté et l'absence de mesures contre les coupables révèlent également la toute puissance des normes locales de comportement acceptable.

Il semble évident que dans la région de Leeds, la communauté avait le sentiment que la guerre violait un contrat conclu avec le gouvernement du Haut-Canada avant 1812, qui stipulait que la milice serait exclusivement utilisée pour la défense du district en cas de crise. La véhémence du mécontentement envers cette apparente rupture du lien de confiance conduisit à une série d'actions individuelles et collectives qui réduirent à néant l'autorité de l'État et permirent à la communauté de colons qui peuplait cette région de bâtir un monde défini par leurs croyances et leurs valeurs. Les hommes du 2e Leeds étaient peut-être des soldats du Roi de par leur nom, mais c'est la façon dont ils percevaient les réalités de leur existence qui détermina leur participation à la guerre de 1812, et non les impératifs d'un pouvoir central inefficace qui ne tenait pas compte d'eux.

NOTES EN FIN DE CHAPITRE – CHAPITRE 3

Note de l'éditeur : Les nombreuses citations reprises ci-dessus sont tirées de documents rédigés en anglais. Les versions françaises fournies ici sont des traductions. Nous avons toutefois jugé plus judicieux d'omettre l'expression après chacune et d'inclure cette remarque d'ordre général plutôt que de distraire et d'interrompre le lecteur par des rappels répétés.

1   Arthur R. M. Lower, *Colony to Nation: A History of Canada*, 5e éd., Toronto, McClelland and Stewart, 1981, p. 182.

2   L'immigration augmenta grandement après 1791, lorsque le Lieutenant-gouverneur John Graves Simcoe invita les colons potentiels à venir s'installer au Haut-Canada et y profiter de terres gratuites et d'impôts presque négligeables. Voir E. Jane Errington, « The 'Eagle', The 'Lion' and Upper Canada: A Developing Colonial Ideology: The Colonial Elites' Views of the United States and Great Britain, 1784-1828 », Queen's University, 1984, p. 21. Thèse de doctorat non publiée.

3   Les Loyalistes étaient les habitants des treize colonies restés fidèles à la Grande-

Bretagne durant la Révolution américaine. Une fois la révolution terminée, ils ne purent ou ne voulurent pas rester dans le nouveau pays qui était maintenant les États-Unis. Ces partisans de la Couronne émigrèrent alors, avec leurs familles, vers les Canadas, afin de profiter du territoire libre au nord pour tenter de retrouver, au moins en partie, ce qui avait été leur vie auparavant. Voir *Ibid.*

4   Donald Akenson affirme que, en raison de pressions politiques et militaires, les premiers colons loyalistes furent forcés de choisir leurs terres dans la précipitation et la confusion. Les colonies de peuplement de Leeds et Lansdowne furent crées plus tard, après que ces Loyalistes se furent établis. Akenson note également que les cantons formèrent une unité municipale unique jusqu'en 1850. Par conséquent, le terme de « Leeds and Lansdowne » était utilisé pour faire référence à la région en général. Voir Donald Harmon Akenson, *The Irish in Ontario: A Study in Rural History*, 2e éd., Montreal et Kingston, McGill-Queen's University Press (MQUP), 1999, p. 49-52.

5   Errington, *The 'Eagle', The 'Lion' and Upper Canada*, p. 149-152.

6   Errington est d'accord avec Cruikshank sur ce point. Il avance qu'en raison de la forte immigration américaine à partir des années 1790, seulement 20 pour cent des 75 000 habitants du Haut-Canada descendait, avant la guerre de 1812, des Loyalistes originaux, alors que 60 pour cent d'entre eux étaient des Américains. Le reste de la population était composé d'immigrants venus de Grande-Bretagne et d'autres pays d'Europe. Pour ces Américains, le « Haut-Canada était tout sauf une extension septentrionale de la frontière américaine... ». *Ibid.*, p. 21-22.

7   Brock entretenait de sérieux doutes quant au caractère et à l'efficacité de la milice sédentaire et, en février 1812, il tenta, sans succès, d'introduire un amendement à la loi sur la milice afin d'obliger ses membres à jurer loyauté à la Couronne. Il nota sa réaction : « Les nombreux personnages douteux dont est composée la milice me pressaient à introduire le serment d'abjuration dans le projet de loi. Vingt membres étaient présents lorsque cette mesure, très importante, fut abandonnée à cause de la voix de prépondérance du président. La grande influence que la peur et le nombre de colons provenant des États-Unis exerce sur la chambre basse est extrêmement inquiétante et doit être enrayée à tout prix ». Voir E. A. Cruikshank, « A Study of Disaffection in Upper Canada in 1812-15 », dans Morris Zaslov, ed., *Upper Canada and the War of 1812: The Defended Border*, Toronto, Macmillan, 1964, p. 207.

8   *Ibid.*, p. 205-223.

9   Cette assemblée législative était incluse dans la loi sur la milice de 1808, qui était une tentative « d'expliquer, d'amender et de réduire à une seule loi du Parlement les nombreuses lois sur la levée et l'instruction de la milice alors en vigueur dans cette province ». Cité dans E. A. Cruikshank, *The Documentary History of the Campaign upon the Niagara Frontier in the Year 1812*, Welland, Lundy's Lane Historical Society, 1897, p. 1.

10   Shirley Campbell Spragge, « Organizing the Wilderness: A Study of Loyalist Settlement, Augusta Township, Grenville County, 1784-1820 », Queen's University, 1986, p. 170-171. Thèse non publiée.

11   Les États-Unis déclarèrent la guerre le 19 juin 1812, l'information parvenant au Canada de manière indirecte. Deux marchands de Montréal, qui faisaient le

commerce de la fourrure et qui disposaient d'associés à New York, reçurent le 24 juin un mot signalant que les États-Unis avaient déclaré la guerre aux Canadas. Ils transmirent immédiatement la nouvelle à la capitale du Bas-Canada, Québec, où le Lieutenant-général Sir George Prevost, commandant des possessions britanniques en Amérique du Nord, entrepris aussitôt de mettre sur pied des plans de défense des Canadas. Voir J. Mackay Hitsman, *The Incredible War of 1812: A Military History*, Toronto, University of Toronto Press (UTP), 1965, p. 24 et 44-45.

12 « L'objectif principal des compagnies de flanc est de permettre au gouvernement de disposer en permanence d'une force entraînée composée de jeunes gens loyaux, braves et respectables sur laquelle, en cas d'urgence, il serait possible de greffer autant de miliciens que nécessaire et de les former pour le service militaire ». Voir Brock, cité dans *Ibid.*, p. 36-37.

13 William M. Weekes, « Civil Authority and Martial Law in Upper Canada », dans Morris Zaslov, ed., *Upper Canada and the War of 1812: The Defended Border*, Toronto, Macmillan, 1964, p. 193.

14 Spragge, *Organizing the Wilderness*, p. 171. Le 2e Leeds était constitué d'un nombre variable de compagnies, normalement cinq, et d'une, puis deux, compagnies de flanc. Voir Akenson, *The Irish in Ontario*, p. 118.

15 Donald Akenson décrit ainsi la chronologie de l'évolution de la situation administrative du canton de Leeds and Lansdowne. En 1788, déclaration des quatre districts qui deviendront par la suite le Haut-Canada; le canton de Leeds and Lansdowne fait principalement partie du district de Luneburg. En 1791, fondation du Haut-Canada. En 1792, les quatre districts du Haut-Canada sont renommés, le canton de Leeds and Lansdowne fait maintenant partie du comté de Leeds, qui s'étend du Saint-Laurent à la rivière des Outaouais. Enfin, en 1798, le canton de Leeds and Lansdowne est intégré au district de Johnstown. *Ibid.*, p. 58.

16 Les administrateurs du Haut-Canada entre 1812 et 1815 furent : le Major-général Isaac Brock (oct 1811 à oct 1812), le Major-général Sir R. H. Sheaffe (oct 1812 à juin 1813), le Major-général Francis Baron de Rottenburg (juin 1813 à déc 1813) et le Lieutenant-général Sir Gordon Drummond (déc 1813 à avril 1815). Voir L. Homfray Irving, *Officers of the British Forces in Canada during the War of 1812*, Welland, Canadian Military Institute, 1908, p. 2.

17 H. William Hawke, « Joel Stone of Gananoque, 1749-1833: His Life and Letters », Queen's University, 1966, p. 67-68. Mémoire de maîtrise non publié.

18 William Gray, *Soldiers of the King: The Upper Canadian Militia 1812 – 1815: A Reference Guide*, Erin (Ontario), The Boston Mills Press, p. 41.

19 Akenson, *The Irish in Ontario*, p. 177-178.

20 Adam Shortt, « The Economic Effect of the War of 1812 on Upper Canada », dans Morris Zaslov, ed., *Upper Canada and the War of 1812: The Defended Border*, Toronto, Macmillan, 1964, p. 298.

21 E. P. Thompson, *The Making Of The English Working Class*, London, Victor Gollancz, 1965, p. 9.

22 *Ibid.*, p. 11.

23 *Ibid.*

24 Akenson, *The Irish in Ontario*, p. 125.

25 Ces comptes rendus dressent la liste des hommes qui quittèrent la région. *Ibid.*, p. 124. Shirley Spragge accepte les calculs d'Akenson, mais lui reproche le fait qu'ils portent sur « les trois compagnies, sans expliquer comment la plupart des miliciens ont intégré le Régiment Leeds ». Elle utilise la même méthode de calcul du taux de désertion du 1er Leeds qu'Akenson. Voir Spragge, *Organizing the Wilderness*, p. 193.

26 Cruikshank, *Documentary History*, p. 1 et 7.

27 De plus, Gray utilise comme référence des chiffres d'avant-guerre pour obtenir le taux de pertes, alors qu'Akenson s'appuie pour ses calculs sur l'effectif de ces compagnies en 1814, pas avant la guerre. Selon l'opinion de l'auteur, pour obtenir une idée précise du pourcentage de désertion, il faut utiliser des chiffres antérieurs, qui datent d'avant le début des désertions. Voir Akenson, *The Irish in Ontario*, p. 124, et Gray, *Soldiers of the King*, p. 41.

28 *Return of the second Regiment of Leeds Militia in the District of Johnston 4th June 1814*, microfilm T-10381, document 284, vol. 6, I-B-7, groupe d'enregistrement 9, *Bibliothèque et Archives Canada [BAC]*.

29 Le document de Wiltsee n'est pas daté, mais d'après le contexte de l'état des effectifs et son emplacement sur la bobine du microfilm, c'est-à-dire au milieu de documents datés de 1814, on peut raisonnablement présumer qu'il s'agit d'un rapport semblable. Voir *Captain Joseph Wiltsees Deserters*, document 292, *Ibid.*

30 *Quarterly Return of the 2nd Regiment of Leeds Militia as it stood 24th December 1812*, document 281, *Ibid.*

31 *Copy of a Letter from Colonel Joel Stone to Colonel James Breakenridge July 1812*, document 800, vol. 1, fonds de manuscrits 24 – H II 1, documents de McDonald Stone, BAC.

32 *Return of the Names and Characters of Aliens together with the Names and Characters of Such as have Deserted in time of the late War and Since Returned*, microfilm T-10381, document 296, vol. 6, I-B-7, groupe d'enregistrement [GE] 9, *BAC*.

33 La section VIII de la loi sur la milice de 1808 stipule que s'ils refusent de « se rendre au lieu où il leur a été ordonné de se rassembler », les officiers sont passibles d'une amende de 50 £, alors que les sous-officiers et les soldats risquent, eux, une amende de 20 £; les contrevenants étant emprisonnés en cas de non-paiement. Voir Cruikshank, *Documentary History*, p. 5-6.

34 George Sheppard, *Plunder, Profit, and Paroles: A Social History of the War of 1812 in Upper Canada*, Montréal et Kingston, MQUP, 1994, p. 89-91. Bien qu'on ne dispose d'aucun document pour étayer cette hypothèse, il est très probable que le fort absentéisme soit dû au fait qu'octobre est normalement le mois des moissons.

35 *Copy of a Report from Colonel Joel Stone to President of the Province of Upper Canada*, document 70, non daté, vol. 1, documents de McDonald Stone, *BAC*.

36 Pearson était un officier de l'armée britannique nommé à ce poste le 28 février 1812. Voir Irving, *Officers of the British Forces*, p. 28.

37 Nommé le 14 janvier 1813. *Ibid.*, p. 31.

38 *Copy of a Report from Colonel Joel Stone to President of the Province of Upper Canada*, document 70, non daté, vol. 1, documents de McDonald Stone, *BAC*.

39 *Ibid.*

40 On n'a aucune indication que ces événements se soient jamais ébruités.

41 *Copy of a Report from Colonel Joel Stone to President of the Province of Upper Canada*,

document 70, non daté, vol. 1, documents de McDonald Stone, *BAC*.

42   Bien qu'on n'en n'ait pas confirmation, il est possible qu'il s'agisse du Colonel James Breakenridge du 1st Leeds. Il semble qu'il y ait eu une certaine animosité entre les deux commandants. Aucun détail sur Breakenridge et sur sa vie ne se trouve dans le *Dictionnaire biographique du Canada (DBC)*, Toronto, UTP, à partir de 1966.

43   *Copy of a Report from Colonel Joel Stone to President of the Province of Upper Canada*, document 70, non daté, vol. 1, documents de McDonald Stone, [*BAC*]. Sheppard note que tous les individus reconnus coupables par les sept cours martiales convoquées au Haut-Canada entre le 8 mars 1813 et le 16 janvier 1815 sauf un venaient des districts Midland, Johnstown et Eastern. Voir Sheppard, *Plunder, Profit, and Paroles*, p. 90-91.

44   *Copy of a Letter to General Drummond from Colonel Joel Stone March 13, 1814*, dossier 3077, documents de Stone, *Queen's University Archives [QUA]*.

45   Les deux autres étaient Samuel Wright et Henry Bogart, Esquire. *Ibid.*

46   *Ibid.*

47   *Ibid.*

48   Les actions contre Stone semblent avoir perdu de leur élan aux environ de 1820. Voir *Copy of Letter sent to the Adjutant General June 30, 1818*, documents 1141-1142, vol. 2, documents de McDonald Stone, *BAC*.

49   Il s'agit peut-être du même Breakenridge que celui identifié par Stone comme meneur de la résistance lors du procès contre les membres du 2e Leeds en 1814.

50   *Copy of a Report from Colonel Joel Stone to President of the Province of Upper Canada*, document 70, non daté, vol. 1, documents de McDonald Stone, *BAC*.

51   *Petition from Metty Doughlass to Joel Stone October 13, 1812*, document 830, vol. 2, *Ibid.*

52   *Letter from Captain William Jones to Colonel Joel Stone July 14, 1812*, document 798, *Ibid.*

53   Cité dans Spragge, *Organizing the Wilderness*, p. 184.

54   Weekes, *Civil Authority and Martial Law*, p. 192.

55   Aucun de ces hommes n'aparaît dans le *DBC*.

56   Ces hommes étaient Lyman Judson, Rathal Judson, William Woolley, Derias Calmer, David S. Steel, Barnabus Chipman, John Gilbert, Daniel Patterson, Ezra Benedict et Abel Smith. Il est également fait mention d'un Ireland, qui fut condamné à 5,13 £. Voir *Letter from Lieutenant-Colonel Wiltsie to Colonel Joel Stone dated July 19, 1813*, document 866, vol. 2, documents de McDonald Stone, *BAC*.

57   *Copy of a Report from Colonel Joel Stone to the President of the Province of Upper Canada*, document 70, non daté, vol. 1, *Ibid.*

58   Le nom des hommes jugés coupable et les amendes imposées sont : David Curtis (3,10 £), Dan Shnapp (1,10 £), Baranbus Chipman (5,10 £), Sergent Benidict McCallum (2,10 £), James Brickman (3 £), James Hallada (?) (0,10 £), Bob Boyc (?) (0,10 £), David S. Steel (0,10 £), John Slack (0,10 £), Asabel Tryon (0,10 £), Amos Griswald (1,10 £), Case Brown (4,10 £), Thad. Garoen (?) (1,10 £) et Abrahem Tueby (0,10 £), pour un total de 26,10 £. Voir *Unsigned Court Martial Report 4 February 1814*, documents de Stone, *QUA*.

59   *Copy of a Letter to General Drummond from Colonel Joel Stone March 13, 1814, Ibid.*

60   Malheureusement, on ne dispose que de peu de documents relatifs à ces procès et au refus de Wiltsie de se conformer au jugement. Il n'est donc pas possible de mieux les

détailler. Voir Spragge, *Organizing the Wilderness*, p. 187.

61 *Ibid.*

62 *Warrent to take Johathon Stevens signed by Joel Stone 6 August 1812*, documents 806-807, vol. 1, documents de McDonald Stone, *BAC*.

63 *Oath respecting meetings in Witley January 18, 1813 by Joel Dunbar sworn before Benjamin Simon, Ibid.*

64 *5 October 1811 Customs Permit*, document 784, vol. 2, *Ibid.*

65 Errington, *The 'Eagle', The 'Lion' and Upper Canada*, p. 138-139.

66 *Kingston 28 July 1812*, vol. 1, Registre des ordres de la garnison de Kingston du 4 juillet au 21 août 1812, fonds de manuscrits [FM] 24 – G 58, *BAC*.

67 Shortt, *The Economic Effect of the War of 1812*, p. 300.

68 *Receipt signed by Samuel Kelsey, Lieutenant at Gananoque 8e July 1813*, documents de Stone, *QUA*.

69 D. Akenson, *The Irish in Ontario*, p. 130-131.

70 *Ibid.*, p. 118.

71 Benson J. Lossing, *The Pictorial Field-Book of the War of 1812*, New York, Harper and Brothers, 1868, p. 372-73.

72 T. W. H. Leavitt, *History of Leeds and Grenville Ontario, From 1749 to 1879 with Illustrations and Biographical Sketches of some of its Prominent Men and Pioneers*, Brockville, Recorder Press, 1879, p. 38-9. C'est l'auteur qui souligne en italiques.

73 « Communication », *Kingston Gazette*, le 26 septembre 1812.

74 Hawke, *Joel Stone of Gananoque*, p. 65.

75 *Letter from Colonel Robert Lethbridge to Colonel Joel Stone 21 September 1812*, document 821, vol. 2, documents de McDonald Stone, *BAC*.

76 *Copy of Undated [1815?] Memorial from Colonel Joel Stone to Major-General Sir Gordon Drummond*, documents de Stone, *QUA*.

77 Hitsman note également que certains des miliciens portaient des tuniques rouges abandonnées par la garnison de Kingston, ce qui a donné aux Américains la fausse impression qu'ils avaient affronté des troupes régulières britanniques. Voir Hitsman, *The Incredible War of 1812*, p. 96.

78 Officier supérieur chargé de l'inspection de la milice du Haut-Canada, nommé le 28 février 1812. Voir Irving, *Officers of the British Forces*, p. 28.

79 Cité dans Cruikshank, *Record of the Services of Canadian Regiments in the War of 1812*, Toronto, Canadian Military Institute, 1915, p. 85. C'est nous qui soulignons en italiques.

80 En réaction à cet incident, un blockhaus fut construit pour dissuader d'autres incursions.

81 Ces lettres publiques et privées du 19 novembre sont une réponse au rapport de Stone sur les hommes portés manquants, du 14 novembre. Elles fournissent la seule indication dont on dispose sur les événements de cette nuit-là. *Letters from Colonel Coffin to Colonel Stone 19 November 1814*, documents de Stone, *QUA*.

82 *'Public' Letter from Colonel Coffin to Colonel Stone 19 November 1814, Ibid.*

83 Coffin précise que le destinataire de cette instruction de Drummond est le Général Robinson, qui commandait les troupes de l'armée britannique. Ceci indique que les soldats de la protection de Stone seraient venus de la garnison britannique du

blockahus de Gananoque. Voir « *'Private' Letter from Colonel Coffin to Colonel Stone 19 November 1814, Ibid.* Voir également Irving, *Officers of the British Forces*, p. 9.

84 *Ibid.*, p. 1.

85 *'Private' Letter from Colonel Coffin to Colonel Stone 19 November 1814*, documents de Stone, *QUA*.

86 Cette protestation fit une impression durable sur Stone. Une vague idée de cette impression peut être perçue dans un brouillon de lettre adressé après-guerre à Drummond : « (...) qu'en raison de sa situation locale singulière, votre obligé a subi des pertes, déprédations et dommages particuliers et occasionnels... ». Voir *Copy of Undated [1815?] Memorial from Colonel Joel Stone to Major-General Sir Gordon Drummond, Ibid.*

4

Enhardis par de mauvais comportements : La conduite de l'Armée canadienne dans le Nord-Ouest, de 1870 à 1873

JAMES MCKILLIP

À l'aube du 24 août 1870, une petite force constituée de troupes britanniques et canadiennes débarquait de leurs embarcations à Point Douglas, à deux milles de l'établissement de la rivière Rouge. Les troupes se déployèrent en formation de combat sous une pluie torrentielle et se dirigèrent vers la ville. Une épaisse boue noire, résultat de deux jours de pluie, ralentissait l'avance des soldats. Ils arrivèrent enfin en vue de Fort Garry. Aucun drapeau ne flottait sur le fort, mais on avait fermé les barrières et l'on apercevait des canons dans les bastions commandant les angles de la palissade. Chacun s'attendait à un combat imminent[1]. Mais, à la déception de certains et au soulagement de beaucoup, il n'y eut aucune bataille[2]. Les Métis qui occupaient la ville quittèrent les lieux sans se battre, et quelques heures plus tard, l'endroit était aux mains du Colonel Garnet Wolseley[3]. Le nouveau gouvernement du Canada avait expédié la petite armée de Wolseley au Manitoba pour mettre un frein à l'insurrection déclenchée l'année précédente.

Les causes de la rébellion ont fait couler beaucoup d'encre, et c'est encore le cas de nos jours[4], mais au printemps 1870, le gouvernement canadien avait décidé d'étendre son contrôle sur son nouveau territoire. La communauté anglophone de l'établissement de la rivière Rouge approuva quasi à l'unanimité l'intervention et l'occupation militaire subséquente de la nouvelle province[5]. Les francophones de la région se montrèrent beaucoup plus circonspects, mais, du moins pendant la période qui suivit immédiatement l'arrivée des soldats, ils firent surtout preuve de consentement et d'optimisme

Lord Wolseley après l'expédition à Rivière-Rouge, vers 1876 à 1880. (Notman & Sandham, Bibliothèque et Archives Canada PA-138791)

prudent[6]. L'acceptation de la présence militaire équivalait peut-être à reconnaître un cas de *force majeure*. Leur optimisme prudent était cependant fondé sur une certaine confiance dans le respect des dispositions de la *Loi sur le Manitoba,* en vertu de laquelle le Parlement avait créé la nouvelle province[7].

En 1884, il était devenu évident qu'au moins une partie de la population de l'Ouest canadien était mécontente d'être dirigée par Ottawa[8], ce qui déclencha une nouvelle rébellion dans le Nord-Ouest. Le gouvernement canadien décida une fois de plus d'envoyer une force militaire. Toutefois, l'arrivée de l'armée du Major-général Frederick Middleton dans l'Ouest, en 1885, ne mit pas fin à la rébellion. Au lieu de superviser une occupation incontestée du territoire, le Général Middleton se trouva aux prises avec une opération complexe, ponctuée de quelques épisodes sanglants dont plusieurs, comme la bataille de Cut Knife Hill, ne se déroulèrent pas comme prévu[9]. En outre, au lieu de n'affronter que les Métis, la force canadienne dut également lutter contre des forces autochtones alliées à Louis Riel[10]. La rébellion ne prit fin qu'après le siège, le bombardement, l'attaque et la capture du quartier général des rebelles et de leur capitale, Batoche, et la dispersion de l'armée métisse et autochtone[11].

En 1870, la communauté métisse du Manitoba était beaucoup plus nombreuse et homogène que celle de la Saskatchewan en 1885, et le groupe possédait un potentiel militaire considérable[12]. En revanche, la force militaire chargée de réprimer la première rébellion représentait moins du tiers de celle envoyée lors de la rébellion de 1885[13]. Même si, en 1885, les Métis de la Saskatchewan étaient beaucoup moins en mesure de résister à

Représentation de la bataille de Cut Knife Hill, 1885. (Bibliothèque et Archives Canada C-41472)

la force très supérieure en nombre chargée de les soumettre, ils choisirent néanmoins de combattre, alors que les mêmes gens, sous la direction des mêmes chefs, avaient choisi de ne pas se battre en 1870[14]. Que s'était-il passé entre la première et la seconde rébellion pour entraîner un choix si diamétralement différent, malgré la baisse relative de pouvoir des Métis?

Il n'y a pas de réponse simple et unique à cette question. Beaucoup de choses avaient changé dans l'Ouest, au cours de la décennie et demie écoulée entre les deux rébellions. La Compagnie de la Baie d'Hudson (CBH) avait cédé la Terre de Rupert au Canada. De nombreux Canadiens avaient commencé à s'établir dans l'Ouest, et le chemin de fer du Canadien Pacifique était pratiquement terminé[15]. On avait négocié une série de traités avec des groupes autochtones en vue d'apaiser leurs réclamations et de poser les fondements d'un nouvel établissement canadien[16]. L'ancienne communauté métisse de la rivière Rouge s'était transformée sur les plans démographique et économique, surtout à la suite du déclin du commerce des fourrures[17]. Pour Louis Riel et ses partisans métis, c'était un mal.

Un autre facteur entrait en ligne de compte. La décision du gouvernement canadien d'envoyer une expédition militaire à la rivière

Rouge eut pour effet de transformer réellement la communauté en ville-garnison. Les troupes avaient inévitablement des contacts quotidiens avec les divers éléments de la population du nouveau Nord-Ouest canadien. Du point de vue des Métis, ce contact était en bonne partie franchement désagréable, et donnait une mauvaise impression des forces militaires en général et de la milice canadienne en particulier. On suppose donc, dans le présent chapitre, que le choix des Métis de livrer bataille en 1885 s'explique peut-être partiellement par leur mauvaise expérience au contact des forces militaires canadiennes après la rébellion de 1870, et que les cas de mauvais comportement au sein des forces de garnison du Nord-Ouest canadien auront, au moins dans une certaine mesure, enhardis les Métis à vouloir se battre.

Les causes immédiates des troubles de la rivière Rouge sont assez évidentes, bien qu'elles semblent avoir pris par surprise et ébranlé même les plus hauts représentants du gouvernement canadien[18]. En 1869, le Canada avait persuadé le gouvernement impérial de Londres de la pertinence de faire passer l'immense territoire de la Terre de Rupert de l'autorité de la CBH à la compétence canadienne[19]. En prévision de cette cession, le gouvernement canadien envoya des équipes dans la région de la rivière Rouge en juillet 1869 pour y effectuer des arpentages préliminaires[20]. Le comportement des arpenteurs eut tôt fait de heurter les cordes sensibles de la population locale. En plus d'afficher un mépris non dissimulé envers celle-ci, les arpenteurs commencèrent à établir un plan ne tenant aucun compte des avoirs fonciers existants et des conventions immobilières[21]. En particulier, on voyait les équipes imposer la méthode d'arpentage par quadrilatère de l'Ontario, de préférence au système des lots riverains déjà en vigueur[22]. En plus de ne tenir aucun compte du système employé pendant des générations, le nouveau mode d'arpentage risquait de miner la légitimité des titres individuels. Le 11 octobre 1869, la population locale en avait assez vu, et c'est alors que se produisit un événement devenu mémorable pour les Métis : Louis Riel et un groupe de partisans forcèrent les arpenteurs à cesser leurs travaux[23].

L'envoi d'un lieutenant-gouverneur dans le territoire constitua un geste encore plus provocateur. À cet égard, le gouvernement canadien manqua de jugement en envoyant la mauvaise personne au mauvais moment. Le lieutenant-gouverneur désigné, William McDougall, était un membre célèbre d'un groupe ontarien qui exerçait depuis longtemps de fortes pressions politiques pour acquérir la Terre de Rupert[24]. Les membres de ce groupe poursuivaient des buts évidents. Ils envisageaient d'établir des colons canadiens partout dans le nouveau territoire, et de l'intégrer au Dominion loyaliste[25]. Comme on pouvait s'y attendre, la population métisse de la rivière Rouge perçut le nouveau gouverneur comme un agent responsable de leur marginalisation et de leur déplacement[26]. Pour aggraver la situation, l'envoi du gouverneur précéda la cession effective du territoire[27]. Lorsqu'il tenta d'entrer dans le territoire pour prendre son poste, le 30 octobre 1869, une force métisse l'intercepta et lui refusa le passage[28]. Les Métis occupèrent Fort Garry le 2 novembre et formèrent un gouvernement provisoire le 24 novembre. La « rébellion » avait bel et bien commencé[29].

La « question territoriale » ne fut pas l'unique motif de mécontentement dans la région de la rivière Rouge. Selon certains historiens, ce ne fut même pas le plus important. George Stanley fut parmi les premiers à écrire sur cette époque. Au cours des années 1930, il reprit le modèle « frontalier » de F.J. Turner[30] et considéra le conflit comme un choc inévitable des civilisations dans lequel les Métis « primitifs » affrontèrent les progrès de la « civilisation » du Canada[31]. Au cours des années 1940, Marcel Giraud concluait, au terme de son importante étude sur les Métis et suivant une adaptation du modèle des « civilisations », que les Métis avaient effectivement fusionné les éléments des sociétés primitives et civilisées et avaient donc réussi. Toutefois, de ce point de vue, la fusion ne fut que superficielle et ne put résister aux pressions économiques consécutives à la disparition de l'empire du commerce des fourrures dans l'Ouest[32].

Au cours des années 1950, W.L. Morton entreprit de contester la notion voulant qu'un choc des civilisations ait été au cœur des conflits avec les Métis. Il fit valoir au contraire que pendant les années 1860, les Métis étaient très en voie de s'adapter à l'évolution des circonstances économiques et sociales dans l'Ouest. Pour lui, la résistance des Métis était fondée sur leur crainte légitime d'être submergés des points de vue culturel et religieux par une arrivée massive d'anglo-protestants dans le sillage de la cession au gouvernement canadien[33]. La résistance de 1885 fut un résultat de la résistance avortée de 1869-1870.

Des travaux plus récents ont fait ressortir divers facteurs contradictoires expliquant la dislocation des Métis et la dispersion qui s'ensuivit. Douglas Sprague et Thomas Flanagan ont énoncé des points de vue nettement opposés à propos des politiques territoriales et de leur mise en œuvre. D'après Sprague, les Métis furent victimes d'une politique délibérée de manipulation de la part du gouvernement canadien, cherchant ainsi à éliminer l'obstacle qu'ils constituaient à la colonisation du Nord-Ouest. La rébellion de 1885 fut, selon lui, la conséquence directe de ces politiques[34]. Après avoir analysé les politiques en matière de revendications territoriales et leur mise en œuvre, Flanagan en conclut que les Métis furent traités équitablement, et que l'attrait envers le radicalisme de Louis Riel constituait le motif réel de leur activisme au cours des années 1880[35].

Les auteurs de ces études ont tendance à analyser les Métis d'après une vision essentiellement bidimensionnelle de leur vie économique : la chasse au bison par les nomades, par opposition à l'agriculture sédentaire. Les tensions et les facteurs contradictoires demeuraient centrés sur la chasse ou la terre. Au cours de la dernière décennie, Fritz Pannekoek a élargi la discussion essentiellement politique à propos des Métis en examinant les motivations sociales et religieuses au sein des communautés métisses. Selon ses travaux, le mécontentement de la communauté métisse de la rivière Rouge découlait en bonne partie d'un conflit racial et sectaire non réglé[36]. Plus récemment, Gerhard Ens et Frank Tough ont enrichi les connaissances sur la dislocation et la dispersion des communautés métisses en étudiant le fondement économique de leur société[37]. Cette historiographie ne contient aucune analyse spécifique du comportement des forces militaires canadiennes à la suite de la rébellion de la rivière Rouge, ni aucune étude sur la réaction des Métis à ce comportement. Toutefois, vu l'ampleur et la durée de la présence militaire canadienne dans le Nord-Ouest, il semble fort probable qu'elle ait eu des répercussions importantes sur l'attitude des Métis, en bien ou en mal.

La force mise sur pied en vue de l'expédition se composait d'un bataillon de troupes de l'armée régulière britannique et de deux bataillons de milice canadiens. Le premier était un bataillon de fusiliers du 60$^\text{e}$ Régiment affecté à du service de garnison au Canada[38]. Les derniers avaient été mis sur pied spécialement pour cette tâche et n'étaient réunis que depuis le début de mai[39]. Les deux bataillons canadiens étaient constitués selon le mode organisationnel des bataillons britanniques et correspondaient à la structure générale des bataillons de milice canadiens. Les bataillons, organisés en sept compagnies de 50 hommes, en plus des officiers, comptaient environ 375 hommes[40]. On avait d'abord prévu recruter l'un de ces bataillons en Ontario et l'autre au Québec; les unités furent donc baptisées 1st Ontario and 2nd Quebec Battalion of Rifles. Toutefois, en raison de problèmes de recrutement au Québec, beaucoup de soldats du 2nd venaient en réalité de l'Ontario[41]. En comptant l'artillerie, le génie et le personnel de soutien, l'effectif total de la force atteignait environ 1 200 hommes[42].

La composition des deux bataillons de milice arrivés à la rivière Rouge en 1870 formait un tout étonnamment homogène. Sans doute, beaucoup d'hommes s'étaient enrôlés par goût pour l'aventure et le défi offerts par les expéditions militaires, une motivation fréquente pour de jeunes hommes. Mais beaucoup de soldats du Corps expéditionnaire de la rivière Rouge s'étaient enrôlés en réponse aux appels de vengeance contre les rebelles franco-catholiques qui s'étaient opposés à la prise de contrôle du Canada sur la Terre de Rupert. La récompense offerte pour la mort de Thomas Scott, l'Orangiste tapageur ayant provoqué la colère de Louis Riel et qu'un peloton d'exécution métis avait exécuté en mars 1870, présentait un intérêt particulier pour beaucoup d'entre eux[43]. Selon le lieutenant-gouverneur Adams Archibald, « certains d'entre eux [des volontaires] affirmèrent ouvertement qu'ils avaient fait le serment, avant leur départ, de régler tous les comptes en abattant tout francophone lié d'une manière ou d'une autre à cet événement »[44]. Selon un autre observateur, plus de 90 pour cent des volontaires s'étaient enrôlés, « [...] pour venger la mort de Thomas Scott »[45].

Environ la moitié du millier de volontaires, tous des hommes, venaient de l'Ontario et le tiers du Québec. Les autres venaient des autres provinces ou de l'étranger. Il était prévu que la moitié des troupes serait anglophone et l'autre moitié francophone, mais en raison des problèmes de recrutement mentionnés précédemment, on obtint une force à prédominance anglophone, dominée par les protestants[46]. Comme on pouvait s'y attendre, les troupes étaient très jeunes. L'âge des soldats variait d'à peine 17 ans à 40 ans; leur âge moyen était de 24 ans et ils étaient en majorité célibataires[47]. Le Canada de 1870 était surtout rural, mais les hommes qui s'enrôlèrent dans l'expédition de la rivière Rouge étaient surtout des ouvriers qualifiés ou semi-qualifiés, des professionnels ou des travailleurs urbains. Seulement 12 pour cent d'entre eux étaient des fermiers. Le milicien type recruté pour servir dans le Corps expéditionnaire de la rivière Rouge en 1870 était un jeune travailleur urbain célibataire, anglo-protestant.

Les troupes canadiennes qui établirent finalement une garnison dans la région de la rivière Rouge faisaient partie d'une force qui allait être acclamée par un grand nombre pour son triomphe devant une grande adversité[48]. Le périple du Corps expéditionnaire de la rivière Rouge fut perçu comme un exploit aux proportions épiques, et l'on félicita Wolseley et ses hommes pour leurs réalisations, même si le trajet emprunté avait été un passage de la traite des fourrures pendant plus d'un siècle et demi[49]. L'armée quitta Toronto le 21 mai 1870[50] et parcourut plus de 1 900 kilomètres en train, en navire à vapeur, en canot, en bateau et à pied, en un peu plus de trois mois[51].

Le Colonel Wolseley signala bon nombre des difficultés du voyage dans son rapport officiel. Outre les obstacles matériels qu'il fallut surmonter, Wolseley y affirmait que l'absence de problèmes disciplinaires parmi les troupes fut l'un des aspects les plus remarquables du déploiement[52]. Cette allégation est revenue dans plusieurs autres comptes rendus de l'expédition[53]. L'observateur même le plus optimiste, possédant une certaine expérience des forces militaires, aurait jugé cette allégation quasi incroyable, et elle serait vraiment remarquable si elle était vraie. Wolseley alléguait aussi que sa décision d'interdire l'alcool pendant le voyage avait contribué à la bonne conduite de ses troupes[54]. Toutefois, une lecture plus attentive des comptes rendus personnels sur le voyage laisse entrevoir que les soldats n'étaient pas aussi angéliques que le prétendait Wolseley. De plus, il est évident que l'on pouvait facilement se procurer de l'alcool.

En fait, la force a affronté les problèmes disciplinaires habituels dès le début de son déploiement. Avant que les troupes n'entreprennent la rude partie du trajet par voie de terre dans le territoire qui correspond aujourd'hui au nord-ouest de l'Ontario et à l'est du Manitoba, certains miliciens canadiens furent surpris à gaspiller des vivres. On constata que les soldats avaient enlevé de la saumure dans les barils de porc salé pour les alléger en vue de faciliter le transport[55]. La charge de travail augmentait et les caractères s'échauffaient à mesure que la force se frayait un chemin dans les profondeurs de la forêt et le labyrinthe des rivières et des lacs. Deux soldats du 2nd Québec Rifles se bagarrèrent à coups de poing dans un des bateaux[56]. Vers la fin de l'expédition, il y eut plusieurs cas d'altération des vivres. Le 10 août 1870, on s'aperçut que des soldats du 1st Ontario Rifles avaient « allégé » 24 des 31 barils de porc et que la viande était entièrement gâtée. L'incident ne fut pas relaté dans le rapport officiel, mais le Colonel Wolseley nota dans son journal qu'il était « très furieux » en apprenant la nouvelle[57]. En outre, le Colonel Wolseley insista beaucoup sur le fait qu'il avait interdit la consommation d'alcool, mais c'est tout simplement faux. La consommation d'alcool était très répandue selon plusieurs observateurs[58], et des membres du 60th Rifles allèrent jusqu'à dire que la cantine de leur régiment servait de « l'excellente bière »[59]. Aucun de ces incidents n'est particulièrement digne de mention. Par contre, il est remarquable de noter que rien n'ait été signalé à la chaîne de commandement ou que celle-ci ait choisi de ne pas intervenir fermement à ce sujet. Voilà qui ne présageait rien de bon pour la suite.

On cessa de prétendre à une discipline de sobriété dès l'arrivée des troupes à Fort Garry. Pendant les heures d'occupation incontestée du quartier général de Riel, le Colonel Wolseley donna congé à ses troupes pour la journée. Les comptes rendus varient sur l'importance des ripailles qui suivirent, mais les chroniqueurs même les plus modérés mentionnèrent que les troupes s'étaient « [...] plutôt laissées aller à la boisson »[60]. D'autres observateurs, beaucoup moins indulgents, décrivirent une « [...] affreuse scène d'ivresse et de débauche [...] »[61]. Pour aggraver la situation, l'arrivée de Wolseley avait éliminé l'unique autorité réelle dans la communauté. Le gouvernement provisoire était en fuite, on attendait le nouveau lieutenant-gouverneur, la CBH hésitait à gouverner, et l'armée refusait d'assumer la responsabilité de l'administration civile[62].

La force arrivée à Fort Garry le

L'une des dernières photographies de Louis Riel, vers 1879 à 1885. (Duffin and Company, Bibliothèque et Archives Canada C-52177)

24 août 1870 était formée quasi exclusivement de Britanniques de l'armée régulière. Le Corps expéditionnaire se composait, grosso modo, pour un tiers de troupes britanniques et pour deux tiers de troupes canadiennes, mais le Colonel Wolseley décida que ses soldats réguliers seraient en avant des miliciens[63]. La ligne de front qui s'approcha du quartier général des Métis ne comptait donc pas d'unités canadiennes, et la région était entièrement sécurisée à l'arrivée des premiers groupes de miliciens, le 27 août. Le reste des troupes arriva sur place au cours des jours suivants[64]. Le 60th Rifles se prépara à retourner en Ontario pratiquement dès l'arrivée de toute la force. Le premier détachement quitta Fort Garry le 29 août, et moins de cinq jours plus tard, tout le contingent de troupes régulières était reparti[65]. Au même moment, certains des miliciens se préparaient déjà à quitter le service militaire et à intégrer la communauté de la rivière Rouge. À l'arrivée du lieutenant-gouverneur, le 2 septembre, les troupes de garnison à sa disposition constituaient à peine deux bataillons de milice canadienne[66].

Il ne fallut pas longtemps avant que la violence n'éclate en raison des tensions accumulées dans la communauté pendant l'insurrection. Le 1er septembre, le Père Kavanaugh, un prêtre catholique, fut tué par balles « probablement par des volontaires »[67]. Le même jour, pendant qu'on abattait des clôtures, volait des biens privés et menaçait des vies, un Métis appelé Wabishka Morin fut assailli. Le 6 septembre, un groupe d'hommes armés fit irruption au domicile du rédacteur d'un journal s'étant montré sympathique à la cause des Métis. Le rédacteur, Thomas Spence, fut battu et fouetté. On saccagea ensuite les bureaux du journal et l'on endommagea la presse à imprimer. La bande était menée par l'un des chefs de la faction pro-canadienne appelée les « Amis du Canada », un groupe qui s'était attiré de nombreuses recrues parmi les bataillons de la milice canadienne[68]. Le 13 septembre, Elzear Goulet fut précipité dans la rivière Rouge par une bande d'émeutiers, et mourut noyé ou frappé à la tête par des cailloux ou des coups de feu tirés à partir du rivage. Goulet avait commis le crime d'avoir fait partie de l'organisation militaire de Riel. Personne ne fut tenu responsable de sa mort[69], mais on supposa généralement que les troupes canadiennes avaient joué un rôle dans l'incident[70]. Au moins un observateur, lui-même soldat canadien, blâma carrément d'autres soldats[71].

D'autres incidents se produisirent. À la mi-septembre, la presse torontoise avait déjà fait des remarques sur le manquement aux règles, et signalé « [...] l'ivresse, les batailles et les assauts [...] » à Winnipeg et aux environs[72]. En octobre, un autre sympathisant de Riel mourut en tombant de son cheval, que l'on avait effrayé volontairement[73]. Au même moment, le 18 octobre, des officiers de la milice canadienne organisèrent la première loge orangiste de l'Ouest canadien, et commencèrent activement à recruter des membres auprès des bataillons[74]. Les membres de la loge orangiste et les membres du mouvement Canada First[75] furent parmi les plus acharnés de ceux qui menaient campagne au nom du Canada. Ces groupes n'étaient pas seulement pro-Canadiens, mais ils étaient aussi violemment anti-catholiques et anti-francophones[76]. Les factions opposées aux Métis dans la région de la rivière Rouge se trouvaient ainsi grandement renforcées.

La violence dans la communauté se poursuivit et prit de l'ampleur. Les bagarres étaient courantes et la maison d'un métis fut incendiée de fond en comble[77]. Le 5 novembre, deux Métis furent attaqués par un groupe de 12 à 15 soldats et furent frappés, battus et traînés dans les rues[78]. L'incapacité ou le manque de volonté des autorités locales de maintenir l'ordre se manifesta clairement lorsqu'un groupe de soldats attacha un policier à une charrette, avant de le promener dans Winnipeg et de l'enfermer dans sa propre prison[79]. Un journal américain qualifia la situation au Manitoba de « règne de la terreur »[80]. Le lieutenant-gouverneur Archibald, pressé de rétablir le contrôle et craignant le pire des Ontariens agressifs, décida de mettre sur pied une nouvelle force constabulaire[81]. Hélas, on eut beaucoup de mal à recruter des citoyens locaux, et la nouvelle police provinciale se composa donc de soldats fraîchement libérés du Corps expéditionnaire[82]. Comme c'était à prévoir, les Métis accueillirent ces événements avec consternation. Pour beaucoup d'entre eux, cela inaugurait des « jours sombres »[83].

Les événements prirent un autre tournant en décembre 1870. On annonçait des élections pour des sièges à la nouvelle assemblée législative provinciale. Ces élections, comme toutes celles qui avaient lieu au Canada à l'époque, se faisaient par vote découvert lors d'assemblées publiques. Une centaine de soldats, en majorité des 1st Ontario Rifles, se mirent à la disposition des pro-Canadiens et commencèrent à intimider méthodiquement leurs adversaires politiques[84]. En plus de fracasser des fenêtres et de commettre d'autres délits mineurs, les membres du groupe allèrent jusqu'à faire irruption au domicile de certaines de leurs victimes[85].

Après les élections, un groupe de soldats força la prison locale et libéra d'autres soldats arrêtés pour s'être livrés à des jeux de hasard[86]. James Taylor, le consul américain dans la région, écrivit à son gouvernement « [...] ce serait un immense soulagement pour les autorités si l'Ontario Battalion quittait le pays [...] »[87]. Malgré cette violence et ce manquement aux règles généralisé, l'armée ne faisait pas grand-chose pour imposer la discipline. À l'époque des pires excès, on ne fit pratiquement rien de sérieux pour tenir les soldats responsables de leurs gestes. Les enquêtes n'aboutissaient habituellement à rien, et quand les soldats étaient reconnus coupables d'infractions, les sentences imposées étaient généralement douces[88].

Les attaques perpétrées contre des particuliers se poursuivirent au début de l'année suivante. Des soldats battirent deux Métis le 4 janvier 1871[89], et en mars, l'un des Métis ayant servi dans le gouvernement provisoire fut tué d'un coup de pistolet à la tête[90]. Un autre Métis, André Neault, fut assailli par un groupe de soldats, passé à la baïonnette et laissé pour mort[91]. Les attaques portées contre des membres du clergé de la rivière Rouge furent particulièrement exaspérantes pour les Métis catholiques sincères[92]. Des religieuses furent insultées, des institutions catholiques romaines furent la cible d'incendies criminels, et on alla jusqu'à attenter à la vie de Monseigneur Alexandre-Antonin Taché[93]. L'arrestation et l'incarcération d'un Métis bien en vue, accusé d'avoir aidé Riel, fut pour beaucoup une preuve qu'ils ne pouvaient aucunement compter sur la protection des autorités civiles. Les Ontariens pouvaient se livrer à la violence en toute impunité, alors que les transgressions même légères des Métis étaient sévèrement punies[94].

Au printemps 1871, bon nombre des troupes levées pour constituer les bataillons canadiens furent libérées du service à la fin de leur engagement[95]. Il y eut, juste avant ces libérations, une période de violence intense qui aboutit à une mêlée générale à Winnipeg, mettant aux prises plus de 50 soldats et Métis[96]. Beaucoup de soldats retournèrent en Ontario, mais ceux qui choisirent de demeurer dans l'Ouest furent plus nombreux encore[97]. Ces nouveaux citoyens se lancèrent dans divers métiers, y compris l'agriculture, l'arpentage et la prospection. Certains passèrent au monde des affaires et d'autres s'enrôlèrent dans les services de police locaux[98]. Pour les Métis, l'installation des soldats dans la communauté était un ajout malvenu aux pressions déjà ressenties en raison d'une immigration accrue des Canadiens. Selon des membres du clergé catholique romain, les Métis se décourageaient et devenaient de plus en plus isolés dans leur propre communauté[99]. Un Métis faisait observer « [...] nos gens ne peuvent pas se rendre à Winnipeg sans être insultés ou personnellement maltraités par les soldats malveillants »[100].

Vers la fin de 1871, le gouvernement canadien eut connaissance d'une attaque possible au Manitoba par des membres de la Fraternité des Féniens[101]. Le 3 octobre, le lieutenant-gouverneur publia une proclamation réclamant que les citoyens de la province s'unissent pour défendre ensemble leur territoire[102]. Les Métis se rendirent compte que cette menace extérieure leur offrait une occasion de prouver leur loyauté au gouvernement[103]. Un corps d'environ 1 000 soldats fut mis sur pied, auprès du reste de la garnison et de la population en général. Beaucoup de ces soldats étaient d'anciens membres du Corps expéditionnaire de la rivière Rouge[104]. La force augmenta sensiblement à l'arrivée d'un groupe de 200 Métis formant un corps de cavalerie constitué[105].

En réalité, les Féniens se dispersèrent au premier signe de trouble et l'épisode prit fin presque aussi rapidement qu'il avait commencé[106]. Malheureusement pour les Métis, la communauté canadienne leur fut peu reconnaissante d'avoir offert leur aide. L'officier chargé de superviser les 50 Métis employés dans un rôle de reconnaissance se répandit en éloges sur leur compétence et leur conduite, mais les rapports généraux n'en font guère mention[107]. En fait, on reprocha sévèrement au lieutenant-gouverneur d'avoir accepté l'offre d'aide des Métis[108]. Dans l'intervalle, le gouvernement canadien avait réagi à la menace des Féniens en rassemblant des renforts à envoyer sans délai au Manitoba[109]. Après l'incident, les Métis constatèrent non seulement que leur preuve de loyauté n'avait pas fait avancer leur cause[110], mais que l'arrivée des 200 hommes du 2e Corps expéditionnaire de la rivière Rouge avait fourni des forces neuves à la communauté anglo-protestante[111].

On eut tôt fait de rappeler aux Métis leur situation critique. Le lieutenant-gouverneur avait accepté leur offre d'aide au point de serrer la main de Louis Riel, mais il était encore impossible aux chefs de la rébellion de réintégrer la communauté[112]. En février 1872, Riel et d'autres Métis furent contraints de s'exiler aux États-Unis après que la province de l'Ontario eut mis leurs têtes à prix[113]. Pendant ce temps, les attentats contre des particuliers se poursuivaient au Manitoba[114].

En 1872, le gouvernement canadien étendit les dispositions de la *Loi sur la Milice* au Manitoba, et réorganisa les forces militaires en présence. La région constitua le District de milice 10, et les troupes furent unifiées pour constituer le Bataillon provisoire de fusiliers (plus tard appelé le Bataillon provisoire d'infanterie). La région de la rivière Rouge reçut des forces fraîches lorsque des remplaçants entrèrent au Manitoba pour succéder aux soldats démobilisés[115]. Le premier Corps expéditionnaire de la rivière Rouge disparaissait lentement. De plus, vers la fin de 1872, on constata une « diminution tangible de la violence directe envers les Métis »[116].

Les motifs de cette baisse de violence ne sont pas très clairs, mais il existe au moins trois explications plausibles. Selon la première, « […] il y avait encore des attaques, mais on ne les signalait pas toutes car ce n'était guère utile […] et […] les comptes rendus de violence […] provoquaient habituellement des actes de violence plus graves »[117]. D'autre part, beaucoup de Métis avaient peut-être tout simplement quitté la région après la rébellion, déçus que leurs revendications territoriales n'aient pas été réglées[118]. Enfin, il se peut que le gouvernement se soit finalement lassé de tant de violence et avait décidé de prendre des mesures autoritaires, surtout après l'émeute déclenchée lors des élections à l'assemblée législative de 1872[119].

L'armée décida certainement de sévir. Malgré le calme relatif de 1873, le nombre de soldats assujettis à des mesures disciplinaires au cours de cette année était considérablement plus élevé qu'au plus fort de la violence en 1871. Les accusations d'ivresse et de désordre passèrent de 56 à 470; de désobéissance, de 29 à 144; et d'insolence, de 14 à 114. Les accusations d'inconduite passèrent de 17 à 124, même si le nombre des soldats dans la région avait diminué de plus de la moitié[120].

De septembre 1870 jusqu'au moins au début de 1873, les Métis de la rivière Rouge firent l'objet d'intimidation et de violence généralisées, surtout de la part des soldats miliciens du Corps expéditionnaire de la rivière Rouge. Beaucoup de ces miliciens étaient venus au Manitoba dans un but de vengeance, et la mise sur pied de la force rendit quasi inévitable les frictions linguistique, raciale, politique et religieuse[121]. Vu l'absence d'une discipline rigoureuse, la combinaison s'avéra explosive et à bien des égards, le résultat n'est pas étonnant. Il n'est pas non plus surprenant de constater le choix de nombreux Métis, pour qui l'armée personnifiait la mauvaise volonté, la trahison et l'oppression qu'ils avaient subies après la rébellion de la rivière Rouge. Lorsque les Métis se prononcèrent sur l'opportunité de s'opposer ou

Cour-martiale tenue à Winnipeg, 1891. (Henry Joseph Woodside, Bibliothèque et Archives Canada PA-16026)

non à la force envoyée en Saskatchewan en 1885, ils avaient probablement à l'esprit la mauvaise conduite des troupes canadiennes de 1870 à 1873.

NOTES EN FIN DE CHAPITRE – CHAPITRE 4

1   Journal de Matthew Bell Irvine, *Journal of the Red River Rebellion*, 23 août 1870, p. 115, Fonds de la famille Irvine, fonds de manuscrits [FM] 29 – E111, *Bibliothèque et Archives Canada [BAC]*.

2   Roger Willock, « Green Jackets on the Red River », *Military Affairs*, vol. 22, no. 1, printemps 1958, p. 26-27.

3   Il existe plusieurs comptes rendus intéressants sur l'expédition de 1870. En particulier, le rapport officiel du Colonel Wolseley, *Correspondence Relative to the Recent Expedition to the Red River Settlement; Journal of Operations*, présenté aux deux Chambres du Parlement canadien en 1871; le Colonel Wolseley a également publié un long compte rendu de l'expédition dans le *Blackwoods Magazine* en décembre 1870; « Narrative of the Red River Expedition: by an officer of the Expeditionary Force, 1870 », 83/309, *Direction Histoire et patrimoine [DHP]*; Capitaine G.L. Huyshe, *The Red River Expedition,* Londres, MacMillan, 1871; et *Journal of the Red River Rebellion*, FM 29 – E111, *BAC.*

4   Cette gamme d'opinions est illustrée dans George F.G. Stanley, *Louis Riel,* Toronto, Ryerson Press, 1963; J.M. Bumstead, *The Red River Rebellion,* Winnipeg, Watson and Dwyer Publishing, 1996; et D.N. Sprague, *Canada and the Métis: 1869-1885,* Waterloo, Wilfrid Laurier University Press, 1989.

5   Stanley, *Louis Riel,* p. 160.

6   Marcel Giraud, *Le Métis canadien,* 2 vols, Saint-Boniface : Éditions du Blé, 1984.

7   Canada, Parlement, Journaux de la Chambre des communes, 1874, vol. 8, appendice 6, p. 84, *Rapport du Comité spécial sur les causes des troubles du Territoire du Nord-Ouest en 1869-70,* « Petition of Rev. N.J. Ritchot and Alfred H. Scott to Queen Victoria, February 8, 1872 ».

8   Sprague, *Canada and the Métis,* p. 174.

9   Pour une étude de premier ordre de cette intervention, voir Robert H. Caldwell, « 'We're Making History, eh?' An Inquiry into the Events that Occurred near Cut Knife Hill, North West Territories, 1-2 May 1885 », dans Donald E. Graves, éd., *More Fighting for Canada: Five Battles, 1760-1944,* Toronto, Robin Brass Studio, 2004, p. 73-144. Voir aussi, Stanley, *Louis Riel,* p. 324-325.

10 Thomas Flanagan, *Riel and the Rebellion,* Saskatoon, Western Producer Prairie Books, 1983, p.8.

11 Bob Beal et Rod Macload, *Prairie Fire: The 1885 North-West Rebellion,* Toronto, McClelland and Stewart, 1984, p. 256-290.

12 R.E. Lamb, *Thunder in the North: Conflict Over the Riel Risings, 1870-1885,* New York, Pageant Press, 1957, p. 128-129. Voir aussi William R. Morrison, « The Sixth Regiment of Foot at Lower Fort Garry », *Cahiers d'archéologie et d'histoire,* no. 4, Ottawa, ministère des Affaires indiennes et du Nord Canadien, 1970, p. 168.

13 Les effectifs de l'expédition de la rivière Rouge en 1870 regroupaient 1163 militaires et 256 civils. Voir *Regimental Chronicle of the 60th (King's Royal Rifle Corps),* 693.003 (D3), *DHP.* Par contre, près de 8 000 hommes furent mobilisés en réponse à la Rébellion de 1885. Voir George F.G Stanley, *The Birth of Western Canada: A History of the Riel Rebellions,* 1936; réimpression, Toronto, University of Toronto Press (UTP), 1960, p. 352.

14 Stanley, *The Birth of Western Canada,* p. 316.

15 Gerhard Ens, *Homeland to Hinterland: The Changing Worlds of the Red River Métis in the Nineteenth Century,* Toronto, UTP, 1996, p. 145.

16 Alexander Morris, *The Treaties of Canada with the Indians of Manitoba and the North-West Territories,* 1880; réimpression, Toronto, Prospero Books, 2000. Voir aussi Frank Tough, *As Their Natural Resources Fail: Native Peoples and the Economic History of Northern Manitoba, 1870-1930,* Vancouver, University of British Columbia Press, 1996, p. 78-91.

17 Harold A. Innis, *The Fur Trade in Canada: An Introduction to Canadian Economic History* 1930; réimpression, Toronto, UTP, 1956, p. 341-344.

18 Cette remarque s'applique même au gouverneur général. Le 22 juin 1869, à la clôture de la deuxième session du premier Parlement, le gouverneur général fit des observations favorables au sujet des dispositions relatives à la cession de la Terre de Rupert au Canada, signalant que, « [...] à propos du Territoire du Nord-Ouest, cette vaste étendue qui avant longtemps, je l'espère, s'ouvrira à la colonisation et deviendra le refuge d'une multitude d'immigrants laborieux et prospères». Il n'y a là aucune

indication de trouble. Voir Canada. Débats de la Chambre des communes, *Discours du gouverneur général devant le Parlement*, Clôture de la deuxième session du premier Parlement, 22 juin 1869. Toutefois, le discours du gouverneur général à l'ouverture de la séance suivante du Parlement, le 15 février 1870, était rempli d'appréhension. Il déclara, [*Traduction*] « j'ai observé avec beaucoup d'inquiétude le cours des événements dans les Territoires du Nord-Ouest. Un déplorable malentendu à propos des intentions dans lesquelles le Canada cherchait à acquérir le pays a entraîné de graves complications». Voir *Ibid.*, *Discours du gouverneur général devant le Parlement*, Ouverture de la troisième session du premier Parlement, 15 février 1870.

19 En 1869, la Compagnie de la Baie d'Hudson (CBH) avait plus ou moins accepté le transfert de la Terre de Rupert au Canada, et les négociations portèrent en fait sur les modalités de ce transfert. Il était stipulé dans l'« Acte de cession » que la Terre de Rupert serait cédée au Canada pour la somme de 300 000 livres. La CBH conservait en outre ses 120 forts et environ 45 000 acres de terre autour de ses forts, une concession de territoire atteignant 7 millions d'acres, et maintenait son droit de commerce dans la région. Il n'était fait aucune mention des Métis ni des autres membres de la population de la rivière Rouge. Voir J. Arthur Lower, *Western Canada: An Outline History*, Toronto, Douglas and McIntyre, 1983, p. 88-89. On se demanda par la suite s'il eut été ou non préférable de consulter la population locale, mais trop tard pour influer sur les événements. Voir Paul Knapland, « Gladstone on the Red River Rebellion – 1870 », *The Mississippi Valley Historical Review*, vol. 21, no. 1, juin 1934, p. 76-77.

20 L'équipe d'arpentage, dirigée par le Colonel John Stoughton Dennis, fut envoyée à la rivière Rouge avec l'autorisation du ministre canadien des Travaux publics, William McDougall. Ces deux hommes étaient reconnus comme de grands sympathisants du « Parti canadien », lequel défendait l'annexion du territoire et sa colonisation rapide par des Canadiens. Voir D. Bruce Sealey et Antoine S. Lussier, *The Métis: Canada's Forgotten People*, Winnipeg, Manitoba Métis Federation Press, 1975, p. 76-78.

21 A-H de Tremaudan, Elizabeth Maguet, trad., *Histoire de la nation métisse dans l'ouest canadien,* Montréal, Éditions A. Levesque, 1935.

22 Thomas D. Rambaut, « The Hudson's Bay Half-Breeds and Louis Riel's Rebellions », *Political Science Quarterly*, vol. 2, no. 1, mars 1887, p. 145. Voir aussi Giraud, *Le Métis canadien.*

23 Don McLean, *Home From the Hill: A History of the Métis in Western Canada*, Regina, Gabriel Dumont Institute, 1987, p. 82-83.

24 Bumstead, *The Red River Rebellion*, p. 11-12.

25 G.M. Hougham, « Canada First: A Minor Party in Microcosm », *Revue canadienne d'Économique et de Science politique*, vol. 19, no. 2, mai 1953, p. 175.

26 *Narrative of the Red River Expedition*, p. 711-712, *DHP.*

27 Rambaut, « The Hudson's Bay Half-Breeds », p. 147-148.

28 La note brusque lui interdisant le passage se lisait comme suit, « Monsieur : Le Comité National des Métis de la rivière Rouge intime à Monsieur McDougall l'ordre de ne pas entrer sur le Territoire du Nord-Ouest sans une permission spéciale de ce comité. Par ordre du président. John Bruce. Louis Riel, Secrétaire. Daté à St. Norbert, rivière Rouge ce 21e jour d'octobre, 1869 ». Voir Sealey et Lussier, *The Métis*, p. 78.

29 « Déclaration des habitants de la Terre de Rupert et du Nord-Ouest », vol. 5, no. 12, 1870, Canada, Documents de la session.

30 Frederick Jackson Turner, *The Frontier in American History*, New York, Holt, Rinehart and Winston, 1998, p. ix.

31 Stanley, *The Birth of Western Canada*, p. vii-ix.

32 Cet ouvrage date un peu mais demeure le seul à tenter d'effectuer une analyse complète sur les Métis. Voir Giraud. *Le Métis canadien*, p. 488-524. Voir aussi M. Giraud « A Note on the Half-Breed Problem in Manitoba (in Notes and Memoranda) », *Revue canadienne d'Économique et de Science politique*, vol. 3, no. 4, novembre 1937, p. 541-542.

33 W.L. Morton, éd., *Alexander Begg's Red River Journal and Other Papers Relative to the Red River Resistance of 1869-1870*, Toronto, The Champlain Society, 1956, p. 2-6.

34 Sprague, *Canada and the Métis*, p. 184.

35 Flanagan, *Riel and the Rebellion*, p. 51-53.

36 Frits Pannekoek, *A Snug Little Flock: The Social Origins of the Riel Resistance, 1869-70*, Winnipeg, Watson and Dwyer Publishing, 1991, p. 11.

37 Ens, *Homeland to Hinterland*, et Tough, *As Their Natural Resources Fail*.

38 *Regimental Chronicle of the 60th (King's Royal Rifle Corps)*, DHP.

39 Stanley, *Toil and Trouble*, p. 94.

40 « Annual Report on the State of the Militia for 1870 », p. 3-4, *Rapports de la Milice*, DHP. Voir aussi Frederick John Shore, « The Canadians and the Métis: The Re-Creation of Manitoba », *1858-1872*, Thèse de doctorat non publiée, Université du Manitoba, 1991, Annexe II.

41 Stanley, *Toil and Trouble*, p. 92.

42 Huyshe, *The Red River Expedition*, Annexe D.

43 Erwin E Kreutzweiser, *The Red River Insurrection: Its Causes and Events*, Gardenvale, Québec, The Garden City Press, 1936, p.134.

44 *Rapport du Comité spécial*, Témoignage du lieutenant-gouverneur Archibald, p. 139-140.

45 Roderick G. MacBeth, *The Romance of Western Canada*, Toronto, William Briggs, 1918, p. 163.

46 La proportion effective d'établissait à 85,2 pour cent d'anglophones et 14,8 pour cent de francophones. Les données contenues dans cette section sont tirées de plusieurs sources. Citons en particulier les travaux de Frederick Shore qui a dépouillé des listes plus ou moins complètes des membres du Corps expéditionnaire de la rivière Rouge. Voir Shore, *The Canadians and the Métis*, Annexes II et III.

47 92 pour cent de célibataires, 7 pour cent d'hommes mariés, un pour cent de veufs et un prêtre.

48 Major Boulton, *Reminiscences of the North-West Rebellions*, Toronto, Grip Printing and Publishing, 1886, p. 145.

49 Au moins un observateur n'était pas aussi impressionné. Voir Simon J. Dawson, *Report on the Red River Expedition*, Ottawa, s.l., 1871, p. 219.

50 Huyshe, *The Red River Expedition*, p. 37.

51 Certaines des troupes des lignes de communication étaient parties plus tôt. Le premier navire à quitter Collingwood a levé l'ancre le 3 mai 1870. Voir Stanley, *Toil and Trouble*, p. 92.

52 *Narrative of the Red River Expedition, DHP.*

53 « Un autre aspect particulier de l'expédition fut l'absolue « absence de crime », du moins pendant les trois premiers mois de l'avance [...] et l'on ne signala aucun cas de simulation ou de mécontentement». Voir Willock, « Green Jackets on the Red River », p. 28. Huyshe exprime le même point de vue dans *The Red River Expedition*, p. 186-197.

54 Stanley, *Toil and Trouble*, p. 255.

55 Bell Irvine, *Report on the Red River Expedition of 1870*, Londres, s.l., 1871, p. 5.

56 John Tennant, *Rough Times: 1870-1920*, Winnipeg, s.l., 1920, cité dans Stanley, *Toil and Trouble*, p. 142.

57 Wolseley, *Journal of Operations*, 9 août 1870, p. 87.

58 Journal de John Andrew Kerr, « Journey of Coy #7, Ontario Rifles, Red River Expedition, » fonds John Andrew Kerr, FM29 – E34, *BAC*. Voir aussi la correspondance privée dans la note 46 de Stanley, *Toil and Trouble*, p. 46.

59 Huyshe, *The Red River Expedition*, p. 64.

60 Alexander Begg, *The Creation of Manitoba: A History of the Red River Troubles*, Toronto, s.l., 1871, p. 391.

61 William Butler, *The Great Lone Land: A Narrative of Travel and Adventure in the Northwest of America*, Londres, s.l., 1873, p. 192.

62 Stanley, *Toil and Trouble*, p.184-185.

63 Il semble y avoir deux explications possibles. L'explication classique consiste à dire que Wolseley avait obtenu de Fort Garry du renseignement selon lequel une attaque éclair pouvait permettre de capturer les rebelles en période de faiblesse. Selon l'autre explication, le Colonel Wolseley voulait s'assurer que les troupes régulières britanniques puissent s'attribuer la gloire d'une bataille avec les « rebelles », et avait volontairement laissé les Canadiens derrière pour éviter qu'ils n'interviennent. Voir Stanley, *Toil and Trouble*, p. 170.

64 Huyshe, *The Red River Expedition*, p. 64.

65 Stanley, *The Birth of Western Canada*, p. 143.

66 Stanley, *Toil and Trouble*, p. 184-187.

67 Shore, *The Canadians and the Métis*, p. 230.

68 Stanley, *Louis Riel*, p.159.

69 Vol. 5, no. 20, 1871, Documents de la session.

70 Bumsted, *The Red River Rebellion*, p. 222.

71 Tennant, *Rough Times,* p. 66-67.

72 Éditorial, *Telegraph*, 16 septembre 1870.

73 Éditorial, *The Manitoban*, 10 décembre 1870.

74 Bumsted, *The Red River Rebellion,* p. 223.

75 Canada First, mouvement nationaliste fondé en 1868 par des Ontariens, cherchait à promouvoir un sentiment d'idéal national et à poser les fondations intellectuelles de la nationalité canadienne. Le groupe était farouchement anti-francophone et anti-catholique.

76 Shore, *The Canadians and the Métis*, p. 240.

77 Éditorial, *Le Nouveau Monde*, 15 octobre 1870.

78 Les Métis en question étaient Landry et Romain Neault. Trois jours plus tard, Rivard,

un autre Métis, eut droit au même traitement. Voir *Daily Pioneer*, 8 novembre 1870.

79 Bumsted, *The Red River Rebellion*, p. 222.

80 *Daily Pioneer*, 6 octobre 1870, cité dans Shore, *The Canadians and the Métis*, p. 230.

81 Le lieutenant-gouverneur Archibald avertit le premier ministre McDonald que, selon certains Canadiens, « [...] il faudrait balayer les Métis français de la surface du globe ». Voir Stanley, *Louis Riel*, p.159-161.

82 Stanley, *Toil and Trouble*, p. 194-195.

83 Giraud, *Le Métis canadien*, p. 377.

84 Bumsted, *The Red River Rebellion*, p. 223.

85 J. Tissot à Monseigneur Taché, 10 décembre 1871, Archives de l'Archevêché, Saint-Boniface, Manitoba, *Archives Deschâtelets [AD]*. Les attaques visaient quiconque était « Français, catholique, d'origine autochtone ou [...] soupçonné de sympathie envers le gouvernement provisoire ». Voir Ruth Ellen Swann, « Ethnicity and the Canadianization of Red River Politics », Thèse de doctorat non publiée, Université du Manitoba, 1991, p. 47.

86 Bumsted, *The Red River Rebellion*, p. 223. Chose étonnante, deux soldats seulement furent sanctionnés après cet acte de mutinerie, et deux soldats seulement furent punis pour l'effraction. Voir *Return of Defaulters, Red River Force*, 1870-73, vol. 33, II-B-2, GE 9, *BAC*.

87 *Canadian-American Defence Relations, 1867-1914*, août 1965, Rapport no. 2, DHP.

88 Bureau de l'adjudant général, Dossiers sujet, Unité de la rivière Rouge, 1870-73, vol. 33, II-B-2, GE 9, *BAC*.

89 Les deux Métis étaient Toussaint Voudrie et Joseph McDougall. Voir *Ibid.*

90 *Daily Pioneer*, 7 mars 1871, cité dans Shore, *The Canadians and the Métis*, p. 242.

91 *Ibid.*, p. 247.

92 Éditorial, *Telegraph*, 4 octobre 1870. Les Métis entretenaient des liens très forts avec les prêtres et les religieuses de leur église. Voir Raymond J.A. Huel, *Proclaiming the Gospel to the Indians and the Métis*, Edmonton, UAP, 1996, p. xviii.

93 J. Royal à Monseigneur Taché, 23 février 1871, Archives de l'archevêché, *AD*.

94 J. Dubuc à Monseigneur Taché, 2 décembre 1871, *Ibid.*

95 Certains hommes avaient été engagés pour des durées de service variables, de 6 à 12 mois. Voir Ordonnances générales de la Milice, 12 mai 1870.

96 Shore, *The Canadians and the Métis*, p. 251. Pendant la même période, un Métis appelé Bourassa fut fouetté en public et Marie Rivière fut violée. Voir *Return of Defaulters, Red River Force*, 1870-73, vol. 33, II-B-2, GE 9, *BAC*.

97 *Military and NWMP Warrants*. Ministère de l'Intérieur, Direction des concessions de terrains, 27 février 1926, Mandats des terres des primes militaires, vol. 3170, GE 15, *BAC*.

98 Stanley, *Toil and Trouble*, p. 200-201. Voir aussi Bumsted, *The Red River Rebellion*, p. 224.

99 G. Dugas à Monseigneur Taché, 18 octobre 1873, Archives de l'archevêché, *AD*.

100 *Daily Pioneer*, 14 mars 1871, cité dans Shore, *The Canadians and the Métis*, p. 247.

101 McLean, *Home From the Hill*, p. 75.

102 Éditorial, *Le Métis*, 3 octobre 1871.

103 Stanley, *Louis Riel*, p. 172.

104 Stanley, *Toil and Trouble*, p. 207.

105 Stanley, *Louis Riel*, p. 174.

106 Éditorial, *Le Métis*, 19 octobre 1871.

107 « Capt. Royal's Report », 17 octobre 1871, p. 80, Rapports de la milice, 1870-1871, *DHP*.

108 Stanley, *Louis Riel*, p. 175.

109 C.P. Stacey, « The Second Red River Expedition: 1871 », *La Revue canadienne de défense*, vol. 8, no. 2, janvier 1931, p. 3.

110 Pendant la crise, les éditoriaux de la presse francophone étaient franchement optimistes quand à la possibilité que leur loyauté soit reconnue. Voir entre autres *Le Métis*, 12 et 19 octobre 1871.

111 Vol. 7, no. 26, 1872, Documents de la session.

112 John Peter Turner, *The North-West Mounted Police: 1873-93*, Ottawa, Imprimeur de la Reine et Contrôleur de la Papeterie, 1950, p. 76-78.

113 Stanley, *Louis Riel*, p. 181.

114 Éditorial, *Le Métis*, 1er et 15 mai 1872.

115 Macdonald à J.J. Burrows, 17 août 1871, vol. 519, Registre de courrier 16, 342, Fonds Sir John A. Macdonald, FM – A, *BAC*. Voir aussi, Registre de courrier, août 1872 à avril 1873, vol. 519, II-B-1, GE 9, *BAC*.

116 Shore, *The Canadians and the Métis*, p. 281.

117 Ibid., p. 272.

118 Sprague, *Canada and the Métis*, p. 139.

119 Vol. 5, no 1, 1873, Documents de la session.

120 Shore, *The Canadians and the Métis*, p. 287.

121 Bien que cette question n'entre pas dans le cadre de cet article, les mandats des terres des primes militaires ont joué un rôle important dans les rapports entre la milice et les Métis. Chaque soldat du Corps expéditionnaire avait droit à une prime pour son service militaire. Ces concessions équivalaient à 160 acres de terrain dans le même territoire que les terrains concédés aux Métis suivant les dispositions de la *Loi de 1870 sur le Manitoba*. Les mandats des terres des primes militaires étant transférables, et puisque les concessions étaient accordées à la libération, les soldats de la milice pouvaient prendre possession de leurs concessions quasi sans délai, alors que les Métis devaient attendre un règlement au sujet des leurs pendant des années. L'ensemble des concessions accordées au Corps expéditionnaire de la rivière Rouge atteignait près d'un quart de millions d'acres de terres, en concurrence directe avec le 1,4 million d'acres réservé aux Métis. Voir *Military and NWMP Warrants*, Ministère de l'Intérieur, Direction des concessions de terrains, 27 février 1926, Mandats des terres des primes militaires, vol. 3170, GE 15, *BAC*. « 160 acres de terres pour l'inscription d'établissement ordinaire […] ». Voir aussi, Terres fédérales, « Grants of Land Under Manitoba Act, and Militia Bounty Land Orders-in-Council, » ministère de l'Intérieur, vol. 227, GE 15, *BAC*.

5 ❧

Le retour de nos héros au pays : Résistance, désordres, émeutes et « mutinerie » parmi les combattants canadiens de la guerre des Boërs

CARMAN MILLER

Il faut faire preuve de leadership et avoir de la chance pour arriver à encadrer un groupe culturellement et socialement hétéroclite de citoyens-soldats enrôlés à la va-vite et inexercés et en faire un groupe de combattants cohérent et efficace. Il peut être aussi difficile de démobiliser ces hommes et de les réintégrer à la société civile après des mois de contrainte, de stress et de privation[1]. Bien que chaque soldat puisse réagir différemment au stress de la guerre, que ce soit en se battant, en buvant, en volant, en s'absentant sans permission ou en refusant d'obéir aux ordres[2], dans le présent chapitre nous étudierons surtout les gestes de résistance collective des combattants canadiens en Afrique du Sud.

La décision du gouvernement canadien de recruter des citoyens-soldats en vue de la guerre des Boërs (octobre 1899 à mai 1902) a attiré une foule de candidats enthousiastes; les volontaires furent bien plus nombreux que les postes à combler[3]. Avant que la guerre n'en arrive à son amère conclusion le 31 mai 1902, pas moins de 7 368 jeunes Canadiens avaient servi en Afrique du Sud au sein de l'armée britannique[4]. Ces soldats avaient été répartis dans onze unités, dont seulement sept ont pris part à la guerre comme telle, c'est-à-dire le 2e Bataillon, Royal Canadian Regiment of Infantry (RCRI), la Royal Canadian Field Artillery (RCFA), le Royal Canadian Dragoons (RCD), le 1er Bataillon, Canadian Mounted Rifles (CMR), le Strathcona's Horse, le 2e Bataillon, CMR et un groupe de 1 200 agents de police canadiens qui a été intégré à la South African Constabulary (SAC) du Major-général Robert Baden Powell. Les autres unités (les 3e, 4e, 5e et 6e bataillons des CMR), qui totalisaient environ 2 000 hommes, sont arrivées en Afrique du Sud trop tard pour combattre les Boërs mais assez tôt pour se battre entre eux[5].

Lors des batailles de Paardeberg, de la rivière Zand, de Mafeking, de Liliefontein, de Lydenburg, de la rivière Hart et d'autres, les citoyens-soldats canadiens se sont battus avec acharnement, vigueur, talent et courage, et leurs compatriotes ont suivi leurs prouesses avec fierté, s'appropriant leurs victoires. Au cours de ce conflit, la prestigieuse Croix de Victoria (V.C.) a été décernée à quatre volontaires canadiens, dix-neuf ont reçu l'Ordre du service distingué (D.S.O.) et dix-sept la Médaille de conduite distinguée (D.C.M.). Cent dix-sept Canadiens ont été cités à l'ordre du jour.

Lorsqu'ils ont sélectionné les volontaires qui seraient affectés à ces unités, les recruteurs canadiens étaient à la recherche d'hommes âgés de 22 à 40 ans et mesurant au moins cinq pieds six pouces (deux pouces de plus que ce qui était exigé dans l'armée de terre britannique) et satisfaisant à un examen médical courant. Les recruteurs privilégiaient les hommes qui avaient déjà une expérience de l'armée de terre ou de la police, aussi récente ou rudimentaire fut-elle[6]. Il arrivait que la réputation, la sobriété et la bonne moralité fussent des facteurs, voire des exigences[7]. À l'exception des agents de police canadiens de la SAC qui avaient signé un contrat de trois ans, tous les volontaires canadiens acceptaient de servir de six mois à un an ou jusqu'à la fin de la guerre, selon celle de ces éventualités qui se produirait la première.

Les recruteurs canadiens n'obtenaient pas toujours ce qu'ils souhaitaient. Des hommes mentaient à propos de leur âge, bon nombre d'entre eux avaient moins de 22 ans, le plus jeune n'était âgé que de 15 ans (après avoir terminé sa période de service au sein de sa première unité, il se rengagea d'ailleurs de nouveau dans une autre unité), et quelques-uns avaient plus de 40 ans. Des médecins compatissants, négligents ou corrompus fermaient les yeux sur les incapacités physiques. Même si certains volontaires avaient acquis de l'expérience dans l'armée de terre ou la Police à cheval du Nord-Ouest (P.C.N.-O.), dans la grande majorité des cas, ils avaient peu ou pas d'expérience militaire. La sobriété et la droiture morale n'étaient pas toujours les attributs les plus évidents des volontaires. Il fallait aussi compter avec le favoritisme politique et militaire qui profitait aux amis et aux proches.

Les volontaires n'étaient pas non plus parfaitement représentatifs de la société canadienne, pas même de la population mâle canadienne. Les contingents canadiens appelés à participer à la guerre des Boërs étaient beaucoup plus jeunes et anglophones (seulement trois pour cent des volontaires étaient des Canadiens français), le plus souvent nés en Angleterre, et on y retrouvait en plus grande proportion de petits salariés issus du milieu urbain, des cols blancs et des cols bleus ainsi que des travailleurs du secteur des services, dont des commis, forgerons, menuisiers, plombiers et électriciens en assez grand nombre. La composition sociale des contingents dépendait de la période et de la région de recrutement. Dans les contingents formés dans le centre et l'est du Canada, étudiants universitaires, enseignants, avocats, ingénieurs et fils de notable étaient présents. Ceux mis sur pied dans l'ouest du Canada étaient en grande partie constitués de cowboys, d'éleveurs, d'ouvriers agricoles, d'employés et d'exploitants d'abattoir, de prospecteurs et de policiers, dont bon nombre étaient nés en Angleterre. Ces fils impétueux de l'Empire britannique, assoiffés d'aventure, comptaient aussi dans leurs rangs quelques jeunes gentilhommes britanniques « de bonne souche », comme le fils du 12e comte de Dundonald.

Les volontaires s'enrôlaient pour des raisons aussi confuses que multiples : des motifs personnels, idéologiques et matériels. Bien que les recruteurs, supposément en l'absence de volontaires convenables et en désespoir de cause, ne furent pas contraints de recruter des « voyous minables, des boiteux, des estropiés et des aveugles » comme l'avait indûment déploré un observateur haut placé[8], les recrues n'étaient pas non plus la « crème des forces vives physiques et intellectuelles du pays » ou les « représentants de l'idéal masculin canadien », pas plus qu'ils n'étaient « aussi purs que l'air cristallin du Nord », comme on le constate dans les dossiers médicaux et les dossiers de contrevenant[9]. Tous les contingents avaient leur part de « vagabonds et d'aventuriers sans métier précis, prêts à répondre à l'appel chaque fois qu'il y des crânes à fracasser »[10]. Certains volontaires étaient des hommes qui, pour reprendre les mots de Rudyard Kipling, entraient « en activité de service pour tenter de repartir à zéro », alors que d'autres s'étaient enrôlés sous un faux nom ou avaient déserté une unité de la force régulière, et un volontaire était même un fugitif recherché par la justice[11].

Il fallait des chefs compétents et souples pour commander ces citoyens-soldats inexpérimentés, indisciplinés et non aguerris, ce qui a manqué dans quelques unités. Nulle part ailleurs le leadership fut-il mis à plus rude épreuve que dans le premier contingent, le 2e Bataillon, RCRI, dont le Lieutenant-colonel William Dillon Otter était le commandant. Ce militaire de carrière consciencieux et zélé de 56 ans devint le paratonnerre sur lequel s'abattirent les foudres des hommes de son bataillon, leurs griefs, leurs rivalités, les tensions entre eux comme leur mécontentement. Parce que cet officier de carrière considérait le service de guerre comme une occasion d'obtenir de l'avancement professionnel, de préférence dans l'armée britannique, Otter ne se souciait guère de la dimension civile, volontaire et canadienne de son bataillon. Au sein de sa force citoyenne, où les liens d'amitié et familiaux importaient plus que le grade et où aucune hiérarchie sociale ne séparait les officiers des militaires du rang (MR), l'insistance d'Otter à maintenir une stricte séparation entre les hommes et les officiers et à rigoureusement respecter les marques de déférence dues en regard du grade et du rang semblait excessive, tatillonne et hautaine, surtout au moment de distribuer faveurs, nourriture et logement.

Conscient de sa situation « coloniale », désireux de démontrer son professionnalisme et de faire bonne impression auprès de ses supérieurs britanniques, Otter faisait observer sans réserve et souvent inutilement les règlements de l'armée de terre britannique. Son souci obsessif de reproduire « tous les plis des Britanniques »[12] irritait bon nombre de ses officiers subalternes et de ses hommes. Ces derniers n'aimaient pas les « règles tatillonnes » de leur commandant, pas plus que son entêtement à faire appliquer le salut à bord d'un navire, un ordre qui obligeait les hommes assis ou couchés à se mettre au garde-à-vous chaque fois qu'un officier apparaissait; ceux-ci ont par la suite appris avec ravissement que le salut n'était normalement pas exigé à bord des transports de troupes britanniques. L'expression « la vieille femme »[13], sobriquet peu flatteur dont les hommes avaient affublé leur commandant (Cmdt), exprimait bien le ressentiment que son obsession du protocole et sa préoccupation constante de la forme et des apparences avait instillé en eux, une image d'Otter qui s'est imprimée dans l'esprit de certains anciens combattants pour la vie[14].

Après l'arrivée intempestive du Royal Canadian Regiment of Infantry à Cape Town, dix jours avant la défaite désastreuse de l'armée britannique lors de la « semaine noire » (10 au 15 décembre 1899), le leadership d'Otter a été mis à rude épreuve durant les deux premiers mois que son unité a passé en Afrique du Sud. La même chose s'est produite quand le bataillon a dû attendre cinq semaines que l'armée du Feld-maréchal Frederick Roberts, le nouveau commandant en chef des Forces britanniques en Afrique du Sud, se soit réorganisée et préparée en vue de sa marche « finale » vers Pretoria. La confusion paralysante, le climat d'incertitude et les manœuvres pour se placer avantageusement que les militaires du RCRI ont pu observer après la semaine noire, alors que les Britanniques s'empressaient de modifier leurs commandement et stratégie et de procéder à leur réorganisation, aux préparatifs opérationnels et au ravitaillement en munitions, ont troublé les troupes fébriles et oisives d'Otter. Et à Belmont, la maladie a aggravé leur mécontement.

Impatients de passer à l'action, les officiers et les hommes d'Otter étaient irritables, s'ennuyaient et cherchaient la querelle. Le moral à plat en raison de la maladie et du désœuvrement, les hommes blâmaient Otter pour leur inactivité, leur piètre campement et les vivres médiocres, et ils l'accusaient de favoritisme et d'indifférence à leur triste sort. Ils manifestaient leur contrariété en désobéissant aux ordres, en se livrant au pillage, en se battant, en buvant et en négligeant leur devoir. La seule solution d'Otter pour tenter de calmer les choses était de sermonner ses hommes, de leur imposer des séances d'exercice militaire et de les punir, ce qu'ils jugeaient souvent excessif et dégradant. Les relations entre Otter et ses subordonnés se sont encore détériorées quand la presse canadienne a publié leurs griefs.

Officier plus efficace dans un bureau que sur le terrain, Otter était un administrateur méthodique qui produisait avec diligence des rapports exhaustifs, dans une langue claire et concise, à l'intention de ses supérieurs au pays et sur place. Infatigable épistolier, il entretenait un vaste réseau de correspondants composé d'amis, de parents et de partisans utiles. Conscient de l'importance de rester dans les bonnes grâces des politiciens et d'être perçu sous un jour favorable par le grand public, il fouillait tous les journaux torontois à la recherche des critiques de son commandement et ce qu'il y lisait l'irritait de plus en plus. Il blâmait ses officiers et ses hommes « comploteurs » pour avoir manqué de professionnalisme lors de leurs communications avec les journalistes, mais il veillait à ce que ses amis et ses adeptes répliquent à cette mauvaise presse.

Contrairement à ce que croyaient ses hommes, Otter se souciait du bien-être de son bataillon. Il s'inquiétait et se tracassait au sujet de leur santé et de leurs difficultés matérielles, mais il n'osait pas demander de meilleures conditions de crainte que ses supérieurs britanniques n'associent ce genre de requête à de l'« amateurisme » ou à un manque de professionnalisme. Par-dessus tout, il a été incapable de démontrer à ses officiers et à ses hommes qu'il tenait vraiment à assurer leur bien-être. De plus en plus isolé au sein de son bataillon, otage des rares personnes en qui il avait confiance, Otter a bel et bien perdu le contrôle vers la fin de son mandat de commandant, et l'affectation de son bataillon aux lignes de communications pendant ses derniers mois de service n'a fait qu'exacerber cet isolement. Les militaires du bataillon étaient répartis entre cinq emplacements distincts assez éloignés les uns des autres, loin du regard scrutateur de leur Cmdt, d'où une solidarité accrue entre les hommes des compagnies au détriment de l'esprit régimentaire. Otter « va passer à la caisse quand les gars en auront l'occasion », avait prédit avec perspicacité le Sdt Albert Perkins dès le mois de janvier 1900[15].

La controverse qui a entouré le retour du contingent a contribué à rendre la situation encore plus tendue. L'armée de terre britannique, qui voulait rendre la monnaie de leur pièce aux Boërs qui avaient mené des opérations de guérilla à la suite de l'occupation de Pretoria par les Britanniques en juin 1900, a accordé une grande place aux cavaliers, sans toutefois diminuer l'importance de l'infanterie pour protéger les lignes de ravitaillement et de communications et pour tenir les positions prises. Par conséquent, lorsqu'Otter, qui savait que l'année de service de son bataillon tirait à sa fin, s'informa des dispositions à prendre pour le retour de son bataillon au Canada, le commandant en chef des troupes britanniques, Lord Frederick Roberts, demanda personnellement que le RCRI prolonge sa période de service, convaincu que la fin de la guerre était imminente, afin de donner l'exemple aux autres contingents coloniaux dont la période de service s'achevait aussi. Après avoir consulté quelques-uns des officiers de sa station, Otter se rendit immédiatement à la demande de Roberts et fit connaître sa décision dans un ordre régimentaire.

Cela mit en colère les hommes des compagnies des autres stations. Fatigués et déçus de la guerre, en plus de craindre de perdre leur emploi civil au pays, les officiers de ces stations informèrent Otter que leurs hommes

Retour de l'Afrique du Sud du contingent canadien, 1900. (Bibliothèque et Archives Canada C-7978)

refusaient de rester plus longtemps que prévu en Afrique du Sud. Ils en voulaient de plus à Otter de ne pas les avoir consultés avant d'accepter la demande de Roberts et de diffuser son ordre régimentaire. Otter écrivit immédiatement à Roberts pour lui dire qu'il déplorait son erreur de jugement et lui expliquer que la majorité de ses hommes et de ses officiers ne pouvait pas « en toute justice envers eux-mêmes ou leur famille se rengager »[16]. Ne se laissant pas dissuader par la missive d'Otter, Roberts s'efforça de renverser la décision et demanda à Otter d'approcher de nouveau ses hommes en les assurant que la guerre était sur le point de se terminer et qu'il tenait à ce qu'ils participent aux cérémonies d'annexion officielles. Afin de les inciter encore plus à rester, il leur promit que la Reine ferait « l'honneur de sa présence » à ceux qui accéderaient à sa demande. Otter transmit le message de Roberts aux hommes de toutes les stations, en leur demandant de faire connaître leur réponse sans tarder. Il n'eut pas longtemps à attendre.

Toutes les stations lui ont répondu dans les deux jours. La réaction était encore pire que ce à quoi Otter s'attendait. Avec le plus grand embarras, il informa Roberts que seulement 300 hommes resteraient. Les autres souhaitaient prendre immédiatement le départ vers le Canada, une réponse qu'Otter interpréta correctement comme une motion de défiance à l'endroit de son commandement. Bien qu'Otter avait dit à Roberts que 300 hommes resteraient, en bout de piste, seuls 262 hommes acceptèrent de rester et 462 quittèrent l'Afrique du Sud. La plupart de ceux qui sont restés n'avaient de toute façon pas vraiment le choix, dans la mesure où ils étaient membres de la force permanente ou de renforts dont la période de service n'était pas arrivée à échéance. En outre, parmi ceux qui sont restés, rares étaient les hommes heureux de leur décision. Tout de suite après avoir reçu le second rapport d'Otter, Roberts ordonna à son état-major de prendre des dispositions pour assurer le rapatriement immédiat des autres Canadiens. Huit jours plus tard, ils quittaient leurs stations respectives à destination de Pretoria où Roberts les remercia de bonne grâce de leur service. Les hommes ont ensuite pris le train vers Le Cap, où le S.S. *Idaho* les attendait pour les ramener à Halifax, où ils furent accueillis en héros.

Pendant ce temps, les choses allaient de mal en pis en Afrique du Sud. Les hommes restés sur place enviaient leurs camarades qui rentraient au Canada. « C'est comme si le dernier lien avec le pays était rompu », consignait avec dépit un soldat dans son journal[17]. Bon nombre de ceux qui restaient regrettaient leur décision et tentaient par tous les moyens de la faire annuler. Lorsque le commandant en second et successeur de Roberts, Lord Kitchener, a tenté de renégocier des conditions de prolongation de service avec le RCRI, les militaires restants ont rejeté sa proposition avec véhémence; ils refusaient même d'envisager une prolongation de trois mois. Deux ou trois semaines supplémentaires, c'est tout ce qu'ils se résignaient à accepter. Quand Otter voulut négocier un compromis avec Kitchener, ce fut également en vain. Là encore, Otter accorda deux jours à ses hommes pour prendre une décision. Ses hommes lui firent connaître leur réponse en moitié moins de temps : pas un seul d'entre eux n'acceptait de rester. Honteux de cette réaction, Otter devait encore une fois annoncer à son supérieur qu'il avait échoué.

Jour après jour, il est devenu douloureusement évident qu'il était insensé de vouloir retenir les hommes en Afrique du Sud. Le moral était en chute libre, les hommes se querellaient, et l'ivrognerie, les larcins et l'insubordination étaient en hausse. La situation est devenue à peu près incontrôlable. Otter avait beau sermonner ses hommes, multiplier les séances d'exercice militaire et les châtiments, ils ne voulaient rien entendre, hormis l'annonce de leur éventuelle libération. Six jours après la tenue des cérémonies d'annexion à Pretoria, les derniers hommes d'Otter ont pris le train vers Le Cap, où ils sont montés à bord d'un navire confortable et bien approvisionné à destination de l'Angleterre. Ils passèrent ensuite treize jours en Angleterre, où les attendait un programme d'activités exténuant, dont une revue par la reine Victoria, ce qui a d'ailleurs été l'une de ses dernières apparitions publiques officielles. Ils ont enfin quitté Liverpool et rallié Halifax, où ils eurent droit à un accueil enthousiaste[18].

Otter n'était pas le seul cmdt d'unité à avoir éprouvé des difficultés à gérer le retour de troupes canadiennes. Les trois unités du deuxième contingent canadien (la RCFA, les RCD et le 1er Bataillon, CMR), auxquelles s'ajoutait le Strathcona's Horse, ont aussi fait du chahut. La cause, l'occasion et l'objet de leur agitation étaient cependant très différents de ceux du bataillon d'Otter. Le leadership ne posa de problèmes que pendant peu de temps dans les unités du deuxième contingent et le Lord Strathcona's Horse. Le cmdt de la RCFA, le Lieutenant-colonel Charles W. Drury, était le « père » compétent et aimé de l'artillerie canadienne. Dans le même ordre d'idées, le talentueux et consciencieux commandant de 39 ans des RCD, le Lieutenant-colonel Francois Lessard, jouissait du respect de ses hommes, de ses officiers et de ses supérieurs britanniques. Le leadership laissait toutefois nettement à désirer dans l'unité associée de Lessard, le 1er Bataillon, CMR. Après trois mois d'un commandement perturbé sous la gouverne du Lieutenant-colonel Laurence Herchmer, un intransigeant ex-commissaire de la P.C.N.-O. âgé de 59 ans et natif de l'Angleterre, c'est le Major Thomas Dixon Evans qui prit le commandement des CMR, l'ancien commandant en second de Lessard âgé de 41 ans, que bon nombre de membres de l'état-major britannique considéraient comme l'un de leurs commandants d'unité parmi les plus fiables. Les Britanniques étaient tout aussi impressionnés par le commandant du Strathcona's Horse, le Lieutenant-colonel Samuel B. Steele, le légendaire surintendant de 51 ans de la P.C.N.-O., un meneur d'hommes énergique et habile, capable de se mettre judicieusement en valeur et qui n'aimait pas perdre son temps avec de futiles exercices dans les cours de caserne. La sobriété n'était toutefois pas l'une de ses qualités.

La discipline est soluble dans l'alcool, surtout au sein de troupes sédentaires qui veulent faire la fête. Il est sans doute significatif que la première victime canadienne de la guerre des Boërs ait succombé à un abus d'alcool. Quand le premier contingent canadien a levé l'ancre à Québec, le Sdt Teddy Deslauriers, populaire commis épicier de 28 ans originaire d'Ottawa, excellent cavalier, bon vivant et caporal des *Princess Louise Dragoon Guards*, a rendu l'âme sur le navire quatre jours après le départ à la suite d'une crise de « delirium tremens » causée par sa consommation excessive d'alcool lors de la dernière nuit passée à Québec.

Il s'est révélé encore plus difficile d'empêcher les troupes de célébrer outre mesure leur désengagement. Par exemple, en octobre 1900, des rumeurs de libération anticipée ont provoqué une dangereuse succession de beuveries parmi les officiers et les hommes du Strathcona's Horse. Bien que les éclaireurs à cheval du bataillon de Steele aient été recrutés au début du mois janvier 1900, leur baptême du feu ne s'est produit qu'au début juin. Le Strathcona's Horse a toutefois participé activement aux combats au cours des cinq mois suivants, d'abord avec la force de campagne du Natal du Général Sir Redvers Buller, qui a dû se battre en progressant pour faire la jonction avec les forces de Roberts à Belfast-Bergendal, puis avec Buller, durant sa progression vers Lydenburg, au nord, pour y réprimer la guérilla qui sévissait là-bas[19].

Peu après son occupation de Lydenburg, le 2 octobre 1900, Buller démantelait sa colonne, remerciait ses hommes et prenait la direction de Pretoria, convaincu d'avoir rempli sa mission. Trois jours plus tard, la brigade de Lord Dundonald, au sein de laquelle avait servi le Strathcona's Horse, était dispersée. Steele et les membres de son état-major commencèrent donc à dresser l'inventaire de leur matériel et de leur équipement, convaincus que leur service était terminé et qu'on allait leur donner l'ordre, à l'instar du RCRI, de rentrer au pays. Dans l'intervalle, Steele a ordonné à son bataillon de rejoindre la ligne de chemin de fer à Machdodorp pour y attendre d'être transporté à Pretoria, où il s'est lui-même rendu pour préparer leur retour au Canada et recevoir de nouveaux ordres.

Détendus et joyeux, les hommes sont restés trois jours à Machdodorp, campant de chaque côté de la voie, exposés à la pluie incessante et aux orages. Les officiers n'arrivaient pour ainsi dire pas à maintenir l'ordre parmi ces hommes agités et bagarreurs et certains d'entre eux n'ont même pas tenté de le faire, encore moins après le départ de Steele. Bon nombre de ces hommes trempés, transis, désœuvrés et persuadés de leur immédiate libération voulaient de l'alcool. Usant d'une ruse bien connue, les hommes les plus hardis du groupe se sont présentés au magasin du quartier-maître et ont contrefait la signature du commandant en second de Steele, le Major Robert Belcher, pour se procurer à boire.

Il ne fallut pas longtemps avant que les hommes ne soient saouls et ne se mettent à faire du tapage et du chahut, hurlant et tirant du revolver en l'air. Le prévôt britannique, un major, flanqué de quelques policiers à cheval, est venu faire enquête. Lorsque le prévôt s'est penché pour voir de plus près ce qui se passait dans un bivouac rudimentaire et suspect « où sous une tente éclairée un sergent et un caporal étaient en train de s'enivrer avec une pleine bouteille de rhum », un des Canadiens s'est approché de lui par derrière et « a fait feu avec son revolver près de sa tête, d'un côté et de l'autre »[20].

Le prévôt secoué ordonna à plusieurs compagnies d'infanterie britanniques d'encercler les Canadiens et de faire défiler les fêtards plusieurs heures jusqu'à ce qu'ils aient dessoûlé. Le lendemain, les autorités ont demandé que l'incident fasse l'objet d'une enquête mais n'ont étonnamment pris aucune mesure, car c'était des « troupes irrégulières et notre colonel était absent »[21]. Il se peut également que l'habileté politique de Steele, la grande tolérance de Buller et la réputation du Strathcona's Horse aient pesé dans la balance. Quelle qu'ait été la raison d'une telle indulgence, l'incident ne reçut aucune couverture au Canada, ne ternit en rien l'image du bataillon et n'empêcha pas Steele d'ultérieurement obtenir un commandement plus important dans la SAC de Baden-Powell.

Deux mois plus tard, les trois unités du deuxième contingent canadien multipliaient les beuveries et les esclandres et ont causé des troubles plus graves au Cap. En novembre 1900, presque une année après avoir été recrutés, la plupart des hommes étaient plus que prêt à rentrer à la maison, surtout ceux d'entre eux qui avaient été affectés à des postes plus sédentaires. Les artilleurs canadiens, habituellement considérés comme formant la « meilleure arme » du pays, étaient représentés en Afrique du Sud par trois batteries de la RCFA qui n'avaient que très peu d'occasions de démontrer leur valeur au cours de leur année de service. Divisées, dispersées et sous-utilisées, deux des trois batteries ont passé le plus clair de la guerre le long de la ligne de chemin de fer à garder les voies, les lignes télégraphiques et les lignes de ravitaillement, tout en luttant contre la maladie et l'ennui. C'était une routine étouffante qui n'était interrompue que par une occasionnelle et futile poursuite malhabile de rebelles. L'exception fut la batterie C qui compte Mafeking et Liliefontein parmi ses honneurs de guerre.

Les deux bataillons d'infanterie à cheval du deuxième contingent, les RCD et le 1er Bataillon, CMR, ont eu plus de veine, se battant au cours de leur progression vers Pretoria et engageant le combat pour sécuriser les alentours et protéger la ligne de chemin de fer et les itinéraires de ravitaillement. Même quand on leur confia la tâche de veiller aux lignes de communications et qu'ils furent déployés par petits groupes autonomes le long de la voie ferrée, les cavaliers jouissaient d'une grande liberté individuelle et pouvaient vivre des aventures personnelles, ce à quoi les fantassins à pied ne pouvaient que rêver. Il fallait avoir perdu le nord ou s'être engagé dans une mauvaise direction pour s'absenter sans permission, se livrer au pillage ou entretenir des liaisons dans la population civile! Quoi qu'il en soit de leur expérience, en novembre 1900, la plupart des hommes du deuxième contingent canadien ont accueilli avec soulagement la nouvelle de leur libération et de leur retour prochain au Canada.

Les célébrations ont débuté peu après que les Royal Canadian Dragoons, les Canadian Mounted Rifles et les artilleurs ont quitté Pretoria le 2 décembre. À Kroonstad, pendant que leurs officiers avaient droit à un festin arrosé de champagne, les hommes « ont réquisitionné un wagon de bière qu'ils se sont mis à boire… sur-le-champ ». Ils sont rapidement devenus agités et indisciplinés, et ce, malgré les menaces de leurs officiers et des autorités civiles[22]. Brièvement envoyés à Worcester pour intimider un rassemblement de sympathisants des Boërs que les Britanniques craignaient de voir mettre le feu aux poudres dans la colonie du Cap, les hommes sont arrivés au Cap le 11 décembre et furent cantonnés au camp Maitland en compagnie d'environ 500 militaires australiens rentrant au pays.

Le lendemain, alors que les Canadiens chargeaient leurs bagages à bord du *Roslin Castle* en vue de leur voyage de retour, ils ont entendu dire que des célébrations étaient prévues pour leur dernière soirée au Cap. Ils demandèrent immédiatement la permission de se rendre en ville. Quand on leur refusa cette permission, ils décidèrent d'y aller malgré tout, avec l'aide et l'appui de leurs camarades australiens. Très vexés, les Canadiens et les Australiens ont quitté le camp déterminés « à s'amuser avant de prendre la mer »[23]. Quand les officiers et les sentinelles ont tenté de leur barrer la route, un groupe s'est saisi d'un fiacre. L'un d'eux a enfourché le cheval (ces hommes étaient des cavaliers après tout), un autre a pris les rênes sur le siège du cocher et les autres membres du groupe se sont engouffrés dans le fiacre derrière lui. Les Canadiens, accélérant sans cesse, se sont dirigés vers les sentinelles au galop. Cette « charge de la cavalerie » des Canadiens a subjugué les gardes britanniques, qui ont « dû laisser passer le fiacre et ses passagers »[24]. Les hommes ont directement pris la direction des bars de la rue Adderly.

Certains Canadiens venaient juste d'entrer dans un premier bar quand le tenancier a reçu un ordre militaire lui interdisant de vendre des boissons alcoolisées à quelque soldat que ce soit. Le tenancier n'a pas réussi à convaincre les hommes qu'il ne pouvait pas leur vendre d'alcool et ceux-ci ont pris les choses en mains, se mettant à tirer dans le bar comme s'ils étaient au Far West. « Les balles ont fracassé les chandeliers. Les hommes ont tenté de reproduire leurs monogrammes en tirant dans le grand miroir… d'autres ont sauté par-dessus le comptoir et se sont improvisés barmen[25] ». Après avoir vidé les bouteilles de ce premier bar, ils se sont dirigés vers le Grand Hotel dont le gérant était plus au fait de la loi et plus astucieux que son collègue du bar précédent, car si les ordres militaires interdisaient au gérant du bar du Grand Hotel de vendre des boissons alcoolisées aux soldats, rien ne l'empêchait de leur donner à boire gratuitement tant et aussi longtemps qu'ils ne démolissaient pas le bar. Non seulement les hommes laissèrent-ils son bar intact, ils lui remirent « trois grands chapeaux de feutre canadiens remplis de souverains d'or » recueillis parmi les soldats. Selon l'artilleur canadien Jack Randall, la nouvelle se répandit que l'alcool était gratuit au Grand Hotel, ce qui y attira une foule de clients assoiffés qui occupait deux pâtés de maisons autour de l'hôtel. « La circulation était bloquée. La police militaire constatant son impuissance face à une telle foule résolut de ne rien faire[26] ».

Cette émeute n'était cependant pas seulement le fait des Canadiens. Les Australiens étaient aussi sur le point de rentrer chez eux et ils avaient des comptes à régler avec un « journal hollandais » qui les avaient qualifiés de « descendants de criminels ». Les Australiens ont rendu visite à leurs accusateurs, « saccagé leurs locaux et se sont ensuite mis à chercher la bagarre dans les rues de la ville ». Incapable de réprimer les troubles, le service de police municipal a demandé l'aide des autorités militaires. Environ 30 carabiniers à cheval du Cap:

> ... appuyés par des groupes de fantassins, la baïonnette
> au canon, ont formé une ligne et dégainé leur épée, puis
> ils ont choisi le groupe d'émeutiers le plus compact et ont
> commencé à avancer au pas pour ensuite se mettre au trot
> et enfin au galop. Ils se sont servis du plat et du dos de
> leur lame et ont frappé bien des têtes[27].

Il suffisait d'une démonstration de force. La foule s'est dispersée et les hommes sont rentrés au camp, transportant ceux des leurs assommés par l'épée et l'alcool.

Il est singulier de constater que les rapports officiels n'ont à peu près pas fait mention de l'émeute du Cap. Les autorités militaires britanniques ont par ailleurs été étonnamment indulgentes. Aucune enquête approfondie n'a eu lieu et on n'a pas tenté de retrouver et de châtier les délinquants pas plus que de réprimander leurs leaders. Les hommes qui s'étaient « absentés sans permission » ne se sont vus imposer que sept jours de détention, une peine passablement insignifiante compte tenu du nombre d'hommes impliqués et du fait qu'ils étaient à bord d'un navire. Selon le Capt Richard Turner, un Canadien récipiendaire de la Croix de Victoria, ils ont « payé pour leurs frasques comme de vrais hommes », en versant peut-être de leur plein gré une amende ou en recueillant les sommes nécessaires pour régler le coût des dommages matériels.

La remarque amusée de Turner laisse supposer que les autorités britanniques ont mis l'émeute sur le compte de la vigoureuse exubérance de la jeunesse, et dans la mesure où les émeutiers étaient des citoyens-soldats coloniaux, il n'aurait pas été avisé de les poursuivre en justice, d'autant que les Britanniques espéraient recevoir plus de recrues des colonies. L'émeute n'a pas paru nuire non plus à la cordialité des cérémonies officielles qui ont entouré le départ des troupes canadiennes et australiennes le lendemain, pas plus qu'elle n'a refroidi l'enthousiasme des spectateurs qui acclamaient les joyeux trublions de la veille qui défilaient calmement dans les rues en direction des navires qui les attendaient. Les habitants du Cap étaient peut-être simplement soulagés de les voir partir! Au dire de l'un des artilleurs, on craignait que le départ du Strathcona's Horse soit encore plus turbulent car ses « soldats sont pires que ceux du CMR », ce qui incita les autorités britanniques à embarquer les troupes le jour même où le Strathcona's Horse « est arrivé du front »[28].

Même si les autorités britanniques faisaient souvent preuve d'indulgence envers les citoyens des colonies, les relations entre les troupes canadiennes et britanniques n'ont pas toujours été amicales[29]. Les tensions ont pris diverses formes : des compétitions de toute sorte et des paroles de défi jusqu'aux querelles d'ivrognes et aux confrontations générales plus graves. Certains officiers supérieurs canadiens ont peut-être même alimenté ces rivalités, s'en servant comme d'un moyen pour améliorer le moral et rendre leurs soldats plus solidaires. Ainsi, les hommes du Strathcona's Horse croyaient que leur cmdt d'unité était fier d'eux quand ils gagnaient une bagarre contre leurs camarades impériaux, dans un bar... et c'était souvent vrai[30]. Les tensions ne se limitaient pas aux militaires du rang. De nombreux officiers canadiens avaient l'impression que les officiers britanniques les snobaient, leur faisaient sentir « qu'ils étaient membres du mess par tolérance »[31]. La situation conflictuelle entre les officiers coloniaux et britanniques s'est à l'occasion tellement détériorée que tant Lord Roberts que son successeur, Lord Kitchener, ont produit des ordres confidentiels dans lesquels ils déploraient « l'animosité des officiers [régimentaires] britanniques à l'endroit des membres des forces coloniales de Sa Majesté »[32].

L'illustration la plus spectaculaire de l'hostilité entre soldats canadiens et impériaux met en scène deux troupes canadiennes de la SAC de Baden-Powell[33]. Constituée entre octobre 1900 et juin 1901, la force constabulaire était une idée de Lord Milner, le dynamique haut-commissaire britannique en Afrique du Sud. Milner proposait que soit créée une force policière permanente locale placée sous commandement civil, dont la mission serait de faire respecter la loi, de maintenir l'ordre et d'assurer la sécurité publique sur le territoire boër occupé depuis peu. Plus encore, il voulait une force qui contribuerait à « civiliser », à pacifier, à repeupler et à reconstruire l'Afrique du Sud telle que les Britanniques la concevait. Les recrues devaient par conséquent signer un contrat de trois ans, qui pouvait être reconduit deux ans, contrairement au contrat d'un an que signaient les membres de toutes les autres unités formées au Canada. À la fin de sa période de service, chaque recrue allait se faire offrir une concession de terre pour l'inciter à s'installer en Afrique du Sud, devenant du même coup un réserviste de la milice et un élément fondamental d'une Afrique du Sud reconstruite et « britannique ».

Retour à Ottawa du contingent canadien, 1900. (Bibliothèque et Archives Canada C-7977)

Milner envisageait à l'origine une force de 6 000 hommes forts, fiables et de bonnes mœurs, loyaux, courageux et généreux, dont le tempérament et le comportement étaient à l'image des idéaux hiérarchiques, virils et respectables de son nouvel impérialisme. Le ministère de la Guerre britannique a immédiatement approuvé son plan, à la condition que la force proposée par Milner atteigne plutôt 10 000 hommes et soit placée sous commandement militaire jusqu'à la fin de la guerre. Le ministère de la Guerre assumerait les coûts supplémentaires.

Le cmdt d'unité de la force constabulaire, le Mgén Robert S.S. Baden-Powell, ingénieux et vaniteux héros de 44 ans de la bataille de Mafeking, était convaincu qu'il pourrait enrôler au moins 1 200 de ses 10 000 agents de police au Canada. Il retint immédiatement les services du Lcol Sam Steele, un homme à qui il vouait une grande admiration, pour rassembler des hommes et commander l'une des quatre divisions géographiques de la force constabulaire. La nature hybride de cette nouvelle force, entre le policier et le soldat, a toutefois attiré des hommes prêts à combattre mais qui n'avaient pas la volonté ou la capacité d'exécuter un travail policier ou quelque intention que ce soit de s'installer en Afrique du Sud. Répartis dans douze troupes de 100 hommes affectée chacune à une région, les 1 200 agents canadiens étaient loin de ressembler aux cavaliers habiles et distingués et aux colons aux aspirations agricoles que Baden-Powell et Milner recherchaient. Environ la moitié des agents canadiens venaient du centre ou de l'est du Canada, pour une grande part de milieux ouvriers et troubles, et ils « ne connaissaient pas les chevaux et [qui] faisaient de bien piètres cavaliers »[34]. C'était souvent des hommes indomptés, téméraires et bagarreurs qui n'avaient aucune envie de mener la vie tranquille et sédentaire d'un policier de campagne dans une petite ville afrikaner paisible.

Bien que ses agents canadiens aient d'abord impressionné Baden-Powell qui jugeait leur physique « splendide » et en appréciait l'excellente qualité, prédisant qu'ils seraient d'un précieux apport pour sa force[35], il se rendit rapidement compte de la différence sociale entre les agents canadiens et certaines recrues bourgeoises originaires des îles Britanniques. Même s'il voyait bien que les agents canadiens étaient travailleurs et « braves jusqu'à la témérité sur le terrain », une perception confirmée par d'autres officiers, et qu'ils se battaient avec courage en dépit des pertes élevées, il se désolait de leur évidente mauvaise volonté à accepter les affectations sédentaires dans les blockhaus et craignait qu'ils ne soient pas aptes au travail policier une fois la guerre terminée et les possibilités de combat disparues[36].

Baden-Powell avait raison de se faire du souci. Une fois la guerre terminée et la force constabulaire confinée à des fonctions civiles isolées et sédentaires, une grave crise s'est déclarée. La situation s'est dégradée encore davantage lorsque le ministère de la Guerre a interrompu son financement et qu'il a fallu réduire la force de 40 pour cent l'effectif initialement prévu de 6 000 hommes. Parce que l'on voulait reconstituer la force civile selon le scénario envisagé par Milner à l'origine, on a ordonné aux responsables de la force constabulaire de se débarrasser « des sales types » pour ne retenir que les hommes stables, compétents et instruits qui n'offenseraient pas la population boër que « le moindre écart de langage ou de conduite offusquait »[37]. Les agents canadiens se sont sentis particulièrement ciblés lors de cette purge consécutive et ils se rebiffèrent, exprimant leur désaccord en des termes nationalistes.

Les relations des agents canadiens avec les autorités britanniques ont dès le départ été marquées par l'incompréhension et la mésentente. Les agents s'étaient à l'origine portés volontaires en pensant qu'ils demeureraient ensemble au sein d'une unité canadienne commandée par Steele et non qu'ils seraient séparés et envoyés dans les quatre divisions. Dès leur arrivée toutefois, Baden-Powell répartissait les agents canadiens entre les quatre divisions et si ce n'avait été de l'intervention de Steele, il aurait poursuivi le processus en démantelant les troupes elles-mêmes pour en essaimer les hommes dans les autres unités. De plus, la discipline n'a jamais été le fort des Canadiens, et les objectifs nébuleux de Baden-Powell, ses directives d'instruction peu orthodoxes et vagues, sans oublier sa volonté de rejeter les méthodes de l'armée de terre afin de faire de sa force « une grande famille heureuse » n'arrangeaient rien. Peu de temps après l'arrivée des agents canadiens en Afrique du Sud, les relations sont devenues si tendues dans une troupe qu'un agent a déclaré qu'il existait « un risque de rébellion »[38].

Immédiatement après la fin de la guerre, le conflit atteignit un point critique dans deux troupes canadiennes, les numéros 14 et 17, dont les hommes avaient été respectivement recrutés à Saint-Jean au Nouveau-Brunswick et à Montréal au Québec. Au cours d'une tournée d'inspection rigoureuse, un officier impérial faisant rapport à son supérieur a affirmé que le fonctionnement intérieur de ces deux troupes était particulièrement insatisfaisant. La discipline y était relâchée et les hommes ne respectaient ni le grade ni la hiérarchie. Les hommes étaient indisciplinés, ignoraient les règles et les règlements, n'avaient pas le sens de l'initiative et étaient séditieux, malhonnêtes et ivrognes. En prenant connaissance de ce rapport désastreux, le commandant divisionnaire a réprimandé les capitaines canadiens qui étaient à la tête de ces troupes, F.W.L. Moore et A.H. Powell, et il leur a ordonné de rétablir sans tarder l'ordre dans leur troupe. Les capitaines canadiens n'ayant pas corrigé la situation, on les informa qu'ils seraient mutés dans d'autres unités et qu'ils seraient remplacés par des officiers britanniques.

Les agents canadiens se sont immédiatement braqués en apprenant la chose. Ils ont commencé par s'adresser à leur commandant divisionnaire pour dénoncer la mutation annoncée de leurs capitaines, en insistant sur le fait qu'ils ne serviraient que sous les ordres d'officiers canadiens qui « comprennent le tempérament canadien »[39]. Lorsque le commandant divisionnaire rejeta la requête des agents, tous les sous-officiers des troupes ont demandé à être rétrogradés. Quand cette tactique se solda elle aussi par un échec, le jour prévu de la passation de commandement de leurs troupes, les agents ont tout simplement quitté leur poste sans que l'ordre en ait été donné et se sont rendus en ville, laissant « le district sans surveillance policière » et obligeant le commandant sous-divisionnaire à provisoirement les remplacer par des agents d'autres districts[40].

L'intervention personnelle du commandant sous-divisionnaire n'a fait qu'exacerber la situation. Sa visite de l'un des postes et sa tentative de parler aux hommes lors du souper » ont fini dans le chaos. L'attitude des hommes est devenue menaçante. Ils n'obtempérèrent pas à son ordre de rassemblement pour une revue des armes et pendant que le commandant s'éloignait du poste, des « coups (de semonce) étaient tirés en l'air ». De la même façon, lorsque le commandant sous-divisionnaire a envoyé un chef de police chevronné rétablir l'ordre dans un autre poste, les agents canadiens rebelles l'ont accueilli par des huées à la gare et ont par la suite tiré sur une charrette du gouvernement du Cap « jusqu'à en faire des allumettes » pour être certains d'avoir été bien compris[41].

Le commandant sous-divisionnaire a immédiatement ordonné que l'on procède à l'arrestation de neuf des meneurs des agents et a formé une commission d'officiers chargée de les juger à Bloemfontein. Les membres de la commission se sont réunis mais ne sont pas arrivés à obtenir suffisamment de preuves de la culpabilité individuelle pour porter des accusations, car personne n'a compromis qui que ce soit au sein de ce groupe tricoté serré. Malgré que la commission n'ait pas réussi à entamer des poursuites judiciaires, les neuf meneurs et vingt-quatre autres agents ont été libérés, la plupart sans qu'il soit mentionné quoi que ce soit dans leur dossier de contrevenant, le dossier officiel de certains décrivant même ironiquement leur conduite comme « très bonne ».

Ces hommes sont rentrés au Canada très en colère en compagnie de 100 autres agents mécontents. Ils déclarèrent sur la place publique qu'ils avaient été victimes de discrimination en raison de leur nationalité et pris à partie par des officiers impériaux, se faisant imposer des règlements arbitraires et mesquins simplement parce qu'ils étaient canadiens. La presse canadienne a en règle générale été sympathique à leurs récriminations. « Les Canadiens ne peuvent être les laquais des officiers anglais, et l'opinion publique canadienne ne le souhaite certainement pas », a écrit un correspondant piqué au vif. « Un cavalier canadien est un combattant; il n'est pas un soldat[42] ». Lorsque la question a été soulevée à la Chambre des communes, le Ministre de la Milice et de la Défense,

Sir Frederick Borden, a demandé que les autorités britanniques enquêtent sur les plaintes. Comme on pouvait s'y attendre, l'enquête disculpa entièrement les officiers britanniques[43]. Bon nombre des plaintes des agents étaient cependant fondées et légitimes mais résultaient plutôt de préjugés sociaux que nationaux.

Bien que ces mouvements de résistance collective soient les exemples les plus remarquables et flagrants à avoir eu lieu parmi les soldats canadiens qui ont participé à la guerre des Boërs, il y eut d'autres manifestations d'indiscipline[44], comme le système de pillage organisé qu'ignoraient et toléraient même souvent les officiers et les MR[45]. Le Mgén E.T.H. Hutton, l'officier général qui avait auparavant commandé la Milice du Canada et qui commandait désormais la 1st Mounted Infantry Brigade en Afrique du Sud, a dit des Canadiens qu'ils étaient les « plus grands voleurs de l'armée de terre »[46], un titre auxquels pouvaient prétendre les soldats d'autres nationalités. Il en voulait aux Canadiens d'avoir libéré son cheval! Une question qui mérite d'être examinée de plus près, c'est la complicité des officiers subalternes dans le cadre de cette résistance collective, une collusion qui ne s'est pas limitée au pillage organisé mais qui a joué dans tous les incidents décrits précédemment.

Le retour des héros au pays a connu son lot de difficultés. À bord des navires qui les ramenaient au pays, les hommes négligeaient et bâclaient leurs tâches, s'enivraient, se bagarraient, pillaient les provisions de bord et refusaient d'obéir aux ordres[47]. Leur retour au Canada et à la vie civile leur permit de régler leurs comptes, de dire le fond de leur pensée à un officier tout en proférant des menaces à son endroit[48]. La consommation excessive d'alcool transformait les réceptions municipales organisées pour les héros en une source d'embarras public. Les organisateurs locaux ont vite appris à faire embarquer le plus rapidement possible les hommes dans les trains à destination de leur prochaine escale. En dépit de cela, leur réputation très exagérée les précédait parfois. Steele avait eu la présence d'esprit de désarmer ses hommes peu de temps après leur départ du Cap, ce qu'avait omis de faire d'autres commandants. Des histoires d'anciens combattants à la gâchette facile commencèrent par conséquent à circuler, dans lesquelles ils se mettent « à faire feu dans une petite ville paisible de l'est et livrent des batailles sanglantes à la police ». Le service de police local leur interdisait parfois de descendre des wagons tant que leurs officiers ne les avaient pas désarmés afin d'éviter d'autres incidents[49]. Les trains serpentaient à travers le pays transportant des troupes joyeuses et parfois tumultueuses, laissant débarquer les hommes aux gares les plus proches de leurs divers centres d'entraînement. Les hommes se dispersaient alors dans les grands centres, les villes, les villages, les hameaux ou les fermes dont ils étaient originaires, demeurant pour un temps les héros locaux acclamés et célébrés par leur famille et leur collectivité.

NOTES EN FIN DE CHAPITRE – CHAPITRE 5

1   Voir Desmond Morton, « 'Kicking and Complaining': Demobilization Riots in the Canadian Expeditionary Force, 1918-19 », *Canadian Historical Review*, vol. LXI, no. 3 (septembre 1980), p. 334-360 et R.L. Kellock, *Report on the Halifax Disorders, May 7th – 8th, 1945*, Ottawa, Imprimeur de la Reine, 1945.

2   Bien que de nombreux délits soient restés impunis, il existe plusieurs exemples évidents. Ainsi, deux membres des Royal Canadian Dragoons, le Sdt John Alexander Hopkins et le Sdt William Pearce, ont été traduits en cour martiale pour avoir volé des prisonniers et leur avoir revendu leurs armes. Ils ont été condamnés à dix années de prison pour avoir « aider l'ennemi en lui fournissant des armes ». Voir Carman Miller, *Painting The Map Red: Canada and the South African War, 1899-1902*, Montréal et Kingston, Musée canadien de la guerre et McGill-Queen's University Press, 1993 et 1998, p. 238-329. Il arrivait que même des officiers se comportent de façon inacceptable. Le Capitaine W.T. Lawless fut renvoyé de la South African Constabulary pour ce qu'il a qualifié de « jeu viril » quand il tiré sur l'éclairage « dans un petit bar hollandais miteux de Krugersdorp ». Baden-Powell ne voyait pas les choses de cette façon. Voir W.T. Lawless à Minto, 8 juin 1902, fonds de manuscrits [FM] 27 – IIB1, Gilbert John Elliot-Murray-Kynynmound, fonds du 4e comte de Minto, *Bibliothèque et Archives Canada* [*BAC*]. On pourrait citer de nombreux autres exemples.

3   Pour connaître les causes de la guerre et les motifs qui ont incité le Canada à participer à ce conflit, voir Miller, *Painting The Map Red*, p. 3-48.

4   Cet effectif total de toutes les unités formées d'hommes recrutés au Canada est peut-être trompeur, car beaucoup d'hommes se sont rengagés dans d'autres unités. Il ne comprend pas non plus les 300 Canadiens ou plus qui ont joint les rangs d'unités irrégulières britanniques comme les Howard's Canadian Scouts.

5   Pour en savoir plus, voir Miller, *Painting The Map Red*, 422 ou Carman Miller, *Canada's Little War: Fighting For The British Empire in Southern Africa – 1899-1902*, Toronto, James Lorimer, 2003.

6   Pour être admissibles, certains hommes se sont enrôlés dans une unité de miliciens littéralement quelques jours avant de se porter volontaires pour combattre à l'étranger.

7   Bill Rawling, *La mort pour ennemi : la médecine militaire canadienne*, Ottawa, B. Rawling, 2001, p. 49-50.

8 Gerald Kitson à J.H.C. Graham, 22 mars 1900, archives de Minto, *National Library of Scotland*.

9 Miller, *Canada's Little War*, p. 27-29.

10 « Reminiscences », 1, FM29 – E20, fonds T.E. Howell, *BAC*.

11 Miller, *Painting The Map Red*, p. 396.

12 W. Hart McHarq, *From Quebec to Pretoria with the Royal Canadian Regiment*, Toronto, W. Briggs, 1902, p. 196.

13 Lucien Valle à son père, 10 avril 1900, collection Valle, collection privée.

14 « Patriots, Scalawags and Saturday Night Soldiers », *Ideas*, Société Radio-Canada, partie II, novembre 1991, p. 10.

15 Albert à sa mère, 2 janvier 1900, FM29 – E93, fonds Albert Perkins, *BAC*.

16 Canada. Document de la session, no 35a (1901), Rapport A, p. 31.

17 Entrée du journal datée du 15 octobre 1900, FM30 – E219, fonds E.F. Pullen, *BAC*.

18 Pour en savoir plus sur les difficultés d'Otter, voir Miller, *Painting The Map Red*, chapitre 11.

19 Pour un compte rendu plus détaillé de leurs activités, *Ibid.*, p. 288-367.

20 « A Record From Memory », 26 avril 1908, FM30 – E357, fonds R.P. Rooke, *BAC*.

21 *Ibid.*

22 W.A. Griesbach, *I Remember*, Toronto, Ryerson Press, 1946, p. 311.

23 Jack Randall, *I'm Alone*, Indianapolis, Bobbs-Merill, 1930, p. 68.

24 Griesbach, *I Remember*, p. 312.

25 Randall, *I'm Alone*, p. 51-53.

26 *Ibid.*

27 Griesbach, *I Remember*, p. 312.

28 Muncey à son père, non daté, FM29 – E91, fonds de la famille Muncey, *BAC*.

29 Voir Carman Miller, « The Crucible of War: Canadian and British Troops during the Boer War » dans Peter Dennis et Jeffrey Grey, éd., *The Boer War: Army, Nation and Empire*, Canberra, Army History Unit, 2000, p. 84-98.

30 Voir Miller, *Painting The Map Red*, p. 306-307.

31 « British Press Comments », 8, 7 avril 1902, *Globe*.

32 Ordonnance générale 1329, 10 mars 1902, WO (ministère de la Guerre) 108/117, *The National Archives of the United Kingdom* [*TNA*].

33 Voir Carman Miller, « The Unhappy Warriors: Conflict and Nationality among Canadian Troops during the South African War », *The Journal of Imperial and Commonwealth History*, vol. 23, no 1, janvier 1995, p. 77-104.

34 Capitaine Charles Beer à l'Assistant Deputy Sub-Divisional Officer [ADSO], Division E, 30 juin 1903, Office des colonies [CO] 526/3/24, *TNA*.

35 Baden-Powell à Minto, 1er juin 1901, fonds Minto, *BAC*.

36 *Ibid.*

37 Colonel Pilkington au Chef d'état-major, SAC, 24 juillet 1903, CO 526/3/24, *TNA*.

38 7 juillet 1901, *Nelson Daily News*.

39 Requête acheminée au Colonel Pilkington, non datée, CO 526/3/24, *TNA*. En 1884, les Voyageurs du Nil ont aussi eu maille à partir avec les officiers anglais et ont également refusé de prolonger leur période de service. Voir Charles Lewis Shaw, « Random Reminiscences of a Nile Voyageur », 23 décembre 1893, *Saturday Night Magazine*.

40 Capitaine Charles Beer à l'ADSO, Division E, 30 juin 1903, CO 526/3/24, *TNA*.

41 *Ibid.*

42 11 avril 1903, *Mail and Empire*.

43 Canada, Chambre des communes, *Débats*, 16 avril 1903, p. 1055-1056.

44 Miller, *Painting The Map Red*, p. 422.

45 *Ibid.*, p. 231-232 et A.E. Hilder, A.G. Morris, éd., *A Canadian Mounted Rifleman At War, 1899-1902: The Reminiscences of A.E. Hilder*, deuxième série, no. 31, Le Cap, Van Riebeeck Society, 2000, 31, p. 36-37. Un ancien combattant a raconté que leur capitaine, Maynard Rogers, a rassemblé les membres de sa compagnie après que l'un de ses hommes, le Sdt Arthur Boylea, ait été condamné à passer 56 jours dans la prison de campagne pour avoir volé un poulet, une décision très mal accueillie au sein de l'opinion publique canadienne. Il les informa que Boylea n'avait pas été puni pour avoir volé un poulet mais pour avoir été pris, « alors surveillez vos arrières ». Voir « Patriots, Scalawags and Saturday Night Soldiers », p. 11.

46 Otter à Molly, 2 juin 1900, FM30 – E242, fonds W.D. Otter, *BAC*.

47 Entrées du journal datées des 12, 18 et 24 octobre 1900, FM29 – E101, fonds J.W. Jeffrey, *BAC*.

48 Miller, *Painting The Map Red*, p. 287.

49 Griesbach, *I Remember*, p. 314-315.

Deuxième partie

L'époque de la Première Guerre mondiale

6

Mauvais comportements chez les soldats : Émeutes déclenchées par les soldats de la Force expéditionnaire au Canada durant la Première Guerre mondiale

P. WHITNEY LACKENBAUER

« Plusieurs émeutes ont eu lieu auxquelles des soldats ont pris part », déclara Sir Wilfrid Laurier à la Chambre des communes, le 5 avril 1916. « Tout le monde reconnaît que la majorité de ces soldats étaient de jeunes gens; et à cause de leur jeunesse, on leur pardonne beaucoup; mais il faut leur apprendre que le premier devoir d'un soldat est la discipline ». En réponse, le ministre par intérim de la Milice et de la Défense, A. E. Kemp, atténue la gravité des « prétendues émeutes » et le premier ministre Robert Borden insiste sur le fait que les individus reconnus coupables avaient été remis aux autorités civiles pour être poursuivis. « Je crois que les autorités devraient faire comprendre au soldat que le premier de ses devoirs est d'obéir à la loi, répliqua alors M. Laurier. Ces jeunes gens aiment à faire parfois des fredaines, chacun sait cela, et personne ne songe à leur en tenir compte trop sévèrement, mais il convient de leur apprendre la nécessité de la discipline[1] ». L'obéissance et la discipline étaient des valeurs militaires cruciales, mais l'armée avait d'autres priorités et refusa d'assumer la responsabilité collective de l'houliganisme perpétré par ses recrues. « Le gouvernement n'est aucunement responsable des actes illégaux commis par des soldats qui ne sont pas en service, que ce soit au plan individuel ou au plan collectif » maintenait le juge-avocat général[2]. Bien qu'ils aient dû comparaître devant des commissions d'enquête et aient alors été traités comme des soldats, les individus responsables des émeutes furent considérés, au sens juridique, comme des civils en uniforme.

Mille neuf cent seize fut une année d'incertitude. De Perth (Nouveau-Brunswick) à Calgary (Alberta), des soldats indisciplinés du Corps expéditionnaire canadien (CEC) descendirent dans la rue et bataillèrent avec les autorités locales pour « divers prétextes patriotiques », comme les a si justement qualifiés l'historien Desmond Morton[3]. Les soldats canadiens utilisèrent l'action collective pour s'opposer au pernicieux « ennemi étranger » ou aux courants antimilitaristes, à ce qu'ils percevaient comme un empiètement du civil sur la juridiction militaire et à diverses injustices qui bouleversaient leur compréhension rudimentaire de leur mission et de leur rôle en tant que soldats. L'intolérance ethnique et le patriotisme furent des motifs évidents de leurs exactions, mais l'alcool, la camaraderie et ses excès de zèle et la médiocrité du leadership exercé par les sous-officiers et les officiers le furent tout autant. La gravité des émeutes au Canada fut variable, mais leur nombre et la quantité d'hommes impliqués révélaient un problème sérieux. La plupart des soldats émeutiers étaient des nouvelles recrues, qui n'avaient pas encore acquis la discipline stricte et le sens de la hiérarchie qu'exige la vie militaire. En tant que citoyens-soldats en devenir, ils étaient incapables de prendre du recul par rapport à leurs points de référence civils et interprétèrent mal leur rôle unique de gardiens de la société et leur devoir de fidélité, qu'ils reportaient principalement sur leurs compagnons d'armes.

Ce chapitre présente, à partir de documents portant sur cette période, un examen en profondeur des causes sous-jacentes du comportement des militaires émeutiers et de son incidence sur les chefs militaires[4]. Il décrit d'abord les événements dans le contexte de l'époque. Qu'espéraient réussir les soldats rebelles par leur désobéissance? Quels moyens adoptèrent-ils et vers qui les tournèrent-ils? Quelles furent les interactions entre civils et militaires? Quelles mesures, le cas échéant, furent prises pour dissuader les soldats d'adopter ce comportement illégal non sanctionné? Deuxièmement, comment les autorités militaires perçurent-elles ces événements et à qui en attribuèrent-elles la responsabilité? Quelles mesures furent prises pour punir les bataillons ou les soldats impliqués dans les émeutes? Enfin, comment et pourquoi l'armée chercha-t-elle à échapper à sa responsabilité en ce qui concerne les émeutes? Les témoignages recueillis par les commissions d'enquête [5] donnent une idée des motifs qui poussèrent les soldats à se révolter, de la réaction officielle du gouvernement et de l'armée, ainsi que des distinctions sociales et structurelles existant entre les militaires du rang, les sous-officiers, les officiers et les autorités civiles. Non seulement les réactions des soldats qui comparurent devant ces commissions d'enquête éclairent-elles sur les schèmes spécifiques qui expliquent le contexte dans lequel les émeutes survinrent, mais elles révèlent aussi les lacunes du système militaire en ce qui à trait à la punition et à la prévention des activités criminelles.

Selon Le Petit Robert, une émeute est un « soulèvement populaire, généralement spontané et non organisé, pouvant prendre la forme d'un simple rassemblement tumultueux accompagné de cris et de bagarres ». C'est un acte de désobéissance collective, qui se traduit souvent par des destructions et des violences gratuites. Au lieu de chercher à définir une distinction entre ce qu'on appelle « émeutes » et les autres formes de désobéissance militaire, je limiterai mon propos et mon analyse aux cas déterminés par Edwin Pye dans son esquisse non publiée des troubles intérieurs auxquels prirent part des soldats. Son rapport rédigé en 1946, bien que limité, fait la distinction entre les cas significatifs et les incidents mineurs que la presse a parfois appelé à tort « émeutes ». Ces notes non publiées m'ont aidé à structurer le tour d'horizon narratif qui suit et qui s'appuie principalement sur des archives[6]. Plutôt que d'aligner les cas chronologiquement, je les ai regroupés selon le prétexte dominant utilisé pour justifier le trouble de l'ordre public. Ils se répartissent en deux grandes catégories : 1) les émeutes reliées à des « étrangers ennemis » présumés; 2) les émeutes reliées à l'alcool. Toutefois, quelques émeutes n'entrent pas parfaitement dans ces catégories; elles sont donc examinées séparément.

CONTEXTE

Lorsque la Première Guerre mondiale éclate en août 1914, le Canada est mal préparé. Sir Sam Hughes, ministre de la Milice et de la Défense, est un fervent partisan du « mythe de la milice », qui tient l'idéal du citoyen-soldat au-dessus d'une force professionnelle et permanente. Dans l'esprit du ministre Hughes, les forces régulières existent pour entraîner la milice; le véritable esprit combatif canadien réside dans le peuple qui s'est dans une large mesure rallié à la cause en 1812 et a contrecarré la destinée manifeste des Américains. Il pense que les citoyens-soldats font de meilleurs soldats et de meilleurs citoyens et que la socialisation militaire peut transformer, selon les mots de son contemporain Maurice Hutton, « un voyou en une personne autonome, posée et sûre d'elle ». La mobilisation de masse soutient la masculinité, inculque la discipline et profite à la société dans son ensemble. Sir Sam Hughes refuse donc de se conformer aux plans de mobilisation établis avant la guerre et concocte son propre plan. De nombreux bataillons nouvellement formés sont envoyés directement à un nouveau camp construit à Valcartier (Québec), au lieu d'être concentrés près de leur lieu de mobilisation et d'être transférés à Petawawa (Ontario), comme les plans de mobilisation de 1911 le recommandent[7]. Le ministre Hughes fut vivement critiqué pour la confusion considérable, voire le chaos, qui entoura la mobilisation à l'été et à l'automne de 1914. Toutefois, étant donné le manque d'espace où donner l'instruction dans diverses régions, il n'est pas certain qu'une mobilisation locale aurait été plus cohérente.

Au début de la guerre, l'engagement du Canada se fait selon le principe du volontariat. Pour être certifiés, les enrôlés acceptent de servir dans la CEC, jurent allégeance au Roi et s'engagent à « observer et respecter les ordres de sa Majesté, ses héritiers et successeurs, et de tous les généraux et officiers placés au-dessus de moi ». Le soldat est ensuite habillé en kaki – couvre-chef, tunique, culottes, pardessus, bottes et bandes molletières – et doit porter son uniforme en tout temps. Mais il reste toujours au nouveau soldat à apprendre à faire honneur à l'uniforme. « Ses nouveaux camarades attendent de lui qu'il boive, qu'il fume, qu'il jure et qu'il joue », explique Desmond Morton. Les sous-officiers, dont la plupart n'ont que peu d'expérience de la guerre, sont chargés de transformer les recrues en combattants[8]. Ils doivent inculquer un « esprit de corps », comme le souligne le manuel d'instruction de l'infanterie britannique de 1914 :

> Le développement de l'esprit militaire vise à aider le soldat à supporter la fatigue, la privation et le danger avec enthousiasme; à lui inculquer le sens de l'honneur; à lui donner confiance dans ses supérieurs et ses camarades; à développer son esprit d'initiative, sa confiance en lui et la retenue; à l'entraîner à obéir aux ordres ou à agir en absence d'ordres pour le bénéfice de son régiment, quelles que soient les circonstances; à instaurer chez lui

un courage et un abandon de soi tels que dans le feu de
la bataille, il soit capable de réfléchir et d'utiliser ses
armes avec calme et au mieux; à lui inculquer le principe
selon lequel, tant qu'on est physiquement apte à
combattre, il est honteux de se rendre à l'ennemi; et
finalement, à lui enseigner la façon d'agir collectivement
avec ses camarades pour défaire l'ennemi[9].

À la fin de 1915, il est visible que l'espoir d'une guerre brève est
illusoire. Le chemin vers la victoire sera long et coûteux et exigera
davantage d'hommes. En septembre 1915, un petit corps canadien est
formé et le gouvernement porte les effectifs militaires de 150 000 à
250 000 hommes, puis à 500 000 le 1er janvier 1916. Willoughby
Gwatkin, chef d'état-major général, soutient depuis le début de la guerre
qu'on a besoin de dépôts centralisés pour rassembler et former les recrues
non affectées à une brigade. Le ministre Hughes modifie donc la politique
gouvernementale à l'automne de 1916. Les hommes influents localement
reçoivent le grade de lieutenant-colonel et sont autorisés à lever des
bataillons entiers dans leur région, avec l'aide des ligues et des comités de
recrutement. Durant l'hiver, les hommes sont logés sur place. Il se passe en
moyenne huit mois entre l'enrôlement d'un soldat et son départ du
Canada, et les journées d'entraînement physique, de drills et de marche au
pas de route commencent à coûter cher et à devenir ennuyeuses. Les
militaires du rang s'agitent de plus en plus. Le Canada est entré en guerre
en août 1914 pour suivre la Grande-Bretagne. Mais à la fin de 1915, le
conflit est devenu une croisade nationale : il ne s'agit plus uniquement de
défaire les Huns, mais aussi d'obtenir la reconnaissance internationale. Des
organisations patriotiques émergent pour encourager l'enrôlement, pour
recueillir des dons à l'intention d'organismes de charité reliés à la guerre et
pour tricoter des bas pour les gars au front. Les réformateurs sociaux y
voient une occasion pour encourager un renouveau social. Si la
productivité de guerre est la priorité, alors il va de soi de prohiber « la
boisson du diable »[10]. La guerre est devenue une croisade qui s'attaque au
cœur de que la société canadienne représente – ou espère représenter.

La fin du rêve d'une guerre vite terminée sur le front de l'Ouest met
aussi un terme à la tolérance à l'endroit des minorités ethniques au pays.

« La Grande Guerre… marqua pour les Allemands du Canada la fin de la lune de miel, expliqua l'historien Ken McLaughlin. Eux qui avaient joui jusqu'alors d'une place privilégiée se retrouvaient du jour au lendemain "ennemis de la nation". La guerre n'était pas simplement dirigée contre l'Allemagne, mais contre tout ce qui était germanique, et il devint impossible d'être à la fois Allemand et Canadien[11] ». La loyauté des Allemands, des Austro-Hongrois et des Ukrainiens est grandement mise en doute et une hystérie tournée contre l'« étranger ennemi » se répand dans la société anglo-canadienne. La propagande fait circuler des histoires d'atrocités commises par les barbares « Huns » : déversement de gaz mortels sur les Canadiens à la deuxième bataille d'Ypres, torpillage de navires civils, meurtres d'enfants, viols de femmes et crucifixion de soldats. Les Canadiens sont désormais convaincus qu'ils ne participent plus à la guerre par obligation vis-à-vis de la Grande-Bretagne : ils défendent à présent la civilisation[12]. À la mi-janvier 1916, le sénateur James A. Lougheed parle du désir allemand de conquêtes territoriales, alimentant ainsi la paranoïa :

> « L'Allemagne, depuis quelques années, a pris connaissance des avantages que le Canada offre à l'expansion germanique. L'Allemagne, grâce à son système d'espionnage, possède dans les casiers de son département des affaires étrangères plus de renseignements sur le Canada que nous pourrions en obtenir des départements de notre propre gouvernement… Le devoir du Canada est évidemment d'aider nos alliés à continuer la présente guerre jusqu'à la victoire. Il n'y a pour nous aucune autre alternative, si ce n'est que nous voulions rester passifs et tendre le cou sous le joug de l'Allemagne. Notre devoir est de lutter maintenant comme si le canon ennemi grondait à nos portes[13] ».

Des Canadiens amateurs de conspirations blâment les Allemands pour l'incendie qui ravage le Parlement en février 1916, aggravant l'angoisse ambiante.

204

SENTIMENTS CONTRE L'« ÉTRANGER ENNEMI »

La première catégorie d'émeutes que nous allons examiner est fondée sur l'intolérance publique à l'endroit des gens d'origine ethnique différente. La discrimination contre les immigrants devint la règle plutôt que l'exception et servit de prétexte à l'enrôlement, et remplit les soldats d'un sens du devoir et leur donna un objectif[14]. « En temps de guerre, a récemment expliqué Paul Jackson, de nombreux hommes sans emploi, de passage ou indésirables furent catapultés dans le rôle de sauveurs de la nation[15] ». Avant même de traverser l'Atlantique, certains y virent une occasion de nettoyer les enclaves ennemies au pays. « Je devrais être dispensé d'avoir à soutenir quoi que ce soit qui n'est pas britannique, se défendit le Sergent-major Granville P. Blood, du 118e bataillon, qui avait dirigé une émeute à Berlin (Ontario). Je veux que vous me jugiez comme ayant été entraîné depuis le début de la guerre pour détruire tout ce qui est allemand. J'ai été formé pour détruire tout ce qui pouvait avantager militairement l'ennemi[16] » Cette interprétation abâtardie des responsabilités du soldat au pays finit par se répercuter sur de nombreux biens de présumés « étrangers ennemis » au Canada.

Calgary (Alberta)

L'Ouest du Canada s'avéra le meilleur terrain de recrutement pour le CEC au début du conflit. Au cours des trois derniers mois de 1915 seulement, 23 nouveaux bataillons levèrent 21 897 hommes. Les conditions hivernales anéantirent les espoirs d'activités excitantes et d'instruction sérieuse des enrôlés; les drills physiques à l'intérieur et les mauvaises nouvelles d'outre-mer amplifièrent l'agitation. À Calgary, où vivait la plus grosse population urbaine d'Allemands en Alberta, des orateurs comme le sénateur James Lougheed déchaînèrent les passions au sein des recrues stationnées dans la ville. Certaines d'entre elles décidèrent donc de prendre les choses en mains. Une rumeur se mit à circuler rapidement autour du camp militaire : le White Lunch, un restaurant local, avait licencié un vétéran britannique pour le remplacer par un étranger ennemi. Le soir du 10 février 1916, plusieurs centaines de soldats marchèrent sur le centre-ville de Calgary et détruisirent le White Lunch, devant une foule excitée de plus d'un millier de personnes. Une deuxième vague de soldats se dirigea simultanément sur un autre restaurant nommé White Lunch et le détruisit sans coup férir. L'*Albertan* relata « qu'en quelques minutes, l'endroit était dans un état tel qu'on se serait cru à Ypres après l'explosion d'un obus ». Le chef de district, le Brigadier-général E.A. Cruikshank, se rendit sur place et ordonna aux soldats de réintégrer leurs quartiers, ce qu'ils firent rapidement. À minuit, le calme était revenu, mais les murs béants des bâtiments ravagés et les débris de mobilier et installations défoncés éparpillés dans la rue témoignaient des événements de la soirée[17].

L'après-midi suivant, le Brigadier-général Cruikshank s'adressa à toutes les unités sous son commandement, dans leurs quartiers, et signala les punitions que de tels affronts méritaient. Les officiers des bataillons estimèrent alors avec optimisme qu'aucune émeute ne se reproduirait, mais ils avaient tort. Le soir même, un groupe de 500 soldats et civils se rendit au Riverside Hotel sous un autre prétexte anti-allemand, absorbant d'autres soldats et civils en cours de route. À son arrivée, la foule domina rapidement les quelques policiers civils et militaires présents sur les lieux et pendant deux heures, la terreur régna en maîtresse. Il ne restait pas grand-chose de l'hôtel lorsque les assaillants se retirèrent. Les piquets ordonnés par le Brigadier-général Cruikshank l'après-midi n'arrivèrent pas à l'heure pour arrêter la destruction. La foule, satisfaite du travail accompli, se dirigea sans être inquiétée vers le pont et se dispersa dans les faubourgs.

Après ces émeutes, les autorités militaires imposèrent des restrictions draconiennes aux soldats, et les bataillons locaux furent astreints à de longues marches pour débarrasser les hommes « de leur bouillonnant comportement animal ». Mais, cédant aux exigences des émeutiers, le conseil municipal renvoya immédiatement tous les employés municipaux d'origine étrangère. De telles résolutions, et la réaction des médias et du public, qui condamnaient les actes indisciplinés sans toutefois désapprouver les motifs des émeutiers, signifiaient que les nouvelles recrues avaient dans les faits remporté un certain succès.

Cruikshank ne pensait pas que l'armée était responsable : « il croyait fermement que ces dérangements étaient largement dus aux lettres et articles incendiaires qui paraissaient dans certains journaux et aux remarques malavisées des civils »[18]. Pour, l'adjudant général, les autorités militaires n'avaient donc pas non plus à intervenir, ce dont la police et les journalistes

Le saloon détruit de l'hôtel Riverside après l'émeute de Calgary, 1916. (W.J. Oliver, Glenbow Museum NA-2365-16)

doutaient. Le chef de la police de Calgary, Alfred Cuddy, critiqua les autorités militaires locales : leur refus de prévenir le désordre les rendaient coupables des dommages. Les commissions d'enquête subséquentes dévoilèrent le rôle de la camaraderie et de l'alcool dans la participation aux exactions et dans la désinhibition. La mentalité de foule venait de sentiments xénophobes, mais les individus étaient souvent poussés à participer aux troubles par l'échauffement des esprits causés par la camaraderie et par la curiosité. Dans une démonstration de solidarité collective, les témoins turent les noms des personnes (les camarades soldats impliqués dans les émeutes et les civils « amis » qui procuraient l'alcool) pour préserver leur anonymat. Les soldats se tenaient et il apparût qu'ils pouvaient se montrer évasifs face aux autorités et généralement s'en tirer à bon compte. De plus, la décision de la ville de licencier tous les employés municipaux descendants d'« étrangers ennemis » et d'offrir leur poste aux soldats à leur retour semblait justifier les actions de la foule. Les soldats récalcitrants avaient en fait réussi à obtenir les changements souhaités[19].

« Le fort sentiment contre les employés et les employeurs d'étrangers ennemis, répandu parmi la population de Calgary, et la présence dans la ville d'un nombre considérable de troupes fraîchement venues de la vie civile – donc seulement partiellement accoutumées à la discipline militaire et partageant complètement les préjugés entretenus dans la communauté – créèrent les conditions nécessaires aux actions qui suivirent ». Ces observations judicieuses, faites par un avocat civil exerçant des pressions pour obtenir des compensations après la guerre, donnent de précieux renseignements sur les événements de février 1916[20]. Pour les nouveaux citoyens-soldats, dont les inclinations et les préoccupations étaient encore celles de la société civile et qui commençaient à peine leur transition vers leur nouveau rôle militaire, l'ennui, la curiosité, l'inactivité et l'indiscipline dans le camp de Calgary contribua à créer une atmosphère volatile. Dans une société fermée comme l'est un camp militaire, les rumeurs anti-ethniques devinrent rapidement des vérités et suscitèrent l'indignation. Les soldats novices, pleins d'attentes et pressés d'en découdre avec les Huns, trouvèrent un lien unificateur dans l'effet d'entraînement de la foule. L'alcool, la pression des badauds civils et l'anonymat de la grande foule brisèrent les dernières barrières des émeutiers. Les autorités militaires, s'abstenant de prendre des mesures significatives et de lire les dispositions législatives sur les émeutes aux troupes, n'ont pas aidé à calmer l'agitation des militaires du rang. Le commandant local n'établit pas de piquets assez importants

Autres scènes de destruction à l'hôtel Riverside, 1916. (Glenbow Museum NA-3965-11)

et assez rapidement après le premier épisode et le Riverside Hotel en souffrit. La situation était déplorable.

Berlin (Kitchener) (Ontario)

Les émeutes déclenchées par le 118e bataillon de Berlin (Ontario) ont pris une dimension mythique en devenant l'exemple type de l'intolérance anti-allemande au cours de la guerre. Selon l'historienne locale Patricia McKegney, le 118e était à peine mieux qu'une « foule vengeresse » souvent animée de « déchaînements alcooliques »; le dramaturge William Chadwick a, lui, comparé le bataillon à une « bande de hors-la-loi »[21]. L'historien Nik Gardner a plus prudemment situé ces événements dans le contexte plus large de l'effort de guerre canadien. Bien que le mélange de l'intolérance ethnique et de l'indiscipline ait assurément été désastreux, Gardner prétend que la vraie cause du conflit était « les décisions et les règlements souvent mal avisés et incohérents du ministère de la Milice et de la Défense »[22], un verdict qui tranche avec les conclusions de la commission d'enquête de 1916.

Lorsque la guerre éclata, Berlin était la plus grande ville « allemande » du Canada; pour cette raison, elle devint le point central du conflit. Déjà, avant que les premiers hommes du contingent s'embarquent pour l'Europe en 1914, ils avaient enlevé un buste de l'empereur Guillaume Ier de son piédestal à Victoria Park et l'avaient jeté dans le lac – le buste fut récupéré et entreposé au Concordia Club (qui appartenait à une association musicale allemande). Le 118e, formé dans le comté de Waterloo en 1915, était aux prises avec des recrues indisciplinées, des brutes qui se rendirent compte qu'elles ne partiraient jamais outre-mer si les effectifs du bataillon n'augmentaient pas. Frustrés par l'indifférence de leurs concitoyens, les soldats se lancèrent dans des missions – de plus en plus belliqueuses – qu'ils se donnèrent eux-mêmes pour encourager l'enrôlement dans la région au début de 1916. « Les hommes en uniforme sont sortis en force et ont adopté une tactique de sollicitation musclée, rapportait le *News Record* de Berlin dans son édition du 24 janvier, usant de la force quand les civils ne les accompagnaient pas de leur plein gré ». Les officiers du bataillon, quant à eux, envoyèrent des messages contradictoires : le Lieutenant-colonel W. M. O. Lochead avertit ses hommes que le chahut ne serait pas toléré, alors que le Capitaine R. E. McNeel railla les égoïstes douillets qui ne s'étaient pas enrôlés « alors que leurs frères canadiens (de vrais hommes, eux) enduraient l'inconfort, les blessures et même la mort ». Après diverses escarmouches entre civils locaux et hommes en uniforme, le Lieutenant-colonel Lochead mis sur pied un vague « règlement sur le recrutement dans les rues », mais des voix locales continuèrent à critiquer les soldats pour leur zèle[23]. Attisés par l'hystérie anti-germanique et par la controverse locale à propos du nom de Berlin, les membres du bataillon se lancèrent dans des actions directes pour prouver leur patriotisme.

Le 15 février 1916, vers 20 h, des soldats de la section de mitrailleurs (récemment transférés de Toronto et guère sensibilisés à la culture germanique de Berlin) marchèrent sur le Concordia Hall, enlevèrent le buste de Guillaume et revinrent à leur casernement où ils placèrent leur trophée dans la prison, un endroit qui leur semblait approprié. Le Lieutenant-colonel Lochead parla ensuite à environ 30 militaires du rang et sous-officiers sur la place d'armes et leur dit de ne rien faire de destructif et de se comporter comme des soldats, ce que ceux-ci lui promirent, lui expliquant qu'ils s'apprêtaient à sortir pour recruter des hommes. Une heure plus tard, environ 50 soldats paradant dans la rue principale et chantant des chansons patriotiques rencontrèrent les hommes du premier groupe, qui leur apprirent que le Concordia Hall était décoré de banderoles, de photographies et de drapeaux allemands. Ils décidèrent alors de prendre les choses en mains et marchèrent sur l'édifice. Aidés et encouragés par des dizaines de civils, les soldats y entrèrent et trouvèrent une photo du Roi George V ornée de drapeaux allemands. Le Concordia Hall était bien fourni en alcool et loin d'être poussiéreux, prouvant qu'il avait été utilisé comme club, malgré la promesse publique faite par la Concordia Singing Society à la suite du torpillage du *Lusitania*, selon laquelle le Concordia Hall resterait fermé jusqu'à la fin de la guerre. La foule en colère commença alors à saccager et à brûler le contenu du bâtiment (y compris un piano) dans un immense feu de joie, sous le regard impuissant de la police. Le prévôt avoua que ses hommes n'auraient pas pu intervenir sans risquer de se faire tuer. Aucun civil, agent de police ni fonctionnaire ou représentant municipal ne s'opposa ou ne tenta de s'opposer au saccage, et personne n'avertit le quartier général du bataillon avant que le saccage ne soit presque terminé. Lorsque le commandant et les autres officiers – qui étaient allés patiner – reçurent enfin un compte rendu des sous-officiers, ils se rendirent sur place et ordonnèrent aux soldats de retourner au casernement. La plupart de ces derniers obéirent immédiatement[24].

Les actions destructrices du 118e bataillon attirèrent l'attention du pays. « Nous n'avons jamais pensé que les gars prendraient l'application de la loi à leur compte de la manière dont ils l'on fait », avoua le Lieutenant-colonel Lochead aux journalistes. Il institua une commission d'enquête qui conclut que l'assaut n'avait pas été prémédité et que les causes principales étaient triples :

1. Le pro-germanisme latent dans certains cercles de la ville et la croyance générale qu'un tel sentiment est surtout répandu au sein de la Concordia Society, qui occupait le Concordia Hall.

2. L'emplacement connu de tous du buste de l'empereur Guillaume Ier au Concordia Hall.

3. L'exaspération des hommes devant la lenteur du recrutement qu'ils attribuaient à un sentiment anti-britannique non contenu, sachant bien que parmi les membres de la Concordia Society se trouvait un grand nombre de jeunes hommes[25].

Aucune de ces causes ne semblait particulièrement déconcertante. En fait, elles paraissaient être empreintes de patriotisme. « Nous portons l'uniforme du Roi et nous avons l'intention de soutenir le Roi jusqu'au bout », expliquèrent les mitrailleurs au cours de leur interrogatoire collectif durant l'enquête[26]. Par conséquent, le tribunal militaire ne blâma pas les soldats, mais plutôt les civils et les autorités municipales qui avaient permis l'existence de conditions intolérables dans la région, des conditions « que les loyaux citoyens britanniques ont trouvé impossible à supporter... ». Dans les conclusions de la commission, « le Concordia Club, censé être une association de chanteurs, était en réalité un club allemand dynamique, constitué d'un grand nombre de jeunes hommes. Et tout ce que nous avons trouvé sur ce club, c'est qu'il s'agissait d'un organisme voué à la promotion et au maintien d'un fort esprit germanique et de l'amour de la terre allemande »[27]. Les soldats croyaient avoir fait leur devoir; le soldat Williamson entendit le Sergent-major Blood dire à la foule : « Si on doit les combattre à Berlin, aussi bien les affronter ici et en Allemagne »[28]. Le 118e avait remporté sa première bataille, sans pertes, parce que la commission n'avait pas pu déterminer le coupable de la destruction. L'affaire en resta donc là.

Moins de trois semaines plus tard, les membres du bataillon recommencèrent. Tout d'abord, ils brisèrent la vitrine du tailleur A. Hanni parce que, selon les journaux locaux, « le nom ne sonnait pas assez britannique à leur goût ». Ils visitèrent ensuite divers magasins appartenant à des Allemands et ôtèrent des photos de « nature germanique », en brisant une sur la tête d'un client d'un restaurant qui avait protesté. Enfin, ils se rendirent chez C. R. Tappert, citoyen américain et pasteur luthérien controversé qui vivait à Berlin. Plus tôt durant la guerre, il avait été arrêté pour déclarations séditieuses, après avoir mis en doute des histoires d'atrocités véhiculées par la presse; la poursuite avait été abandonnée. Les membres du 118e détestaient Tappert : ses dénonciations de la guerre s'opposaient à tout ce qu'ils représentaient; selon eux, il avait déclaré sa loyauté à l'Allemagne et son fils avait menacé le fils d'un sergent. Dès février, le Capitaine S. N. Dancey avait déclaré lors d'une réunion avec d'autres officiers et des sous-officiers que « Tappert devait être enduit de goudron et de plumes ». Lorsque Tappert donna au *Toronto Star* des entrevues où il expliquait le point de vue de la communauté germanique locale, les menaces fusèrent. Le pasteur annonça alors à sa congrégation et au maire qu'il quitterait la ville au 1er mars; ce qu'il ne fit pas. Le 5 mars, environ 50 soldats vinrent l'affronter à sa maison de la rue Alma, le firent parader autour de la ville et le traînèrent au casernement. Avant que les officiers du 118e aient pu le délivrer, les soldats lui avaient cassé une dent et fait un œil au beurre noir. Très ennuyé, Lochead indiquant qu'il n'avait « aucune excuse pour la conduite de Tappert, mais qu'il regrettait les débordements de ses hommes et leur effet sur la discipline ». Il prit finalement des mesures décisives pour empêcher d'autres actes de désobéissance et posta des piquets locaux pour patrouiller dans les rues[29].

Quelques jours plus tard, Lochead expliqua à l'adjudant-général, à Ottawa, que Tappert avait été « très imprudent dans son langage et dans son attitude envers les soldats » et que s'il avait été poli, il n'aurait pas été attaqué. Lochead avait « sévèrement averti » son bataillon à « différentes occasions de ne pas approcher Tappert ou sa maison ». Cependant, alors qu'il était absent, ses hommes avaient désobéi. Lochead promis d'aider les autorités civiles par tous les moyens possibles « pour veiller à ce que les punitions appropriées soient infligées »[30]. Son empressement à s'en remettre aux autorités civiles était conforme aux pratiques générales de l'époque. « Les soldats en uniforme ne perdent aucun de leurs droits ou devoirs de citoyens. Par conséquent, ils ont accès à tous les privilèges conférés par la loi, mais sont également assujettis aux punitions qu'elle prévoit », expliqua au Parlement le ministre Hughes. Il insista également sur le fait que le gouvernement avait traité les « étrangers ennemis [...] avec beaucoup de tolérance et d'indulgence. Toutefois, les déclarations et la conduite qui ont, même indirectement, encouragés la sédition, la trahison et la déloyauté ne seront pas tolérées », une confirmation implicite que les soldats qui avaient désobéi étaient poussés par une cause justifiable[31]. Les deux meneurs désignés par la commission d'enquête de Berlin (le Sergent-major Blood et le soldat E. Schaefer) furent jugés par les autorités civiles et déclarés coupables de voies de fait. Un juge sympathique leur adressa une réprimande et des remontrances sévères « dont, sans aucun doute, tous deux et les autres se souviendraient ». Les deux hommes reçurent une condamnation avec sursis et tous deux promirent qu'ils n'auraient plus « d'écarts de conduite ». Lochead convoqua immédiatement les officiers et les militaires du rang à un souper conjoint et fit un discours sur la discipline « qu'on écouta attentivement et qui aurait certainement de bons résultats »[32]. Un calme relatif régna au cours des deux mois suivants, indiquant que le commandant avait finalement repris un certain contrôle sur ses hommes[33].

Les membres frustrés par la situation de sous-effectif du 118e avaient toujours grande envie d'aller outre-mer, mais n'arrivaient pas à atteindre le nombre adéquat d'hommes. L'émotion était à son comble. Sous des tonnerres d'applaudissements, le Sergent-major Blood promit, le 2 mai, que toute personne ou institution pro-allemande serait « anéantie » et « écrasée ». À la suite d'un rassemblement de recrutement tenu sur la place du marché à Waterloo trois jours plus tard, dix soldats du 118e enlevèrent un buste de bronze de l'empereur allemand Guillaume Ier à l'Acadian Club à Waterloo. En soirée, les soldats entreprirent de mettre à exécution la promesse de Blood : entre 30 et 40 hommes du bataillon menèrent pour un raid nocturne et démolirent le mobilier du Club. Essentiellement, il s'agissait d'une réédition de l'épisode du Concordia Hall. Cette fois-ci, la logique semblait toutefois moins certaine : l'Acadian Club n'était pas un foyer pro-germanique, car 28 de ses membres s'étaient déjà enrôlés. « L'opération a été si subite et rapide qu'il s'est avéré impossible d'en déterminer les responsables », conclut plus tard l'historien E. Pye, étant donné l'incapacité de la commission d'enquête instituée par la suite à incriminer qui que ce soit. Le bataillon était clairement responsable et le club réclama 529,75 $ de dommages-intérêts, mais ne reçut rien, par crainte d'envenimer le ressentiment[34]. Une fois encore, les soldats avaient atteint leur but en dehors des structures officielles de commandement. Peu après, Berlin fut renommée Kitchener, un changement symbolique qui réaffirma la loyauté impériale de la ville au détriment du patrimoine allemand. Les soldats avaient remporté leurs batailles locales et étaient à présent prêts à en découdre avec les Huns en Europe. Le 20 mai, des milliers de citoyens locaux se réunirent pour assister au départ des soldats vers le camp Borden, marquant ainsi la fin d'un épisode tumultueux dans le comté de Waterloo.

Après avoir objectivement évalué les faits, l'historien Nik Gardner conclut qu'en essayant de lever un bataillon entier dans un district majoritairement allemand, le 118e avait éprouvé de graves problèmes de recrutement et de discipline. En raison de l'apathie et de la résistance locales, « les appels au devoir et au patriotisme pro-britannique des officiers ne provoquèrent qu'une réaction limitée » :

> Comme les efforts de recrutement piétinaient, les soldats se rendirent compte que leur échec sèmerait le doute sur la loyauté du district et retarderait leur départ outre-mer. La frustration des hommes s'accrût alors. Cherchant à éliminer le pro-germanisme qui, apparemment, gênait leurs efforts, les soldats, souvent menés par la section de mitrailleurs constituée à Toronto, causèrent de nombreux affrontements avec les citoyens locaux[35].

Lorsque les idéaux de devoir, de patriotisme et de loyauté échouèrent à déclencher un enthousiasme local suffisant, ce qui fut interprété comme une preuve de manque de loyauté, ceux qui s'étaient déjà enrôlés prirent des mesures directes pour montrer leur dévouement envers l'effort de guerre. « De ce que j'ai pu comprendre, les citoyens et les soldats ont fait ce qu'ils jugeaient être leur devoir, c'est-à-dire nettoyer la ville de certains de ses éléments germaniques », expliqua le Sergent Bowden devant la commission d'enquête de Berlin. « D'après les civils, c'était une tâche qui aurait dû être exécutée par le gouvernement[36] ».

Windsor (Nouvelle-Écosse)

Les émeutes du 239th Railway Construction Battalion de Windsor (Nouvelle-Écosse), furent plus organisées et mieux délimitées que les désordres perpétrés à Berlin ou à Calgary. Les troubles commencèrent à la suite de remarques formulées par des civils contre le propriétaire de la Windsor Garage Company, E. C. Muller. Lui-même était né au Canada, mais son grand-père avait émigré au pays avec sa famille, lorsque son père avait quatre ans. « Rien ne semble justifier le sentiment négatif à l'encontre de M. Muller, sauf le fait qu'il soit de descendance allemande », nota le Major-général T. Benson, chef de district. Selon le témoignage du maire, toutefois, lorsque la Croix-Rouge était passée pour recueillir des fonds à Windsor, E. C. Muller avait refusé de faire un don et s'était prétendument moqué des représentants. Cette réaction avait suscité « de nombreux commentaires négatifs chez ses concitoyens » et probablement déclenché l'animosité des soldats également. Dans le casernement et les salles de billard, les soldats planifièrent un raid sur son garage à la fin de l'automne. Au soir du 14 novembre 1916, plus de 150 hommes du 239e bataillon marchèrent en groupes de quatre sur son garage, en brisèrent les portes et détruisirent systématiquement les outils et les dossiers. Ils endommagèrent sérieusement trois automobiles et les sortirent du bâtiment, en renversant une dans la rue et en envoyant une autre dans l'Avon. Après dix minutes, les soldats avaient mis en pièce tout le matériel du garage, désormais en feu. La plupart des soldats se rassemblèrent ensuite rapidement dans la rue et marchèrent plusieurs pâtés de maisons avant de se disperser en groupes et de se mêler à la foule, rendant ainsi presque impossible la tâche du caporal de service, venu enquêter afin d'identifier les malfaiteurs[37].

La commission d'enquête ne laissa aucun doute sur le fait que les hommes du bataillon étaient responsables et qu'ils savaient à l'avance que l'attaque aurait lieu. Étant donné que « les dommages ont été très rapidement faits et d'une façon relativement ordonnée, et qu'ils n'ont pas été accompagnés, avant ou après, par des émeutes », les officiers convocateurs déterminèrent que « les troubles étaient largement patriotiques et qu'il n'y avait aucun signe de mutinerie ». Il s'agissait d'une étrange conclusion, surtout si l'on considère les commentaires selon lesquels l'animosité populaire contre Muller n'était pas fondée. Comme il était impossible de rejeter la culpabilité sur les vrais responsables et que pratiquement tous les hommes connaissaient à l'avance les intentions des participants et avaient de sympathie pour leur action, la commission recommanda que le propriétaire soit compensé à même la solde des officiers, sous-officiers et militaires du rang de l'unité. Les autorités militaires locales promirent à Muller et à son avocat qu'il serait compensé en bonne et due forme[38].

Cependant, l'adjudant-général s'y opposa. « La commission d'enquête ne semble pas avoir examiné ce cas aussi exhaustivement qu'elle l'aurait dû, observa-t-il. Apparemment, aucun effort ne semble avoir été déployé pour établir les preuves possibles ». En désaccord avec cette opinion, le chef de district expliqua que la commission avait prouvé que les dommages avaient été entièrement causés par les hommes du 239e bataillon, mais qu'il aurait fallu des semaines pour recueillir des preuves directes contre les 150 hommes responsables et qu'à son avis, il valait mieux faire porter la responsabilité au bataillon et laisser l'enquête subséquente et les mesures disciplinaires aux mains du commandant. L'adjudant-général réitéra son opposition, s'appuyant cette fois-ci sur la politique :

> Le ministère a toujours eu comme politique de ne pas reconnaître la responsabilité des dommages causés à la communauté par des soldats. Si ces derniers endommagent des biens, ils se trouvent dans la même situation que les *civils* [c'est nous qui soulignons] qui font de même et c'est aux parties lésées de prendre des mesures de la façon habituelle. Cependant, j'aurais suggéré que la demande de compensation soit soumise au bataillon, pour qu'il s'en acquitte et préserve sa réputation, mais

comme celui-ci a été envoyé outre-mer, il est probablement trop tard.

Selon lui, il était difficile de croire qu'une émeute d'une telle ampleur puisse survenir sans qu'on puisse connaître le nom d'un seul individu responsable. Quoiqu'il en soit, la bureaucratie avait vaincu M. Muller et son avocat. Ils n'avaient pas entrepris d'action au civil du fait que les autorités militaires les avaient assurés qu'ils seraient dédommagés. Quand ils apprirent que ce ne serait pas le cas, il était alors trop tard puisque le bataillon, et les coupables, s'étaient déjà embarqués et se trouvaient à présent hors de portée de la loi civile[39].

Regina (Saskatchewan)

Les frustrations « anti-ennemi » qui couvaient à Regina rejoignaient celles ressenties à Calgary, à Berlin et à Windsor, mais le résultat des troubles qui survinrent dans son « quartier des étrangers » fut unique. Dans les semaines précédant l'attaque, le Lieutenant-colonel J. H. Hearn, commandant du 214e bataillon expliqua que ses hommes avaient étés plus ou moins insultés et exaspérés par les éléments autrichien et allemand dans plusieurs lieux de divertissement et que les relations entre eux et les soldats étaient mauvaises. Le soldat George Tomsha assistait à un bal au Romanian Hall lorsqu'il rencontra un groupe d'Autrichiens. Ils échangèrent des propos blessants et des coups de poings, à la suite de quoi Tomsha relata une version exagérée de l'affaire à ses compagnons d'armes. La rumeur s'amplifia parmi les soldats stationnés dans la ville. Le *Regina Leader* publia une histoire trompeuse selon laquelle un membre du 214e, qui avait été maltraité lors d'un bal, se trouvait à l'hôpital et qu'il n'y avait pas de réparation. Un autre compte rendu selon lequel un homme avait été tué au Romanian Hall circulait : un uniforme avait été trouvé dans le cimetière de la ville, mais personne ne savait vraiment si l'homme était mort ou s'il avait déserté. De telles histoires n'ont peut-être eu aucune incidence sur la suite des évènements, puisque les soldats croyaient avoir déjà suffisamment de raisons d'attaquer le Romanian Hall le 22 novembre[40].

Le directeur de la salle de billard appartenant à Cornelius Rink (un Boer qui avait combattu contre l'Empire britannique en Afrique du Sud) insulta plusieurs soldats qui venaient lui demander des indications pour se rendre au Romanian Hall. Les soldats, au nombre de 300 à 400, tinrent un bref conciliabule à l'extérieur et décidèrent de « nettoyer la place ». Des projectiles furent tirés à travers les fenêtres, des tables de billard furent renversées et des queues furent brisées et jetées. Dès qu'ils apprirent les faits, les officiers du 214e prirent des mesures et quatre d'entre eux se rendirent en voiture sur les lieux. « À leur arrivée, ils trouvèrent entre 40 et 60 hommes maîtres des lieux et en train de démolir le mobilier, les fenêtres, etc. ». Les hommes expliquèrent aux officiers que le propriétaire, qui selon eux était Allemand, les avait insultés et qu'ils avaient, par conséquent, l'intention de saccager les lieux. Les officiers ordonnèrent aux hommes d'arrêter et de se disperser, ce qu'ils firent. Le Lieutenant-colonel Hearn prétendit plus tard : « les hommes n'étaient pas sous les ordres de ces officiers, mais ils obéirent rapidement »[41]. La destruction qu'ils laissèrent dans leur sillage donnait à penser tout le contraire.

Le chef de district, le Major N. S. Edgar, mit sur pied une commission d'enquête. Les débats furent retardés parce que les bataillons étaient en quarantaine en raison d'une épidémie de diphtérie et, par conséquent, n'obtinrent que peu d'éléments de preuve. La commission fut incapable de jeter le blâme pour les troubles et les dommages qui en avaient résulté sur une unité en particulier et conclut simplement que des hommes des 214e et 217e bataillons, ainsi que de la 77e batterie, avaient été présents et seraient tenus collectivement responsables. « Il est regrettable qu'une émeute d'une telle ampleur puisse survenir sans qu'on soit en mesure de connaître le nom d'un seul individu responsable, nota une fois de plus à Ottawa le Major-général W. E. S. Hodgins, adjudant-général par intérim. Les preuves réunies par la commission d'enquête donnent l'impression qu'il n'y a eu aucune réelle tentative d'obtenir le nom des responsables ». Néanmoins, il répéta que le ministère n'assumerait pas la responsabilité des dommages et suggéra que la demande de compensation soit soumise aux bataillons impliqués et que ces derniers l'acquittent pour le bien de leur réputation. Dans ce cas cependant, les bataillons acceptèrent de verser 140,20 $ à Cornelius Rink à titre de dommages-intérêts, lequel retira alors sa plainte[42].

ALCOOL

S'il est évident que le sentiment « anti-étranger ennemi » servit de catalyseur à la désobéissance, l'alcool joua un rôle double dans le déclenchement des émeutes de 1916. Premièrement, elle supprima les inhibitions et encouragea les soldats à s'engager dans des activités illicites. Deuxièmement, la croisade contre l'alcool menée en temps de guerre – sous forme de prohibition et d'incitation à la tempérance – était formulée en termes patriotiques et reçut soudainement un soutien accru. À la fin de 1916, tous les gouvernements provinciaux, sauf celui du Québec, avaient édicté une loi abolissant la vente d'alcool. Cette nouvelle culture de la sobriété se heurta à la culture militaire qui avait toujours inclus la consommation massive d'alcool. L'historien Tim Cook a d'ailleurs montré que le « démon du rhum » avait nettement contribué au moral et au courage, et avait rempli une fonction sociale essentielle au cours de la Grande guerre[43]. Lorsque des soldats étaient emprisonnés pour avoir enfreint les lois prohibitives, leurs camarades se sentaient en devoir de les « sauver » des autorités civiles. Le principe du « un pour tous, tous pour un », inculqué durant l'instruction élémentaire et utilisé pour fondre les civils en unités militaires cohérentes, avait été étendu à l'idée de ne pas laisser tomber ses pairs lorsqu'ils étaient « injustement » assujettis aux règles civiles. Plusieurs troubles intérieurs sérieux trouvèrent donc leur origine dans des infractions aux lois contre l'alcool[44].

Saint John (Nouveau-Brunswick)

En 1916, les cérémonies de départ d'une unité locale étaient prétexte à faire la fête et à donner libre cours aux esprits patriotiques et aux spiritueux. Le 31 mars, le 4th Canadian Siege Battery quitta Saint John (Nouveau-Brunswick) pour se rendre outre-mer, et des milliers de civils se rassemblèrent à la gare pour leur faire de chaleureux adieux. Quelques centaines de membres des 69e, 115e et 140e bataillons se joignirent également à eux et déployèrent leurs couleurs. Lorsque ces unités rompirent les rangs, leurs soldats se mêlèrent aux civils attroupés dans les rues King et Charlotte et restèrent là toute la soirée. La foule excitée comptait entre 2 000 et 3 000 personnes. Plusieurs soldats, qui venaient d'être payés et qui, par conséquent, avaient amplement d'argent pour acheter de l'alcool, commencèrent à échapper à tout contrôle. Des escarmouches entre hommes en uniformes éclatèrent, et les civils accoururent pour assister aux bagarres qui semblaient opposer des membres de régiments différents. Ceux du 69e bataillon, en particulier, semblaient prêts à sauter dans la mêlée pour aider les hommes de leur unité. Des citoyens zélés furent accusés d'attiser les émotions, appelant les hommes du 115e « fermiers » et ceux du 69e « grenouilles », une référence évidente à l'important contingent canadien-français dans ses rangs. La police locale essaya de contenir la foule et mit fin à plus d'une douzaine de bagarres, mais le grand nombre de personnes lui rendit la tâche particulièrement ardue[45].

Apparemment, la police avait mis un terme aux échauffourées lorsque le piquet du 69e bataillon arriva sur les lieux. Quand un membre de la police militaire du 140e bataillon essaya de faire circuler dix hommes intoxiqués du 69e, leur meneur trouva amusant de faire tomber son casque et de commencer à le cajoler. Le policier répondit avec ses poings et les autres membres du 69e vinrent à la rescousse de leur camarade. Le Sergent Joseph Scott, de la police civile, raconta que le combat reprit parce que la police militaire du 69e était arrivée et avait provoqué encore davantage de troubles. « Le sergent qui dirigeait la police militaire a manqué de jugement, nota Scott. Il semblait excité et se mit à se battre avec les unités de police militaire des autres bataillons ». L'inspecteur de police W. C. Wickham ajouta que ce sous-officier avait agi comme s'il était saoul; il ne contrôlait visiblement pas ses hommes. Résultat, les esprits s'échauffèrent. Les hommes des autres bataillons approchèrent Wickham et lui dirent : « Si ces Français font des histoires, nous allons leur montrer de quel bois nous nous chauffons ». Sagement, il leur ordonna de s'éloigner, et ils obéirent. « En général, les hommes se tinrent très bien, conclut l'inspecteur. Seuls quelques durs à cuire parmi les soldats me donnèrent du mal ». Il ordonna à ses agents de se concentrer sur les civils et laissa la police militaire « s'occuper de ses hommes ». En fin de compte, les officiers des divers bataillons ordonnèrent à leurs soldats qui traînaient encore de retourner à leur casernement. La plupart quittèrent rapidement les rues, mettant ainsi un terme aux festivités de la soirée[46].

Finalement, on dénombra « plusieurs yeux au beurre noir et nez ensanglantés », mais les biens furent épargnés. Les commandants locaux conclurent que les troubles n'avaient pas creusé de fossés entre les bataillons ou entre eux et les citoyens, et une commission d'enquête détermina que les troubles « n'avaient pas été organisés ou prémédités, mais simplement dus au fait que quelques soldats plus ou moins en état d'ébriété avaient commencé à se battre entre eux ». Les officiers conclurent que la concentration de civils et de soldats dans les rues avait gêné les efforts déployés par les polices civile et militaire pour réprimer la foule turbulente et que le blâme était surtout à porter au compte des civils. « Les preuves indiquent qu'un certain nombre de civils ont fini par se rassembler et à pousser les soldats à se battre en disant aux hommes d'un bataillon que ceux d'un autre leur cherchaient querelle ». Ces faussetés alimentèrent un scénario qui culmina en « peu de bagarres, mais beaucoup de bruit ». Le véritable coupable, avança la commission, était « l'alcool de mauvaise qualité vendu illégalement par des trafiquants »[47]. Il semblait que les civils avaient inlassablement tenté de provoquer les soldats au moyen d'un discours incendiaire et d'alcool.

Winnipeg (Manitoba)

Les 1er et 2 avril 1916, les soldats et les civils affrontèrent les policiers dans les rues de la capitale du Manitoba. L'arrestation, par des agents de police civils, d'un soldat en état d'ébriété couché par terre à l'extérieur de l'Imperial Hotel servit de prétexte à cette confrontation. Un deuxième soldat, qui l'aidait, commença à critiquer vigoureusement les policiers. « Ne laissez pas ces salauds d'enfoirés l'emmener », lança-t-il au groupe de soldats qui s'était rapidement formé autour de la scène. Lorsque les policiers tentèrent de procéder à l'arrestation de ce deuxième soldat, la foule s'occupa de le « libérer » de ses gardiens. La foule passa rapidement à quelques centaines de personnes et tous s'agitaient de plus en plus; plusieurs autres soldats furent arrêtés. « Une bataille soutenue opposait les policiers et la foule », expliqua le Lieutenant-colonel H. N. Ruttan, commandant de district de Winnipeg. Les émeutiers brisaient les vitres du tramway, lançaient des morceaux de glace et menaçaient de s'en prendre aux policiers. Les soldats suivirent ces derniers le long de la rue Alexander, criant « nous allons les faire sortir! ». La foule s'approcha du poste de police par tous les côtés. Les policiers érigèrent alors un cordon de sécurité d'un côté de la rue à l'autre, mais furent incapables de disperser les gens en employant des méthodes pacifiques. Ils sortirent donc leurs matraques et chargèrent sans avertissement, blessant plusieurs personnes; la situation tourna rapidement au chaos. Plus tard, les policiers chargèrent par erreur sur le piquet du grand prévôt envoyé en renfort pour rétablir l'ordre. Certains individus s'armèrent de bâtons de bois de corde pris sur un tas; ils étaient maintenant mieux équipés pour affronter les policiers. Heureusement, le 100e Winnipeg Grenadiers arriva sur les lieux et dispersa la foule avant que la violence s'intensifie[48].

Le lendemain matin, un groupe de soldats (apparemment des membres du 108e déjà sous l'influence du whisky) se rassembla devant le poste de police et exigea la libération des « soldats-prisonniers ». Lorsque leur demande fut refusée, ils bombardèrent le poste avec des briques et cassèrent les fenêtres. Les policiers réagirent immédiatement : quarante agents, brandissant leurs matraques, jaillirent du poste en deux rangées et chargèrent sur le groupe afin de le disperser. Un civil décrivit la scène de la façon suivante :

> Tout d'un coup, les portes du garage se sont ouvertes et les policiers se sont déversés dans la rue, donnant des coups à droite et à gauche. Ils avançaient très vite et ont repoussé les gens dans notre direction…. Ils ont bousculé un soldat, qui est tombé sur les mains et les genoux, et l'un des policiers a levé sa matraque et l'a frappé…. J'ai vu les policiers frapper un Chinois, mais ils ont frappé aussi les soldats à droite et à gauche en ne leur laissant aucune chance de s'esquiver…. Les policiers étaient complètement hystériques; je n'avais jamais rien vu de tel de toute ma vie.

Le commandant de district donna l'ordre à environ 1 000 soldats de fixer leurs baïonnettes au canon et de reprendre le contrôle du centre-ville. Des milliers de personnes continuèrent de se masser sur les trottoirs jusque dans la soirée, bien que les problèmes aient cessé en milieu d'après-midi. Des piquets des 90e, 144e et 179e bataillons, ainsi que du Strathcona's Horse, furent en mesure de rétablir le calme. Il n'y aurait pas de récidive : les hommes en quartier libre furent confinés aux casernements, tous les bars furent interdits d'accès et le commandant de district ordonna rapidement la tenue d'une commission d'enquête[49].

La commission trouva une multitude de causes pour appuyer le prétexte anodin fourni par l'arrestation initiale d'un soldat en état d'ébriété. Les agents de police arrivèrent à la conclusion qu'il y avait un « nombre important d'hommes intoxiqués » parmi les militaires, malgré les témoignages contraires de l'armée. C'était jour de paye pour les soldats, et leur nombre avait augmenté au cours de la fin de semaine grâce aux 500 hommes du 108e bataillon arrivés en provenance de Selkirk, où les bars étaient tous fermés. Les témoignages donnèrent à penser que la première et principale raison de l'existence d'une profonde animosité était les rumeurs de mauvais traitements et de brutalité envers les soldats de la part des policiers. Les officiers militaires jetèrent le blâme sur les policiers pour avoir chargé sur les soldats sans qu'il n'y ait eu de provocation : « ce n'était qu'une foule de curieux ». La police de garnison témoigna que les policiers civils avaient utilisé leurs matraques sans discrimination, « inutilement et avec violence ». En effet, plusieurs maintenaient que les policiers « avaient complètement perdu la tête » et que leurs attaques disproportionnées avaient « jeté de l'huile sur le feu ». Un agent de police supérieur affirma qu'il régnait une confusion sur le plan hiérarchique : les soldats ne croyaient pas être assujettis à la loi civile et se sentirent ainsi persécutés par les policiers civils. La commission exprima son accord avec le fait que l'un des éléments déclencheurs fut « l'ignorance de la part des soldats et des civils en ce qui avait trait aux pouvoirs des policiers civils et des policiers de garnison, ainsi que le ressentiment envers les policiers civils arrêtant les soldats ». Néanmoins, elle ne put prouver l'existence de conflit entre les autorités civiles et la force policière de garnison de service qui procédaient toutes deux à des arrestations. Finalement, elle jeta comme d'habitude le blâme sur les civils, pour ne pas avoir coopéré en refusant de se disperser. À l'opposé, elle félicita les bataillons pour avoir établi des piquets qui « apportèrent une aide matérielle au rétablissement de l'ordre »[50].

Calgary (Alberta)[51]

En Alberta, les lois concernant les boissons alcooliques devinrent beaucoup plus contraignantes lorsque la *Temperance Act* provinciale fut adoptée le jour de la fête du Dominion, en 1916. Les soldats cantonnés à Calgary en vinrent rapidement à se considérer des cibles faciles d'injustice. Le 11 octobre à 11 h, le magistrat de police de Calgary déclara cinq hommes du 211e bataillon[52] coupables d'infractions commises en vertu de la *Liquor Act*. Il imposa la sanction minimale permise (une amende de 50 $ ou l'emprisonnement pendant 30 jours), mais les soldats n'avaient pas les moyens d'acquitter l'amende, en raison de leur maigre solde. Les policiers de la ville remirent donc les prisonniers à la Royale Gendarme à Cheval de Nord-Ouest (R.G.C.N.-O.) pour la durée de la peine. Aux environs de 19 h 30 ce soir-là, plus de 200 soldats se massèrent devant le quartier général du service de police de la ville. Ils criaient, huaient, chantaient et acclamaient, entremêlant leurs cris de menaces et exigeant que les cinq hommes accusés ce matin-là soient relâchés. Avait-on idée de traiter ainsi des hommes en uniformes? La foule brisa quelques fenêtres avant qu'on ne l'informe que les hommes qu'ils recherchaient se trouvaient au casernement de la de la ville remirent donc les prisonniers à la R.G.C.N.-O.[53].

Se regroupant en une « formation irrégulière, les clairons sonnant », 300 membres des 211e, 218e et 233e bataillons marchèrent vers leur nouvelle destination. Environ 200 civils, rassemblés devant le casernement, se joignirent à la foule. Plusieurs sous-officiers exigèrent la libération des prisonniers au milieu de cris tels que « nous voulons que justice soit faite » et « nos camarades sont à l'intérieur ». L'inspecteur de la de la ville remirent donc les prisonniers à la R.G.C.N.-O. local promit de parler à un juge de la ville, mais les soldats se ruèrent sur la porte du côté est, s'introduisirent de force dans l'établissement et commencèrent à briser le matériel de la police et des fenêtres. Malgré tous leurs efforts, les officiers du 211e, aidés de quelques agents de police qui se trouvaient sur place, ne réussirent pas à calmer les hommes. Les soldats envahirent le bâtiment et continuèrent à détruire tout ce qui s'y trouvait. Ils furent toutefois incapables de localiser la porte principale menant à la salle de détention. Au cours d'une attaque simultanée à travers la cour des prisonniers, le soldat Julio Pelegrino, du 211e bataillon, réussit à atteindre l'escalier de secours menant à la fenêtre grillagée de la salle de détention. Il vit que quatre hommes de la de la ville remirent donc les prisonniers à la R.G.C.N.-O. surveillaient les prisonniers. Lorsque les policiers annoncèrent qu'ils tireraient, les soldats répondirent « nous aussi nous pouvons tirer, et nous préférons mourir ici que dans les tranchées ». L'un des agents de police tira alors une balle dans l'épaule de Pelegrino. La majeure partie de la foule sortit pour transporter le blessé dans la rue et aucune autre offensive ne fut tentée. Néanmoins, un pauvre agent de police qui retournait malencontreusement au casernement à ce moment eut à subir la colère des émeutiers. « Il lui a tiré dessus, amenez une massue et tuez-le! » lança quelqu'un. Les soldats crièrent « battez-le! battez-le! ». Ils se lancèrent à sa poursuite et le firent tomber au sol, « s'empilèrent sur lui » et le frappèrent avec des bâtons. Quelqu'un cria « on l'a, on a une corde, pendons-le! ». Heureusement, personne ne réagit et l'inspecteur le tira dans une voiture[54]. Les deux blessés furent soignés à l'hôpital.

Le Brigadier-général E. A. Cruikshank arriva finalement et promit à la foule que si les hommes incarcérés avaient raison de croire qu'une injustice avait été commise ou qu'ils n'étaient pas traités justement, il ferait tout en son possible pour s'assurer que justice soit faite. Il réussit à persuader les soldats de se retirer, bien que l'attroupement de civils autour du casernement lui rendit la tâche beaucoup plus difficile. Le Lieutenant-colonel May déclara que les civils « ne réalisaient pas qu'ils pouvaient nous aider en retournant chez eux et la majorité resta sur place en se moquant de nous »[55]. À 22 h 30, la foule s'était dispersée, un important piquet militaire était arrivé du camp Sarcee et les prisonniers furent envoyés hors de Calgary dès que possible.

Les dirigeants politiques et militaires s'inquiétaient des contrecoups. Le premier ministre lui-même était assez préoccupé pour demander au ministre de la Milice et de la Défense de mener une enquête officielle :

> Du fait qu'il s'agit de la deuxième perturbation violente à avoir lieu à Calgary et comme cet incident semble plus sérieux que tout ce qui a pu se produire à ce jour, car il constitue une attaque directe contre ceux qui ont la responsabilité de faire appliquer la loi et l'ordre, je me vois dans l'obligation de demander qu'une enquête minutieuse et rigoureuse [...] soit menée pour cette affaire et que quiconque trouvé coupable reçoive une sanction adéquate. Toute autre avenue pourrait certainement provoquer une répétition de telles agitations, qui doivent être sévèrement réprimées.

La commission d'enquête qui s'ensuivit siégea sept jours. Les policiers réussirent à convaincre les officiers que les soldats n'avaient aucune raison de se plaindre : les poursuites engagées contre eux étaient valides d'un point de vue moral et légal. Une fois l'enquête terminée, 22 hommes furent remis aux autorités civiles pour les poursuites judiciaires. Cinq d'entre eux furent déclarés non coupables, dans deux cas les accusations furent abandonnées et deux prisonniers réussirent à s'échapper de la salle de détention Est du camp Sarcee. Les autres furent déclarés coupables et reçurent une amende[56].

Qui fallait-il blâmer? Il était devenu normal que les « étrangers » soient la cible de critiques officielles. Les membres de la R.G.C.N.-O. trouvaient « très humiliant [...] que les meneurs soient tous des étrangers et qu'un grand gaillard russe ou allemand presque incapable de parler l'anglais dirige l'attaque ». D'autres purent confirmer que les hommes « responsables de tout ce grabuge étaient des étrangers parlant un mauvais anglais ». Les appels aux sentiments nationalistes du public évitèrent aux soldats d'être blâmés, mais les chefs de la R.G.C.N.-O. les montrèrent du doigt. Étant donné le nombre de soldats présents à Calgary et leurs actions dans le passé, les officiers militaires auraient dû prévoir un piquet pour patrouiller les rues du centre-ville chaque soir. Le commandant de la R.G.C.N.-O. local déplora : « Les hommes du camp Sarcee sont dirigés par un faible; si ce n'était pas le cas, nous n'aurions jamais eu tous ces problèmes avec les soldats »[57].

ÉVÉNEMENTS DIVERS

London (Ontario)

L'élément déclencheur d'une « petite perturbation de l'ordre public » à London (Ontario), le 11 mars 1916, était d'un tout autre ordre. Aux environs de 15 h, Peter Smerlies, propriétaire du National Poolroom, demande leur âge à quatre soldats en uniforme, car un règlement municipal interdisait l'accès à de tels établissements aux mineurs. Les soldats avaient fréquenté la salle de billard dans le passé et personne ne s'était informé de leur âge auparavant. Toutefois, leur manque d'expérience du jeu (il leur fallait plus de temps pour terminer une partie que les joueurs plus habiles) posa problème ce jour-là, car les tables libres étaient rares. Lorsque le propriétaire leur demanda de quitter la salle, ils présumèrent que cela n'avait pas grand-chose à voir avec les règlements et le prirent comme une insulte personnelle. Environ 50 soldats laissèrent tomber leurs queues au sol en geste de solidarité et se regroupèrent pour quitter la salle de billard tous ensemble. L'histoire se transforma rapidement en une conspiration contre les hommes habillés en kaki. Peu après, les soldats posèrent aux fenêtres le long de la rue Dundas des écriteaux (gracieuseté d'un imprimeur local qui « pensait faire une faveur aux gars ») qui proclamaient : « Accès à la National Poolroom interdit aux soldats ». Le bâtiment comprenait aussi une salle de quilles, un salon de coiffure, un bain public et un bureau de tabac, qui furent tous mis dans le même sac du simple fait de leur emplacement géographique[58].

La nouvelle de l'incident se répandit parmi les militaires à London et de manière plus générale dans la ville. Une foule commença à se presser devant la National Poolroom; elle comprenait de 75 à 100 soldats du 2e Field Ambulance Depot, des 70e, 135e et 142e bataillons ainsi que d'un « grand nombre de civils ». Plusieurs soldats tinrent pour acquis que les propriétaires de la salle de billard, et non des militaires, avaient affiché les écriteaux; ils furent évidemment offensés. Les meneurs ne firent rien pour essayer de leur faire comprendre la vérité. Lorsque Ralph Benenati, le gérant du bureau de tabac, enleva un écriteau de l'une de ses fenêtres à l'aide d'un grattoir, un officier s'approcha de lui et demanda : « Voulez-vous déclencher une émeute dans cette ville? ». Le gérant répondit que le service de police de la ville ne lui offrait aucune protection. Effectivement, les policiers ne prirent aucune mesure et les esprits s'échauffèrent aux environ de 17 h 30. Les gens commencèrent à lancer des pierres et des briques, brisant plusieurs vitres, tout en utilisant les voitures qui circulaient comme écran pour cacher leur identité. Même si quelqu'un se dépêcha de placer un *Union Jack* dans l'une des vitrines du bureau de tabac, celle-ci fut tout de même cassée : « Les gars ont lancé des acclamations et tout de suite après une brique a frappé la vitre et l'a cassée ». La foule ne se dispersa seulement qu'à l'arrivée du Major E. M. McLean, l'officier supérieur de service, lui-même accompagné d'autres officiers. Vers 18 h 30, Peter Smerlies demanda à un agent de la police locale d'interdire l'accès à l'établissement aux soldats, mais celui-ci refusa, déclarant : « Je ne peux pas, M. Smerlies. Je me ferais tuer si je le faisais ». La foule se reforma aux environs de 19 h. De leur propre chef, les policiers civils fermèrent la rue Dundas à la circulation et les soldats mirent fin à leur tapage dès que les piquets militaires arrivèrent sur place. À 21 h, le calme et l'ordre étaient revenus[59].

Les soldats furent confinés aux casernements et une commission d'enquête fut instituée afin de trouver les coupables. Comme d'habitude, les preuves accumulées ne furent pas concluantes : seuls cinq soldats, identifiés par leur nom, furent accusés d'avoir participé aux troubles, quoiqu'ils ne purent être tenus personnellement responsables des gestes de destruction commis. La commission recommanda qu'ils soient « sévèrement punis par leur commandant », mais il n'existe aucune preuve qu'ils l'aient effectivement été. Par contre, « en raison de l'avidité apparente du propriétaire et de l'utilisation inappropriée des toilettes de la salle de billard pour la consommation d'alcool », la commission recommanda que son accès soit interdit aux soldats de la 1re zone divisionnaire. Lorsque les entreprises locales déposèrent une plainte en dommages-intérêts, les autorités locales suggérèrent que les bataillons payent une amende de 1 068,45 $ selon le nombre de personnes en cause. Le Colonel L. W. Shannon, officier d'administration de la division, ne tarda pas à désigner l'établissement comme « interdit d'entrée », mais refusa que les bataillons dédommagent les commerçants pour les bris et les pertes de revenus. Il croyait que c'était les policiers, et non les militaires, qui s'étaient conduits de façon inappropriée en fermant la rue aux civils, causant ainsi une perte de revenus aux propriétaires des commerces[60]. D'autres personnes furent donc montrées du doigt et les soldats émeutiers ne furent jamais tenus responsables de leurs actes.

Winnipeg (Manitoba)

Des frictions entre soldats et policiers civils nuisirent aux relations à Winnipeg tout au long du printemps de 1916. Le 22 mars, vers 17 h, un piquet composé du Sergent D. J. Walker et de six hommes du 144e bataillon (que tout le monde surnommait les « Petits diables noirs ») se rendit à une maison de pension située au 49, rue Austin, à la recherche d'un déserteur. De telles fouilles étaient une pratique assez courante pour ce bataillon. Le Sergent Walker plaça des gardes devant et derrière la maison, puis y pénétra avec une trentaine de soldats afin de vérifier si le déserteur s'y trouvait. À l'intérieur, ils tombèrent sur « des serveurs et des étrangers » qui travaillaient au restaurant et se mirent à leur donner des ordres. Lorsque la police militaire de la garnison arriva, elle mit en doute le droit des soldats à se trouver sur les lieux. Le Sergent Walker s'entêta et refusa de se retirer avec les autres soldats sur place, qui menaçaient de vider la maison. Il ne voulait en effet rien entendre, refusant de quitter la maison à moins qu'on ne l'arrête, et allégua que les soldats n'étaient pas ses hommes et qu'il n'avait pas autorité sur eux. Le brigadier de gendarmerie militaire l'arrêta sans tarder, ainsi qu'un soldat, puis les escorta jusqu'à l'Immigration Hall. Quelques heures plus tard, une foule composée cette fois-ci de 200 à 300 membres du 144e bataillon et d'autres bataillons qui « voulaient semer le trouble » se rassembla dans la rue. Les soldats lancèrent des bouteilles et des morceaux de glace dans les fenêtres, réussissant à en casser plusieurs. La maison se remplit à craquer de soldats qui, à ce qu'il paraît, volèrent 27 $ dans le tiroir-caisse du restaurant. Lorsque le Capitaine E. H. Goddard, grand prévôt adjoint, arriva sur place, il « trouva la rue Austin fourmillante de civils et de soldats; une foule qui criait et qui hurlait ». Il ordonna immédiatement aux soldats de se rassembler puis de se disperser. « Tous obéirent immédiatement, et je pense que moins de deux minutes après mon arrivée, il n'y avait plus un soldat dans la rue ». Une fois les soldats partis, les civils firent de même. Il n'y eut pas d'autre trouble ce soir-là[61].

Québec (Québec)

Les soldats et les policiers militaires de la garnison s'affrontèrent aussi dans la ville de Québec, le 6 novembre 1916. Les relations entre les 8e et 9e régiments, deux unités territoriales, et le 171e bataillon étaient tumultueuses depuis quelques semaines. Différents soldats faisaient état de voies de fait, de menaces et d'une certaine animosité entre les unités. Aux environs de 18 h 30, un piquet de la police de garnison s'approcha des membres du 171e bataillon, qui se tenaient près de l'auditorium du YMCA, pour les disperser. Par contre, les soldats des autres unités (entre autres des 8e et 9e régiments) ne furent pas inquiétés, de sorte que plusieurs « Russes » en uniforme refusèrent d'obtempérer. Lorsque les policiers militaires tentèrent de procéder à l'arrestation de plusieurs soldats du 171e bataillon, « ceux-ci ôtèrent leur ceinturon et commencèrent à en frapper les policiers », raconta le carabinier George Billingsly, du 8e régiment. « Les Russes sifflèrent, ce qui fit accourir des hordes de leurs compatriotes de toutes les directions, brandissant leurs ceinturons et criant "nous sommes les Russes" ». Une bataille désordonnée s'ensuivit. Lorsque la nouvelle d'une émeute impliquant des centaines de soldats parvint au quartier général du district, on réalisa que la flambée pourrait atteindre une proportion inquiétante. Des officiers accompagnés de piquets furent immédiatement envoyés sur place. Le Lieutenant H. A. Sewell, du 171e bataillon, traversa la foule avec sa voiture et donna l'ordre aux soldats de se rassembler, mettant fin à la mêlée générale. Mais les badauds, militaires comme civils, se mirent à railler les hommes et ceux-ci rompirent les rangs pour partir à leur poursuite, continuant de brandir leur ceinturon comme arme. Lorsque les piquets arrivèrent, ils contrôlèrent les émeutiers et le Lieutenant Sewell réussit à regrouper les hommes et à les ramener au casernement. Les piquets restèrent sur place jusque tard dans la nuit[62].

Le commandant du district, le Brigadier-général A. O. Fages, mit ce « léger accrochage » sur le compte du ressentiment et de la « jalousie » régnant entre les unités. Sans perdre un instant, les officiers locaux instituèrent une commission d'enquête. Les témoignages furent vagues et aucun nom ne fut demandé ou donné, de sorte que la commission ne put connaître l'identité de l'individu ou des individus ayant déclenché la bataille. L'escarmouche entre les « Russes » du 171e bataillon et les policiers militaires de la garnison semblait avoir été préméditée, mais les deux camps se renvoyaient la balle lorsqu'il était question d'en désigner l'instigateur. Plusieurs hommes maintinrent qu'ils avaient été attaqués par des soldats de l'autre bataillon et exhibèrent leurs blessures, causées par des coups de poing, de ceinturon et de baïonnette. Chacun se prétendait victime. La commission en vint à la conclusion que le 171e bataillon, « une nouvelle unité où la discipline n'était pas encore devenue une seconde nature », avait probablement planifié l'affrontement. Après tout, ses membres s'étaient regroupés et avaient accouru au son d'un sifflement. Toutefois, les policiers militaires de la garnison, qui avaient prévu les problèmes, auraient dû « faire preuve de plus de tact dans leur traitement des hommes ». En l'absence d'autres affrontements, les officiers locaux étaient prêts à en rester là. En revanche, l'adjudant-général à Ottawa trouva peu convaincantes les conclusions de la commission. Le manque de tact des policiers militaires et l'indiscipline dont avait fait preuve le 171e bataillon ne pouvaient guère expliquer une telle désobéissance. Le Brigadier-général Fages reçu donc l'ordre de rencontrer les officiers des unités territoriales, afin de « bien leur faire comprendre quelles étaient leurs responsabilités » et pour les informer que toute répétition de tels gestes leur ferait perdre leur commandement. Les troupes furent donc passées en revue et aucun autre incident ne se produisit[63].

$$* * *$$

Les dépositions faites devant les diverses commissions d'enquête militaires établies pour faire la lumière sur les émeutes ouvrent de nouvelles perspectives sur le raisonnement à l'origine de ces gestes illégaux. Ces commissions d'enquête, qui ont fait des rapports officiels et des recommandations à Ottawa, ont généralement interprété les dépositions d'une façon favorable aux soldats et d'une manière comparativement défavorable aux autorités civiles et aux civils. Malgré tout, les transcriptions des comptes rendus de ces audiences sont des sources particulièrement riches d'analyse de ce qui a motivé les comportements d'émeutiers, des relations entre civils et militaires, ainsi que du commandement et du contrôle. Le rôle de l'historien (par opposition aux théoriciens de la société) est d'utiliser les éléments de preuve pour comprendre les événements du passé, tout en reconnaissant le contexte historique. Les considérations théoriques suivantes ne sont pas détaillées et n'offrent pas de théorie générale sur la désobéissance militaire. Ce sont des réflexions critiques sur les émeutes de 1916 qui portent particulièrement sur le commandement et le leadership dans un cadre national[64].

L'historien Robert Rutherdale remarque que « théoriquement, la question fondamentale du comportement collectif au sein d'une foule est la volonté. Beaucoup d'encre a coulé et on a commencé à débattre jusqu'à quel point les foules sont guidées par des impulsions irrationnelles, inconscientes et émotives ou par des objectifs qui sont consciemment compris et généralement partagés ». Parce qu'ils fondent leur point de vue sur « l'ordre public », les théoriciens « classiques » ont vu le comportement de groupe comme irrationnel, irresponsable et destructif[65]. Ces études de cas ont une application évidente. Les descriptions des événements dans les journaux et les commissions d'enquête laissent penser que les foules déchaînées trouvaient leur propre rythme au fur et à mesure qu'elles se déplaçaient vers leur destination et se renforçaient. Lorsque les masses anonymes frappaient leurs cibles, elles étaient aveuglées par l'adrénaline, par une ferveur hyper-patriotique et par une loyauté déplacée envers des pairs désobéissants. Des scènes passionnées et frénétiques s'ensuivirent. Le Sergent P. Hayward admit plus tard qu'en voyant les objets allemands qu'on sortait du Concordia Club, à Berlin, il n'avait pas pu se contenir. Le Sergent Deal était aussi présent, comme sa femme d'ailleurs, qui lui cria de la rue : « Albert, ne t'excite donc pas autant ». Il déclara sous serment : « C'était l'état dans lequel je me trouvais. Ce n'était qu'un état d'excitation »[66]. Dans la plupart des cas, les soldats qui comparurent devant les commissions d'enquête se sont tout simplement joints à leurs copains et ont suivi les défilés ou les foules. Ils alléguèrent que les émeutes étaient des gestes posés sous l'impulsion du moment et non pas des attaques préméditées.

Les interprétations révisionnistes, qui se réclament de la « nouvelle histoire sociale », considèrent que des gestes collectifs, comme des émeutes, sont des gestes « déterminants et réfléchis », remplaçant le vieux paradigme par une explication politico-rationnelle qui conçoit le comportement d'une foule comme étant démocratique, créatif et rationnel[67]. Étant donné les attentes politiques et sociales qui prévalaient, les soldats ont-ils manipulé leur compréhension rudimentaire des rôles et responsabilités du soldat et l'ont-il appliquée à des circonstances locales troublantes? Si les soldats croyaient qu'ils faisaient partie d'une sous-culture distincte et que les autorités civiles n'étaient pas habilitées à juger leur comportement, alors un geste collectif semble être un moyen approprié de tirer les leurs des griffes de la société civile. Au lieu de justifier l'instigation d'émeutes anti-étrangers ennemis par les soldats et leur participation subséquente à ces émeutes par de l'hystérie ethnique, on pourrait y voir une forme de rébellion populiste visant à accomplir ce que les autorités civiles répugnaient à faire, s'assurer que la société était sauve et unie

232

symboliquement à l'appui de la cause canado-britannique. Bien que ces émeutes soient choquantes de notre point de vue, ne reflétaient-elles pas les croyances et les valeurs de la société de cette époque? Les officiers ont souvent insisté pour décrire le comportement des soldats comme étant discipliné et même courtois lors des divers épisodes destructeurs (à moins qu'ils n'aient été sous l'influence de l'alcool, évidemment)[68]. Peut-on considérer les soldats comme n'étant que des « acteurs irrationnels »? Après tout, lorsque les piquets arrivèrent sur place et que les officiers donnèrent directement l'ordre aux soldats de se disperser, ne se sont-ils pas rassemblés et ne sont-ils pas retournés aux casernes?

Lorsqu'il examina les documents en 1946, Edwin Pye découvrit que « les soldats qui ont participé aux émeutes étaient invariablement les nouvelles recrues des bataillons en cours de formation et qui, par conséquent, n'avaient pas encore absorbé les rudiments de la discipline »[69]. Les soldats émeutiers n'avaient pas encore été complètement assimilés dans la culture militaire et leur compréhension limitée de l'autorité et du contrôle hiérarchique aide à expliquer leur désobéissance. Cette observation demande une réflexion critique plus poussée et on doit se demander pourquoi les soldats nouvellement recrutés participèrent à des émeutes. Dans un article publié antérieurement, avec Nik Gardner, j'ai suggéré qu'ils se trouvaient au cœur d'une phase « liminale » ou de transition[70]. Les recrues, qui peu avant faisaient partie de la population civile et avaient amorcé le processus qui les transformeraient en soldats, reçurent des uniformes et furent logés dans des casernes, ce qui les coupa symboliquement de leurs rôles antérieurs dans la société civile. Mais la décision d'entraîner les recrues près de leur lieu de résidence pourrait avoir aggravé le problème en ne permettant pas une rupture plus nette avec les préjudices et les pressions de la société. Leur proximité physique avec la région où ils ont été recrutés a atténué leur détachement de la vie civile et de ses influences lors de l'entraînement de base. Lors de cette phase clé de la formation du soldat, la recrue doit réfléchir à son allégeance envers la Couronne et l'État ainsi qu'au besoin explicite de préserver et de protéger les pouvoirs « démocratiques » qui assurent sa subsistance ainsi que celle de la société. Elle doit être prête à sacrifier sa vie à cet effet. Les menaces perçues pourraient être reliées à l'identité nationale et à l'identité militaire naissante : l'accent a été mis, lors de l'entraînement de base, sur le besoin de défendre l'Empire, le pays, l'unité et ses pairs. Les recrues ont amplement eu l'occasion d'agir en ce sens avant de partir outre-mer.

Le rôle des rumeurs était essentiel pour créer des prétextes justifiant un comportement d'émeutier. La loyauté envers le pays était, évidemment, un catalyseur fondamental. Si le temps de guerre sert d'épreuve décisive pour les valeurs de la société, le Canada de la Première Guerre mondiale était donc indiscutablement « nativiste »[71] et les soldats considéraient qu'il était de leur devoir de garder le Canada résolument britannique. « J'ai entendu les copains dire qu'ils n'avaient pas l'intention de laisser ce buste de l'empereur Guillaume Ier en ville », expliqua à la commission d'enquête de Berlin le Sergent-major Blood, du 118e bataillon. « Ils n'avaient pas l'intention de le laisser là, car il n'avait pas sa place dans une ville britannique, dans un empire britannique ». Les hommes étaient agités, cette agitation « intensifiée par la prolongation de la guerre et la réticence des gens de cette ville à s'engager ». Lorsqu'on demanda au Sergent-major Blood s'il avait essayé d'arrêter la destruction du Concordia Hall, il répondit : « Non monsieur, pas pour les photos. Je ne voulais pas les empêcher de s'emparer de ces photos ». Il profita de l'occasion, avec le Caporal Brennan, pour se montrer à une énorme foule de civils et faire des discours de recrutement parmi le vacarme, un spectacle réellement très étrange[72]. À Calgary, les soldats prêtèrent foi aux rumeurs selon lesquelles les propriétaires de plusieurs établissements employaient des étrangers ennemis ou leur permettaient de se réunir et de planifier des actes déloyaux[73]. Les officiers considérèrent la destruction du garage Muller, à Windsor, comme un geste « patriotique », bien que les raisons de la supposée déloyauté de la victime aient été vagues. De façon similaire, ce qui a été perçu comme une insulte faite aux soldats par le « Boer » à qui appartenait la salle de billard à Regina constitue un prétexte tout aussi sommaire à sa destruction. Cependant, les émotions intenses générées par la correction supposément infligée à un soldat par des Roumains avait créé un contexte instable. Les soldats croyaient probablement qu'ils représentaient le bien et voyaient leurs croisades comme une façon de faire leur devoir de soldats sur le front national : ils disputaient le contrôle des espaces publics aux « étrangers ennemis »[74].

La loyauté envers ses camarades et son unité était l'autre motivation principale des gestes collectifs. Donna Winslow explique que la loyauté fondamentale envers le groupe est quelque chose de positif dans l'armée, mais qu'une très intense cohésion d'unité peut être perturbatrice[75]. Lorsque des rumeurs que leurs pairs étaient maltraités parvinrent aux soldats, ceux-ci agirent. Des allégations de brutalité policière envers des soldats à Winnipeg précipitèrent leur contestation face aux autorités civiles ainsi que leurs demandes de relâcher les prisonniers. Cela reflétait une méfiance évidente entre les soldats, en tant qu'intra-groupe émergeant, et les autorités civiles en tant qu'exo groupe. De façon similaire, l'émeute contre la R.G.C.N.-O. à Calgary a pour origine le mécontentement provoqué par les règles relatives à la prohibition, qui ont mené à l'emprisonnement de soldats. Il semblait inapproprié de permettre aux autorités civiles d'emprisonner des hommes qui étaient prêts à aller se battre outre-mer pour des infractions mineures aux règlements relatifs à l'alcool. À London, comment pouvait-on défendre comme juste que de jeunes hommes qui s'étaient enrôlés dans l'armée et qui, éventuellement, mettraient leur vie en jeu pour leur pays, n'aient pas accès à des tables de billard à cause de leur âge? Pour les soldats qui conjuguèrent leurs efforts pour démolir la National Poolroom le 11 mars, tout cela était des sottises. Les rivalités entre les unités sont à l'origine des échauffourées à Saint John (Nouveau-Brunswick), de la mêlée entre le 144e bataillon et la police de la garnison à Winnipeg et de celle entre le 171e bataillon et la police militaire de la garnison (GMP) dans la ville de Québec. Ces expressions exagérées et déformées de fierté envers l'unité et de cohésion de groupe révèlent que les soldats respectaient les membres et les officiers de leur propre unité mais rejetaient les autres. Le point de vue de Winslow semble convenable : « Ce qui est clairement une attitude nécessaire et qui a de l'effet sur le champ de bataille peut devenir une force exagérée qui sape le bon ordre et la discipline »[76].

Pour d'autres soldats, ce sont les motivations plus convaincantes que représentent la curiosité et les pressions exercées par les autres qui contribuent à expliquer leur présence lors des diverses émeutes. À Calgary, plusieurs soldats déclarèrent qu'ils n'avaient été informés des attaques qu'une fois arrivés au centre-ville et entrés dans leurs endroits favoris (comme les salles de billard, les patinoires ou les hôtels), ou lorsqu'ils virent passer une foule de leurs pairs en uniforme[77]. La plupart d'entre eux indiquèrent que les pressions exercées par les autres étaient la raison pour laquelle ils s'étaient joints à la foule – on leur a tout simplement dit de se rassembler et ils l'ont fait, très souvent sans savoir où ils s'en allaient[78]. Ce genre d'obéissance faisait partie, après tout, de ce que l'on leur avait inculqué à l'entraînement. Ce qui manquait était la compréhension essentielle qu'on ne doit obéir aux ordres de rassemblement que lorsque ces derniers proviennent d'un supérieur détenteur d'une autorité officielle. L'autre élément moteur de la participation était la curiosité. Dans le cas de Winnipeg, par exemple, les dépositions laissent entendre que la plupart des soldats n'étaient dans la rue que par simple curiosité. Ils n'avaient pas l'intention de se battre avec la police[79]. Cependant, plusieurs des émeutes portent des marques claires de rite. À Berlin, la foule de soldats se déplaça vers le Concordia Club en suivant un *Union Jack* et en chantant *Rule Britannia*. Une fois qu'ils eurent capturé le buste de l'empereur Guillaume, ils le paradèrent dans les rues et le ramenèrent aux casernes comme un trophée, comme ils tentèrent plus tard d'exhiber le pasteur Tappert, ensanglanté[80]. Ces expériences de formation des liens affectifs étaient plus excitantes que l'exercice militaire ou les marches d'entraînement tout en présentant néanmoins les caractéristiques de loyauté, de courage, de discipline (dans un sens informel corrompu), de camaraderie et de travail d'équipe.

Le comportement des foules est soutenu par l'anonymat relatif offert par les grands groupes, ce qui réduit le risque d'être tenu directement responsable de ses propres gestes. Cette recherche d'anonymat se propagea jusqu'aux commissions d'enquête, où la grande majorité des soldats firent preuve d'une répugnance commune à dévoiler des noms. Très peu de soldats et de sous-officiers étaient disposés à compromettre leurs compagnons. Même les officiers hésitaient à donner les noms des hommes de leur unité. À Regina, par exemple, le Major J. C. de Balinhard déclara « Je reconnus mes propres hommes à leurs insignes et à leur visage mais je n'en ai reconnu aucun individuellement ». Le Capitaine John Child était aussi présent mais il déclara qu'il n'avait vu personne de sa compagnie à cet endroit et qu'il n'avait entendu parler de personne qui s'y trouvait[81]. À Winnipeg, on demanda directement à un soldat évasif s'il essayait « de protéger quelqu'un » à cause de ses souvenirs délibérément vagues relativement aux personnes impliquées[82]. De façon similaire, après les émeutes de Berlin en février, les sous-officiers qui étaient sur place (et dans certains cas, directement impliqués) refusèrent de donner des noms précis même s'ils connaissaient très bien tous les soldats. Lors de l'enquête qui eut lieu à Berlin, un officier fit remarquer à un sergent, lors de son interrogatoire, « Je ne comprends pas... comment pouvez-vous marcher là-bas avec tous ces hommes et n'en reconnaître aucun, même pas leur visage? ». Il continua, « Vous avez été avec eux quatre mois, à partir de London jusqu'ici ». Ce sous-officier ne fournit aucune autre indication. Comme l'a dit un témoin, les soldats étaient tous « des étrangers » dans l'échauffourée[83]. C'était ainsi dans presque tous les cas. Cette amnésie de groupe s'explique en partie par l'excitation, l'alcool coulant à flots ou le nombre phénoménal de personnes présentes. Les hauts fonctionnaires, à Ottawa, n'étaient pas impressionnés. Ils savaient, tout comme les soldats qui comparaissaient devant les commissions d'enquête, que l'anonymat empêchait toute poursuite devant les tribunaux civils. Ils réprimandèrent les officiers locaux parce qu'ils n'avaient pas réussi à obtenir des témoignages plus détaillés afin d'identifier les coupables.

L'érection de « murs de silence » pour faire obstruction aux autorités est un phénomène commun aux soldats qui font l'objet d'enquêtes officielles. Donna Winslow observa que les soldats étaient réticents à donner les noms d'autres soldats accusés d'actes répréhensibles et que ce qui est perçu comme de la « dénonciation » est assimilé à un acte de « blasphème » contre son régiment[84]. Les bataillons avec numéros auxquels les recrues appartenaient étaient dépourvus de traditions et d'histoire régimentaires mais les soldats établirent tout de même rapidement des liens affectifs avec eux. La loyauté et l'identification première d'une recrue étaient envers sa compagnie et son bataillon, où des liens forts amènent idéalement les hommes à se soutenir les uns les autres dans la bataille. Ces loyautés envers le groupe, cependant, gênèrent toute tentative d'identifier les émeutiers. Lorsqu'on les questionnait à propos de leurs pairs, les soldats souffraient d'amnésie temporaire qui renforçait leur solidarité avec les hommes de leur propre unité. Le témoignage du soldat P. Quinn à la commission d'enquête de Berlin fut particulièrement évasif :

> *Question.* Dites-nous en quelques mots où vous vous trouviez la nuit dernière?
> *Réponse.* Je ne connais aucun de ces hommes présents ici.
> *Q.* Vous avez aidé à transporter le buste n'est-ce pas?
> *R.* Non Monsieur.

Q. Avez-vous vu le buste?

R. J'ai vu le buste qu'on transportait dans la rue et j'ai suivi la procession.

Q. Il était transporté par quels hommes de la compagnie D?

R. Je pense qu'il n'y en avait aucun, Monsieur.

Q. Qui étaient les hommes de la compagnie B?

R. Je ne connais aucun de leurs noms.

Q. Vous devriez connaître les noms des hommes de la compagnie B?

R. On s'appelle tous « copain ».

Q. Étiez-vous saoul la nuit dernière?

R. J'avais pris quelques verres, Monsieur.

Q. Qui étaient les autres qui ont aidé à démolir les chaises et les tables?

R. Je ne sais pas. On les appelait « copain »[85].

Les recrues démontraient un esprit d'équipe et étaient tout simplement « copains » les uns avec les autres. Par opposition à l'individualisme de la société civile, ce témoignage laisse entendre que les noms des individus étaient noyés dans une identité militaire commune. Théoriquement, cela aurait dû rendre le groupe responsable du comportement de chaque « copain ». Mais les officiers et les soldats étaient résolus à mettre leurs bataillons à l'abri de tout blâme. À Saint John, le Major R. H. K. Williams du 69e bataillon nia avoir vu des soldats ivres dans les rues, bien que tous les autres spectateurs aient observé que les soldats étaient dans un état d'ébriété frappant. Le Lieutenant McKinley Millman du 135e bataillon vit plusieurs des soldats de son régiment sur la scène de l'émeute de London et il déclara que « aucun de nos soldats n'agissait de façon indisciplinée »[86]. Tous les soldats savaient implicitement qu'on s'attendait à ce qu'ils protègent leurs « copains » et même à ce qu'ils défendent des comportements inappropriés si cela sauvegardait la cohésion de l'unité.

L'anonymat de tous a été protégé davantage lorsque les soldats qui participèrent à plusieurs attaques enlevèrent leurs insignes d'épaule avant de se livrer à la destruction. À Calgary, le caporal L. Williams Grace vit certains des soldats enlever leurs insignes avant de partir pour le White Lunch. « Je pense que j'ai reconnu quelques-uns des soldats », déclara A. D. MacLennan, propriétaire de la Dance Academy détruite, « mais ils avaient pris bien soin d'enlever leurs insignes »[87]. De même, cela rendit très difficile la tâche du Major Butler, du 70e bataillon, qui était de distinguer les émeutiers des différentes unités de London les uns des autres. Il a dû demander aux hommes quelle était leur appartenance afin de pouvoir prendre le commandement et même à ce moment, il n'était pas certain qu'ils disaient la vérité[88]. Ce comportement se répéta souvent, de Windsor à Winnipeg[89].

Les uniformes militaires ont une fonction symbolique et, dans un cas précis, il y eut du grabuge lorsqu'on força un soldat à enlever le sien. La cour de magistrat, à Winnipeg, avait une curieuse tradition qui forçait tous les prisonniers militaires à enlever leurs uniformes pour revêtir des vêtements civils avant d'entrer au tribunal civil. Bien que les autorités militaires locales étaient au courant de cette procédure, les soldats prisonniers ne l'étaient pas. Le soldat R.L. Larson, du 90e bataillon, fut arrêté pendant l'émeute d'avril et protesta lorsqu'on lui demanda de porter des vêtements civils. Il expliqua à la commission d'enquête :

> Je ne voulais pas enlever mon uniforme, le jour suivant, sans la permission de mon officier. Deux policiers militaires apparurent, [le soldat Fred] Fieldhouse [du 90e bataillon] était l'un d'eux. Ils me dirent de l'enlever et je ne voulais pas le faire sans la permission des officiers, sans autorisation. Les policiers dirent « et si on te l'enlevait »? J'ai répondu que je ne le reporterais pas, ce à quoi les policiers [civils] répondirent : « Ordure, tu n'es bon à rien de toute façon ». J'étais vexé et j'ai dit au policier : « Toi mon salaud, pourquoi n'es-tu pas en uniforme, poltron? ». Deux d'entre eux m'agrippèrent, me frappèrent la tête contre le mur et allaient m'enlever mon uniforme lorsque Fieldhouse dit « doucement ». Les policiers lui demandèrent de la fermer, sinon la même chose allait lui arriver. Ils m'enlevèrent ma vareuse et allaient aussi m'enlever mes pantalons, mais ils préférèrent enfiler un pantalon civil par-dessus[90].

C'était une situation étrange mais révélatrice. Larson refusait d'enlever son uniforme sans l'approbation explicite d'un officier mais, par contre, il avait participé à l'émeute sans ordres militaires directs. L'uniforme servait de symbole de statut spécial, sans lequel son comportement pourrait être interprété comme du vandalisme.

Bien que les commissions d'enquête aient été de nature militaire, le rôle joué par les civils dans les émeutes y fit l'objet de discussions intenses. Dans la plupart des cas, on reprocha aux civils d'avoir incité les soldats à agir et d'avoir empêché les piquets militaires de dégager immédiatement les rues. À Winnipeg, le chef de police adjoint de la police municipale, C. H. C. Newton, déclara « les soldats étaient beaucoup plus en évidence mais il y avait un grand nombre de civils présents. Je dirais que les civils ont causé plus d'incidents – les hommes arrêtés étaient, pour la plupart, connus de la police, et étaient le genre d'hommes à inciter les soldats à poser des gestes contre la police ». Étrangement, la plupart des soldats déclarèrent que la foule était composée presque entièrement de militaires et, au plus, d'un tiers de civils[91]. « Si les civils s'étaient contentés de soutenir les soldats en se tenant à l'écart, il n'y aurait pas eu de problème », insinua un officier lors de la commission d'enquête à London[92]. À Berlin, les officiers tentèrent de mettre sur le dos d'agitateurs civils la destruction du Concordia Club, bien que ce fut clairement le produit d'une initiative militaire[93]. Après les émeutes de Calgary, la plupart des soldats blâmèrent les civils pendant que les autorités judiciaires civiles ne voyaient que des soldats participant à l'attaque même. Les autorités militaires blâmaient les spectateurs parce qu'ils encourageaient les soldats et les incitaient à continuer. Dans le cas de l'émeute du Riverside Hotel, le Lieutenant Sidney DeBarathy, du 56e bataillon, déclara qu'un civil lança le premier projectile et le Sergent Robert Lawry était d'avis que « les civils étaient plus à blâmer que les soldats »[94]. À Québec, la bataille intestine entre soldats fut blâmée sur les encouragements et les injures des civils, nonobstant l'historique de relations tendues entre le 171e bataillon et la GMP. La situation était semblable à Saint John. De l'avis du Major R. H. K. Williams, du 69e bataillon :

> La présumée émeute a été causée par le grand nombre de civils qui suivaient chaque groupe de soldats et les encourageaient à se battre entre eux. Au sein du 69e bataillon, il y a beaucoup d'amertume chez les Canadiens-français et les Canadiens-anglais envers

l'élément plus dur de la population de Saint John, déclarant qu'ils ont été copieusement insultés lors de la nuit en question[95].

Les soldats ont peut-être été les émeutiers, mais les civils étaient-ils responsables de la destruction?

Le Major Williams blâma aussi l'alcool, spécialement le « poison frelaté » obtenu de trafiquants d'alcool qui, « pris même en petites quantités, les rend fous et est probablement la cause d'une partie de l'agitation de cette nuit-là » à Saint John[96]. La destruction de la National Poolroom, à London, a été partiellement détournée par des déclarations que des civils avaient vendu de l'alcool aux soldats dans les toilettes et que les propriétaires de l'établissement devaient savoir que cela se produisait. En effet, les officiers ont identifié l'alcool comme étant le coupable commun aux émeutes, déformant l'esprit des soldats et intoxiquant les bandes d'émeutiers en leur conférant une énergie malicieuse. Dans le grabuge, l'alcool fournissait le courage liquide et remontait le moral. Lorsqu'un agent de police saisit une grosse jarre attachée autour du cou d'un soldat à Calgary, ce dernier implora, « Pour l'amour du bon Dieu, laissez-moi aller, je suis la cantine! ». La plupart des témoignages obtenus lors de l'enquête de Berlin indiquaient que l'alcool n'était pas un facteur. Un soldat, cependant, admit que les soldats avaient mis en perce un baril à bière et qu'ils l'avaient laissé couler continuellement pendant l'échauffourée. Les meneurs « russes » qui ont supposément déclenché l'émeute de la ville de Québec ont été accusés d'être en état d'ébriété. « J'avais pris quelques verres mais je n'étais pas saoul » était le refrain familier des soldats qui témoignèrent à Winnipeg et dans tout le pays[97].

Pour les soldats qui furent identifiés sur la scène du crime, l'ivresse semblait être une façon acceptable de nier sa participation et de se soustraire à certaines de ses responsabilités pour les gestes posés. Les soldats ne pensaient évidemment pas que les infractions relatives à l'alcool étaient des infractions graves. Par exemple, l'ivresse était une défense commune formulée lors de l'enquête du Riverside Hotel à Calgary. Lorsque le soldat H. H Thomson, du 82e bataillon, fut pris avec une boîte de cigares qui avait été manifestement volée à l'hôtel, il prétendit qu'un soldat la lui avait donnée pendant qu'il était en état d'ébriété et que, par conséquent, il n'en connaissait pas la provenance. Le soldat Thomas Howrath, du 56e bataillon, avait suivi les soldats jusqu'au *Riverside* après avoir pris une demi-douzaine de verres à l'Alberta Hotel et il fut arrêté parce qu'il était en état d'ébriété et qu'il troublait l'ordre public. Comme les autres qui burent avant l'émeute, il se souvenait très peu, de façon fort à propos, des événements qui suivirent dans la soirée[98]. Après l'émeute de London, les soldats R. Roberts et William Russell du 142e bataillon admirent avoir acheté de l'alcool de civils mais ils refusèrent explicitement de nommer qui que ce soit et ils oublièrent, fort à propos, quelle quantité de whisky ils avaient bu ce jour-là. Quant à Russell, il nia toute participation directe dans la destruction de la National Poolroom, mais admit avoir été tellement saoul qu'il ne se souvenait pas de ce qu'il avait fait et qu'il « pouvait » avoir lancé une brique dans une fenêtre, mais les brumes de l'ivresse l'empêchaient d'affirmer quoi que ce soit avec certitude[99]. Bien entendu, l'indiscipline due à l'alcool était toujours une infraction et quelques soldats furent trouvés coupables de crimes commis pendant qu'ils étaient en état d'ébriété. Un comportement turbulent provoqué par l'alcool suivi d'amnésie n'était pas une défense suffisante pour absoudre un soldat de toutes les responsabilités, seulement de la plupart de celles-ci.

Tout le monde essayait d'échapper au blâme. Les officiers accusaient des soldats indisciplinés ou des civils et les sous-officiers et les soldats niaient leur participation. Le code de responsabilité et de responsabilisation partagées, qui est théoriquement enchâssé dans une éthique militaire, brillait par son absence. Tous les hommes en uniforme étaient préparés à justifier la raison du geste collectif mais très peu d'entre eux étaient prêts à assumer les responsabilités qui en découlent. Comme le notait récemment le Lieutenant-colonel K. W. J. Wenek, l'assurance de « l'anonymat fournie par la loyauté envers le groupe » peut faciliter les gestes de subversion et de désobéissance[100]. Une loyauté à toute épreuve signifie que les autorités ne pouvaient déterminer qui était responsable de ces gestes, renforçant le fait que des normes de comportement inapproprié pouvaient s'enraciner sans incrimination.

LEADERSHIP

Comme le dit si bien John Keegan, cité au début du présent chapitre, des forces armées disciplinées, obéissantes et qui respectent la loi sont la marque d'une société civilisée. Des forces armées d'une telle valeur ne peuvent exister sans l'exercice d'un leadership efficace. Ce sont les leaders qui voient à ce que les valeurs de la société soient défendues et à ce qu'elles soient respectées au sein des forces armées. Ce sont eux également qui font la promotion des valeurs et des normes propres au milieu militaire. Et pour s'y retrouver dans cette mer de responsabilités complexes, ils ont recours à l'une des valeurs fondamentales de la société canadienne : la primauté du droit[101].

Assurément, les émeutes mettent en évidence des lacunes sur le plan du leadership et de l'instruction. Les chefs militaires ont pour rôles essentiels de rechercher les responsabilités et les accepter; d'initier les recrues au code de conduite et aux valeurs militaires; de refléter et renforcer l'éthos militaire; de maintenir l'ordre et la discipline; de veiller au respect des normes professionnelles[102]. Le leadership du Corps expéditionnaire canadien (officiers et sous-officiers) avait la tâche ardue d'inculquer à ses unités une éthique militaire avant leur départ outre-mer. Selon Desmond Norton, en 1916 le recrutement était devenu « une entreprise de masse, impliquant des hommes et des femmes d'un bout à l'autre du Canada. Transformer des recrues en soldats était une affaire spécialisée, qu'on laissait à des officiers et des sous-officiers qui avaient très peu ou pas du tout d'expérience de la guerre ». Le climat rendait difficile l'entraînement en plein air en hiver et en été. Le logement des soldats dans des détachements locaux rendait aussi l'entraînement (et l'application des ordres) particulièrement difficiles[103]. Les recrues étaient censées assimiler les valeurs militaires fondamentales de l'obéissance, de la discipline, de la loyauté, de la vérité, du devoir, de la valeur et du sacrifice. Apparemment, les participants aux émeutes n'avaient qu'imparfaitement assimilé les deux premières valeurs. La plupart des gens soutiennent que leur activisme était une expression de loyauté et de ce qu'ils percevaient comme étant leur devoir, peu importe si leur idée de ces concepts était déplacée et déformée. Leur confusion résultait des pressions concurrentes dont ils étaient l'objet dans un environnement social familier. Les recrues n'étaient pas isolées de la société civile, comme dans la plupart des situations d'entraînement de base et n'étaient pas dépouillées de leurs points de référence normaux. Dans ce contexte, l'éthique militaire ne supplantait que partiellement leur sens social antérieur et la loyauté exagérée envers la société canado-britannique, leurs unités et leurs compagnons d'armes mena à un comportement dysfonctionnel et indiscipliné. Les responsabilités morales qu'ils auraient dû assimiler lors de l'entraînement ont été corrompues en conséquence[104].

Les sous-officiers ont la responsabilité de la conduite quotidienne de leurs hommes et doivent conseiller les officiers sur les questions de discipline et de moral. L'anthropologue Anne Irwin explique que « le travail d'équipe nécessitant cohésion et coopération » entre les officiers et les sous-officiers est « le facteur crucial pour la cohésion et le bon fonctionnement » des unités militaires :

> Le lien établi entre officiers et sous-officiers constitue la relation de travail idéale à tous les niveaux de l'organisation. La relation officiers et sous-officiers est le lien entre les officiers et les hommes et, en tant que tel, la qualité de la relation est essentielle au succès de la chaîne de commandement en général et en détermine les limites. Si les officiers et les sous-officiers peuvent travailler ensemble et faire bonne impression à leurs hommes et à leurs supérieurs dans la chaîne de commandement, la structure du bataillon subira beaucoup moins de contraintes[105].

Les sous-officiers sont essentiels et leur insubordination mit la chaîne de commandement à rude épreuve. La participation fréquente des sous-officiers aux émeutes suggère que l'armée, en 1916, avait un problème d'intégration. De plus, les déclarations faites lors des commissions d'enquête démontrent que la chaîne de commandement ne fonctionnait pas correctement. À Calgary, par exemple, les sous-officiers, qui étaient censés avoir la responsabilité d'inculquer la discipline aux troupes et de la faire respecter, étaient à la tête du cortège jusqu'aux casernes de la police et de la R.G.C.N.-O. Le Sergent Campbell déclara qu'il n'avait pas pris part à l'attaque mais qu'il avait poussé la foule excitée à agir en annonçant à quel endroit se trouvaient les prisonniers. On vit le Caporal suppléant Webster mener un genre de « foule organisée » jusqu'aux casernes, et la R.G.C.N.-O. identifia le Sergent Cohen, du 218e bataillon, comme étant le principal fauteur de troubles. Les trois hommes furent déférés devant un tribunal civil pour être jugés parce qu'ils étaient « particulièrement blâmables », étant donné leur grade. Malgré l'implication des sous-officiers, les autorités militaires insistèrent sur le fait que l'attaque n'était pas préméditée mais spontanée et que, pour cette raison, les officiers n'avaient que très peu d'autorité sur les gestes des sous-officiers et des soldats qui, par hasard, se trouvaient en uniforme[106]. Ce manque d'autorité, cependant, était le réquisitoire le plus accablant contre le corps des officiers local. Les dépositions faites avant l'enquête mettent en lumière que « le travail d'équipe nécessitant cohésion et coopération » entre les officiers et les sous-officiers ne se faisait plus.

Plusieurs commissions d'enquête ont révélé qu'une mentalité du « nous » et du « eux » existait entre les officiers, les sous-officiers et les soldats. Cela reflète la distinction socioculturelle incorporée dans le système militaire pour s'assurer que, en situation de combat, les ordres sont exécutés. Cependant, cette division perturbe la chaîne de commandement lorsque les sous-officiers interrompent la circulation de l'information aux officiers, empêchant ainsi toute mesure préventive ou punitive. Par exemple, lors de l'enquête à Calgary, en février, il y avait une différence perceptible entre les témoignages des sous-officiers et ceux des officiers. Les sous-officiers avaient tendance à ne pas compromettre les soldats qui avaient été impliqués dans les émeutes tandis que les officiers nommèrent et incriminèrent quelques individus qu'ils avaient vus lors des émeutes[107]. Dans un bataillon d'infanterie canadien, expliqua l'historien David Bercuson, « le fardeau du leadership repose principalement sur les épaules des officiers [qui donnent les ordres] tandis que celui de la responsabilité de la gestion [faire exécuter les ordres] repose principalement sur les épaules des sous-officiers ». Les officiers ont la responsabilité « de la bonne conduite et de la discipline générales de leurs hommes » alors que « les sous-officiers sont responsables de leur conduite au quotidien » et doivent leur communiquer les politiques et les ordres des officiers[108]. Cette division verticale du travail signifie que les sous-officiers étaient responsables de maintenir la discipline sur le terrain et, par conséquent, étaient moins disposés à dénoncer les individus dont ils étaient directement responsables.

Évidemment, dans ces cas, les insuffisances des sous-officiers n'absolvent pas les officiers de leurs responsabilités. Étant donné leurs fonctions de gestion, les officiers étaient responsables de la bonne conduite générale de leurs hommes et devaient produire des plans d'entraînement qui doteraient les recrues des attributs militaires appropriés. Si on ne pouvait pas les blâmer pour les causes et les gestes immédiats, ils étaient responsables de la désobéissance de leurs subordonnés dans un sens plus large. « Le leadership est le produit des gestes posés aujourd'hui et du travail préparatoire d'hier », et beaucoup d'officiers firent montre d'une connaissance de la situation lamentable[109]. Ils étaient soit coupés du moral, de la discipline et du bien-être des soldats et des sous-officiers, soit simplement indifférents aux tendances violentes et effrontées de leurs subordonnés. Les officiers devraient s'être rendu compte que le processus de socialisation ne développait pas suffisamment le jugement et la capacité de se maîtriser et que, de ce fait, des mécanismes externes de réglementation et de contrôle étaient nécessaires[110]. Dans la plupart des cas, les foules de sous-officiers et de militaires du rang se dispersèrent lorsque les piquets des bataillons arrivèrent sur place, faisant montre d'un certain niveau d'obéissance et de discipline. Parce que les officiers n'avaient pas anticipé le développement de la situation, ils ont été forcés de réagir à des situations qui n'auraient jamais dû se produire. La nécessité d'une intervention directe révèle que les officiers n'avaient pas d'influence indirecte sur leurs subordonnés. Cela laisse supposer qu'il existait des lacunes certaines dans leur aptitude à développer des unités saines dotées d'objectifs clairs.

Le langage est fondamental pour le leadership et joue un rôle essentiel dans la capacité à commander. Greg Dening nota, dans son brillant ouvrage, *Mr. Bligh's Bad Language,* que le mauvais langage de Bligh était le langage ambigu du commandement. Il était mauvais non pas parce qu'il était sans retenue ou abusif mais parce qu'il était ambigu et que les hommes ne pouvaient pas y voir un véritable rapport avec l'autorité[111]. Cela aide à expliquer, sur plusieurs niveaux, pourquoi les commandants n'ont pas pu garder la maîtrise de leurs hommes en 1916. Les expériences difficiles du Lieutenant-colonel Lochead à Berlin en sont l'illustration. En janvier, faisant déjà face à l'embarras et à l'humiliation dans toute la ville à cause des maigres engagements, il émit à ses hommes de vagues directives relatives au recrutement dans les rues après que la presse locale et des citoyens se furent plaints des moyens de pression exercés par les hommes du 118e bataillon. On s'attendait à ce qu'ils soient « fermes et persuasifs dans leurs efforts pour inciter les hommes à se présenter aux salles de recrutement » mais ils ne « devaient pas avoir recours à la force à moins que les circonstances ne le justifient ». Il donna l'exemple en croisant le fer avec les critiques civils, en débusquant les hommes de l'endroit, en les accusant de sédition et en admonestant publiquement le conseil du commerce et du travail local comme étant « anti-britannique ». Il mit clairement l'accent sur la valeur de la loyauté et il exprima furieusement, de façon répétée, que le « pro-germanisme » était à l'origine de tous les problèmes de son bataillon. Sa fixation inhabituelle sur une seule facette de son commandement (recruter assez d'hommes pour amener son bataillon à son effectif complet en triomphant d'éléments considérés comme déloyaux dans la région de Waterloo) envoya un message déformé à ses subordonnés[112]. En effet, ses déclarations aux commissions d'enquête laissent penser que son commandement était affligé d'une ambiguïté chronique. Les soldats passèrent outre à ses ordres de ne pas attaquer les différents clubs allemands et les citoyens de descendance allemande en plusieurs occasions, mais ils pourraient avoir cru qu'ils avaient la permission « non officielle » de le faire. Après tout, lorsque des membres de son bataillon saccagèrent le Concordia en février, Lochead déclara à la commission d'enquête que le club « était une source de mécontentement pour les citoyens locaux ». Lorsqu'on exprime ses justifications de cette façon, on semble rationaliser et légitimer le comportement des soldats, fournissant ainsi une autorité morale plus grande pour ce genre de gestes. Par conséquent, bien que Lochead n'ait pas approuvé officiellement les attaques contre différents établissements locaux, sa rhétorique encouragea des gestes immédiats et donna l'impression que les soldats agissaient dans un contexte permissif.

Le leadership de Lochead ainsi que son commandement n'avaient visiblement aucune influence significative sur ses subordonnés. Avant l'attaque contre le Concordia, il rappela au Sergent-major Blood quel était son rôle en tant que sous-officier. « Si vous êtes en ville avec ces hommes, voyez en tout temps à ce qu'ils se modèrent et qu'ils ne laissent pas leur enthousiasme l'emporter sur leur jugement[113] ». Blood ne comprit pas cette directive (ou choisit de ne pas en tenir compte) :

Capitaine Fraser. Ne pensez-vous pas que vous auriez pu utiliser votre influence pour essayer d'arrêter tout ça?

Sergent-major Blood. Non Monsieur. Je ne crois pas qu'une telle chose ait sa place dans l'Empire britannique.... Je ne crois pas que ce soit aux gars de tirer ce genre de choses au clair.

Fraser. Tout le monde pense ça.

Blood. Je pense qu'il devrait y avoir assez de lois dans le Dominion du Canada pour en préserver l'intégrité.

Fraser. Vous pensez que tout cela est causé par le pro-germanisme, par les émotions?

Blood. Ce sont les remarques insultantes des civils. Il y a deux soirs, nous avons rencontré des jeunes hommes dans la rue et nous leur avons demandé s'ils aimeraient porter l'uniforme kaki. Un Allemand a regardé autour de lui en ricanant. C'est ce qu'on encaisse quand on leur demande de se joindre à l'armée.

Fraser. En premier lieu, quelle était votre raison exacte d'aller au Concordia Hall?

Blood. Nous emparer d'un buste exposé par cette organisation pro-allemande qui s'oppose au recrutement.

Dans les semaines qui suivirent, Lochead dit à ses hommes qu'ils avaient une obligation « d'être des soldats » et de ne pas faire de chahut ni de dommages, mais ils continuèrent à défier ses avertissements malgré ses menaces de punitions sévères et de renvoi. Lorsque Blood et les autres affrontèrent Tappert en début mars, Lochead était déçu mais insista auprès de ses supérieurs sur le fait que c'était « l'attitude provocante » de ce dernier qui causa l'altercation[114]. Au lieu de se concentrer sur la façon dont les loyautés mal placées avaient porté préjudice au bon ordre et à la discipline, il envoya des signaux ambigus à propos des valeurs les plus importantes pour les soldats et de la conduite la plus appropriée pour « défendre » l'honneur de la société et celle de l'armée.

Que cela ait été intentionnel ou non, Lochead envoya à son bataillon le message qu'une émotivité excessive, qu'un mauvais jugement et que des gestes posés sans pouvoir de commandement étaient des délits *pardonnables*, pourvu que leur loyauté envers l'Empire demeure irréprochable. Il avait expliqué de façon répétée, à Blood, quel était le rôle d'un sous-officier mais il lui pardonna lorsque « son enthousiasme pour la cause britannique [...] étouffa son bon jugement et son sens de la maîtrise de soi ». Lochead ne se rendit jamais compte que l'élément fatal de son commandement était son incapacité de transformer des civils en soldats disciplinés en leur enseignant l'obéissance. « Vous vous rendrez compte que, d'aucune façon, je n'ai fermé les yeux sur les gestes des soldats à propos du présent débordement ou de tout autre débordement » allégua-t-il à son commandant de division à London, « parce que je me rends parfaitement compte que toute clémence de ma part serait fatale à la discipline ». Il affirma que sa plus grande priorité était de maintenir la discipline (qu'il prétendait établir en soutenant les autorités civiles qui poursuivaient les responsables), mais l'effet fut insignifiant. Pour leur comportement « honteux », Blood et un soldat furent réprimandés en cour civile et ils ne reçurent aucune autre punition de la part de leur commandant[115]. Bref, Lochead n'était pas prêt à les réprimander en tant que soldats. S'il avait voulu inculquer des normes élevées de discipline et d'obéissance (et une éthique militaire appropriée plus généralement) à ses hommes, il aurait dû façonner leur comportement par des déclarations d'intention plus claires et en exerçant directement son autorité. Au lieu de cela, en tant que commandant, il était inefficace en paroles et en gestes. Il omit de renforcer une éthique de discipline et de maîtrise de soi et d'équilibrer la forte identité « intra-groupe » des soldats locaux par un respect pour l'autorité et la primauté du droit[116]. Le comportement turbulent de son bataillon était le résultat malheureux de son faible leadership.

Bien que les autorités militaires soutinrent que les différentes unités qui participèrent aux émeutes étaient bien en main, les dépositions faites par les journalistes et la police indiquent que les officiers, de façon chronique, ne pouvaient faire respecter la discipline. À Calgary, par exemple, l'évaluation de la situation faite par le chef de police critiquait les autorités militaires locales qui, à son avis, étaient coupables d'inaction. Des officiers, qui appartenaient aux mêmes bataillons que les hommes occupés à détruire les biens locaux, ne firent aucun effort que ce soit pour les en empêcher. De plus, il était de notoriété publique, chez les citoyens, chez les soldats qui prirent part aux émeutes et chez les soldats qui se trouvaient alors aux casernes, que le Brigadier-général Cruikshank portait au moins une partie de la responsabilité. S'il avait pris des mesures préventives ordinaires et « s'il avait fait respecter son autorité d'une façon plus énergique » au lieu de haranguer les hommes (« un signe de faiblesse » selon les sources du chef de police Cuddy), l'attaque du Riverside Hotel n'aurait jamais eu lieu. Les sympathies de Cuddy penchaient du côté du propriétaire qui, « sans faute de sa part et à la suite du manquement des autorités militaires à maîtriser la situation », avait perdu tout ce qu'il possédait[117]. Ce genre d'opinion érodait la crédibilité des militaires aux yeux de la société civile.

D'autres commandants locaux minimisèrent très rapidement la gravité des différentes émeutes, malgré les conséquences troublantes pour l'ordre public et la stabilité. Le Colonel L. W. Shannon qualifia les émeutes de London de « légers troubles de l'ordre public ». Le général commandant à Québec qualifia l'émeute à cet endroit de « petites échauffourées en ville, la nuit dernière, entre quelques soldats et la police militaire ». On n'a jamais reconnu que les troupes échappaient à tout contrôle. À Winnipeg, le commandant du district allégua que la police avait « immédiatement » stoppé les perturbations et que « les journaux en avaient fait une émeute ». « Les officiers n'ont, en aucun temps, été dépassés par les hommes » rendit compte le Lieutenant-colonel J. H. Hunt de Regina, où les officiers semblaient applaudir la modération des soldats. « Je dois dire que je sais que, sauf lorsqu'ils ont fait table rase de la salle de billard de C. Rink, les soldats étaient très ordonnés et méthodiques », indiqua le Colonel N. S. Edgar, le commandant du district, pour rassurer ses supérieurs à Ottawa[118]. Ces rapports avaient pour but d'apaiser les inquiétudes quant à l'affaiblissement du commandement et du contrôle. Des officiers expédièrent des lettres proactives pour empêcher leurs supérieurs de s'alarmer, une stratégie d'anticipation que, malheureusement, on n'utilisait pas avant les émeutes.

Un exemple positif : Edmonton (Alberta)

On a toujours tendance à voir le négatif aux dépens du positif. Cependant, le cas d'Edmonton illustre bien comment une réaction rapide des autorités locales, peut empêcher une émeute. Le passage suivant est tiré d'un éditorial du numéro du 9 et du 10 février 1916 de l'*Edmonton Bulletin* :

Le chien est un animal très utile et digne d'estime lorsqu'il garde sa place. Et cette place est très grande. Mais les rues d'une ville n'en font pas partie. L'existence des enfants dans cette communauté serait plus sûre et les parents seraient largement soulagés si environ trois bataillons de bâtards bons à rien pouvaient être cloués à la clôture.

Cet éditorial, dans lequel on estima le nombre de chiens en termes militaires, reçut un très mauvais accueil de la part des soldats qui servaient dans les bataillons locaux du CEC et qui crurent que le journal insultait les soldats des 51e, 63e et 66e bataillons en les traitant de « bâtards ». Le 11 février 1916, des soldats s'attroupèrent dans les rues de la capitale albertaine pour prendre les mesures nécessaires, sans doute comme leurs acolytes l'avaient fait à Calgary quelques jours plus tôt. Leur premier objectif était censé être les bureaux de l'*Edmonton Bulletin*. Leur deuxième objectif était l'hôtel Macdonald, parce que des rumeurs circulaient que certains de ses employés étaient des étrangers ennemis[119]. Lorsque les soldats commencèrent à s'attrouper, le chef de police téléphona immédiatement aux commandants des trois bataillons pour les mettre au courant des événements. Il savait que la police municipale serait impuissante sans le soutien des militaires. Les officiers agirent immédiatement :

Le Lieutenant-colonel McKinery, du 66e, sauta immédiatement dans son automobile, laissant au Major Durrand la direction des soldats qui se trouvaient sur les lieux. En arrivant sur la scène de danger, le colonel plaça des officiers en charge de tous les soldats en congé, leur donnant instruction d'empêcher le moindre désordre. En même temps, les soldats stationnés aux casernes, sous la direction du Major Durrand reçurent l'ordre de marcher dans les rues de la ville et, en arrivant aux rues Jasper et Fraser, ils débarrassèrent la rue de tous les soldats qui n'étaient pas en devoir, tout en ordonnant aux civils de se disperser.

Les autres bataillons ont répondu promptement à l'appel, chacun d'eux fournissant des postes qui furent stationnés aux [...] quatre points stratégiques. Ces détachements n'arrivèrent pas un instant trop tôt, car une foule de volontaires avait déjà pris une attitude menaçante. Ces hommes ne formaient, naturellement, qu'une faible proportion du nombre total de soldats dans la ville, mais ils étaient assez nombreux, entre temps, pour produire un grand émoi[120].

Au lieu de jeter de l'huile sur le feu, les gestes des officiers permirent à des esprits plus rationnels et plus calmes de prédominer. Le commandant du 63e bataillon demanda au directeur du *Bulletin* de s'adresser aux soldats devant son édifice. Il expliqua soigneusement aux soldats que l'éditorial ne faisait pas référence aux bataillons même mais qu'il abordait le problème local de chiens errants, tout simplement. Satisfaits de cette explication, « les soldats se séparèrent alors en acclamant leur colonel »[121]. Des piquets militaires restèrent en service pendant plusieurs heures après l'incident et, avec l'aide de la police municipale, s'assurèrent que les soldats n'échappent pas à tout contrôle. La police a d'ailleurs procédé à un certain nombre d'arrestations « lorsque l'excitation était à son comble », avec l'appui des autorités militaires. On réussit à éviter le pire. À la Chambre des communes, le député d'Edmonton, Frank Oliver, applaudit « la promptitude et l'énergie dont les officiers des bataillons ont fait preuve dans cette circonstance. Leur initiative ne laisse certainement rien à désirer »[122].

Bref, un cadre de leaders compétents et résolus, qui n'a pas de préjugés excessifs envers les civils et l'autorité civile, pouvait avoir une influence directe, changer l'orientation collective d'une foule de soldats et servir d'interlocuteur valable entre le monde civil et le monde militaire. À Edmonton, les officiers ont fourni l'environnement où les prétendus émeutiers ont réalisé qu'ils se trompaient et qu'ils faisaient fausse route (au lieu de blâmer les journaux et les spectateurs civils). Cela sapa les conditions irrationnelles qui servaient de base aux gestes collectifs et ramena les soldats dans le droit chemin, fermement derrière leurs officiers.

RESPONSABILITÉ

Les hauts fonctionnaires à Ottawa refusèrent d'admettre que les militaires étaient responsables de la destruction causée par les soldats à la propriété privée. Ils répétaient toujours la même rengaine : le gouvernement « n'est responsable en aucune façon des gestes illégaux commis, individuellement ou collectivement, par des soldats qui n'étaient pas en service »[123]. Le ministère de la Milice et de la Défense était de la même opinion que le ministre de la Justice dans le cas de l'Acadian Club. « Conformément aux considérations que nous avons données à d'autres réclamations résultant de gestes répréhensibles non autorisés de la part de soldats indisciplinés motivés par la méchanceté personnelle, nous avons l'honneur d'annoncer que la Couronne n'a aucune responsabilité légale[124] ». Dans le cas de Calgary, le Juge-avocat général expliqua que « les personnes qui ont causé les préjudices en question étaient des émeutiers, responsables devant la loi comme criminels, responsables devant la personne lésée pour les dommages causés mais non responsables devant l'État d'une telle conduite ». Lorsqu'un cabinet d'avocats demanda des dédommagements pour son client, une défense plus étoffée fut employée :

> La preuve montre que la destruction dont on se plaint a été faite par une foule composée, pour une plus grande partie, d'hommes en uniformes militaires et de quelques civils. Les hommes en uniforme, cependant, n'étaient pas présents à titre de soldats, n'étaient pas sous les ordres de quiconque et n'agissaient pas à titre de fonctionnaires ou d'agents de la Couronne. Ils prirent part aux émeutes en tant que simples citoyens assujettis à la loi pénale du pays et responsables devant les tribunaux civils. Effectivement, le magistrat reconnut cinq d'entre eux coupables de l'infraction en question et leur imposa des amendes variant de 50 $ à 20 $ ou des périodes d'emprisonnement, au choix.

> Il doit donc être clair pour vous, autant que pour les fonctionnaires du présent Ministère, bien qu'on doive déplorer les actes de violence en question, bien que vos

clients aient droit à la sympathie et bien que les émeutiers méritent la punition la plus sévère, que le public, représenté par le gouvernement à Ottawa, n'est pas responsable des ravages en question[125].

Le problème était que, bien entendu, on devait identifier les coupables avant de pouvoir les poursuivre au civil. La réticence des soldats à dénoncer leurs camarades, leur tendance à enlever leurs écussons et l'incapacité des officiers et des commissions d'enquête à découvrir qui était responsable rendait cela difficile[126].

Pour ceux qui étaient directement touchés, la position des militaires semblait intenable, irresponsable et injuste. On se doit de citer, dans le détail, l'avocat E.P. Allison, qui représentait l'homme dont le garage avait été détruit par des soldats à Windsor :

Peu importe la force de cette assertion en ce qui a trait aux simples soldats – s'il y en avait effectivement – qui ne prirent aucune part que ce soit dans la destruction des biens de mon client, elle devient non pertinente lorsqu'on fait référence aux officiers responsables. L'opinion publique – et je devrais supposer le droit militaire aussi – tient les officiers régimentaires responsables de la bonne conduite des soldats sous leurs ordres, jusqu'au point où ils doivent prendre toutes les précautions appropriées afin de prévenir la possibilité d'une agression déchaînée contre les biens des civils et, plus spécialement, en trouvant ceux qui commettent de tels gestes, en les soumettant à la discipline appropriée et en les punissant. Il semble, dans un cas comme dans l'autre, que les officiers de ces malveillants destructeurs de biens n'aient pas fait leur devoir correctement. Il est incroyable qu'un corps de troupes portant l'uniforme du Roi puisse marcher au pas régulier, de la façon la plus régulière, pour commettre un tel acte de violence… sans encourir la réprimande la plus sévère de la part de ses commandants. Il est tout aussi inexplicable qu'aucune tentative que ce soit ne semble avoir été faite par ces derniers pour amener les coupables devant la justice. Parce qu'ils n'ont pris aucune mesure pour prévenir ou pour réparer le tort fait, je ne vois pas pourquoi on ne pourrait demander à ceux qui sont responsables du maintien de l'ordre dans le cadre de leur commandement d'indemniser mon client pour ses pertes[127].

Son argument pourrait s'appliquer également aux autres accords. L'armée refusa de payer des compensations pour dommages dans tous les cas saufs un : l'attaque des casernes de la R.G.C.N.-O. à Calgary[128].

Afin d'établir et d'assurer l'ordre social, la primauté du droit fournit des directives stables et cohérentes qui s'appliquent à tous les membres de la société. Les soldats émeutiers de la CEC n'avaient pas bien compris que tout le monde est assujetti aux lois communes, même les hommes en uniforme. Mais si l'objectif de la justice militaire était de faire respecter la discipline, le transfert de responsabilité aux autorités civiles incarnait la dérobade de l'armée devant ses responsabilités face aux émeutes causées par ses soldats. À la Chambre des communes, Sir Wilfrid Laurier affirma « J'aurais pensé qu'il eût mieux valu que les autorités militaires eussent agi d'elles-mêmes. Je crois qu'elles pourraient, mieux que les autorités civiles, inculquer la nécessité de maintenir la discipline »[129]. Il demanda une démonstration de leadership stratégique afin de créer des conditions institutionnelles et environnementales plus favorables à un contrôle officiel[130]. En fait, le déni de l'armée de toute responsabilité relativement aux émeutes et le transfert de responsabilité pour les « soldats » participants aux autorités civiles perpétuaient le sentiment que ces hommes ne faisaient partie ni de la société militaire ni de la société civile... et qu'ils n'avaient de compte à rendre ni à l'une ni à l'autre.

CONCLUSIONS

En résumé, 1916 fut une année désastreuse pour les alliés. Les batailles de Verdun et de la Somme avaient causé des pertes écrasantes et révélé l'impuissance opérationnelle et tactique de la doctrine offensive alliée. Les Britanniques abandonnèrent Gallipoli, étouffant tout espoir de gagner la guerre en passant par le point vulnérable de l'Europe. L'effondrement des armées russes à l'est signifiait que l'Allemagne pourrait bientôt porter son attention sur le front de l'Ouest. Pour les Canadiens, transférés hors de la Somme en 1916, il y aurait une pause dans les grandes opérations pendant l'hiver, de façon qu'ils puissent s'entraîner, récupérer et renforcer les défenses d'un secteur de 15 kilomètres de longueur au nord d'Arras. Sur papier, l'armée canadienne comptait maintenant plus de 250 bataillons outre-mer à la fin de 1916. Sir Sam Hughes s'était montré incapable de faire face aux exigences administratives de la guerre et son approche de dilettante s'éloignait de plus en plus du professionnalisme grandissant de troupes outre-mer. L'hécatombe du front de l'Ouest pardonnait beaucoup moins à l'indiscipline, à l'intolérance et au manque de leadership que les autorités l'avaient fait au pays. En outre, l'intimidante crête de Vimy se dressait, menaçante, devant le Corps d'armée canadien, une position allemande apparemment imprenable qui avait déjà coûté la vie à plusieurs milliers de soldats français et britanniques.

« La Première Guerre mondiale fut une calamité » a récemment écrit l'historien John English. Elle produisit plusieurs effets courants : une diminution de la rationalité, une augmentation de l'émotivité et une attention centrée sur la catastrophe qui, paradoxalement, rend plus difficile le choix des mesures qui s'imposent[131] ». En 1916, les soldats firent de mauvais choix lorsqu'il s'agit de composer avec les pressions auxquelles ils faisaient face localement. L'entraînement des bataillons nouvellement formés (ou en cours de formation) près du lieu de résidence de ses soldats créa un espace liminal pour ces derniers. Ils reconnaissaient le cadre familier, mais le voyait à travers les yeux de citoyens-soldats néophytes à qui on avait inculqué une éthique militaire naissante de loyauté, de travail d'équipe et d'intrépidité. « Si on doit les combattre à Berlin, cria le Sergent-major Blood à la foule à Berlin, aussi bien les affronter ici et en Allemagne ». De telles proclamations étaient révélatrices : les hommes avaient besoin d'action pour montrer de quoi ils étaient capables, pour appuyer leurs camarades et pour aider à gagner la guerre. Pendant qu'ils suivaient l'entraînement de base, ces hommes avaient un grand accès à la société civile, ce qui troubla le processus de séparation avec leur monde civil et d'adoption d'un nouveau système militaire, y compris de références et d'un comportement propres.

« Si on dépouille progressivement un soldat de son identité civile et qu'on le prive de toute autre source de référence, explique L. B. Lewis, la recrue adopte presque toujours le cadre de référence fourni par le contexte social où il se trouve. Une fois effacés les référents normaux de la recrue, le régime militaire fournit un nouveau système de référence qui rend de nouveau forme et cohérence au monde.[132] » Une dégradation du commandement militaire et du contrôle social se produisit en 1916 parce que l'armée n'avait pas isolé les soldats de la société civile et que la discipline, le commandement et le contrôle étaient insuffisants. Donna Winslow mit clairement en évidence que la création de liens fondamentaux avec le groupe, bien que nécessaire pour le combat, est une « lame à double tranchant » :

> La loyauté déplacée peut mener à l'obstructionnisme et empêcher toute enquête adéquate sur des activités criminelles. La formation de liens affectifs au sein du groupe empêche aussi les individus de s'opposer à un comportement inapproprié, qui peut donc continuer sans être réprimé. La chaîne de commandement se trouve alors court-circuitée par les forts liens affectifs qu'elle-même encourage. De forts liens affectifs, qui sont encouragés pour les situations de combat, créent des unités très cohésives qui peuvent, en réalité, nuire au bon fonctionnement de l'organisation dans son ensemble.

Une façon de contrer ce phénomène passe par une autorité officielle qui encourage la loyauté envers le groupe « dans un cadre formé d'un leadership fort et d'une discipline stricte ». Elle insista que le leadership qu'on retrouve au niveau de la petite unité, et qui est fourni par les sous-officiers, est vital à la cohésion et au contrôle de la chaîne de commandement[133]. Continuant sur sa lancée, Anne Irwin explique que le bon fonctionnement d'un bataillon dépend « de la qualité des relations qui existent entre les officiers et les sous-officiers aux points où les deux chaînes de commandement se joignent »[134]. De toute évidence, la chaîne de commandement ne fonctionnait pas de façon efficace avant les émeutes, sinon ces dernières ne se seraient jamais produites. Elle n'a pas fonctionné à son efficacité maximale non plus lors des commissions d'enquête, vu la réticence chronique des sous-officiers et des soldats à « donner des noms » et l'incapacité des officiers à faire porter la responsabilité de ces gestes à des unités et à des individus et à les rendre imputables. Lorsque des civils sont remodelés en soldats, et plus particulièrement lors de périodes de transition, on doit favoriser de façon consciente et rigoureuse une discipline et un leadership fondés sur des valeurs, en mettant un accent sans équivoque sur la primauté du droit et sur l'obéissance au pouvoir conféré par le commandement[135]. Lorsqu'ils ne peuvent se faire obéir volontairement, les commandants doivent être prêts à prendre des mesures disciplinaires coercitives. La réticence des officiers à utiliser des moyens coercitifs, officiels et non officiels, d'une façon rigoureuse et non équivoque laissa toute la place aux interprétations erronées et à la désobéissance.

Avant, pendant et après la plupart des émeutes, les officiers choisirent de blâmer la société civile pour les désordres au lieu de coopérer avec les civils et les autorités civiles pour empêcher les émeutes. Ils ont fréquemment pointé du doigt des civils qui semblaient encourager la désobéissance en traitant les soldats de façon inconvenante, en entretenant des idées déloyales ou en regardant, en acclamant et encourageant les soldats émeutiers et même en participant à l'émeute avec eux. Les civils, parce qu'ils ne comprenaient pas les contraintes qu'on doit imposer au comportement des soldats, ont-ils donné aux recrues la fausse impression que leur comportement était acceptable, attendu même? Les valeurs[136] qui régissent la conduite des soldats ont-elles été diluées par cette interaction avec des civils qui ne comprenaient pas les contraintes qu'on doit imposer au comportement des soldats? Peu importe les réponses, on ne doit pas disculper les soldats et leurs officiers pour ces raisons. L'objet du commandement et contrôle militaire est de s'assurer que la discipline et l'obéissance outrepasseront les émotions. Lorsque cette discipline se dégrade, cela indique que la socialisation militaire a été un échec et cet échec est partiellement attribuable aux commandants.

Le prédécesseur de Sam Hugues, Sir Frederick Borden, déclara en 1909 que « la fonction principale » d'une force de défense nationale était « probablement l'aide au pouvoir civil dans les différentes parties du Dominion »[137]. Le comportement des bataillons du CEC, sept ans plus tard, fit paraître cette déclaration comme très étrange. Les émeutes de 1916 montrèrent que les soldats pouvaient être source de désordre intérieur. L'éthique militaire de responsabilité collective fut ébranlée par le refus des officiers supérieurs d'être tenus responsables du comportement récalcitrant des soldats et par le refus de l'armée de divulguer l'identité de ces mêmes soldats. Le leadership partagé devrait signifier responsabilité et responsabilisation partagées. Au lieu de cela, le déni par le Ministère de toute responsabilité pour la raison que la désobéissance était motivée par la « méchanceté personnelle » ne doit pas faire oublier que ces émeutes étaient des gestes collectifs posés par des hommes portant l'uniforme du CEC. « Les gestes dont on se plaint n'ont pas été posés par des soldats en tant que soldats, mais par des citoyens qui, par hasard, étaient à ce moment enrôlés comme soldats », déclarait le Juge-avocat général en septembre 1916[138]. Cette curieuse logique était révélatrice de l'échec de tous les niveaux de l'armée : les recrues se faisaient justice, leurs officiers ne les tenaient pas suffisamment responsables de leurs gestes en tant que soldats et le Ministère niait toute implication juridique que ce soit. « Dans le Canada de 1916, a observé William Chadwick, l'image projetée par l'armée "d'une bande de hors-la-loi terrorisant une ville du Far West" n'était pas trop loin de la vérité[139]. »

NOTES EN FIN DE CHAPITRE – CHAPITRE 6

1   *Hansard*, le 5 avril 1916, p. 2671-2672.

2   Voir, par exemple, la communication entre le vice-ministre de la Milice et de la Défense et E. P. Allison, le 4 avril 1917, dossier 593-1-110, vol. 1257, groupe d'enregistrement 24, *Bibliothèque et Archives Canada [BAC]*.

3   Desmond Morton. « 'No More Disagreeable or Onerous Duty': Canadians and the Military Aid of the Civil Power, Past, Present, Future », dans D.B. Dewitt et D. Leyton-Brown, éditeurs, *Canada's International Security Policy*, Scarborough, Prentice-Hall, 1995, p. 135.

4   Voir, par exemple, Nikolas Gardner, « The Great War and Waterloo County: The Travails of the 118th Overseas battalion », *Ontario History*, vol. 89, no 3 (automne 1997), p. 219-236; P. W. Lackenbauer, « The Military and 'Mob Rule': The CEF riots in Calgary, February 1916 », *Canadian Military History*, vol. 10, no 1 (hiver 2001), p. 31-42; P. W. Lackenbauer, « Under Siege: The CEF Attack on the R.G.C.N.-O. Barracks in Calgary, October 1916 », *Alberta History*, vol. 49, no 3, (été 2001), p. 2-12; P. W. Lackenbauer et N. Gardner, « Soldiers as Liminaries: The CEF Soldier Riots of 1916 Reassessed », dans Yves Tremblay éditeur, *Canadian*

Military History Since the 17th Century, Ottawa, ministère de la Défense nationale, 2001, p. 164-174.

5 Les commissions d'enquête ne sont pas des entités juridiques. Elles ont pour but de recueillir de l'information et sont instaurées en vertu de la réglementation militaire, à la discrétion de l'officier convocateur, « pour recueillir des preuves ou l'aider à parvenir à une conclusion adéquate sur un sujet quelconque sur lequel il pourrait être important pour lui qu'il soit informé de façon exhaustive. Avec cet objectif en vue, la commission peut être instruite d'enquêter et de faire rapport sur tout sujet qui peut lui être soumis ou donner une opinion sur un point quelconque. Toutefois, lorsqu'une enquête touche la personne d'un officier ou d'un soldat, l'officier ou le soldat doit avoir la pleine possibilité d'assister à l'enquête, de faire toutes les déclarations qu'il souhaite, de contre-interroger les témoins dont le témoignage, de son point de vue, touche sa personne et de produire tout témoin pour sa défense ». Voir Major-général Sir William D. Otter, *The Guide: A Manual for the Canadian Militia (Infantry)*, 9e édition, Toronto, Copp, Clark, 1914, p. 150-51. Voir aussi *Militia Act*, s. 98-99.

6 « Disturbances in Canada in 1916 – in which Canadian Soldiers were Involved », p. 2, répertoire H, 74/672, travaux d'E. Pye, *Direction – Histoire et patrimoine [DHP]*. Pour une justification de l'approche de l'étude de cas lorsqu'un enquêteur souhaite : 1) définir les sujets de façon large et non étroite; 2) couvrir la situation contextuelle et pas seulement le phénomène de l'étude; 3) s'appuyer sur des sources multiples et pas uniques de preuve, voir R. K. Yin, *Case Study Research: Designs and Methods*, édition révisée, Londres, Sage, 1989.

7 Mike O'Brien, « Manhood and the Militia Myth: Masculinity, Class and Militarism in Ontario, 1902-1914 », *Labour/Le Travail*, vol. 42 (1998), p. 115-141. Ronald Haycock appela la création du camp de Valcartier, « la plus grande réalisation du ministre dans le cadre de la mobilisation ». Voir Ronald Haycock, *Sam Hughes: The Public Career of a Controversial Canadian, 1885-1916*, Waterloo, Wilfrid Laurier University Press (WLUP), 1986, p. 177-197. Pour une évaluation critique des décisions de Sam Hughes relatives à la mobilisation, voir Stephen Harris, *Canadian Brass: The Making of a Professional Army*, Toronto, University of Toronto Press (UTP), 1988, p. 94-97.

8 Desmond Morton, *When Your Number's Up: The Canadian Soldier in the First World War*, Toronto, Random House, 1993, p. 72-74.

9 *Ibid.*, p. 79-80.

10 G. W. L. Nicholson, *Le corps expéditionnaire canadien 1914-1919*, Ottawa, Imprimeur de la Reine pour le Canada, 1964, p. 191-192. Version électronique accessible sur le site Web de la DHP; R. C. Brown et R. Cook, *Canada 1896-1921: A Nation Transformed*, Toronto, McClelland and Stewart, 1974.

11 K. M. McLaughlin, *Les Allemands au Canada*, Ottawa, Société historique du Canada, 1985, p. 12. Les groupes ethniques du Canada, no 11.

12 H. Palmer, *Patterns of Prejudice: A History of Nativism in Alberta*, Toronto, McClelland and Stewart, 1982; Paul Maroney, « The Great Adventure: The Context and Ideology of Recruiting in Ontario, 1914-1917 », *Canadian Historical Review*, vol. 77, no. 1 (1996), p. 62-79. Sur la propagande, voir également Jeffrey A. Keshen, *Propaganda and Censorship during Canada's Great War*, Edmonton, University of Alberta Press, 1996.

13 Canada, Sénat, le 18 janvier 1916, p. 14-15.

14 John Herd Thompson, *Harvests of War*, Toronto, McClelland and Stewart, 1978, p. 73.

15 Paul Jackson, *One of the Boys: Homosexuality in the Military during World War II*, Montréal et Kingston, McGill-Queen's University Press, 2004, p. 8.

16 Audiences de la commission d'enquête sur les événements de Berlin, le 16 février 1916, dossier 593-1-87, vol. 1256, *groupe d'enregistrement 24, BAC*, p. 8. Blood, résident de Berlin, était né à Shepshad, Leicestershire (Angleterre). Voir aussi la feuille d'engagement « Blood, Granville Poyser », boîte 825, dossier 38, acquisition 1992-93/166, groupe d'enregistrement 150, *BAC*.

17 Pour un traitement plus complet et des références plus détaillés, voir Lackenbauer, « Military and 'Mob Rule' », p. 31-42 et P. W. Lackenbauer, « 'The Government is in no way responsible for the wrong-doing of its soldiers:' Disciplinary and Legal Dimensions of the Canadian Expeditionary Force Riots in Calgary », dans C. Bullock et J. Dowding éditeurs, *Perspectives on War: Essays on Security, Society & the State*, Calgary, Society for Military and Strategic Studies, 2001, p. 75-91.

18 Communication du général commandant (OGC), district militaire no 13, au secrétaire du Conseil de la milice, le 13 mars 1916, dossier 593-1-86, vol. 1255, groupe d'enregistrement 24, *BAC*.

19 Lackenbauer et Gardner, « Soldiers as Liminaries », p. 164-174.

20 « Memorandum, William C. Dennis, Washington, D.C., re: claim of Thomas and Neil M. Sorenson for damage to and destruction of their property and business in Calgary, Canada », juillet 1916, dossier 593-1-86, vol. 1255, groupe d'enregistrement 24, BAC.

21 Patricia McKegney, *The Kaiser's Bust*, Wellesley, Bamberg Press, 1991, p. 156; William Chadwick, *The Battle for Berlin*, Waterloo, WLUP, 1992, p. 177; N. Gardner, « Great War and Waterloo County », p. 219.

22 Gardner, « Great War and Waterloo County », p. 220-221.

23 Gardner, « Raising the 118th battalion CEF », essai connexe à la thèse de maîtrise non publié, Wilfrid Laurier University, 1994, p. 30-33; Article sans titre, *News Record*, 24 janvier 1916, p. 1; audiences de la commission d'enquête sur les événements du camp Borden, le 25-26 juin 1916, 1-2, dossier 593-1-87, vol. 1256, groupe d'enregistrement 24, *BAC*; Chadwick, *Battle for Berlin*, 47; D. Morton et J. L. Granatstein, *Marching to Armageddon: Canadians and the Great War 1914-1919*, Toronto, Lester & Orpen Dennys, 1989, p. 26 et Adam Crerar, « Ontario and the Great War » dans D. Mackenzie éd., *Canada and the First World War*, Toronto, UTP, 2005, p. 256 sont erronés dans leurs chronologie et description.

24 Audiences de la commission d'enquête sur les événements de Berlin, le 16 février 1916, dossier 593-1-87, vol. 1256, groupe d'enregistrement 24, *BAC*; E. Pye, « Disturbances », p. 3; Gardner, « Great War and Waterloo County » p. 224; A. S. Forbes, « Volunteer Recruiting in Waterloo County during the Great War, 1914-1918 », thèse de M.A. non publiée, University of Waterloo, 1977, p. 140. Dans les jours qui suivirent, Lochead affecta des hommes pour patrouiller les rues du centre-ville de Berlin, afin de s'assurer que les soldats locaux se comportent mieux.

25 Audiences de la commission d'enquête sur les événements de Berlin, le 16 février 1916.

26 *Ibid.*, 24.

27 Cité dans John English et Ken McLaughlin, *Kitchener: An Illustrated History*, Waterloo, WLUP, 1983, p. 116 et Barbara Wilson, *Ontario and the First World War*, Toronto, Champlain Society, 1977, p. 80-81, tiré des transcriptions originales contenues dans le dossier HQ 593-1-87, vol. 1256, groupe d'enregistrement 24, *BAC*. La commission d'enquête conclut que « la majeure partie [...] de la destruction a été causée par des civils qui vendaient dans la rue des souvenirs de l'occasion, comme des touches de piano ». Cette conclusion fait abstraction de plusieurs témoignages opposés entendus lors des audiences de la commission.

28 Audience de la commission d'enquête sur les événements de Berlin, le 16 février 1916, p. 23.

29 Gardner, « Great War and Waterloo County », p. 225; audiences de la commission d'enquête sur les événements de Berlin du 16 février 1916, p. 16; « Berlin Pastor is Roughly Handled », *Ottawa Free Press*, le 6 mars 1916, p. 1; communications entre Carter et le Colonel A. P. Sherwood, le 5 mars 1916, dossier HQ 593-1-87, vol. 1256, groupe d'enregistrement 24, *BAC*. Une entrevue vivante peut être lue dans Chadwick, *Battle for Berlin*, p. 76-85. L'hypothèse quant aux initiales de Dancey s'appuie sur la déclaration de l'officier pour « Dancey, Stanley Nelson », boîte 2283, dossier 14, acquisition 1992-93/166, groupe d'enregistrement 150, *BAC*.

30 Communication entre le Lieutenant-colonel Lochead et Hodgins, le 6 mars 1916, dossier HQ 593-1-87, vol. 1256, groupe d'enregistrement 24, BAC. Lochead conclut par : « Vous feriez bien de suggérer au consul général des États-Unis d'avertir Tappert de quitter le Canada dès que possible, car lui et sa famille sont Prussiens de cœur et profitent de leur citoyenneté américaine pour agir de façon extrêmement blessante à l'égard des soldats canadiens et de la population canadienne en général ».

31 Gardner, « Raising the 118th battalion », p. 39-40.

32 Communication entre le commandant du 118e bataillon et l'officier d'administration, 1re division, le 6 mars 1916, dossier HQ 593-1-87, vol. 1256, groupe d'enregistrement 24, *BAC*. « Tappert étant parti, il y a peu à craindre à l'avenir. Bien entendu, il continuera à coopérer avec les autorités et nous déploierons, si nécessaire, un corps de police militaire dans les rues [...] pour assurer le respect de la loi et le maintien de l'ordre. »

33 Gardner, « Great War and Waterloo County », p. 225.

34 Pye, « Disturbances », p. 6; Chadwick, *Battle for Berlin*, p. 121-123.

35 Gardner, « Raising the 118th Battalion », p. 57-58.

36 Audiences de la commission d'enquête sur les événements de Berlin, le 16 février 1916.

37 Communication du général commandant, district militaire no 6, au secrétaire du Conseil de la milice, le 20 novembre 1916; audiences de la commission d'enquête sur les événements de Windsor du 17 novembre 1916, dossier 593-1-110, vol. 1257, groupe d'enregistrement 24, *BAC*.

38 Audiences de la commission d'enquête sur les événements de Windsor, le 17 novembre 1916. Les autorités militaires avaient promis à l'avocat d'E. C. Muller, A. P. Allison, qu'ils l'avertiraient lorsque la commission se réunirait et qu'il pourrait y participer. Mais ils ne le firent pas, à sa grande déception et à celle de son client. Après s'être heurté à une grande réticence de la part des militaires, Allison parvint à obtenir une copie des recommandations de la commission d'enquête grâce à son député.

39   Communications de l'adjudant-général au général commandant, district militaire no 6, les 24 novembre et 15 décembre 1916; communications du général commandant, district militaire no 6, au secrétaire du Conseil de la milice, les 28 novembre 1916 et 1er février 1917; communication d'A. P. Allison à A. E. Kempt [sic], le 13 mars 1917, dossier 593-1-110, vol. 1257, groupe d'enregistrement 24, *BAC*. L'officier général commandant envoya un câble au commandant du 239e bataillon en février 1917, dans lequel il demandait le paiement volontaire des dommages-intérêts, mais le commandant refusa.

40   Communication du Lieutenant-colonel J. H. Hearn, commandant du 214e bataillon, au commandant de district, district militaire no 12, le 1er décembre 1916; communication du commandant de district, district militaire 12, au secrétaire du Conseil de la milice, le 1er décembre 1916, dossier 683-340-6, vol. 1671, groupe d'enregistrement 24, *BAC*.

41   Communication du Lieutenant-colonel J. H. Hearn, commandant du 214e bataillon, au commandant de district, district militaire no 12, le 1er décembre 1916; communication du commandant de district, district militaire no 12, au secrétaire du Conseil de la milice, le 1er décembre 1916; témoignage devant la commission d'enquête sur les événements de Regina de C. Rink, le 8 janvier 1917, dossier 683-340-6, vol. 1671, groupe d'enregistrement 24, *BAC*, p. 13.

42   Communication de l'adjudant-général par intérim au général commandant, district militaire no 12, le 17 janvier 1917; communication de C. Rink au district militaire no 12, le 8 mars 1917, dossier 683-340-6, vol. 1671, groupe d'enregistrement 24, *BAC*. Le Major N. S. Edgar fut nommé colonel temporaire, alors qu'il était commandant de district, de 1916 à 1917.

43   Tim Cook, « 'More a medicine than a beverage': 'Demon Rum' and the Canadian Trench Soldier of the First World War », *Canadian Military History*, vol. 9, no1 (hiver 2000), p. 6-22. Sur la boisson et la culture militaire, voir aussi Donna Winslow, *Le Régiment aéroporté du Canada : une enquête socioculturelle*, Ottawa, ministère de Travaux publics et des Services gouvernementaux, 1997.

44   Un cas un peu particulier se produisit à Perth (Nouveau-Brunswick), le 12 mai 1916, lorsque 75 membres de la compagnie D du 140e bataillon saccagèrent le restaurant Dew Drop Inn. Le propriétaire avait à de nombreuses reprises refusé de servir des repas ou de vendre du tabac à des soldats et avait prétendument tenu des propos injurieux aux clients potentiels en uniforme. La commission d'enquête découvrit qu'il tenait un commerce illégal d'alcool et qu'il avait peur, au cas où un soldat se saoulerait, d'être accusé de lui avoir vendu de l'alcool. C'est la raison pour laquelle il n'autorisait pas les soldats à fréquenter son établissement. Voir Pye, « Disturbances », p. 7.

45   Témoignages du Sergent Joseph Scott, du Sergent Charles H. Rankine, de l'agent de police George H. Seely et du Sergent G. Pickup devant la commission d'enquête sur les événements de Saint John (Nouveau-Brunswick), le 4 avril 1916, dossier 123-1-17, vol. 4550, groupe d'enregistrement 24, *BAC*.

46   Témoignages de Joseph Scott, Harry Donohue et W. C. Wickham et du Major Hubert Stethen devant la commission d'enquête sur les événements de Saint John (Nouveau-Brunswick), le 4 avril 1916, dossier 123-1-17, vol. 4550, groupe d'enregistrement 24, *BAC*.

47 Témoignages de Nicholas Jacobsen, du Capitaine G. C. Clark et du Major Hubert Stethen devant la commission d'enquête sur les événements de Saint John (Nouveau-Brunswick), le 4 avril 1916, dossier 123-1-17, vol. 4550, groupe d'enregistrement 24, *BAC* et conclusions, le 5 avril 1916, *Ibid.*

48 Communication du commandant, district militaire no 10, au secrétaire du Conseil de la milice, le 4 avril 1916, reproduite dans *Hansard*, le 5 avril 1916, p. 2548; audiences de la commission d'enquête sur les événements de Winnipeg, du 12 au 15 avril 1916, dossier HQ 593-1-95, vol. 1256, groupe d'enregistrement 24, *BAC.*

49 Audiences de la commission d'enquête sur les événements de Winnipeg, du 12 au 15 avril 1916, p. 29, 50, 62, 63; communications du commandant, district militaire no. 10, à l'adjudant-général, les 2 et 4 avril 1916, dossier HQ 593-1-95, vol. 1256, groupe d'enregistrement 24, *BAC.*

50 Audiences de la commission d'enquête sur les événements de Winnipeg, du 12 au 15 avril 1916, p. 14, 16, 20, 20a, 28, 35, 36, 38-41, 43, 46, 51, 62, et conclusions.

51 Pour une description plus détaillée, voir Lackenbauer, « Under Siege ».

52 Le 211e bataillon était l'un des cinq bataillons de l'American Legion levés au Canada pour recruter des Americains impatients de se joindre à l'effort de guerre. La discipline dans ces bataillons était problématique dès le début et les retards de déploiement continus et les hauts taux de désertion « conduisirent à une baisse du moral et à de fréquents incidents d'abus d'alcool et de bagarres ». Voir Clive M. Law, « Colonel Bullock's American Legion of the Canadian Expeditionary Force », *Military Collector & Historian*, vol. 51, no. 4 (1999), p. 150 et 153-155; Ronald G. Haycock, « The American Legion in the Canadian Expeditionary Force, 1914-1917: A Study in Failure », *Military Affairs*, vol. 43, no 3 (octobre 1979), p. 115-119.

53 Communication du commissaire au contrôleur, Royale gendarmerie à cheval du Nord-Ouest (R.G.C.N.-O.), le 25 octobre 1916, dossier 1915-HQ-1184-15-1, vol. 3274, groupe d'enregistrement 18, *BAC.*

54 Témoignage de l'agent de police Dan Finlayson et du Sergent d'état-major S. R. Waugh de la R.G.C.N.-O., audience de la commission d'enquête sur l'attaque du quartier général de la police de Calgary et du casernement du R.G.C.N.-O., 11 octobre 1916, dossier HQ 593-1-86, pt. 1, vol. 1255, groupe d'enregistrement 24, *BAC*; communication du surintendant, commandant de la division D, au commissaire de la R.G.C.N.-O., Regina, le 16 octobre 1916; communication de Newson au commandant de la R.G.C.N.-O., le 13 octobre 1916, dossier 1915-HQ-1184-15-1, vol. 3274, groupe d'enregistrement 18, *BAC.*

55 Audiences de la commission d'enquête sur les événements de Calgary, le 11 octobre 1916.

56 Communication du très honorable Sir Robert Laird Borden à Sam Hughes, le 13 octobre 1916; communication du Brigadier-général E.A. Cruikshank au secrétaire du Conseil de la milice, le 3 novembre 1916, dossier HQ 593-1-108, pt. 1, vol. 1257, groupe d'enregistrement 24, BAC; Lackenbauer, « Under Siege », p. 10. Le soldat Pellegrino, sur lequel la R.G.C.N.-O. avait tiré, a été relâché après avoir été condamné à une peine avec sursis en raison de ses blessures.

57 Communication du surintendant, commandant la division D, au commissaire de la

R.G.C.N.-O., le 11 octobre 1916, dossier 1915-HQ-1184-15-1, vol. 3274, groupe d'enregistrement 18, *BAC*.

58 Audiences de la commission d'enquête sur les événements de London, le 13 mars 1916, dossier 593-1-91, vol. 1256, groupe d'enregistrement 24, *BAC*.

59 Audiences de la commission d'enquête sur les événements de London, le 13 mars 1916, p. 2; communication de l'officier d'administration, 1re zone divisionnaire, au secrétaire du Conseil de la milice, le 16 mars 1916, dossier 593-1-91, vol. 1256, groupe d'enregistrement 24, *BAC*.

60 Conclusions de la commission d'enquête sur les événements de London, le 13 mars 1916; communication de l'officier d'administration, 1re zone divisionnaire, au secrétaire du Conseil de la Milice, le 16 mars 1916, *Ibid*.

61 Audiences de la commission d'enquête sur les événements de Winnipeg, les 28 et 30 mars 1916, dossier HQ 593-1-95, vol. 1256, groupe d'enregistrement 24, *BAC*, p. 1-4, 7, 23, 27 et 52.

62 Témoignages du Lieutenant H. A. Sewell, du Sergent D. R. Rennie, du soldat L. R. Plante, du soldat M. Shami, du soldat Zubowich, Bugler Redners McCaul, du soldat N. Stace (171e bataillon); du carabinier George Billingsly, du soldat A. Campbell (8e régiment); du soldat G. Vezina (9e régiment, police militaire de garnison), audiences de la commission d'enquête sur les événements de Québec, le 7 novembre 1916, dossier 593-1-101, vol. 1256, groupe d'enregistrement 24, *BAC*.

63 Audiences de la commission d'enquête sur les événements de Québec, le 7 novembre 1916; communication de l'adjudant-général à l'officier général commandant (OGC), district militaire no. 5, le 22 novembre 1916; communication de l'OGC, district militaire no. 5, au secrétaire du Conseil de la milice, le 30 décembre 1916, *Ibid*.

64 Toutes les théories et considérations ne sont pas applicables à tous les cas; elles ne forment pas non plus un tout bien net. La mise en conformité à un modèle théorique prédéterminé demanderait de déformer la réalité historique.

65 Robert Rutherdale, « Canada's August Festival: Communitas, Liminality, and Social Memory », *Canadian Historical Review*, vol. 77, no. 2 (juin 1996), p. 221-223. Se reporter aux notes en bas de page pour la liste des sources pertinentes sur le comportement des foules et sur le comportement collectif.

66 Audiences de la commission d'enquête sur les événements de Berlin, le 16 février 1916, p. 11 et 13.

67 Rutherdale, « Canada's August Festival », p. 221-223.

68 Par exemple, les hommes du 69e bataillon apportèrent des revolvers, mais ne les sortirent jamais, pas plus qu'ils n'utilisèrent leur ceinturon ou leur baïonnette. De plus, ils jurèrent « très peu » pendant les troubles de Saint John. Voir le compte rendu des audiences de la commission d'enquête sur les événements de Saint John, dossier 123-1-17, vol. 4550, groupe d'enregistrement 24, *BAC*.

69 Ébauche de texte du chapitre VII-10, dossier H, 74/672, travaux d'E. Pye, DHP.

70 Voir Lackenbauer et Gardner, « Soldiers as Liminaries », pour un aperçu des théories sur la liminalité.

71 Par « nativisme », l'auteur entend une attitude répandue dans une société qui consiste à rejeter les étrangers ou les cultures étrangères.

72 Audiences de la commission d'enquête sur les événements de Berlin, le 16 février 1916, p. 3, 5 et 7.

73 Audiences de la commission d'enquête sur les événements de Calgary, du 12 au 24 février 1916.

74 D'un autre côté, une fois la foule prise d'hystérie et sa fureur portée à son comble, la thèse des symboles patriotiques n'explique pas l'orgie de destruction qui s'abattit sur les biens de personnes non concernées par les prétendus « objectifs » des émeutes. Le saccage de la salle de bal de Calgary en est la preuve. Autre exemple, le gérant d'un magasin de cigares eut la bonne idée d'afficher un *Union Jack* dans la vitrine de son établissement durant les émeutes de London; ce qui n'empêcha pas la foule de la briser 15 minutes plus tard.

75 Donna Winslow, « Misplaced Loyalties: The Role of Military Culture in the Breakdown of Discipline in Two Peace Operations », *Journal of Military and Strategic Studies*, vol. 6, no 3 (printemps 2004), p. 2-3.

76 *Ibid.*, p. 8.

77 Témoignages du soldat A. Kerss (56e bataillon), du soldat Jack McLeod (56e bataillon), du soldat Charles Wren (89e bataillon), du soldat Henry Havelock Thompson (82e bataillon) et du soldat Robert Grierson (56e bataillon), audiences de la commission d'enquête sur les événements de Calgary, du 12 au 24 février 1916.

78 Témoignages du soldat Stanley Albert Rossier (137e bataillon) et du soldat Harold William Kennedy (137e bataillon), *Ibid.*

79 Audiences de la commission d'enquête sur les événements de Winnipeg, les 28 et 30 mars 1916, p. 42.

80 Audiences de la commission d'enquête sur les événements de Berlin, le 16 février 1916.

81 Audiences de la commission d'enquête sur les événements de Regina, le 8 janvier 1917, p. 3 et 7. Voir aussi p. 10. Les initiales proviennent de la feuille d'engagement « De Balinhard, John Carnegy », boîte 2398, dossier 37 et « Child, John Waller Laurence », boîte 1678, dossier 21, acquisition 1992-93/166, groupe d'enregistrement 150, *BAC*.

82 Audiences de la commission d'enquête sur les événements de Winnipeg, les 28 et 30 mars 1916, p. 49.

83 Audiences de la commission d'enquête sur les événements de Berlin, 16 février 1916, p. 2, 9, 13, 14, 20-21 et 22.

84 Winslow, *Le Régiment aéroporté du Canada*, p. 72.

85 Audiences de la commission d'enquête sur les événements de Berlin, 16 février 1916, p. 19. Également cité dans Chadwick, *Battle for Berlin*, p. 67.

86 Audiences de la commission d'enquête sur les événements de London, le 13 mars 1916, p. 18.

87 Audiences de la commission d'enquête sur les événements de Calgary, 12e témoin, Riverside Hotel; 28e et 73e témoins, White Lunch.

88 Audiences de la commission d'enquête sur les événements de London, le 13 mars 1916, p. 9 et 30.

89 Audiences de la commission d'enquête sur les événements de Windsor, le 17 novembre 1916, témoignage de Roach; Audiences de la commission d'enquête sur les événements de Winnipeg, les 28 et 30 mars 1916, p. 28.

90 Audiences de la commission d'enquête sur les événements de Winnipeg, 28e témoin, R. L. Larson (90e bataillon), dossier HQ 593-1-95, vol. 1256, groupe d'enregistrement 24, *BAC*.

91 Audiences de la commission d'enquête sur les événements de Winnipeg, les 28 et 30 mars 1916, p. 9 et 62.

92 Audiences de la commission d'enquête sur les événements de London, le 13 mars 1916, p. 13.

93 Audiences de la commission d'enquête sur les événements de Berlin, le 16 février 1916.

94 Audiences de la commission d'enquête sur les événements de Calgary, du 12 au 24 février 1916.

95 Témoignage du Major Williams devant la commission d'enquête sur les événements de Saint John, le 4 avril 1916.

96 *Ibid.* Au lieu de régler l'importante question de l'indiscipline et de la désobéissance, il se vanta que la performance de son régiment cette nuit-là – seulement cinq soldats arrêtés pour ivresse et environ 20 absents le soir de la paie – était impressionnante « pour notre régiment comme pour n'importe quel autre ».

97 Capitaine L. Bouchard (9e régiment, Voltigeurs de Québec), audiences de la commission d'enquête sur les événements de Québec, le 7 novembre 1916, dossier 593-1-91, vol. 1256, groupe d'enregistrement 24, *BAC*; audiences de la commission d'enquête sur les événements de Winnipeg, les 28 et 30 mars 1916, p. 22, 23, 26 et 453.

98 Audiences de la commission d'enquête sur les événements de Calgary, du 12 au 24 février 1916.

99 Audiences de la commission d'enquête sur les événements de London, le 13 mars 1916, p. 31-38 et 41.

100 Lieutenant-colonel K. W. J. Wenek, « Behavioural and Psychological Dimensions of Recent Peacekeeping Missions », *Forum: Journal of the Conference of Defence Associations Institute*, vol. 8, no. 5 (1993), p. 20.

101 Canada, ministère de la Défense nationale, *Le leadership dans les Forces canadiennes : Fondements conceptuels*, Kingston, Académie canadienne de la Défense – Institut de leadership des Forces canadiennes, 2005, p. 44.

102 Ministère de la Défense nationale, *Le leadership dans les Forces canadiennes : Fondements conceptuels*, p. 49.

103 Morton, *When Your Number's Up*, p. 74 et 79.

104 Winslow, *Le Régiment aéroporté du Canada*, p. 64-65. L'instruction élémentaire exige des soldats qu'ils soient solidaires de leurs pairs et qu'ils répondent aux attentes de leurs supérieurs. La socialisation est réalisée par l'application d'une intense pression pour s'assurer que tous les hommes se conforment aux normes militaires et par le fait de rendre le groupe responsable du comportement de chacun de ses membres. Les officiers et sous-officiers jouent un rôle crucial en imposant et en mettant en application les règles du système. Les soldats et les officiers doivent respecter les valeurs et les intérêts qui traduisent tout d'abord la loyauté au pays, puis au groupe, puis à la chaîne de commandement, avant de penser à eux-mêmes. Un bon leadership consiste donc à créer et à soutenir des valeurs civiques, juridiques, éthiques et militaires par l'influence directe

et indirecte. Voir Winslow, « Misplaced Loyalties », p. 3-4. L'« influence directe » est l'influence exercée en personne et ayant un effet immédiat sur les habiletés, la motivation, le comportement, le rendement, les attitudes ou d'autres états psychologiques, ou qui modifie graduellement des caractéristiques plus difficiles à changer ». Par contraste, l'« influence indirecte » est l'influence exercée par la modification à dessein des conditions liées à la tâche, au groupe, au système, à l'institution ou à l'environnement et qui influent sur le comportement et le rendement. Voir Ministère de la Défense nationale, *Le leadership dans les Forces canadiennes : Fondements conceptuels*, p. 6.

105 Anne Irwin, « Canadian Infantry Platoon Commanders and the Emergence of Leadership », p. 186-187. Thèse de maîtrise non publiée, University of Calgary, 1993.

106 Compte rendu de la commission d'enquête, le 26 octobre 1916; audiences de la commission d'enquête, témoignages de l'agent de police Thomas Ward, police municipale de Waugh, R.G.C.N.-O.; du Sergent Campbell, 211e bataillon, et du Lieutenant-colonel Robinson, le 17 octobre 1916, dossier HQ 593/1/108, pt.1, vol. 1257, groupe d'enregistrement 24, BAC. Les soldats du camp Sarcee ne présentèrent pas un front uni. Les autres bataillons étaient apparemment furieux contre le 211e pour ce qui s'était passé et des rumeurs circulaient selon lesquelles le 211e allait attaquer le 187e « pour ses déclarations désobligeantes à son égard ». Communication du surintendant, commandant de la division E, au commissaire de la R.G.C.N.-O., le 11 octobre 1916, *Ibid.*

107 Voir, par exemple, audiences de la commission d'enquête sur les événements de Calgary, du 12 au 24 février 1916, témoignages du Lieutenant R. J. J. Quinlan (89e bataillon); du Lieutenant Thomas Dick (56e bataillon); du Lieutenant William F. Armstrong (56e bataillon); du Lieutenant Sidney Alex. DeBarathy (56e bataillon) et du Lieutenant Frederick Bertram Cooper (56e bataillon).

108 David Bercuson, *Significant Incident: Canada's Army, the Airborne, and the Murder in Somalia*, Toronto, McClelland and Stewart, 1996, p. 111-112.

109 Ministère de la Défense nationale, *Le leadership dans les Forces canadiennes : Fondements conceptuels*, p. 77.

110 Il faut régler et contrôler de l'extérieur quand les gens : (1) comprennent mal ce que l'on attend d'eux, qu'il s'agisse de leur rendement au travail ou de leur conduite; (2) ne savent pas exactement comment faire; (3) refusent de se soumettre à des directives ou à des règles; (4) ne fournissent pas l'effort nécessaire pour s'acquitter de leurs responsabilités. Voir Ministère de la Défense nationale, *Le leadership dans les Forces canadiennes : Fondements conceptuels*, p. 17.

111 Greg Dening, *Mr. Bligh's Bad Language: Passion, Power and Theatre in the Bounty*, Cambridge, Cambridge University Press, 1992, p. 61, cité dans John English, « Political Leadership in the First World War », dans D. Mackenzie éditeur, *Canada and the First World War*, Toronto, UTP, 2005, p. 89.

112 McKegney, *Kaiser's Bust*, p. 154-158; Chadwick, *Battle for Berlin*, p. 27, 47, 49-52 et 64. La récente publication, *Le leadership dans les Forces canadiennes : Fondements conceptuels*, explique que les chefs militaires doivent faire très attention à ne pas « privilégier une dimension au détriment des autres ou ignorer l'une ou l'autre des dimensions », sinon ils devront en payer le prix. Voir Ministère de la Défense nationale, *Le leadership dans les Forces canadiennes : Fondements conceptuels*, p. 31.

113 Audiences de la commission d'enquête sur les événements de Berlin, 16 février 1916, p. 7-8; audiences de la commission d'enquête sur les événements du camp Borden, les 25 et 26 juillet 1916. Blood ayant déjà servi dans la Royal Navy avant la guerre, il fut nommé sous-officier supérieur de la compagnie A, 118e bataillon. « C'était un chef intrépide et redoutable, dit de lui William Chadwick. Il était également farouchement patriote, bien que selon une source, c'est sa femme Agnes qui tenait réellement les rênes et qui l'avait poussé à accomplir certains de ses plus scandaleux actes ». Voir Chadwick, *Battle for Berlin*, p. 33.

114 « Berlin Pastor is Roughly Handled », *Ottawa Free Press*, le 6 mars 1916, p. 1; audiences de la commission d'enquête sur les événements du camp Borden, les 25 et 26 juillet 1916.

115 Communication du Lieutenant-colonel Lochead à l'officier d'administration, 1re division, le 6 mars 1916, dossier HQ 593-1-87, vol. 1256, groupe d'enregistrement 24, *BAC*. Le magistrat avertit le Sergent-major Blood et le soldat E. Schaefer qu'il leur imposerait une sentence avec sursis (amende de 100 $ ou six mois de prison) en cas de récidive. Voir McKegney, *Kaiser's Bust*, p. 160. Lochead assura également aux civils après le raid sur le Concordia Hall qu'il prendrait des mesures strictes pour empêcher que de tels événements se reproduisent et promis que les coupables seraient punis. Mais il échoua dans ces deux domaines.

116 Plus tard en 1916, le Colonel L. W. Shannon décrivit le bataillon comme « ordinaire, sa principale faiblesse résidant dans son incapacité à assurer une discipline stricte, en raison du manque d'instruction militaire préalable de son commandant ». Lochead était « une bonne personne, qui avait du cœur à l'ouvrage, mais qui n'y connaissait rien avant de prendre ce commandement; il n'est pas considéré comme quelqu'un ayant fait respecter la discipline ». Cité dans McKegney, *Kaiser's Bust*, p. 169.

117 Communication du chef de police Cuddy à messieurs Lent, Jones, Mackay et Mann, avocats à Calgary (Alberta), le 8 mai 1916, dossier HQ 593-1-86, pt. 1, vol. 1255, groupe d'enregistrement 24, *BAC*.

118 Communication du Colonel Shannon au secrétaire du Conseil de la milice, le 16 mars 1916, dossier HQ 593-1-91, vol. 1256, groupe d'enregistrement 24, *BAC*; communication du général commandant, district militaire no. 5, au secrétaire du Conseil de la milice, le 7 novembre 1916, dossier HQ 593-1-101, *Ibid.*; communication du général commandant, district militaire no. 10, à l'adjudant-général, le 24 mars 1916, dossier HQ 593-1-95, *Ibid.*; communication du Lieutenant-colonel Hearn au général commandant, district militaire no. 12, le 1er décembre 1916; communication du Colonel Edgar au secrétaire du Conseil de la milice, le 1er décembre 1916, dossier 683-340-6, vol. 1671, groupe d'enregistrement 24, BAC.

119 *Edmonton Bulletin.* Cité dans Pye, « Disturbances », p. 2.

120 *Edmonton Bulletin*, le 12 février 1916. Cité dans *Hansard*, le 17 février 1916, p. 929-930.

121 *Ibid.*

122 *Hansard*, le 17 février 1916, p. 929-930.

123 Communication du Major-général Eugene Fiset, vice-ministre de la Milice et de la Défense, à George C. Boyce, Halifax, le 1er octobre 1919, dossier 593-1-110, vol. 1257, groupe d'enregistrement 24, *BAC*.

124 Cité dans Pye, « Disturbances », p. 10.

125 Communication du Juge-avocat général à l'adjudant-général adjoint, le 10 avril 1916;
communication du vice-ministre de la Milice et de la Défense à messieurs Foster,
Martin & Co., Montréal, au sujet de White Lunch Limited – Calgary, le 14 avril
1916, dossier HQ 593-1-86, pt. 1, vol. 1255, groupe d'enregistrement 24, *BAC*.

126 Dans les villes de garnison, l'armée remettait les soldats coupables d'avoir contrevenu
à la loi civile aux autorités civiles pour qu'ils soient punis. Après les émeutes de février
à Calgary, 13 soldats furent déférés devant un tribunal civil, cinq furent condamnés
et deux renvoyés de l'armée. Ces individus ne furent jamais forcés de verser de
dommages-intérêts aux propriétaires des biens endommagés.

127 Communication de E. P. Allison à A. E. Kempt [sic], le 13 mars 1917, dossier 593-
1-110, vol. 1257, groupe d'enregistrement 24, *BAC*.

128 Le ministère de la Justice signala : « Comme les pertes ont été subies au cours
d'incidents de guerre, elles pourraient très bien être réparées au moyen des crédits de
guerre. Cependant, quelles que soient les dispositions prises à leur sujet, je ne pense
pas que ces dispositions puissent avoir d'effet sur les cas tels que celui du Canadian
Club de Waterloo dans lequel un intérêt privé préfère déposer une plainte contre le
gouvernement ». Communication du vice-ministre de la Milice et de la Défense au
vice-ministre de la Justice, le 2 janvier 1917, et réponse, le 8 janvier 1917,
dossier 1917-37, vol. 208, groupe d'enregistrement 13, *BAC*, p. A-2.

129 *Hansard*, le 5 avril 1916, p. 2548.

130 Ministère de la Défense nationale, *Le leadership dans les Forces canadiennes :
Fondements conceptuels*, p. 13.

131 English, « Political Leadership », p. 84.

132 L. B. Lewis, cité dans Winslow, *Le Régiment aéroporté du Canada*, p. 52 et 65.

133 Winslow, « Misplaced Loyalties », p. 13-14.

134 Irwin, « Canadian Infantry Platoon Commanders », p. 23.

135 On peut également appliquer cette logique au scénario contraire : lorsque des soldats
sont démobilisés, ils sont aussi en phase liminale et le commandement peut
s'effondrer. Voir les chapitres de Gardner et de Coombs dans ce volume, ainsi que le
magnifique Desmond Morton, « 'Kicking and Complaining': Demobilization Riots
in the Canadian Expeditionary Force, 1918-1919 », *Canadian Historical Review*, vol.
61, no. 3 (septembre 1980), p. 334-360.

136 Les valeurs phares de conduite sont les « normes ou critères de comportement
souhaitable qui orientent le comportement personnel et le comportement collectif et
établissent des limites ». Dans l'armée, ils comprennent les valeurs civiques,
juridiques, éthiques et militaires. Voir ministère de la Défense nationale, *Le leadership
dans les Forces canadiennes : Fondements conceptuels*, p. 129.

137 Cité dans Desmond Morton, « Aid to the Civil Power: The Canadian Militia in
Support of Social Order, 1867-1914 », *Canadian Historical Review*, vol. 51, no 4
(décembre 1970), p. 407.

138 Communication du Juge-avocat général au Directeur général – Approvisionnement et
transport, le 6 septembre 1916, dossier 593-1-87, vol. 1256, groupe
d'enregistrement 24, *BAC*.

139 Chadwick, *Battle for Berlin*, p. 77.

7

Cuir poli et acier étincelant: Accusations de mutinerie au sein du Corps d'intendance de l'Armée canadienne au camp Bramshott, en Angleterre – novembre 1917

CRAIG LESLIE MANTLE

Il est certain qu'ici tout repose sur les décisions prises par les différents commandants; mais ceux-ci ne sont jamais à l'abri d'une catastrophe causée par un ordre peu judicieux du général en chef.

Carl von Clausewitz[1].

Ils sont rares les penseurs militaires qui contesteraient l'affirmation selon laquelle des communications claires et efficaces entre les gens à tous les échelons d'une structure de commandement peuvent avoir et ont souvent une incidence sur la réussite de la mission. En plus d'assurer une transmission et une réception précises et opportunes des ordres et de l'information, un système de communication efficace permet aussi de rapidement faire connaître la situation sur le terrain et, s'il y a lieu, de prendre les mesures appropriées. Bien que les moyens de communication de base sur le champ de bataille aient évolué depuis mille ans, leur objectif est sans nul doute resté le même, la collecte de renseignements et le contrôle des forces, que ce soit à petite ou grande échelle, demeurant au nombre de leurs fonctions les plus importantes. L'acheminement d'information est indispensable, à tel point que des problèmes de transmission ou un réseau compromis peuvent avoir des conséquences désastreuses, voire catastrophiques. Des communications limpides entre les supérieurs et les subordonnés et entre les subordonnés et les supérieurs ou, autrement dit, de « bonnes communications à l'interne »[2], sont absolument nécessaires pour mener les opérations quotidiennes de forces armées, que ce soit en temps de paix ou en temps de guerre.

L'histoire regorge d'exemples d'ordres mal transmis qui ont souvent semé la confusion et la désorganisation parmi ceux auxquels ils s'adressaient et qui se sont traduits à de nombreuses reprises par des pertes importantes et inutiles. Ainsi, des historiens ont qualifié la tristement célèbre charge de la Brigade légère à Balaklava, en 1854, de « désastre légendaire »[3], attribuable entre autres, à de mauvaises communications. L'ordre ambigu de Lord Raglan, le commandant britannique en Crimée, à son commandant de cavalerie, Lord Lucan, a amené ce dernier à attaquer par erreur des forces russes supérieures et à essuyer des pertes considérables en hommes et en chevaux. Plutôt que de poursuivre la cavalerie russe en déroute qui avait été passablement affaiblie par la brigade lourde, on a attendu un certain temps avant de lancer la brigade légère vers un emplacement qui était bien défendu par l'infanterie, l'artillerie et la cavalerie ennemies. En raison de la topographie des lieux, Lucan ne pouvait voir les Russes dont parlait Raglan; il a donc ordonné à ses troupes de se lancer directement devant elles à l'assaut des forces qu'elles pouvaient atteindre. L'issue du combat a été épouvantable[4]. Vraiment, « quelqu'un avait fait une gaffe »[5].

Même en mer, les communications entre les divers navires ont parfois été confuses. Au début de la Première Guerre mondiale, la piètre qualité des transmissions lors de la bataille de Dogger Bank et de celle, plus connue, de Jutland a nui aux forces britanniques, ce qui a fait que les forces allemandes qu'elles affrontaient ont essuyé des dommages et des pertes moindres que ce qu'elles auraient pu subir. L'issue de ces engagements aurait pu être tout autre si les ordres de sir David Beatty, qui commandait alors un escadron de croiseurs, avaient été plus clairs et transmis avec plus de précision[6]. Dans l'Antiquité aussi, « les communications entre les groupes de l'Armée (ou de la Marine) et entre les commandants sur le terrain et le commandement central étaient laborieuses et souvent interrompues »[7], une situation qui a influé en définitive sur l'issue de certaines batailles et, ce qui est plus grave, de campagnes entières, quand ce n'était pas de la guerre. On pourrait certainement donner d'autres exemples illustrant l'importance d'une bonne transmission de l'information.

Quand les communications sont inefficaces, les forces sont mal informées, mal dirigées, et souvent, on adopte un plan d'action qui diverge de la véritable intention initiale du commandant. Un contrôle efficace dépend donc pour une grande part d'une circulation efficace de l'information. Comme l'a observé un historien militaire :

> Il est essentiel qu'il y ait de bonnes communications entre un commandant et un officier subalterne, qu'elles se présentent sous la forme d'un message verbal livré par un officier d'état-major, d'une lettre ou de signaux au fanion, télégraphiques ou radio. Ce qui compte plus que tout, c'est que le destinataire comprenne clairement les intentions du commandant. Il ne doit y avoir aucun malentendu[8].

Comme on le constatera, de mauvaises communications sont à l'origine de bon nombre des mobiles de la mutinerie à laquelle ont participé 18 membres du Corps d'intendance de l'Armée canadienne (CIAC), qui étaient cantonnés au camp Bramshott à Hampshire, en Angleterre, pendant la Première Guerre mondiale[9].

Vers midi, le 5 novembre 1917, le Major Percy Crannell McGillivray, l'officier responsable du dépôt du CIAC à Bramshott, est allé inspecter les écuries occupées par le transport hippomobile (TH)[10] et a constaté qu'un peu moins des trois quarts des harnais de cette section étaient sales et mal entretenus. Il a ensuite ordonné à l'officier responsable du TH, le Lieutenant Edgar Donald Lougheed, de rassembler ses hommes à 18 h ce soir-là pour qu'ils nettoient méticuleusement les courroies de cuir et les pièces de métal de *tous* les harnais. Bien que McGillivray n'ait « pas eu l'intention que la mesure demandée [au lieutenant] soit une forme de punition destinée à l'ensemble des conducteurs du transport hippomobile »[11], il déplorait de toute évidence l'aspect négligé de l'équipement :

> S'il y avait eu un harnachement particulièrement propre, je l'aurais remarqué. Je n'ai rien vu de tel. J'ai surtout constaté que la sueur avait formé une croûte à l'intérieur des [...] colliers et que les sangles d'épaules étaient sales. Les parties du harnais qui touchent au cheval étaient

sales. Les mousquetons et les sous-ventrières étaient sales. Chaque harnachement présentait plus ou moins les mêmes problèmes. Je pense que la plupart des harnais que j'ai vus et jugés sales avaient récemment servi. Un avant-midi de travail n'aurait pu mettre dans un tel état un harnais correctement entretenu[12].

De l'avis de McGillivray, ses ordres avaient été assez clairs et laissaient peu de place à l'interprétation :

Si le harnais d'un homme avait été vraiment propre le soir venu, je pense qu'une fois que [le Lieutenant] Lougheed avait rassemblé les hommes et examiné les harnais, il aurait dû laisser partir tout homme dont le harnais était parfaitement propre. Selon les instructions que j'avais données à [au Lieutenant] Lougheed, il aurait compris que je voulais que *tous les hommes soient rappelés pour nettoyer les harnais, peu importe que tel ou tel homme ait nettoyé son harnais avant la tombée du soir*[13].

Plus tard cet après-midi-là, aux alentours de 17 h, Lougheed a transmis cet ordre au sergent-major de compagnie (SMC), Charles William Chubb, qui, avant de rompre les rangs à la suite du rassemblement habituel des hommes aux écuries, lors duquel il n'y avait pas eu d'appel nominal, a clairement et distinctement avisé tous les militaires présents qu'ils devaient être de retour aux écuries environ une heure plus tard pour compléter l'entretien de leur équipement. Conformément aux ordres du SMC, le Sergent Thomas Huby, un des trois sergents de section du TH, est entré dans une des baraques où logeaient les hommes et, à environ 17 h 55, il a prévenu les occupants du rassemblement imminent aux écuries. Il est également entré dans une autre baraque pour transmettre le même message. En ordonnant aux hommes de se rassembler à l'extérieur, il s'est adressé à toutes les personnes présentes et non à une personne en particulier. En entendant cet avertissement, de nombreux soldats ont dit qu'ils ne voulaient pas aller aux écuries. Le Sergent Huby et le Sergent William White, un autre sergent de section, ont par la suite informé le SMC Chubb qu'aucun homme ne s'était présenté aux écuries à l'heure prévue. En apprenant cette déplorable nouvelle, le SMC s'est immédiatement rendu aux écuries pour voir par lui-même de quoi il en retournait. Voyant que personne ne s'y trouvait, à l'exception du Soldat John Boskett qui semblait avoir obéi, le SMC a ordonné au Sergent White et au Sergent John Colin McArthur, le troisième sergent de section, qui était arrivé aux écuries quelques minutes après 18 h, de l'accompagner aux baraques.

En arrivant aux baraques, Chubb et McArthur ont d'abord demandé aux hommes de la baraque 16, puis à ceux de la baraque 15, s'ils allaient participer au rassemblement; aux deux endroits, les hommes leur ont répondu qu'ils n'en feraient rien[14]. Entre 18 h et 18 h 30, le SMC, désormais seul, est allé informer le Lieutenant Lougheed de la situation, alors que celui-ci prenait son souper au mess des officiers. Lougheed a par la suite avisé le capitaine-adjudant[15] que les hommes refusaient de participer au rassemblement. En compagnie du SMC Chubb et du Lieutenant Peters, l'officier responsable adjoint du TH, le Lieutenant Lougheed est entré dans la baraque 16 vers 18 h 30. On a ordonné aux hommes de se mettre au garde-à-vous et séparé les conducteurs de transport hippomobile des autres soldats qui se trouvaient là. Lougheed a ensuite demandé aux conducteurs s'ils avaient l'intention de se rassembler, et de nouveau, ils ont refusé. Il a répété son ordre, mais les hommes sont restés debout sans bouger. Outré par leur désobéissance, il a immédiatement ordonné au SMC de trouver un sous-officier (s/off) pour mettre ces hommes aux arrêts. Peu après, le Sergent McArthur procédait à l'arrestation de dix hommes. Les deux officiers accompagnés du SMC sont ensuite entrés dans la baraque 15, où tous les hommes se sont mis au garde-à-vous et où les conducteurs ont été séparés des autres. Comme il l'avait fait dans l'autre baraque, Lougheed a demandé aux conducteurs s'ils comptaient se rendre aux écuries, et là encore, on lui a répondu par la négative. Il a répété son ordre mais, comme dans l'autre baraque, aucun des conducteurs n'a réagi, et le Soldat Bert Young a informé le lieutenant qu'ils avaient « décidé de ne pas y aller »[16]. Peu après, Lougheed a ordonné que ces hommes soient eux aussi amenés dans la salle de garde, et le Sergent White les a mis en détention tous les huit. Dans les deux baraques, *après* que les conducteurs ont été mis aux arrêts, le

Lieutenant Peters leur a dit que leur refus éhonté et insolent d'obéir constituait un acte de mutinerie[17].

Une fois les hommes en détention, le Brigadier-général Frank Stephen Meighen, le commandant de l'ensemble des troupes canadiennes à Bramshott, a convoqué une cour martiale de district pour juger les soldats collectivement. Le procès a débuté le matin du 21 novembre et a duré trois jours[18]. Quand elles ont su que les soldats avaient refusé à l'unisson de se rendre aux écuries comme on le leur avait ordonné, les autorités militaires ont accusé chaque militaire d'avoir participé à une mutinerie puisque…

> le 5e jour de novembre 1917, quand [le Lieutenant]
> E.D. Lougheed, du CIAC, leur a ordonné d'aller aux écuries
> pour nettoyer les harnais, ils se sont mutinés en décidant
> entre eux de désobéir à cet ordre, ce qu'ils ont fait[19].

Chaque homme a également été accusé d'avoir « désobéi à un ordre légitime donné par son officier supérieur » à l'intention de tous, lorsqu'il a reçu l'ordre de « se rendre [aux] écuries pour nettoyer les harnais, ce qu'il n'a pas fait »[20].

Au début de leur procès, chacun des conducteurs a plaidé non coupable à l'accusation de mutinerie portée à son endroit. Cependant, comme le leur a recommandé le Lieutenant Charles Sydney Woodrow, l'officier désigné pour les défendre, tous les soldats ont admis être coupables de désobéissance. Plus tard dans le déroulement du procès, après que certains accusés ont témoigné et une fois que le procureur, le Major Henry Granville Deedes, a fini de présenter sa preuve, Woodrow a demandé la permission à la cour de démontrer…

> que les plaidoyers de culpabilité individuellement produits
> par les soldats inculpés aux accusations en alternative
> portées contre chacun d'entre eux [désobéissance] avaient
> été présentés parce qu'il le leur avait été recommandé en se
> fondant exclusivement sur ce qu'il savait de la cause après
> avoir lu le résumé de la preuve.

Ce résumé, il faut le préciser, reposait sur le témoignage de sept témoins à charge différents et, à la lumière de leurs dires, la culpabilité de tous les militaires concernés semblait évidente et incontestable[21]. S'il avait « connu la preuve qui avait déjà été présentée sous serment devant la cour », vraisemblablement le témoignage plus détaillé produit par divers témoins au cours des travaux de la cour martiale proprement dite, qui faisait ressortir les motifs de l'insolence des conducteurs, il « aurait conseillé à chacun des accusés de plaider non coupable à l'accusation en alternative contre eux »[22].

Bon nombre des aspects déterminants de cette mutinerie particulière peuvent être correctement rationalisés, du moins en partie, en examinant comment les diverses attentes que nourrissait ce groupe de soldats (et à dire vrai, la plupart des membres du Corps expéditionnaire canadien [CEC] dans son ensemble) entraient directement en contradiction avec l'attitude et la conduite de leurs chefs. Certains des témoignages des accusés, et même de quelques témoins à charge, laissent fortement entendre qu'un « contrat social » tacite avait pris effet au sein du CEC durant la Première Guerre mondiale, contrat qui a influé en définitive sur la façon dont certains soldats se sont comportés avec leurs pairs et leurs supérieurs immédiats. Essentiellement, en échange de leurs services, de leur sacrifice, voire de leur vie, les soldats s'attendaient à ce que leurs chefs les dirigent avec compétence, que ce soit en veillant à leur bien-être, en s'assurant de ne pas subir de pertes à la poursuite d'objectifs futiles ou, de façon plus générale, en les traitant avec un minimum de respect et de sollicitude. En l'absence d'un tel leadership, les hommes pouvaient parfois poser des gestes regrettables – qui allaient de la pathomimie à la mutinerie – pour exprimer leur mécontentement à l'égard de la situation[23].

Cela dit, on ne peut toutefois expliquer de façon satisfaisante le comportement de *tous* les participants à l'aide du concept de « réciprocité » compte tenu des circonstances propres à ce cas. Comme on le verra, bon nombre des accusés ont désobéi à l'ordre du Lieutenant Lougheed, transmis par l'intermédiaire du SMC et des sergents de section, en raison d'un problème de communication et non parce que sa directive allait à l'encontre de l'une ou de plusieurs de leurs attentes raisonnables. Un simple malentendu, dont la faute ne leur revenait pas toute, les a amenés à conclure, à tort, que l'ordre ne s'adressait pas à eux, alors que c'était tout le contraire. Étant donné que les 18 personnes impliquées dans cette histoire avaient une perception passablement différente de la situation à laquelle ils faisaient face, le décalage entre leurs mobiles et leurs réactions ne devrait guère étonner.

Pour la plus grande part, bon nombre des accusés se sont montrés réticents à se rendre aux écuries à 18 h parce qu'ils ignoraient l'existence de l'ordre en tant que tel et non parce qu'ils voulaient vraiment désobéir. Leur confusion résultait en partie du fait que 13 (peut-être 14) des 18 conducteurs n'étaient pas présents au rassemblement de 17 h, lorsque le SMC avait ordonné aux hommes de revenir environ une heure plus tard. D'ailleurs, parce qu'il n'y avait pas eu d'appel nominal, Chubb n'a pu confirmer par la suite qui était présent au moment où il avait donné son ordre. L'absence des conducteurs dans les écuries s'explique du fait que bon nombre d'entre eux étaient en train de panser les chevaux de leur attelage ou de ranger les harnais, alors que d'autres revenaient de travailler ailleurs au moment même où les rangs étaient rompus à 17 h[24]. La trentaine de soldats présents au rassemblement n'étaient « pas des conducteurs mais des hommes qui étaient de corvée sur les lignes, etc. »[25]. Nombre des accusés ignoraient donc qu'un rassemblement était prévu plus tard ce soir-là[26].

En essayant de prouver de façon irréfutable qu'il y avait bien eu mutinerie, le procureur a tenté de démontrer à la cour que les hommes étaient bel et bien au courant de ce rassemblement et que leur refus d'obéir résultait d'un complot subversif plus étendu. Lors de son réquisitoire devant la cour, juste avant que la peine ne soit prononcée, il a affirmé que les soldats avaient discuté entre eux du second rassemblement pendant l'heure qui a suivi celui de 17 h et savaient par conséquent qu'ils devaient se rendre aux écuries plus tard ce soir-là. En dépit de ces affirmations, qu'il faisait reposer sur une preuve bien maigre et peu convaincante, la plupart des accusés ont déclaré sous serment qu'ils n'avaient parlé à personne du rassemblement, pas plus que d'autres soldats ne leur en avaient parlé. Certaines personnes, dont le Soldat Philo Stuart Dunn, ont dit qu'elles avaient pris la décision de ne pas aller aux écuries de leur propre chef et qu'elles ignoraient que les autres hommes avaient eux aussi décidé de ne pas quitter leur baraque[27]. Les quelques hommes présents lorsque l'ordre initial avait été donné ont déclaré ne pas avoir discuté de l'affaire avec qui que ce soit. Le Soldat Boskett, par exemple, a dit à la cour qu'« une fois que l'ordre [avait] été donné à 17 h au sujet du rassemblement de 18 h, [il n'avait] parlé de cet ordre avec aucun des autres hommes »[28].

Un seul homme, le Soldat Walter Ackling, a affirmé lors de son témoignage que certains hommes avaient parlé du rassemblement. Il a déclaré que pendant qu'il soupait, entre 17 h et 17 h 30, il avait entendu des hommes en parler à table, mais qu'il ne pourrait pas jurer que ce qu'il avait entendu autour de la table l'avait convaincu de ne pas se rendre aux écuries à 18 h[29]. Même si certains hommes ont peut-être réellement parlé de la situation – Ackling n'a pas identifié ceux qui auraient discuté de l'ordre et n'a pas non plus rapporté les propos exacts qui auraient été tenus –, aucun soldat ne semble avoir proféré de commentaire séditieux, ce qui fait que les membres du jury ne disposaient d'aucune preuve solide et irréfutable attestant d'un complot préalable. Ce témoignage permet aussi de supposer que personne n'a cherché à persuader ses camarades de se rallier à un acte de désobéissance commun. Il est fort probable que compte tenu du nombre très réduit d'accusés à avoir participé au premier rassemblement, les hommes qui ont été entendus en train de discuter de l'ordre n'étaient sans doute pas des conducteurs, mais plutôt quelques-uns de la trentaine d'hommes à avoir travaillé dans les écuries ce jour-là; des hommes à qui la directive ne s'adressait pas. Ces hommes ont pu discuter de l'ordre d'un point de vue général au cours d'une conversation.

Dans le cas des conducteurs qui étaient présents lors du rassemblement de 17 h, le manque de précision de l'ordre leur prescrivant de revenir plus tard a créé passablement de confusion parmi eux. Étant donné qu'il avait nettoyé son harnais comme prévu le samedi et le dimanche – les hommes du TH nettoyaient habituellement les courroies de cuir le samedi et les pièces en acier le dimanche– , le Soldat Thomas Statton a cru que son équipement était déjà en bon état, dans la mesure surtout où son attelage n'avait travaillé ni le dimanche et ni le lundi. Parce qu'il pensait que son harnais était dans un état acceptable, il a supposé que la directive s'adressait aux conducteurs qui n'avaient pas du tout nettoyé leur équipement[30]. D'autres soldats en sont arrivés à la même conclusion pour des raisons similaires. Parce que les militaires présents lors du rassemblement ont apparemment décidé seuls si la directive les concernait ou pas, leur témoignage laisse entendre soit que l'ordre proprement dit, tel que le SMC l'a énoncé, était assez vague pour susciter de la confusion, soit que Lougheed, en transmettant ses intentions à Chubb, ne s'était pas exprimé avec suffisamment de clarté et de précision[31]. Du point de vue de certains des soldats, leur décision de rester dans leur baraque ne constituait donc pas un acte flagrant de désobéissance puisqu'ils ignoraient ce que l'on attendait réellement d'eux.

Même si la majorité des hommes avait raté la directive initiale, on a avait pris des dispositions pour que les soldats absents soient informés autrement. Les chefs ont voulu s'assurer que l'absence des hommes lors du premier rassemblement ne pouvait ni excuser ni justifier leur absence au second. Quand on l'a interrogé au sujet de ses agissements lors de cet incident, le Lieutenant Peters a informé la cour que « tous les hommes du transport hippomobile avaient été avisés lors du rassemblement et [que] ceux qui ne l'avaient pas été devaient en principe l'être par le [sergent-major], par l'entremise des sergents de section »[32]. À la lumière des témoignages produits devant la cour martiale, cependant, les sergents semblent avoir manqué à leur devoir en n'informant pas les hommes du rassemblement à venir. Le Soldat Harry Hamilton Spence, par exemple, a déclaré sous serment que son chef de section, le Sergent McArthur, ne lui avait pas communiqué cette information dans l'heure qui s'était écoulée entre les deux rassemblements[33]. Il est donc fort possible que les hommes aient ignoré l'existence de cet ordre et aient par conséquent été absents des écuries à 18 h parce que leurs supérieurs immédiats n'ont pas transmis la directive à toutes les personnes concernées.

En toute justice, il incombait peut-être toutefois exclusivement au Sergent Huby d'informer les conducteurs du rassemblement à venir. Pendant le procès, il a déclaré qu'au cours de l'heure qui a séparé les deux rassemblements, il a communiqué avec les baraques 15 et 16 pour avertir les hommes présents qu'ils devaient revenir aux écuries pour un autre rassemblement[34]. Bien qu'il se soit adressé aux soldats, le moment qu'il a choisi et la façon dont il s'est exprimé et a transmis l'ordre ont nui à la compréhension que les hommes en ont eue et, par la suite, à leur capacité à s'y conformer. De nombreux témoins ont affirmé que le sergent n'était arrivé aux baraques qu'à 17 h 55, quelques minutes seulement avant l'heure prévue du second rassemblement[35]. Ce faisant, il ne laissait que quelques instants aux hommes pour se préparer, pour poser des questions au sujet de la directive ou pour faire part de leurs éventuelles préoccupations à leurs supérieurs. Il semble de plus s'être adressé de façon détournée, car certains des hommes à qui l'information était destinée, surtout ceux qui ne faisaient pas partie de sa section, ont cru que ses propos ne s'appliquaient pas à eux. Il est certain qu'il s'est adressé à tous les soldats présents et non à des hommes en particulier quand il a avisé les conducteurs qu'un rassemblement aurait bientôt lieu. Selon certains témoins, il a formulé sa directive plutôt sous la forme d'une question que sous celle d'un ordre précis. À sa décharge, le Soldat Roderick Murchison a affirmé ce qui suit sous serment :

> La première fois que j'ai entendu parler du rassemblement de 18 h, c'est lorsque [le Sergent] Huby s'est présenté à la porte de la baraque et a hurlé « est-ce qu'il y a des hommes ici qui vont venir aux écuries » ou quelque chose du genre. Il n'avait rien à voir avec moi et j'ignorais de quoi il parlait[36].

En essayant de justifier ses actions, le Soldat Edward Weller a lui aussi parlé du ton interrogatif, de la nature indirecte et de la brièveté des paroles prononcées par Huby, affirmant que le sergent avait simplement demandé « [...] est-ce que vous venez aux écuries? »[37].

Que la responsabilité de transmettre l'ordre donné à 17 h ait incombé exclusivement au Sergent Huby ou à tous les sergents de section, il n'en demeure pas moins qu'il semble y avoir eu un grave problème de communication. Parce que la plupart des conducteurs n'avaient pas entendu l'ordre initial, l'absence d'une directive énergique, directe et claire par la suite n'a fait que brouiller les cartes encore davantage, dans la mesure où de nombreux hommes ignoraient de quel rassemblement leurs supérieurs immédiats parlaient. Lougheed lui-même a admis devant la cour que l'intention et l'esprit de sa directive n'avaient pas été efficacement communiqués à ses subordonnés :

> J'avais compris que le rassemblement de 18 h devait réunir tous les conducteurs de la section de transport hippomobile, que leurs harnais aient été propres ou pas à midi. Au rassemblement de 6 h, j'aurais inspecté les harnais et renvoyé les hommes, sans doute au bout d'une

demi-heure, dont le harnais aurait été propre. *Pour autant que je le sache, les hommes n'ont pas reçu cette explication*[38].

De fait, leur ignorance a contribué à leur nonchalance. Malheureusement, la première fois que de nombreux conducteurs ont entendu parler du rassemblement à venir, c'est lorsque le Lieutenant Lougheed est entré dans leur baraque pour savoir ce qui motivait leur absence, ce qui, dans ce cas particulier, était beaucoup trop tard.

Un autre des responsables était ici le SMC Chubb et il semble lui aussi avoir manqué à son devoir, voire à ses obligations éthiques. Son inaction a amené un des conducteurs, qu'il savait innocent semble-t-il, à être accusé de mutinerie et de désobéissance. Le Soldat Boskett a affirmé à sa décharge qu'en plus d'avoir entendu l'ordre au sujet du rassemblement à 18 h, il avait, comme à l'habitude, nettoyé son harnais le samedi et le dimanche et plus rapidement le lundi. Après s'être acquitté de ses corvées en fin d'après-midi le lundi, il s'était retiré dans sa baraque, où peu après, le Lieutenant Lougheed, accompagné du Lieutenant Peters et du sergent-major, avait ordonné aux conducteurs de nettoyer leurs harnais. Si on se fie à son témoignage, le Soldat Boskett a de fait obéi à l'ordre puisqu'il était aux écuries à l'heure prévue et qu'il y a été vu par Chubb qui, pendant une conversation, lui a demandé s'il allait nettoyer son harnais[39]. Il a également souligné au profit de la cour : « Quand [le Lieutenant] Lougheed nous a dit d'aller nettoyer nos harnais, je n'y suis pas allé parce que je savais que le [sergent]-major m'avait vu dans la pièce des harnachements et je lui ai laissé le soin de constater que j'avais fini de nettoyer mon harnais[40] ». Pour une raison ou une autre, Lougheed n'a pas été informé que Boskett avait observé sa directive. Dans ce cas précis, le fait qu'il ait déjà nettoyé son harnais comme prescrit n'a pas changé grand-chose à sa situation, car il a paru lui aussi désobéir en restant dans sa baraque avec les autres conducteurs. Boskett semble avoir été victime des circonstances puisqu'il est rentré à sa baraque juste avant que les autres hommes ne refusent d'obtempérer à l'ordre et qu'il a par la suite été mis dans le même bateau que les autres conducteurs[41].

Il est certain que la première fois que bon nombre des hommes ont entendu parler du rassemblement de 18 h, c'est lorsque Lougheed a fait son entrée dans leur baraque pour savoir s'ils avaient l'intention ou pas de se rendre aux écuries. Ce fait, qui a été attesté par de nombreux témoins du début à la fin du procès, donne de plus poids à l'affirmation selon laquelle les sergents de section n'ont pas averti les hommes sous leurs ordres ou l'ont fait de façon vague et floue. Puis, en s'adressant aux hommes dans les baraques, Lougheed a aussi formulé sa directive sous la forme d'une simple question ouverte plutôt que sous celle d'un ordre précis. De nombreux soldats n'ont pas entendu un ordre dans ses paroles parce qu'il aurait employé un ton et des mots qui laissaient entendre que les hommes avaient le choix de participer ou pas à ce rassemblement. Bien que chaque témoin ait rapporté l'ordre dans des termes quelque peu différents, tous s'accordaient à dire qu'il était vague et ambigu[42]. Le Soldat George Desjarlais, par exemple, se rappelle que Lougheed leur a demandé « allez-vous descendre et nettoyer les harnais? »[43]. Le Soldat Weller rapporte quant à lui l'ordre ainsi : « Les gars, allez-vous vous rendre aux écuries pour nettoyer les harnais[44]?» La formulation et le ton employés par Lougheed a amené les hommes à penser qu'ils pouvaient choisir d'aller aux écuries ou pas et bon nombre d'entre eux ont décidé de ne pas y aller[45]. Il était évident pour de nombreux soldats qu'ils allaient décider de rester dans leur baraque à se reposer puisqu'ils étaient pour la plupart en mauvaise santé et qu'ils venaient tout juste de rentrer d'une autre longue journée de travail pénible.

L'ambiguïté de l'interaction du Lieutenant Lougheed avec ses subordonnés était peut-être due à son expérience limitée du commandement et à sa méconnaissance totale du CIAC à Bramshott. Après s'être enrôlé dans le CEC au début de l'année 1916 avec à son actif seulement six mois de service militaire au Canada, il a par la suite servi environ un an en France au sein du 4e Train divisionnaire canadien, d'août 1916 à août 1917. En rentrant en Angleterre, il a été hospitalisé environ trois semaines à Shorncliffe avant d'être muté au début du mois de novembre 1917 au CIAC, établi à Bramshott. Il est arrivé à son nouveau cantonnement et est entré en fonction une semaine seulement avant la mutinerie. Il n'a certainement pas eu le temps en quelques jours seulement de se familiariser avec le fonctionnement du dépôt, pas plus qu'avec les hommes sous ses ordres et en particulier, avec les s/off sur lesquels il allait devoir compter pour l'exécution de ses ordres[46].

Des soldats canadiens profitent de leur passage à la cantine du YMCA du camp Bramshott, en Angleterre, pendant la Première guerre mondiale. (Départment de la Défense nationale, Bibliothèque et Archives Canada PA-5275)

De plus, ceux qui ont pensé que les paroles de Lougheed constituaient un ordre direct ont pensé que ses remarques ne s'appliquaient pas à eux[47]. Pareille conclusion laisse également entendre que son ton de voix manquait aussi de détermination. Selon la vaste majorité des témoins, lorsqu'ils sont rentrés aux écuries après s'être acquittés de leurs diverses tâches le lundi, ils ont pour la plupart correctement procédé à l'entretien de leur harnais. De fait, de nombreux conducteurs ont passé plusieurs heures à nettoyer leur équipement avant de rentrer aux baraques. Le Soldat Murchison a indiqué à sa décharge : « Lundi, j'ai fait deux courts déplacements pendant la matinée, et après dîner, je me suis rendu à l'hôpital de Bramshott. Je suis rentré peu après 14 h. J'ai alors commencé à nettoyer [mon] harnais et tout était propre à 17 h[48] » Dans le même ordre d'idées, le Soldat William Alfred Stephens a affirmé sous serment que le même jour, il avait sorti son attelage de 8 h à 10 h environ, puis de 15 h à 16 h. « J'ai passé deux heures à remettre mon harnais en état le matin et une heure l'après-midi[49] ». Parce qu'ils croyaient que l'entretien de leur équipement avait été correctement effectué, ces soldats, à l'instar de nombreux autres, ont supposé que l'ordre de revenir aux écuries pour nettoyer les harnais ne les concernait pas[50]. Pour avoir eu une telle impression, il a fallu que l'ordre soit mal formulé et présenté de façon à créer de la confusion. Si la directive avait été plus précise, plus proche de la véritable intention de celui qui l'avait donnée, les hommes n'auraient sans doute pas fait une telle supposition. Les efforts qu'ils avaient déjà consacrés à l'entretien de leur équipement, conjugués à un ordre nettement déficient, les ont amenés à penser qu'ils pouvaient rester sur place quand Lougheed est entré dans leur baraque plus tard ce soir-là.

Bien que bon nombre des accusés n'aient pas observé la directive du lieutenant parce qu'ils ne l'avaient pas bien saisie, d'autres ont profité de l'occasion pour protester contre la charge de travail qui leur avait été imposée récemment ainsi que pour dénoncer les mauvais traitements de certains de leurs supérieurs immédiats. Aux yeux de quelques conducteurs, la désobéissance était la façon la plus sûre et la plus rapide de faire connaître leurs griefs, surtout quand les gens chargés de veiller sur eux semblaient ne pas se soucier de leur sort. Dans l'ensemble du CEC, aucun geste ne semblait plus apte à attirer l'attention des hauts gradés sur la situation dans leurs commandements respectifs que le refus de leurs subordonnés d'obéir à un ordre légitime.

Ainsi, le Soldat John Caldin, qui souffrait d'une maladie du cœur et se sentait mal le soir du 5 novembre, a déclaré, comme bon nombre de ses camarades, que la première fois qu'il avait entendu parler du rassemblement aux écuries, c'est lorsque Lougheed était entré dans sa baraque. Il avait alors immédiatement dit au lieutenant :

> Je ne me se sentais pas bien mais je n'ai pas eu de réponse.
> J'ai entendu [le Soldat] Weller dire la même chose mais il
> n'a [pas] eu de réponse. L'officier a dit que ça n'avait pas
> d'importance. *J'ai pensé que puisque je n'étais pas en état*
> *d'y aller, je pouvais rester ici.* Je me suis dit que l'officier
> m'aurait dit de rompre les rangs et de me faire examiner[51].

Caldin croyait que dans la mesure où il était malade, il aurait dû être dispensé de participer à ce rassemblement ou du moins, se disait-il, il aurait fallu qu'un médecin l'examine. Parce que sa première tentative de se faire entendre avait complètement échoué, il a par la suite décidé de ne pas participer au rassemblement comme on le lui avait ordonné. Confronté à un leader indifférent, il a désobéi à la directive de Lougheed afin d'attirer l'attention sur sa situation et, dans une moindre mesure, sur le traitement impersonnel auquel il venait d'avoir droit. Le lieutenant lui-même a déclaré devant la cour :

> *Je n'ai rien fait pour savoir ce qui affectait les hommes ou s'ils avaient des griefs.* Je leur ai simplement dit ce que j'ai déjà indiqué ici. Je ne leur ai pas dit qu'ils seraient libérés dès que leur harnais serait propre[52].

Ce n'est qu'une fois que Lougheed a ignoré ses craintes légitimes que Caldin a envisagé un acte illégal comme seule autre possibilité pour faire connaître ses griefs et peut-être les régler. Si son supérieur se moquait de ce qui pouvait advenir de lui, il ne lui restait plus qu'à voir lui-même à ce que son bien-être et sa santé ne soient pas inutilement mis en péril. Cette séquence générale, selon laquelle un militaire tente d'abord de trouver une solution appropriée à son problème par l'entremise de la chaîne de commandement pour ensuite se résoudre à désobéir quand sa plainte est bloquée, s'est répétée à de multiples reprises dans les unités du CEC[53]. Il est certain que d'autres exemples de ce phénomène rendent beaucoup plus crédible l'assertion voulant que la protestation est devenue une ligne de conduite acceptable pour certains soldats qui n'arrivaient pas, pour une raison ou pour une autre, à obtenir ce qu'ils jugeaient être un traitement équitable et que la désobéissance était souvent le dernier recours après que les moyens habituels de réparation avaient échoué ou s'étaient révélés inaccessibles.

À l'instar de bon nombre de ses camarades, le Soldat Spence a lui aussi raté le premier ordre qui avait été donné à 17 h, et il n'a pas non plus entendu parler du rassemblement aux écuries avant que les deux officiers et le sergent-major n'entrent dans sa baraque. Il a par conséquent raconté à la cour :

> Je n'ai pas pensé que la remarque [du Lieutenant Lougheed] était un ordre direct. J'avais aussi abattu le travail de deux hommes, ce que je considérais justifier un grief. Je n'ai pas essayé d'obtenir réparation. C'est pourquoi j'ai décidé de ne

pas aller aux écuries quand [le Lieutenant] Lougheed s'est adressé à nous[54].

Dans le même ordre d'idées, le Soldat Ackling a déclaré à sa décharge :

Je ne suis pas allé nettoyer mon harnais quand [le Lieutenant] Lougheed nous l'a ordonné parce que je jugeais que cela aurait justifié un grief étant donné que la semaine précédente j'étais déjà rentré tard du travail tous les jours. Je ne me suis pas dit que la meilleure façon de faire connaître mon grief était de désobéir aux ordres. Je sais comment il faut faire dans l'armée si je veux qu'un grief fasse l'objet d'une enquête. Je ne saurais dire pourquoi je n'ai pas agi de la sorte à ce moment-là[55].

On ne sait pas pourquoi Spence et Ackling n'ont pas cherché à obtenir un règlement à leurs griefs légitimes par la voie normale. Certains témoignages laissent entrevoir quelques hypothèses plausibles pouvant expliquer le silence de ces deux soldats comme celui peut-être des autres soldats impliqués dans cette affaire. Lorsque Lougheed est arrivé aux baraques et a ordonné aux hommes de se rendre aux écuries, peu d'entre eux ont contesté sa directive, et ce, même s'ils jugeaient être largement en droit de le faire. L'aversion de certains des conducteurs à faire connaître leurs griefs sur-le-champ ou à poser des questions sur l'utilité de l'ordre en tant que tel était en partie due à la culture militaire dominante qui insistait par-dessus tout sur « la plus stricte obéissance [et] le respect de l'autorité »[56]. Quand Lougheed leur a demandé s'ils allaient se rendre ou pas aux écuries, le Soldat Desjarlais, par exemple, a décidé de « ne rien dire parce [qu'il savait] que les hommes [n'étaient] pas censés parler pendant un rassemblement »[57].

D'autres soldats croyaient fermement que s'ils avaient dit quoi que ce soit, ils auraient immédiatement eu droit aux remontrances de leurs supérieurs et que leurs plaintes n'y auraient pas changé grand-chose. La conduite antérieure de certaines personnes que les soldats côtoyaient souvent les avait confortés dans cette conviction et avait fini par émousser leur volonté d'exprimer leurs préoccupations. Lors de son interrogatoire en cour, le Soldat Claude Norman Harris a déclaré :

> Quand [le Lieutenant] Lougheed a demandé si quelqu'un
> irait nettoyer son harnais, je n'ai pas répondu parce que
> je me disais que rien de bon ne pouvait en résulter. Si
> j'avais parlé, le [sergent]-major m'aurait simplement dit
> de « la fermer » [...] Je sais que le [sergent]-major
> m'aurait dit de me taire parce que c'est ce qu'il fait chaque
> fois que quelqu'un lui demande quelque chose[58].

De façon analogue, le Soldat Arthur Peacock a indiqué : « À plus d'une
occasion, j'ai demandé au [sergent]-major la permission de rencontrer [le
commandant] au sujet de mon grief. Il me répondait chaque fois de
continuer à travailler et d'oublier ça[59] ». Ces hommes comme d'autres soldats
connaissaient de toute évidence la procédure appropriée et étaient prêts à la
suivre pour régler leurs problèmes, mais quand ils ont été confrontés à des
obstacles de ce genre, et n'ayant que très peu d'autres options à envisager,
certains d'entre eux ont décidé de désobéir puisque leur désobéissance
attirerait sûrement l'attention sur leurs griefs. Le fait que le
Lieutenant Lougheed et le Sergent-major Chubb aient tous deux fait la
sourde oreille face à leurs doléances légitimes dans le cadre de leurs fonctions
a incité les conducteurs à adopter une méthode agressive et parfaitement
illégale de faire connaître leurs problèmes. La réticence des supérieurs des
soldats à reconnaître leurs difficultés a fini par faire éclater l'abcès.

Malgré la conduite de certains leaders, il semble qu'au moins un
d'entre eux ait compris la situation difficile dans laquelle les hommes
s'étaient retrouvés et ait ouvertement manifesté sa sympathie à leur
endroit. Le Sergent Huby a confirmé sous serment que les hommes sous
ses ordres immédiats s'étaient tous vu imposer une charge de travail
considérable durant les derniers jours, à dire vrai, trop de travail pour un
seul homme, surtout pour un homme pas très en forme. Il a avancé qu'en
raison de leur piètre état de santé et aussi de leur horaire de travail très
chargé des derniers jours, l'ordre de retourner aux écuries avait peut-être
été aussi inopportun que peu avisé. Même si Huby n'approuvait sans
doute pas la conduite de ses soldats, il compatissait du moins à la situation
pénible dans laquelle ils se trouvaient. En contribuant à la preuve de la
poursuite avant le début du procès devant la cour martiale, il a déclaré :

> Je voudrais ajouter qu'à mon avis, si les hommes avaient
> eu droit à un traitement équitable, ils auraient participé
> de leur plein gré au rassemblement. Ce que je veux dire,
> c'est que le travail qu'ils ont fait le dimanche soir et tôt le
> lundi matin avait été pas mal exigeant. J'aimerais aussi
> dire que si ces hommes avaient eu un second conducteur,
> ça aurait beaucoup facilité la tâche. Jusqu'au milieu de la
> semaine, les hommes sont rentrés tard le soir, et ils ont
> travaillé dur toute la semaine. Ils n'ont pas eu le temps de
> nettoyer leurs harnais[60].

Se fondant en apparence sur ses connaissances et ses expériences antérieures, la première remarque de Huby permet d'en savoir un peu plus sur les attentes qu'entretenaient les soldats dans leur ensemble. En lisant un peu entre les lignes, on comprend qu'il suppose que si les personnes occupant les postes de commandement avaient été plus équitables, les conducteurs auraient sans nul doute obéi à des ordres qui pouvaient paraître, à ce moment-là, inutiles et trop exigeants. Bien qu'on ne sache pas ce qu'il entendait par un traitement équitable, on peut présumer sans crainte de se tromper qu'une période de repos suffisante et un horaire de travail correspondant à leur capacité et à leur état de santé auraient pu suffire à prévenir ou, du moins, à régler certains de leurs griefs. Des supérieurs consciencieux qui se soucient des préoccupations légitimes de leurs hommes et qui communiquent efficacement avec eux auraient également pu désamorcer la situation. D'ailleurs, comme il a été démontré dans le contexte général du CEC, un chef qui veille au bien-être des personnes sous sa responsabilité jouit souvent d'un plus grand respect et peut de ce fait compter sur la bonne volonté de ses gens quand vient le temps d'exécuter des ordres difficiles ou particulièrement pénibles[61]. Le témoignage de Huby semble aussi indiquer qu'avant cet incident, les hommes s'étaient bien acquittés de leurs tâches, avaient travaillé d'arrache-pied sans se plaindre et n'avaient basculé dans l'illégalité qu'après que les conditions qui leur étaient imposées étaient devenues intolérables.

Dans sa déclaration, qui a été aussi brève que succincte, Huby fait aussi allusion à l'une des principales raisons ayant amené les conducteurs à désobéir à l'ordre de Lougheed de revenir aux écuries ce soir-là. Il fait remarquer que l'absence d'autres hommes qui auraient pu aider les conducteurs à exécuter leurs nombreuses tâches durant la journée avait contraint les accusés, dont la plupart étaient déjà en mauvaise santé, à abattre cette lourde charge de travail sans aide aucune. À titre de témoin à charge, le Lieutenant Peters a indirectement confirmé que les hommes étaient effectivement surmenés et avaient bel et bien exécuté la somme de travail qui aurait dû normalement être attribuée à deux hommes :

> Quand cela est possible, un second conducteur est habituellement affecté à un attelage [de deux chevaux et un chariot] pour partager le travail avec le [l'autre] conducteur, mais non la responsabilité qui incombe entièrement au premier conducteur. Il n'y a à peu près pas de seconds conducteurs en Angleterre. Nous sommes à court de personnel[62].

Face à une telle situation, l'ordre de retourner faire l'entretien de leurs harnais, alors que beaucoup d'entre eux jugeaient qu'ils étaient déjà propres et en bon état, a amené bon nombre des conducteurs à décider de ne pas participer au rassemblement prescrit. Compte tenu de leur horaire de travail épuisant des derniers jours, beaucoup d'hommes ont jugé que cette tâche additionnelle était aussi futile qu'inutile. Ainsi, le Soldat Samuel George Merritt a déclaré devant les membres de la cour « j'avais travaillé toute la nuit, j'étais exténué et mon harnais était parfaitement propre »[63]. Un autre des accusés, le Soldat Dunn, a lui aussi affirmé « je ne suis pas allé aux écuries à 18 h parce que j'avais donné tout ce que j'avais et j'étais épuisé »[64]. Leur témoignage a aussi permis d'établir que l'ordre de Lougheed était vague et imprécis, puisqu'ils semblent avoir pris seuls la décision de participer ou non au rassemblement.

Malgré le fait que cette mutinerie puisse être principalement attribuée à l'absence de communications claires et cohérentes entre les diverses personnes dans l'ensemble de la structure de commandement, du Lieutenant Lougheed aux sergents de section, les nombreux affronts qu'ont subis les soldats en regard de leurs attentes raisonnables d'un traitement juste et acceptable ont aussi agi comme un moteur de leur action et incité certains hommes à franchir les limites de la discipline.

Parce que tous les soldats souhaitaient que leurs supérieurs se comportent de façon convenable et appropriée à leur endroit, l'inaptitude de certains leaders à tenir compte de leurs griefs légitimes, qui avaient été exprimés de la façon attendue et convenue, a obligé de nombreux soldats à adopter un comportement agressif pour arriver à se faire entendre. À dire vrai, étant donné l'absence d'autres recours, un acte de protestation est apparu comme la seule voie possible pour que leurs doléances soient entendues de leurs supérieurs et peut-être pour en arriver à une quelconque solution. Dans la mesure où ils étaient physiquement abattus, c'est la somme de travail qui était exigée d'eux qui les préoccupait le plus. Certains conducteurs soutenaient que leur récent horaire de travail était trop intense et qu'ils n'auraient pas dû exécuter les tâches habituellement dévolues à deux hommes, à plus forte raison compte tenu de leur piètre état de santé. Quand leurs premières tentatives de régler ces problèmes ont échoué, certains soldats ont résolu de réparer une telle injustice en refusant un travail supplémentaire. Parce qu'ils voulaient être traités avec respect, dans la mesure où la culture militaire le permettait, le peu de cas que l'on faisait de leurs doléances leur est apparu comme un grave manque de respect et ils ont immédiatement réagi pour manifester leur mécontentement face à la situation générale. Si on leur avait accordé plus d'attention et si on s'était soucié de leur sort, il est probable qu'une cour martiale n'aurait jamais été convoquée. En ce sens, la notion de « contrat social » – un contrat en vertu duquel les soldats s'attendaient à un certain traitement en échange de leurs services – se pose avec évidence.

Juste avant que les membres du jury ne se retirent pour prendre leur décision, le procureur s'est adressé à eux dans le but explicite de démontrer la culpabilité des hommes en résumant la plus grande partie de la preuve présentée sous serment, surtout les éléments les plus incriminants de celle-ci. Son long réquisitoire reposait sur deux points capitaux : les accusés ont compris que les paroles de Lougheed étaient un ordre et ils ont comploté de désobéir. Comme on pouvait s'y attendre, il a tenté dans son exposé de réfuter l'allégation de nombreux conducteurs selon laquelle ils ignoraient qu'un autre rassemblement était prévu jusqu'à l'arrivée de leurs supérieurs. Il a aussi essayé de brosser un portrait positif et candide de Lougheed. Plutôt que de prouver de façon irréfutable que les hommes avaient parlé de l'ordre donné à 17 h entre eux et comprenaient donc le sens et l'esprit de la directive, le procureur a simplement demandé aux membres de la cour de se fier à la logique et à leur bon sens :

> Est-il possible ou raisonnable de supposer que l'ordre donné à 17 h n'a fait l'objet d'aucune discussion jusqu'à 18 h ou que les hommes qui en connaissaient l'existence n'en ont pas parlé à ceux qui l'ignoraient, surtout que certains d'entre eux, voire tous, avaient des griefs et étaient surmenés [?] Peut-on croire que [le Soldat] Young s'est levé et a répondu au nom de tous ses camarades sans les avoir d'abord consultés [?] C'est une idée ridicule[65].

Parce que le procureur ne croyait pas que les conducteurs qui étaient au courant n'avaient rien dit au sujet de l'ordre donné à 17 h, dans la mesure surtout où cet ordre représentait encore plus de travail pour eux[66], il prétendait que la directive de Lougheed « avait été ouvertement discutée »[67].

Malgré son intention, la déclaration du procureur ne tenait qu'à un fil puisque bon nombre de ses assertions étaient fausses et faciles à écarter. Outre son incapacité à prouver de façon convaincante l'accusation de complot, telle qu'elle a été présentée ci-dessus, il a affirmé par exemple que les « accusés avaient sans nul doute des griefs, mais [qu'ils n'avaient] rien fait pour qu'ils soient réglés de manière appropriée »[68], alors que c'était une assertion fallacieuse puisque bon nombre des soldats avaient tenté d'en parler à leurs supérieurs, mais qu'ils avaient essuyé une rebuffade. De plus, de l'avis du procureur, leur absence n'était « pas réellement un facteur » puisque leurs sergents les avaient avisés quelques minutes avant le rassemblement et que « l'ordre avait largement eu le temps de circuler entre 17 h et 18 h parmi [...] les conducteurs du transport hippomobile », ce qui pouvait aussi être sujet à débat[69]. Le procureur a également déclaré que même si les harnais pouvaient avoir été propres et les hommes, surmenés, ces faits n'avaient rien à voir avec cette cause particulière. Essentiellement, il souhaitait convaincre les membres de la cour que tous les « accusés étaient prêts à se révolter et [qu'ils] n'attendaient qu'une occasion de laisser libre cours à leurs tendances séditieuses et à leur tempérament indiscipliné »; pourtant, la preuve qu'il a offerte à l'appui de cette accusation personnelle était loin d'être convaincante[70]. Fondée pour la majeure partie sur des hypothèses et des suppositions, sa plaidoirie n'a pas persuadé les membres de la cour que les accusés étaient coupables de mutinerie et, ironiquement, a peut-être même au bout du compte joué en faveur des soldats inculpés. Pendant son réquisitoire, par exemple, il a involontairement souligné le caractère confus de l'ordre de Lougheed en disant que le lieutenant « tenait pour acquis que les hommes étaient au courant de l'ordre », ce qui aux yeux des membres de la cour démontrait que le suivi n'avait pas été assuré ou que rien n'avait été fait pour vérifier que sa directive avait été efficacement communiquée et comprise par toutes les personnes concernées[71].

Par ailleurs, le Lieutenant Woodrow a offert un argument plus concluant, en reprenant et étoffant dans sa plaidoirie bon nombre des raisons avancées par les conducteurs pour justifier leur conduite illégale. En plus de démontrer que la charge de travail imposée aux soldats avait été simplement trop grande pour un seul homme ces derniers temps – s'occuper de deux chevaux et de l'équipement connexe tout en effectuant diverses corvées dans le camp et autour du camp faisait effectivement peser un lourd fardeau sur leurs épaules –, il a soutenu qu'il ne pouvait y avoir eu de complot de mutinerie puisque « les hommes [avaient] été mis aux arrêts avant d'avoir eu le temps de se dire quoi que ce soit »[72]. Empruntant lui aussi le mode spéculatif, ses remarques les plus convaincantes portaient sur la personnalité de Lougheed et la façon dont il s'était comporté lors de cet incident. Après avoir déclaré que l'appréhension des conducteurs avait été prématurée et que l'ordre était si ambigu que les hommes croyaient qu'ils n'étaient pas tenus d'obtempérer, Woodrow a demandé pourquoi son collègue officier n'avait pas cherché à savoir ce qui poussait les hommes à refuser d'aller aux écuries, pourquoi il ne les avait pas informés de la nature de l'infraction qu'ils étaient en train de commettre, c'est-à-dire une mutinerie, et pourquoi il n'avait pas donné l'ordre de regrouper les hommes et de les conduire au pas vers les écuries afin qu'ils s'y acquittent sans tarder de la tâche qui leur avait été attribuée plutôt que de les mettre immédiatement aux arrêts et de les conduire sous escorte vers la salle de garde[73]. La plaidoirie de Woodrow s'est avérée efficace, surtout quand les membres de la cour ont comparé ses arguments à certaines des assertions de Lougheed lui-même. Au cours du procès, le lieutenant a dit « il ne m'est pas venu à l'esprit de faire des reproches aux hommes avant qu'ils ne soient arrêtés »[74].

Après avoir soupesé la preuve présentée par la poursuite et les prisonniers eux-mêmes, la cour a rendu son verdict et a acquitté les 18 soldats de l'accusation de mutinerie, la première et la plus grave des infractions, mais elle les a déclarés coupables de la seconde accusation, c'est-à-dire d'avoir désobéi à un ordre légitime. En conséquence de leurs actions, ils ont tous été condamnés à 42 jours de détention, une peine relativement clémente en regard de la gravité de l'acte d'accusation[75]. Par la suite, en entérinant les décisions de la cour, le Brigadier Meighen a retranché 15 jours de détention à la peine de tous les hommes, car ils avaient déjà perdu deux semaines de solde pendant qu'ils étaient détenus dans une prison militaire en attente de leur procès. Leur peine désormais considérablement réduite, tous les conducteurs ont été incarcérés (sans doute au camp Bramshott) pour plus ou moins un mois[76].

Les membres de la cour n'ont malheureusement pas justifié par écrit leur verdict ni les motifs qui les ont incités à prononcer cette peine. Pourtant, une peine aussi clémente nous permet de supposer qu'ils acceptaient, en conjonction avec le brigadier, certains des arguments et des explications que les hommes ont présentés à leur décharge. En rendant leur verdict, les membres de la cour ont peut-être jugé fautive la conduite de certains intervenants, le Lieutenant Lougheed, les sergents de section ou le SMC. Leur décision a fort probablement été influencée, du moins jusqu'à un certain point, par le fait que certains s/off aient apparemment manquer à leur devoir et surtout par l'absence d'ordres clairs et concis qui a créé l'impression que certaines directives ne s'appliquaient pas à certains conducteurs. Leur indulgence s'explique peut-être aussi du fait que les restrictions médicales des soldats les aient rendus « peu aptes à accomplir le dur labeur de conducteurs de transport hippomobile après les heures normales ». Le travail auquel faisaient allusion les membres de la cour, comme les tâches « associées aux soins à prodiguer à deux chevaux et à l'entretien de deux harnachements et d'un chariot », était pénible en raison de l'absence de seconds conducteurs à Bramshott, une situation que les hommes devaient accepter et supporter du mieux qu'ils le pouvaient[77]. Le tribunal a de toute évidence conclu que le manque de personnel, le piètre état de santé des accusés et les innombrables tâches qu'ils devaient exécuter dans le camp et autour du camp justifiaient en partie leurs actions sans toutefois les excuser entièrement. Les membres de la cour semblent avoir compris que dans le cas de ces soldats, l'imposition d'autres obligations en sus de leurs tâches quotidiennes habituelles avait dépassé leur endurance et était devenue une grande source de frustration. Peu importe la raison, une peine aussi clémente a peut-être davantage servi à sauver les apparences qu'à réprimander les soldats pour éviter que l'on ne pense que la désobéissance, qu'elle ait été justifiée ou pas, pouvait rester impunie. Il fallait sûrement administrer une forme de châtiment à des soldats qui avaient désobéi et agi en toute illégalité.

Le fait que 10 des 18 accusés (soit 55 pour cent d'entre eux) aient commis diverses infractions avant la mutinerie ne semble pas avoir influé sur la sentence de chacun des prisonniers. Les hommes qui avaient déjà été accusés d'avoir enfreint une loi militaire avaient reçu un châtiment sommaire sans que soit tenu un procès officiel[78]. Du début à la fin des travaux de la cour martiale, pas un seul des participants, que ce soit pour la défense ou la poursuite, n'a fait allusion à un quelconque épisode antérieur de mauvaise conduite. Même des infractions graves, comme la désobéissance ou une absence quand un homme est de faction, n'ont pas fait impression sur les membres de la cour et n'ont pas pesé dans la balance lors de leurs délibérations. En produisant un avis de commutation de peine, les officiers chargés d'instruire le procès ont indiqué que « leurs fiches de conduite [permettaient] de penser que [c'étaient] tous des hommes de bonne réputation. La fiche de conduite de plusieurs d'entre eux était d'ailleurs vierge »[79]. À dire vrai, les membres de la cour n'ont, semble-t-il, voulu tenir compte que des faits liés à cet incident et n'ont en ce sens attaché que peu d'importance à la conduite précédente des soldats[80].

Dans le cas de cette mutinerie particulière, quand aux prises avec de multiples problèmes, certains hommes ont essayé de faire connaître leurs doléances à leurs supérieurs par l'entremise de la chaîne de commandement officielle, comme on leur avait dit de le faire, alors que d'autres étaient beaucoup moins enclins à emprunter cette voie et ont désobéi dans le but de manifester leur mécontentement et leur frustration, un geste de toute évidence contraire aux comportements escomptés.

Pour la plus grande part, on peut conclure sans trop de risques de se tromper que l'apparente désobéissance de nombreux soldats à l'endroit de leurs supérieurs découlait de leur incompréhension de l'ordre proprement dit. Leur ignorance était fondamentalement à mettre sur le compte de la

Matériel de transport du Corps de l'intendance de l'Armée en France, 1916. Les mutins qui ont frappé l'Angleterre un an plus tard auraient disposé de matériel semblable. (Départment de la Défense nationale, Bibliothèque et Archives Canada PA-224)

façon confuse dont la directive avait d'abord été transmise lors du rassemblement de 17 h aux écuries et sur l'inaptitude subséquente des autres leaders, quels qu'ils aient pu être, à s'assurer que les hommes avaient bien compris ce qui était attendu d'eux. Dans le cas d'autres hommes toutefois, le refus de certains de leurs supérieurs d'écouter leurs plaintes raisonnables, qui concernaient surtout leur exigeant horaire de travail des derniers temps et les nombreux aléas de leur mauvais état de santé, les a incités à se conduire illégalement pour attirer l'attention de leurs chefs sur leurs préoccupations légitimes. Certains soldats ont désobéi après que leurs tentatives pour régler leurs griefs se sont toutes soldées par un échec et alors qu'ils croyaient avoir épuisé toutes leurs possibilités. Il est certain qu'une combinaison de facteurs a contribué à créer une situation malsaine dans laquelle certains protagonistes se sont sentis contraints de désobéir. En un sens, cette mutinerie a cristallisé une multitude d'erreurs qui se sont accumulées et amplifiées les unes les autres, la plus grande faute ayant été l'absence de communications claires et efficaces.

À bien des égards, cette « mutinerie » n'a pas été une mutinerie dans le sens véritable et reconnu du terme. Ces hommes n'ont pas conspiré en vue de désobéir à un ordre légitime; c'est l'ignorance qui les a gardés sur place. Parce qu'ils ignoraient ce que l'on attendait d'eux, ils ont pensé à tort que l'ordre donné au premier chef par le Major McGillivray et transmis par d'autres, comme Lougheed, un lieutenant inexpérimenté et impatient[81], ne s'appliquait qu'à certains d'entre eux. La simple quantité de déplacements parmi les conducteurs du TH – leur routine quotidienne variait de l'un à l'autre, certains partant au travail quand d'autres en rentraient – a en partie nui à la transmission efficace d'un ordre essentiel.

On peut penser que si les gens impliqués dans cet incident avaient tenu compte d'une directive rédigée en milieu d'année 1916 et portant sur la façon d'informer les hommes des rassemblements à venir, les accusés ne se seraient peut-être pas retrouvés dans une situation aussi compromettante et difficile, où certains d'entre eux se sont sentis contraints de commettre un acte illégal pour exprimer la frustration dans laquelle les plongeait un tel état de choses :

Récemment, on a eu connaissance de cas d'hommes accusés d'avoir été absents de certains rassemblements. Pour être reconnu coupable d'une telle accusation, il doit être prouvé qu'un soldat a été personnellement avisé de la tenue du ou des rassemblements. Le simple fait que des sous-officiers annoncent que tel ou tel peloton doit participer à tel ou tel rassemblement dans les baraques où logent les pelotons concernés ne constitue pas un avertissement suffisant, puisque certains hommes pourraient ne pas être présents au moment de l'annonce et ne sont alors pas avertis dans le sens militaire du terme. Pour qu'un homme soit déclaré coupable d'avoir été absent, il doit être personnellement informé de la tenue des rassemblements et il serait bon que deux sous-officiers plutôt qu'un seul se chargent de transmettre l'avertissement pour s'assurer que l'on condamne les véritables contrevenants[82].

NOTES EN FIN DE CHAPITRE – CHAPITRE 7

Note de l'éditeur : Le présent chapitre développe une étude précédente sous le même titre. Voir Craig Leslie Mantle, « Polished Leathers and Gleaming Steel: Charges of Mutiny in the

Canadian Army Service Corps at Bramshott Camp, England, November 1917 », Kingston, Académie canadienne de la défense [ACD] – Institut du leadership des Forces canadiennes [ILFC], mars 2004, document non publié qui, au moment de la parution du présent livre, peut être consulté à l'adresse http://www.cda-acd.forces.gc.ca/cfli/engraph/research/pdf/83.pdf

1   Carl von Clausewitz, Colonel J.J. Graham, tr., *On War*, Londres, Kegan Paul, Trench, Trüber & Co., Ltd. 1908, deuxième partie, livre VI, chapitre XXX, p. 397.

2   Canada, ministère de la Défense nationale, *Le leadership dans les Forces canadiennes : fondements conceptuels*, Kingston, MDN – ILFC, 2005, p. 50.

3   John Keegan et Richard Holmes, *Soldiers: A History of Men in Battle*, Londres, Hamish Hamilton Ltd., 1985, p. 93.

4   Geoffrey Regan, *Great Military Disasters: A Historical Survey of Military Incompetence*, New York, M. Evans & Co., Inc., 1987, p. 67- 68.

5   Extrait du poème de Lord Tennyson, *La charge de la Brigade légère*.

6   Regan, *Great Military Disasters*, p. 68 à 70.

7   Barry S. Strauss et Josiah Ober, *The Anatomy of Error: Ancient Military Disasters and Their Lessons for Modern Strategists*, New York, St. Martin's Press, 1990, p. 6.

8   Regan, *Great Military Disasters*, p. 67.

9   Cour martiale de district [CMD] du Soldat [Sdt] Walter Ackling (718568), du Sdt Arthur Francis Baker (292099), du Sdt John Boskett (681661), du Sdt William Cain (192458), du Sdt John Caldin (65144), du Sdt Cecil Henry Connors (195583), du Sdt George Desjarlais (21461), du Sdt Philo Stuart Dunn (733451), du Sdt Claude Norman Harris (190201), du Sdt Samuel George Merritt (681605), du Sdt Roderick Murchison (437387), du Sdt John Joseph Parks (488759), du Sdt Arthur Peacock (292177), du Sdt Harry Hamilton Spence (252561), du Sdt Thomas Statton (808067), du Sdt William Alfred Stephens (696637), du Sdt Edward Weller (406211) et du Sdt Bert Young (474351), microfilm T-8653, dossier 649-C-2595, 8, groupe d'enregistrement 150, *Bibliothèque et Archives Canada* [*BAC*]. Il est intéressant de signaler que tous les accusés s'étaient d'abord enrôlés dans l'infanterie pour ensuite être affectés au CIAC. Comme ils étaient pour la plupart en mauvaise santé (voir CMD, avis en faveur de la clémence), on est en droit de penser que bon nombre d'entre eux ont été mutés pour cause de santé. Contrairement aux autres branches du CEC, dans les armes de combat, nommément l'Infanterie, l'Artillerie et le Génie, les soldats devaient être en excellente condition physique en raison des conditions pénibles auxquelles ils étaient soumis et des tâches physiquement exigeantes qu'ils devaient exécuter. Les hommes qui ne pouvaient satisfaire à ces exigences étaient habituellement, bien que certainement pas toujours, affectés à des unités dont les membres pouvaient être en moins bonne condition physique, comme le CIAC ou les divers bataillons forestiers. Les dossiers du personnel de certains accusés donnent plus de poids à l'hypothèse voulant qu'ils aient quitté l'infanterie pour des raisons médicales. Le Sdt William Cain, par exemple, semble avoir été muté au CIAC à la suite d'une blessure qu'il a subie en combattant au front avec le 13e Bataillon [bon]. Voir dossier du personnel du Sdt William Cain, dossier 29, boîte 1375, no acquisition 1992-93/166, groupe d'enregistrement 150, *BAC*. Cela dit, il semble toutefois que le Sdt Arthur Peacock ait été envoyé à

Bramshott parce qu'il était trop jeune. Voir dossier du personnel du Sdt Arthur Peacock, dossier 39, boîte 7676, no acquisition 1992-93/166, groupe d'enregistrement 150, *BAC*. C'est aussi pour cause médicale que le Sdt George Desjarlais semble avoir été muté. Il s'est vu infliger trois blessures à trois occasions distinctes, alors qu'il était au front au sein du 8 Bon. Voir CMD, défense du Sdt Desjarlais. En outre, comme leur numéro matricule l'indique, ces hommes ne venaient pas du même bataillon d'infanterie, du même district militaire, de la même province, voire de la même région du Canada; ils venaient de différents coins du pays. Il est fort probable qu'ils aient fait connaissance lors de leur affectation au TH à Bramshott et qu'ils ne se connaissaient pas auparavant. Voir Edward H. Wigney, *Serial Numbers of the CEF*, Nepean, publié hors commerce, 1996.

10 En novembre 1917, le TH du CIAC à Bramshott comprenait 38 chariots chacun pourvu d'un attelage de deux chevaux et d'un conducteur. Les 38 conducteurs étaient répartis entre trois sections commandées chacune par un sergent [Sgt]. Voir CMD, témoignage du Sergent-major de compagnie [SMC] Chubb (premier témoin à charge) et CMD, témoignage du Sgt Huby (deuxième témoin à charge). On retrouvait également au sein du CIAC une section de transport motorisé (TM) qui comptait des véhicules automobiles plutôt qu'hippomobiles.

11 CMD, témoignage du Major [Maj] McGillivray (témoin assigné par la cour).

12 *Ibid.* Dans son témoignage, Lougheed a aussi parlé de l'état des harnais et a ainsi confirmé qu'ils étaient sales. Voir CMD, témoignage du Lieutenant [Lt] Lougheed (cinquième témoin à charge).

13 CMD, témoignage du Maj McGillivray. C'est l'auteur du présent document qui a mis ce texte en italique pour en faire ressortir l'importance.

14 Les hommes qui logeaient dans la baraque 15 étaient Ackling, Boskett, Cain, Merritt, Murchison, Peacock, Spence, Statton et Young; les autres étaient dans la baraque 16. Il n'a pas été possible de déterminer où logeait un des soldats, Baker, avec la documentation dont on disposait.

15 Le capitaine-adjudant était probablement le Lt Albert Chilton.

16 CMD, témoignage du Sdt Young. Voir aussi CMD, résumé de la preuve, 1 et CMD, témoignage du SMC Chubb. En tentant de justifier sa conduite, le Sdt Young a expliqué devant la cour : « J'ai dit "nous avons décidé de ne pas y aller" parce que je voyais que personne n'avait bougé. J'ai alors pensé que je pouvais le dire. Je n'avais pas prévu dire cela avec quiconque [...] » Voir CMD, témoignage du Sdt Young. L'inaction des conducteurs a aussi incité le Sdt Cain à demeurer sur place. Il a déclaré sous serment : « Je suis resté là parce que je n'ai vu personne d'autre bouger. Je n'ai pas décidé de désobéir à un ordre quel qu'il soit ». Voir CMD, témoignage du Sdt Cain.

17 C'est surtout les témoignages plus détaillés donnés devant la cour martiale qui ont servi à établir le récit précédent, plus que les brèves entrevues effectuées dans le but de produire le résumé de la preuve avant le début du procès. Remarquons que la séquence précise des événements après l'entrée du Lt Lougheed dans la baraque 15 n'est pas tout à fait la même selon les sources; les témoignages produits devant la cour martiale ne permettent pas de savoir avec une certitude absolue à quel moment les conducteurs se sont mis au garde-à-vous, se sont séparés des autres hommes présents, ont été interrogés au sujet de leurs intentions, etc. Le Lt Lougheed lui-même n'est pas arrivé à se souvenir

avec exactitude des gestes qu'il a posés et des paroles qu'il a prononcées le 5 novembre. Voir CMD, témoignage du Lt Lougheed. Quoi qu'il en soit, il n'en demeure pas moins que les hommes des deux baraques ont refusé de se rendre aux écuries en vue du rassemblement de 18 h. Afin de produire le compte-rendu ci-dessus, on a comparé le témoignage de nombreux témoins pour établir la séquence des événements *la plus probable*. Dans l'histoire officielle du Corps royal de l'intendance de l'Armée canadienne, dont une bonne partie porte sur la Première Guerre mondiale, on ne retrouve aucune mention de cette mutinerie, ce qui était prévisible. Voir Arnold Warren, *Wait For The Waggon: The Story of the Royal Canadian Army Service Corps*, Canada, McClelland et Stewart, 1961.

18   Le Colonel H.L.B. Acton a agi comme président de la cour martiale alors que ses membres étaient le Maj Charles Burton Hornby, le Maj James Michael Gillies, le Capitaine [Capt] Edward Cassils Evans et le Capt William George Ross Gordon. Le Lt Alexander George Aneurin Clowes était le membre suppléant.

19   CMD, acte d'accusation. Tous les soldats ont été inculpés aux termes de l'article 7(3) de l'*Army Act*. Voir ministère de la Guerre, Grande-Bretagne, *Manual of Military Law* [*MML*], Londres, His Majesty's Stationery Office, 1914, p. 384.

20   CMD, acte d'accusation. Tous les participants ont aussi été inculpés aux termes de l'article 9(2). Voir *MML*, p. 387. Le résumé de la preuve compris dans les documents du procès de la CMD contient le nom de 25 membres du personnel non officier qui devaient passer en conseil de guerre pour mutinerie et désobéissance. Le nom de sept hommes a ensuite été supprimé sur ce document et ces hommes n'ont jamais eu de procès. Si on se fie à la base de données en ligne de *BAC*, dans laquelle sont répertoriées toutes les cours martiales convoquées au cours de la Première Guerre mondiale et qui est accessible à l'adresse http://www.collectionscanada.ca/archivianet/courts-martial/index-f.html, pas un seul de ces sept hommes n'a été traduit en justice pendant ou immédiatement après la guerre. Quatre de ces soldats ont été détenus dans la salle de garde durant la nuit du 5 novembre 1917; trois autres soldats se sont joints à eux tôt le lendemain matin. Il semble qu'en rédigeant les actes d'accusation et les autres documents préliminaires en vue de la CMD, on n'ait plus trop su au juste qui avait participé à la mutinerie. Cela dit, cinq de ces hommes – Stark, Wilson, Doan, Baines et Tanner – ont cependant été condamnés à une courte peine de punition en campagne no 2 [PC 2] pour désobéissance parce qu'ils n'étaient pas allés aux écuries le 5 novembre 1917 quand leur officier supérieur leur en avait donné l'ordre. Voir 16 novembre 1917, vol. 234, groupe d'enregistrement 150, *BAC*. Il n'a pas été possible de trouver l'information qui aurait permis de savoir pourquoi les deux autres soldats n'ont pas été punis. On ignore pourquoi ces sept hommes n'ont pas été accusés de mutinerie, même si on peut supposer que leur absence des baraques lorsque le Lt Lougheed a ordonné aux conducteurs de se rendre aux écuries est sans doute la raison de cette peine plus clémente. Peuvent-ils avoir fait partie de la trentaine d'hommes qui étaient présents au rassemblement de 17 h, qui ont entendu l'ordre de revenir aux écuries et à qui cet ordre s'adressait? Certains détails relatifs à ces soldats sont présentés ci-dessous : William Thomas George Baines (276555), Thomas Brennan (781523), Kenneth William Doan (2004331), Frederick Hewitt Hales (811043), James Stark (907081), Roy James Tanner (5136) et Thomas Albert Wilson (681621). De plus, dans la transcription des témoignages, il n'est pas fait mention des

13 autres conducteurs qui appartenaient aussi à la section du TH. On peut présumer que l'ordre de revenir aux écuries plus tard ce soir-là s'appliquait sans distinction aux 38 conducteurs. On ne connaît toujours pas la raison pour laquelle ces hommes n'étaient pas présents au rassemblement de 18 h. Il est toutefois possible qu'ils aient été en service à cette heure-là. Comme on le rappellera, le SMC n'a trouvé personne aux écuries quand il y est allé pour savoir ce qui motivait l'absence des conducteurs qui avaient été avisés du rassemblement.

21 CMD, remarque située entre la défense du Sdt Connors et la défense du Sdt Desjarlais. Le résumé de la preuve consigné au camp Bramshott les 5, 6 et 12 novembre 1917 par le Maj Henry Granville Deedes du 25 Bon, une unité de la Réserve, comprenait le témoignage du Lt Lougheed, du Lt Peters, du SMC Chubb, du Sgt White, du Sgt McArthur, du Sgt Huby et du Sdt John George Fraser, qui était responsable de la salle de garde où ont été conduits les accusés après leur arrestation. Lors du procès, les conducteurs ont posé de nombreuses questions aux témoins. La plupart de leurs questions, cela se comprend, les concernaient avant tout, car ils voulaient que soit constatée leur présence ou pas au rassemblement de 17 h, alors qu'a été donné l'ordre de revenir aux écuries plus tard ce soir-là. En plus de demander aux témoins si leur harnais en particulier était sale ou pas, certains des accusés ont également remis en question la logique de l'ordre proprement dit. La culture d'obéissance qui prévalait dans l'ensemble du CEC, et selon laquelle un soldat devait obéir sans discuter, est facile à retrouver dans les brefs échanges consignés dans le résumé de la preuve du CMD, p. 5 et 6. Toutes les réponses du Lt Lougheed aux questions destinées à mettre au jour le mobile sous-jacent de l'ordre étaient remarquablement similaires et illustraient sa vision de la relation entre un chef et ses subordonnés. De son point de vue, un ordre avait été donné et les hommes devaient obéir, peu importe que l'ordre ait été sensé ou pas. En lisant toute cette série de questions et réponses, telles qu'elles ont été consignées dans la documentation de la CMD, il est facile d'imaginer non seulement que ces questions répétitives ont fini par profondément agacer Lougheed, mais aussi que ce dernier a adopté un ton passablement hostile à l'endroit de ses interrogateurs. Voici un bref extrait, exemplaire en ce sens, des échanges entre ces hommes :

> Question : « Quand un homme a travaillé sur son harnais toute la matinée, pour quelle raison devrait-il retourner aux écuries à 18 h pour le nettoyer de nouveau? »
> Réponse : « C'était l'ordre qu'avait donné le Major McGillivray hier […] »

> Q : « Quand un homme a nettoyé son harnachement l'après-midi, pour quelle raison devrait-il retourner aux écuries le soir venu? »
> R : « C'est le Cmdt [commandant] qui a donné l'ordre de revenir ».

> Q : « Si un harnais est propre, a été jugé propre lors de la revue du dimanche matin et n'a été ni utilisé ni nettoyé de nouveau le lundi après-midi, est-il nécessaire de revenir aux écuries à 18 h pour le nettoyer une autre fois? »

R : « C'est le cmdt qui a donné l'ordre de revenir ».

22   CMD, remarque située entre la défense du Sdt Connors et la défense du Sdt Desjarlais. Cette déclaration laisse entendre que Woodrow n'a pas lui non plus consacré beaucoup de temps aux entrevues des soldats avant leur procès, pas plus qu'il n'a pris le temps de préparer pour eux une défense efficace et détaillée. Sa rétractation n'a sûrement pas inspiré confiance aux accusés. Avocat de formation, ce qui est étonnant compte tenu de sa conduite au début du procès, et membre du 27e Régiment de la Milice du Canada, Woodrow s'est enrôlé dans le 149 Bon au début de 1917, après avoir servi 13 ans au sein de divers régiments de l'armée britannique. Il a par la suite été promu capitaine.

23   Pour consulter une étude plus approfondie du phénomène de la désobéissance au sein du CEC au cours de la Première Guerre mondiale, fondée sur une analyse des besoins, des aspirations, des attentes et des désirs des soldats canadiens, voir Craig Leslie Mantle, « The 'Moral Economy' as a Theoretical Model to Explain Acts of Protest in the Canadian Expeditionary Force, 1914-1919 », Kingston, ACD – ILFC, mars 2004, un document non publié accessible en ligne à l'adresse http://www.cda-acd.forces.gc.ca/cfli/engraph/research/pdf/79.pdf. Élaborée par l'historien anglais Edward Palmer Thompson, la théorie de l' « économie morale » explore le lien causal entre l'exploitation financière sur le marché local et le comportement de la classe pauvre anglaise au XVIIIe siècle. Dans le cadre de l'étude citée ci-dessus, plusieurs des points saillants de cette théorie ont été transposés pour s'appliquer au début du XXe siècle et fournir une explication de la désobéissance de certains soldats canadiens. Cette interprétation suppose essentiellement que les épisodes de dissension au sein du CEC se faisaient plus fréquents (et parfois plus violents) quand les responsables, peu importe leur grade, ne remplissaient pas les attentes diversifiées et raisonnables associées à leurs fonctions ou ne respectaient pas les valeurs profondes de leurs subordonnés. Il est certain qu'un chef pouvait amener ses hommes à protester en ne subvenant pas à leurs besoins essentiels, en les traitant sans ménagement et de façon irrespectueuse ou en étant un leader incompétent, que ce soit sur le champ de bataille ou ailleurs. L'historien Bill McAndrew en est arrivé à bon nombre des mêmes conclusions au sujet des attentes des soldats canadiens durant la Première Guerre mondiale. Voir Bill McAndrew, « Le métier d'officier canadien : vue d'ensemble » dans Bernd Horn et Stephen J. Harris, éds., *La fonction de général et l'art de l'amirauté*, Toronto, Ontario, Dundurn Press, 2002, p. 39.

24   Les quatre hommes suivants étaient présents au rassemblement de 17 h : Baker, Boskett, Dunn et Statton. Les autres hommes impliqués dans cet incident étaient absents du rassemblement pour divers motifs. Il n'a pas été possible de déterminer où se trouvait un des conducteurs, Connors, avec la documentation dont on disposait.

25   Témoignage du SMC Chubb. Dans son témoignage, le Lt Lougheed a aussi confirmé la composition du rassemblement. Voir CMD, témoignage du Lt Lougheed.

26   Le témoignage des accusés, dans lequel ils indiquaient s'ils avaient été présents ou pas au rassemblement, a servi exclusivement à établir où ils se trouvaient à 17 h le 5 novembre 1917, dans la mesure où aucun autre des documents du procès devant la cour martiale ne contenait cette information. Sans document pour confirmer la chose,

il fallait croire les hommes sur parole. Soit dit en passant, de nombreux témoins à charge ont affirmé sous serment que certains attelages n'étaient pas rentrés du travail quand l'ordre a été donné et qu'ils ne pouvaient par conséquent pas attester de la présence des accusés au rassemblement de 17 h.

27 CMD, défense du Sdt Dunn.

28 CMD, défense du Sdt Boskett. Le Sdt Statton a tenu des propos similaires devant la cour et a également étayé la thèse voulant que les hommes n'aient pas parlé de la directive de Lougheed entre eux. Il a dit : « Je n'ai pas parlé de ça avec qui que ce soit après avoir entendu l'avis de rassemblement à 18 h aux écuries. Je n'ai entendu personne discuter de l'ordre non plus ». Voir CMD, défense du Sdt Statton. Il est fort possible que certains des accusés aient nié dans leur témoignage avoir parlé de l'ordre avec qui que ce soit afin de semer le doute au sujet de leur culpabilité. La véracité d'une telle assertion semble peu probable puisque la plupart des soldats ont affirmé de ne pas avoir discuté de cela. Le consensus des accusés à cet égard, selon toute probabilité, ne pouvait être le seul fruit d'une coïncidence.

29 Il a aussi dit : « J'ai désobéi à l'ordre de [du Lieutenant] Lougheed de mon propre chef et sans d'abord m'être mis d'accord avec d'autres hommes ». CMD, défense du Sdt Ackling.

30 Même s'il avait entendu l'avis de rassemblement aux écuries, il a déclaré à la cour : « J'ai pensé que l'ordre ne me concernait pas car mon harnais était parfaitement propre ». CMD, défense du Sdt Statton.

31 Tant le Lt Lougheed que le Lt Peters étaient présents lors du rassemblement, quand le SMC a ordonné aux hommes de revenir aux écuries à 18 h.

32 CMD, résumé de la preuve, p. 8 et 9.

33 CMD, défense du Sdt Spence.

34 CMD, témoignage du Sgt Huby.

35 Par exemple, voir CMD, défense du Sdt Parks. Huby a également confirmé l'heure de son arrivée. Voir CMD, résumé de la preuve, p. 9.

36 CMD, défense du Sdt Murchison. Huby a admis devant la cour : « J'avais été envoyé par le [Sergent-major] Chubb pour avertir tous les conducteurs dans les trois baraques [du rassemblement de 18 h] et pas seulement les conducteurs de ma section. Je suis entré dans chaque baraque. Je ne me suis pas adressé à un homme en particulier. J'ai lancé l'ordre à la cantonade dans chaque baraque. Je suis ensuite immédiatement parti et je n'en ai parlé avec aucun homme par la suite ». CMD, témoignage du Sgt Huby.

37 CMD, défense du Sdt Weller.

38 CMD, témoignage du Lt Lougheed. C'est l'auteur du présent document qui a mis ce texte en italique pour en faire ressortir l'importance.

39 CMD, résumé de la preuve, 1 et CMD, défense du Sdt Boskett.

40 CMD, défense du Sdt Boskett.

41 Le procureur a dit à peu près la même chose lors de ses conclusions finales devant la cour : « Il semble malheureusement que [le Sdt] Boskett soit revenu à sa baraque pour être avalé par un mouvement d'ensemble plus fort que lui ». CMD, exposé du procureur.

42 À titre de témoin à charge, Lougheed raconte que dans la baraque 15, il a « demandé que les conducteurs forment les rangs, [il] leur [a] dit qu'ils avaient reçu l'ordre de

nettoyer leurs harnais et [il] leur [a] demandé s'ils avaient l'intention de se rendre aux écuries ». Par la suite, lorsque les membres de la cour l'ont interrogé, il a dit : « Je considérais que j'étais en train de leur donner l'ordre d'aller aux écuries pour nettoyer les harnais ». Voir CMD, témoignage du Lt Lougheed.

43 CMD, défense du Sdt Desjarlais.

44 CMD, défense du Sdt Weller. Le Sdt Caldin a fait écho au témoignage de ses deux camarades en disant que l'ordre avait été formulé ainsi : « Messieurs, allez-vous aux écuries? » CMD, défense du Sdt Caldin.

45 Par exemple, voir CMD, témoignage du Sdt Merritt, CMD, témoignage du Sdt Harris, CMD, témoignage du Sdt Cain, CMD, témoignage du Sdt Dunn et CMD, témoignage du Sdt Parks. En parlant de Lougheed, un soldat se rappelle qu'« il n'a pas ordonné clairement et distinctement aux hommes de se lever. Il n'a donné aucun ordre direct et précis avant celui de former les rangs pour se rendre à la salle de garde ». Voir CMD, témoignage du Sdt Connors.

46 Dossier du personnel du Lt Edgar Donald Lougheed, dossier 21, boîte 5749, no acquisition 1992/93-166, groupe d'enregistrement 150, *BAC*. Voir aussi l'entrée du journal de guerre du CIAC, camp Bramshott, datée du 29 octobre 1917, dossier 811, vol. 5024, III-D-3, groupe d'enregistrement 9, *BAC*. Voir aussi l'entrée du journal de guerre du CIAC, dépôt de réserve de base, Shorncliffe, datée du 2 novembre 1917, dossier 810, vol. 5023, III-D-3, groupe d'enregistrement 9, *BAC*. Il est intéressant de savoir que le père du Lt E.D. Lougheed, l'Honorable (et plus tard Sir) James Alexander Lougheed, était un éminent personnage de la scène canadienne de la fin du XIXe et du début du XXe siècles. Voir David J. Hall et Donald B. Smith, « Lougheed, Sir James Alexander », *Dictionnaire biographique du Canada en ligne*, vol. XV, University of Toronto Press, 2004 (http://www.biographi.ca/FR).

47 Par exemple, voir CMD, témoignage du Sdt Murchison, CMD, témoignage du Sdt Statton et CMD, témoignage du Sdt Desjarlais. Un conducteur a raconté à la cour : « Je ne suis pas allé aux écuries parce que mon harnais était propre et je ne pensais pas que l'ordre s'appliquait aux hommes qui avaient nettoyé leur harnais ». Voir CMD, témoignage du Sdt Stevens.

48 CMD, défense du Sdt Murchison.

49 CMD, défense du Sdt Stephens.

50 À cet égard, il faut savoir que le Maj McGillivray a donné l'ordre de « nettoyer les harnais » vers midi en raison de l'état de certains équipements à ce moment-là; ce ne sont pas tous les harnais qui ont été examinés puisque bon nombre des conducteurs étaient au travail et par conséquent absents des écuries. En regard des éléments de preuve dont on dispose, McGillivray ne semble pas avoir inspecté les harnais de nouveau après avoir ordonné à Lougheed de rassembler les hommes ce soir-là. En outre, de nombreux conducteurs ont nettoyé leur équipement au cours de l'après-midi du 5 novembre, comme ils le faisaient chaque jour en rentrant du travail. C'est un concours de circonstances qui a fait que l'ordre a été exécuté avant l'heure prévue du rassemblement et a amené certains des hommes à penser, à juste titre pourrait-on croire, que puisque leur équipement avait été correctement entretenu, l'ordre de retourner aux écuries ne s'appliquait pas à eux. Le fait que le Lt Lougheed (et d'autres) n'ait pas réussi à s'assurer que les conducteurs avaient bien compris sa directive n'a fait que compliquer les choses.

51   CMD, défense du Sdt Caldin. C'est l'auteur du présent document qui a mis ce texte en italique pour en faire ressortir l'importance. À sa décharge, Weller a raconté aux membres de la cour qu'après que Lougheed avait mis les conducteurs aux arrêts, il avait « avancé d'un pas pour que l'officier puisse [le] voir et dit "Monsieur, je ne peux pas aller aux écuries ce soir parce que je n'ai pas la force de me rendre aux écuries" ». « [Le Lieutenant] Lougheed a dit quelque chose que je ne suis pas arrivé à saisir, mais je l'ai entendu dire "ça n'a pas d'importance", puis il est sorti de la baraque ». CMD, défense du Sdt Weller.

52   CMD, témoignage du Lt Lougheed. On peut souligner que le Lt Peters a agi à peu près de la même manière que Lougheed puisqu'il a déclaré sous serment : « Je n'ai pas tenté de savoir ce qui empêchait les hommes d'aller [aux] écuries même si la situation était inhabituelle ». CMD, témoignage du Lt Peters (sixième témoin à charge). Certains indices laissent supposer que Peters a employé des termes regrettables quand les conducteurs ont refusé d'obéir à l'ordre de Lougheed. Voir CMD, résumé de la preuve, 7 et 8. En tentant de justifier son comportement, le Sdt Dunn a raconté que Peters avait dit « foutez le camp aux écuries ». CMD, témoignage du Sdt Dunn. C'est l'auteur du présent document qui a mis ce texte en italique pour en faire ressortir l'importance.

53   Par exemple, voir Craig Leslie Mantle, « Pour du corned-beef et des biscuits –Accusations de mutinerie au sein du 43e Bataillon, Corps expéditionnaire canadien, novembre et décembre 1917 », Kingston, ACD – ILFC, mars 2004, document non publié accessible en ligne à l'adresse http://www.cdaacd.forces.gc.ca/cfli/engraph/research/pdf/80.pdf.

54   CMD, défense du Sdt Spence.

55   Il a aussi dit à la cour : « Je pensais que mon harnais était dans un état acceptable et je ne me sentais pas "à mon meilleur" ». CMD, défense du Sdt Ackling.

56   Canada, ministère de la Milice et de la Défense, *Infantry Training for Use of Canadian Militia*, Ottawa, 1915, p. 4.

57   CMD, défense du Sdt Desjarlais.

58   CMD, défense du Sdt Harris.

59   Peacock a décrit sa plainte pendant son témoignage. Il a dit : « J'avais un grief parce que je faisais le travail de deux hommes, les tâches d'un premier et d'un second conducteurs ». CMD, défense du Sdt Peacock.

60   CMD, résumé de la preuve, p. 9 et 10.

61   Mantle, « Moral Economy », p. 46 à 51.

62   CMD, témoignage du Lt Peters. Voir aussi CMD, témoignage du SMC Chubb et CMD, résumé de la preuve, p. 6.

63   CMD, défense du Sdt Merritt.

64   CMD, défense du Sdt Dunn. Le Sdt Ackling en est arrivé à une conclusion similaire : « Je pensais que mon harnais était dans un état acceptable et je ne me sentais pas "à mon meilleur" ». Voir CMD, défense du Sdt Ackling.

65   CMD, exposé du procureur, p. 2.

66   Il a émis l'avis que « 18 hommes […] ne disant rien après avoir reçu cet ordre, qui représentait plus de travail pour eux après une journée de dur labeur, il suffit d'un peu de bon sens pour se dire "non" ». CMD, exposé du procureur, p. 2.

67   *Ibid.*, 2.

68 *Ibid.*, 3.

69 *Ibid.*, 1.

70 *Ibid.*, 3.

71 *Ibid.*, 1.

72 CMD, « Note of Points in Address of Lieutenant C.S. Woodrow on behalf of Accused Soldiers », 1. Dans ce document, on ne retrouve que les points saillants de la déclaration de Woodrow et non tout ce qu'il a dit mot pour mot. Woodrow a indiqué que les hommes avaient travaillé ces derniers temps bien plus que les plus ou moins six heures de service habituellement exigées chaque jour, c'est-à-dire, le temps passé à l'extérieur des écuries, sur la route, pour transporter hommes et marchandises d'un endroit à un autre. Il fallait ajouter à ces heures le temps requis pour abreuver, nourrir et soigner les chevaux, sans oublier la préparation des harnais en vue de la prochaine journée de travail. Pour en savoir plus sur les tâches quotidiennes des conducteurs du TH, voir CMD, témoignage du SMC Chubb. Quant au nombre moyen d'heures que les conducteurs consacraient normalement à leur travail chaque jour, voir CMD, témoignage du Maj McGillivray.

73 CMD, points saillants de l'exposé, p. 2.

74 CMD, témoignage du Lt Lougheed quand la cour l'a rappelé.

75 CMD, constatations et CMD, peines. Sans analyser de façon détaillée les divers épisodes de mutinerie au sein du CEC, toute assertion portant sur la sévérité d'un châtiment particulier est assurément discutable et assez difficile à démontrer. Pourtant, un bref survol des décisions de toutes les cours martiales canadiennes convoquées pour juger des causes de mutinerie, tant pendant la Première Guerre mondiale qu'immédiatement après, montrent qu'un mois de détention était, en comparaison, une peine relativement bénigne. Les peines prononcées contre les autres soldats reconnus coupables de désobéissance ou, plus rarement, de mutinerie allaient de quelques jours ou mois de peine du piquet à de nombreuses années d'emprisonnement; certains ont même été condamnés à la peine capitale, mais leur peine a par la suite été commuée en réclusion criminelle à perpétuité. Voir Julian Putkowski, *British Army Mutineers, 1914-1922*, Londres, Francis Boutle, 1998, p. 90-92. Putkowski n'a malheureusement pas fait de distinction dans son index relativement aux accusations précises dont les participants ont été effectivement reconnus coupables. Comme l'ont observé les historiens dans le contexte de l'armée britannique, les peines infligées à la suite des mutineries qui ont eu lieu en Angleterre ont été constamment et considérablement moins lourdes que celles prononcées en France dans des circonstances similaires, un état de choses sans doute attribuable à l'absence de l'ennemi. Voir *Ibid.*, p. 12. Il semble aussi y avoir eu une corrélation dans le CEC entre la sévérité des peines infligées par les cours martiales canadiennes et le lieu de la mutinerie. Voir Mantle, « Pour du corned-beef et des biscuits », p. 16-19.

76 CMD, avis en faveur de la clémence. Un bref examen des dossiers du personnel de deux des conducteurs jugés coupables montre qu'ils n'ont pas été sortis de Bramshott et incarcérés ailleurs, et cela est sans doute vrai des autres participants. Voir dossier du personnel du Sdt William Cain, *BAC* et dossier du personnel du Sdt Arthur Peacock, *BAC*.

77 CMD, avis en faveur de la clémence.

78 Selon la base de données de *BAC* utilisée pour l'indexage des cours martiales, on constate qu'aucun des 18 soldats accusés n'a subi d'autre procès pour une quelconque autre infraction, à l'exception de l'accusation de mutinerie sur laquelle porte la présente analyse. Le nom de chaque soldat qui a déjà été reconnu coupable d'avoir enfreint le code de discipline militaire ainsi que l'accusation précise et le nombre de fois que l'infraction en question lui a été attribuée (à des occasions distinctes quand il y a plus d'une occurrence) est inscrit ci-après : Ackling – avoir désobéi aux ordres (1), s'être absenté en étant de faction (1), absent d'un rassemblement (2), Baker – absent sans permission (1), Boskett – avoir désobéi aux ordres permanents (1), Cain – absent sans permission (1), Caldin – absent sans permission (3), conduite préjudiciable au bon ordre et à la discipline (1), accusation de nuisance (1), Desjarlais – absent sans permission (1), avoir désobéi aux ordres (1), Dunn – s'être absenté en étant de faction (1), Peacock – conduite préjudiciable au bon ordre et à la discipline (1), Parks – absent sans permission (1), Weller – motif inconnu (1). Ce résumé a été produit grâce aux *Points pertinents des états de service de l'accusé*, un document inclus à la documentation du procès pour chaque personne.

79 CMD, avis en faveur de la clémence.

80 Il semble que les membres des autres cours martiales du CEC convoquées pour juger des causes de mutinerie n'aient pas non plus attaché une grande importance à la conduite antérieure des accusés et que cela n'ait pas beaucoup influencé leur décision. Pour obtenir un autre exemple à cet égard, voir Mantle, « Pour du corned-beef et des biscuits », p. 16-21.

81 Après être resté encore un certain temps au CIAC, Lougheed a par la suite été muté de Bramshott à Londres en octobre 1918. Voir dossier du personnel du Lt Edgar Donald Lougheed, *BAC*. Il est intéressant de savoir que le Maj Hugh Joseph Bacon Freeman a immédiatement remplacé McGillivray, qui a été envoyé au dépôt de base du CIAC à Shorncliffe. Voir l'ordre 279, 22 novembre 1917, vol. 234, groupe d'enregistrement 150, *BAC* et l'ordre 283, 27 novembre 1917, *Ibid.*

82 Capitaine d'état-major de la 5e Brigade du Canada au 26 Bon, 29 mai 1916, dossier 6, chemise 2, vol. 4121, III-C-3, groupe d'enregistrement 9, *BAC.*

8 ⤸

La discipline, les sanctions et le leadership militaires pendant la Première guerre mondiale : Le cas de la 2e Division canadienne

DAVID CAMPBELL

> La discipline a pour fonction d'assurer la sécurité et la protection des hommes. Tous les ordres donnés le sont pour leur bien et celui de leurs camarades. La discipline doit être maintenue à un certain niveau – tout comme l'eau. Un relâchement en quelque endroit que ce soit abaissera nécessairement le niveau global, comme c'est le cas pour une étendue d'eau. Le fait qu'un homme soit puni pour avoir dormi avec ses bottes peut sembler radical; mais être coupable d'une faute, c'est être coupable de toutes les fautes. Jamais je ne me suis présenté en retard au petit déjeuner, tout simplement parce que je crains ce à quoi pourrait mener ne serait-ce qu'une seule infraction. La discipline est, pour les hommes comme pour les officiers, un pilier sur lequel s'appuyer.
>
> *Capitaine Andrew Macphail,*
> *Corps médical royal de l'armée canadienne*[1].

La question de la discipline et des sanctions pendant la Première guerre mondiale a fait l'objet d'une attention considérable au cours de la dernière décennie, tant dans le grand public que dans les écoles. Dans l'historiographie britannique et canadienne, il est généralement question de la peine capitale en tant qu'outil de discipline. Les cas d'infractions pour lesquels une sentence de mort a été prononcée ne représentent pourtant qu'une faible proportion de l'ensemble des infractions disciplinaires commises dans les armées britanniques pendant la guerre. Et, parmi ces cas, ceux qui se sont réellement soldés par une exécution constituent une proportion encore plus petite par rapport au nombre total d'infractions et ne sont, en fait, que des exemples atypiques de l'état de la discipline au sein des troupes et du fonctionnement de la justice militaire[2]. Plutôt que de relancer le débat sur le bien-fondé du recours à la peine capitale, le présent chapitre s'emploie à examiner la fréquence et les conséquences des infractions et des sanctions (outre la peine de mort) qui ont respectivement été commises et imposées dans les unités d'infanterie d'une formation servant à une étude de cas : la 2e Division canadienne. Le but de cette étude est de parvenir à une meilleure compréhension de l'état de la discipline au sein de la division et de montrer comment la qualité du leadership des officiers influait sur la discipline. Il sera démontré que les lacunes de la discipline militaire découlent principalement des faiblesses du leadership exercé.

Dans le Corps expéditionnaire canadien (CEC), une division était une formation comprenant approximativement 20 000 officiers, sous-officiers et militaires du rang répartis dans des unités d'infanterie, d'artillerie, de mitrailleuses, de génie et de communications ainsi que dans des unités logistiques et médicales. La majorité du personnel de la division était regroupée dans douze bataillons d'infanterie, lesquels étaient divisés en trois brigades de trois bataillons chacune. À elles seules, les trois brigades d'infanterie comptaient près de 12 000 officiers, sous-officiers et militaires du rang. La 2e Division canadienne était l'une des quatre divisions qui formaient l'essentiel du Corps canadien, qui constituait la principale arme de combat du CEC intégrée à l'ordre de bataille de l'Armée britannique sur le front occidental européen[3].

Exception faite des études portant sur la peine de mort ou les mutineries, le vaste sujet de la discipline au sein du CEC, en général, et du Corps canadien, en particulier, demeure pratiquement inexploré, sauf peut-être de manière superficielle ou anecdotique[4]. Si le sujet a été jusqu'ici à peine effleuré, c'est principalement parce que les dossiers d'archives canadiens sont presque totalement dépourvus de résumés et de rapports statistiques détaillés qui pourraient mettre en lumière la nature et la fréquence des infractions commises par le personnel du CEC, problème qui n'est pas exclusif au Canada. Bien que les armées britanniques affectées au front occidental aient recueilli et compilé des rapports détaillés sur « la classification et la répartition des infractions par corps, division, brigade, régiment et bataillon », une grande partie de cette précieuse documentation « est difficilement repérable ». Et, à ce jour, seuls des fragments épars ont été retrouvés et étudiés[5].

L'historien Jean-Pierre Gagnon est le seul à avoir procédé à une analyse statistique approfondie de l'état de la discipline dans un groupe de soldats canadiens durant la Première guerre mondiale. Ses recherches ne portaient que sur une seule unité d'infanterie, le 22e Bataillon (canadien-français), qui faisait partie de la 2e Division canadienne[6]. Bien que les données rassemblées par Jean-Pierre Gagnon portent à croire que la fréquence des infractions disciplinaires était relativement élevée au sein du 22e Bataillon, on ne peut pas cependant confirmer cet état de fait, car on ne possède pas de données statistiques comparatives. En plus d'évaluer la qualité de la discipline et du leadership au sein de la 2e Division canadienne, le présent chapitre vise à situer les conclusions auxquelles est parvenu Jean-Pierre Gagnon dans un contexte comparatif plus substantiel. Pour ce faire, on utilisera des données provenant de multiples sources officielles[7] et on déterminera la fréquence des infractions mineures commises dans cinq autres bataillons de la division, de même que le nombre de cas portés en cour martiale sur l'ensemble des douze bataillons.

Mentionnons d'entrée de jeu qu'aux fins de la présente étude, on entend par « infractions mineures » celles que les commandants de compagnie et de bataillon ont sanctionnées par une punition sommaire. Les infractions jugées plus graves, qui requéraient des punitions plus sévères que celles que les commandants d'unité étaient autorisés à infliger, étaient jugées en cour martiale. Les officiers évaluaient la gravité d'une infraction en tenant compte non seulement de l'importance de la faute commise, mais également du dossier de l'accusé. Par exemple, un soldat accusé de s'être absenté sans permission pendant une courte période (quelques heures) ne recevait généralement qu'une punition sommaire de son commandant de compagnie ou de bataillon, particulièrement lorsqu'il s'agissait d'une première infraction. Par contre, les soldats qui s'absentaient pendant de plus longues périodes ou qui avaient l'habitude de déroger au règlement étaient plus susceptibles de se retrouver en cour martiale.

Puisque beaucoup de faits n'ont jamais été consignés dans les registres officiels, il faut également préciser que les conclusions exposées dans le présent chapitre quant à la fréquence des infractions et des sanctions ne peuvent être que partiellement représentatives de l'état de la discipline qui régnait dans la 2e Division canadienne. Une quantité indéterminée d'infractions n'ont pas été consignées parce qu'elles n'ont jamais été révélées. Beaucoup d'infractions sont demeurées impunies, soit parce qu'elles n'ont été connues que de leur auteur, soit parce que les personnes en position d'autorité qui en ont été témoins ont choisi, pour quelque raison que ce soit, de fermer les yeux. Parallèlement, il y avait une « justice expéditive », ou informelle, laquelle prenait souvent la forme de coups poings administrés par un rude sous-officier, qui s'exécutait parfois sans qu'un officier supérieur n'intervienne[8]. De plus, comme bon nombre d'officiers estimaient que le fait d'« être accusé constituait une preuve prima facie » de culpabilité, il est impossible de déterminer le nombre des condamnations et des sanctions injustifiées. Après tout, le but du droit militaire était de maintenir la discipline pour le bien de l'unité et non de faire respecter des valeurs civiles de justice individuelle[9]. Et bien que les données contenues dans le présent chapitre ne peuvent rendre compte des éléments inconnus ou informels de la culture disciplinaire, elles sont suffisamment nombreuses et variées pour donner un aperçu de la discipline qui régnait dans les unités d'infanterie de la 2e Division canadienne.

NATURE DE LA DISCIPLINE ET DU LEADERSHIP MILITAIRES DE L'ÉPOQUE

Selon sa définition militaire, la discipline est le produit d'éléments intrinsèques qui reposent sur la mise en place, le maintien et l'amélioration constante des conditions qui favorisent un bon moral et la motivation chez les soldats, et qui poussent ces derniers à tendre, tant individuellement que collectivement, vers l'atteinte de buts communs. La discipline est également le produit d'éléments extrinsèques associés à l'autorité qui vise à imposer un mode de comportement destiné à canaliser les énergies de chacun des soldats et à obtenir une force collective efficace capable d'exécuter avec succès les ordres de ses commandants. Les comportements désirés doivent idéalement être inculqués par la formation et l'exemple positif des leaders; mais, si nécessaire, on peut obtenir ces comportements souhaités en imposant un régime de punitions. La menace d'une punition ou la punition elle-même sert alors à contraindre les soldats à se conformer à la volonté et aux objectifs des autorités militaires. Quoi qu'il en soit, il ne faut recourir à la punition que lorsque celle-ci est absolument nécessaire, car si l'on en abuse, on risque de « susciter l'indignation et la résistance qui peuvent détruire l'esprit de collaboration et saper le moral[10] » [traduction] des soldats, ce qui a un effet désastreux sur le maintien de la discipline.

Lors d'une conférence qu'il a donnée à l'École des officiers du Corps canadien le 21 juillet 1916, le Brigadier-général P. de B. Radcliffe, chef d'état-major du Corps canadien, faisait valoir que, dans une armée de volontaires, la discipline devrait « être le fruit d'une confiance mutuelle entre officiers et soldats, entretenue et valorisée par l'opinion publique, et de la détermination de chaque soldat à faire honneur à son régiment et à son pays et à unir ses efforts à ceux de ses camarades pour combattre l'ennemi ». Selon le Brigadier-général Radcliffe, « la loyauté, la franche camaraderie et l'esprit de corps » comptaient aussi parmi les facteurs qui influaient de manière importante sur la qualité de la discipline. Il n'a pas tardé, cependant, à rappeler à son auditoire que malgré le fait que la punition soit considérée comme un « dernier recours », il fallait tout de même « y recourir pour imposer la discipline[11] », point de vue sur la punition que partageaient d'autres officiers supérieurs. En mai 1917, le commandant de la division néo-zélandaise, le Major-général A.H. Russell, affirmait, quant à lui, que les officiers pouvaient faire régner la discipline au sein de leurs troupes « en donnant l'exemple, en veillant au confort et à l'alimentation de leurs hommes, en insistant pour qu'ils se reposent suffisamment, en leur offrant des divertissements et des loisirs et en étant toujours attentifs à leur bien-être… » « La punition, bien que nécessaire, a-t-il ajouté, ne devrait pas être considérée comme un moyen de prévention, car y recourir c'est, en fait, avouer que la tentative d'insuffler l'esprit souhaité a échoué…[12] ».

Pour les officiers de l'époque, les fonctions inspiratrices et motivationnelles du leadership étaient essentielles au maintien d'une bonne discipline dans toute unité ou formation[13]. Encore aujourd'hui, ces fonctions font partie intégrante de la doctrine des Forces canadiennes, selon laquelle le leadership efficace se définit comme suit « diriger, motiver et habiliter de manière à ce que la mission soit accomplie avec professionnalisme et éthique, et chercher en même temps à développer ou à améliorer les capacités qui contribuent au succès de la mission »[14]. Ainsi, lorsque nous nous penchons sur le lien qui existait entre le leadership et la discipline au sein de la 2e Division canadienne, ce qui nous intéresse avant tout c'est la capacité des officiers de motiver leurs hommes pour atteindre le niveau de discipline souhaité. Pour les officiers comme P. de B. Radcliffe et A.H. Russell, une discipline efficace procédait principalement d'un bon moral et d'un sentiment de confiance entre les officiers et les sous-officiers et militaires du rang. Les officiers soutenaient le moral de leurs soldats en veillant à leurs besoins, c'est-à-dire en s'assurant qu'ils avaient une alimentation décente, qu'ils étaient bien vêtus, qu'ils disposaient d'un abri en bon état et qu'ils étaient en bonne santé physique. En plus de répondre aux besoins fondamentaux de leurs soldats, les bons officiers s'efforçaient de fournir à leurs hommes suffisamment de temps de repos et de congé, de les récompenser et de leur permettre de se divertir et de se distraire. En matière de récompenses, de petits plaisirs comme une cigarette ou une bonne lampée de rhum suffisaient souvent, mais on décernait également des distinctions honorifiques et des décorations officielles. Les officiers qui étaient sûrs d'eux et démontraient des qualités pragmatiques sur les plans tactique et administratif, inspiraient confiance. Dans les sous-unités, p. ex. les compagnies ou les pelotons, cette confiance contribuait de manière déterminante à développer le sentiment de cohésion ou de camaraderie qui favorisait une dynamique de groupe efficace et aidait les soldats à travailler et à combattre ensemble sur le champ de bataille.

Dans la tradition britannique (dont font partie les Canadiens), les officiers devaient, de préférence, agir en conformité avec un code de comportement paternaliste qui visait à soutenir le moral et à inspirer confiance. Selon ce code, ils devaient donner eux-mêmes l'exemple et veiller à ce que les besoins physiques et psychologiques des sous-officiers et des militaires du rang soient satisfaits. Comme le soutenait le Major-général, on croyait qu'en appliquant ce code les officiers pouvaient prévenir l'apparition de mécontentements parmi leurs hommes, qui, si rien n'était fait pour corriger la situation, pouvaient miner la discipline[15]. La relation qui existait entre les officiers et les sous-officiers et militaires du rang en était donc une de réciprocité. Les officiers qui faisaient preuve de compétence tactique, de bravoure et d'une volonté consciencieuse de se conformer à l'éthique paternaliste pouvaient, en retour, s'attendre au respect et à l'obéissance de la part de leurs subalternes.

En règle générale, on croyait qu'une bonne discipline était avant tout le produit d'un bon leadership de la part des officiers, qui étaient assistés dans leurs fonctions par les sous-officiers. Il s'ensuivait que si la discipline se dégradait au point que des sanctions devaient être imposées, on en imputait d'abord la cause à un manque du leadership. Lorsqu'il devenait évident qu'un officier ne possédait pas toutes les capacités voulues pour faire respecter le règlement et motiver ses hommes à travailler ensemble pour le bien de l'unité, la tendance de certains soldats à servir d'abord leurs propres intérêts pouvait générer une augmentation des manquements courants, tels que les absences répétées et l'ivrognerie. De la même façon, si un officier se révélait incapable de veiller au confort et au bien-être de ses hommes ou s'abstenait de le faire, ces derniers risquaient d'exprimer leur mécontentement par des actes d'insubordination, de désobéissance ou, dans les cas extrêmes, de mutinerie. Toutefois, les cas rapportés de mutinerie dans les bataillons de la 2e Division canadienne sont si rares qu'il serait inutile d'élaborer davantage sur le sujet. De toute évidence, le leadership des officiers et le moral des soldats étaient suffisamment bons dans l'ensemble de la division pour prévenir l'éruption à grande échelle d'un mouvement collectif d'indiscipline[16].

LA DISCIPLINE AU CANADA : LE CONTEXTE DE LA MILICE

Dès qu'ils étaient officiellement en service dans le CEC, les officiers ainsi que les sous-officiers et militaires du rang étaient soumis aux dispositions de la *Army Act* britannique, y compris celles relatives aux infractions et aux sanctions. En matière de discipline, les officiers canadiens, tant au pays qu'à l'étranger, résolvaient la plupart des cas d'infractions en imposant des sanctions sommaires conformément à la *Army Act* et aux *King's Regulations and Orders for the Army* (Règlements et ordonnances royaux applicables à l'Armée). Pour des manquements mineurs, les soldats pouvaient se voir infliger des sanctions telles que des heures de garde ou de piquet supplémentaires ou jusqu'à sept jours de consignation au baraquement, ce qui supposait encore plus de corvées, de parades et d'exercices. Dans le cas des infractions qui requéraient une peine plus sévère, le délinquant pouvait être amené devant le commandant du bataillon, qui avait le pouvoir d'imposer jusqu'à vingt-huit jours de détention ou de punition en campagne, la consignation au baraquement, des amendes pour ivrognerie, l'interruption de la solde pour la perte ou le bris d'articles d'équipement, des heures de garde ou de piquet supplémentaires, et de donner des réprimandes et des avertissements. Lorsque la punition les privait d'une partie de leur salaire, les soldats avaient la possibilité de demander une révision en cour martiale. Toutefois, la plupart d'entre eux acceptaient tout simplement la décision de leur commandant d'unité, de peur que la cour martiale ne rende une sentence encore plus sévère[17].

D'octobre 1914 à mai 1915, c'est-à-dire pendant la période où les hommes qui allaient former les unités de la 2e Division canadienne ont été recrutés et soumis à une formation de base au Canada, les manquements les plus fréquents étaient les absences et l'ivrognerie. À titre d'exemple, le 19e Bataillon, mobilisé à Toronto, a signalé près de 290 cas d'absence entre le 1er décembre 1914 et le 31 mars 1915. Malgré cela, vers la fin de février, l'Inspecteur-général, le Major-général F.L. Lessard, a désigné le bataillon comme « le meilleur régiment » parmi ceux qu'il avait jusque-là inspectés, en précisant que l'état de la discipline y était « excellent ». Par contre, le 25e Bataillon – mobilisé à Halifax – avait déjà renvoyé plus de 300 hommes à la mi-mars 1915. La majorité de ces « indésirables » partageaient un penchant malsain pour la bouteille, tout comme bon nombre de ceux qui étaient renvoyés des bataillons un peu partout au pays[18].

La suppression de la solde était une sanction courante pour les absences de courte durée. Seule une minorité de contrevenants, p. ex. ceux qui s'étaient absentés pendant une longue période ou qui avaient commis des infractions plus graves, telles que la désobéissance flagrante, l'insubordination ou le fait d'avoir frappé un officier supérieur, étaient punis de détention[19]. Toutefois, la plupart des soldats jugés incorrigibles étaient tout simplement démis de leurs fonctions et renvoyés chez eux. Il est d'ailleurs plutôt ironique qu'« en plein cœur des hostilités, le fait de se voir refuser la "chance" d'aller combattre à l'étranger ait été perçu comme une sévère punition par bon nombre de Canadiens, en raison, assurément, de leur ignorance des horreurs du champ de bataille[20] ». Un certain nombre de bataillons de l'Ontario ont rapporté avoir perdu dix pour cent de leur personnel à cause de renvois pour mauvaise conduite[21].

Les exigences en matière de discipline et les sanctions imposées aux soldats qui ne se conformaient pas aux règlements pendant la période de formation hivernale au Canada n'étaient pas trop sévères. Les commandants d'unité fermaient souvent les yeux et, plutôt que d'appliquer le droit militaire à la lettre, ils recourraient le plus souvent aux avertissements et aux réprimandes, ainsi qu'à la suppression de la solde. Les commandants agissaient de la sorte dans l'espoir que leurs hommes, dont certains n'avaient jusque-là jamais porté l'uniforme, se plieraient plus docilement aux rigueurs de la discipline militaire. En outre, certains militaires du rang qui possédaient une expérience militaire antérieure se retrouvaient en position d'autorité (souvent comme sous-officiers) pour la première fois de leur vie. Ces hommes, de même que les officiers subalternes débutants, auraient bénéficié d'un certain délai d'ajustement pour s'accoutumer à leurs nouvelles responsabilités, qui comprenaient, notamment, la mise en place et le maintien d'une discipline militaire appropriée[22].

Une autre des raisons expliquant la réticence initiale des officiers canadiens à infliger les punitions applicables dans toute leur rigueur résidait dans les longues traditions de la Milice du Canada en matière de discipline. Comme la force permanente canadienne d'avant-guerre était minuscule, la vaste majorité des officiers et un grand nombre des sous-officiers et militaires du rang qui formaient les premiers contingents déployés à l'étranger avaient été recrutés dans les unités de la milice volontaire qui constituait l'essentiel de l'effectif militaire canadien[23]. Cela étant, la culture disciplinaire qui s'était développée en temps de paix dans la force de Réserve devait inévitablement influer sur le CEC nouvellement constitué. Selon l'historien Chris Madsen, « le fait que l'enrôlement dans la Milice du Canada se faisait volontairement… militait contre l'imposition de sévères punitions. Les hommes mécontents du traitement reçu décidaient tout simplement de ne pas se ré enrôler au terme de leur engagement de trois ans[24] ».

Les liens sociaux qui unissaient officiers, sous-officiers et militaires du rang dans la milice d'avant-guerre contribuaient également à dissuader les officiers d'imposer des sanctions sévères. Dans bon nombre d'unités, les officiers et les sous-officiers et militaires du rang se fréquentaient dans la vie civile ou étaient liés par le sang ou le mariage. Dans ce contexte, il était encore plus difficile de respecter la tradition militaire britannique voulant qu'une distance soit maintenue entre les officiers et les sous-officiers et militaires du rang. Distance qui, selon la sagesse militaire britannique conventionnelle facilitait la tâche aux officiers dans l'application de la discipline et l'imposition de peines appropriées[25]. L'absence de formalités, voire dans certains cas l'intimité, dans les relations entre les officiers et les sous-officiers et militaires du rang hors du champ de manœuvre devait nécessairement compliquer les choses lorsque venait le temps pour les officiers de faire régner la discipline. Comme la plupart des commandants d'unité de la 2e Division canadienne provenaient de la Milice du Canada, il ne faut pas se surprendre que bon nombre d'entre eux aient reproduit dans leur unité du CEC la philosophie de discipline qui prévalait dans leur Milice d'avant-guerre.

MAIN DE FER OU GANT DE VELOURS? LA DISCIPLINE EN ANGLETERRE ET AU COURS DES PREMIÈRES SEMAINES DE SERVICE OPÉRATIONNEL

Après l'arrivée des unités de la 2e Division canadienne en Angleterre, une fois encore, l'absence sans permission a été la principale infraction pendant les semaines d'entraînement qui ont suivi. Étant donné le pourcentage appréciable du personnel né dans les îles Britanniques, cela ne devrait pas surprendre.[26] La possibilité de retrouver la famille, les amis et les lieux de rencontre familiers, après plusieurs années d'éloignement, s'est avérée trop invitante pour bon nombre. En moins de quatre mois (entre le 6 juin et le 14 septembre 1915), on enregistrait 484 cas d'absence dans le 19e Bataillon à lui seul[27].

Puisque le nombre d'infractions montait en flèche, les commandants de bataillon et de compagnie ont dû sévir en imposant régulièrement des sanctions par voie sommaire d'accusation. De nombreux officiers ont peu à peu réalisé que l'imposition de la discipline de la Milice canadienne d'avant-guerre, plutôt laxiste, ne convenait guère aux rigueurs du service en temps de guerre, au moment où les volontaires s'enrôlaient pour la durée des hostilités. Tout comme au Canada, on imposait régulièrement aux contrevenants des amendes, des suppressions de solde et, à l'occasion, des périodes de détention. En Angleterre, par contre, les officiers canadiens commençaient à imposer plus souvent la punition en campagne, spécialement sous la forme de la punition en campagne no. 2 (PC2) et surtout la PC 2. Cela signifiait une note au livret de solde, une confiscation de solde, dormir sous garde et exécuter autant de corvées et de drills que possible en une journée. Pendant ce temps, le contrevenant était nourri à l'eau et au biscuit. Pire, il n'était pas autorisé à fumer pendant la durée de sa punition[28]. Il pouvait aussi être menotté, au besoin, pour éviter qu'il ne s'échappe. Un commandant pouvait condamner un homme à cette punition pendant vingt-huit jours, alors qu'une cour martiale pouvait porter cette condamnation à trois mois[29]. Selon certaines autorités, même si les officiers des bataillons se montraient de plus en plus stricts, la discipline des unités en Angleterre laissait toujours à désirer.

Une fois la 2e Division canadienne officiellement établie en Angleterre, le 25 mai 1915, l'unité de la police militaire a été mise sur pied et sa direction confiée à un officier portant le titre de Grand prévôt adjoint (GPA). Dans le cadre de ses fonctions, ce dernier devait prendre les « mesures nécessaires au maintien adéquat du bon ordre et de la discipline » [traduction] dans la division. Il devait aussi superviser l'organisation et les activités de la police militaire divisionnaire. Parmi ces activités, mentionnons le maintien de l'ordre et l'inspection des camps, l'application de la discipline de marche parmi les troupes, le rassemblement des isolés, le contrôle de la circulation, la surveillance des approvisionnements en eau, la protection des civils et de leurs biens, les patrouilles dans les villages, les logements publics et les propriétés agricoles dans la zone divisionnaire, le traitement et l'examen des réclamations contre le personnel divisionnaire par des civils, la coopération avec les policiers civils affectés à la division et la liaison avec les responsables de l'application de la loi, civils et militaires, des secteurs avoisinants[30].

Dans la 2e Division canadienne, le Major (promu par la suite Lieutenant-colonel) Arthur Murray Jarvis a occupé le poste de GPA pendant toute la guerre. Son expérience comme ancien membre de la Police à cheval du Nord-Ouest et ancien combattant de la guerre des Boers l'avait bien préparé à ses nouvelles fonctions[31]. C'était un officier très consciencieux et passionné lorsqu'il s'agissait de faire observer les ordonnances et la discipline à la lettre. Il a souvent déploré l'habitude qu'avaient, selon lui, un trop grand nombre de commandants de bataillon d'infliger des « punitions insuffisantes » aux contrevenants. Pour le Major Jarvis, les hommes ne pourraient jamais être efficaces s'ils n'étaient pas ramenés à l'ordre grâce à un système de discipline ferme, assorti de dispositions et de punitions appliquées de façon équitable, impartiale, avec une vigueur constante, et ce, conformément aux règlements[32]. Ses plaintes révélaient le peu d'estime qu'il entretenait à l'égard du leadership exercé par certains officiers des bataillons, en particulier les commandants. Le climat disciplinaire dans toute unité était en grande partie attribuable au tempérament et au zèle de son commandant.

Le Major Jarvis a engagé une controverse principalement avec le Lieutenant-colonel J.A.W. Allan, commandant du 20e Bataillon. En septembre 1915, avant que la division ne quitte l'Angleterre, on a dû remplacer ce dernier, car il était incapable d'imposer la discipline dans son unité[33]. Dans les rapports du GPA, d'autres unités, notamment les 22e, 25e et 26e Bataillons, figuraient au premier plan en raison du nombre comparativement élevé d'infractions commises par leur personnel au cours de leur séjour Angleterre. Le Major Jarvis faisait valoir que le 22e Bataillon avait accumulé plus de 500 fiches de punition du 1er juin au 23 juillet 1915. Comme il le soulignait : « Sur mon conseil, le Col Gaudet, commandant de l'unité, punit maintenant plus sévèrement les hommes qui comparaissent devant lui[34] » [traduction]. La prise de conscience du Lcol Gaudet commençait à porter fruit, et son successeur, le Lcol Thomas Tremblay, qui a pris la relève du commandement en janvier 1916, travaillait lui aussi à améliorer la situation[35]. Le Lcol Tremblay était un disciplinaire strict, et pendant la guerre, il avait jalousement préservé la réputation de son bataillon. Pour lui, ses hommes représentaient les Canadiens français et, à ce titre, étaient leur porte-étendard sur les champs de bataille d'Europe. Il ne tolérait ni absence, ni acte interdit. Toutefois, comme nous le verrons, malgré son attitude sévère, les problèmes de discipline ressurgissaient périodiquement dans le 22e Bataillon, surtout les absences et les désertions[36].

PUNITION ET PATERNALISME : LA DISCIPLINE EN FRANCE ET EN FLANDRES

De septembre à novembre 1915, alors que les bataillons de la 2e Division canadienne en étaient à leurs premières affectations dans les tranchées de Belgique, on a brusquement cessé d'imposer des punitions, alors courantes, comme les suppressions de solde et la PC 2. Pendant le reste de la guerre, on a imposé beaucoup plus souvent la punition en campagne numéro 1 – communément appelée la PC 1 – qui est devenue la principale peine infligée pour les infractions. L'annexe 8.1 illustre les formes courantes de punition et à quelle fréquence elles étaient imposées aux militaires du rang du 19e Bataillon, alors que l'annexe 8.2 montre les accusations les plus courantes, pour lesquelles ces punitions étaient imposées. Même si le règlement canadien n'interdisait pas strictement le recours à la PC 1 au Canada ou en Angleterre, le règlement britannique l'interdisait, sauf dans un théâtre d'opérations actif. Les autorités canadiennes ont donc emboîté le pas et se sont abstenues d'autoriser ce type de punition avant l'arrivée de leurs hommes sur le front ouest[37].

On administrait la PC 1 et la PC 2 de la même façon. Le prisonnier pouvait « être soumis aux mêmes travaux, emplois et restrictions, et être traité tout comme s'il était condamné à l'emprisonnement avec travaux forcés ». Toutefois, conformément aux règlements, un prisonnier qui purgeait une PC 1 pouvait aussi être :

> ...attaché pendant une période ou des périodes n'excédant pas deux heures dans une journée à un objet fixe [comme un poteau ou une roue de charrette], pendant trois jours au plus sur quatre jours consécutifs, et vingt et un jours au plus. Pour fin d'application de ces consignes, des courroies ou des cordes peuvent être utilisées au lieu de menottes.

Comme dans le cas des PC 2, les commandants pouvaient imposer une PC 1 de vingt-huit jours au plus, alors qu'une cour martiale pouvait imposer une peine allant jusqu'à trois mois[38]. On imposait toujours des amendes et des suppressions de solde pour les infractions très mineures ou, à l'occasion, lors de premières infractions. Cela dit, on imposait ces sanctions pécuniaires le plus souvent conjointement à d'autres punitions, comme la PC 1, qui était exécutée sous les yeux des autres hommes, habituellement le long des voies de transport, « et avait deux objectifs : humilier publiquement le contrevenant et dissuader l'unité de contrevenir aux règles[39] ».

Comme on pouvait s'y attendre, la PC 1 faisait horreur à ceux qui l'avaient subie. Le Major Jarvis, GPA divisionnaire, faisait valoir « qu'une accusation supplémentaire était portée contre un prisonnier tapageur qui s'objectait vigoureusement à être attaché et s'exprimait de façon grossière et injurieuse[40] ». Certains tentaient même de s'échapper de ce qu'ils considéraient comme une torture inutile. « De toute évidence, nos hommes n'apprécient guère les punitions en campagne », faisait remarquer le Major Jarvis en juillet 1916 : « ...Au cours des deux dernières semaines, plusieurs prisonniers ont montré leur aversion pour de telles restrictions à leur liberté en s'échappant à la première occasion. Heureusement, aucun d'entre eux n'a pu aller très loin avant d'être capturé[41] ».

La mesure dans laquelle on abusait des punitions en campagne dans la 2e Division canadienne n'est pas claire. Toutefois, les instructions officielles relatives aux punitions en campagne stipulaient clairement ce qui suit :

> On doit infliger chaque portion d'une punition en campagne de façon calculée de manière à ne causer aucune blessure ou à ne laisser aucune marque permanente sur le contrevenant; et toute portion de la punition en campagne doit prendre fin si un médecin militaire responsable signale que la prolongation de cette portion serait préjudiciable à la santé du contrevenant[42].

Mais ce ne fut pas toujours le cas. Certains prisonniers qui purgeaient des punitions en campagne dans les Forces britanniques ou du Dominion étaient soumis à différents abus de la part de leurs gardes; par exemple, ils pouvaient être battus ou attachés pendant de longues périodes dans des positions inconfortables ou blessantes. Cela dit, même si elle avait été administrée « selon les règles », la PC 1 aurait été suffisamment déplaisante pour susciter du ressentiment.

Le commentaire du Major Jarvis à l'égard des prisonniers qui tentaient d'échapper à une punition en campagne laisse croire que ce type de peine était infligée avec une violence physique quelque peu excessive dans la 2e Division canadienne. Par contre, il appert d'après les déclarations que le Major Jarvis a notées dans son journal de guerre de 1916 et 1917, que ce dernier faisait preuve de diligence lorsqu'il examinait les dispositions prises en matière de punitions en campagne dans l'ensemble de la division.

Grâce à ses efforts de supervision, les abus semblent avoir été réduits au minimum. « En vue de m'assurer que ces punitions sont infligées convenablement, j'inspecte périodiquement les différents camps et j'examine les dispositions prises à cet égard[43] ». Lorsqu'il consignait les évaluations qualitatives de ses inspections, il déclarait habituellement que « tout était correct » ou était « conforme aux règlements[44] ». Le quartier général divisionnaire ordonnait aussi aux médecins militaires d'examiner les soldats soumis à une punition en campagne[45].

Les seules plaintes explicitement formulées par le Major Jarvis concernant l'exécution d'une punition en campagne portaient sur les cas où celle-ci était infligée de façon trop laxiste. Le 8 juillet 1916, il faisait état que :

> … le 21e Bataillon, dont plusieurs membres étaient soumis à une PC 1, ne réprimandait pas les contrevenants conformément aux ordres stricts donnés à cet égard. En fait, ces contrevenants n'étaient pas du tout punis et étaient tout au plus détenus au camp… Les résultats d'un tel manque de fermeté sont manifestes dans la conduite du bataillon, qui s'est acquis une piètre réputation en matière de discipline depuis son départ du Canada[46].

Ce commentaire concordait avec les nombreuses évaluations négatives que le Major Jarvis a faites quant à la pertinence des punitions attribuées par les commandants d'unité. Dans bon nombre de cas, il ne mentionnait ni les unités, ni les commandants, préférant plutôt faire le commentaire général suivant :

> … la tendance croissante chez les commandants à punir légèrement les hommes arrêtés par la police militaire…Si cette tendance se poursuit, il sera impossible pour mes hommes d'exécuter leur travail, qui est difficile même en temps de paix, et les hommes auront l'impression que la police peut être bafouée impunément. Comme le maintien de l'ordre est entièrement du ressort de la police et que celle-ci est tenue directement responsable de toute perturbation dans la zone, cette situation est le problème

de l'heure[47].

Du point de vue du Major Jarvis, pire encore était la tentative d'ingérence de certains commandants auprès des témoins de la police au cours de l'enquête sur les infractions. Selon lui :

> Les officiers qui commandent certaines unités ont pris l'habitude d'intimider les témoins et tentent de discréditer leurs preuves, ce qui complique la tâche de la police qui cherche à intenter des poursuites. J'ai demandé qu'on dresse une liste des accusations pour lesquelles on a imposé des punitions tout à fait insuffisantes, et le corps du GPA examinera la question plus en détail. J'ai besoin de la coopération de tous les officiers pour obtenir les résultats escomptés[48].

Ce curieux conflit entre certains commandants d'unité et la police militaire pouvait être attribuable à une divergence de points de vue quant à la meilleure façon d'imposer la discipline, les commandants ayant une attitude beaucoup moins « rigoriste » que celle du Major Jarvis. L'intérêt fondamental envers leurs hommes et un désir de les protéger des autorités, extérieures à la « famille régimentaire », pourraient avoir poussé certains commandants de la 2e Division canadienne à contrecarrer les efforts du Major Jarvis et de sa police militaire qui cherchaient à intenter des poursuites et à imposer la discipline.

Il va sans dire que chaque unité était différente et que chaque commandant réprimandait ses hommes à sa façon. Pourtant, de nombreux commandants semblaient croire que faire preuve d'indulgence était plus efficace que d'imposer des punitions avec toute la rigueur du droit militaire. Cette indulgence provenait peut-être de l'éthos de la Milice d'avant-guerre selon laquelle il n'était pas approprié de punir sévèrement des volontaires, sauf pour les manquements très graves à la discipline. Selon certains, « la plupart des commandants gardaient un œil sur leurs officiers et l'autre sur le moral de leurs sous-officiers et de leurs hommes, et ils se montraient très réticents à laver le linge sale du régiment en public[49] » [traduction].

La volonté de régler les questions de discipline à l'interne, compte tenu des personnes en cause et du climat social de l'unité, semble avoir poussé certains commandants de la 2e Division canadienne à adopter leurs propres mesures punitives pour les infractions mineures, sans recourir aux méthodes disciplinaires officielles. L'interruption inexpliquée du journal de guerre du Major Jarvis à la fin de mai 1917 empêche d'établir la mesure dans laquelle on a continué, pendant le reste de la guerre, à recourir à des mesures « officieuses » par rapport aux méthodes officielles. Mais une note de service transmise par le quartier général divisionnaire en février 1918, qui conseillait les commandants d'unité sur la façon de sévir auprès des récidivistes, indique que ce problème a refait surface périodiquement tout au long du conflit[50].

Les commandants d'unité pouvaient entretenir une image « paternaliste », tout en maintenant une discipline stricte, en s'assurant que les officiers subalternes étaient tenus responsables du comportement adéquat de leurs hommes. Idéalement, le zèle des officiers subalternes et des sous-officiers faisait en sorte qu'en général, les commandants n'avaient pas à intervenir personnellement dans le maintien de la discipline. Il est possible que cette situation ait prévalu dans le 31e Bataillon, comme le démontrent les remarques d'après-guerre d'un ancien combattant: « … Notre commandant était le Col Arthur Bell… il était très respecté et très admiré comme commandant. Il se comportait en gentleman et il n'était jamais brusque, mais je ne peux pas en dire autant de ses officiers et de ses sous-officiers[51]… ». Une note de service du 28e Bataillon de mars 1918 montre ce que le commandant attendait de ses officiers subalternes et de ses sous-officiers ainsi que les stratégies auxquelles il pouvait avoir recours afin que ses subordonnés demeurent attentifs à leurs devoirs :

Compte tenu des besoins des équipes de travail et des privations que les hommes ont dû endurer dernièrement, le commandant ne désire pas leur imposer des exercices et des inspections; mais, si les officiers subalternes et leurs sous-officiers n'imposent pas la norme de discipline requise dans cette unité, il sera obligé de causer bien des désagréments aux hommes en vue d'assurer le maintien de cette discipline. Cela leur serait désagréable et le blâme reposerait entièrement sur les officiers et les sous-officiers qui ne s'acquittent pas de leurs devoirs avec toute la rigueur voulue. Le commandant espère qu'il ne n'aura plus à revenir là-dessus[52].

Toutefois, les attentes des officiers étaient partagées. Si un commandant faisait preuve d'un manque de jugement lorsqu'il infligeait une punition ou s'il n'appuyait pas les « verdicts » de ses officiers subalternes, il risquait de perdre leur appui, sans lequel le commandement et le contrôle dans l'unité se détérioreraient. Selon W.F. Doolan du 21e Bataillon, « à moins d'imposer une bonne discipline, un officier perdait le respect de ses hommes, y compris bien évidemment le respect des hommes de valeur[53] ». Il était donc impératif pour un commandant de pouvoir compter sur l'appui de ses subordonnés responsables, officiers et sous-officiers, afin de garder le contrôle des éléments indisciplinés.

Isabella Losinger a comparé les relations entre les commandants d'unité et les militaires du rang à une « relation employeur-employé dans la vie civile. En tant que « patron », le commandant avait le pouvoir de récompenser et de punir. Dans bon nombre de cas, il entretenait des relations cordiales, voire amicales avec ses hommes, mais naturellement, il évitait d'établir des rapports trop intimes avec eux[54] ». Comme beaucoup de commandants de bataillon étaient des professionnels ou des hommes d'affaires (tout en étant des officiers de la Milice) avant la guerre, ce type de relation hiérarchique devait leur être plutôt familier. Pour le propriétaire d'usine, nommé à la tête d'un bataillon, les officiers subalternes constituaient son équipe de direction, alors que les sous-officiers avaient en fait un rôle de « chef contremaître », qui devaient maintenir l'ordre chez les militaires du rang ou les « employés ». Toutefois, si chaque homme d'affaires était libre d'exercer son propre style de leadership dans la vie civile, un commandant d'unité devait tenir compte de besoins en temps de guerre et des préceptes du droit militaire et moduler ses préférences personnelles en fonction du règlement de l'armée.

Satisfaire les intérêts des hommes en observant le code de conduite paternaliste traditionnel des officiers britanniques était le moyen le plus efficace de maintenir un moral plutôt favorable dans une unité. Cela contribuait par la suite à instaurer une discipline acceptable[55]. Idéalement, les officiers devaient s'occuper activement du bien-être de leurs subalternes, en veillant à leur confort, même avant le leur, et en s'assurant qu'ils sont en bonne forme physique. Les officiers canadiens les plus hauts gradés, notamment le Lgén Sir Arthur Currie, commandant du Corps canadien de juin 1917 jusqu'à la fin des hostilités, a promptement assimilé ce code d'éthique paternaliste. À une occasion, le Lgén Currie a sévèrement réprimandé le Lt Joe O'Neill du 19e Bataillon parce qu'il ne connaissait pas les hommes de son peloton suffisamment sur le plan personnel. Selon le Lt O'Neill :

> Eh bien, il m'a toisé de haut en bas, et m'a fait remarquer que le vrai travail d'un officier subalterne était de connaître ses hommes, de les comprendre. Travailler avec eux et comprendre leurs problèmes, et leur faire comprendre qu'il est leur chef naturel. Par-dessus tout, il incombait à cet officier de connaître les hommes personnellement, et de savoir qu'un homme réagira à la bienveillance tandis qu'un autre doit être poussé un peu et ainsi de suite. Mais nous devions comprendre nos hommes... Eh bien, j'ai vite compris que [le Lgén Currie] avait raison, que l'une des choses les plus intéressantes dans la vie était de connaître et d'aimer les gars, de vraiment les aimer, de les comprendre et de connaître leurs problèmes, et d'être leur chef naturel. Je dois admettre que rien ne m'a donné plus de plaisir dans la vie[56]...

Les officiers les plus habiles pouvaient recourir au paternalisme afin de régler les problèmes disciplinaires dès leur apparition. Il y a peu de meilleurs exemples d'un tel « paternalisme préventif » que celui dont a fait preuve le Major C.E. Sale du 18e Bataillon. Pour prendre les mots d'un ancien combattant :

> J'ai eu le privilège d'avoir le Major C.E. Sale of Goderich comme commandant de compagnie. C'était un homme vraiment merveilleux. Il était très humain. Les hommes l'aimaient. Je me rappelle, dans un camp de repos, d'avoir trouvé l'un de nos hommes [du nom de Taylor] dans le

327

coin d'un champ, pleurant à chaudes larmes. Apparemment, il s'était violemment disputé avec sa femme avant de quitter la maison, et elle lui avait envoyé une lettre avec une photo de l'un de ses enfants dans un cercueil, une chose horrible à faire. Le pauvre gars avait le cœur brisé. Je l'ai signalé au Major Sale. Il a répondu, « Va chercher Shepherd, le cuisinier ». Pourquoi Shepherd?, me suis-je demandé. Celui-ci s'est présenté et le Major a dit : « Shepherd, voici cent francs et je t'accorde une permission de trois jours. Emmène Taylor, saoule-le bien et ramène-le ». De toute façon, Taylor aurait pris une bonne cuite, et le bataillon aurait pu être appelé à tout moment. Il aurait été interpellé par la police et on aurait porté une accusation très grave contre lui, absent sans permission alors que son bataillon se trouvait au front. Ainsi, avec un congé de trois jours et avec un homme de confiance comme Shepherd, il est revenu en forme. Ces événements faisaient leur chemin dans l'esprit des hommes et ils aimaient beaucoup le Major Sale, et moi aussi. Le major n'est jamais revenu[57].

Toutefois, les officiers n'observaient pas nécessairement leurs obligations « paternelles ». En de tels cas, des formes de protestations passives ou même actives pouvaient remplacer les égards que les officiers attendaient de leurs militaires du rang. Un incident, consigné par William Morgan, relate un épisode lors duquel ses camarades et lui ont été traités de façon cavalière par leur officier d'escorte, alors que, faisant partie d'un groupe de recrues de renfort, ils allaient rejoindre le 24e Bataillon. Selon son journal :

L'équipe est d'humeur indépendante ce matin. Nous sommes partis à 7 h 30 pour rejoindre notre bataillon. L'officier responsable, provenant du 2e Pionniers, a poursuivi ses tactiques irréfléchies du jour précédent. Nous nous sommes mis en route, en montée, sous un soleil brûlant et à un pas rapide. Les hommes ont commencé à rompre les rangs au cours des vingt premières minutes. L'équipe a rompu les rangs à 8 h 10. L'officier est revenu et a lancé ce qui suit : (il vaut la peine de le consigner pour vous donner une idée des sentiments de certains officiers envers les hommes qui se sont portés volontaires pour le service) « Déjà des pertes? » « Est-ce qu'on nous envoie maintenant des trouillards comme soldats? » Vous imaginez nos sentiments. Nous avons refusé de partir avec la compagnie et l'avons suivie plus tard, marchant à notre aise pour aller cantonner à Camblain L'Abbé[58].

William Morgan n'a signalé aucune mesure disciplinaire prise contre lui ou les autres protestataires. Il importait que ce traitement subi aux mains d'un officier qui n'appartenait pas à son unité soit signalé. De plus, son journal montre que les militaires du rang avaient des recours contre les officiers abusifs. Presque une semaine après l'incident de la marche, William Morgan a écrit qu'il avait rédigé une plainte contre le capitaine du 2e Pionniers à la demande du Major du 24e Bataillon[59].

Alors qu'en général, les militaires du rang pouvaient s'attendre à un traitement plus compatissant de la part des officiers de leur propre unité que de ceux des autres unités ou de la police militaire, à certaines occasions, les officiers de bataillon ou de compagnie sont allés trop loin dans l'application de la discipline. À la suite des plaintes du Major Jarvis portant sur le laxisme de la discipline dans certaines unités, certains commandants de la 2e Division canadienne sont devenus excessivement stricts, selon les militaires du rang, et assez ironiquement, de l'opinion du Major Jarvis lui-même. Le 25 juin 1916, ce dernier a signalé ce qui suit :

Depuis mes plaintes au Corps, au sujet de la tendance des commandants à imposer des punitions insuffisantes aux hommes lorsque des accusations sont portées contre eux par ma police, de nombreux officiers vont maintenant à l'autre extrême, en imposant les peines les plus sévères pour des infractions mineures. Cette politique me semble très rétrograde et si elle persiste, elle ne peut qu'engendrer des sentiments de mécontentement et la déloyauté chez les hommes. Je vais tenter de persuader les officiers concernés d'utiliser leur jugement et le bon sens pour punir les contrevenants plutôt que d'imposer des peines dictées par le ressentiment et la mauvaise humeur[60].

Le Major Jarvis est même allé jusqu'à conseiller aux militaires du rang concernés de venir le voir en personne et de déposer leurs plaintes s'ils croyaient que leurs commandants imposaient des punitions injustes[61]. La culture de discipline dans la 2e Division canadienne était complexe, et le GPA était parfois à couteaux tirés avec les commandants d'unité qui étaient parfois trop indulgents, parfois trop sévères.

En lisant le journal du GPA, on a le sentiment que le Major Jarvis lui-même avait un point de vue très cohérent sur la nature et le maintien de la discipline militaire, qui s'inspirait fortement des règlements précisés dans la *Army Act* et le *Manual of Military Law*. Par ailleurs, certains commandants de bataillons d'infanterie et d'autres unités étaient moins cohérents dans leur application de la discipline. Le Major Jarvis et sa police devaient composer avec l'application en dents de scie de la discipline dans les troupes de la division, de même qu'avec les comportements changeants des commandants d'unité, dont les points de vue différaient sur le chapitre de la discipline, surtout pendant la première moitié de la guerre, probablement en raison d'un mélange d'ignorance, de manque d'expérience et de réticence à se départir des traditions plus souples de l'avant-guerre.

Au début de 1917, le nombre de plaintes concernant l'attitude des commandants d'unité envers la discipline a commencé à diminuer dans son journal et nous pouvons seulement présumer de son approbation au cours de la période suivant l'interruption mystérieuse de son journal à la fin de mai 1917. Bien qu'il ait probablement continué à remarquer certaines fautes, le professionnalisme croissant des officiers du Corps canadien à la suite de la bataille de la Somme (de juillet à novembre 1916) aurait apporté de façon générale une plus grande cohérence dans l'administration de la discipline au sein de la 2e Division canadienne et dans le reste du Corps canadien[62]. Au cours de l'hiver 1916-1917, l'esprit critique qui animait la réévaluation des tactiques et de l'organisation, fondée sur la dure expérience de la bataille de la Somme, a fait ressortir la nécessité pour les officiers et les militaires du rang de mettre de côté leur éthos d'amateur et d'adopter une démarche plus rigoureuse, analytique et professionnelle afin de livrer une guerre moderne, industrialisée. Comme le disait un ancien combattant, « tout dépend des chefs... un grand nombre de bataillons fonctionnaient bien, mais quand quelque chose n'allait pas dans une unité, ils blâmaient toujours les officiers. Le patron, s'il n'est pas vraiment un patron, ne sert à rien[63] ».

TENDANCES À L'INDISCIPLINE?

En examinant l'incidence des infractions mineures à partir des dossiers du 19e Bataillon[64], des rapports disponibles auprès de la 6e Brigade[65], des inscriptions des cours martiales et des travaux de Jean-Pierre Gagnon sur le 22e Bataillon, une tendance générale en matière de discipline et de sanctions se dessine au sein de la 2e Division canadienne. Dans le cas du 19e Bataillon, on a observé une diminution globale du nombre d'accusations pour infractions mineures commises par les militaires du rang entre octobre 1915 et décembre 1918 (voir l'annexe 8.2). Cette même tendance a également été observée au sein du 22e Bataillon (voir l'annexe 8.3)[66] et des bataillons de la 6e Brigade, surtout de janvier à octobre 1918 (voir l'annexe 8.4).

Assurément, cette baisse généralisée a présenté divers creux et pointes dans chaque bataillon. On pourrait généralement s'attendre à ce que l'incidence des infractions dans une unité diminue pendant les mois au cours desquels l'unité a participé activement aux opérations et à ce que le nombre d'infractions augmente lors d'accalmies dans les combats, et dans de nombreux cas, c'est exactement ce qui s'est produit. Dans le cas du 19e Bataillon, pendant les périodes d'avril à septembre 1916, d'avril à mai 1917, de novembre 1917, de mars à juin 1918 et de septembre à octobre 1918, on note des taux mensuels de condamnations pour infractions mineures parmi les plus bas (voir l'annexe 8.2).

En somme, les soldats, trop occupés à combattre et à survivre lors d'opérations importantes (Saint-Éloi, la Somme, Vimy, Fresnoy, Passchendaele, offensives allemandes de 1918 et campagnes finales des alliés), manifestaient moins d'indiscipline[67]. Le 1er octobre 1916, alors que les unités de la 2e Division canadienne en étaient aux derniers soubresauts de leur

Des soldats de la 6e Brigade, 2e Division, interrompus pendant les célébrations de la Fête du Dominion, 1917. Bon nombre de ces soldats avaient sans doute déjà commis, ou en viendraient à commettre, des infractions au droit militaire. (Départment de la Défense nationale, Bibliothèque et Archives Canada PA-1447)

tragique participation à la bataille de la Somme, le Major Jarvis commentait ainsi le bon comportement des troupes en réserve lors du récent combat :

> Nous n'avons aucun problème avec nos hommes cantonnés dans le village, et la norme générale de conduite et de discipline n'a jamais été aussi élevée. Les hommes, bien que plein d'entrain et sobres, sont exceptionnellement sages et supportent des corvées et des épreuves inhabituelles avec un esprit exceptionnel. C'est une gloire que de diriger de tels hommes, un honneur inestimable[68].

Cependant, le 19e Bataillon a enregistré un nombre tout aussi faible, et parfois inférieur, de condamnations pour infractions mineures lors des mois « moins actifs » que lors des périodes d'opérations actives, notamment les périodes de novembre 1915, de février à mars et de juin à juillet 1916, de juin à septembre 1917 et de février 1918. Inversement, certaines périodes marquées par de lourds combats ont présenté des hausses allant de modérées à prononcées du nombre d'infractions mineures commises (telles que l'ivresse et l'absentéisme), vraisemblablement en raison du stress, ce qui a été le cas en août 1917 lors des opérations sur la côte 70 et à Lens, et en août 1918, lors des offensives à Amiens et à Arras. De même, des tendances variables ont également été observées au sein du 22e Bataillon tout au long de la guerre (voir l'annexe 8.3) et des 27e, 28e, 29e et 31e Bataillons entre 1917 et 1918 (voir l'annexe 8.4). De plus, les taux d'infractions pendant un mois donné pouvaient chuter brusquement dans une unité, comme dans le cas du 19e Bataillon en septembre 1916, alors que dans autre unité, p. ex. le 22e Bataillon, on pouvait constater une forte hausse des infractions au cours de ce même mois.

Dans certains cas, ces différences peuvent s'expliquer par le fait que certains bataillons participaient plus activement à certaines opérations que d'autres; mais, encore une fois, cette explication ne s'applique pas dans tous les cas. Alors que plus la guerre progressait, plus le taux d'infractions mineures dans la plupart des bataillons avait nettement tendance à diminuer, on observe cependant quelques cas où les mêmes tendances à la hausse ou à la baisse du nombre d'infractions mineures à des périodes précises peuvent s'appliquer à tous les bataillons pour lesquels on dispose des données. Des facteurs tels que les niveaux d'activités opérationnelles, les taux de pertes, l'arrivée des renforts, les changements de commandement et le temps passé dans différents secteurs géographiques ont tous influé sur les taux d'infractions au sein d'un bataillon donné.

La stabilité du commandement et les déplacements du personnel[69] ont exercé une influence dominante sur le taux d'infractions. Dans son histoire du 22e Bataillon, Jean-Pierre Gagnon fait état d'un important effondrement de la discipline au sein de cette unité à l'hiver 1916-1917. Il a établi un lien entre les hausses considérables des taux d'absentéisme et de désertion et les nombreuses pertes subies par les Canadiens français dans leurs attaques à Courcelette et dans la tranchée Regina. Des centaines de militaires du rang et d'officiers expérimentés ont été tués et blessés, puis remplacés par des renforts inexpérimentés et souvent indisciplinés. Au cours des quatre mois qui ont suivi la bataille de Courcelette en septembre 1916, le 22e Bataillon a intégré 934 remplaçants, soit presque la totalité de son effectif. De nombreuses pertes et l'arrivée de nouveaux combattants ont apparemment grandement perturbé le climat social et disciplinaire de l'unité[70].

L'emprise du commandant, le Lieutenant-colonel Tremblay, a possiblement grandement contribué à atténuer les effets négatifs des déplacements du personnel. Toutefois, déclaré inapte au combat et renvoyé en Angleterre vers la fin de septembre 1916, il n'a pas réintégré le bataillon avant février 1917. Les quelques officiers d'expérience qui ont survécu aux événements de la Somme ont été incapables de rétablir la bonne discipline qui régnait au bataillon à l'été 1916. Le commandant par intérim, le Major Arthur Dubuc, n'a pas su maintenir l'ordre dans les rangs de plus en plus indisciplinés. À son retour en février 1917, le Lieutenant-colonel Tremblay a conclu qu'on avait manifesté un degré injustifié d'indulgence à l'égard des contrevenants pendant son absence et que cela n'avait fait qu'encourager d'autres manquements à la discipline, notamment l'absentéisme et la désertion[71]. L'observation de l'historien Christopher Pugsley selon laquelle « les bons bataillons sont affectés par la perte d'un commandant ou de trop nombreuses victimes » s'applique bien au cas du 22e Bataillon pendant la période qui a suivi les événements de la Somme[72].

Le GPA de la division, le Major Jarvis, a déploré le sort du 22e Bataillon. Il avait de bonnes raisons de s'en plaindre en 1915 et au début de 1916, mais, par la suite, il a été impressionné par une importante amélioration de la discipline dans le bataillon au cours de l'été 1916 et par le rendement remarquable de ce dernier lors de la bataille de la Somme. Lorsque le bataillon est enfin sorti de l'enfer de Courcelette, le Major Jarvis a exprimé son enthousiasme au sujet de :

> … l'incroyable comportement du 22e Bataillon, en cantonnement ici depuis la mémorable bataille des 15 et 16 septembre, terrible expérience encore fraîche à sa mémoire; les soldats venaient de recevoir leur solde et malgré les multiples tentations, ils ont observé une discipline et un comportement impressionnants. Mes hommes n'ont pas effectué une seule arrestation[73].

Ce constat a considérablement changé au cours de l'hiver 1916-1917, à tel point qu'en mars 1916, le Major Jarvis s'en est plaint :

D'autres hommes du 22e Bataillon ont été arrêtés à Bethune et à Saint-Pol. L'excellente discipline observée par ce bataillon en Belgique, avant de prendre part à la bataille de la Somme, a été considérablement troublée par l'arrivée de nouveaux renforts, qui se sont montrés presque tous très peu satisfaisants et peu fiables[74].

Le 22e Bataillon n'a pas été le seul à connaître une hausse des cas d'indiscipline lors de périodes d'intégration de nombreux renforts. Le 19e Bataillon a également observé un taux croissant d'infractions à la suite de l'intégration massive de nouveaux membres du personnel. Entre septembre et décembre 1916, le bataillon a intégré 712 militaires du rang afin de compenser les pertes subies à la bataille de la Somme (voir l'annexe 8.5). Parallèlement, le nombre mensuel d'infractions mineures au sein du 19e Bataillon a augmenté de façon constante, passant de 10 en septembre 1916 à 24 en janvier 1917 (voir l'annexe 8.2). Les infractions ont ensuite quelque peu diminué de février à mars, puis chuté abruptement en avril 1917 avec le début d'intenses combats à Vimy. Cette même tendance s'est de nouveau manifestée à la suite de l'arrivée de 379 nouveaux militaires du rang en juin 1917 (voir l'annexe 8.5). Les infractions au sein de l'unité sont passées de 6 en juin à 26 en août, période pendant laquelle des attaques ont été lancées sur la côte 70 et aux environs de Lens[75].

Dès janvier 1916, le Major Jarvis a souligné l'influence pernicieuse des renforts sur la bonne discipline d'une unité. En se plaignant d'un vol et d'une agression commis par un homme du 22e Bataillon dans un estaminet, il a fait remarquer que « les crimes de cette nature sont devenus beaucoup trop fréquents. Dans presque tous les récents cas, les coupables sont des hommes des nouveaux détachements. Il semble s'agir d'un groupe indiscipliné comptant un grand nombre de personnes très malveillantes[76] ». En juin 1916, le Major Jarvis a continué à commenter l'influence perturbatrice des renforts en faisant valoir que « les nouveaux détachements arrivant au pays sont loin de respecter la norme de discipline des premiers bataillons canadiens, autant sur le plan physique que disciplinaire, et sont aujourd'hui la cause de presque tous nos problèmes »[77].

Cependant, les actes d'indiscipline ne se limitaient pas au personnel de renfort. En 1916, le 19e Bataillon a enregistré plus d'infractions mineures commises par le personnel initial que par les renforts, mais dès le mois d'août de cette même année, on commence à noter dans les dossiers des unités un nombre plus élevé de punitions chez le personnel de renfort que chez le personnel initial. À la fin de l'année, des 185 cas de punitions infligées à des membres du 19e Bataillon pour des infractions mineures, 96 et 89 infractions avaient été commises par le personnel initial et par le personnel de renfort respectivement. Alors qu'une diminution dans les rangs du personnel initial était observée en 1917, la grande majorité des peines pour infractions mineures étaient imposées aux hommes ayant intégré le bataillon après son départ du Canada. Des 202 cas d'infractions consignés en 1917, seulement 36 étaient attribuables à des membres initiaux, alors qu'en 1918, seulement 10 cas d'infraction sur 121 étaient attribuables à ces derniers[78]. Ces proportions reflètent simplement les rapports entre le personnel initial et le personnel de renfort du 19e Bataillon pendant la guerre. Puisque la majeure partie du personnel initial de la 2e Division canadienne a quitté la division pendant et tout de suite après la bataille de la Somme, ces proportions sont prévisibles.

Par toutes ses plaintes au sujet de l'indiscipline du personnel de renfort, le Major Jarvis était au fait du nombre croissant d'infractions commises par les membres initiaux. Le 18 mai 1917, il signale que l'absentéisme « semble être à la hausse, mais [qu']il n'est pas facile d'en préciser la raison puisque la plupart des hommes revenus cette semaine sont des membres initiaux[79] ». Ce phénomène aurait pu être attribuable aux taux croissants d'épuisement au combat chez ceux qui servaient dans la division depuis 1915.

La disponibilité de l'alcool et la possibilité d'interaction avec les civils derrière les lignes ont également eu un impact sur la variation des taux d'indiscipline. Au cours des semaines relativement « tranquilles » de janvier à mars 1916, après la période de garnison de la 2e Division canadienne dans le secteur de Kemmel en Flandres, le Major Jarvis a précisé que les troupes ont fréquenté les habitants de différents villages derrière les lignes canadiennes et que « les propriétaires d'estaminets ont fait crédit à ceux qui buvaient beaucoup. L'inactivité, l'absence de préoccupations et une vie relativement facile en général n'ont certainement pas été favorables au bien-être physique et moral des hommes »[80]. L'alcool était un problème particulièrement inquiétant pour le Major Jarvis, surtout le trafic de bière anglaise et de stout auquel se livraient les civils locaux. Lorsqu'un décret est venu interdire la vente de bière anglaise dans les zones occupées par les armées alliées en France, le Major Jarvis a jugé qu' :

> … il s'agissait d'une très bonne décision qui devrait également être étendue à la Belgique, puisque neuf fois sur dix, les problèmes d'indiscipline chez les soldats sont causés par cette substance, déjà très forte à l'origine, que les propriétaires d'estaminets mélangent, dans la plupart des cas, à d'autres substances très fortes. Ses effets sont presque aussi néfastes que ceux des boissons fortement alcoolisées et doivent être très nuisibles pour la santé. Les bières françaises et belges locales sont composées d'eau à plus des deux tiers et sont entièrement inoffensives. Réussir à interdire la bière anglaise dans ce secteur contribuera grandement à la prévention des infractions commises contre des civils et leur propriété, ma principale source de préoccupation[81].

L'historien Craig Gibson, dans son examen des relations civilo-militaires de la 2e Division canadienne entre septembre 1915 et mai 1917, a conclu que les soldats étaient tout aussi responsables que les civils des relations souvent tendues qui existaient derrière les lignes canadiennes. Au sujet de l'expérience canadienne en Belgique, il fait valoir que « les Flamands locaux, qui, selon le Major Jarvis, étaient âpres au gain, renfrognés et une menace pour la sécurité, n'ont pas du tout apprécié la présence militaire qui contrôlait leur mobilité, régissait leurs entreprises, endommageait leurs champs et fermes, et volait leurs estaminets[82] ».

La guerre a forcé la coexistence malheureuse de civils frustrés, à qui les autorités militaires étrangères dictaient la façon de mener leurs activités dans leur propre pays, et de soldats canadiens déconcertés, qui ne comprenaient pas pourquoi leurs efforts pour libérer la Belgique n'étaient pas reçus avec davantage d'enthousiasme par les habitants. Cette incompréhension de la part des Canadiens, en plus de leur ignorance courante des coutumes locales et de leur intolérance, était accompagnée d'une solide rancune à l'égard des civils qui tentaient de les « tromper » ou de les « escroquer » lors de transactions commerciales. En faisant tout ce qu'ils pouvaient pour tirer le meilleur parti possible du contexte déplorable dans lequel ils se trouvaient, de nombreux civils des zones occupées ont fini par alimenter l'indiscipline des troupes. La consommation d'alcool par les soldats en dehors des heures permises, ou sa vente dans des endroits interdits, n'a fait qu'inciter les troupes à faire fi des règlements, ce qui a parfois contribué à la perpétration d'infractions mineures et d'actes criminels graves contre des civils. Le Major Jarvis, pris entre l'arbre et l'écorce, a connu des succès inégaux dans l'application de règlements concernant l'heure et l'endroit de la vente d'alcool et dans la réduction du nombre d'infractions commises par des soldats canadiens.

Il y a également lieu de signaler l'importance des taux de rémunération supérieurs dont ont bénéficié les troupes canadiennes comparativement à leurs homologues anglais ou français, ce qui les a rendus particulièrement sensibles aux ambitions commerciales d'innombrables colporteurs civils de tous types de produits des deux côtés de la Manche. Lorsque les soldats étaient en périodes de repos – périodes qu'ils prenaient par rotation – derrière les lignes, le jour de solde, comme il fallait s'y attendre, était devenu synonyme de chahut et de manquement à la bonne discipline. Le 13 avril 1916, le Major Jarvis a signalé que « la plupart des unités dans le secteur ont été payées aujourd'hui, et j'anticipe une soirée mouvementée au village de Reninghelst puisque les hommes se sont trop bien comporter pour que ça dure[83] ».

Lorsque les soldats consomment des boissons fortement alcoolisées, on constate que l'influence positive du bon leadership du corps des officiers sur la discipline a parfois ses limites. Derrière les premières lignes, il était difficile d'éliminer les activités illégales impliquant des civils, même avec l'aide des autorités locales responsables de l'application de la loi. Une solution aurait pu être l'isolement total du personnel militaire de la population civile, ce qui n'aurait pas été pratique dans de nombreux cas, surtout sur le plan du cantonnement puisque les troupes de réserve étaient souvent logées dans des maisons de civils. Le mieux que pouvaient faire les officiers était de tenter de surveiller les communautés locales, de chasser ceux qui vendaient illégalement de l'alcool et de contrôler les soldats empressés de boire pour se défouler ou calmer leurs nerfs à vif. La surveillance de la consommation d'alcool dans les tranchées était généralement beaucoup plus facile puisque les officiers contrôlaient les rations régulières de rhum. L'ivresse dans les lignes n'a pas été un problème aussi préoccupant chez les militaires du rang, sauf en de rares occasions lorsque les soldats réussissaient à rassembler illicitement leurs rations de rhum pour prendre une cuite[84].

COMPARAISON DES UNITÉS

Selon le nombre total d'infractions mineures commises dans chaque unité, il est possible d'établir certaines comparaisons générales sur les niveaux relatifs de discipline parmi un grand nombre de bataillons d'infanterie de la 2e Division canadienne. Nous devons d'abord comparer le taux d'infractions mineures des 22e et 19e Bataillons d'octobre 1915 à octobre 1918, inclusivement (voir l'annexe 8.6, tableau 1), et faire de même avec les 19e, 27e, 28e, 29e et 31e Bataillons de janvier 1917 à décembre 1918, inclusivement (voir l'annexe 8.6, tableau 2) [85].

Pendant la guerre, il est évident que parmi ces unités, le 22e Bataillon a présenté le taux d'infractions mineures le plus élevé. Bien que les différentes périodes au cours desquelles les données initiales ont été recueillies empêchent de faire une comparaison directe entre les unités de la 6e Brigade et le 22e Bataillon, il est fort improbable que les totaux de n'importe laquelle des unités de la 6e Brigade s'approchent le moindrement des totaux du 22e Bataillon. Si l'on tient compte du fait que le nombre d'infractions mineures commises par le 19e Bataillon au cours de la période de janvier 1917 à décembre 1918 compte pour presque la moitié du nombre total des infractions dans cette même unité au cours de la période entière d'octobre 1915 à novembre 1918, il est possible qu'en doublant les nombres présentés ici pour les bataillons de la 6e Brigade, on puisse obtenir une approximation du nombre total d'infractions mineures pour ces unités d'octobre 1915 à novembre 1918. De tels calculs présentent les résultats suivants : le 27e Bataillon dénombre 484 infractions mineures, le 28e Bataillon en compte 638, le 29e Bataillon en recense 810, et le 31e Bataillon en compte 312. Quoi qu'il en soit, il est clair que parmi ces unités, le 22e Bataillon a enregistré le plus grand nombre d'infractions et que le 31e Bataillon en a présenté le plus faible nombre.

Cette tendance se vérifie si l'on compare le nombre de cours martiales tenues et le nombre d'infractions jugées pour tous les 20 bataillons d'infanterie de la 2e Division canadienne entre 1915 et 1919 (voir l'annexe 8.6, tableaux 3 et 4). Bien que ces chiffres puissent ne pas représenter le nombre total de cours martiales tenues pour chaque bataillon, ils sont tirés d'un échantillon suffisamment important pour être représentatifs sur le plan statistique. Encore une fois, le 22e Bataillon présente le nombre le plus élevé de cours martiales et d'infractions référées aux tribunaux alors que le 31e Bataillon présente les taux les plus faibles sur les deux plans.

L'impressionnant dossier du 31e Bataillon a été établi en partie grâce à la stabilité remarquable de son commandement. Le Lieutenant-colonel Arthur Bell, soldat professionnel possédant une importante expérience d'avant-guerre, a assumé le commandement de l'unité depuis sa formation jusqu'au mois d'avril 1918, alors qu'il a été promu brigadier-général de la 6e Brigade[86]. Jusqu'à la fin des hostilités, le commandement du 31e Bataillon n'a changé qu'une autre fois, soit en octobre 1918. Les 27e et 28e Bataillons, qui ont également bénéficié d'une stabilité de commandement similaire, présentaient un nombre de cours martiales tenues et d'infractions mineures commises inférieur à celui de nombreux autres bataillons de la division (voir l'annexe 8.6, tableau 5).

Cette stabilité ou continuité relative du commandement supérieur a peut-être atténué l'effet perturbateur des nombreux déplacements de personnel parmi les officiers et sous-officiers subalternes. Les officiers supérieurs, à partir des commandants de compagnie, demeuraient généralement en poste plus longtemps et avaient le temps d'acquérir de l'expérience et d'établir leur autorité. La plupart du temps, lors d'un changement de commandement de bataillon, le nouveau commandant possédait déjà une expérience considérable dans cette même unité en tant que major ou capitaine, surtout en 1917 et 1918. Dans certains cas, comme celui du Lieutenant-colonel John Wise du 25e Bataillon, les officiers ont même gravi les échelons[87].

Les officiers supérieurs chevronnés qui connaissaient bien leur travail et celui de leurs subalternes n'ont probablement pas été aussi tolérants face à l'indiscipline que ne l'ont été les hommes qui possédaient moins d'expérience ou manquaient d'assurance. Les commandants aguerris connaissaient également intimement les traditions et les coutumes de leurs unités, ainsi que les personnalités et les habitudes d'une grande partie de leur personnel. Ces connaissances leur ont été cruciales pour répondre aux besoins de leurs hommes et conserver ce qui était le plus important dans la culture de leur unité. Ces connaissances les ont également aidés à trouver les façons les plus efficaces de traiter avec les hommes qui avaient maille à partir avec le droit militaire. Un officier devait connaître et comprendre les hommes à qui il commandait afin d'en tirer le meilleur rendement possible. Comme le Lieutenant Joe O'Neill l'a rapidement appris du Lieutenant-général Currie, « les officiers et les sous-officiers qui ne pouvaient pas discipliner leurs propres unités étaient considérés comme des inadaptés très peu efficaces[88] ».

CONCLUSION : DISCIPLINE ET LEADERSHIP

En règle générale, les bataillons d'infanterie de la 2e Division canadienne étudiés ont connu une baisse globale du taux d'indiscipline. Le nombre d'infractions a diminué après les périodes de pointe de l'été et du début de l'automne de 1915 et a ensuite augmenté périodiquement de la fin de 1916 à la fin de 1917. Une amélioration générale de la discipline a ensuite été observée en 1918.

La période nécessaire pour bien discipliner le personnel d'une unité variait d'une cohorte à l'autre. Les infractions commises par le personnel initial de la division, très fréquentes lors des périodes de formation au Canada et en Angleterre, ont graduellement diminué après l'arrivée de la division en France. Les arrivées sporadiques subséquentes de renforts comptaient un nombre important de nouveaux venus, dont bon nombre provenaient d'unités qu'on avait morcelées afin de renforcer les détachements de bataillons au front. De telles « ruptures » provoquaient du ressentiment ou du découragement chez le personnel envoyé en renfort. Ces attitudes pouvaient se transformer en actes d'indiscipline jusqu'à ce que les hommes se familiarisent avec leurs nouvelles unités et en arrivent à respecter leurs nouveaux officiers et à leur faire confiance.

La discipline au sein de la division était reliée à la qualité du leadership. Chaque unité de la division possédait sa propre expérience, et chaque commandant d'unité jouait un rôle important dans l'établissement du plan de discipline de son commandement. Les unités dont le leadership de leurs officiers supérieurs était solide avaient de meilleures chances de réussir à maintenir la discipline lors des périodes stressantes de préparatifs aux grandes opérations, ainsi que pendant le processus de réorganisation qui suivait habituellement les pertes importantes subies par une unité. L'instabilité engendrée par les taux de roulement élevés parmi les officiers subalternes d'expérience[89], qui, avec les sous-officiers, constituaient le principal instrument de promotion de la discipline parmi les militaires du rang, était compensée par une stabilité accrue chez les officiers supérieurs. Ces officiers supérieurs, en plus des vétérans de tous grades, travaillaient à maintenir ou à rétablir la cohésion et la discipline de l'unité. Ce processus ne fonctionnait pas toujours de façon optimale dans toutes les unités. Cependant, il semble qu'il ait fonctionné assez souvent, à telle enseigne que l'efficacité opérationnelle globale de la division n'a jamais été gravement affaiblie, même si un petit nombre d'unités ont connu certaines difficultés sur les plans de la discipline et de l'efficacité.

Grâce à l'application d'une éthique « paternaliste », les officiers – surtout les officiers de compagnie – ont accordé beaucoup d'importance au maintien de la discipline et se sont assurés que les commodités et les besoins de base de la majorité de leurs soldats étaient satisfaits dans la mesure du possible. Toutefois, les officiers de compagnie n'ont pas tous fait preuve de la même diligence à cet égard, de la même façon que les commandants n'ont pas tous été cohérents dans leurs attitudes face à l'imposition de la discipline dans leurs unités. Quoi qu'il en soit, la cohérence dans la qualité du leadership aux échelons supérieurs de commandement a semblé s'améliorer à partir de la fin de 1916, les commandants de formation surveillant étroitement la qualité du travail de leurs subalternes. La rencontre entre le Lieutenant O'Neill et le Lieutenant-général Currie illustre bien la façon dont les valeurs du paternalisme étaient comprises même aux échelons supérieurs du Corps canadien. Elle illustre également la mesure dans laquelle les commandants supérieurs se sont intéressés au travail de leurs subalternes. Bien que les taux d'indiscipline aient augmenté périodiquement au cours de 1917, il est possible que les vagues de déplacements des officiers subalternes et des militaires du rang lors de périodes d'activités opérationnelles importantes en aient été la cause. Il y aurait eu une certaine période d'accalmie pendant laquelle les sous-officiers et les officiers de renfort moins expérimentés sont devenus de plus en plus consciencieux et compétents dans l'exercice de leurs responsabilités et fonctions, ce qui a permis d'améliorer la discipline. Les efforts de supervision des commandants supérieurs ont vraisemblablement fait rapidement progresser ce processus.

Les officiers généraux ont régulièrement pris les subalternes à partie, individuellement ou collectivement, pour des manquements à la discipline tels que le laisser-aller en ce qui a trait au salut, à l'uniforme et à la tenue, ou le non-respect des règlements, notamment les consignes relatives à l'utilisation appropriée des masques à gaz ou aux précautions à prendre contre le pied de tranchées[90]. Les officiers généraux et les commandants d'unité pouvaient imposer des peines à leurs subalternes en guise de punitions pour ne pas s'être conformés à la politique ou ne pas avoir maintenu la discipline. L'avertissement émis le 2 mars 1918 par le quartier général du 28e Bataillon selon lequel on infligerait des punitions sévères aux soldats sous forme de drills et d'inspections supplémentaires si aucune amélioration de la discipline et de la tenue n'était observée au sein de l'unité en est un exemple. On a établi cette directive afin d'inciter les officiers subalternes à déployer des efforts supplémentaires pour que leurs subalternes n'aient pas à subir une cérémonie inutile et pour qu'eux-mêmes n'aient pas à supporter le blâme dont ils feraient l'objet de la part des militaires du rang pour ne pas avoir sévi contre la minorité de fauteurs de troubles qui soumettaient le personnel à d'importants désagréments. Dans les instructions d'entraînement émises par le quartier général de la 2e Division canadienne en 1918, on précise qu'« on renforce la discipline en insistant en tout temps sur l'exécution minutieuse de toutes les fonctions et en exigeant une tenue soignée, l'ordre dans le camp, la ponctualité, la fierté du salut et l'attention à tous les menus détails de la vie quotidienne des soldats »[91].

Le fait de vivre et de travailler sous la surveillance intense des supérieurs et des subalternes a eu des conséquences sur la santé physique et mentale de nombreux officiers. Les pressions exercées tout particulièrement sur les commandants de peloton et de compagnie et les attentes à leur égard étaient énormes, et certains de ceux qui ont cédé sous la pression l'ont fait en commettant des infractions disciplinaires. Parmi les inscriptions des cours martiales examinées dans une base de données de *Bibliothèque et Archives Canada,* on y retrouve 36 cas pour lesquels des officiers d'infanterie de la 2e Division canadienne ont été jugés pour manquement à la discipline, la plupart pour ivresse[92].

Si quelques officiers puisaient leur courage dans l'alcool, la discipline dans les unités, prises individuellement et collectivement, était certainement « diluée », tout comme les *perceptions* qu'on en avait à cette époque. Alors même qu'il enregistrait ses innombrables plaintes au sujet de la qualité de la discipline dans certaines unités, le GPA de la division, le Major Jarvis, faisait valoir avec fierté le niveau élevé de discipline au sein de la 2e Division canadienne. Le 15 juin 1916, le Major Jarvis soulignait que même si le pourcentage de criminalité était « inhabituellement faible » dans la division au cours de ce mois, les taux de criminalité de la division ont « toujours été bien inférieurs à ceux de toute autre division du corps expéditionnaire entier. En réalité, jusqu'ici, il n'y a eu aucun motif de comparaison entre notre dossier criminel et celui des autres divisions. Nous n'avons jamais compté plus qu'une fraction d'un pour cent de soldats à qui des punitions en campagne numéro 1 (PC 1) ont été infligées[93] ». De telles déclarations dénotaient une certaine autosatisfaction puisque les faibles taux de criminalité dénotaient non seulement les efforts des officiers et des militaires du rang de chaque unité de la division, mais également la vigilance de la police militaire et du GPA lui-même.

Il est important de se rappeler que seule une minorité de soldats a commis des actes d'indiscipline[94]. Cependant, même un pourcentage relativement petit de contrevenants pouvait avoir un impact sur le climat de discipline et sur le commandement de la division, impact sans commune mesure avec le nombre de fautifs. Les officiers supérieurs considéraient toute diminution de la qualité de la discipline comme une menace à l'efficacité de leur commandement, qui, à son tour, rejaillissait sur leurs propres capacités. Malgré la soi-disant faible qualité des renforts arrivés après les événements de la Somme, la crise disciplinaire qui a affligé le 22e Bataillon pendant l'hiver et le printemps de 1917 est principalement attribuable à l'inexpérience et à l'indulgence de ses officiers, tout particulièrement de son commandant par intérim.

Selon les preuves tirées de survivants examinées jusqu'à présent, le dossier disciplinaire du 22e Bataillon semble pire que celui des autres bataillons d'infanterie de la 2e Division canadienne, et est encore pire que le dossier combiné de plusieurs bataillons. Même en tenant compte des différents degrés de stress opérationnel et de déplacements du personnel dans chacune des unités pendant la guerre, chaque bataillon de la division a fait face aux mêmes pressions pour maintenir son efficacité alors que le rythme des opérations et les taux de roulement s'accentuaient. La réussite ou l'échec du leadership au sein de ces unités est directement lié à l'efficacité avec laquelle ces mêmes unités ont fait face aux pressions. En août 1918, l'expérience et les compétences des commandants et des officiers généraux ont atteint leur plus haut niveau. Ce fait, en plus de l'effet galvanisant des activités opérationnelles presque constantes tout au long de la campagne finale des cent jours, a contribué aux taux d'indiscipline dans la 2e Division canadienne, lesquels étaient bien inférieurs à ceux qui ont été observés lors de périodes antérieures de longueur comparable.

NOTES EN FIN DE CHAPITRE – CHAPITRE 8

1   Journal personnel, vol. III, 3 janvier 1917, vol. 4, journaux de Sir Andrew Macphail, fonds de manuscrits [FM] 30 - D150, *Bibliothèque et Archives Canada [BAC]*.

2   De l'ensemble des troupes de l'Empire britannique, soit 8,5 millions d'hommes, qui ont servi pendant la guerre et immédiatement après la guerre, 304 262 officiers et sous-officiers et militaires du rang ont été jugés en cour martiale du 4 août 1914 au 31 mars 1920. De ce nombre, 3 080 ont été condamnés à la peine de mort, qui, dans la plupart des cas, a été commuée en une sentence moins sévère. Le nombre total d'exécutions dans les armées britanniques est de 346. Ces chiffres englobent les quelque 17 000 Canadiens qui ont été jugés en cour martiale, les 222 qui, de ce nombre, ont été condamnés à mort et les 25 exécutions. Voir le Ministère de la Guerre, *Statistics of the Military Effort of the British Empire During the Great War*, London, Service d'édition de His Majesty's Stationary Office [HMSO], 1922, p. 643, 649 et 756; Gerard Oram, *Death Sentences Passed by Military Courts of the British Army, 1914-1924*, London, Francis Boutle, 1998, p. 14. Gerard Oram, historien anglais, conteste le nombre de peines de mort rapportées par le Ministère de la guerre (ci-dessus) et avance plutôt le chiffre de 3 118. Voir *Death Sentences* de Gerard Oram. Pour connaître la source du nombre de Canadiens jugés en cour martiale, voir la note 7 ci-dessous. Il est important de souligner que toutes les infractions n'ont pas fait l'objet d'un procès en cour martiale. En effet, la majorité des infractions demeurait du ressort des officiers d'unités et était punie par ces derniers. Seuls les cas graves étaient portés devant une cour martiale. Dans cette optique, le nombre total des infractions commises par les troupes de l'Empire britannique (y compris les troupes canadiennes) serait beaucoup plus élevé que le nombre de cas jugés en cour martiale dont il est fait mention ci-dessus. Le nombre total des infractions mineures commises au cours de la guerre est encore inconnu à ce jour.

3   La division était commandée par un major-général et administrée par un état-major. À la tête de la brigade d'infanterie comprenant quatre bataillons, on retrouvait un brigadier-général, lequel était assisté d'un état-major. En revanche, chaque bataillon d'infanterie était dirigé par un lieutenant-colonel et formé d'environ 1 000 militaires de tous grades. Ces bataillons étaient subdivisés en quatre compagnies, chacune placée sous le commandement d'un major ou d'un capitaine et comprenant quatre pelotons. Le peloton était commandé par un lieutenant (assisté de deux sergents) et comprenait quatre sections regroupant 10 à 14 hommes chacune sous les ordres d'un caporal ou d'un caporal suppléant. Les douze bataillons d'infanterie de la 2e Division canadienne étaient répartis comme suit en trois brigades : 18e, 19e, 20e et 21e Bataillons (4e Brigade d'infanterie); 22e, 24e, 25e et 26e Bataillons (5e Brigade d'infanterie); 27e, 28e, 29e et 31e Bataillons (6e Brigade d'infanterie).

4   Pour avoir une vue d'ensemble de la discipline dans le Corps expéditionnaire canadien, voir Desmond Morton, *When Your Number's Up: The Canadian Soldier in the First World War*, Toronto, Random House, 1993, p. 82-84 et 247-252. Avant cet ouvrage, Desmond Morton a rédigé d'autres essais portant sur des questions disciplinaires spécifiques. Voir les articles « The Supreme Penalty: Canadian Deaths by Firing Squad in the First World War », paru dans le *Queen's Quarterly*, vol. 79, no. 3 (1972), p. 345-352 et « Kicking and Complaining': Demobilization Riots in the Canadian Expeditionary Force, 1918-19 », paru dans la *Canadian Historical Review*, LXI, no. 3 (1980), p. 334-360. Jusqu'à la fin de la dernière décennie, Desmond Morton a été à peu près le seul à se pencher sur la question. Depuis, d'autres professeurs et chercheurs, mais aussi des étudiants, s'intéressent de manière soutenue à la culture disciplinaire qui régnait au sein du CEC et plus particulièrement aux actes de mutinerie et de protestation et aux cas sanctionnés par la peine capitale. À titre d'exemple, voir Andrew B. Godefroy, *For Freedom and Honour? The Story of the 25 Canadian Volunteers Executed in the Great War*, Nepean, CEF Books, 1998; Howard G. Coombs, « Dimensions of Military Leadership: The Kinmel Park Mutiny of 4/5 March 1919 », Kingston, Institut du leadership des Forces canadiennes [ILFC] rapport de recherche sous contrat no CR02-0623, 2004)*; Craig Leslie Mantle, « For Bully and Biscuits: Charges of Mutiny in the 43rd Battalion, Canadian Expeditionary Force, November and December 1917 », Kingston, ILFC rapport de recherche sous contrat no CR04-0033, 2004)*; Craig Leslie Mantle, « Polished Leathers and Gleaming Steel: Charges of Mutiny in the Canadian Army Service Corps at Bramshott Camp, England, November 1917 », Kingston, ILFC rapport de recherche sous contrat no CR04-0033, 2004)*; Craig Leslie Mantle, « The "Moral Economy" as a Theoretical Model to Explain Acts of Protest in the Canadian Expeditionary Force, 1914-1919 », Kingston, ILFC rapport de recherche sous contrat no CR04-0024, 2004); Teresa Iacobelli, « Arbitrary Justice?: A Comparitive Analyses of Death Sentences Passed and Commuted during the First World » War (mémoire de maîtrise non publié, Université Wilfrid Laurier, 2004). [*NDLR* : Parmi les articles cités ci-dessus, ceux qui sont marqués d'un astérisque (*) ont été publiés dans le présent volume. Des modifications mineures y ont cependant été apportées.]

5   David Englander, « Discipline and Morale in the British Army, 1917-1918 », dans John Horne, ed., *State, Society and Mobilization in Europe During the First World War*,

Cambridge, Cambridge University Press, 1997, p. 133.

6   Jean-Pierre Gagnon, *Le 22e Bataillon (Canadien-français), Étude socio-militaire*, Ottawa et Québec, Les Presses de l'Université Laval en collaboration avec le ministère de la Défense Nationale et le Centre d'édition du gouvernement du Canada, 1986, chapitre VIII, p. 279-311.

7   Les données sur la discipline et les sanctions présentées dans le présent chapitre sont tirées de plusieurs sources. D'abord, le journal de guerre du Grand prévôt adjoint (GPA) de la 2e Division canadienne, le Major (promu par la suite Lieutenant-colonel) Arthur Murray Jarvis, qui s'est avéré extrêmement utile en raison des candides révélations qu'il contient sur l'attitude du Major Jarvis à l'égard de la discipline dans la division. Le journal de guerre du GPA renferme certaines statistiques quant aux infractions commises et aux punitions imposées, mais il s'agit de données n'ayant pas été consignées de manière constante. De plus, le journal s'achève abruptement en mai 1917, sans raison apparente. Par conséquent, le journal du GPA ne pourrait être utilisé comme source exhaustive de renseignements statistiques sur la fréquence des cas d'indiscipline dans la division. Le journal demeure néanmoins une source d'information clé quant à l'attitude officielle adoptée à l'égard de la discipline et des sanctions au sein de la 2e Division canadienne pendant les deux années qu'il couvre. Voir GPA de la 2e Division canadienne, *Journal de guerre*, 1er juin 1915 au 31 mai 1917, vol. 5050, groupe d'enregistrement [GE] 9, III-D-3, *BAC*. Les ordres quotidiens de la 2e Compagnie d'un bataillon d'infanterie – le 19e Bataillon – ont servi de deuxième source. Voir les dossiers « 19e Bataillon (parties 1 à 4) », deuxième partie des ordres quotidiens, 1915-1918, vol. 71, série 1, FAF 150, *BAC*. La deuxième partie des ordres quotidiens renferme tous les renseignements relatifs au statut, au grade et à la solde des militaires au sein d'une unité. Ces données étaient consignées par le personnel administratif de chaque unité et consistaient en de multiples listes. La liste des officiers, des sous-officiers et des militaires du rang qui avaient été rayés de l'effectif ou qui avaient été portés à l'effectif, la liste des promotions, des rétrogradations, des nominations, des décorations et des honneurs, la liste des membres du personnel malades, tués, blessés, fait prisonniers ou portés disparus et de tout membre du personnel ayant reçu une sanction ou ayant été jugé en cour martiale. Malgré leur nom, ces ordres n'étaient pas toujours produits quotidiennement. Parfois, ils n'étaient émis qu'une fois par semaine. En ce qui concerne la discipline, la deuxième partie des ordres contient des données sur le nombre de militaires en punition à tel ou tel moment, les infractions commises, la nature des sanctions imposées par les commandants de compagnie et de bataillon ou par les cours martiales, et les dates auxquelles les infractions ont été commises et les sanctions ont été infligées. La deuxième partie des ordres du 19e Bataillon a été étudiée dans le cadre d'une recherche visant à commémorer l'histoire de cette unité. En plus de donner une bonne idée des modèles de discipline qui avaient cour au sein de la 2e Division canadienne en général, ils permettent une comparaison détaillée avec les travaux de Jean-Pierre Gagnon sur la discipline dans le 22e Bataillon. La troisième source utilisée est une base de données en ligne, accessible à partir de *BAC*. Il s'agit en fait d'un instrument de recherche qui a permis de mettre la main sur une série de bobines de microfilm sur lesquelles sont enregistrés les procès des membres du CEC ayant été jugés en cour martiale. La base de données comporte 11 887 entrées, dont certaines réfèrent probablement à plus d'une affaire puisque le nombre connu de procès du CEC en cour

martiale avoisine les 17 000. Un chiffre avancé par le Juge-avocat-général, le Colonel R.J. Orde, dans une note adressée à l'historien officiel de l'Armée canadienne, le Colonel A.F. Duguid. Voir Ordre à Duguid, 9 avril 1936, Fichier QG 683-1-30-2, vol. 1502, C-1, GE 24, *BAC*. Même en supposant que chaque entrée dans la base de données de la cour martiale ne réfère qu'à un seul procès, le nombre des entrées représenterait tout de même près des trois quarts du nombre connu de procès instruits en cour martiale, ce qui correspondrait à peu près au total réel. Puisque cette base de données a été conçue à l'origine comme un instrument de recherche permettant de repérer un procès donné parmi toute la collection des procès filmés, les renseignements qu'elle contient sont limités. Ils comprennent le nom de l'accusé, le numéro de son régiment (ou son grade s'il s'agit d'un officier), le numéro de son unité, les dates auxquelles ont eu lieu l'infraction, puis le procès en cour martiale, ainsi que la disposition de la *Army Act* ayant été enfreinte. La base de données ne fournit aucune information quant au verdict rendu par la cour ni sur la ou les sentences prononcées dans les cas de culpabilité. Cette base de données est néanmoins utile car elle permet d'établir l'incidence relative des cas instruits en cour martiale parmi les unités et de voir de quels types d'infractions les accusés s'étaient rendus coupables. Cependant, le système de datation n'est pas utilisé avec la même constance d'un cas à l'autre, par exemple certaines entrées ne comprennent que l'année, et non la date complète. Certains renvois à des procès instruits en cour martiale provenant d'autres sources ont également révélé que les dates des entrées de la base de données ne réfèrent pas toujours au même événement. Si la majorité des dates correspondent à la date du procès, d'autres se rapportent par contre à la date de l'infraction. En raison de ce manque d'uniformité, mais aussi parce que dans bon nombre d'entrées le mois et le jour ne sont pas indiqués et que seule l'année de l'infraction ou du procès est connue, on ne peut pas se servir de cette base de données pour connaître le nombre de procès en cour martiale pendant chacun des mois de la guerre. Par contre, on peut l'utiliser pour connaître le nombre de cas d'infractions jugés en cour martiale au cours d'une année donnée. Voir http://www.collectionscanada.ca/archivianet/cours-martiales/index-f.html. Un registre statistique dans lequel ont été consignées les infractions mineures commises chaque mois dans la 6e Brigade d'infanterie canadienne en 1917 et 1918 constitue en importance la quatrième source d'information utilisée. Ce registre permet d'établir une comparaison avec les données tirées de la deuxième partie des ordres du 19e Bataillon et l'histoire du 22e Bataillon relatée par Jean-Pierre Gagnon. Voir Quartier général de la 6e Brigade d'infanterie canadienne, Discipline, janv 1917 à nov 1918, fichier 11, dossier 1, vol. 4123, III-C-3, GE 9, *BAC*.

8   Des cas de « justice expéditive » dans l'Armée britannique sont rapportés par Richard Holmes dans *Tommy: The British Soldier on the Western Front, 1914-1918*, London, Harper Collins, 2004, p. 555-556. Richard Holmes soutient que même si « le fait pour un officier supérieur de frapper un subalterne était considéré comme une infraction en vertu du droit militaire, bon nombre d'unités toléraient ce genre de violence non officielle ». Après tout, cela se déroulait à une époque où même dans la société civile certains châtiments corporels étaient tolérés. À l'école, les enfants y avaient droit régulièrement et, dans les usines, les mines et les chantiers, les contremaîtres dictaient parfois leur loi à coup de poings. Voir Holmes, *Tommy*, 555; Cathryn Corns et John Hughes-Wilson, *Blindfold and Alone: British Military*

Executions in the Great War, London, Cassell, 2001, p. 85.

9   Morton, *When Your Number's Up*, 83. Comme l'a souligné l'historien Chris Madsen, « le droit militaire ne sert qu'à des fins utilitaires et pratiques axées sur le maintien de la discipline au sein des forces armées. Il n'a rien d'attendrissant. L'application du droit militaire est parfois arbitraire et fortement influencée par la situation; il place les intérêts du service et du groupe avant ceux de la personne, et tend vers des sanctions sévères ». Voir Chris Madsen, *Another Kind of Justice: Canadian Military Law from Confederation to Somalia*, Vancouver, University of British Columbia Press, 1999, p. 3.

10   John A. Lynn, *The Bayonets of the Republic: Motivation and Tactics in the Army of Revolutionary France, 1791-1794*, Boulder, Westview, 1996; publié pour la première fois en 1984, p. 36.

11   « The Duties and Responsibility of an Officer », Brigadier-général, état-major général, Corps canadien, 21 juillet 1916, fichier 1, dossier 3, vol. 4129, III-C-3, GE 9, *BAC*.

12   Lettre confidentielle du Major-général Russell aux brigadiers et commandants de bataillon de la division néo-zélandaise, en date du 24 mai 1917, telle qu'elle est rapportée par Christopher Pugsley dans *On the Fringe of Hell: New Zealanders and Military Discipline in the First World War*, Auckland, Hodder and Stoughton, 1991, p. 188.

13   Pour obtenir un point de vue du concept de leadership militaire, voir G.D. Sheffield, éd., *Leadership and Command: The Anglo-American Military Experience Since 1861*, London, Brassey's, 1997.

14   Canada, ministère de la Défense nationale. Le *leadership dans les Forces canadiennes : doctrine*, Kingston, Académie canadienne de la Défense – Institut du leadership des Forces canadiennes, 2005, p. 5.

15   Dans *Leadership in the Trenches: Officer-Man Relations, Morale and Discipline in the British Army in the Era of the First World War*, London, Macmillan, 2000, G.D. Sheffield propose une étude approfondie de la fonction et du rôle du paternalisme dans le quotidien des officiers et des sous-officiers et militaires du rang de l'Armée britannique pendant la Première guerre mondiale.

16   Une recherche dans la base de données de *BAC* sur les procès instruits en cour martiale a révélé six cas de mutinerie orchestrés par des fantassins de la 2e Division canadienne. Toutefois, seulement trois de ces six entrées correspondent aux cas répertoriés par Julian Putkowski dans son étude sur les mutins dans l'Armée britannique pendant la Première guerre mondiale. Les trois militaires en cause, soit les soldats L. Coons, H. Osborn et V. Soulière, appartenaient tous au 21e Bataillon. Le premier a été jugé pour mutinerie en mars 1919 et les deux autres en mai de la même année. L. Coons et V. Soulière ont été reconnus coupables, tandis que H. Osborn a été acquitté. Deux autres cas, trouvés dans la base de données de *BAC*, ne concordent pas avec les cas répertoriés dans le livre de Julian Putkowski. Dans le premier cas, le soldat John Chambers est identifié par *BAC* comme un membre du 22e Bataillon, mais comme appartenant au 23e Bataillon de réserve par Putkowski. Dans le second cas, le soldat J.R. Kidder, qui aurait été selon *BAC* un membre du 20e Bataillon, est tout simplement absent de la liste de Putkowski. Le sixième cas trouvé dans la base de données de *BAC* est celui du soldat J. Schmidt. Selon la base de données, il aurait été

membre à la fois du 28e Bataillon et du 2e Bataillon du Corps des mitrailleurs canadien. Par contre, d'après l'ouvrage de Julian Putkowski, il aurait plutôt été membre du Dépôt des mitrailleurs canadien. Selon toute vraisemblance, le soldat J. Schmidt ne servait pas dans le 28e Bataillon au moment où il a commis les actes de mutinerie. Julian Putkowski rapporte environ douze autres cas qui impliqueraient des hommes des bataillons d'infanterie de la 2e Division canadienne. Toutefois, selon la base de données de *BAC*, ces soldats auraient appartenus aux bataillons de réserve en Angleterre. Quant aux autres cas, soit qu'ils ne sont pas identifiés comme des cas de mutinerie dans la base de données de *BAC*, ou qu'ils n'y figurent tout simplement pas. Pour déterminer quelle source est la plus exacte, il faut dans chacun des cas consulter le dossier original. Voir http://www.collectionscanada.ca/archivianet/cours-martiales/index-f.html et Julian Putkowski, *British Army Mutineers, 1914-1922*, London, Francis Boutle, 1998, p. 91.

17 Colonel A.F. Duguid. *Histoire officielle de l'armée canadienne dans la grande guerre 1914-1919. Histoire générale*. Vol. 1, *août 1914 à septembre 1915*, Ottawa, Imprimeur du Roi, 1947, p. 27-28; *The King's Regulations and Orders for the Army, 1912*, London, Service d'édition de His Majesty's Stationary Office [HMSO], réimprimé 1914, alinéas 493-501, 112-115; Holmes, *Tommy*, p. 557.; Gordon Corrigan, *Mud, Blood and Poppycock: Britain and the First World War*, London, Cassell, 2003, p. 221-222. Les *King's Regulations* (Règlements et ordonnances royaux applicables à l'Armée) exposent en détail un certains nombre de règlements supplémentaires régissant l'imposition de sanctions aux sous-officiers, les compétences respectives des commandants de compagnie et de bataillons en ce qui concerne les sanctions à infliger aux sous-officiers et les types de sanctions pouvant être infligés aux sous-officiers selon leur grade. Voir les alinéas 493 et 499 de *King's Regulations, 1912*, p. 112-114. Le *Manual of Military Law* fournit un exemple plus succinct des pouvoirs dont disposaient les commandants d'unité à l'égard des sous-officiers en matière de punition. On peut y lire ceci : « En vertu des dispositions de la [loi britannique] Army Act (article 46 (2)), un sous-officiers ne peut se voir imposer une punition en campagne ou une suppression de solde par son commandant d'unité et, conformément aux ordonnances et règlements royaux, un sous-officier ne peut être puni d'une sanction mineure ou sommaire par son commandant d'unité. Il peut être sévèrement réprimandé ou être rétrogradé d'un grade de suppléant ou d'intérimaire à son grade permanent, ou être retiré d'une nomination à son grade permanent, toutefois, lorsque le grade permanent du sous-officier est supérieur à celui de caporal, ce pouvoir de retrait ne peut être exercé sans qu'il en soit référé à une autorité supérieure » [traduction]. Voir Ministère de la Guerre, *Manual of Military Law* [*MML*], London, Service d'édition de His Majesty's Stationary Office [HMSO], 1914, réimprimé 1917, chapitre IV, alinéa 31, 32.

18 Fichier « 19e Bataillon (première partie) », deuxième partie des ordres quotidiens, déc 1914 à mars 1915, vol. 71, série 1, GE 150, *BAC*; Rapport des inspecteurs-généraux sur les bataillons du CEC, vol. 5, II-B-5, GE 9, *BAC*; Robert Craig Brown et Donald Loveridge, « Unrequited Faith: Recruiting the C.E.F., 1914-1918 », *Revue internationale d'histoire militaire*, no. 51 (1982), p. 58.

19 Fichier « 19e Bataillon (première partie) », deuxième partie des ordres quotidiens, déc

1914 à mars 1915, vol. 71, série 1, GE 150, *BAC*.

20 Godefroy, *For Freedom and Honour*, p. 6

21 Brown et Loveridge, « Unrequited Faith », p. 58

22 Il n'existe aucune statistique détaillée quant aux divers niveaux d'expérience militaire des membres du personnel du deuxième contingent canadien. Toutefois, la revue des feuilles d'engagement de 51 officiers et de 308 sous-officiers et militaires du rang en service dans les bataillons d'infanterie du contingent a révélé que, parmi l'ensemble de ce personnel, tous les officiers (à l'exception d'un seul) et tout juste un peu plus des deux tiers des sous-officiers et militaires du rang (210 hommes) avaient affirmé posséder une certaine expérience, actuelle ou antérieure, du service militaire. Vers la fin de la guerre, la proportion d'hommes dans le CEC qui affirmaient avoir une expérience militaire antérieure se rapprochait davantage du tiers du nombre total. Par ailleurs, bien que l'examen des feuilles d'engagement du personnel du deuxième contingent ait révélé un nombre impressionnant de soldats expérimentés, le niveau d'expérience variait considérablement d'un homme à l'autre. Seulement 24 officiers et 105 sous-officiers et militaires du rang avaient fourni, sur leur feuille d'engagement, des renseignements quant à la durée de leur service actuel ou antérieur. De ceux-là, seize officiers avaient affirmé posséder entre une et dix années d'expérience, tandis que 76 sous-officiers et militaires du rang soutenaient avoir à leur actif quatre années de service ou moins. Certains sous-officiers et militaires du rang ne comptaient que quelques semaines de service à leur actif, et d'autres, peu nombreux, seulement quelques jours. Seulement quinze sous-officiers et militaires du rang pouvaient se vanter d'avoir entre onze et quinze ans de service. Huit des officiers possédaient une expérience de onze années ou plus et trois comptaient plus de 20 ans de service à leur actif. Toutefois, dans la plupart des cas, l'expérience des officiers expérimentés se résumait à un service à temps partiel dans une unité de la Milice du Canada. Voir David Campbell, *The Divisional Experience in the C.E.F.: A Social and Operational History of the 2nd Canadian Division, 1915-1918* (thèse de doctorat non publiée, University of Calgary, 2003, p. 28-30; Morton, *When Your Number's Up*, p. 279. En l'absence de statistiques plus détaillées et de preuves empiriques éloquentes, il est difficile de déterminer dans quelle mesure l'inexpérience ou l'ignorance du droit militaire a influé sur la pertinence des sanctions infligées par les officiers du deuxième contingent pour punir les soldats ayant commis des actes d'indiscipline.

23 À l'été de 1914, l'effectif des forces terrestres du Canada aurait été réparti comme suit : 3 110 soldats dans la force permanente et 74 213 dans la Milice. En réalité, les effectifs étaient moins nombreux. De 1914 à 1920, le nombre total des engagements dans le CEC s'élève à 619 636, tous grades confondus. Voir Colonel G.W.L. Nicholson. Le Corps expéditionnaire canadien*, 1914-1919 : histoire officielle de la participation de l'armée canadienne à la Première guerre mondiale*, Ottawa, Imprimeur de la Reine,1963, p. 12-13 et 592.

24 Madsen, *Another Kind of Justice*, p. 13. Au 19e siècle, une note à l'intention des officiers précisait ce qui suit : « les sanctions maximales devaient être l'exception et non la règle, et n'être imposées que "lorsque l'infraction commise [est] la pire de sa catégorie, et [est] commise par un récidiviste, ou [est] commise dans des circonstances qui requièrent qu'un exemple soit donné en raison de la prévalence inhabituelle de cette infraction au

sein de la force à laquelle le contrevenant appartient ». Voir le Bureau des conseillers parlementaires, *Military Law 1878-1879*, « Memorandum Explanatory of the Army Discipline and Regulation Act, 1879 », 16 juil 1879, cité en idem.

25 *Ibid.*

26 Environ 60 pour cent du personnel du premier contingent canadien qui a quitté le Canada en 1914 est né dans les îles Britanniques. Nous n'avons pas de statistiques relativement au deuxième contingent qui a quitté le Canada au printemps 1915 et qui a fourni le personnel de la 2e Division canadienne. Bien que la proportion du personnel du deuxième contingent né au Canada ait pu être légèrement plus élevée, il semble que la plupart soient nés ailleurs et que, encore une fois, les îles Britanniques ait été le principal lieu d'origine. Voir Colonel A.F. Duguid, *Histoire officielle de l'armée canadienne dans la grande guerre 1914-1919, Histoire générale*, vol. 1, Chronologie, Appendices et les cartes, Ottawa, Imprimeur du Roi,1947, Annexe 86, 58; Campbell, *The Divisional Experience*, p. 17 à 23 et Annexe A.

27 En plus du grand nombre d'absences, on a signalé 29 cas d'ivresse, huit cas d'agression, de menace ou d'utilisation de langage d'insubordination à l'endroit des supérieurs, treize cas de désobéissance ou de non-conformité aux ordres et 30 autres types d'infractions diverses. Voir le dossier *19e Bataillon (première partie), deuxième partie des ordres quotidiens*, vol. 71, série no 1, juin à sept 1915, RG 150, *BAC.*

28 Denis Winter, *Death's Men: Soldiers of the Great War,* London, Penguin, 1979, p. 43.

29 *Rules for Field Punishment, MML*, p. 721.

30 A.A. et Q.M. [Capitaine-adjudant adjoint et quartier-maître], 2e Division canadienne, *Journal de guerre*, Annexe 2, *Instructions au Grand prévôt adjoint, 2e Division canadienne*, vol. 4848, août 1915, III-D-3, GE 9 *BAC.*

31 Vous trouverez un synopsis de la carrière du Major Jarvis avant la guerre dans Craig Gibson, « 'My Chief Source of Worry': An Assistant Provost Marshal's View of Relations between 2nd Canadian Division and Local Inhabitants on the Western Front, 1915-1917, War in History », vol. 7, no 4, 2000, p. 416, note en bas de page no 6.

32 GPA de la 2e Division canadienne, *Journal de guerre*, 1er juin 1915 au 31 mai 1917, III-D-3, GE 9, *BAC.*

33 Le Major Jarvis n'était pas le seul à constater les lacunes d'Allan comme disciplinaire. Le Brigadier-général Lord Brooke (alors commandant de la 4e Brigade d'infanterie), les officiers divisionnaires chargés de l'entraînement et le commandant de division (à l'époque le Major-général Sam Steele), avaient remarqué que tout n'allait pas pour le mieux, surtout dans cette unité. M. Steele avait déclaré qu'Allan ne serait « jamais apte à commander un bataillon » et Lord Brooke a fait remarquer qu'Allan n'avait pas « l'ascendant nécessaire sur son bataillon pour assurer une discipline convenable ». Néanmoins, Lord Brooke a indiqué qu'Allan « n'ait pas été soutenu par ses officiers, et bien que j'aie parlé sévèrement aux officiers du 20e Bataillon, je n'ai constaté aucune amélioration ». Voir *Steele à Carson*, dossier 8-5-8, vol. 43, 14 août 1915, RG 9- III-A-1, *BAC, Lord Brooke to General Officer Commanding* [OGC], *Ibid.*, 16 août 1915.

34 GPA de la 2e Division canadienne, *Journal de guerre*, texte du journal, vol. 5050, 23 juillet 1915, III-D-3, GE 9, *BAC.*

35 Dossier personnel du Colonel F.M. Gaudet, boîte 3442-21, 1992-93/166, RG 150, *BAC.*

36 Gagnon, *Le 22e Bataillon*, p. 302.

37 Les règlements relatifs aux punitions en campagne (*Rules for Field Punishment*), décrites dans le *MML*, en interdisaient le recours, sauf en service actif. Comme les troupes britanniques n'étaient pas considérées en service actif avant leur arrivée en France, ces punitions n'avaient pas de valeur légale en Angleterre. Pendant leur séjour en Angleterre, les troupes canadiennes étaient considérées en service actif, mais l'humiliation publique inhérente à la PC 1, sans parler de l'inconfort physique qui y était associé, l'ont probablement rendue si choquante aux yeux des populations civiles (sans parler des appréhensions des soldats qui s'étaient récemment portés volontaires) qu'on a légalement interdit son utilisation dans les troupes britanniques en Angleterre et que cette interdiction est devenue une pratique courante dans les troupes canadiennes. Tout comme chez les Britanniques, cela allait changer à l'arrivée des hommes de la 2e Division canadienne en France.

38 *Rules for Field Punishment, MML*, p. 721.

39 Pugsley, *On the Fringe of Hell*, p. 91-92. L'officier Pugsley rapporte aussi ce qui suit : « En France, il était interdit d'imposer la détention et toute peine de détention devait être commuée en punition en campagne », *Ibid.*, p. 92.

40 GPA de la 2e Division canadienne, *Journal de guerre*, texte du journal, vol. 5050, 11 juillet 1916, III-D-3, GE 9, *BAC*.

41 *Ibid.*, 1er juillet 1916.

42 *Rules for Field Punishment, MML*, p. 721.

43 GPA de la 2e Division canadienne, *Journal de guerre*, texte du journal, vol. 5050, 16 mars 191, III-D-3, GE 9, *BAC*.

44 *Ibid.*, voir par exemple le 10 juillet 1916, le 24 novembre 1916 et le 23 janvier 1917.

45 Administrative directive regarding 2nd Canadian Field Punishment Station, vol. 4084, chemise 7, dossier 1, 13 mai 1918, III-C-3, GE 9, *BAC*.

46 GPA de la 2e Division canadienne, *Journal de guerre*, texte du journal, vol. 5050, 8 juillet 1916, III-D-3, RG 9, *BAC*.

47 *Ibid.*, 4 mars 1916. Pour obtenir d'autres exemples de plaintes contre les commandants, consultez les inscriptions du Journal de guerre du Major Jarvis aux dates suivantes : les 16 et 30 novembre 1915, les 11 et 17 janvier, le 11 février, les 3 et 4 mars, le 18 avril, le 20 juin, les 8 et 9 juillet et le 3 novembre 1916.

48 *Ibid.*, 20 juin 1916.

49 Corns et Hughes-Wilson, *Blindfold and Alone*, p. 89.

50 La note de service provenait du quartier général du Corps d'armée canadien et elle a été transmise à toutes les unités par les divisions. Voir *2e Division canadienne A(a) 22 à toutes les unités*, vol. 4129, chemise 4, dossier 5, 17 février 1918, III-C-3, GE-9, *BAC*. En voici le texte :

> On a récemment observé que la fiche de conduite de certains hommes, accusés d'infractions graves devant la cour martiale générale des Forces, portait souvent un nombre important d'inscriptions pour lesquelles leur commandant n'avait imposé qu'une légère punition.

Il y a eu deux cas récents où les hommes ont été accusés de désertion, déclarés coupables et condamnés à la peine de mort. Dans les deux cas, leurs fiches de conduite portaient un grand nombre d'inscriptions. Dans un cas, on avait déjà enregistré six absences, et règle générale, on avait imposé de très légères punitions.

Règle générale, par souci de justice envers un homme et en vue de maintenir la discipline dans l'unité, il sera plus avantageux à tous égards d'infliger une punition importante lorsqu'un homme a eu toutes les chances de s'amender, mais qu'il persiste à se révolter contre la discipline.

Sans vouloir s'ingérer, en aucune façon, auprès des commandants qui transigent avec les hommes sous leur commandement, si l'on tient compte des points mentionnés ci-dessus, on pourra réduire considérablement le nombre d'infractions graves...

51 Transcription d'une entrevue avec R. Ferrie, bande magnétique 1, p. 1, 31e Bataillon, vol. 12, *In Flanders Fields*, enregistrements de la SRC, III-B-1, GE 9, *BAC*.

52 28e Bataillon, *Note de service, BAC*, vol. 4138, chemise 4, dossier 4, 2 mars 1918, III-C-3, GE 9, *BAC*.

53 Transcription d'une entrevue avec W.F. Doolan, bande magnétique 1, p. 12, 21e Bataillon, vol. 10, *In Flanders Fields*, III-B-1, GE 9, *BAC*. Selon le Major-général Russell, OGC, division néo-zélandaise, il s'agissait d'une petite minorité (environ dix pour cent) du personnel qui s'attirait constamment des ennuis, et c'était ces hommes qui donnaient « tous les maux de tête » aux commandants de peloton et aux sous-officiers. Voir Pugsley, *On the Fringe of Hell*, p. 206.

54 Isabella Losinger, *Officer-Man Relations in the Canadian Expeditionary Force, 1914-1919*, Thèse de maîtrise non publiée, Carleton University, 1990, p. 53-54.

55 Sheffield, *Leadership in the Trenches*, Chapitres 1 et 10.

56 Transcriptions d'une entrevue avec Joe O'Neill, bande sonore 1, pages 8-9, 19e Bataillon, vol. 10, *In Flanders Fields*, B-III-1, GE 41, *BAC*.

57 Transcriptions d'une entrevue avec Shuttleworth, bande sonore 1, page 11, 18e Bataillon, *Ibid.*

58 Journal, 5 juin 1917, William Clement Morgan Papers, FM 30 - E 488, *BAC*.

59 *Ibid.*, 11 juin 1917.

60 A.P.M. de la 2e Division canadienne Journal de guerre, texte du journal, 25 juin 1916, vol. 5050, III-D-3, RG 9, *BAC*.

61 *Ibid.*, 7 juillet 1916.

62 Pour une analyse du développement de cet esprit professionnel, voir Stephen J. Harris, *Canadian Brass: The Making of a Professional Army, 1860-1939*, Toronto, University of Toronto Press, 1988, chapitres 6 et 7.

63 Transcriptions d'une entrevue avec W.R. Lindsay, bande sonore 1, pages 9-10, 22e Bataillon, vol. 11, *In Flanders Fields*, B-III-1, GEz 41, *BAC*.

64 Fichiers « 19e Bataillon (Parties 1-4) », Ordres quotidiens, partie II, 1915 à 1918,

volume 71, série 1, GE 150, *BAC*.

65   Quartier général de la 6e Brigade d'infanterie canadienne, Discipline, janvier 1917 à novembre 1918, fichier 11, dossier 1, volume 4123, III-C-3, GE 9, *BAC*.

66   Gagnon, *Le 22e Bataillon*, graphique 8, p. 284.

67   Dans son étude de la division néo-zélandaise, Christopher Pugsley a fait valoir que « les problèmes disciplinaires ont presque tous disparus à la Somme, les hommes étant trop préoccupés par le combat. Les problèmes disciplinaires sont devenus plus inquiétants pendant l'accalmie avant et après la bataille » [traduction]. Voir Pugsley, *On the Fringe of Hell*, p. 123. L'historien Niall Ferguson a traité de la « qualité anesthésique du combat », concernant le moral des troupes, un principe qui peut également s'appliquer à la discipline. M. Ferguson a soutenu que « les soldats des positions les plus exposées étaient rarement ceux dont le moral était atteint. Pour que leur moral soit atteint, les hommes devaient avoir le temps d'évaluer leurs chances de survie. Au combat, les soldats n'avaient pas le temps d'évaluer rationnellement leurs chances de survie. Donc, ils agissaient sous le coup de l'impulsion : ils combattaient et espéraient avoir de la chance ». Voir Niall Ferguson, *The Pity of War*, New York, Basic Books, 1999, p. 366.

68   GPA de la 2e Division canadienne, *Journal de guerre*, texte de journal, 1er octobre 1916, volume 5050, III-D-3, GE 9, *BAC*.

69   Selon T.O. Jacobs, « les déplacements du personnel sont endémiques dans les unités militaires. En temps de guerre, ils sont attribuables aux pertes, et en temps de paix, ils le sont aux déplacements du personnel ». Voir T.O. Jacobs, « Introduction to Section 4 » dans Reuven Gal et A. David Mangelsdorff éd., *Handbook of Military Psychology*, New York, John Wiley, 1991, p. 391. Il faut noter que de nombreux déplacements du personnel ont également lieu pendant la guerre (promotions, mutations, affectations temporaires à d'autres unités ou groupes de personnel, etc.).

70   Gagnon, *Le 22e Bataillon*, p. 285 et 301.

71   *Ibid.*, p. 301-303.

72   Pugsley, *On the Fringe of Hell*, p. 171.

73   GPA de la 2e Division canadienne, *Journal de guerre*, texte de journal, 22 septembre 1916, volume 5050, III-D-3, GE 9, *BAC*.

74   *Ibid.*, 7 mars 1917. Le Major Jarvis a plus tard déclaré que « le moral des derniers détachements envoyés dans ce bataillon est très bas et l'excellente réputation établie par le personnel initial a malheureusement été ternie » [traduction]. Voir *Ibid.*, 14 mars 1917.

75   Nombres de militaires du rang portés à l'effectif, tel qu'il est précisé dans « Monthly Strength, Infantry, 2nd Division », vol. 1, fichier 22, vol. 1874, C-6-i, GE 24, *BAC*.

76   GPA de la 2e Division canadienne, *Journal de guerre*, texte de journal, 3 janvier 1916, volume 5050, III-D-3, GE 9, *BAC*.

77   *Ibid.*, 19 juin 1916.

78   Ces chiffres englobent les hommes qui ont été affectés temporairement à d'autres unités, mais qui faisaient encore partie du 19e Bataillon. Ils comprennent également les récidivistes. De nombreux « cas » individuels visaient des infractions multiples commises par des personnes accusées à qui l'on imposait fréquemment des peines multiples, tels que des peines en campagne, en plus d'amendes ou de suppressions de solde. Voir

fichiers « 19e Bataillon (parties 2-4), Ordres quotidiens, partie II, 1916 à 1918, volume 71, série 1, GE 150, *BAC*. Lors de l'examen des peines pour infractions mineures et des cas instruits en cour martiale de la partie II des ordres quotidiens des unités, il est possible, en examinant le numéro de matricule d'un soldat, de faire une distinction entre le personnel initial et le personnel qui a intégré l'unité après le départ de celle-ci du Canada. Ce numéro ainsi que le nom et le grade du soldat, figurent sur la liste. Les militaires du rang initiaux du 19e Bataillon se sont vus attribuer des numéros de matricule allant de 55001 et 57000. Les hommes dont le numéro de matricule ne figure pas dans cette série ont intégré le bataillon après que ce dernier eût quitté le Canada. Pour les tranches de numéros de série assignées à chaque unité du CEC, voir Edward H. Wigney, *Serial Numbers of the CEF*, Nepean, édition privée, 1996.

79 GPA de la 2e Division canadienne, *Journal de guerre*, texte de journal, 18 mai 1917, volume 5050, III-D-3, GE 9, *BAC*.

80 *Ibid.*, 16 mars 1916.

81 *Ibid.*, 30 janvier 1916.

82 Gibson, « My Chief Source of Worry », p. 413.

83 GPA de la 2e Division canadienne, *Journal de guerre*, texte de journal, 13 avril 1916, volume 5050, III-D-3, GE 9, *BAC*.

84 Tim Cook, « More a Medicine than a Beverage: Demon Rum and the Canadian Trench Soldier of the First World War », *Canadian Military History*, vol. 9, no 1 (2000), 16-17.

85 Pour les fins de cette étude, le 19e Bataillon est la seule unité pour laquelle des chiffres mensuels sur les infractions mineures ont été recueillis à partir de la partie II des ordres quotidiens. À des fins de comparaisons, les chiffres pour cette unité ont été calculés deux fois selon les différentes échelles de temps présentées dans l'histoire du 22e Bataillon de Jean-Pierre Gagnon et dans les archives qui font état des chiffres pour les bataillons de la 6e Brigade d'infanterie.

86 Bell a pris le commandement du district militaire 10 après le départ du Brigadier-général Ketchen pour le Canada.

87 Transcription de l'entrevue avec le Colonel John Wise, bande sonore 2, pages 3 et 4, 25e Bataillon, volume 11, *In Flanders Fields*, B-III-1, GE 41, *BAC*.

88 Transcription de l'entrevue avec Joe O'Neill, bande sonore 1, page 6, 19e Bataillon, vol. 10, *In Flanders Fields*, B-III-1, GE 41, *BAC*.

89 Au cours de la Première guerre mondiale, les officiers canadiens ont enregistré un taux de pertes de 54 pour cent comparativement à un taux de 37 pour cent parmi les militaires du rang. Voir Nicholson, *Le Corps expéditionnaire canadien*, annexe C, p. 592, 594.

90 Pour une analyse de l'élaboration et du maintien d'une politique antigaz efficace et de la discipline au sein du Corps canadien, voir Tim Cook, *No Place to Run: The Canadian Corps and Gas Warfare in the First World War*, Vancouver, UBC Press, 1999.

91 Instructions d'entraînement de la 2e Division, 1918, volume 5307, III, GE 9, *BAC*, telles qu'elles sont citées par Morton, *When Your Number's Up*, p. 247.

92 Selon l'historienne Isabella Losinger, « on pourrait être tenté d'attribuer au fardeau de leurs responsabilités ce qui semble avoir été un niveau excessivement élevé de consommation d'alcool chez les officiers, mais il est néanmoins difficile de justifier la

consommation quotidienne de trois whiskies avant le petit déjeuner ». Voir Losinger, *Officer-Man Relations*, 266.

93   GPA de la 2e Division canadienne, *Journal de guerre*, 15 juin 1916, volume 5050, III-D-3, GE 9, *BAC*. Selon les commentaires exprimés par le Major Jarvis à la fin de déc 1916, il semble que le nombre « normal » d'arrestations effectuées par son corps policier pendant une période de sept jours se situe entre dix et vingt. Voir *Ibid.*, 29 décembre 1916.

94   Déterminer le nombre exact d'hommes qui ont commis des infractions, et surtout le nombre de récidivistes, demanderait une étude approfondie de la partie II des ordres quotidiens de chaque unité. Cependant, selon une étude des fichiers de 308 militaires du rang des bataillons d'infanterie de la 2e Division canadienne, 136 hommes ont été accusés d'une ou de plusieurs infractions entre mai 1915 et novembre 1918. Ces hommes ont enregistré un total de 282 accusations, ce qui signifie un peu plus de deux par soldat. Presque tous les accusés ont été trouvés coupables et ont reçu des sanctions. Seuls trois hommes ont été trouvés non coupables des accusations portées contre eux, et dans cinq cas, les dossiers étaient peu clairs quant à la culpabilité ou à l'innocence. Des 136 hommes accusés d'infractions, 67 ont été accusés une fois pendant leur service, 31 l'ont été deux fois, 20 l'ont été trois fois, 9 l'ont été quatre fois, 5 l'ont été cinq fois et 4 l'ont été plus de cinq fois (un homme du 22e Bataillon a été accusé huit fois, un homme du 25e Bataillon accusé six fois, un homme du 29e Bataillon accusé onze fois et un homme du 31e Bataillon accusé sept fois). Des 282 accusations portées contre les militaires du rang visés par l'étude, la principale accusation est l'absence sans permission (155 cas), suivi de diverses formes d'absentéisme notamment les absences reliées aux exercices, aux équipes de travail, aux corvées et au cantonnement (39 cas). L'ivresse vient au deuxième rang des accusations les plus fréquentes (22 cas). D'autres accusations comprennent la désertion (neuf cas), le manque ou le bris d'équipement (huit cas), la désobéissance (huit cas), le fait de frapper, de menacer ou d'utiliser un langage d'insubordination (sept cas), l'insubordination et la résistance à une arrestation (quatre cas), et le fait d'être en état d'ébriété et de quitter le poste de garde sans permission (deux cas). Treize cas de « conduite préjudiciable au bon ordre et à la discipline » et quinze cas d'infractions de divers autres types ont été enregistrés. Voir Campbell, *The Divisional Experience*, p. 425-427.

9 ❧

Pour du corned-beef et des biscuits: Accusations de mutinerie au sein du 43e Bataillon, Corps expéditionnaire canadien, novembre et décembre 1917

CRAIG LESLIE MANTLE

[…] garde intact ce qui t'a été confié.
1 Timothée 6 20, *La Bible du Semeur*

Alors qu'il était cantonné à Shoreham-by-Sea, un camp d'instruction situé dans le sud de l'Angleterre, au début janvier 1917, Arthur Lapointe déplore dans son journal que lui et ses camarades du 22e Bataillon, Corps expéditionnaire canadien (CEC), ont eu très froid en écrivant « quelle nuit interminable nous avons passé à grelotter! » Il poursuit :

> J'ai pu dormir tout au plus une heure, tellement le froid m'a fait souffrir. Ce matin après la distribution d'un mauvais repas que tous nous repoussons, les soldats de notre hutte refusent de se rendre à l'exercice. Un sergent est venu nous donner ordre de sortir mais tous ont répondu: « Un meilleur traitement ou bien on ne marche pas ». Un officier est venu lui-même s'enquérir de l'affaire. Nous lui avons montré les fenêtres aux carreaux cassés, le poêle brisé et le repas du matin, une véritable pâtée bonne à ne donner qu'aux chiens. L'officier convient que nous avons certainement le droit de nous plaindre et nous promet un meilleur traitement. Cependant, nous ne pouvons obtenir aucune autre

ration et nous sommes forcés de partir pour l'exercice le ventre vide[1].

Il n'était pas rare que des soldats soient négligés de la sorte et il semble aussi qu'ils réagissaient souvent face à un aussi pitoyable traitement. D'autres soldats jugeaient également que le fait d'offrir des conditions de logement aussi misérables, très semblables à celles qui prévalaient au front, à des hommes cantonnés à des milles derrière les lignes constituait une « très mauvaise politique » et « n'a pour effet que […] de semer les graines de la discorde dans les rangs »[2]. Les commodités les plus simples de la vie revêtaient une telle importance pour les soldats, surtout pour ceux qui avaient combattu dans les tranchées, qu'en leur refusant les plaisirs les plus élémentaires, on minait leur moral et dans certains cas, la discipline[3]. Il est certain que les hommes étaient ravis de pouvoir simplement manger un repas chaud, dormir au sec ou boire un verre de rhum supplémentaire, et c'est facile à comprendre compte tenu que la vie militaire n'offrait aucun « luxe » et était aussi exténuante physiquement que mentalement.

Les raisons du comportement de Lapointe et de ses camarades sont passablement évidentes et explicites et elles permettent d'éclairer un phénomène complexe et important qui a influé sur la relation entre les chefs et les subalternes au cours de la Première Guerre mondiale. Ces hommes, à l'instar des autres militaires du CEC et de ceux des générations qui leur ont succédé, croyaient indubitablement qu'ils avaient conclu avec les forces armées un « contrat » réciproque et tacite en vertu duquel les deux parties s'engageaient à être responsables des uns des autres. En échange de leur individualité, de leurs services et, le cas échéant, de leur vie, les soldats estimaient qu'ils étaient en droit de bénéficier d'un traitement qui, dans la mesure du possible, devait être équitable et acceptable. La conception de ce qu'est un « traitement équitable et acceptable » variait quelque peu d'une personne à l'autre, mais la grande majorité semble avoir implicitement convenu d'une définition fonctionnelle. La plupart des soldats pensaient par exemple qu'ils devaient être dirigés avec compétence par des hommes reconnaissant le caractère sacré de la vie et s'efforçant d'éviter les pertes inutiles; ils jugeaient aussi normal que l'on subvienne à leurs besoins essentiels, d'être correctement traités en tout ce qui concernait leur bien-être et que les interactions personnelles devaient, dans l'ensemble, être cordiales[4]. Les attentes des soldats qui ont combattu lors de la Première Guerre mondiale, et à dire vrai celles des militaires des époques qui ont précédé et suivi, n'étaient pas déraisonnables. Ils nourrissaient plutôt quelques espérances quant à leur traitement qui, à condition de leur donner satisfaction, leur rendrait la vie un peu plus facile en s'acquittant de l'une ou l'autre des tâches qui leur étaient confiées. À bien des égards, ils souhaitaient en ce sens un leadership compétent[5].

Quand on les traitait mal, il y avait de fortes chances que les soldats cherchent eux-mêmes la solution à leur problème, quelle qu'elle ait pu être. Le moral et par la suite la discipline se dégradaient à vive allure quand les soldats n'étaient pas bien traités ou avaient à leur tête un chef incompétent. Comme l'a déjà observé l'historien militaire Richard Holmes, « la perception d'un bris de contrat est souvent un motif important de mutinerie »[6]. Parce que les soldats s'attendaient naturellement à ce qu'on les traite avec respect et dignité et non avec mépris et condescendance, autrement dit, à ce qu'on leur accorde un traitement à la mesure de leurs sacrifices, ils ont été nombreux à commettre des actes de désobéissance pour protester auprès des dirigeants du peu de cas que l'on faisait de leurs besoins essentiels. Le refus de Lapointe et de ses camarades d'obéir à un ordre parfaitement légitime semble découler de leur conception d'un contrat et par conséquent, de leur impression de ce qu'est un traitement équitable et acceptable.

La petite mutinerie à laquelle lui et ses compagnons ont participé n'a pas été un incident isolé; les anecdotes de ce genre abondent dans les archives. Tout au long de la Première Guerre mondiale, les soldats canadiens ont sans cesse recouru à diverses formes de protestation, dont la gravité est allée de la pathomimie (simulation d'une maladie) et l'insubordination à la mutinerie et même à la tentative de meurtre, pour manifester leur insatisfaction face à une situation particulière ou à l'endroit d'une personne précise[7]. Des anciens combattants comme Will Bird[8], Donald Fraser[9], Frank Ferguson[10] et E.L.M. Burns[11] offrent tous des exemples pertinents de ce genre de comportement dans leurs chroniques de la guerre ou leurs récits d'après-guerre; de nombreux autres incidents n'ont certainement pas été consignés et ont malheureusement sombré dans l'oubli. Il est également certain que les soldats n'ont pas contesté chacune des inéquités qu'ils ont subies, réservant plutôt leurs récriminations pour les situations qui leurs étaient possible d'influencer, qui outrepassaient leur remarquable endurance ou qui étaient d'une telle portée qu'elles devaient immédiatement être dénoncées ou réglées. Dans la majorité des cas, le problème était rapidement résolu sans autre conséquence ou opposition, dans certains autres cas pourtant, l'issue a été beaucoup moins heureuse, puisque de nombreux militaires qui ont enfreint le code de discipline et défié l'autorité dans le but d'améliorer leurs conditions ont fini par recevoir un châtiment accordé en vertu d'un procès par voie sommaire ou, ce qui est plus grave, par passer en conseil de guerre. Ce fut le cas d'un petit groupe de soldats qui avaient joint les rangs du 43e Bataillon (Cameron Highlanders of Canada), CEC, peu de temps après avoir subi le baptême du feu dans le cauchemar boueux de Passchendaele.

Le 26 octobre 1917, dans le cadre de l'offensive plus vaste menée par des éléments de la 3e Division d'infanterie canadienne et de la 4e Division d'infanterie canadienne, le 43e Bataillon[12] grimpait le versant ouest d'une crête après un barrage d'artillerie de quatre jours qui devait affaiblir les positions allemandes. Bien qu'ils aient rapidement avancé sur le terrain boueux et vu leur poussée initiale couronnée de succès, leur assaut s'est vite enlisé aux abords d'une élévation abrupte, l'éperon de Bellevue. Plus tard ce jour-là, le Lieutenant Robert Shankland s'est mérité la Croix de Victoria pour avoir héroïquement défendu cet affleurement rocheux et du même coup préservé les gains du bataillon[13]. Après de longues heures de précarité, les Highlanders ont enfin réussi à consolider leur position et ont pu attendre la relève. Avec ses effectifs désormais considérablement réduits, le 43e Bataillon a quitté la ligne et après quelques jours de marche a atteint le village français de Westrehem où des renforts se sont joints à lui en temps opportun[14]. Ses rangs avaient été si gravement décimés qu'un nouveau venu, Albert Cook West, s'étonnait, malgré « l'accueil très chaleureux » que lui ont réservé quelques-uns des survivants, que le bataillon soit devenu « si petit »[15].

Près d'un mois après la bataille de Passchendaele, certains soldats furent incarcérés dans une salle de garde de fortune située à un endroit quelconque du village[16]. Plus tôt, les autorités militaires de diverses localités françaises avaient sommairement infligé la peine du piquet (Field Punishment No. 1 dans l'armée britannique, terme abrégé en FP 1) pour des périodes variables aux soldats Albert William Bonang, Charles Clergy, Sidney Herbert Cuff, Henry James Primmett, Wilfred John Graham et Charles Moar pour avoir été absents sans permission. Les quatre premiers

Soldats du 43e Bataillon en colonne de marche, 1917. (Départment de la Défense nationale, Bibliothèque et Archives Canada PA-1415)

hommes s'étaient absentés le même jour et à peu près aussi longtemps, ce qui permet de supposer qu'ils ont agi de concert, alors que les deux autres soldats ont commis l'infraction chacun de leur côté[17]. Les quatre soldats du premier groupe ont probablement été inculpés sur les lignes de communication, pendant qu'ils tentaient de rejoindre le bataillon en campagne. Ils sont arrivés en état d'arrestation et ont sans nul doute été immédiatement conduits à la salle de garde pour y purger le reste de leur peine. Les deux autres soldats, Graham et Moar, étaient déjà en service au sein du bataillon et ce, depuis un certain temps au moment où ils ont été accusés. La peine imposée à tous prévoyait de détenir les soldats en isolement à un endroit particulier, un régime alimentaire limité excluant la dose quotidienne de rhum et un horaire épuisant conjuguant du travail physique et de multiples exercices en attirail de route complet. L'aspect le plus humiliant et pénible de leur routine quotidienne les gardait attachés à un poteau ou une roue de charrette durant plusieurs heures, un châtiment que les soldats avaient pertinemment baptisé la « crucifixion »[18].

À 15 h 45 le 25 novembre, le caporal de la police militaire du 43e Bataillon, Charles McPerry[19], entrait dans la salle de garde et ordonnait aux six prisonniers présents, qui venaient tout juste pour la plupart de rentrer d'une grosse journée de travail, de se préparer à une heure d'exercice militaire avec tout l'équipement. Outré de recevoir un tel ordre et prenant la parole au nom de ses camarades, le Sdt Bonang s'est immédiatement exclamé que ni lui ni ses compagnons de détention ne feraient cet exercice avant d'avoir mangé un repas convenable. En raison de leur implacable routine quotidienne, ils n'avaient pas mangé depuis un certain temps. Quatre autres soldats ont emboîté le pas au Sdt Bonang et adopté son attitude insubordonnée, seul le Sdt Moar a obtempéré, une décision qui en bout de piste lui a évité d'être pénalisé davantage[20]. Lorsque le capitaine-adjudant du bataillon et certains officiers supérieurs ont eu vent de cet épisode, deux cours martiales générales de campagne ont été convoquées le 9 décembre, la première afin de juger le présumé meneur et la seconde pour collectivement juger les quatre autres participants, une façon de procéder à laquelle les accusés ne se sont pas objectés[21]. Trois accusations furent portées contre Bonang relativement au rôle qu'il avait joué dans cet incident, la plus grave étant d'avoir « provoqué une mutinerie » en ayant été le premier à protester ouvertement. Son comportement a aussi donné lieu à des accusations pour avoir « essayé de convaincre d'autres personnes […] de se joindre à une mutinerie » et « délibérément désobéi à un ordre légitime »[22]. Les quatre autres soldats furent eux aussi formellement accusés de participation à une mutinerie et de désobéissance[23]. Parce qu'ils considéraient qu'il était juste et justifié d'avoir refusé d'obéir à l'ordre de McPerry, les cinq hommes ont plaidé non coupable à toutes les accusations portées contre eux.

En amorçant les travaux des deux cours martiales, qui ont toutes deux eu lieu en campagne[24], la poursuite a entrepris d'établir une preuve solide et convaincante contre les mutins en faisant venir à la barre et en interrogeant divers témoins de leur désobéissance. Comme on pouvait s'y attendre, la plupart de ces témoignages mettaient l'accent sur l'insubordination des soldats et leur refus d'obéir. Plutôt que de démontrer la cause fondamentale de la mutinerie (l'alimentation en apparence déficiente des prisonniers et d'autres motifs qui allaient émerger par la suite), la poursuite a tenté d'établir un fait unique et incontestable : chacun des hommes s'était rebellé.

Premier à témoigner lors des deux procès, le Caporal McPerry, qui ne « savait rien du régime alimentaire des prisonniers », a raconté qu'il était entré dans la salle de garde à 15 h 45 précises et avait dit à tous les hommes présents, en parlant assez fort pour que tous l'entendent, de « se préparer

[...] et de former les rangs pour l'exercice militaire avec tout l'équipement ». Selon McPerry, le Sdt Bonang, en entendant cet ordre, a dit à voix haute et à la cantonade : « Qu'en dites-vous les gars? Avez-vous l'intention d'y aller? » Il s'est ensuite adressé à chacun de ses camarades, en les regardant dans les yeux à tour de rôle, pour leur demander s'ils allaient prendre part ou pas à cet exercice militaire. Seul Moar, qui se tenait à l'écart, a accepté d'obéir et s'est bientôt retrouvé dehors après avoir ramassé son équipement. Malheureusement, aucun des témoignages offerts lors de l'un et l'autre procès ne permet de savoir ce qui l'a incité à agir de la sorte[25]. Sur un ton arrogant, Bonang aurait prétendument dit au caporal que les hommes lui répondaient « merde avec votre exercice militaire ». Dans le but de s'assurer que les soldats avaient bien compris son ordre et avaient bien refusé d'y obtempérer, le caporal leur a ensuite tous demandé s'ils avaient l'intention de se rassembler et chacun des cinq hommes lui a répondu par la négative. En plus de souligner qu'aucun des hommes, à l'exception de Moar, n'a levé le petit doigt pour se préparer à l'exercice, McPerry a expliqué à la cour que si les hommes « avaient changé d'avis et décidé d'obéir à mon ordre, ils auraient pu m'appeler ou s'adresser à la sentinelle » qui se tenait juste à côté de la porte de la salle de garde. Après avoir donné son ordre, McPerry a semble-t-il quitté la salle de garde et a attendu dehors jusqu'à après 16 h, l'heure à laquelle devait en principe avoir lieu le rassemblement. Son témoignage a aussi permis de confirmer que les hommes avaient eu amplement le temps, une dizaine de minutes, « de se préparer, de se mettre en rang et d'être inspectés avant le début du rassemblement »[26].

Afin d'étayer une preuve déjà bien étoffée, selon laquelle la culpabilité des accusés semblait plus qu'évidente, la poursuite a appelé à la barre le Cpl Harold Reuben Smith[27] qui était responsable de la garde régimentaire à Westrehem le 25 novembre. Parce qu'il était présent dans la salle de garde au moment de l'incident, son témoignage a permis de corroborer la majorité des faits rapportés par McPerry, comme l'inaction des prisonniers après que l'ordre ait été donné ainsi que la clarté de la directive du caporal de la police militaire[28]. À son avis, il n'y avait aucun malentendu possible quant à ce qui était attendu des prisonniers. Cependant, ce qui est plus important, Smith a fait allusion à quelques-uns des motifs qui pouvaient avoir incité les soldats à désobéir. Il a raconté que lorsque McPerry a ordonné aux prisonniers de se préparer tout de suite à une heure d'exercice militaire avec tout l'équipement, les accusés lui ont rétorqué qu'« ils n'iraient pas [...] pas avant d'avoir mangé leur souper ». À son avis, ils « semblaient bien déterminés à ne pas former les rangs ». Il a également raconté que l'exercice militaire se serait déroulé durant l'heure habituelle du souper, servi chaque jour à 16 h 30. Bien que seulement une quinzaine de minutes se fussent écoulées depuis que la garde des prisonniers lui avait été confiée, de 15 h 30 à 15 h 45 environ, Smith déclara que personne ne s'était plaint à lui au sujet de la quantité de nourriture reçue jusque là[29].

Pour faire écho aux témoignages précédents sur la séquence des événements et la nature des paroles échangées, le troisième et dernier témoin à charge, le Sdt Moar, qui avait été le seul soldat à obéir à l'ordre de McPerry[30], a jeté un éclairage plus révélateur sur l'origine de la mutinerie en décrivant les rations auxquelles les prisonniers avaient eu droit. Il raconte que le 25 novembre :

> [...] nous avons eu des biscuits et du corned-beef pour déjeuner et deux gamelles de corned-beef pour dîner. Nous n'avons eu que deux boîtes de conserve pour les deux repas. Moi-même, je n'ai eu [qu'une moitié de] biscuit. [...] Je ne pourrais pas dire d'où est provenue la nourriture cette fois-là. Je n'ai vu aucun des accusés en recevoir. S'ils en voulaient, je ne vois pas pourquoi ils n'auraient pas dû en obtenir. Mais, il n'y avait pas vraiment assez à manger[31].

En approuvant tacitement les gestes de ses compagnons, Moar supposait que d'autres personnes avaient accaparé la plupart des provisions destinées aux prisonniers, dont un bon nombre était maintenant traduit en justice. Les dossiers du 43e Bataillon montrent qu'au moins quatre autres soldats étaient détenus dans la salle de garde régimentaire de Westrehem à la fin novembre. Chacun de ces hommes a été condamné à une peine de FP 1 pour avoir été absent sans permission et selon les dates et les heures auxquelles ils ont quitté le bataillon et y sont revenus, ils ne semblent pas s'être absentés ensemble[32]. À la lecture des divers comptes rendus disponibles, ils ne semblent pas non plus avoir été présents au moment de la mutinerie du 25 novembre, bien qu'il soit plus que probable qu'ils aient côtoyé les accusés ce matin-là puisque tous les prisonniers purgeant une peine étaient détenus plus ou moins ensemble. Même si on ne pouvait leur attribuer le vol de nourriture avec certitude, le témoignage de Moar et des autres personnes concernées demeurant trop vague pour que puissent être correctement identifiés les auteurs du larcin, il semble que par leur simple présence, ils aient été impliqués d'une façon ou d'une autre. À dire vrai, leur régime étant le même que celui des mutins, eux aussi devaient être affamés. En interceptant la plupart des provisions livrées à la salle de garde, ces hommes ne voulaient rien d'autre que se nourrir, mais ce faisant, ils ont privé des frères d'armes de leur ration[33].

Plus tard, dans ses commentaires sur les conclusions des deux tribunaux militaires, le Major William Kellman Chandler, le commandant par intérim du 43e Bataillon, a écrit ce qui suit :

> Les affirmations des prisonniers [sic] selon lesquelles ils n'avaient pas de nourriture avaient fait l'objet d'une enquête et on avait la preuve au procès qu'on leur avait fourni 24 heures de rations [selon le barème du Field Punishment] la nuit précédente. Cette preuve fut toutefois jugée négligeable par la cour[34].

On ne sait malheureusement rien de la preuve dont il est ici question puisqu'il n'en est fait mention dans aucun des documents des procès menés devant l'une et l'autre cour martiale. Outre le fait que ces commentaires montrent bien la volonté de la cour de n'explorer que la question de la désobéissance, ils rendent beaucoup plus crédible le témoignage de Moar au sujet de la nourriture à la salle de garde, même si la façon dont elle a été distribuée demeure assez nébuleuse.

Les hommes ont à tour de rôle tenté de brièvement justifier leur comportement. Comme on pouvait s'y attendre, dès qu'on lui en donna l'occasion, Bonang se défendit en réfutant la plupart des témoignages produits contre lui, une fois que la poursuite eut terminé sa preuve. D'après sa version des événements, après que McPerry eut donné son ordre, il lui aurait simplement répondu : « Ce n'est pas possible ». Il finit aussi par nier avoir demandé aux autres prisonniers de refuser de participer à la marche forcée et ajouta simplement que les autres hommes avaient agi de leur plein gré et sans autre intervention de sa part. Il proclame encore plus haut son innocence en niant également avoir prononcé quelques insolences que ce soit à l'endroit de son geôlier parmi toutes celles qui lui sont alors reprochées[35]. Enfin, dans le but sans nul doute de rassurer la cour quant à sa bonne réputation et peut-être pour s'attirer sa sympathie, Bonang a rappelé ses états de service qui, et c'était tout à son honneur, remontaient au mois d'août 1914[36].

Dans l'espoir de susciter la compassion et l'indulgence de leurs juges, tous les prisonniers ont mis leur désobéissance sur le compte du manque de nourriture. Lors de son procès, Bonang a aussi affirmé qu'il « avait travaillé fort sur les lignes de transport et n'avait pas mangé depuis 24 heures » et c'est pourquoi « je me sentais trop faible et affamé pour faire de l'exercice militaire »[37]. D'autres soldats, comme le Sdt Graham, ont déclaré « si j'avais pu manger, j'aurais fait l'exercice militaire »[38]. Les déclarations des accusés au sujet de leur régime alimentaire reflètent bien l'expérience vécue dans l'ensemble par les autres soldats qui ont subi ce genre de châtiment pendant la guerre. On ne doit par conséquent pas balayer leurs affirmations du revers de la main. Comme l'a observé l'historien Julian Putkowski dans son étude sur les mutineries dans l'armée britannique au cours de la Première Guerre mondiale, « la plupart des soldats qui ont subi la peine du piquet parlent de la *faim*, du traitement dégradant et de la brutalité des gardes »[39].

Même si chacun des prisonniers a invoqué avec insistance l'absence prolongée de vivres pour expliquer ses actes, ce qu'a corroboré Moar, certains d'entre eux ont laissé entendre, dans l'espoir de justifier avec plus de force leur imprudence, que McPerry avait employé un ton inopportun en donnant l'ordre de rassemblement. Le Sdt Primmett a déclaré que son geôlier « a dit qu'il nous donnait deux minutes pour nous *grouiller* et nous préparer à l'exercice militaire avec tout l'équipement »[40]. Dans le même ordre d'idées, le Sdt Clergy, qui au moment où l'ordre a été donné « se sentait très faible en raison du manque de nourriture », s'est fait l'écho des remarques de ses compagnons en déclarant lui aussi que « la manière dont l'ordre a été donné était inappropriée »[41]. En regard des normes des forces armées, pareil langage, en supposant qu'il ait été utilisé, n'était pas si choquant et on peut penser que les prisonniers tentaient alors de dépeindre la personnalité et la conduite de McPerry sous un mauvais jour pour tourner la situation à leur avantage.

Pendant leur témoignage, bon nombre de soldats ont aussi insinué que l'impossibilité pour eux de faire connaître leurs doléances à un échelon supérieur a été à l'origine de leurs protestations, « incapables (qu'ils étaient) d'obtenir satisfaction »[42]. Il semble qu'en raison du manque de provisions, les hommes ont voulu parler à l'officier de service qui, à leur avis, aurait pu corriger cette apparente méprise. Aucun des soldats n'a cependant explicitement affirmé lors du procès qu'il avait souhaité parler de la question de la nourriture avec cet officier[43]. Bien que l'officier de service se soit présenté à la salle de garde tôt le matin du 25 novembre, alors que tous les hommes, à l'exception de Moar, étaient dehors en tenue de corvée comme le prévoyait leur peine, aucun prisonnier ne semble l'avoir rencontré par la suite ce jour-là[44]. C'est pourquoi, quand ils ont entendu l'ordre de McPerry et compris qu'ils risquaient de sauter un autre repas, les soldats ont demandé à être entendus, ayant raté malgré eux l'occasion de se plaindre auprès de l'officier de service. Comme cela s'est produit à d'autres moments au fil des procès, des témoins ont produit des témoignages contradictoires quant à la réaction véritable du caporal de la police militaire face à cette requête. Bien que McPerry ait raconté à la cour qu'il avait l'intention d'autoriser les hommes à rencontrer l'officier de service plus tard ce jour-là, laissant entendre par là qu'ils auraient dû auparavant exécuter l'exercice militaire avec tout l'équipement et ainsi se passer de souper, Smith a affirmé que cette demande a été accueillie par une fin de non-recevoir. Par ailleurs, Primmett s'était fait dire qu'il pourrait communiquer sa plainte au cours de la matinée[45]. Au-delà de la réponse réelle de McPerry, aucun des scénarios précédents ne convenait aux prisonniers, dans la mesure où aucun ne leur aurait permis de régler sur-le-champ leurs griefs.

Bien que l'absence de nourriture soit sûrement à l'origine de la demande des prisonniers de parler à l'officier de service, Bonang a affirmé sous serment qu'il voulait le voir parce que McPerry était ivre quand il a ordonné aux hommes de se préparer pour le rassemblement[46]. Cette déclaration incendiaire paraissait toutefois destinée à gagner les faveurs de la cour en discréditant le caporal dont le témoignage était au cœur de l'argument de la poursuite. En étudiant le compte rendu des travaux des deux cours martiales, le Major Chandler fait remarquer que « les accusations des prisonniers selon lesquelles [...] McPerry était saoul n'étaient pas fondées. Ce s/off [sous-officier] s'est présenté devant le capitaine-adjudant peu de temps après l'incident de la salle de garde et il était sobre[47] ». En outre, Smith a dit sous serment qu'il n'a rien remarqué d'inhabituel chez McPerry[48] qui, à sa décharge, a déclaré, même si certains soldats ont prétendu l'avoir vu entrer dans un *estaminet* situé juste en face de la salle de garde, « je n'ai rien bu cet après-midi-là »[49].

Pour résumer, le témoignage de tous les accusés et des autres témoins importants fait clairement ressortir les motifs de cette mutinerie particulière et du comportement des participants; le concept de relation contractuelle est également établi avec plus d'évidence. Somme toute, les prisonniers voulaient être traités correctement ou, plus précisément, recevoir des rations convenables de la part des personnes chargées de voir à leurs besoins. Ils souhaitaient certainement que les responsables comprennent « que des combattants ont besoin d'être nourris pour être en état de se battre »[50]. D'ailleurs, les soldats disaient souvent que leurs supérieurs immédiats les traitaient de manière équitable et quand ce n'était pas le cas, les risques de désobéissance augmentaient sensiblement[51]. Plutôt que d'avoir été la cause directe de la mutinerie, l'absence de nourriture le 25 novembre semble avoir fait office de catalyseur en faisant ressurgir les mauvais traitements antérieurs qui, incidemment, résultaient aussi du manque de provisions. Lors de ces cours martiales, de nombreux prisonniers ont déclaré qu'ils n'avaient pas mangé depuis *un certain temps* et étaient par conséquent très faibles. La faim qui les tenaillait et leur état d'épuisement se sont combinés ce jour-là, ce qui rendait le souper à venir d'autant plus important. Quand ils ont été confrontés à la sombre perspective de rater un autre repas, ces soldats se sont dits qu'ils ne pouvaient supporter plus longtemps de telles conditions et ont fini par se révolter afin de faire connaître leur mécontentement face au traitement moins qu'acceptable qui leur était réservé. Du point de vue des accusés, leur geste illicite leur a permis d'exposer leurs doléances et leurs raisonnables griefs aux personnes occupant les postes de responsabilité. Bien qu'ils aient enduré sans mot dire bon nombre des privations associées à la FP 1, ces hommes ont attendu que leurs conditions de vie soient devenues intolérables pour désobéir à un ordre légitime.

De plus, les prisonniers ne demandaient en outre rien de plus que le strict nécessaire en termes de bien-être et de confort. Ils souhaitaient seulement corriger certains problèmes précis qui les empêchaient d'obtenir le traitement juste et raisonnable auquel ils s'attendaient[52]. Il est instructif de constater qu'ils n'ont pas protesté contre la dureté de la peine du piquet en tant que telle mais qu'ils se sont révoltés contre les conditions seulement qui les exposaient inutilement au danger. Compte tenu de l'absence de plaintes formulées de façon réglementaire sur les autres aspects de leur peine (à l'instar des autres soldats, ils « râlaient » sûrement entre eux contre la situation qui leur était imposée mais ils ne s'en sont pas plaints auprès de leurs supérieurs), les hommes semblaient accepter, dans l'ensemble, de purger leur peine dans l'isolement et soumis aux privations et à un travail physique intense. Le fait qu'ils ne désiraient pour ainsi dire que le règlement d'un unique grief semble évident dans le témoignage du Sdt Graham qui a affirmé à sa décharge que s'il avait pu apaiser sa faim, il aurait obéi à l'ordre de rassemblement initial[53]. Bien que de telles déclarations aient pu être prononcées dans le but de se gagner la sympathie et les faveurs de la cour, elles doivent aussi être perçues comme une expression sincère de l'intention qui les sous-tend, surtout quand on sait que les soldats ne voulaient qu'une chose : recevoir plus de nourriture.

Les témoignages produits devant les deux cours martiales révèlent aussi que ces soldats souhaitaient être sous les ordres de supérieurs réceptifs qui s'efforcent, dans la mesure du possible, de répondre à leurs légitimes préoccupations[54]. Quelques-uns des accusés, dont le Sdt Primmett, se sont donnés beaucoup de mal pour raconter à la cour comment ils ont essayé, avant le déclenchement de la mutinerie, de remédier à la situation en observant la procédure établie pour porter leurs plaintes à l'attention de leurs supérieurs, c'est-à-dire par l'entremise de la chaîne de commandement. De fait, tous les prisonniers ont demandé au Cpl McPerry de parler à l'officier de service qui, à leur avis, était en position de régler lui-même leurs problèmes ou du moins d'en informer ses supérieurs. Lorsque leurs premières tentatives pour trouver une solution se sont révélées infructueuses, ils ont décidé de protester avec plus de véhémence en refusant de participer à l'exercice militaire tant et aussi longtemps que leurs doléances ne seraient pas entendues. Le fait que les prisonniers aient d'abord cherché à régler la situation par la filière appropriée montre sans doute que la mutinerie n'est pas une option qu'ils ont sérieusement envisagée dès le départ. C'est seulement après que leurs protestations soient demeurées lettre morte qu'ils ont décidé d'enfreindre la discipline, jugeant avoir épuisé tous leurs recours. À leurs yeux, désobéir à un ordre direct constituait la meilleure façon de faire connaître leurs doléances aux personnes en situation d'autorité, dans la mesure surtout où les efforts qu'ils avaient auparavant déployés pour régler la situation étaient restés vains. Il est certain qu'en se voyant refuser la possibilité de s'adresser à l'officier de service, les soldats ont pu être poussés à commettre cet acte de désobéissance, ce grief supplémentaire s'ajoutant au reste et rendant du même coup et à leur avis leur conduite encore plus justifiable.

Enfin, les prisonniers semblent aussi avoir apprécié certains aspects de leur routine quotidienne, en dépit de sa dureté et de son intensité, et s'étaient certainement habitués à profiter du bref répit que les repas prévus à leur horaire leur accordaient, compte tenu de la rigueur de la FP 1. Comme il a déjà été mentionné, lors de son témoignage, le Cpl Smith a indiqué que les hommes étaient soumis à une routine passablement prévisible et qu'ils s'assoyaient chaque jour à une heure relativement constante[55]. Compte tenu du déroulement des journées précédentes, il est tout à fait plausible que ces hommes se soient rationnellement attendus à recevoir leur nourriture à une certaine heure, dans la mesure où quatre des six soldats avaient commencé à purger leur sentence le 19 novembre, près d'une semaine avant la mutinerie; les deux autres soldats subissaient leur châtiment depuis moins longtemps. Même si les prisonniers ne pouvaient raisonnablement pas espérer jouir d'une bien grande liberté durant leur détention, ils étaient punis pour avoir enfreint le droit militaire après tout et on peut supposer qu'ils s'attendaient désormais à ce que leur souper soit servi à la même heure que les autres jours le 25 novembre. À n'en pas douter, les soldats appréciaient au plus haut point les moments plus plaisants de leur journée et ils n'hésitaient pas à protester quand un aspect particulier de leur routine, sur lequel ils comptaient pour respirer un peu, était à leur avis inutilement modifié ou omis par l'ajout d'activités concomitantes[56]. La cause de leur désobéissance tient en partie au fait qu'une pause agréable habituellement inscrite à leur horaire, en plus de constituer un repas très attendu de la part d'hommes affamés, risquait d'être retardée ou carrément supprimée parce qu'un rassemblement supplémentaire leur était imposé. L'ordre de McPerry contrecarrait directement les attentes des prisonniers en termes d'équité de leur traitement et, dans une moindre mesure, de régularité de leur horaire. Cette incompatibilité a au bout du compte incité les hommes à désobéir[57].

Une fois que les témoins ont eu fini de témoigner, les membres de la cour se sont retirés pour évaluer la conduite de chacun des prisonniers avant de rendre leur verdict. Le Lieutenant Albert Edward Grimes[58] du 43e Bataillon, qui a agi comme procureur lors des deux procès, a présenté les longues fiches de conduite de tous les accusés à titre de preuve de leurs violations précédentes du code de discipline militaire. Les soldats avaient déjà commis un certain nombre d'infractions alors qu'ils étaient cantonnés au camp Dibgate, en Angleterre, pour avoir été absent sans permission, prolongé indûment une permission, été ivre, simulé une maladie, produit de fausses déclarations et s'être absenté d'un casernement ou d'un camp; très peu d'entre eux cependant ont été accusés de quoi que ce soit pendant leur service actif en campagne[59]. Bien que ces hommes n'étaient pas des soldats modèles – les accusations ci-dessus semblent dénoter une certaine difficulté à accepter les contraintes de la vie militaire et un vif désir de profiter des attraits du voisinage – quelques accusations seulement ont été portées contre ces hommes pour désobéissance et insubordination. Quoi qu'il en soit de la nature de leurs condamnations antérieures, leurs dossiers n'ont certainement pas contribué à faire bonne impression sur les juges devant lesquels ces soldats comparaissaient désormais.

La boue et les difficultés que présentait Passchendaele, 1917. (Départment de la Défense nationale, Bibliothèque et Archives Canada PA-2217)

Le Sdt Bonang, celui des hommes qui aux yeux de ses supérieurs a été à l'origine de l'incident, a été jugé non coupable des deux chefs d'accusation les plus graves : avoir déclenché une mutinerie et persuadé d'autres soldats de se joindre à cet acte de rébellion. Il a été reconnu coupable d'avoir délibérément refusé d'obéir et condamné à deux ans de prison et de travaux forcés pour avoir pris la parole au nom des autres membres du groupe. Au même titre, dans le cas des quatre autres participants, la cour a rendu un verdict de non-culpabilité quant à leur participation à une mutinerie mais a jugé chacun d'entre eux coupable de désobéissance. On leur a imposé une peine un peu moins dure avec 18 mois de prison et de travaux forcés[60]. La cour n'a toutefois malheureusement pas produit de jugement dans lequel auraient été exposés les motifs de ses décisions, bien que l'on puisse supposer que le fait que les accusés aient été sobres au moment de l'incident et que leur contestation ait été brève et non violente et soit survenue à bonne distance de l'ennemi a sans nul doute eu une influence sur les verdicts[61].

Tous les hommes se sont vu infligés une peine relativement lourde compte tenu qu'ils ont été trouvés coupables de l'accusation moins grave de désobéissance seulement. Dans des circonstances similaires, la cour avait condamné d'autres soldats du 43e Bataillon qui avaient refusé d'obéir à un ordre légitime à des peines passablement plus clémentes. Le Sergent John Campbell Walker, par exemple, avait été condamné à « être rétrogradé au grade de caporal » après avoir « employé un langage insubordonné à l'endroit de son officier supérieur car [...] quand il a reçu l'ordre de rentrer à son logement chez l'habitant [...] il lui a répondu " Je n'irai pas " ou quelque chose de ce genre »[62]. Dans un cas très similaire à la mutinerie dont il est ici question, un tribunal a reconnu coupable le Sdt John Veitch d'avoir « désobéi à un ordre légitime », puisque « lorsqu'on lui a donné l'ordre [...] de défiler avec une mitrailleuse Lewis, il a refusé en disant " Il n'en est pas question " ou quelque chose de ce genre et ne s'est pas rendu au rassemblement par la suite comme il en avait reçu l'ordre ». Sa sanction a consisté à le priver de 28 jours de solde[63]. Même si ces incidents se sont produits en milieu d'année 1918, ils ne démontrent pas que l'armée punissait les actes de résistance individuels par des peines relativement bénignes alors que les actes d'insubordination collectifs auraient donné lieu à des accusations de mutinerie et à des peines beaucoup plus lourdes[64].

Après s'être penché sur les conclusions des deux cours martiales, le Major-général Louis James Lipsett, l'officier général commandant de la 3e Division, a fait ce commentaire :

> C'est un cas grave et le premier cas de ce genre à survenir dans la division. [...] Je crois qu'il faut faire un exemple. De telles infractions doivent être réprimées dès la première occurrence. [...] Compte tenu de leurs actes, ces hommes semblent avoir une conception très élastique de la discipline[65].

Le Lieutenant-colonel Dennis Colburn Draper, le commandant par intérim de la 9e Brigade, était du même avis et considérait que les peines devaient être maintenues et n'a recommandé ni compassion ni clémence :

> Compte tenu de la gravité de l'infraction dont ont été reconnus coupables ces soldats, je considère, dans l'intérêt de la discipline, [qu']ils doivent purger les peines telles qu'elles ont été prononcées. Je crois que dans de tels cas, l'indulgence nuirait au maintien de la discipline dans l'unité concernée. Ces hommes purgeaient déjà une peine et leur acte de défi, comme pour tourner en dérision leur châtiment, doit dans ces circonstances être jugé encore plus sévèrement[66].

Il est certain que la sévérité de leurs peines ne découle pas du fait que ces hommes ont été déclarés coupables de désobéissance mais plutôt du fait qu'ils ont agi de conserve en refusant d'obtempérer à un ordre légitime. La gravité et le caractère inédit de cet incident, qui semble avoir constitué une première dans la division, ont suscité l'inquiétude de tous les commandants supérieurs qui souhaitent naturellement le maintien d'une discipline stricte. Dans l'espoir de dissuader les autres de participer à une quelconque action collective, les membres de la cour semblent avoir voulu faire un exemple de ces cinq soldats afin de montrer qu'une telle conduite ne peut être tolérée et que ceux qui décident de collectivement s'opposer à une autorité validement constituée peuvent s'attendre à être sévèrement punis. En allégeant ou en commuant les peines dans une affaire aussi grave, de l'avis du moins des officiers réviseurs, d'autres soldats auraient pu être tentés de réagir comme ces hommes l'ont fait, dans la mesure où les avantages possibles de désobéir à un ordre pourraient être perçus dans certains cas comme surpassant de beaucoup l'éventuel châtiment. Lors d'un rassemblement du bataillon le 13 décembre dans le village de Westrehem, les peines des cinq hommes ont été prononcées et lues devant toutes les personnes présentes pour qu'elles prennent effet[67]. La justice militaire a été rendue si promptement dans ce cas qu'à peine quatre jours se sont écoulés entre le moment où les cours martiales ont été convoquées et celui où les peines ont été prononcées.

Deux semaines après les procès, le nouveau commandant du bataillon, le Major Hugh Macintyre Urquhart, nommé le 23 décembre 1917[68], a diffusé une série d'ordres détaillés afin d'établir avec précision les responsables de la distribution des vivres aux soldats en détention. C'est la compagnie de service qui devait s'acquitter de cette tâche quand le bataillon n'était pas au combat, alors que le quartier-maître devait s'en charger quand l'unité participait à des opérations. La directive établit également que « les rations des hommes subissant la peine du piquet sont constituées de corned-beef, de biscuits et de thé. Les prisonniers en instance de procès ou de jugement ont droit à toutes les rations prévues ». Ces ordres ont permis d'éclaircir des procédures et des responsabilités qui semblaient avoir été mal interprétées ou négligées au moment de la mutinerie. Leur ajout aux ordres courants permet de supposer avec quasi-certitude que la nourriture et sa distribution ont bien été la principale cause de l'incident. L'adoption par le bataillon de ces directives peu de temps après les événements, compte tenu qu'Urquhart a tout de même dû prendre le temps de s'acclimater à son nouveau commandement et à cette situation particulière, rend beaucoup plus crédibles les allégations des mutins condamnés dénonçant la quantité insuffisante de nourriture distribuée pendant leur détention[69]. Tout en n'attirant pas l'attention, le bataillon admettait le défaut de son service courant en diffusant une telle ordonnance. Dans la mesure où le 43e Bataillon a dû adopter des instructions détaillées sur les procédures à suivre en matière de distribution des vivres aux hommes soumis à la peine du piquet, cet épisode concerne bien plus qu'un groupe de soldats qui auraient été insolents sans raison valable. Cela dit, on ne peut déduire le sens véritable d'une telle ordonnance ou le mobile qui en a justifié la publication simplement du fait qu'elle existe, mais il n'en demeure pas moins que son adoption suggère fortement que « quelque chose n'allait pas et a fini par pousser ces soldats à se rebeller en agissant de façon unilatérale ».

Même si la cour a condamné chaque soldat concerné à une importante peine de prison, aucun des cinq hommes n'a purgé la totalité de sa peine. Incarcérés au début janvier 1918 à la prison militaire numéro 10, à Dunkirk en France, la plupart des soldats n'ont passé que quelques mois en prison. Après les procès, l'officier général commandant de la Première armée britannique et directeur des prisons militaires en campagne, a recommandé que les hommes « ayant une bonne conduite en prison [devraient] voir leur peine réévaluée par le commandant en chef au bout de trois mois »[70]. Comme il avait été condamné à la peine la plus lourde, Bonang a purgé la plus longue peine des cinq hommes et fut éventuellement libéré à la mi-février 1919, après avoir été incarcéré à peine plus d'un an. Libérés au printemps et à l'été 1918, Clergy, Primmett, Cuff et Graham ont réintégré le 43e Bataillon; les deux derniers ont été blessés lors des violents combats qui ont marqué les derniers moments de la guerre. Soit dit en passant, en juin 1919, Clergy a été incarcéré à la caserne disciplinaire Wandsworth du camp Witley, en Angleterre, pour y purger le reste de sa peine. Cette période d'emprisonnement supplémentaire, qui n'a duré qu'un mois, lui a probablement été imposée après qu'il se soit évadé d'une équipe de travail alors qu'il était en prison à Dunkirk, même si les gardiens l'avaient vite rattrapé[71].

Au cours de la Première Guerre mondiale, la contestation offrait aux hommes un moyen efficace, bien que risqué, d'exprimer leur mécontentement à l'égard de leur situation. Loin d'être passifs et obéissants comme la culture militaire de l'époque le prescrivait, les hommes du CEC ne manquaient jamais de demander des comptes à l'armée quand certaines situations leur semblaient de toute évidence injustes ou compromettraient inutilement leur bien-être. Au grand étonnement des chefs militaires, les soldats ont fréquemment « montré qu'ils étaient leur propre maître »[72]. Il est certain que les manifestations d'insubordination attiraient l'attention des instances militaires et ont parfois obligé les commandants supérieurs à reconnaître un problème et à mettre en œuvre une solution. Parce que ce genre de comportement soulevait des inquiétudes, les soldats n'en étaient que plus enclins à désobéir quand leurs conditions de service devenaient intolérables ou lorsque les membres de leur chaîne de commandement semblent se moquer de leurs besoins et soucis légitimes.

La mutinerie dont il est ici question est à peu près la seule dont les documents historiques du CEC font mention, étant l'une des rares occurrences de protestation collective de soldats cantonnés en campagne ayant décidé de s'opposer à leurs chefs. La plupart des gestes d'insubordination ne se sont certainement pas produits au front, mais bien plutôt dans les zones de soutien ou les camps d'instruction comme Kinmel, Bramshott et Ripon. De 1914 à 1919, le CEC a porté des accusations officielles de mutinerie contre 167 de ses membres et avait jugé 51 causes devant les tribunaux avant novembre 1918. Parmi les 167 hommes traduits en justice, pour la plupart des militaires ne participant pas aux combats ou des réservistes d'unités d'infanterie, 127 ont été déclarés coupables de mutinerie ou d'un chef d'accusation moins grave[73].

Tous les soldats impliqués dans cette cause particulière ont recouru à une certaine forme de protestation quand ils ont eu l'impression que leur intérêt personnel était inutilement laissé de côté. Bien que différents facteurs se soient conjugués pour contribuer à divers degrés à leur désobéissance, la volonté d'être traité correctement, l'absence de nourriture étant manifestement un mauvais traitement, a amené les prisonniers à rejeter les demandes de leur supérieur qui, au bout du compte, les auraient affamés et opprimés encore davantage. Même s'ils assumaient la responsabilité des actes qu'ils avaient commis, ces hommes ont refusé d'être maltraités sans raison et croyaient à ce titre qu'il était justifié et nécessaire de faire connaître leurs récriminations. Le fait en outre qu'ils n'étaient pas arrivés à acheminer leurs doléances jusqu'à leurs supérieurs les a incités à contester une situation qui à leur avis aurait pu être aisément corrigée. La promesse qui leur a été faite de pouvoir s'adresser aux autorités appropriées après la marche n'a pas du tout pesé dans la balance pour ces hommes qui tenaient à ce que leur demande soit immédiatement entendue et satisfaite. L'emploi d'expressions peut-être excessives par l'un de leurs geôliers a pu être un des motifs de désobéissance, mais cela est peu probable. L'évaluation ci-dessus donne également plus de poids à la théorie voulant que les actes de désobéissance étaient souvent provoqués par un affront supplémentaire que devaient essuyer les soldats en regard de leurs attentes et de leurs valeurs et que ce genre d'incident survenait habituellement quand les conditions auxquelles étaient soumis les soldats étaient devenues insoutenables. Rarement un problème unique a-t-il été la cause exclusive et capitale d'une mutinerie, bien que cela ait sans nul doute déjà été le cas.

En tout et pour tout, ces soldats s'attendaient à être traités de façon équitable par leurs supérieurs ou, pour être plus précis, à recevoir assez de vivres pour subsister. Confrontés à une situation qu'ils jugeaient intolérable, ils se sont efforcés de communiquer leur grief par l'entremise de la chaîne de commandement. Lorsque leurs efforts initiaux se sont révélés vains, ils ont adopté une attitude plus ferme et ont fini par recourir à une forme de protestation plus agressive (et tout à fait illégale). Même s'ils ont opté pour la mutinerie, ils ne voulaient qu'améliorer les conditions qui posaient un risque grave et inacceptable à leur santé et leur bien-être global. Comme l'ont souligné des chercheurs qui ont étudié la désobéissance, « quand les espérances d'une unité ou d'un groupe ne sont pas remplies, comme une permission attendue, une relève promise en temps opportun ou des *rations adéquates*, les hommes peuvent avoir l'impression qu'il y a eu rupture de contrat entre eux et les chefs aux échelons supérieurs », et lorsque cela se combine à un piètre leadership, un climat favorisant la désobéissance peut s'installer[74]. Le témoignage de bon nombre des prisonniers permet de supposer que lorsqu'une personne en situation d'autorité contrevient à plusieurs attentes ou valeurs en même temps, il y a plus de risque d'assister à des actes de protestation. Il est certain que le manque de nourriture a incité les soldats à d'abord adopter une attitude hostile mais l'inaptitude des chefs à donner suite à leurs justes demandes a rendu plus tangibles les mauvais traitements dont ils jugeaient être victimes et ultimement justifié à leurs yeux la conduite qui a été la leur.

En revanche, leur comportement suscitait une vive inquiétude au sein de l'établissement militaire. Aux yeux des dirigeants, le simple fait que ces soldats avaient collectivement désobéi à un ordre direct alors qu'ils subissaient déjà une punition pour des infractions antérieures était infiniment plus important et plus grave que la quantité de nourriture qu'avaient reçue quelques prisonniers indisciplinés et récalcitrants. Craignant que de telles manifestions d'hostilité envers une autorité validement constituée ne fassent boule de neige, les officiers désignés pour diriger les travaux des deux cours martiales avaient résolu de faire un exemple de ces soldats pour la gouverne des autres qui pourraient être tentés d'agir de la sorte. Il n'est pas démontré que les peines infligées ont vraiment eu un effet dissuasif puisqu'il semble que les soldats protestaient quand même souvent malgré les risques qu'ils couraient, dans l'espoir de corriger une situation inutilement contraignante ou pour contester le leadership déficient qui leur était parfois imposé[75]. Quoi qu'il en soit de l'attention négligeable que la cour a accordée aux causes des troubles, le nouveau commandant du bataillon, qui semblait reconnaître qu'il était bel et bien possible de maintenir et de faire respecter la discipline en traitant les soldats correctement et équitablement, a pris des mesures pour éviter que ne se répètent de semblables incidents.

NOTES EN FIN DE CHAPITRE - CHAPITRE 9

Note de l'éditeur. Le présent chapitre développe une étude précédente sous le même titre. Voir Craig Leslie Mantle, « For Bully and Biscuits: Charges of Mutiny in the 43rd Battalion, Canadian Expeditionary Force, November and December 1917 », Kingston, Académie canadienne de la Défense [ACD] – Institut de leadership des Forces canadiennes [ILFC], mars 2004, document non publié qui, à la parution du présent livre, se trouve à l'adresse http://www.cda-acd.forces.gc.ca/cfli/engraph/research/pdf/80.pdf.

1   Arthur Lapointe, R.C. Fetherstonhaugh, tr., *Souvenirs d'un soldat du Québec*, Québec, éditions du Castor, 1944, 8 janvier 1917, p. 33 et 34.

2   Donald Fraser, Reginald H. Roy, éd., *The Journal of Private Fraser, 1914-1918*, Victoria, Sono Nis Press, 1985, p. 93.

3   L'historien Tim Cook, par exemple, a observé l'importance de la ration quotidienne de rhum. Il fait remarquer que « lorsque le froid se fait mordant au cours des mois d'hiver, le rhum contribue grandement à maintenir le moral des troupes [...] ». Il souligne de plus que « les soldats s'attendaient à recevoir leur ration de rhum et bon nombre d'entre eux considéraient qu'elle leur était due pour compenser les rigueurs de leur vie dans les tranchées du front occidental. [...] Quand le rhum était distribué, les hommes étaient contents. Lorsque le rhum cessait de couler, le moral des hommes pouvait en être affecté ». Voir Tim Cook, « 'More a medicine than a beverage': 'Demon Rum' and the Canadian Trench Soldier of the First World War », *Canadian Military History*, vol. 9, no 1 (hiver 2000), p. 10 et 15 respectivement.

4   Pour consulter une étude plus fouillée du phénomène de la désobéissance au sein du CEC au cours de la Première Guerre mondiale, voir Craig Leslie Mantle, « The 'Moral Economy' as a Theoretical Model to Explain Acts of Protest in the Canadian Expeditionary Force, 1914-1919 », Kingston, ACD – ILFC, mars 2004, document non publié accessible en ligne à l'adresse

http://www.cdaacd.forces.gc.ca/cfli/engraph/research/pdf/79.pdf. Élaborée par l'historien anglais Edward Palmer Thompson, la théorie de l'« économie morale » explore le lien causal entre l'exploitation financière sur le marché local et le comportement de la classe pauvre anglaise au XVIIIe siècle. Dans le cadre de l'étude citée ci-dessus, plusieurs des points saillants de cette théorie ont été transposés pour s'appliquer au début du XXe siècle et fournir une explication de la désobéissance de certains soldats canadiens. Cette interprétation suppose essentiellement que les épisodes de dissension au sein du CEC se faisaient plus fréquents (et parfois plus violents) quand les responsables, peu importe leur grade, ne remplissaient pas les attentes diversifiées et raisonnables associées à leurs fonctions ou ne respectaient pas les valeurs profondes de leurs subordonnés, importantes à leur yeux. Il est certain qu'un chef pouvait amener ses hommes à protester en ne subvenant pas à leurs besoins essentiels, en les traitant sans ménagement et de façon irrespectueuse ou en étant un leader incompétent, que ce soit sur le champ de bataille ou ailleurs. L'historien Bill McAndrew en est arrivé à bon nombre des mêmes conclusions au sujet des attentes des soldats canadiens durant la Première Guerre mondiale. Voir Bill McAndrew, « Le métier d'officier canadien : vue d'ensemble » dans Bernd Horn et Stephen J. Harris, éditeurs, *La fonction de général et l'art de l'amirauté : perspectives du leadership militaire canadien*, Toronto, The Dundurn Group, 2001, p. 39.

5   La notion selon laquelle les soldats nourrissaient certaines attentes qui, si elles étaient bafouées, pouvaient les amener à désobéir est le thème de l'étude de Craig Leslie Mantle, « Loyal Mutineers: An Examination of the Connection between Leadership and Disobedience in the Canadian Army since 1885 » dans Craig Leslie Mantle, éd., *The Unwilling and The Reluctant: Theoretical Perspectives on Disobedience in the Military*, Kingston, CDA Press, 2006.

6   Richard Holmes, *Acts of War: The Behavior of Men in Battle*, New York, The Free Press, 1985, p. 321.

7   La possibilité d'un meurtre, aussi mince et improbable soit-elle, doit être envisagée car certains indices sont révélateurs en ce sens. Voir Stephen Pike, Gene Dow, éd., *World War One Reminiscences of a New Brunswick Veteran*, Nouveau-Brunswick, publié privément, 1990, p. 46-47. Dans la Force expéditionnaire britannique (FEB), des subordonnés ont délibérément assassiné leurs chefs. Voir Holmes, *Acts of War*, p. 331.

8   William Richard Bird, *Ghosts Have Warm Hands: A Memoir of the Great War, 1916-1919*, Nepean, CEF Books, 2002, p. 53-54 et 128-129.

9   Fraser, *Journal*, p. 214-215.

10   Frank Byron Ferguson, Peter G. Rogers, éd., *Gunner Ferguson's Diary: The Diary of Gunner Frank Byron Ferguson: 1st Canadian Siege Battery, Canadian Expeditionary Force, 1915-1918*, Hantsport, Nouvelle-Écosse, Lancelot Press, 1985, p. 60 et 85.

11   Eedson Louis Millard Burns, *General Mud: Memoirs of Two World Wars*, Toronto, Clarke, Irwin & Co., 1970, p. 14-15.

12   Au sein de la 9e Brigade de la 3e Division, au mois d'octobre 1917, le 43e Bataillon de Winnipeg, au Manitoba, a combattu aux côtés des 52e Bataillon, 58e Bataillon et 116e Bataillon, qui avaient tous leur quartier général en Ontario, à Port Arthur, Niagara-on-the-Lake et Uxbridge respectivement.

13 Un bref résumé des exploits qui ont mérité la Croix de Victoria au Lieutenant Robert Shankland est offert dans l'ouvrage d'Arthur Bishop, *Our Bravest and Our Best: The Stories of Canada's Victoria Cross Winners*, Toronto, McGraw-Hill Ryerson, 1995, p. 70-71. Voir aussi la *London Gazette*, no. 30433.

14 Pour un bref résumé des pertes essuyées par le 43e Bataillon à Passchendaele, voir l'entrée du 27 octobre 1917 du journal de guerre du 43e Bataillon, 2e partie, dossier 434, vol. 4938, III-D-3, groupe d'enregistrement 9, *Bibliothèque et Archives Canada [BAC]*.

15 Fonds Albert Cook West, 3, fonds de manuscrits 30 – E32, *BAC*. West (693265) s'est d'abord enrôlé dans le 174e Bataillon, Cameron Highlanders of Canada, à Winnipeg au Manitoba. Après avoir été promu caporal, il se vit décerner la Médaille militaire pour le courage dont il a fait preuve lors des dernières batailles de l'année 1918. Voir la *London Gazette*, no. 31227.

16 Selon West, les logements occupés par le 43e Bataillon étaient dispersés un peu partout dans la ville. Dans son journal, il écrit dans les entrées du 23 novembre au 20 décembre 1917 : « Nos conditions de vie sont tout de même agréables, sauf pour ce qui est de la cuisine, située à au moins un kilomètre de notre logement; la nourriture se refroidit avant d'arriver au logement 61 [sans doute celui où il était logé] ». Voir Fonds West, 5, *BAC*.

17 Le **Sdt Henry James Primmett** (1000981) a été condamné le 19 novembre 1917 à 14 jours de FP 1 pour avoir été a) absent sans permission de 8 h à 21 h 30, le 16 novembre 1917, b) absent du rassemblement de 8 h jusqu'à son arrestation à 13 h 20, le 17 novembre 1917 et c) absent du bureau de la compagnie le 17 novembre 1917 à 13 h. Voir le 2e feuillet, 6 décembre 1917, dossier 4, 43e Bataillon, ordres partie II, vol. 82, groupe d'enregistrement 150, *BAC*. Le **Sdt Charles Clergy** (489185) a été condamné le 19 novembre 1917 à 14 jours de FP 1 pour avoir été a) absent sans permission de 8 h à 21 h 30, le 16 novembre 1917 et b) absent du rassemblement de 8 h jusqu'à 13 h, le 17 novembre 1917. Voir le 2e feuillet, 6 décembre 1917, dossier 4, 43e Bataillon, ordres partie II, vol. 82, groupe d'enregistrement 150, *BAC*. Le **Sdt Sidney Herbert Cuff** (859385) a été condamné le 19 novembre 1917 à 14 jours de FP 1 pour avoir été a) absent sans permission de 8 h à 21 h 30, le 16 novembre 1917 et b) absent du rassemblement de 8 h jusqu'à 13 h, le 17 novembre 1917. Voir le 3e feuillet, 6 décembre 1917, dossier 4, 43e Bataillon, ordres partie II, vol. 82, groupe d'enregistrement 150, *BAC*. Le **Sdt Albert William Bonang** (488709) a été condamné le 19 novembre 1917 à 14 jours de FP 1 pour avoir été a) absent sans permission de 8 h à 21 h 30, le 16 novembre 1917, b) absent du rassemblement de 8 h jusqu'à son arrestation à 13 h 20, le 17 novembre 1917 et c) absent du bureau de la compagnie à 13 h, le 17 novembre 1917. Voir le 3e feuillet, 6 décembre 1917, dossier 4, 43e Bataillon, ordres partie II, vol. 82, groupe d'enregistrement 150, *BAC*. Le **Sdt Charles Moar** (1000201) a été condamné le 24 novembre 1917 à sept jours de FP 1 pour avoir été absent sans permission de 21 h, le 22 novembre 1917, jusqu'à 6 h 30, le 24 novembre 1917. Voir le 1er feuillet, 8 décembre 1917, dossier 4, 43e Bataillon, ordres partie II, vol. 82, groupe d'enregistrement 150, *BAC*. Le **Sdt Wilfred John Graham** (922369) a été condamné le 23 novembre 1917 à sept jours de FP 1 pour

avoir été absent sans permission de 7 h, le 21 novembre 1917, à 8 h 45, le 22 novembre 1917. Voir le 1er feuillet, 8 décembre 1917, dossier 4, 43e Bataillon, ordres partie II, vol. 82, groupe d'enregistrement 150, *BAC*.

18   Les détails de la peine du piquet (PC) sont fournis dans les ouvrages de Julian Putkowski, *British Army Mutineers, 1914-1922*, Londres, Francis Boutle, 1998, p. 11 et 14, de Desmond Morton, *When Your Number's Up: The Canadian Soldier in the First World War*, Toronto, Random House of Canada, Ltd., 1993, p. 84 et de Cook, « Rum », 15. L'illustration de couverture de ce volume montre un soldat soumis à la « crucifixion ».

19   McPerry (420761) était un membre de la première heure du 43e Bataillon.

20   Le Sdt Charles Moar n'a été ni accusé ni jugé à la suite de cet incident. Il a éventuellement réintégré son poste au sein du 43e Bataillon, sans doute après avoir purgé sa peine du piquet initiale. Il est ensuite mort le 6 mars 1918 des séquelles d'avoir été exposé au gaz et il a été inhumé dans l'annexe du cimetière communal de Barlin, une commune de Pas-de-Calais, dans le nord de la France. Voir Edward H. Wigney, éd., *The C.E.F. Roll of Honour – Members and former Members of the Canadian Expeditionary Force who Died as a Result of Service in the Great War, 1914-1919*, Ottawa, Eugene Ursual, 1996, p. 535.

21   Souvent composée d'un président et de trois membres, tous des officiers commissionnés, une cour martiale générale de campagne pouvait juger tant les officiers que les militaires du rang pour avoir commis une grave infraction en activité de service et condamner, les cas échéant, des militaires à la peine de mort. Voir Putkowski, *Mutineers*, 10. Dans ce cas particulier, les deux procès ont été présidés par les mêmes officiers. Le Major Duncan James Hunter Ferguson, un comptable de profession et officier du 43e Bataillon, a agi comme président, alors que les membres de la cour était le Capitaine Warner Elmo Cusler, un banquier enrôlé dans le 58e Bataillon, le Lieutenant Burpee Clair Churchill du 52e Bataillon et le Capitaine J.H. Thorpe, un officier du 7th Manchester Regiment de l'armée britannique. Thorpe a prononcé des allocutions sur le sujet des cours martiales devant diverses unités du CEC. Voir l'entrée du journal de guerre du 26e Bataillon datée du 30 septembre 1917, partie 1, dossier 421, vol. 4934, III-D-3, groupe d'enregistrement 9, *BAC*. Le Lieutenant E. Ward du 43e Bataillon a fait office d'« ami du détenu » lors des deux conseils de guerre et a donc aidé les accusés à préparer et à présenter leur défense. Selon la base de données de *BAC* utilisée pour l'indexage des cours martiales convoquées pendant la Première Guerre mondiale, qui peut être consultée en ligne à l'adresse http://www.collectionscanada.ca/archivianet/courts-martial/index-f.html, aucun des cinq hommes impliqués dans cette mutinerie n'a subi d'autre procès pour des infractions commises avant ou après cet incident. Ce fut la première et la seule fois où ils passèrent en conseil de guerre, à leur grand soulagement à n'en pas douter.

22   Annexe, procès en cour martiale d'Albert William Bonang (488709), microfilm T-8652, 649-B-4231, 8, groupe d'enregistrement 150, *BAC*. [Cette cour martiale est désignée dans la suite des présentes notes par l'abréviation CM1.] Bonang a été inculpé en vertu des paragraphes 7(1), 7(2) et 9(1) de l'*Army Act*. Voir ministère de la Guerre, Grande-Bretagne, *Manual of Military Law* [*MML*], Londres, His Majesty's

Stationery Office, 1914, p. 384 et 387.

23 Annexe, procès en cour martiale de Charles Clergy (489185), Sidney Herbert Cuff (859385), Wilfred John Graham (922369) et Henry James Primmett (1000981), microfilm T-8659, 649-C-29813, 8, groupe d'enregistrement 150, *BAC*. [Cette cour martiale est désignée dans la suite des présentes notes par l'abréviation CM2.] Ces quatre soldats ont été inculpés en vertu des paragraphes 7(3) et 9(1) de l'*Army Act*. Voir le *MML*, p. 384 et 387.

24 Bonang a été jugé le 10 décembre 1917, alors que les quatre autres participants à la mutinerie l'ont été le 11 décembre 1917. Voir CM1 et CM2, attestation du président relative aux procès respectifs.

25 Moar a peut-être décidé de ne pas prendre part à la mutinerie parce qu'il se voyait comme un « étranger » dans ce groupe. Comme on le rappellera, quatre des six hommes semblent avoir commis leur infraction ensemble. Une expérience de la sorte vécue en commun a certainement tissé des liens solides ou du moins renforcé les liens existants entre les participants et peut les avoir incités, au bout du compte, à désobéir à l'unisson. Comme Moar ne semble pas avoir été impliqué dans cet incident précédent, il se sentait probablement moins enclin à se joindre à leur contestation. Le détachement qu'il a manifesté à l'égard du groupe s'explique peut-être aussi du fait que, le matin de l'incident, il est resté dans la salle de garde, contrairement au reste des accusés qui étaient dehors en tenue de corvée. Enfin, la crainte d'être puni encore davantage peut l'avoir incité à obtempérer. Il est plus difficile d'expliquer la participation de Graham puisqu'il n'avait pas participé à l'incident antérieur et a été condamné à une peine du piquet après que les quatre autres soldats ont reçu leur sentence. C'est peut-être sous la contrainte qu'il a participé à la mutinerie, ou alors le désir d'être accepté par le groupe, surtout qu'il semble effectivement y avoir eu un tel groupe, qui l'a incité à se ranger derrière Bonang et les autres soldats.

26 Pour la totalité du paragraphe, voir CM2, témoignage de McPerry, I et II et CM1, témoignage de McPerry, I et II. Le témoignage offert par McPerry lors des deux procès a été remarquablement similaire. Certains témoins ont déclaré devant la cour que McPerry est entré dans la salle de garde et en est sorti à deux reprises entre 15 h 45 et 16 h, le 25 novembre 1917. Parce que les transcriptions des deux cours martiales ne contiennent à peu près rien de tangible à ce sujet, on ne peut ici conclure avec certitude de ses allées et venues au cours de ces 15 minutes. Au-delà de cette inconnue, il n'en demeure pas moins que les hommes ont désobéi à son ordre.

27 H. R. Smith (859542) était un membre de la première heure du 179e Bataillon.

28 L'ordre était sûrement clair et compréhensible puisque le Sdt Cuff a déclaré sous serment : « J'ai compris que l'ordre signifiait que nous allions nous rassembler dès que possible pour faire de l'exercice militaire avec tout l'équipement ». CM2, témoignage de Cuff, VIII.

29 CM2, témoignage de Smith, III-V et CM1, témoignage de Smith, III-IV. Lors du dernier procès, Smith a affirmé qu'il était responsable de la salle de garde depuis 15 h cet après-midi-là. La durée exacte de sa présence à titre de responsable des prisonniers n'a pas beaucoup d'importance, dans la mesure où il a déclaré que pendant qu'il était là, « je n'ai entendu personne se plaindre de la nourriture ».

30 Quand le sergent de service est arrivé pour rassembler les hommes à 16 h, il a rapidement annulé le rassemblement puisqu'un seul prisonnier avait obéi à l'ordre du

Caporal McPerry a par la suite ordonné à Moar d'enlever l'encombrant équipement qu'il aurait porté durant l'exercice et de creuser une latrine à la place. CM2, témoignage de McPerry, II.

31   CM2, témoignage de Moar, V et VI.

32   Le **Sdt Peter LaPierre** (198401) a été condamné le 1er novembre 1917 à 28 jours de FP 1 pour avoir été absent sans permission de 17 h, le 23 octobre 1917, à 11 h 30, le 25 octobre 1917. Voir le 1er feuillet, 20 novembre 1917, dossier 4, 43e Bataillon, ordres partie II, vol. 82, groupe d'enregistrement 150, *BAC*. Le **Sdt Francis Xavier Lépine** (700399) a été condamné le 23 novembre 1917 à sept jours de FP 1 pour avoir été absent sans permission de 6 h 30, le 21 novembre 1917, à 6 h 30, le 22 novembre 1917. Voir le 1er feuillet, 8 décembre 1917, dossier 4, 43e Bataillon, ordres partie II, vol. 82, groupe d'enregistrement 150, *BAC*. Le **Sdt John Hill** (871072) a été condamné le 23 novembre 1917 à sept jours de FP 1 pour avoir été absent sans permission de 9 h, le 20 novembre 1917, à 11 h, le 22 novembre 1917. Voir le 1er feuillet, 8 décembre 1917, dossier 4, 43e Bataillon, ordres partie II, vol. 82, groupe d'enregistrement 150, *BAC*. Le **Sdt Robert Hatcher** (693251) a été condamné le 23 novembre 1917 à sept jours de FP 1 pour avoir été absent sans permission de 6 h 30, le 21 novembre 1917, à 15 h, le 21 novembre 1917. Voir le 1er feuillet, 8 décembre 1917, dossier 4, 43e Bataillon, ordres partie II, vol. 82, groupe d'enregistrement 150, *BAC*.

33   Cette manifestation d'égoïsme, qui semble contredire cette notion selon laquelle les soldats s'entraident et veillent les uns sur les autres normalement, s'explique peut-être du fait que la plupart des prisonniers traduits en justice étaient des nouveaux venus au sein du bataillon. Ils y sont arrivés déjà sous le coup d'une sanction et il est probable qu'ils n'ont pas eu d'interactions avec les autres soldats puisqu'ils ont sans nul doute été immédiatement incarcérés. C'est pourquoi les « vieux routiers » qui servaient depuis plus longtemps dans le 43e Bataillon, qui se retrouvaient désormais emprisonnés eux aussi, les regardaient probablement de haut et ont peut-être décidé de « ne pas se mêler aux nouveaux ». Voir, par exemple, Bird, *Ghosts*, 36. Ces vétérans considéraient peut-être que leur service antérieur leur donnait en quelque sorte droit à une plus grande quantité de nourriture. Sans pouvoir confirmer avec exactitude le temps que les quatre autres prisonniers ont passé au bataillon, les observations précédentes restent passablement hypothétiques. Dans un bataillon d'infanterie, les pertes et l'arrivée consécutive de remplaçants faisaient partie de l'ordre des choses. Au fil du temps, les remplaçants qui survivaient suffisamment longtemps devenaient des vétérans et se mettaient eux aussi à imposer leur volonté aux nouveaux soldats, comme cela avait été le cas à leur arrivée. Bird, qui avait lui-même été un remplaçant un jour, raconte dans ses mémoires qu'à une occasion, deux hommes « ont été placés dans notre logis et ont tranquillement essayé de prendre possession du meilleur coin jusqu'à ce qu'on leur explique gentiment leur erreur ». Voir *Ibid.*, 75. Cela dit, certains remplaçants demeuraient toutefois inébranlables et que ce soit par la seule force de leur volonté ou par ruse, faisaient comprendre aux vétérans qu'ils ne se laisseraient pas manipuler au profit de ceux qui se réclamaient d'états de service plus longs et d'une expérience plus vaste. Voir *Ibid.*, 10. À dire vrai, bon nombre des hommes du 43e Bataillon qui subissaient la peine du piquet en novembre n'avaient été punis

ensemble, selon les dates de leur incarcération, que pour une très courte durée et compte tenu de plus que plusieurs d'entre eux venaient tout juste d'arriver au bataillon, il ne faut guère s'étonner de leur méconnaissance des uns des autres. On pourrait croire que les hommes qui s'étaient fait dérober leurs rations seraient en mesure d'identifier les voleurs, mais ce manque de familiarité avec leurs compagnons d'infortune explique sans doute qu'ils ignoraient qui étaient les auteurs du méfait. Il est également bien sûr possible que les hommes qui ont subtilisé les vivres destinés aux prisonniers n'étaient pas des prisonniers mais des hommes du 43e Bataillon en tant que tel. Une telle affirmation, à la seule lecture des transcriptions des cours martiales, ne peut être démontrée et la preuve est si mince ailleurs qu'il est impossible de confirmer ou d'infirmer pareille assertion.

34   CM1, Major W.K. Chandler, commandant par intérim du 43e Bataillon à la 9e Brigade, 13 décembre 1917.

35   CM1, témoignage de Bonang, VI et VII.

36   Il a déclaré devant la cour : « Je me suis enrôlé [en] août 1914. Je suis arrivé en France [en] juin 1916 et me suis joint aux opérations à Ypres. J'ai été blessé en juin. J'ai été envoyé en Angleterre, malade, en [novembre] 1916 et j'ai réintégré [le 43e Bataillon] en [novembre] 1917 », CM1, IX.

37   CM1, témoignage de Bonang, VI et VII. Le Sdt Cuff a produit un témoignage similaire car il a affirmé devant la cour : « Le souper du soir précédent avait été notre dernier repas ». CM1, témoignage de Cuff, VIII.

38   CM2, témoignage de Graham, VII.

39   Putkowski, *Mutineers*, 11. C'est l'auteur du présent document qui a mis ce texte en italique pour en faire ressortir l'importance.

40   CM2, témoignage de Primmett, VI. C'est l'auteur du présent document qui a mis ce texte en italique pour en faire ressortir l'importance. Primmett a lui aussi fait dans l'ensemble écho au témoignage de ses pairs pour ce qui concerne l'absence de nourriture, déclarant sous serment : « Je n'ai pas fait la marche forcée parce que je n'avais rien eu à manger ». CM2, témoignage de Primmett, VI.

41   CM2, témoignage de Clergy, VII. Il a également affirmé : « J'aurais participé au rassemblement si on avait répondu à ma demande [de nourriture] ». CM2, témoignage de Clergy, VII. Le Sdt Bonang a exprimé des sentiments semblables quand il a dit : « Si le [caporal] nous avait demandé une seconde fois correctement de nous rassembler, j'y serais allé ». CM1, témoignage de Bonang, VII.

42   CM2, témoignage de Cuff, VIII.

43   Au cours du procès des quatre autres prisonniers, le Caporal Smith, qui était dans la salle de garde au moment de la mutinerie, n'a pas pu éclaircir ce point non plus. Dans son témoignage, il a simplement dit : « Je ne me souviens pas de la raison pour laquelle ils voulaient voir l'officier de service ». CM2, témoignage de Smith, IV.

44   CM1, témoignage de Moar, V et CM1, témoignage de Smith, IV.

45   CM1, témoignage de Smith, IV, CM2, témoignage de Primmett, VI et CM1, témoignage de McPerry, II.

46   CM1, témoignage de Bonang, VI et VII. Lors de son interrogatoire devant le tribunal, Bonang a déclaré que le Caporal McPerry « ne titubait pas mais il avait bu ». Au moment de passer en conseil de guerre, Clergy a dit : « Quand le [caporal] est venu

nous voir, il était ivre ». CM2, témoignage de Clergy, VII. Pas plus Bonang que Clergy n'a pu démontrer de façon convaincante que McPerry était saoul quand il est entré dans la salle de garde.

47   CM1, Chandler à la 9e Brigade, 13 décembre 1917.

48   CM2, témoignage de Smith, IV.

49   CM2, témoignage de McPerry, II.

50   Fraser, *Journal*, p. 297.

51   Mantle, « Moral Economy », p. 49 à 51 plus particulièrement mais aussi ailleurs.

52   Ce phénomène a été observé ailleurs. E.L.M. Burns, qui était officier des transmissions au cours de la Première Guerre mondiale, raconte dans ses mémoires que les « bons officiers se préoccupaient des motifs de mécontentement de leurs hommes et si leurs récriminations étaient fondées, un bon officier essayait de corriger la situation. Les hommes n'en demandaient en règle générale pas plus ». Voir Burns, *General Mud*, p. 63.

53   CM2, témoignage de Graham, VII. Il a dit à la cour : « Si j'avais pu manger comme il faut, j'aurais fait la marche forcée ». Cuff, qui « venait juste d'enlever la tenue de corvée quand on nous a ordonné de faire une marche forcée », a manifesté la même volonté d'éventuellement obéir. Il a affirmé lors de son procès : « Si j'avais eu un repas ou qu'on m'en avait promis un, j'aurais fait la marche forcée ». CM2, témoignage de Cuff, VIII.

54   Pour obtenir un exemple de l'incidence positive sur le moral d'une chaîne de commandement dont les membres sont à l'écoute des hommes, voir Mantle, « Moral Economy », p. 49 à 51 plus particulièrement mais aussi ailleurs.

55   CM2, témoignage de Smith, IV. Il a déclaré devant le tribunal : « Les prisonniers reçoivent leur souper à 16 h 30 ».

56   Voir Burns, *General Mud*, p. 14-15.

57   Pour être juste toutefois, McPerry semble avoir transmis les ordres d'un supérieur au moment d'ordonner aux prisonniers de se préparer à faire de l'exercice militaire avec tout l'équipement. Comme on peut le lire dans le compte rendu des deux procès, une de ses tâches le 25 novembre en fin d'après-midi était de rassembler les hommes pour que le sergent de service mène l'exercice militaire à 16 h. CM2, témoignage de McPerry, II et CM1, témoignage de McPerry, II-III.

58   Le Lieutenant A.E. Grimes, un gentilhomme de religion catholique romaine né à Paris, en France, s'est à l'origine enrôlé dans le 113e Bataillon (Lethbridge Highlanders); il avait précédemment été membre du 15th Alberta Light Horse de la Milice du Canada.

59   Le nombre de fois que chaque soldat a enfreint le code de discipline militaire et a été puni figure après son nom : Bonang (9), Clergy (8), Cuff (6), Graham (3), Primmett (10). Il est souvent arrivé qu'un soldat commette plus d'une infraction punissable à la fois. Voir CM1, fiches de conduite et CM2, fiches de conduite.

60   CM1, annexe et CM2, annexe.

61   Ces facteurs ont semblé contribué à adoucir les peines prononcées dans les cours martiales britanniques et probablement aussi lors des procès canadiens. Putkowski, *Mutineers*, 12.

62   1er feuillet, 8 juin 1918, dossier 5, 43e Bataillon, ordres partie II, vol. 83, groupe

d'enregistrement 150, *BAC*. J.C. Walker (153514) a été un membre de la première heure du 79th Regiment. La transcription de son témoignage devant la cour martiale est accessible sur microfilm T-8690, 649-W-26664, 8, groupe d'enregistrement 150, *BAC*. Ce document n'a pas été examiné aux fins de la présente étude.

63 1er feuillet, 27 juillet 1918, dossier 5, 43e Bataillon, ordres partie II, vol. 83, fonds d'archives fédérales 150, *BAC*. J. Veitch (693223) s'est enrôlé dans le 174e Bataillon à l'origine. La transcription de son témoignage devant la cour martiale est accessible sur microfilm T-8686, 649-V-1952, 8, groupe d'enregistrement 150, *BAC*. Ce document n'a pas été examiné aux fins de la présente étude.

64 Cet énoncé est aussi vrai pour la période qui a précédé la mutinerie. Ainsi, le 28 février 1917, une cour martiale générale de campagne a condamné le Sdt Robert James McGowan (859722), un membre de la première heure du 179e Bataillon, à 60 jours de FP 1 pour avoir « désobéi à un ordre légitime donné par son officier supérieur ». Voir le 2e feuillet, 9 avril 1917, dossier 4, 43e Bataillon, ordres partie II, vol. 82, fonds d'archives fédérales 150, *BAC*. La transcription de son témoignage devant la cour martiale est accessible sur microfilm T-8675, 649-M-14400, 8, groupe d'enregistrement 150, *BAC*. Ce document n'a pas été examiné aux fins de la présente étude.

65 CM1, Major-général L.J. Lipsett, l'officier général commandant de la 3e Division du Corps d'armée canadien, 19 décembre 1917. Soit dit en passant, le Lt Clifford Almon Wells, un officier du 11e Bataillon, une unité de la Réserve, qui a par la suite servi au sein du 8e Bataillon en France, pensait beaucoup de bien de Lipsett, à l'instar de nombreuses autres personnes. Dans une lettre à ses proches, il écrit : « Il est, je crois bien, le plus connu, le plus aimé et l'un des meilleurs officiers du CEC. Pour les officiers et les hommes du 8 Bon, il est dans une classe à part. Il appliquait la discipline avec rigueur, ce qui ne l'empêchait en rien d'être populaire. Il se mêlait aux hommes dès qu'il en avait l'occasion ». Voir *From Montreal to Vimy Ridge and Beyond: The Correspondence of Lieut. Clifford Almon Wells, B.A., of the 8th Battalion Canadians, B.E.F. November 1915 – April 1917*, O.C.S. Wallace, éd., Toronto, McClelland, Goodchild & Stewart, 1917, 5 juillet 1916, p. 168.

66 CM1, Lieutenant-colonel D.C. Draper, commandant par intérim de la 9e Brigade, à la 3e Division, 11 décembre 1917.

67 Entrée du journal de guerre du 43e Bataillon datée du 13 décembre 1917, partie 2, dossier 434, vol. 4938, III-D-3, groupe d'enregistrement 9, *BAC*.

68 Le Major H.M. Urquhart, qui fut plus tard promu lieutenant-colonel, a occupé le poste de major de brigade de la 1re Brigade juste avant de se voir confier le commandement du 43e Bataillon. Voir 24 décembre 1917, no. 489, dossier 1, chemise 7, ordres courants du 43e Bataillon, vol. 4196, III-C-3, groupe d'enregistrement 9, *BAC*. Pour les services qu'il a rendus pendant la guerre et le courage dont il a fait preuve, il s'est vu décerner l'Ordre du service distingué (et une agrafe) et la Croix militaire. On peut lire les citations associées à ces décorations dans les ouvrages de David K. Riddle et Donald G. Mitchell, *The Distinguished Service Order – Awarded to Members of the Canadian Expeditionary Force and Canadians in the Royal Naval Air Service, Royal Flying Corps and Royal Air Force, 1915-1920*, Winnipeg, The Kirkby-Marlton Press, 1991, p. 106 et de David K. Riddle et Donald G. Mitchell, *The Military Cross – Awarded to Members of the Canadian*

Expeditionary Force, 1915-1921, Winnipeg, The Kirkby-Marlton Press, 1991, p. 339.

69 31 décembre 1917, no 504, dossier 1, chemise 7, ordres courants du 43e Bataillon, vol. 4196, III-C-3, groupe d'enregistrement 9, *BAC*.

70 CM1, adjudant général adjoint de l'officier général commandant, Première armée, au directeur des prisons militaires en campagne, 27 décembre 1917. Cette recommandation s'appliquait à tous les soldats, à l'exception du Sdt Bonang; dans la Première armée, on souhaitait qu'il purge la totalité de sa peine. CM1, adjudant général adjoint de l'officier général commandant, Première armée, au directeur des prisons militaires en campagne, 13 janvier 1918. En passant en revue les conclusions des cours martiales avant de les acheminer aux échelons supérieurs du commandement, Lipsett a formulé une recommandation similaire puisqu'il souhaitait « que les hommes soient incarcérés. Si, en raison d'un manque d'espace, on juge qu'on ne peut les emprisonner tous, je crois qu'il est essentiel que [le Sdt] BONANG, qui était de toute évidence le meneur, soit lui incarcéré et que la peine des autres soit commuée à 90 jours de FP 1 ». CM1, Lipsett au Corps canadien, 19 décembre 1917. Quand est survenue cette mutinerie particulière, Sir Henry Sinclair Horne commandait la Première armée du Corps expéditionnaire britannique.

71 Boîte 865, dossier 24 (A.W. Bonang), boîte 1793, dossier 50 (C. Clergy), boîte 7986, dossier 2 (H.J. Primmett), boîte 2196, dossier 50 (S.H. Cuff) et boîte 3713, dossier 35 (W.J. Graham), numéro d'acquisition 1992-93/166, groupe d'enregistrement 150, *BAC*.

72 Morton, *When Your Number's Up*, 19.

73 L'auteur du présent document a compilé les statistiques offertes dans le texte. Voir Putkowski, *Mutineers*, 90-2. Comme l'ont souligné de précédents historiens de la Première Guerre mondiale, les mutineries causées par des rations et des conditions de logement inadéquates étaient loin d'être rares au sein de l'armée britannique dans son ensemble. Voir *Ibid.*, 12.

74 Joel E. Hamby, « The Mutiny Wagon Wheel: A Leadership Model for Mutiny in Combat », *Armed Forces & Society*, vol. 28, no. 4 (été 2002), 581. C'est l'auteur du présent document qui a mis ce texte en italique pour en faire ressortir l'importance.

75 Mantle, « Moral Economy », p. 55-56.

10 ∾

Crise de leadership :
La 7e Brigade et la « mutinerie » de Nivelles en 1918

IAN MCCULLOCH

*C'était le destin de la 7e Brigade que de faire face, dans sa dernière
grande opération de la guerre, à des formations ennemies bien
reposées, puissantes et très combattives.*[1]

G.R. Stevens, *A City Goes to War*

C'était également le destin de la 7e Brigade d'infanterie canadienne
(BIC) que d'avoir un nouveau commandant pour Cambrai, la dernière
grande opération de la guerre, et que de perdre deux commandants de
bataillon aguerris dès les premières heures de cette campagne. Ces
circonstances se sont traduites par une fonction de commandement et
contrôle gravement handicapée et par des pertes inutiles.

L'officier général commandant (OGC) de la 7e BIC, le Bgén John
Arthur Clark, ancien cmdt du 72e Bataillon (bon) (Seaforth Highlanders) de
la 4e Division d'infanterie canadienne (DIC), racontait, 45 ans plus tard :

> Je n'ai jamais été aussi déprimé qu'après cette bataille. On
> aurait dit qu'il était impossible de briser le moral et
> d'amoindrir la combativité des Allemands. On avait
> l'impression qu'il était impossible de vaincre ces *Frisés*, du
> moins pas en 1918. Ils combattaient magnifiquement et
> avec grande détermination. Ils ont réussi à décourager
> bien des soldats du Corps.[2]

Vers la fin d'octobre, le Général Currie, qui rendait visite aux officiers du 42e Bataillon (bon) du Corps expéditionnaire canadien (CEC) (Royal Highlanders of Canada) dans la zone de repos après la bataille, a également ressenti ce découragement; il leur a demandé de lui expliquer les raisons de cet échec :

> Je veux que vous oubliiez que je suis le commandant du Corps et que vous me disiez franchement pourquoi nous avons échoué dans ce dernier affrontement. Je veux connaître le fond de votre pensée, savoir si vous croyez que les commandants supérieurs ont commis des erreurs ou non. Je veux que vous vous sentiez libres de vous exprimer, homme à homme; rien de ce que vous me direz ne sera retenu contre vous.[3]

Le Général Currie a été chanceux que le cmdt des Highlanders, Royal Ewing, soit en permission lors de sa visite, parce que frustré comme il l'était, celui-ci ne se serait certainement pas gêné pour se vider le cœur devant le général. Charles Stewart du Princess Patricia's Canadian Light Infantry (PPCLI) avait été tué. Dick Willets du Royal Canadian Regiment (RCR) avait été gravement blessé et Robert Palmer du 49e Bon était en permission. Ewing était donc le seul commandant de bataillon survivant de la brigade qui avait participé à la bataille en question. Ce que les Highlanders ont dit au général en l'absence de leur cmdt n'a été consigné nulle part.

Le Corps a tout de même persévéré dans ses efforts et, le 9 octobre, Cambrai tombait aux mains des Canadiens. La 7e Brigade a ensuite participé à la poursuite de l'armée allemande, à un certain moment à la tête du Corps dans la forêt de Raismes. C'est ainsi qu'elle a eu l'immense honneur d'être la première brigade canadienne à entrer à Mons; c'était le 10 novembre, la veille de la déclaration de l'Armistice. Elle a aussi été la seule brigade au sein du Corps canadien à jamais se mutiner. Elle a pourtant continué d'exister sous son nom jusqu'au jour où ses bataillons son montés dans les navires qui devaient les ramener au Canada. La Brigade n'a pas pour autant été oubliée par ses deux premiers commandants; en effet, le Bgén Hugh Dyer est venu lui dire un dernier adieu à l'occasion d'un défilé d'honneur à Bramshott. Le charismatique « Batty Mac » [éd. Archibald Macdonnell], se remémorant la

392

« Glorieuse 7e » a rédigé un dernier message sincère à sa mémoire : « C'est toute une plume à mon chapeau que de pouvoir dire que j'ai déjà commandé une telle brigade. Il ne fait aucun doute dans mon esprit que les membres de la 7e Brigade auront du succès dans la vie civile et manifesteront les mêmes qualités de courage, d'esprit d'initiative, de perfectionnisme et de ténacité qu'ils ont démontrées si abondamment sur le champ de bataille. »[4]

PROMOTIONS ET PROBLÈMES

Les problèmes de la 7e BIC ont commencé lorsque son bien-aimé OGC, le Bgén « Daddy » Dyer, a été relevé par le nouvellement promu Bgén Clark, le 12 septembre, durant la courte pause entre la bataille d'Arras et celle de Cambrai. Le départ du Bgén Dyer est certainement signalé dans les diverses histoires régimentaires et divers journaux de guerre, qui font tous l'apologie des qualités de l'homme et professent amour et admiration pour lui, mais aucune raison expliquant ce départ soudain n'est donnée. L'histoire officielle se contente de relater que le départ du Mgén Lipsett et la promotion du Général Loomis « ont entraîné une série de changements dans la structure de commandement des brigades d'infanterie du Corps ». Le Bgén Dyer avait servi 12 mois sous Loomis à titre de commandant de bataillon et avait été promu au cours de cette période au poste de commandant de brigade, sans aucun doute suite à la recommandation de Loomis; son départ ne correspond donc pas au scénario habituel du nouveau OGC qui ne veut pas de Dyer.

La performance de Dyer aux commandes de la 7e BIC à Passchendaele, Amiens et Monchy-le-Preux avait été efficace, mais pas brillante, et on peut donc éliminer le motif de l'incompétence. Des raisons de santé sont plus probables; en effet, Dyer avait subi une grave blessure à la deuxième bataille d'Ypres. Dans son ouvrage intitulé *General Mud* [5] Burns signale que la période de service moyenne d'un commandant de brigade au cours de la Première Guerre mondiale était de 17 mois. Dyer, avec ses 15 mois aux commandes d'une brigade, précédés d'exigeants états de service comme commandant de bataillon depuis le début de la guerre, méritait certainement un long repos. Il avait servi honorablement et était en conséquence ramené en Angleterre pour assumer le commandement moins stressant du QG d'instruction du Canada à Seaford.[6] On peut toutefois se demander si la décision de changer de cheval en plein milieu de la course était la meilleure pour la 7e BIC. Comme nous le verrons dans la pages qui suivent, la situation est devenue plus chaotique et imprévisible durant les 100 derniers jours de la guerre, exigeant des responsables du commandement et du contrôle qu'ils disposent de procédures d'opérations éprouvées et harmonieuses, et qu'ils sachent les exécuter efficacement.

Le remplaçant de Dyer, le jeune Clark, était un avocat et officier de la milice de Vancouver âgé de 32 ans qui commandait les Seaforths depuis le début de la guerre. À titre de commandant de bataillon, il avait mérité la D.S.O. trois fois, mais a semblé, dès le début, inconfortable dans son nouveau poste de commandant de brigade.[7] Un officier du RCR raconte dans ses mémoires que Clark lui a mentionné, après la guerre, « tout l'inconfort qu'il éprouvait à titre de nouveau brigadier face à l'obligation d'exiger tant de régiments réputés, face à toute la pression qu'il subissait et à cause du fait qu'il était un inconnu au sein de la brigade ».[8] Le Bgén Clark a lui-même avoué dans une entrevue dans les années 1960 à quel point il était intimidant de prendre le commandement d'une brigade juste avant une opération complexe comme la pénétration de la ligne D-Q [éd. Drocourt-Quéant] et le franchissement du Canal du Nord.

« J'étais un bien jeune commandant de brigade » a-t-il avoué à son interlocuteur de la Canadian Broadcasting Corporation (CBC). « J'avais 32 ans à l'époque et la plupart des commandants subordonnés de la brigade étaient plus âgés que moi; je me sentais plus ou moins comme un parfait étranger au sein de la brigade »[9]. C'est ainsi que Clark en est venu à s'appuyer sur le cmdt du PPCLI, le Lcol Charles Stewart, le plus aguerri et flamboyant des quatre commandants de bataillon. Lorsque Stewart a été tué à la bataille du Canal du Nord, le 28 septembre 1918, Clark a admis qu'il avait été « particulièrement éprouvé par sa perte ». Stewart lui avait accordé « un accueil des plus généreux et le soutien le plus loyal qui soit. J'en étais venu à me fier à lui; j'avais toujours l'impression que sa nature enjouée me remontait le moral; il m'encourageait beaucoup ».[10] Le fait que le Lcol Stewart avait réussi à produire cet effet sur son supérieur en à peine deux semaines montre bien tout le charisme et le leadership naturel qu'il possédait.

Dans les violents combats qui ont suivi la mort du Lcol Stewart, Clark a défailli et a perdu le respect de deux de ses quatre commandants de bataillon, ceux du PPCLI et du 42e Bataillon. Plus tard, après l'Armistice, toute la brigade s'est mutinée; c'était à Nivelles (Belgique), en décembre 1918, officiellement en réaction aux ordres obligeant les soldats à marcher avec leur attirail complet, mais aussi pour d'autres raisons plus profondes et sombres – par ressentiment et par haine envers Clark pour son ineptie à commander la brigade à Tilloy. Clark prétend, pour sa part, qu'il a été démoralisé par sa première et seule affectation à titre de commandant de brigade dans le cadre d'opérations offensives prolongées. « Lorsque la 7e Brigade a été relevée, j'étais fatigué et déprimé » se rappelle-t-il. « Nos pertes étaient lourdes. J'avais le sentiment d'avoir failli en ce qui concerne leadership auquel les troupes avaient droit».[11]

Au moins un des cmdt, le Lcol Royal Ewing, partageait cet avis et a saisi la première occasion qui s'est présentée après les combats de Cambrai pour le faire savoir de manière détournée, c'est-à-dire dans le compte-rendu de fin de mois du journal de guerre du bataillon. La mention du départ du Bgén Hugh Dyer, qui remplit presque toute une page, chapeaute une courte mention de l'arrivée de Clark le 12 septembre. Le ton et le style sont indiscutablement ceux de Ewing et le message à l'intention de Clark est clair, notamment qu'il n'est pas à la hauteur. Voici les deux citations complètes :

> Le départ du Gén Dyer de la 7e Brigade d'infanterie canadienne a suscité le plus large et sincère regret au sein des troupes. Non seulement son leadership lui avait-il valu l'admiration de ses hommes et officiers, mais sa personnalité lui avait gagné l'affection de tous ceux qui le connaissaient. Son jugement sûr et équilibré - son appréciation d'une situation militaire - ainsi que son aigu de la valeur suprême de la vie humaine ont fait de lui un chef en lequel nous pouvions avoir confiance implicitement, tandis que son esprit bienveillant et bon, son intérêt profond pour la vie de ses hommes et son courage personnel au combat lui ont gagné l'admiration affectueuse de tous.[12]

Presque à titre de note de bas de page sous cet éloge se trouve la mention originale que Ewing savait que le nouveau commandant lirait à coup sûr, et qui porte : « Le Lcol J.A. Clark, D.S.O., cmdt du 72e Bataillon Seaforth Highlanders a pris le commandement de la brigade. Le Col Clark possède des bons états de service et nous sommes certains que la brigade continuera d'obtenir du succès sous son leadership ».[13]

Ewing n'était pas le seul à mépriser Clark. Un autre cmdt, le Capt G.W. Little du PPCLI, qui remplaça temporairement Stewart, était tellement aigri par son expérience sous Clark qu'il déclarait, dans une entrevue à la CBC dans les années 1960, : « Mon brigadier, l'enfant de chienne, est encore en vie; si jamais je le rencontre, je le tue ».[14]

PLANS ET PROCÉDURES

Sir Arthur Currie, peut-être le plus grand général jamais produit par le Canada, estimait que son offensive du 26 août au 3 septembre 1918, couronnée par la pénétration de la ligne D-Q, était la plus grande victoire de son Corps expéditionnaire et ce, pour plusieurs raisons.

> [À Amiens] nous affrontions un ennemi prêt pour l'offensive; à D-Q, il était prêt pour la défensive. Dans le premier cas, ses tranchées n'étaient pas particulièrement bonnes; il n'avait pas d'emplacements de béton; il avait peu de barbelés; ses canons étaient tous loin en avant pour appuyer la progression qu'il envisageait... Dans le deuxième cas, nous faisions face à un vieux réseau défensif, un système qui n'a jamais été surpassé ailleurs. Ses canons étaient échelonnés sur une grande profondeur et nous étions ainsi continuellement soumis à son tir d'artillerie.... C'était pratiquement son dernier et certainement son plus puissant système à l'ouest de Cambrai.[15]

« Rares sont ceux qui contrediraient Sir Arthur », rapporte l'histoire officielle. « Les succès du Corps dans la destruction du point d'appui du système défensif allemand ont non seulement permis à la 3e Armée d'avancer, mais ont fait sentir leurs répercussions sur tout le front. »[16]

Le même jour où les Canadiens recevaient des félicitations pour avoir enfoncé la ligne D-Q, le Maréchal Foch lançait une offensive sur un front de 125 milles, avec des attaques lourdes menées par les forces anglaises, françaises, américaines et belges. Dès le 10 septembre 1918, six armées, trois françaises et trois anglaises, s'étaient approchées de la dernière ligne de défense allemande alors que les forces allemandes battaient en retraite. Après l'ouverture d'une brèche dans la ligne D-Q, Currie apprenait du chef d'état-major général (CEMG) que : « le commandant en chef est très satisfait de la performance des Canadiens et espère qu'il ne sera pas nécessaire de faire appel à eux pour d'autres grandes opérations durant le reste de l'année ».[17] Malheureusement, c'était un faux espoir, car Haig voulait gagner la guerre en 1918 et avait besoin du Corps canadien pour aider à maintenir la pression sur le front allemand en perdition.

Le 15 septembre, le Général Currie apprenait que le Corps allait être le fer de lance de la 1re Armée, qui avait pour mission de franchir de force le Canal du Nord et d'aller frapper Cambrai, une centre de communications névralgique. Passons sous silence les détails du plan audacieux de Currie pour accomplir sa mission et contentons-nous de dire que son plan a marché. Les 1re DIC et 4e DIC étaient en tête du Corps canadien; à gauche la 1re DIC a dépassé ses objectifs immédiats et a continué sa progression. Au sud, la 4e DIC a eu moins de chance face à une forte résistance à Bourlon et au bois de Bourlon. Ce n'est qu'après que l'artillerie canadienne a saturé le boisé de gaz empoisonné que la division a réussi à prendre le bois de Bourlon. C'est pour cette raison que la 3e DIC a été appelée à l'avant avant son temps; le matin du 27 septembre, elle a reçu l'ordre de monter au front pour relever des éléments de la 4e DIC et pour maintenir l'élan de l'assaut en aidant à prendre Fontaine-Notre-Dame.[18]

Franchissant le Canal du Nord dans la foulée des deux autres divisions, la 7e BIC s'est retrouvée dans le village de Bourlon et à l'est du bois de Bourlon à 1800 h. C'était la première fois que le Bgén John Clark commandait la brigade en opération. Le nouveau commandant avait reçu une mission très détaillée et ambitieuse de la part d'un commandant divisionnaire également nouveau à son poste, le Mgén F.O.W. Loomis, qui venait de remplacer le Mgén L.J. Lipsett. Passant à travers les positions de la 11e BIC, la 7e BIC de Clark devait enfoncer la ligne Marcoing à partir du village de Sailly au nord jusqu'à l'angle des routes Arras-Cambrai et

Bapaume-Cambrai au sud. Cela fait, il devait amener sa brigade au nord-est et franchir la périphérie nord de Cambrai. Ensuite, la brigade devait traverser la route et la levée de chemin de fer de Douai, prendre Tilloy et la colline Tilloy et, finalement, descendre dans la vallée à Ramillies, prendre les points de franchissement du canal « et, si possible, tenir le village de Ramillies et établir des têtes de pont de l'autre côté du canal Scheldt ». L'historien du PPCLI signale avec une pointe d'ironie que « il est facile de constater a posteriori qu'un tel programme sous-estimait autant l'opposition qu'allaient offrir les Allemands pour conserver leurs têtes de pont, que l'immense résistance de leurs positions préparées sur la levée de chemin de fer et la colline ».[19] Autrement dit, la 7e BIC était lancée en territoire inconnu, dans une zone sur laquelle il n'y avait pas de renseignements détaillés.

Clark a décidé de faire appel à un seul bataillon pour enfoncer la ligne Marcoing dans son secteur, le PPCLI recevant pour mission d'appuyer l'opération si nécessaire. Les ordres verbaux qu'il a donnés au cmdt du RCR, un peu plus tard le même soir, au sujet de la première phase du plan ne laissaient cependant pas beaucoup de temps pour la procédure de combat. Voici comment l'histoire du régiment raconte les événements de cette nuit-là :

> Peu après minuit, le Lcol C.R.E. Willets, D.S.O. est revenu à l'unité, de retour du QG de la brigade et, après avoir convoqué ses commandants de compagnie à une réunion dans un cratère d'obus derrière un mur brisé, leur a expliqué les grandes lignes des opérations de la journée suivante. Il n'avait ni le temps ni l'occasion d'aller dans les détails. À la lumière d'une lampe de poche, le Lcol Willets a inscrit sur un certain nombre de cartes le front et la direction générale de l'attaque de chaque compagnie, les limites qui avaient été convenues et les objectifs visés par cette attaque. Le premier objectif était la ligne Marcoing, au-delà de laquelle l'attaque allait pivoter vers le nord-est en direction de Tilloy si possible. Il est probable que dans toute l'histoire du Royal Canadian Regiment jamais des ordres visant une opération d'une telle importance n'avaient été si concis,

car le commandant, sachant qu'il n'y avait pas de temps
à perdre, a limité ses explications le plus possible.[20]

Le temps était crucial et les commandants de compagnie ont essayé de
faire une reconnaissance à l'avant, mais en ont été empêchés par la noirceur
profonde et le bombardement du secteur au gaz moutarde par les Allemands.
À 0530 h le 28 septembre, les trois compagnies du RCR désignées pour
donner l'assaut ont lancé l'attaque avec une compagnie en réserve. Le RCR
était appuyé par quatre chars et un « tir de barrage très efficace »; il est allé
directement de l'orée du bois de Bourlon à la ligne Marcoing, qui se trouvait
derrière une levée de chemin de fer et en contre-pente par rapport à son point
d'observation. Atteignant le sommet de la crête, « les hommes ont compris la
difficulté de la tâche qui les attendait », relate l'histoire régimentaire.
« Défendue par une vaste ceinture de barbelés et de nombreux centres de
résistance, chacun comptant une garnison de mitrailleurs d'expérience et
deux ou plusieurs mitrailleuses, la position allemande constituait un barrière
qui ne pouvait évidemment être assaillie qu'au prix d'un effort d'une
détermination maximale et d'un courage suprême ».[21]

Au milieu de la matinée, le Régiment était fixée sous un tir nourri
venant du front et du village de Sailly sur le flanc gauche. Son cmdt avait été
gravement blessé par un obus et son capitaine-adjudant était mort. Le
bataillon semblait sur le point de défaillir. Le RCR a alors été inspiré par le
leadership et le courage d'un officier subalterne, le Lt Milton « Groggy »
Gregg, qui, voyant que l'avance avait été stoppée par des barbelés intacts,
s'est avancé seul, a trouvé une ouverture, puis a conduit ses hommes
jusqu'aux positions allemandes. Ensuite, il a mené des attaques à la bombe
dans le réseau de tranchées allemand et, lorsque les bombes ont manqué, est
personnellement allé en chercher d'autres à l'arrière. Son audacieuse attaque
a permis aux autres compagnies d'avancer et de passer. Gregg a reçu pour son
courage la seule VC décernée au sein du RCR pendant toute la guerre.[22]

Le PPCLI, envoyé à l'avant par le Bgén Clark pour prêter main forte
au RCR immobilisé, a perdu son audacieux cmdt, le Lcol Stewart, par
suite de l'explosion d'un obus égaré pendant le mouvement vers l'avant à
Raillencourt. Malgré tout, les compagnies, bien informées de leur mission,
ont continué la mission commencée et, au début de l'après-midi, les deux
bataillons avaient réussi à franchir la Ligne et finissaient d'éliminer les

positions d'appui entre les routes d'Arras et de Bapaume.[23] La poursuite de l'avance était cependant impossible pour le moment parce que l'attaque de la 9e BIC, sur le flanc gauche, était immobilisée. Le 49e Bataillon est ensuite passé par la ligne Marcoing pour venir prendre position sur la droite du PPCLI afin de continuer la progression vers Tilloy à 1900 h. Le tir de barrage à l'appui a profité à la 9e BIC, du côté droit, qui avait pour objectif le village de Saint-Olle. Le 49e et le PPCLI se sont mis en marche sans l'appui des chars promis et n'ont pas rencontré de réelle résistance avant d'arriver en vue de la levée de chemin de fer Cambrai-Douai. C'est là que le PPCLI s'est heurté à un réseau de barbelés non marqué, enseveli sous la végétation, et que son avance a été stoppée. Pour leur part, les compagnies de tête du 49e Bon étaient immobilisées par des tirs de mitrailleuse (mit) nourris, venant non seulement du front, mais également de leur flanc droit à Saint-Olle, un secteur que la 9e BIC n'était pas parvenue à nettoyer. Ce soir-là, Clark a donné ordre au 42e Bon et au 49e Bon de reprendre l'attaque le lendemain matin à 0800 h.[24]

« Lorsque le tir de barrage préparatoire a commencé, le matin à 0800 h, les tirs étaient peu nombreux et inefficaces » mentionne l'histoire du 49e Bon au sujet de cette malheureuse attaque du 29 septembre. « Les compagnies A et B ont avancé vers des mitrailleuses qui tiraient à bout portant. Les deux commandants de compagnie ont été tués, mais leurs hommes ont continué d'avancer sans relâche. » Après avoir subi de lourdes pertes, le 49e Bon s'est approché de la route Cambrai-Douai, juste de l'autre côté de la ceinture de barbelés. Le 42e Bon, attaquant sur son flanc gauche sans plus de succès, a été décimé par les tirs de mitrailleuse provenant de la levée alors qu'il était empêtré dans les barbelés. Le Major C.B. Topp, le commandant de campagne du 42e Bon pour l'attaque, se rappelle que les compagnies de tête avaient entrepris l'avance « à huit heures précises » et que le tir de barrage était « relativement faible » en volume.[25] Malgré cela, elles avançaient :

> …en longues lignes de section, en formation étendue…les compagnies à l'appui suivant dans le même ordre, à quelque distance derrière. L'avance a continué ainsi, presque comme un défilé, sur plus de 1000 verges. Aucun coup n'étant tiré, on a cru, pour un instant, que l'ennemi avait abandonné sa position durant la nuit; les Highlanders

sont alors arrivés aux barbelés devant le dépotoir, deux
longues et larges ceintures de barbelés lâches et presque
dissimulées dans l'herbe. Le premier rang a franchi les
barbelés en les enjambant laborieusement, fil par fil; alors
que les hommes du deuxième rang progressaient dans les
barbelés et que le reste du bataillon s'approchait
rapidement, des douzaines de mitrailleuses ont
soudainement ouvert le feu à bout portant, en même
temps, depuis la route de Douai, la levée de chemin de fer
et le terrain dominant sur le flanc. Cette rafale initiale a été
si soudaine qu'il était impossible aux hommes de même se
jeter au sol pour échapper au tir. Les premiers rangs sont
tombés comme des pions, beaucoup, leurs vêtements
accrochés aux barbelés, restant suspendus sans défense face
à la pluie de balles. À partir de ce moment, toute possibilité
de contrôle organisé de l'attaque avait disparu et c'est tout
à l'honneur des sous-officiers et des hommes eux-mêmes
si, face à ce tir dévastateur, aucun n'a essayé de tourner les
talons.[26]

Le 42e a subi 50 pour cent de pertes en environ 15 minutes mais, à
l'instar du 49e , il a continué d'avancer, individuellement, en paires et en
sections, tirant en marche. Les survivants ont pris des positions de tir et
capturé des abris sur la route Cambrai-Douai, face à la levée de chemin de
fer Cambrai-Douai, à quelque 300 à 400 verges plus loin. Le fait que des
« douzaines » de mit avaient causé l'échec de l'attaque des Highlanders a
été prouvé le matin suivant lorsque le 42e s'est avancé après que le PPCLI
et le RCR sont passés par la position pour aller prendre le village de Tilloy.
Une des ceux compagnies mixtes de survivants a trouvé 36 mit
abandonnées parmi les Allemands morts sur une bande de 100 verges de
chemin de fer située juste devant son front.[27] Ces mitrailleuses ont alors
été récupérées pour être utilisées contre l'ennemi.

Après l'échec de l'attaque du 29 septembre, la 7e BIC du Bgén Clark a
reçu l'ordre de prendre le village de Tilloy le matin suivant. L'historien Dan
Dancocks estime que : « Le choix de cette brigade est douteux : elle était
épuisée et décimée, et c'était la troisième journée de suite qu'elle devait aller

au combat ».[28] Le Cpl Will Bird a consigné la réaction amère des hommes à cette nouvelle : « Sellars et ses hommes ont réagi en disant qu'il était impossible qu'on leur ait donné l'ordre d'attaquer encore une fois, que c'était du suicide ».[29] Le PPCLI s'est lancé à l'attaque avec à peine plus d'une compagnie comme effectif. Le 42e n'avait plus que six pelotons de fusiliers affaiblis, groupés en deux faibles compagnies. Le RCR ne valait guère mieux.

L'histoire du PPCLI rapporte que la bataille finale pour conquérir le village de Tilloy a été « plus que toute autre action dans les dernières années de la guerre, un lutte à finir ». L'histoire du 49e confirme cette opinion lorsqu'elle relate que la bataille est devenue « une rencontre intime d'homme à homme, et rarement plus que section contre section ou peloton contre peloton. La mitrailleuse était l'arme clé, en attaque comme en défense ». Les laissés hors de la bataille de tous les bataillons ont été amenés à l'avant la nuit du 29 septembre et le PPCLI et le RCR étaient en position dans leurs zones de rassemblement à 0330 h, le 30 septembre. Ils se sont lancés à l'attaque à 0600 h, appuyés par un formidable tir de barrage, des mit et des batteries de mortiers de tranchée, et ont pris la levée de chemin de fer relativement facilement.[30]

Le 42e Bataillon au repos sur la Grande Place, à Mons, le matin de l'Armistice. Certains soldats de ce bataillon se mutineraient à peine un mois plus tard. (Départment de la Défense nationale, Bibliothèque et Archives Canada PA-3571)

Après avoir traversé la levée de chemin de fer, les deux bataillons se sont de nouveau retrouvés sous le feu des nids et positions de mit allemands en profondeur et ont été forcés de s'arrêter. Aux dires de son cmdt intérimaire, le PPCLI a pris les Allemands « les culottes baissées » et avait terminé la consolidation dans le village à 0730 h, s'emparant dans l'affaire d'une batterie de canons de 77 mm et de 50 mit allemandes. Renforcé par les restes du 49e Bon, le PPCLI a tenu misérablement le terrain conquis, sous un lourd bombardement d'artillerie, jusqu'à ce qu'il soit relevé le soir même par la 9e BIC, laquelle n'a pas eu plus de succès que la 7e BIC dans sa tentative de progression le lendemain. Le RCR, sur le flanc gauche du PPCLI, alors qu'il débouchait de l'autre côté du chemin de fer, s'est fait prendre sous un intense barrage de tir de mit, la majorité venant de la direction de Blecourt, là où la 4e DIC était immobilisée. Concrètement, la 7e BIC avait été stoppée par les Allemands dès le milieu de la matinée et ne constituait plus, dès lors, une formation de combat efficace. Le Bgén Clark le savait, ses officiers le savaient et ses hommes le savaient.[31]

PERSONNALITÉS ET PRESSION

Avant Cambrai et les malheureuses conséquences de l'Armistice, la « Glorieuse 7e » avait été l'une des brigades les plus fiables et les plus combattives de tout le Corps. Après Passchendaele, le Bgén « Daddy » Dyer avait reconstitué son effectif avec de nouveaux officiers et hommes, aiguisant ses compétences et son agressivité grâce à des raids et des patrouilles redoutables lorsqu'elle était au front, et s'entraînant en vue de la guerre en rase campagne lorsqu'elle se trouvait en zone arrière. Trois bataillons d'infanterie avaient des nouveaux cmdt pour 1918, le RCR accueillant le leur juste avant la bataille de Passchendaele, le PPCLI quelques mois plus tard et le 42e au milieu de l'été, après que le Lcol Bartlett McLennan a été tué par un obus égaré. Au sein du RCR, le Lcol Claude Hill, D.S.O., « le préfet de discipline » qui était arrivé au régiment juste avant la bataille du bois du Sanctuaire, a été remplacé par son cmdtA, le Maj C.R.E. « Dick » Willets, D.S.O., un commandant de compagnie compétent et aguerri, qui faisait partie de la formation originale du bataillon outre-mer, et un officier de la Force permanente comptant une dizaine d'années de service. Son bataillon s'était fort bien acquitté de sa mission de soutien à Passchendaele, fournissant des équipes de transport des munitions et de brancardiers. Son premier test de commandement n'est cependant survenu qu'après la bataille d'Amiens, qu'il avait manquée parce qu'il était en permission (16 juillet -18 août) — sans aucun doute victime du plan de déception soigneusement contrôlé et du secret qui occultaient l'opération. Le RCR était dirigé par un capitaine lors de cette importante bataille. Willets était de retour pour les durs combats à Arras, même s'il semble que son bataillon se soit fait prendre au lit avant les batailles de la colline Orange et de Monchy-le-Preux. « Comme les ordres de mouvement vers le front étaient arrivés de façon inattendue » raconte l'histoire du régiment, « tous les officiers sont partis à l'attaque en uniforme de garnison. Dans les combats rapprochés qui ont suivi, cette situation n'a pas été sans conséquences, car les officiers, en culottes pâles avec ceinturon et boutons brillants, offraient des cibles bien visibles aux tireurs d'élite ennemis ». Il semble bien que Willets avait repris l'héritage de son prédécesseur quant au maintien des normes de la Force permanente au front. Lorsque Willets a été blessé par un obus tombé directement sur son QG de bataillon à la bataille de la ligne Marcoing, en septembre, il a été temporairement remplacé par le Major C.B. Topp, D.S.O., cmdtA du 42e, qui était fortuitement en visite de liaison précisément à ce moment. Par la suite, un capitaine du RCR a été nommé cmdt. Lorsque le régiment est retourné en zone arrière, le Major G.W. MacLeod, D.S.O., un officier du 49e Bon faisant partie du 3e Bon de mitrailleuses canadien, a été promu au poste de commandant du régiment, probablement à la consternation de plusieurs officiers de la Force permanente.[32]

Au sein du PPCLI, le Lcol Agar Adamson, le cmdt excentrique de 52 ans baptisé affectueusement « Ack-Ack » par ses hommes, était brûlé. « L'été précédent, il avait passé une semaine à l'hôpital souffrant de la fièvre des tranchées » selon son biographe. « Plus tard, il a été hospitalisé après avoir été exposé à une dose de gaz moutarde. Sa vue était tellement faible, même celle de son bon œil, qu'il était inefficace sans son monocle, devenu partie du folklore du régiment; même avec le monocle vissé sur l'œil, il tombait continuellement dans des trous et se cognait partout lorsqu'il inspectait les tranchées la nuit ». Il souffrait également d'épuisement nerveux et le commandant de brigade a dû intervenir. « Le brigadier a été très délicat dans cette affaire » écrivit-il à sa femme. « Celui qui commande doit être jeune et en santé. Ma mauvaise vue et mon âge militaient contre moi ». Adamson a donc démissionné de son poste de commandant sous le prétexte du mauvais état de sa femme en Angleterre mais, en réalité, c'est son propre état de santé qui était en cause.[33]

Les vues de Dyer sur l'état de santé et le dynamisme de ses cmdt ont aussi fait en sorte que le fondateur du régiment, le Lcol Hamilton Gault, qui se déplaçait à l'aide d'une jambe de bois par suite d'une blessure subie au bois du Sanctuaire, a été écarté de la course à la succession de Adamson. Comme le mentionne le biographe de Gault « la question du remplacement d'Adamson n'était pas une grande priorité au milieu des offensives allemandes »,[34] mais lorsqu'elle l'est devenue, elle a été l'occasion de voir le processus et les minutieuses délibérations qui entouraient le choix d'un commandant de bataillon en 1918.

Le Bgén Dyer estimait que Gault n'était pas apte à commander un bataillon et a recommandé de confier le poste de commandant au cmdt intérimaire, le Maj C.J.T. « Charlie » Stewart. Le Mgén Lipsett, OGC de la 3e DIC, a approuvé cette recommandation, mais Currie, le commandant du Corps, pensait que Stewart n'avait pas l'équilibre de caractère requis pour ce poste et a demandé à Lipsett de consulter Gault. Le biographe Jeffery Williams nous raconte la suite de cette histoire :

> Il ne faisait aucun pour Gault que Stewart serait capable de diriger le bataillon de façon audacieuse et efficace dans tout genre d'action. Mais en zone arrière, en l'absence de l'adrénaline du front, il ne manifestait que peu d'intérêt pour la gestion quotidienne des affaires du bataillon. Il était un soldat bon vivant qui, trop souvent, se détournait de l'administration banale pour se repaître dans une tonitruante partie au mess. Plus d'une fois, le régiment avait dû le sortir du pétrin alors qu'il était en permission à Londres. À plusieurs occasions, après avoir trop bu, il avait dû être soustrait aux regards d'un général en visite. Il était impulsif et enclin à se prononcer sur des sujets graves sans avoir suffisamment réfléchi. Il n'avait pas ce qu'il fallait pour bien représenter le régiment au sein du Corps

et serait probablement considéré comme une quantité négligeable, sinon comme un bouffon. Il semblait incapable de garder une distance judicieuse par rapport à ses subalternes - de tracer la frontière entre bienveillance et familiarité, entre autorité et discipline – une qualité essentielle pour commander. De l'avis de Gault, toutefois, la pire conséquence de cette mauvaise direction du régiment était que les hommes souffriraient.[35]

La compétence et l'habileté tactiques de Stewart au combat étaient irréprochables, mais ses compétences administratives, un aspect tout aussi important du commandement, étaient sa grande faiblesse. Sans une bonne maîtrise de l'administration, Stewart n'était pas considéré comme entièrement « professionnel », pas plus qu'il n'était considéré comme un « vrai » gentleman à cause de son caractère « déséquilibré » et de ses faiblesses. Gault a donc recommandé, à titre de major le plus ancien, que le commandement lui soit confié, ce qu'a accepté le commandant du Corps. Le 18 juin 1918, les ordres courants du Corps canadien annonçaient que : « Le Major (Lieutenant-colonel par intérim) A.H. Gault est temporairement promu au grade de lieutenant-colonel et prendra le commandement du PPCLI à compter du 28 mars 1918 ». Lorsque Gault est arrivé au régiment, Stewart était en permission et c'est le cmdtA, le Maj George Macdonald (ancien capitaine d'état-major « Rens » de la 7e BIC revenu en service actif après avoir été blessé), qui l'a accueilli et a demandé à lui parler en privé. Par un coup du hasard, le dernier aspect « informel » du processus de sélection du commandant du bataillon est alors intervenu. Sans ménagement, Macdonald a dit à Gault que le régiment dans son ensemble ne le connaissait plus et que les officiers le considéraient comme physiquement inapte à commander. « Ils voulaient Stewart, un combattant de première classe qui les avait commandés au cours des trois derniers mois, qu'ils connaissaient bien et en qui ils avaient confiance » raconte le biographe. La révélation finale était que Dyer, le commandant de la brigade, qui n'avait pas encore parlé à Gault, le considérait comme inapte à commander et avait recommandé Stewart.[36]

Gault, assommé, est allé rencontrer l'OGC de la 7e BIC où il a appris toute la vérité. Même si « Daddy » Dyer admirait Gault et le considérait comme un ami, il estimait effectivement qu'à cause de sa jambe de bois, il n'était pas « physiquement apte à commander » selon Williams.

> Aussi délicatement qu'il [Dyer] le pouvait, il a donné son point de vue à Gault et lui a confirmé qu'il avait recommandé Stewart.... Lorsqu'il [Gault] quitta le QG de la brigade, il était presque au désespoir. Depuis l'échec de son mariage, il avait consacré tout son amour et toutes ses aspirations au régiment qui le rejetait maintenant.... Si ses officiers et son brigadier le considéraient comme inapte à commander, il ne lui restait d'autre choix que de refuser le commandement qui était devenu l'ambition de sa vie.[37]

Gault allait commander le régiment après l'Armistice, mais pas avant que ne s'installe, avec ses malheureuses conséquences, le climat d'indiscipline né durant la période de commandement de Stewart.

En toute honnêteté, Stewart était bien apprécié par son commandant de brigade et par les autres commandants de bataillon. L'histoire du PPCLI raconte qu'il possédait « une personnalité très inhabituelle » et qu'il était « l'un des officiers de bataillon les mieux connus du Corps canadien » à cause « des innombrables histoires de sa vie de bohème, d'agent de la Royale gendarmerie à cheval du Nord-Ouest, d'officier de campagne en Belgique et en France, et de trompe-la-mort fantasque aux quatre coins du globe ». Un de ses commandants de peloton se remémore ce qui suit : « Les histoires de Charlie Stewart étaient légendaires. Il avait été soldat de fortune, était né en Nouvelle-Écosse et avait combattu, apparemment, pour la moitié des armées du monde. Il était un original, comme Adamson, qui possédait toutes les qualités de leadership, mais avait choisi de se dissimuler sous des apparences fantasques et insouciantes ».[38] Adamson, l'ancien cmdt, aussi dévoué au régiment que Gault, était exaspéré par les officiers de son ancien bataillon. Il était convaincu que beaucoup trop d'officiers étaient en train de devenir avide de promotion [éd.: et] il a écrit à sa femme que « le meilleur d'entre eux est porté à oublier la raison pour laquelle il est venu ici ». Il a même ajouté à ce sujet :

Je considère Charlie Stewart comme égoïste en cette matière et...j'ai honte de lui et des autres officiers, qu'il n'aurait jamais dû autoriser à se placer au même niveau que lui sur les questions de politiques. Il ne sera jamais plus qu'un enfant irresponsable dénué de la réserve et de la dignité que devrait afficher le commandant d'un régiment, et ne sera jamais capable de faire plus que de commander une compagnie de combat, ce qu'il fera toujours avec efficacité et courage.[39]

Le 42e Bon a perdu son cher cmdt, le Lcol McLennan, à cause d'un obus égaré tombé au cours de sa reconnaissance, quatre jours avant la bataille d'Amiens. Son jeune cmdtA, le Maj Royal Ewing, était un officier de la milice et un courtier en assurances avant la guerre, un membre de l'effectif original du bataillon qui avait servi continuellement en France comme commandant de peloton, capitaine-adjudant et commandant de compagnie. L'aumônier du 42e résume bien, dans son journal, les sentiments de tous au sujet de la mort de McLennan :

Le sentiment que nous laisse sa mort ne peut s'exprimer par les mots. Nous ne saurons jamais tout ce qu'il a été pour nous et tout ce qu'il a fait pour nous, et seul le temps nous permettra de commencer à réaliser jusqu'à quel point son esprit était le moteur de notre vie et la pierre d'assise de tout ce qui est vrai et noble au sein de notre bataillon....Sa vie parmi nous en est le propre témoin. Dans l'honneur sans tache, dans la chevalerie sans reproche, dans le devoir sans peur, dans le leadership suprême, dans l'amitié plus que loyale, il a vécu parmi nous, soldat et gentleman parfait.[40]

Les problèmes de la 7e BIC ont commencé avec la mort du Lcol Stewart le 28 septembre, un officier que la plupart des officiers de la brigade croyaient indestructible. Le moral du bataillon de Stewart a visiblement décliné après sa mort et Clark a commencé à s'inquiéter lorsque le PPCLI a été arrêté par une large ceinture de barbelés bloquant la voie vers la route de Douai-Cambrai. La barrière en question était un formidable obstacle, tellement envahi par la végétation qu'il était impossible de la détecter sur les photos aériennes. Malgré la noirceur tombante, le PPCLI avait déployé des efforts déterminés pour franchir cette barrière dissimulée et avait découvert un petit passage. C'était cependant un piège intentionnel couvert par de nombreuses mitrailleuses allemandes pointées directement sur lui. Le PPCLI a essayé de passer de force dans la lumière défaillante, mais a été rasé par les tirs de mitrailleuses. Plus de 40 soldats du PPCLI ont laissé leur vie dans ce petit passage, éparpillés dans un rayon de 20 verges. Sous le couvert de la noirceur, le PPCLI a reculé de 200 verges pour aller panser ses plaies. Le Capt Little, le commandant de compagnie le plus ancien et cmdt par intérim depuis 1600 h cet après-midi là nous raconte les événements ainsi :

> Lors de nos premières attaques à Tilloy nous avons été arrêtés par des barbelés dans une route enfoncée… nous ne pouvions pas bouger et nous avons donc reculé d'environ 200 verges. Lors de la première entrevue que j'ai eue avec le brigadier, il m'a dit : « Little, connaissez-vous les premiers principes de la guerre? » J'ai répondu : « Je ne suis pas sûr. Quels sont-ils? » « Eh bien », dit-il « L'un d'eux est qu'il faut garder ce qu'on réussit à prendre ». J'ai répondu : « Nous ne l'avons jamais pris, alors ne vous inquiétez pas ». Puis il a dit : « Le 42e va s'en charger ». Il a donc dit à Royal Ewing [cmdt du 42e] que son bataillon allait se charger de cette tâche et Royal Ewing a répliqué : « Nous ne voulons pas de cette mission, le PPCLI n'a pas réussi à l'accomplir, nous ne sommes pas capables de la réussir ». « Pourquoi? » a demandé Clark. « Parce qu'il y a trop de barbelés à cet endroit? » « Comment savez-vous qu'il y a trop de barbelés là? » « Le PPCLI nous l'a dit ». [Clark] a alors ajouté : « J'ai des photos aériennes. Il n'y a pas de barbelés à cet endroit ». Royal : « Si le PPCLI nous dit qu'il y a des barbelés, nous le croyons, Monsieur. Si nous lui disions qu'il y a des barbelés, il nous croirait aussi! »[41]

Le fait que ce renseignement sur les barbelés avait été communiqué à Clark, sans que celui-ci n'en tienne compte, est confirmé par les commentaires de Little dans son rapport post-action, lorsqu'il raconte que : « Il ne suffit pas de se fier seulement aux photos aériennes pour le repérage des barbelés. Une reconnaissance physique semble absolument essentielle ». Une autre mention de la conversation rapportée ci-dessus nous vient de la déclaration révélatrice suivante : « Les rapports les plus étroits possibles entre les bataillons sont de la plus grande importance. Les QG de bataillon étaient proches les uns des autres et les informations nécessaires provenant des unités participantes étaient immédiatement disponibles ».[42] Autrement dit, il n'y avait aucune excuse de ne pas tenir compte de l'existence d'un obstacle important qui nécessitait un bombardement d'artillerie. Par contre, la brigade avait reçu une mission et Clark commandait, à toutes fins pratiques, à ses bataillons de l'exécuter.

À la fin du dialogue animé de Little et Ewing avec Clark, Ewing a apparemment accepté de reprendre l'attaque, mais en protestant. Ewing était tellement inquiet qu'il s'est rendu au QG Bon du RCR pour ramener son cmdtA, le Major Charles (« Toppo ») Topp, qui commandait le RCR par intérim en remplacement de son cmdt gravement blessé par un obus, le Lcol C.R.E. « Dick » Willets, le jour précédent. Topp s'est remémoré, plus tard, dans une lettre à Duguid, l'historien officiel de la guerre et un ami personnel, que Ewing était venu le voir à 0200 h, le 29 septembre, par une nuit « aussi noire que du charbon » :

> [Ewing] m'a dit que le 42e avait reçu l'ordre de lancer une attaque à 0800 à gauche de la position du RCR; il était très inquiet parce qu'il n'avait pas vu le terrain et n'avait pas eu l'occasion de repérer des itinéraires pour se rendre à la position de rassemblement. Il m'a dit que personne ne semblait en mesure de guider le bataillon et a conclu en me demandant ce qui suit : *Pour l'amour de Dieu, Toppo, viens avec nous. Nous sommes dans le pétrin!* ...Je connaissais le terrain parce que j'y étais allé avec le RCR, et j'ai donc abandonné mon commandement sans autorisation après avoir simplement informé la brigade que je retournais au 42e ....[43]

On pourrait se demander où étaient les observateurs de la brigade qui devaient servir de guides pour ce genre d'opérations. Ces importantes ressources de la brigade avaient peut-être été victimes des combats précédents, ce qui n'avait laissé personne de compétent pour remplir ce rôle important. Ou encore, les mesures de commandement et contrôle normales de la brigade avaient peut-être simplement été mises de côté pour maintenir l'élan. Le 42e s'est donc lancé à l'attaque à partir des positions avant du PPCLI, appuyé par un tir d'artillerie minimal, comme l'a fait le 49e sur la droite, et s'est avancé jusqu'à l'endroit où le PPCLI avait été stoppé. « Le 42e a subi 340 pertes en dix minutes » rapporte Little (le chiffre officiel est de 288 militaires de tous grades). « Toppo », le commandant de campagne désigné pour l'attaque, les quatre commandants de compagnie et les quatre cmdtA de compagnie ont tous été blessés ou tués. Le 49e a aussi été sérieusement malmené alors qu'il essayait de se frayer un chemin de force à travers l'obstacle de barbelés, obligeant les mitrailleurs allemands à se replier sur la levée de chemin de fer et dans le village de Tilloy.[44]

La furie de Ewing est à peine dissimulée dans son rapport post-action lorsqu'il décrit les problèmes exacts qui ont entravé l'attaque. La plupart sont mis directement sur les épaules de Clark et, fait intéressant, aucun de ces problèmes n'est mentionné dans le rapport post-action de la brigade à la division. Ewing a particulièrement souligné les problèmes suivants : « il serait souhaitable d'avoir l'occasion de faire une reconnaissance avant une attaque, si possible »; « des informations fautives, comme dans le cas de l'attaque du 29 septembre, lorsque les forces sont tombées sur une ceinture de barbelés dont elles ignoraient l'existence »; « la nécessité de disposer d'informations plus précises sur la ligne de défense en cause, sur les endroits à partir desquels l'attaque doit être lancée et ce, avant l'attaque, et l'impossibilité de définir une ligne appropriée pour l'artillerie en conséquence de ce manque d'informations »; et, « la nécessité de laisser plus de temps aux commandants de bataillon avant l'attaque envisagée pour examiner le plan en détail avec les commandants de compagnie et permettre à ces derniers de faire de même avec leurs subordonnés, et de laisser amplement de temps aux effectifs des compagnies pour aller prendre position ».[45]

Au sujet de ce dernier point, Ewing n'était pas seul à faire des commentaires. Le Maj Chattell, le cmdt par intérim du 49e Bon, qui avait attaqué sur le flanc droit du 42e le même matin signale amèrement que son principal souci était :

> L'importance de recevoir des ordres définitifs et finaux à l'égard des attaques subséquentes suffisamment à l'avance pour permettre à ceux qui sont les plus intéressés et touchés par leur exécution de se familiariser pleinement avec la situation. La difficulté de communiquer avec les commandants de compagnie au front ne semble pas pleinement comprise.[46]

Se lancer dans l'inconnu sans reconnaissance préalable, sans préparatifs minutieux et sans un solide appui de l'artillerie était une reprise de l'hécatombe de la Somme. Il n'est pas surprenant de constater que des vétérans aguerris qui connaissaient les ressources disponibles et savaient comment la coopération entre l'artillerie et l'infanterie était supposée de fonctionner deviennent amèrement convaincus que leur vie était gaspillée pour satisfaire les caprices d'un commandant supérieur.

Il est clair que Clark n'avait absolument pas saisi l'importance de la procédure de combat nécessaire à une brigade dans des opérations mobiles et s'en remettait à l'expérience de commandement qu'il connaissait le mieux. Il traitait ses commandants de bataillon comme des commandants de compagnie. Le Capt Little mentionne que :

> [Clark] était un grand commandant de bataillon mais n'a pas réalisé, lorsqu'il est devenu brigadier, qu'il avait maintenant sous ses ordres quatre commandants de bataillon...Nous n'avons pas eu l'occasion de commander. Le commandement supérieur avait un plan stratégique pour gagner la guerre avant de s'en rendre compte, avant que quiconque ne s'en rende compte, et il nous demandait d'accomplir des choses impossibles.[47]

L'inexpérimenté cmdt Clark avait laissé entendre dans une citation antérieure qu'il était sous la pression de ses supérieurs qui voulaient qu'il lance l'attaque le plus vite possible. Ses commandants de bataillon ne croyaient pas que cette vitesse devait s'obtenir au détriment de la procédure de combat ou sans « une appréciation sûre de la situation militaire » selon l'usage de son prédécesseur. Ewing critique ouvertement Clark dans son rapport post-action lorsqu'il affirme que :

> …s'il avait été possible de retarder l'attaque du matin du 29 septembre pour rassembler toutes les informations disponibles sur les circonstances, j'estime qu'avec un bombardement de l'artillerie lourde sur les dépotoirs et la voie de chemin de fer, suivi d'un tir de barrage, il aurait été possible d'avancer sans subir une fraction même des lourdes pertes que nous avons subies.[48]

D'après lui, Clark était responsable de la boucherie qui était survenue parce qu'il n'avait pas eu le courage de dire à Loomis qu'il avait besoin de plus de temps et de ressources.

Toutefois, en toute justice pour Clark, l'attaque de 2000 h par le 42e n'était pas une entreprise isolée. Toutes les brigades de la 3e DIC participaient à l'attaque parce que le meilleur moyen de se défendre face à la contre-attaque allemande était de maintenir la pression et d'attaquer sur un large front. Malheureusement, les attaques des brigades n'étaient pas coordonnées; comme le rapport Dancocks dans *Spearhead to Victory*, son étude portant sur les opérations du Corps en 1918 jusqu'au niveau de la brigade :

> Il était logique de s'attendre à ce que la 3e Division ait des problèmes. Les trois officiers supérieurs commandant les opérations du 28 au 30 septembre étaient des recrues. Le commandant de la division, le Major-général Frederick Loomis, avait été promu à son poste à peine deux semaines plus tôt et deux des brigades [la 7e et la 9e] étaient commandées par des hommes qui ne connaissaient pas bien leur formation.[49]

Le manque de temps pour permettre aux unités de se préparer et à l'artillerie à l'appui de se rapprocher du front pour préparer le terrain a fait du 29 septembre une journée de combat extrêmement âpre qui n'a procuré que peu de gains aux unités du Corps canadien.[50]

Little se rappelle qu'après la première raclée subie par le 42e, il a eu sa deuxième entrevue avec le Bgén Clark le soir du 29 septembre :

> Il a dit « O.K., Little, vous allez recommencer. Vous n'avez pas réussi la première fois, alors vous allez vous reprendre ». J'ai répondu : « Je ne crois pas avoir assez d'hommes pour réussir cette mission. »
>
> « Si vous n'en avez pas assez, Little, c'est que vous avez beaucoup d'égarés. »
>
> J'espère que vous réalisez que de dire de telles choses à un membre du PPCLI comme moi équivaut clairement le traiter du pire nom qui soit devant sa mère. Cela m'a mis en furie au-delà de toute raison.

Little s'avançait alors sur le chemin de l'insolence pure et simple, mais ses commentaires montrent que Clark n'était aucunement capable d'organiser une attaque de brigade coordonnée ou même prêt à essayer. Little se fait ensuite la réflexion suivante :

> « Qu'il aille au diable. Nous allons montrer à ce salaud que nous pouvons faire le travail, même s'il a tué la moitié du 42e... ». Il a ensuite demandé à Clark : « S'il faut tout de même y aller, est-ce qu'il y a un plan de brigade ou dois-je le faire moi-même? »
>
> « Chargez-vous en » répondit Clark.
>
> « Eh bien, nous n'allons pas procéder de la manière que nous l'avons fait jusqu'à maintenant ».[51]

L'examen attentif de l'ordre d'opération de la brigade en vue de l'attaque de Tilloy et de la colline de Tilloy par le PPCLI-RCR (diffusé seulement six heures avant l'attaque) est révélateur. Il ne comporte absolument aucune instruction de coordination. Cependant, l'artillerie, les mortiers de tranchée et les mitrailleuses reçoivent l'ordre de coopérer avec les bataillons à l'attaque. Si on veut être charitable envers Clark, on pourrait dire qu'il suit l'exemple de Currie en laissant à ses commandants de bataillon, les hommes sur place, le soin de formuler le plan.[52] C'est ainsi que Little a rassemblé ce qui restait de son bataillon en lambeaux et lui a fait franchir par la gauche la levée de chemin de fer le 30 septembre pour aller frapper les forces allemandes en défense par le flanc droit. S'appuyant sur un appui-feu de mitrailleuses lourdes provenant de la colline Chapel, avec les mortiers de Stokes en appui rapproché et le RCR couvrant son flanc gauche après qu'il a pivoté vers la droite, Little raconte que « nous les avons pris plus ou moins par surprise et leur avons fait payer le prix fort ». Mais le bataillon décimé, qui, selon l'histoire du régiment, disposait d'un effectif de fusiliers d'à peine plus qu'une compagnie complète » était à la vue des mit allemandes placées en terrain dominant derrière Tilloy, qui ont alors commencé à tirer.[53]

« Cela a été difficile en diable d'escalader la colline, mais disons que nous y sommes parvenus. Je ne crois pas, en fait, que nous ne soyons jamais parvenus physiquement au sommet de la colline. Les Allemands sont descendus plus que nous sommes montés, mais ils nous ont fait souffrir ». Le PPCLI et le RCR n'ont jamais pris la colline de Tilloy et lorsque la 9e BIC est passée par là le lendemain à 0500 h, l'histoire du PPCLI mentionne que « la formidable épreuve était terminée ».[54]

La 7e BIC avait été saignée à blanc par trois jours consécutifs de combats ininterrompus. Malgré la procédure des laissés hors du combat (LOB) au sein des bataillons pour les batailles à Cambrai et dans les environs, les chefs subalternes les plus forts et les plus efficaces des bataillons avaient été tués rapidement. Le 30 septembre, le 49e Bon n'avait plus d'officiers subalternes et a dû rappeler ses officiers de liaison pour maintenir un semblant de contrôle.[55] Le Lcol Ewing a écrit, le 2 octobre 1918 : « Les troupes sont utilisées de façon trop continue pour avoir la chance de se réorganiser correctement, ce qui est particulièrement nécessaire en ce qui concerne les s/off chez qui les pertes avaient été lourdes ».[56] Les officiers subalternes, comme je l'ai déjà dit, avaient été durement touchés et ce manque de leadership au niveau subalterne au sein de la 7e BIC allait avoir de graves conséquences, surtout au sein du PPCLI, après l'Armistice.

FOURBI ET PROVOCATION

Un historien du PPCLI raconte qu'après la prise de Mons et l'arrêt des bombardements :

> …tout n'allait pas bien. Depuis la catastrophe de Tilloy, le bataillon n'avait pas refait son effectif complet. De nouveaux officiers sans aucune affiliation avec le PPCLI avaient été recrutés à même un bassin d'officiers de renfort et on n'avait pas eu le temps de leur enseigner les manières du régiment. Après l'Armistice du 11 novembre, l'incitatif fondamental qui est essentiel pour discipliner une armée de citoyens n'existait plus. Les hommes acceptaient le fait qu'ils devaient continuer à servir, mais commençaient à se demander pour combien de temps encore. Ils trouvaient de plus en plus les tâches courantes et le service militaire répugnants. La clé du moral était, comme toujours, le leadership.[57]

Pour dire franchement, avec la disparition du caractère nécessaire de la discipline opérationnelle, les officiers et sous-officiers inexpérimentés du bataillon devaient s'en remettre à des insignifiances du temps de paix pour occuper les soldats. Les officiers clés disparaissaient en permission. L'expérience du PPCLI était partagée par les autres bataillons de la 7e BIC. Lorsque la brigade est allée à pied de Mons à Nivelles, arrivant à destination le 13 décembre 1918, plusieurs centaines d'hommes de diverses unités de la brigade se sont rassemblés dans le parc le jour suivant pour parler de leurs griefs. « La principale cause d'insatisfaction était l'obligation de marcher avec l'attirail de combat complet, une procédure qui avait été abandonnée durant les périodes opérationnelles de la guerre » raconte un commandant de peloton du PPCLI. « De plus, les militaires du rang n'avaient pas été informés de leur destination; beaucoup croyaient être en route pour l'Allemagne, donc destinés à servir pour des périodes prolongées à l'étranger. Enfin, quelques chefs de clique radicaux avaient été infectés par l'exemple russe et souhaitaient instituer des conseils des soldats qui seraient habilités à négocier avec les commandants ».[58]

Au cours de la soirée, la foule rassemblée dans le parc a continué d'augmenter et environ 200 soldats se sont présentés au QG de brigade. Un petit groupe, incluant notamment un soldat américain du PPCLI du nom d'Eric McKnight (qui sera plus tard l'auteur du classique *Lassie*) a été autorisé à rencontrer le brigadier. « Je suis allé parler au brigadier, » raconte McKnight dans une lettre à Gault de nombreuses années après la guerre. « Il semblait avoir le cœur brisé et je me sentais extrêmement désolé pour lui ». Clark n'avait aucunement l'intention d'accepter les récriminations des soldats protestataires. Tôt le lendemain matin, une foule de militaires d'autres unités a rendu visite aux logements du PPCLI, incitant les hommes à participer à un rassemblement de masse à 0830 h à la place du village. Lorsque le bataillon s'est rassemblé ce matin-là à 0900 h, il manquait une compagnie au complet qui, on le présume, était à ladite réunion. À quelques rares exceptions, les hommes des trois autres compagnies sont restés dans leur cantonnement, prêts à se présenter au rassemblement.[59]

Sur la place du village, après avoir écouté plusieurs agitateurs, la foule a de nouveau rendu visite à tous les secteurs d'unité pour essayer d'élargir ses

Le Brigadier-général Clark, de la 7e Brigade d'infanterie, accompagnés de ses commandants et commandants adjoints de bataillon à Mons vers la date de l'Armistice. Bon nombre de ces visages témoignent des ravages de la guerre. (Département de la Défense nationale, Bibliothèque et Archives Canada PA-3593)

appuis à sa cause, pénétrant dans les salles de garde et libérant les prisonniers qui s'y trouvaient. Le fait que ni l'histoire du PPCLI ni celle du RCR ne font quelque mention que ce soit de cette mutinerie, tandis que celle des 49e et 42e la relate en détail semble donner du crédit à l'affirmation de l'historien Jeffery Williams selon laquelle « dans les rapports officiels de la brigade et des bataillons intéressés...on peut déceler de la dissimulation - les commandants défendant tant leurs hommes que leurs propres actions dans cette malheureuse affaire ».[60] L'histoire du 42e prétend qu'aucun homme de l'unité n'a participé à la mutinerie. L'histoire va même jusqu'à raconter que lorsque les protestataires ont enfoncé les portes de la salle de garde du bataillon, « dans le but de libérer les prisonniers », ceux-ci ont prêté main forte au commandant du quart de garde en se faisant passer pour des membres en bonne et due forme de la garde. Par la suite, les prisonniers libérés « sont rentrés de leur propre chef à la salle de garde ». Toutefois, il existe certaines preuves à l'effet que certains soldats du 42e ont assisté aux rassemblements et aux réunions. Le Sdt Frank Flory, 96 ans, se souvient ainsi des événements :

> Certains membres du 49e m'ont approché et m'ont demandé de faire de la propagande au sein du 42e. Je ne sais pas qui dirigeait l'affaire, sauf qu'un soir un appel a été lancé à tous de participer à une réunion près du QG afin de demander le retrait de l'obligation de porter le sac à dos durant les marches sur route. La place était pleine à capacité et je ne sais pas comment le grief a été présenté dans tout ce tumulte.... Je ne sais pas si les meneurs ont été punis ou non, mais je sais qu'en tant que membre des Black Watch, j'ai dû comparaître devant notre colonel commandant. Après toutes les questions et réponses, je n'ai eu que 7 jours de service de garde.... Ensuite, chaque fois que la brigade se déplaçait, nous étions toujours accompagnés de PM et de policiers en véhicules. Tout s'est bien passé par la suite...et c'est une bonne chose que toute cette affaire se termine, car il aurait pu y avoir des conséquences terribles.[61]

La preuve que la majorité du 42e est restée disciplinée ressort des ordres donnés par le Bgén Clark au Lcol Ewing afin qu'il fasse surveiller la brigade par la police après la mutinerie, « ce qu'il nous répugnait de faire » a admis Ewing au biographe de Currie, Hugh Urquhart, après la guerre. En réalité, Clark faisait face non seulement à des MR [éd. militaires du rang] rebelles, mais aussi à des commandants de bataillon en révolte. Il est clair que Clark est la personne à laquelle Topp, l'historien du 42e régiment, faisait allusion lorsqu'il écrivit que « certaines autorités prônaient le recours à la force pour réprimer les troubles, mais des personnes mieux avisées ont eu le dernier mot ». Ewing, clairement une des personnes mieux avisées, a écrit à Urquhart :

> Nous avons été tout à fait juste envers Clark dans cette affaire, mais Clark, d'après moi, a fait un compte rendu injuste au commandant du Corps, ce qui m'a amené à intervenir. Currie a été tout à fait équitable et même s'il aimait certainement Clark, je suis sûr qu'il avait bien noté sa faiblesse en cette occasion... Si Clark avait seulement pris la décision en décembre de façon délibérée, il n'aurait eu aucune difficulté, mais il en a fait un enjeux et a essayé de se donner de l'importance, mais n'est pas parvenu à l'emporter. Le Général Currie, dans la rencontre que j'ai eue avec lui, m'a amené à croire - non par ce qu'il m'a dit, mais plutôt par ses actions - qu'il comprenait très bien toute cette partie de la situation.[62]

Loomis, l'OGC de la 3e DIC, de retour précipitamment de sa permission le soir du 16 décembre ne se faisait aucune illusion. Il a d'abord fait connaître ses angoisses aux commandants de bataillon de la 7e BIC qui s'étaient rassemblés, puis a rendu visite à chaque unité pour s'adresser aux hommes. Son rapport officiel à son supérieur immédiat, l'OGC du 4e Corps britannique était juste :

> Les présumées plaintes formulées par les hommes étaient insignifiantes. Ils n'avaient pas de motifs réels de plainte. Toute cette affaire était une affaire de discipline, d'entraînement et d'efficacité des officiers et des sous-officiers. Il ne s'agissait pas d'une situation récemment

apparue. Les mesures que je m'apprête à prendre ne sont pas exactement celles que je recommanderais si la Division ne se préparait pas à rentrer au pays et si les combats n'étaient pas finis. Le bénéfice du doute est en l'occurrence, dans une large mesure, accordé à certains officiers que je recommanderais de démettre pour inefficacité, si la Division n'était pas sur le point d'être démobilisée.[63]

On ne peut que spéculer sur le fait que Loomis aurait démis Clark, ainsi que la plupart des commandants de bataillon (y compris un de son propre régiment). On sait qu'au moins un commandant de compagnie du PPCLI a été limogé et retourné au Canada immédiatement après la mutinerie par son cmdt rentré précipitamment de permission avec Loomis. L'irascible Capt Little a été rayé de l'effectif le 17 décembre parce que c'est sa compagnie qui avait refusé de participer au rassemblement le matin du 15 décembre. On ne saura jamais quel rôle Little a réellement joué dans la mutinerie de Nivelles, mais il est certain que Gault l'a tenu personnellement responsable des actions de sa compagnie et a agit rapidement pour donner un exemple.[64]

C'est ainsi que la Grande Guerre a pris fin sur une note discordante pour la « Glorieuse 7e ». Ses vétérans, y compris les quelques membres de l'effectif original, et les nouvelles recrues, notamment beaucoup de conscrits en vertu de la Loi du service militaire, ont terminé leur service en étant ignominieusement accompagnés par des escortes de police armées tout au long de leur périple vers la démobilisation. Immédiatement après l'Armistice, lorsque la discipline était à son plus vulnérable, les officiers de la 7e BIC ont été appelés à donner l'exemple. Les officiers des bataillons, qui s'étaient toujours préoccupés du bien-être de leurs hommes lorsqu'ils étaient dans les tranchées, au front ou en opérations, ont cependant choisi de leur tourner le dos. Ils prenaient des permissions prolongées et imposaient des rituels militaires sans signification. En bout de ligne, ils ont subi les conséquences de leur trahison. La mutinerie de Nivelles est un parfait exemple du fait que le contrôle autoritaire ne peut jamais se substituer adéquatement à la dynamique de commandement humain connue sous le nom de leadership.

NOTES EN FIN DE CHAPITRE – CHAPITRE 10

Note de l'éditeur: Dans les notes qui suivent, sous la référence « *National Arts Council* » il faut comprendre *Bibliothèque et archives Canada*; sous la référence « *Histoire du 42e* » lire Charles Beresford Topp, *The 42nd Battalion, O.E.F. Royal Highlanders of Canada in the Great War* (Montréal, Montreal Gazette Printing Co., 1931); sous la référence « *Canada in the Great War* » lire *Canada in the Great World War: An Authentic Account of the Military History of Canada from the Earliest Days to the Close of the War of the Nations* (Toronto, Makers of Canada Publishers, 1917-1921); sous la référence « *Recollections* » lire Robert England, *Recollections of a Nonagenarian in the Service of the Royal Canadian Regiment* (Victoria, publication à compte d'auteur, 1983); sous la référence « *Spearhead* » lire Daniel G. Dancocks, *Spearhead to Victory: Canada and the Great War* (Edmonton, Hurtig, 1987); sous la référence « *Histoire du Princess Patricia's Canadian Light Infantry,* » lire Ralph Hodder-Williams, *Princess Patricia's Canadian Light Infantry* (London, Hodder and Stoughton, 1923), Vol. 1 sauf indication contraire; sous la référence « *Histoire du Royal Canadian Regiment,* » lire Robert Collier Fetherstonhaugh, *The Royal Canadian Regiment, 1883-1933* (Centennial Print & Litho, 1936); sous la référence « *And We Go On,* » lire William Richard Bird, *And We Go On* (Toronto, Hunter-Rose Co., 1930, ou plus tard); sous la référence « *Tapestry of War,* » lire Sandra Gwyn, *Tapestry of War: A Private View of Canadians in the Great War* (Toronto, Harper Collins, 1992); sous la référence « *First in the Field,* » lire Jeffery Williams, *First in the Field: Gault of the Patricias* (London, L.Cooper, 1995); sous la référence « *Adamson,* » lire Agar Adamson, Norm Christie, éd. *The Letters of Agar Adamson* (Nepean, CEF Books, 1997); sous la référence « *Odds & Ends,* » lire George Gordon Dinwiddie Kilpatrick, *Odds and Ends from a Regimental Diary* (1923); sous la référence « *Topp,* » inclure *Black Watch of Canada Regimental Archives,* Montréal, rue Bleury; et sous la référence « *MUA,* » lire *Archives de l'université McGill.*

1. Stevens, G.R., *A City Goes to War,* (Brampton, 1964), p. 132, [ci-après l'histoire du 49e].

2   National Arts Council, RG 41, Transcription radio de la Canadian Broadcasting Corporation du poème *Flanders Fields* [ci-après la CBC], Clark, J.A. « Generals »,.

3   Currie cité dans l'*Histoire du 42e*, p. 282.

4   L'*histoire du 42e* , p. 307-308.

5   Burns. E.L.M., *General Mud: Memoirs of Two World Wars* (Toronto, 1970).

6   Nicholson, G.W.L., *Official History of the Canadian Army in the First World War: Canadian Expeditionary Force, 1914-19* (Ottawa, 1962), p. 441 [ci-après le Corps expéditionnaire canadien]; Burns, E.L.M., *General Mud: Memoirs of Two World Wars,* (Toronto, 1970), 64; *Canada in the Great War,* Vol. VI, p. 317.

7   Greene, B.M., éd., *Who's Who in Canada,* (Toronto, 1920), p. 946.

8   England, *Recollections,* p. 11.

9   Clark, J.A. CBC, « Generals »,.

10 *Ibid.*

11 *Ibid.*

12   *Journal de guerre du 42e*, 12 septembre 1918.

13   *Ibid.*

14   Little, G.W. CBC, « *PPCLI* ».

15   National Arts Council, FM30-E100, *Currie Papers*, Lettre à D. Oliver en date du 11 août 1918.

16   *Corps expéditionnaire canadien*, p. 440.

17   Chef de l'état-major général cité dans Dancocks, *Spearhead*, p. 123.

18   *Corps expéditionnaire canadien*, p. 443-448.

19   *Histoire du Princess Patricia's Canadian Light Infantry*, p. 361.

20   *Histoire du Royal Canadian Regiment*, p. 353.

21   *Ibid.*, p. 354.

22   *Histoire du Royal Canadian Regiment*, p. 355-356.

23   *Corps expéditionnaire canadien*, p. 448-449; *Histoire du Royal Canadian Regiment*, p. 354-358.

24   *Histoire du Princess Patricia's Canadian Light Infantry*, p. 366-369.

25   *Histoire du 49e*, p. 133; *Histoire du 42e*, p. 268-271.

26   *Histoire du 42e*, p. 269.

27   *Ibid.*, p. 273.

28   Dancocks, *Spearhead*, p. 159.

29   Bird, *And We Go On*, p. 195.

30   *Histoire du Princess Patricia's Canadian Light Infantry*, p. 380; *Histoire du 49e*, p. 135.

31   Little, G.W. CBC, « *PPCLI* »; *Histoire du Princess Patricia's Canadian Light Infantry*, p. 373-77.

32   *Histoire du Royal Canadian Regiment*, p. 342, 359-360, 420, in passim.

33   Adamson cité dans Gwyn, *Tapestry of War*, p. 424, 428-429; *Histoire du Princess Patricia's Canadian Light Infantry*, p. 283, ajoute qu'Adamson « avait été jugé apte à poursuivre son service au front par une commission médicale. »

34   Williams, *First in the Field*, p. 134-135.

35   *Ibid.*, p. 134-135.

36   *Ibid.*, p. 135.

37   *Ibid.*, p. 135-136.

38   *Histoire du Princess Patricia's Canadian Light Infantry*, p. 364; Stevens, G.R. CBC, « *PPCLI* »,.

39   Adamson, Lettre datée du 21 juin 1918.

40   Kilpatrick, *Odds & Ends*, p. 18.

41   *Ibid.*

42   *Journal de guerre du Princess Patricia's Canadian Light Infantry*, « Opérations du 27 sept au 1 oct 1918, inclusivement ».

43   *Topp*, MS 004, Lettre non datée jointe à un extrait du journal de guerre du 42e, septembre 1918.

44   *Histoire du 42e* , p. 270, 275.

45   *Topp*, MS 004, Dossier sur les ordres d'opérations, « *Lessons Learned from Recent Operations* » en date du 2 octobre 1918.

46   *Ibid.*

47   Little, G.W. CBC, « *PPCLI* »,.

48   *Topp*, « *Lessons Learned...* », 2 octobre 1918.

49   Dancocks, *Spearhead*, 148.

50   *Corps expéditionnaire canadien*, p. 450.

51   Little, G.W. CBC, « *PPCLI* ».

52   *Topp*, MS 004, Dossier sur les ordres d'opérations, Instructions 7e BIC No. BM 100/3.

53   CBC, op.cit.; *Histoire du Princess Patricia's Canadian Light Infantry*, p. 371-378.

54   Little G.W. CBC, « *PPCLI* »; *Histoire du Princess Patricia's Canadian Light Infantry*, p, 378.

55   *Histoire du 49e*, p. 134; *Journal de guerre du 49e*, 30 septembre 1918.

56   *Topp*, MS 004, Dossier sur les ordres d'opérations, « *Lessons Learned...* », 2 octobre 1918.

57   Williams, *First in the field*, p. 141-142.

58   Stevens, G.R., *Histoire du 49e*, p. 146.

59   Knight cité dans Williams, op.cit., p. 144.

60   *Histoire du 42e*, p. 304-306.

61   Flory, Frank, Lettre à l'auteur en date du 26 mars 1996.

62   *MUA, UP*, Entrevue d'Ewing.

63   Loomis cité dans Williams, op.cit., p. 145.

64   *MUA*, FM 3054, *1918 Journal du Lt A.J. Kelly*, Officier du renseignement, PPCLI, décembre 1918; Williams, p. 144; *Histoire du Princess Patricia's Canadian Light Infantry*, Vol. II, p. 82.

11 ❧

Les dimensions du leadership militaire : La mutinerie à Kinmel Park, les 4 et 5 mars 1919

HOWARD G. COOMBS

Les mutins étaient nos propres hommes, prisonniers de la boue dans les Galles du Nord, attendant impatiemment leur rapatriement au Canada – quatre mois après la fin de la guerre. Les 15 000 militaires canadiens concentrés à Kinmel n'étaient pas au courant des grèves qui avaient paralysé le ravitaillement des navires et entraîné des pénuries de vivres. Les hommes recevaient des demi-rations, il n'y avait pas de charbon pour le poêle dans les baraques grises et froides, et ils n'avaient pas été payés depuis plus d'un mois. Quarante-deux hommes devaient dormir dans une baraque prévue pour trente, et dormaient par terre tour à tour, avec une couverture chacun[1].

La mutinerie est un sujet évocateur d'émotions fortes. Pour certains, elle évoque la désobéissance et l'infidélité, et constitue pour d'autres une réaction excusable à la discipline rigoureuse de la vie militaire. Malheureusement, peu d'auteurs ont tenté d'analyser la révolte militaire dans un contexte canadien. Les rapports officiels présentent le point de vue et les méthodes du service concerné, que ce soit l'Armée de terre, la Marine ou la Force aérienne, et en même temps, peu de participants laissent des comptes rendus écrits. La mutinerie survenue dans le camp canadien de Kinmel Park à Rhyl, au pays de Galles, les 4 et 5 mars 1919, mérite un examen plus approfondi. Des centaines de soldats ont été mêlés à cet événement, prétendument déclenché par un mécontentement au sujet des retards dans la démobilisation et le redéploiement au Canada, et il a coûté la vie à cinq Canadiens et entraîné de nombreux procès en cour martiale.

L'accès de violence à Kinmel Park illustre bien les dimensions formelles et informelles du leadership militaire. La loi confère un pouvoir *de plein droit* aux chefs formels, et les chefs informels exercent une influence *de fait*, pouvant avoir diverses origines. Le leadership formel d'une organisation doit constamment s'efforcer de réduire au minimum les divergences possibles entre les actes qui relèvent du leadership informel et les buts institutionnels. Un bon moyen de prévenir les conséquences désastreuses d'un écart entre le leadership formel et informel consiste à maintenir et à faciliter la communication. La mutinerie à Kinmel Park prouve clairement la nécessité d'instaurer et maintenir un cheminement interactif de l'information dans une organisation militaire, surtout dans des conditions propres à engendrer l'incertitude. Les auteurs d'études antérieures sur cette agitation n'ont pas examiné le rôle que le leadership aurait dû exercer à Kinmel Park pour atténuer les influences négatives exercées sur les soldats, en transmettant efficacement les renseignements essentiels.

Dans *Official History of the Canadian Army in the First World War*, le Colonel G.W.L. Nicholson décrit brièvement la mutinerie à Kinmel dans le cadre plus général des événements survenus pendant le redéploiement des troupes canadiennes après la guerre :

> En tout, de novembre 1918 à juin 1919, on a compté treize cas d'émeute ou d'agitation parmi les troupes canadiennes en Angleterre. Le plus sérieux s'est produit à Kinmel Park les 4 et 5 mars 1919, jours où le mécontentement fomenté par le retard de l'embarquement [...] a entraîné la mort de cinq hommes et des blessures à 23. On a arrêté 78 hommes, dont 25 ont été reconnus coupables de mutinerie et ont reçu des sentences allant de 90 jours de détention à dix ans de travaux forcés[2].

L'exposé de Nicholson est extrêmement concis et passe rapidement à d'autres sujets. Ses raisons ne sont pas explicites, mais l'on peut supposer que dans le sillage de la Première Guerre mondiale, les rédacteurs de l'histoire militaire officielle ont préféré éviter un examen critique des lacunes, y compris les problèmes organisationnels potentiels, et faire plutôt l'éloge des réussites[3]. Selon une analyse de la Section historique de l'Armée canadienne, les camps canadiens de démobilisation [*Traduction*] « étaient bien organisés et l'on aurait difficilement pu prévenir certains des troubles »[4]. Ce commentaire plutôt officieux donne à penser que la mutinerie au sein des forces militaires est un sujet que l'on préfère éviter ou sur lequel les recherches ont été superficielles[5].

La réticence apparente de Nicholson à interpréter les événements de Kinmel Park dans l'histoire officielle de la participation de l'Armée canadienne à la Première Guerre mondiale est parfaitement compréhensible. Dans n'importe quel pays, il est difficile à accepter que les forces militaires puissent se révolter contre l'autorité légitime, et ce, en raison de la position particulière qu'elles occupent dans la société[6]. Les militaires agissent au nom de l'État, et l'État s'attend à ce qu'ils ne recourent à la violence que dans la mesure où ils en reçoivent l'ordre. La mutinerie n'entre cependant pas dans cette catégorie et habituellement, les autorités interviennent sommairement, sans trop examiner les facteurs à l'origine de l'événement. Les membres des forces armées ont établi un pacte avec la nation, et l'on exige qu'ils respectent les règles de cette institution peu importe si elles leur semblent déraisonnables[7].

Dans le contexte de la Première Guerre mondiale, la définition du mot mutinerie dans le *Manuel de droit militaire* britannique de 1914 correspond à cette idée. L'Armée canadienne a adopté et appliqué cet ensemble de droit militaire tout au cours de la guerre. Une mutinerie était tenue pour « le regroupement de deux personnes ou plus dans le but de résister à l'autorité militaire légitime ou d'y inciter d'autres personnes ». Des accusations de mutinerie pouvaient aussi être portées même si l'incitation à la mutinerie échouait et si personne ne passait à l'acte. Une personne présente pendant une mutinerie pouvait aussi être accusée, même sans y avoir participé. Le Manuel énumère comme suit les conditions dans lesquelles un soldat pouvait être accusé :

> [...] toute personne assujettie au droit militaire qui [...]
> 1. provoque une mutinerie ou une sédition au sein des forces appartenant aux troupes régulières, de réserve ou auxiliaires de Sa Majesté ou à la Marine, ou conspire dans ce but avec d'autres personnes;

2. s'emploie à détourner une personne appartenant aux troupes régulières, de réserve ou auxiliaires de Sa Majesté ou à la Marine, de l'allégeance envers Sa Majesté, ou à persuader une personne appartenant aux troupes régulières, de réserve ou auxiliaires de Sa Majesté, ou à la Marine, de participer à une mutinerie ou à une sédition; et

3. participe à une mutinerie ou une sédition au sein des forces appartenant aux troupes régulières, de réserve ou auxiliaires de Sa Majesté ou à la Marine ou, étant présent, ne fait pas tous ses efforts pour la réprimer; ou ayant connaissance d'une mutinerie ou d'une sédition réelle ou prévue au sein des forces appartenant aux troupes régulières, de réserve ou auxiliaires de Sa Majesté ou à la Marine, n'en avertit pas aussitôt son commandant [8].

Le *Manuel* définissait clairement la mutinerie comme un acte séditieux, mais le mot a un sens différent lorsqu'on l'examine du point de vue des participants. Selon l'historien britannique Lawrence James, une mutinerie est une action collective entreprise par des membres des forces armées lorsqu'ils estiment n'avoir aucun autre recours. Dans son ouvrage sur la mutinerie, James examine plusieurs cas semblables dans les forces britanniques et celles du Commonwealth de 1796 à 1956. Il laisse voir que les mutins s'estimaient parfaitement justifiés d'y participer, vu la nature de leurs plaintes. Les principales causes de mécontentement tenaient à certains aspects des usages militaires et de la qualité de vie. Les griefs pouvaient porter sur la somme énorme de travail, la qualité ou la quantité inacceptable des vivres, la restriction de privilèges accordés précédemment, les logements inadéquats, le manque apparent de leadership, les méthodes et les types de sanctions inappropriés et les problèmes au sujet de la solde. L'origine d'une mutinerie peut porter sur des peccadilles, mais le type et l'ampleur de l'action collective qui en découle peuvent être absolument disproportionnés par rapport à la cause première. Après qu'une personne ou un groupe eut exprimé ses plaintes et encouragé les autres à participer, d'autres causes de mécontentement étaient soulevées et la mutinerie gagnait rapidement du terrain. La réussite à défier l'autorité engendre d'autres confrontations et suggère une escalade de la violence[9].

De plus, James laisse entendre que la mise au point et le déroulement d'une action collective dépendaient habituellement de la réaction initiale des autorités militaires. Une intervention très sévère des autorités dans un cas mineur de protestation pouvait entraîner une escalade incontrôlable en ampleur et en violence, pouvant aller jusqu'à la mutinerie. De plus, selon lui, une mutinerie peut parfois résulter d'influences extérieures. Le socialisme était perçu comme un facteur possible d'agitation militaire et l'on s'en inquiétait au cours des premières décennies du XXe siècle. Cette opinion a eu cours à la suite des troubles de Kinmel Park[10].

Dans son interprétation centrée sur la réaction des représentants supérieurs des forces armées, James, à l'instar d'autres auteurs, minimise le rôle du leadership militaire dans l'origine d'une mutinerie. Il examine les conditions de service et la réaction des autorités à l'événement, plutôt que l'action ou l'inaction antérieure des chefs qui peut avoir renforcé les facteurs négatifs à l'origine de la mutinerie. Néanmoins, il propose probablement l'interprétation la plus utile en définissant la mutinerie comme une réaction collective de dernier recours à une situation apparemment intolérable. On peut donc d'une certaine manière concevoir l'action collective comme une forme de communication[11].

Le document de Joel Hamby intitulé « The Mutiny Wagon Wheel: A Leadership Model for Mutiny in Combat » peut servir à examiner le rôle des chefs dûment constitués dans la genèse d'une mutinerie. Hamby part de l'hypothèse que le leadership, l'instruction et la discipline militaire sont des outils nécessaires pour prévenir la « rébellion militaire » ou la mutinerie. Sa théorie permet d'examiner les éléments sous-jacents d'une mutinerie, et propose aux commandants des moyens d'atténuer les conditions susceptibles d'engendrer cette réaction. Dans le cas de Kinmel Park, ce modèle est très précieux pour cerner les lacunes décisives à l'origine de la révolte[12].

Hamby suggère huit aspects entrant en ligne de compte dans l'origine d'une mutinerie. Ces facteurs, représentés à la figure 11.1, « La roue de chariot d'une mutinerie », sont l'aliénation, l'environnement, les valeurs et l'espoir, l'expérience du combat, l'instruction, la discipline, les groupes primaires, et le leadership[13]. Ces facteurs peuvent assurer ou détruire la cohésion d'un groupe, et la mutinerie est plus susceptible de se produire quand les autorités n'interviennent pas pour atténuer les influences négatives. Hamby fait aussi remarquer que les chefs exerçant une influence positive réduisent les répercussions des facteurs négatifs qui ruinent le moral d'une unité militaire et conduisent à la mutinerie[14].

L'aliénation, facteur qui nuit à l'efficacité des individus et des groupes, se manifeste sous cinq formes principales. On relève d'abord des sentiments d'impuissance à produire des résultats positifs, et d'absence de sens lorsque l'individu ou le groupe ne sait plus en quoi il peut croire; il y a ensuite absence de normes quand le comportement individuel n'est plus dicté par des normes sociales reconnues précédemment, et que les normes de conduite habituelles n'ont plus cours; en outre, l'individu se sent isolé quand les membres d'un groupe ne valorisent plus les croyances sociales se rapportant à certaines philosophies; enfin, le détachement résulte de l'incapacité des individus à trouver leur satisfaction dans les tâches et les devoirs qu'ils doivent remplir. Mis ensemble, ces facteurs entraînent une coupure entre le but du soldat et celui de l'unité et « favorisent une inertie des individus et des unités »[15].

Les répercussions d'autres forces centrifuges ne peuvent qu'augmenter cette aliénation. Les rigueurs et les privations découlant de l'environnement physique peuvent déclencher des sentiments de désespoir qui influent sur le moral individuel et collectif. En même temps, les valeurs et l'espoir déterminent le degré d'engagement d'un soldat. Ces convictions personnelles sur la valeur de la société en général ont un effet déterminant sur l'effort et la volonté d'un individu. Un manque de foi dans la nation réduira le degré d'engagement manifesté. Au combat, les vétérans savent ce qui les attend, et sont plus portés à la mutinerie dans un moment de « tension exceptionnelle », alors que la confiance dans la chaîne de commandement diminue et que les doutes des individus se communiquent au groupe[16].

Un leadership solide est le principal moyen de maintenir la cohésion, mais une instruction que le groupe primaire juge efficace joue un rôle positif en atténuant les facteurs de désintégration. Une discipline juste et équilibrée constitue une autre dynamique propre à réduire les influences perturbatrices. Une discipline efficace est source de fierté et de bon moral, mais on passera outre à une discipline jugée despotique, et elle sera source de mécontentement[18].

En vue d'atténuer les influences négatives, les efforts déployés pour maintenir la cohésion doivent être centrés sur les groupes primaires, car

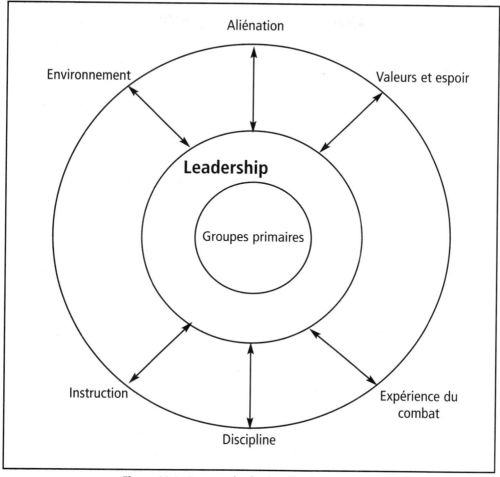

Figure 11.1 : La roue de chariot d'une mutinerie[17]

ces grappes d'individus constituent, pour les soldats, la principale raison de se battre. Les liens de loyauté réciproque sous-jacents, la volonté de vivre et la détermination à y parvenir, ainsi que les attentes des camarades motivent les individus au combat, et le groupe primaire élabore et fixe des règles de comportement reconnues. Il est essentiel de maintenir une correspondance entre les objectifs de ces groupes primaires et ceux de l'organisation en général, car des objectifs divergents réduisent l'efficacité et peuvent concourir à une mutinerie[19].

Le principal facteur de congruence est le leadership, source de motivation et de soutien pour les soldats dans toutes les situations. Selon

Hamby, les « quatre facteurs d'autorité » exposés dans l'ouvrage du Lieutenant-colonel David Grossman intitulé *On Killing* sont primordiaux pour déterminer l'efficacité du leadership[20]. Ce sont la proximité du chef, l'intensité des exigences, la légitimité du pouvoir et le respect. Parmi ces quatre facteurs, le principal est le respect, et les chefs doivent veiller sur leurs soldats et en prendre soin pour gagner leur respect. Si le leadership formel s'en montre incapable, le groupe se tournera vers des chefs informels pour leur fournir une orientation efficace. D'après une analyse de la mutinerie à Kinmel Park, les mécanismes informels et formels de communication candide sont essentiels dans ce modèle de leadership, et ne sont pas pris en compte dans le modèle de Hamby[21].

La Figure 11.2 présente une version modifiée de la « roue de chariot d'une mutinerie » qui met en évidence le rôle du leadership et de la communication de l'information. Ce modèle sert à expliquer la mutinerie survenue à Kinmel Park en mars 1919, et présente l'exercice du leadership dans deux domaines différents, le leadership formel de l'autorité dûment constituée et le leadership informel des groupes primaires. En cas de défaillance du leadership formel, les facteurs désintégrants entraînent la défaillance catastrophique du leadership formel, permettant ainsi aux chefs informels de déterminer l'agissement des groupes primaires. Cette divergence dans les buts et les comportements attendus peut se manifester abruptement, par exemple sous forme de mutinerie. L'échange d'information est primordial pour faire concorder le leadership formel et informel. La mise en place de moyens de communication dans une organisation militaire est une variable essentielle pour prévenir une mutinerie.

Malheureusement, les officiers chargés d'administrer Kinmel Park n'ont pas fait en sorte que les soldats sachent que l'on comprenait leurs préoccupations et faute de pouvoir y remédier, qu'on en accusait réception. D'autant plus que la démobilisation n'était pas le fruit du hasard, car les préparatifs avaient commencé dès 1916. Le ministère de la Milice et de la Défense, ainsi que le ministère des Forces armées du Canada outre-mer (OMFC) avaient tenté d'assurer un redéploiement efficace vers le Canada[22]. Ces plans visaient à faire en sorte que le retour se produise rapidement, que les moyens de transport soient le plus confortables possible et que les troupes soient traitées avec équité quant à la priorité de leur embarquement[23].

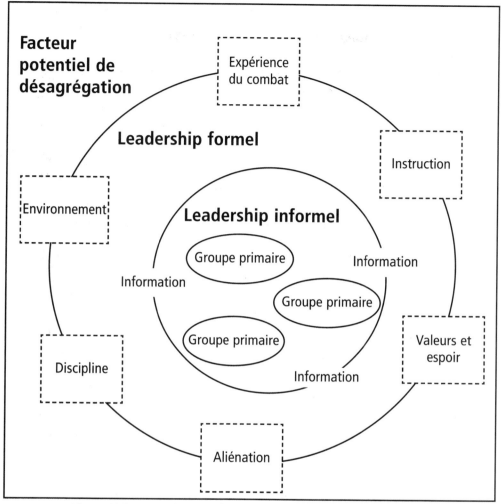

Figure 11.2 : La version modifiée de la roue de chariot d'une mutinerie

On avait d'abord prévu que les soldats du Corps expéditionnaire canadien (CEC) s'embarqueraient en France et se rendraient sans escale au Canada, mais de très nombreux Canadiens avaient des parents au Royaume-Uni et voulaient leur rendre visite avant leur départ d'Europe. Le transport à destination et en provenance des îles britanniques étant problématique, il était impossible de leur accorder un congé au Royaume-Uni avant l'embarquement en France. Le commandant du Corps canadien, le Lieutenant-général Sir Arthur Currie, fit alors des représentations officielles, le 23 janvier 1919, auprès de l'adjudant général britannique et du secrétaire d'État à la Guerre, pour que les troupes canadiennes passent par le Royaume-Uni avant leur rapatriement. Des camps furent donc mis sur pied en Angleterre pour faciliter le mouvement du CEC, et une vaste zone d'étape fut aménagée à Kinmel Park près de Rhyl, au pays de Galles[24].

Kinmel Park n'était pas un simple campement, mais plutôt une concentration de 20 cantonnements répartis en onze escadres autonomes qui correspondaient à la réalité géographique des districts militaires (DM) du Canada[25]. Les escadres étaient pourvues de personnel chargé de l'administration, des vivres, du logement, des loisirs et de l'instruction pendant le passage des soldats en attente à Kinmel Park[26]. La figure 11.3 présente un schéma des sous-camps et de la région géographique ou DM qui y est associée.

L'OMFC avait envisagé la possibilité d'agitation. La combinaison de troupes en attente partout en Angleterre inquiétait Sir Edward Kemp. Le leadership formel pouvait maintenir la discipline au sein des unités et des formations constituées du CEC. Toutefois, dans l'ensemble explosif d'unités et d'organisations *ad hoc* présentes en Angleterre, d'innombrables soldats n'hésiteraient pas à faire valoir leurs griefs d'après l'expérience des négociations collectives d'avant-guerre. Selon Kemp, « Si vous rassemblez des troupes combattantes et non combattantes appelées sous les drapeaux suivant les nécessités de la démobilisation au Canada, et si ces hommes demeurent en attente de leur embarquement, ils deviennent plus difficiles à contrôler »[27]. D'autres, comme le Lieutenant-général Sir Richard Turner, chef de l'état-major général du ministère des Forces armées du Canada outre-mer, exprima le même sentiment mais en vain[28].

Selon l'historien Desmond Morton, dans le cas des camps de transit comme celui de Kinmel, il aurait mieux valu laisser aller les soldats de passage. Malheureusement pour les autorités, les modifications apportées aux horaires d'embarquement firent passer le nombre de soldats en partance à une fraction de ceux qui auraient dû se redéployer vers le Canada. En février, le temps froid, une pluie incessante et des pénuries de carburant créèrent un environnement inconfortable à Kinmel Park, le tout aggravé par un régime alimentaire monotone, bien que suffisant. Les troupes en transit auraient pu se rendre à « Tin Town », la zone créée par des entrepreneurs locaux à l'extérieur de l'entrée principale de Kinmel, pour se divertir ou compléter leurs repas, mais la plupart des soldats avaient dépensé toute leur solde après un long séjour au camp. Les règlements prévoyaient seulement un dernier versement de solde avant le rapatriement, et les soldats dont l'attente se prolongeait et qui avaient dépensé tout leur argent n'avaient pas les moyens de se procurer un supplément de nourriture, d'alcool ou de loisirs[29].

Tout le monde apprit, le 26 ou le 27 février, que plusieurs grands paquebots d'abord affectés au CEC avaient été attribués aux Américains, lesquels n'avaient pas servi aussi longtemps outre-mer. La nouvelle du troisième report du *SS Haverford* parvint alors à Kinmel. Environ 300 membres du groupe d'embarquement 21, logés aux camps 3 et 4 (DM 10), voulurent protester auprès du commandant du camp, le Colonel Malcolm A. Colquhoun. Ces protestations officielles furent transmises au quartier général du camp, et le capitaine-adjudant, le Lieutenant-colonel R.G. Thackeray, accepta de s'entretenir avec trois représentants qui exprimeraient les préoccupations de ce groupe de soldats. Après la réunion, Thackeray crut avoir expliqué les retards d'une manière satisfaisante, mais il fut bientôt inquiet lorsque d'autres navires furent attribués à la 3e Division d'infanterie canadienne. Thackery comprit que les soldats de Kinmel Park interpréteraient ce fait nouveau

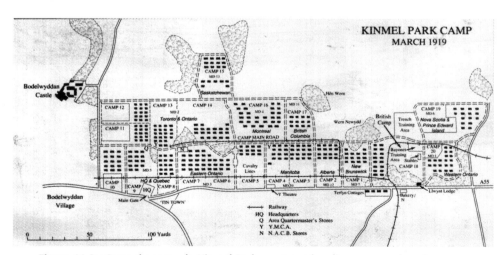

Figure 11.3 : Carte du camp de Kinmel Park montrant les diverses escadres des districts militaires et les camps subordonnés[30]

435

comme une dérogation au principe consistant à « ramener en premier ceux qui étaient partis en premier »[31].

Le 1er mars, le Lieutenant-colonel J.P. French, le commandant du camp 2 (DM 12), signala avoir entendu des rumeurs selon lesquelles toutes les cantines seraient pillées, mais les soldats désappointés ne passèrent pas à l'action. Le même jour, des soldats du camp 1 (DM 7) refusèrent de faire une marche sur route, mais se rassemblèrent par la suite le 2 mars, après qu'on eut annulé la marche de cette journée. Le même jour encore, le groupe d'embarquement 21 envoya à nouveau une délégation auprès de l'état-major car on avait retardé l'appareillage du *Haverford* pour la quatrième fois. Le Colonel Colquhoun envoya donc son capitaine-adjudant à Londres avec pour directives de signaler la gravité de la situation à Kinmel Park. Le Major H.W. Cooper, le commandant des camps 3 et 4 (DM 10), s'entretint ensuite avec les soldats du groupe d'embarquement 21. Il indiqua en bonne et due forme qu'ils étaient mécontents de la lenteur administrative de la démobilisation.

Colquhoun informa tous les commandants d'escadre subordonnés qu'à leur demande, il expliquerait lui-même les annulations aux soldats. Aucun des commandants d'escadre ne lui demanda d'aller parler aux hommes dans les divers sous-camps[32]. Plus tard, dans la soirée du 3 mars, des groupes de soldats se réunirent à Tin Town. Ils étaient manifestement mécontents de la situation. On cita plus tard les paroles du Soldat A.L. Wallace du DM 2 :

> [...] beaucoup d'hommes n'avaient plus un sou et ne pouvaient s'acheter des cigarettes ou du savon, mais attendaient tous avec impatience de rentrer au pays [...] c'est alors qu'on a annulé les embarquements – et l'on a appris ensuite que la 3e Division rentrait au pays la première – qu'elle constituait la division de combat des Canadiens – c'est ce qui a porté l'affaire à son paroxysme. La veille de l'émeute, c'était sur toutes les lèvres – c'était le sentiment général – tous ceux que je rencontrais parlaient de la même chose[33].

Le matin du 4 mars, les hommes du groupe d'embarquement 21 boycottèrent la marche sur route habituelle du matin. Le Major Cooper leur adressa la parole, et l'un d'eux fut désigné pour converser au téléphone avec le Major G.L. MacGillivray, l'adjoint au capitaine-adjudant. Ce représentant apprit que le Colonel Colquhoun s'adresserait au groupe au besoin. Ils se dispersèrent peu après, persuadés en apparence qu'on faisait cas de leurs griefs[34].

Morton met en évidence les répercussions de l'annulation du *Haveford* sur les troupes qui attendaient leur rapatriement à Kinmel Park. Toutefois, ce geste n'avait absolument rien d'arbitraire, car une commission d'inspection avait jugé que le navire était non conforme et ne convenait pas aux mouvements de troupe. La politique qui consistait à vérifier la conformité des navires pour le transport militaire avait été instituée en raison d'un incident qui s'était révélé une source d'embarras public important pour le gouvernement canadien. Les journaux avaient publié des rapports si négatifs sur la situation à bord d'un navire de transport précédent, le *SS Northland*, que les autorités étaient déterminées à faire en sorte que cela ne se reproduise plus.

Dans le cas du *Haverford*, les compartiments des couchettes étaient dépourvus d'aération, les personnes responsables n'étaient ni assez nombreuses ni assez qualifiées, et les services d'alimentation étaient inadéquats. Malheureusement, les motifs de l'annulation ne furent pas communiqués aux troupes qui devaient s'y embarquer. De plus, le quartier général du camp avait omis de faire savoir ce que le Lieutenant-colonel Thackeray avait pu réussir à Londres, au ministère des Forces armées du Canada outre-mer. Ce dernier avait persuadé le quartier-maître général, le Brigadier-général Donald Hogarth, de la gravité de la situation à Kinmel, et l'on avait finalement affecté aux groupes d'embarquement en transit au camp un navire d'abord alloué à la 1re Division. Thackeray télégraphia la nouvelle à Colquhoun et alla ensuite passer la soirée à goûter les divertissements de la métropole. Ce télégramme parvint à Kinmel alors que Colquhoun était allé passer la soirée à Rhyl, et cette information ne semble pas avoir circulé. Malgré les rumeurs d'agitation imminente, les officiers subalternes qui entendaient ces ragots hésitaient à déranger un officier supérieur pour de simples murmures de mécontentement, après les heures normales de travail[35].

La mutinerie à Kinmel Park commença le 4 mars en soirée, au cours d'une série de réunions à la suite desquelles le Sapeur William Tsarevitch fut choisi pour mener l'action collective naissante[36]. Dans un compte rendu publié dans *The Times*, David Lamb laisse entendre que la mutinerie fut déclenchée au cri « Allez, les Bolcheviques! » et s'est rapidement propagée à tout le secteur[37]. Ces comptes rendus, que les autorités canadiennes jugèrent exagérés, figurent à l'appendice 11.1 à titre informatif. Certains civils s'étaient joints aux mutins pour saccager et piller les magasins de Tin Town, mais les camps 19 et 20, où se situaient les installations administratives et les logements des officiers, échappèrent aux tentatives de contrôle. La population voisine de Rhyl s'inquiétait à la vue des incendies et des troubles provoqués par les mutins[38].

Desmond Morton fait un compte rendu semblable, sans insister sur le Sapeur Tsarevitch. Selon Morton, à 19 h 30, un groupe de soldats alla saccager la cantine du DM 3, le camp des soldats de l'Est de l'Ontario, sous la direction du Caporal Bert Morrison, récemment rétrogradé de son poste de grand prévôt du camp. Ils s'en prirent à une autre cantine avant de se rendre à Tin Town, où ils détruisirent aussi les magasins. Après en avoir fini

Certains des soldats ayant participé à l'émeute de Kinmel Park, 1919. (Le Musée canadien de la guerre AN19890086-591 #1)

à Tin Town, les soldats rentrèrent au camp, poursuivirent leur destruction et pillèrent les mess et les cantines des officiers et des sergents, ainsi que les cantines gérées par le Navy and Army Canteen Board (NACB). À 22 h, les mutins se rendirent à l'extrémité est du camp et retournèrent vider le magasin principal du NACB et le dépôt de tabac. Les officiers d'état-major tentèrent d'intervenir et un major fut frappé au visage, mais les contacts physiques de ce genre furent rares. À minuit, quelques centaines de soldats attaquèrent les magasins du quartier-maître. Des officiers armés de bâtons essayèrent de chasser les soldats, mais le pillage se poursuivit dans toute l'étendue du camp jusqu'à 4 h 30, le 5 mars[39].

Colquhoun fit le point de la situation lors d'une conférence avec ses officiers supérieurs, au matin du 5 mars. On avait saccagé et pillé les magasins du NACB, onze cantines et mess, onze magasins de Tin Town et deux bâtiments de la Young Men's Christian Association (YMCA). Aucune blessure n'avait été signalée et environ deux douzaines de soldats étaient aux arrêts. Colquhoun ordonna ensuite à ses onze commandants d'escadre d'éviter l'effusion de sang et de ramasser et garder toutes les munitions au quartier général du camp[40]. Il ordonna aussi de vider sans délai tous les stocks de spiritueux et prescrivit une avance de solde immédiate de deux livres par soldat[41]. Une réserve de 25 cavaliers fut constituée à partir du Canadian Reserve Cavalry Regiment. Après sa conférence, le Colonel Colquhoun put parcourir le camp sans encombre toute la matinée, et malgré les réactions diverses à ses efforts pour convaincre les mutins d'abandonner, il ne fut pas menacé de violence physique[42].

Au matin du 5 mars, les mutins demeurèrent relativement inactifs pendant que les autorités du camp prenaient des mesures énergiques pour réprimer les troubles. Le Lieutenant J.A. Gauthier retira son insigne de grade et circula parmi les mutins en vue de repérer les meneurs du groupe[43]. Un périmètre de défense incluant des tranchées avait été établi dans le secteur du camp 20 pour prévenir toute autre attaque. Au début de l'après-midi, des fusils et des munitions furent distribués à 40 officiers et hommes de confiance. Le Lieutenant Gauthier mit les mutins en garde contre une autre tentative au camp 20, mais en vain.

Les mutins, organisés en trois groupes, s'approchèrent de l'entrée du camp[44]. Le premier groupe se dirigea vers le camp, suivi d'un deuxième aussi nombreux, et les deux semblaient porter des drapeaux rouges, mais il s'agissait peut-être en fait d'une « bande de tissu rouge du YMCA suspendue à des queues de billard »[45]. La masse des mutins marchait derrière le deuxième groupe. Selon certains comptes rendus, ce troisième groupe était armé de fusils et de pierres. Un rapport antérieur avait mentionné des armes de fabrication artisanale constituées de rasoirs droits fixés à des bâtons. Les défenseurs du camp firent une incursion préventive au sein du premier groupe, et 20 mutins furent arrêtés et ramenés vivement au camp 20. Ce geste provoqua malheureusement une tentative de sauvetage à la salle de garde et au dépôt des dossiers. Selon un témoin, les mutins marchaient derrière deux hommes brandissant un drapeau rouge entre deux bâtons. Les mutins s'introduisirent dans la salle de garde et tentèrent de libérer les prisonniers, mais en vain. La foule se rendit ensuite au secteur de la cantine, dans le camp 18. Un groupe armé de bâtons, de pierres et de quelques fusils se rassembla ensuite en bordure de la route et essaya de s'en prendre au camp 20 en fonçant à travers les baraques du camp 18. Des membres du camp 20 repoussèrent l'attaque, et pendant que la poussée initiale se calmait, ils reculèrent vers leur périmètre. Il y eut alors un échange de coups de feu, et l'engagement fit 4 morts et 21 blessés[46].

Au cours d'un témoignage, la Cour d'enquête présidée par le Brigadier-général James MacBrien apprit que, selon des rumeurs, certains soldats avaient usé de corruption pour obtenir un départ anticipé. On révéla aussi à MacBrien que les troupes n'avaient pas été mises au courant des raisons pour lesquelles le rapatriement était retardé, et que des officiers, au lieu de s'occuper de leurs troupes, s'étaient absentés pour profiter d'un congé à Londres. Selon certaines allégations, la mutinerie aurait été maîtrisée si l'on avait maintenu un piquet en attente en nombre suffisant ou si les autorités du camp étaient intervenues pour réprimer la violence collective[47].

Les déclarations contenues dans les délibérations de la Cour d'enquête fournissent d'autres lumières sur les origines de la mutinerie à Kinmel Park. Le Colonel Colquhoun affirma sous serment qu'il commandait le camp depuis septembre 1918, et reconnut certains problèmes avec un Boy's Battalion (bataillon de jeunes soldats) et des vols dans des cantines. Il affirma qu'il y avait eu des problèmes liés aux embarquements et de nombreux défis à relever, vu la diversité de la population du camp. Les 17 400 personnes présentes au camp étaient toutes allées en France, sauf environ 2 000 conscrits et quelques soldats appartenant au corps de foresterie ou aux troupes ferroviaires. Colquhoun avait eu connaissance des impressions produites dans le camp par les dernières annulations de navires, et en guise de réponse il avait envoyé Thackery à Londres. Quand le Major MacGillivray lui apprit que les hommes étaient inquiets dans les camps du DM 10, il offrit le 3 mars, comme nous l'avons déjà mentionné, de parler aux escadres et d'expliquer l'annulation des embarquements, mais aucun des commandants d'escadre ne le jugea nécessaire. Colquhoun ne reçut aucune indication sur la probabilité d'autres troubles. Le témoignage de Colquhoun était éloquent sur la problématique de l'information des soldats, et il en fut question à maintes reprises pendant l'enquête. Le Soldat A.L. Wallace du 15e Bataillon fit observer :

> On m'a inscrit à ce camp le 21 février 1919. Je vis dans la baraque 15, dans le secteur des marins du DM 2.
>
> Je suis un prisonnier de guerre rapatrié.
>
> La situation dans ce camp, me semble-t-il, était celle-ci : il y avait les murmures habituels des soldats, et des inconforts de toutes sortes, beaucoup d'hommes n'avaient plus un sou et ne pouvaient s'acheter des cigarettes ou du savon, mais nous attendions tous avec impatience de rentrer au pays et nous endurions tout cela dans l'espoir d'une meilleure situation pour bientôt, à la suite de notre rapatriement. C'est alors qu'on a annulé les embarquements – et l'on a appris ensuite que la 3e Division rentrait au pays la première – qu'elle constituait la division de combat des Canadiens – c'est ce qui a porté l'affaire à son paroxysme. La veille de l'émeute, c'était sur toutes les lèvres – c'était le sentiment général – tous ceux que je rencontrais parlaient de la même chose.
>
> Je ne pense pas que c'était organisé, mais quand tout a commencé, d'autres se sont joints au mouvement, c'est devenu une manifestation au sujet de l'annulation des

embarquements et par la suite, une protestation visant à attirer l'attention des plus hautes autorités.

Les embarquements étaient la cause réelle, la volonté d'être payés était secondaire. Dans ma baraque, je pense que les 30 hommes ne possédaient même pas cinq shillings. Un homme n'avait pas touché de solde depuis le 5 février. Je n'avais pas reçu la mienne depuis le 8 février, mais personnellement, je n'ai pas à me plaindre au sujet de la solde. J'ai puisé 300 $ depuis mon retour d'Allemagne. Il me reste encore environ 600 $. Je savais que je pouvais retirer ma paie n'importe quand.

Je pense que si l'on avait parlé aux hommes au sujet des embarquements et expliqué pourquoi ils étaient reportés ou annulés, il n'y aurait pas eu d'agitation. La première explication nous est venue du Général Turner[48]. Maintenant, on affiche ces renseignements — les choses s'améliorent. *Si les hommes avaient connu la situation réelle, ils auraient pensé autrement* [...][49].

Des compatriotes du Soldat Wallace firent des observations aussi convaincantes au sujet de la circulation de l'information. Le Caporal G.J. Clout de la 10e Troupe ferroviaire canadienne témoignait comme suit :

Les officiers nous ont mis au courant des règlements au sujet de la solde après l'émeute — pas avant. Ils ont lu les ordres à haute voix. *Avant l'émeute, nous n'avons eu aucune explication sur les annulations des embarquements* _ ni sur le système de lavage — ni sur la nécessité d'un laissez-passer pour aller à Rhyl — ni sur la tenue[50].

Certains des commandants d'escadre subordonnés révélèrent aussi qu'un certain mécontentement était perceptible avant la mutinerie, mais n'insistèrent pas autant, dans leur témoignage, sur les problèmes décrits par Wallace et Clout. Le Lieutenant-colonel French déclara :

> En parlant avec les émeutiers, j'ai constaté qu'ils se plaignaient de l'annulation des navires et du fait que la 3e Division rentrait au pays la première — il y avait aussi des plaintes au sujet du manque de nourriture, de l'arrivée au camp sans être pourvus des documents pertinents, et des retards que cela entraînait ici[51].

Le Major Cooper reconnut qu'il avait été mis au courant du mécontentement et avait tenté de faire diversion pour distraire les soldats de leurs soucis[52]. Cooper et d'autres officiers supérieurs parlèrent aussi de la difficulté d'obtenir du personnel pour leurs camps et du manque de fiabilité des gens qu'ils avaient. Il semble y avoir consensus sur la difficulté d'obtenir et de conserver des chefs compétents, parmi les officiers et les sous-officiers. De plus, la différence de solde entre le cadre permanent de grade inférieur et les conscrits qui recevaient une paye spéciale était une autre source de tension dans le camp :

> Il manque de s/off [sous-officiers] compétents. Rien ne les incite à demeurer ici. Je n'ai pas demandé de s/off au QG [quartier-général], car lorsque j'ai demandé des officiers, ceux qu'on a envoyés n'étaient pas compétents.

> Mon effectif est en marque de 12 sgt [sergents], 21 cpl [caporaux] et 35 caporaux suppléants. Sept de mes officiers ont obtenu leurs commissions en novembre 1918.

> Les membres de mon cadre permanent me présentent constamment des demandes de rapatriement. Rien ne les incite à demeurer. Les caporaux suppléants sont mécontents de ne pas toucher la même solde que les commis en vertu de la LSM [*Loi du service militaire*]. Il y a 100 hommes employés en vertu de la LSM dans mon escadre[53].

Si l'on examine le témoignage des divers commandants du camp, il est intéressant de constater que la fluidité des divers états-majors posait problème, mais personne n'a reconnu que ce problème s'étendait peut-être à l'ensemble de la chaîne de commandement. La plupart des commandants du camp ayant témoigné exerçaient leurs fonctions depuis trois mois ou moins. Il est normal que des organisations « spéciales », qui manquaient de chefs d'expérience à des postes clés et appelées à s'occuper de nombreux soldats, se soient heurtées à des difficultés. Cette observation, chose curieuse, ne figurait pas dans les conclusions de la Cour d'enquête[54].

Le rôle des s/off pendant la période ayant précédé la mutinerie soulève une interrogation. Le Sergent-major de compagnie intérimaire E.J. Williams de la compagnie un, DM 10, déclarait à la Cour, « Les hommes du groupe d'embarquement 21 se rassemblaient souvent entre eux. Ils se rassemblèrent chaque fois que l'embarquement fut retardé, et quand il fut annulé »[55]. On ne lui demanda pas ce qu'il avait fait de cette information à propos des rassemblements, ni si lui ou d'autres avaient pris certaines mesures pour apaiser les préoccupations à l'origine de ces réunions spontanées. En fait, le témoignage du sergent-major donne une impression de « non-intervention ».

D'autres ressources historiques viennent corroborer le manque d'information et la présence d'un état-major inexpérimenté ou nouveau dans les camps. Des entrevues journalistiques parues dans le *Toronto Daily Star* après la mutinerie donnent la même impression : « La faute incombe à l'état-major de Rhyl », a-t-il [un sergent anonyme de retour] déclaré. « C'est le pire camp d'Angleterre », selon lui. « La plupart des membres de l'état-major sont bien payés », a-t-il affirmé, « et c'est tout ce qui leur importe. Ils ne s'intéressent pas aux hommes[56] ». On interrogeait ensuite un autre soldat sur la probabilité de troubles pendant qu'il attendait à Kinmel Park trois semaines auparavant : « Oh oui, j'étais certain qu'une émeute allait éclater à un moment donné. On rouspétait beaucoup. En fait, les soldats disaient qu'il y aurait une émeute s'ils ne partaient pas[57] ». On alléguait dans un autre article : « La situation était à la fois bonne et mauvaise. J'aurai beaucoup à vous dire à ce sujet plus tard. Il y a un manque total d'organisation au camp de Rhyl, et cela irrite beaucoup les hommes[58]. »

Outre la déclaration des témoins, les membres de la Cour obtinrent une preuve documentaire faisant ressortir la nécessité de renseigner les troupes de Kinmel Park sur le motif de retard des navires, et les problèmes potentiels découlant d'une dérogation au principe consistant à « ramener en premier ceux qui étaient partis en premier ». Le quartier général du camp avait envoyé une lettre au secrétaire de l'OMFC, déplorant que l'on tarde à transmettre les renseignements officiels sur les modifications apportées aux horaires d'embarquement. De plus, on s'inquiétait de ce que cette information paraissait dans les journaux locaux plusieurs jours avant que le Ministère ne l'envoie. Les soldats étaient donc au courant des dates probables d'embarquement avant que le quartier général de Kinmel Park ne les en informe, ce qui le mettait « en très mauvaise posture ». Mais, même après qu'on eut demandé que cette information soit transmise au camp en temps utile, le Ministère ne prit aucune mesure concrète pour régler ce problème[59].

La Cour d'enquête mena son enquête préliminaire à Kinmel Park aussitôt après la mutinerie et se réunit ensuite le 31 mars à l'administration centrale de l'OMFC à Londres. Selon les conclusions de l'enquête, la mutinerie était attribuable à plusieurs facteurs :

- Les retards et les remises des embarquements, ainsi que les rumeurs d'annulation jusqu'au retour de la 3e Division au Canada. De plus, le dernier embarquement avant la mutinerie remontait au 25 février et l'on n'obtint aucune information au sujet des embarquements suivants avant le 4 mars, trop tard pour apaiser le mécontentement;

- Les soldats avaient l'impression qu'ils demeureraient peu de temps à Kinmel Park, mais ce ne fut pas toujours le cas. À ces séjours prolongés s'ajoutait le problème administratif découlant de ce que les soldats ne touchèrent aucune solde entre leur rapatriement initial et leur embarquement pour le Canada;

- Des retards dans le rapatriement attribuables à la perte de documents personnels;

- Des retards à obtenir une paye en raison de la perte de documents;

- L'impossibilité d'acheter du tabac à crédit;

- Une mauvaise alimentation en raison d'un manque de cuisiniers compétents[60].

La Cour d'enquête fit des recommandations centrées sur les mesures prises pendant les troubles.

- Colquhoun fit l'objet de critiques pour n'avoir pas prévu de piquet en attente en cas d'urgence, n'être pas intervenu plus « vigoureusement » avant le déclenchement de la mutinerie, et n'avoir pas posté de gardes aux abords des bâtiments vulnérables avant l'insurrection.
- La Cour n'a pas abordé intrinsèquement les problèmes systémiques relatifs à la transmission de l'information et à la dotation en personnel dans le camp, mais elle a admis certains problèmes à cet égard.
- Elle considérait que Colquhoun n'était probablement pas au courant de l'infraction à la discipline commise dans le DM 10 le matin du 4 mars, et que le Major Cooper n'en savait probablement rien non plus, car il n'était à son poste que depuis la veille.
- On reprocha à Thackery de s'être servi du télégraphe plutôt que du téléphone pour transmettre l'information obtenue à Londres au sujet des deux embarquements du 15 mars pour les troupes de Kinmel. De plus, bien que la Cour ne l'ait pas affirmé explicitement, Tackery aurait dû insister pour que cette information soit rapidement communiquée.
- Enfin, on cita la lenteur avec laquelle sont parvenus les renseignements sur les changements aux horaires d'embarquement parmi les facteurs ayant concouru à la mutinerie.

Malgré ces conclusions, des mesures disciplinaires à l'endroit de certains des mutins furent à l'ordre du jour[61].

Au cours des séances suivantes en cour martiale, 51 participants à la mutinerie furent accusés et jugés en vertu de l'*Army Act* britannique[62]. L'historien canadien Chris Madsen évoque la possibilité que la presse britannique, en rendant compte de la violence avec un luxe de détails, a peut-être poussé les autorités militaires à vouloir donner l'impression d'être intervenues de manière décisive à la suite de la mutinerie. Diverses sentences furent prononcées, et les personnes déclarées coupables reçurent des sentences de détention ou d'emprisonnement de durée variable. Selon Madsen, un officier défenseur des soldats de Colombie-Britannique, le Capitaine George Black, envoya une lettre au premier ministre Sir Robert Borden lui décrivant plusieurs problèmes survenus au cours des procès. Parmi les vices de forme, il mentionnait un parti pris des membres de la Cour contre les accusés, la brièveté de la procédure en première instance, ainsi que des violations de la procédure judiciaire et de la preuve. Le Capitaine Black demandait par conséquent que le gouvernement canadien réclame la libération des soldats emprisonnés[63].

Même si Kemp s'était engagé à collaborer avec le coroner du Flintshire, F.L. Jones, l'enquête au civil fut entravée par un manque de témoins. Beaucoup d'entre eux avaient déjà quitté l'Angleterre au début de l'enquête, vers la fin de mars, et la Cour d'enquête ne fournit pas de copies des déclarations de ces témoins :

> Trois jours avant l'enquête, le 17 mars 1919, le coroner avait reçu une note du président canadien de la Cour d'enquête de l'Armée canadienne précisant : « Je regrette beaucoup de ne pouvoir vous fournir les déclarations des officiers que vous avez demandées, car nos comptes rendus sont confidentiels et ne peuvent être divulgués à l'heure actuelle[64]. »

Compte tenu de la minceur de la preuve et de la pression exercée pour que les Canadiens règlent la question eux-mêmes, le coroner recommanda de ne porter aucune accusation criminelle[65]. Au cours des années suivantes, on laissa entendre qu'il y avait eu conspiration pour dissimuler les renseignements sur les décès.

En dernière analyse, quelles que soient les conclusions de la Cour d'enquête et de l'enquête du coroner, la mutinerie a néanmoins eu des résultats positifs pour les soldats. Le rapatriement fut accéléré, et au 25 mars, environ 15 000 soldats avaient quitté Kinmel Park[66]. Des sources contemporaines attestent que les autorités canadiennes hâtèrent les embarquements des soldats de Kinmel, et aussitôt après l'émeute, le *SS Adriatic* et le *SS Celtic* furent réassignés aux troupes du camp, fournissant ainsi des couchettes à quelque 5 000 soldats[67].

Selon Desmond Morton, la mutinerie n'était pas le fruit d'une conspiration. Tout s'est joué « sans plan et avec beaucoup de leaders ». Certains individus obtinrent un appui en soulevant la colère d'autres individus désenchantés. Quand les soldats s'aperçurent qu'ils pouvaient agir à leur guise, ils burent de l'alcool pour se remonter et continuèrent à saccager et à piller les institutions du camp[68]. Même si, pendant le procès en Cour d'enquête, on a fait allusion à l'alcool parmi les facteurs ayant entraîné la destruction, l'intoxication ne figure pas au nombre des éléments importants à l'origine de l'événement. En fait, les soldats ayant témoigné à l'enquête soutiennent la thèse de Morton quant à la spontanéité de la mutinerie[69]. On relève différentes interprétations des origines du mécontentement à Kinmel Park, mais la mutinerie des 4 et 5 mars ne s'est pas produite par surprise. Il y avait des indices de profond mécontentement depuis le début de l'année, et ces incidents ont augmenté d'intensité[70]. Le point culminant de cette vague croissante de protestation fut la violence de la mutinerie, et elle était tout à fait évitable.

Pour certains historiens, dont le Colonel G.W.L. Nicholson, les modifications apportées à la politique du redéploiement consistant à « ramener en premier ceux qui étaient partis en premier », ainsi que les retards des embarquements, furent les principales causes des émeutes survenues à plusieurs camps canadiens, y compris Kinmel Park[71]. Desmond Morton et Jack Granatstein appuient ce point de vue dans *Marching to Armageddon*. Ils laissent entendre qu'en plus des retards et des annulations d'embarquement, la mutinerie à Kinmel Park fut le résultat de l'information selon laquelle des conscrits en vertu de la *Loi du service militaire* au sein des unités de la 3e Division rentraient plus tôt, même s'ils avaient peu d'états de service outre-mer. En outre, un climat de « temps froid, de pénuries, de grèves et de grippe » créa des conditions de vie médiocres selon Sir Edward Kemp : « Vous ne pouvez pas reprocher aux soldats de ruer et de se plaindre [...] Le Canada est un paradis par rapport à cet endroit[72] ». Lawrence James ajoute que les troupes canadiennes étaient dans une rage folle à l'idée que des navires semblaient disponibles pour les forces américaines, dont la plupart des membres avaient passé relativement peu de temps à la guerre, contrairement aux Canadiens[73]. S'ajoutaient à cela des rumeurs persistantes de discrimination sur le marché du travail en faveur des officiers, et des nouvelles de mises à pied et de réduction de salaires consécutives à une récession engendrée par la dette de guerre. Les soldats se rendaient compte que, plus ils attendaient en Angleterre, plus ils auraient de mal à décrocher un emploi dans un marché du travail en baisse. Malheureusement, le chômage au Canada augmenta brusquement vers la fin de février. Tous ces facteurs créaient un climat propice à la mutinerie[74].

Un chercheur britannique, Julian Putkowski, défend un autre point de vue et rejette les arguments voulant que les conditions de vie à Kinmel Park aient déclenché la mutinerie. Pour lui, ces interprétations ne sont qu'une autre version des conclusions de la Cour d'enquête. Selon Putkowski, la principale cause du mécontentement tient au sentiment des troupes canadiennes d'être bloquées en Angleterre. Il affirme que des précurseurs avaient déjà signalé le mécontentement des soldats au sujet des retards dans l'embarquement, et qu'on avait tenté d'en avertir les autorités du camp. Des protestations officielles avaient été faites au Colonel Colquhoun le 27 février, et certains soldats avaient refusé de défiler le matin du 4 mars. La mutinerie ne fut pas spontanée, mais se produisit après que les autorités du camp eurent repoussé les tentatives des soldats de faire connaître leurs griefs[75].

Putkowski fait valoir aussi que le climat social et politique en Angleterre, au début de 1919, était favorable à certaines formes d'action commune de la part de soldats mécontents. La turbulence en cours dans la population civile eut des répercussions sur les militaires. Tous les camps d'importance ont été touchés par des grèves, des manifestations et des marches de protestation. Cette agitation était surtout liée aux conditions de vie et de service[76]. Selon Putkowski, trois crises en particulier eurent des répercussions néfastes sur la situation à Kinmel Park : les grèves dans le secteur civil, une nouvelle campagne de l'Armée républicaine irlandaise visant le départ des Britanniques de l'Irlande du Nord, et de nombreuses grèves de soldats à l'échelle de l'Armée britannique. L'Empire s'efforçait de garder son unité et d'empêcher l'Allemagne de reprendre le conflit. Une centaine de grèves de soldats, auxquelles participèrent près de 100 000 militaires britanniques éclatèrent en France et en Angleterre. Le principal argument des grévistes portait sur le processus complexe de démobilisation des Britanniques, suivant lequel la libération reposait sur un éventail de catégories plutôt que la durée du service militaire. Suite à ce mouvement collectif, on modifia le système de manière à démobiliser les hommes en fonction du temps passé dans l'armée. Putkowski poursuit en rappelant que ces grèves de soldats généraient une large couverture médiatique, et que les soldats britanniques et canadiens y virent à n'en pas douter le principal motif pour lequel on modifia la politique en matière de démobilisation. Leur réussite les incita à voir dans la mutinerie une forme de « négociation collective »[77].

Les incidents à Kinmel Park augmentèrent en fréquence et en ampleur avant l'explosion de violence de mars 1919. Ainsi, Desmond Morton relève diverses agitations en janvier et en février. Le 7 janvier, une bagarre interraciale éclata lorsqu'un sergent-major noir de la 2nd (Coloured) Canadian Construction Company voulut mettre un soldat blanc insubordonné en état d'arrestation. Les soldats noirs de la compagnie de construction furent attaqués pendant qu'ils s'apprêtaient à faire leur toilette. Dans l'échauffourée, cinq soldats blancs furent tailladés par des rasoirs, et quelques soldats noirs furent blessés à coups de pierres. Quelques jours plus tard, le 10 janvier, quelques soldats de la Nouvelle-Écosse tentèrent de libérer un ami détenu à la salle de garde. Pendant la mêlée, un caporal ivre frappa un officier avec la crosse d'un fusil dont il s'était approprié. En février, il y eut des jets de pierres et des batailles entre les Canadiens du bataillon de jeunes soldats et des élèves-officiers britanniques, pendant que les Canadiens revenaient d'une soirée de danse. La Cour d'enquête convoquée par la suite blâma les officiers britanniques. Il convient de noter que ce bataillon est revenu au Canada dans les plus brefs délais possible[78]. Un autre incident se produisit le 28 février quand des soldats canadiens, à la gare ferroviaire de Rhyl, tentèrent sans succès de sauver un ami qu'on avait arrêté[79].

Nicholson, Lamb, Morton, Granatstein, Putkowski et d'autres auteurs, ainsi que des historiens contemporains ayant étudié cette période, illustrent avec compétence les huit aspects qui, selon le modèle de la roue de chariot d'une mutinerie, constituent des facteurs de désintégration et des déclencheurs à l'origine d'une mutinerie. L'aliénation a résulté de la séparation d'avec l'unité d'appartenance et les groupes primaires en vue du rapatriement, des retards constants dans les horaires d'embarquement, des sentiments de traitement inégal, de la monotonie et de l'ennui. La situation était bénigne de chose par rapport à la vie dans les tranchées, mais l'environnement physique du camp, ses logements et ses divertissements rudimentaires, en plus du mauvais temps, ont également eu l'effet d'une force centrifuge. Les soldats ont perdu confiance quand l'agitation sociale caractéristique de l'époque a fait voler en éclats les valeurs autrefois reconnues et les espoirs des anciens combattants de retour du front. Cette désillusion a poussé des hommes ayant survécu aux rigueurs du combat à exprimer leur mécontentement quand la situation est devenue inacceptable à leurs yeux. L'absence de normes a découlé d'un manque de discipline efficace, car on ne semblait pas appliquer à Kinmel Park les normes communes d'un comportement militaire acceptable. Ce manque de discipline et le refus des autorités du camp d'intervenir efficacement face aux divers incidents ont également renforcé la montée de la protestation. Les activités d'instruction auraient pu contribuer à détourner l'attention des conditions ambiantes, mais elles étaient répétitives et dépourvues d'imagination. Surtout, il y avait au camp une structure de commandement fluide et des changements de chefs fréquents. Les soldats en transit dans le camp n'avaient pas l'avantage d'appartenir à une unité constituée, dotée de ses propres officiers et s/off, et il n'y existait pas d'état-major permanent au camp pour les aider.

Ces explications ne vont pourtant pas à la cause principale de la mutinerie. Dans le dossier de Kinmel Park, le problème essentiel a été l'omission des autorités du camp de renseigner les soldats en transit sur les causes des modifications aux horaires d'embarquement qui influaient sur leur rapatriement au Canada. Ce manque de communication, combiné à d'autres facteurs de désintégration, a mené directement à la violence des 4 et 5 mars. Les enquêtes précédentes ont négligé l'importance de cette omission.

Selon les travaux de la Cour d'enquête, les soldats de Kinmel Park n'ont pas compris le changement apparemment constant lié aux embarquements. Les troisième et quatrième reports du *SS Haverford*, ainsi que les manifestations et les observations subséquentes du groupe d'embarquement 21, étaient révélateurs de ce manque de compréhension. Ces gestes ne correspondent pas aux normes militaires, mais on y a probablement vu le seul moyen possible d'obtenir des résultats. Les explications et les promesses du commandant du camp et de son état-major sont devenues vides de sens au fil du temps, et aucun règlement ne semblait en vue. Les soldats ont alors cessé de croire leurs commandants, et ont eu recours à la mutinerie pour traduire leur mécontentement.

On a fait des comptes rendus divergents sur l'atmosphère du camp, mais en définitive, elle n'était probablement pas plus mauvaise qu'ailleurs. Néanmoins, le temps maussade, l'ennui, le manque d'argent, les repas monotones et le manque de travail sensé ont entraîné un énorme malaise. Tout ceci, ajouté à un processus de démobilisation d'une extrême lenteur et aggravé par des changements apparents dans la politique consistant à « ramener en premier ceux qui étaient partis en premier », a probablement engendré une désillusion ou une aliénation. De plus, l'espoir de prospérité dans l'après-guerre a rapidement diminué. L'accroissement du chômage au Canada et l'impression d'un bassin d'emploi de plus en plus restreint n'étaient certes pas la récompense que cherchaient ces vétérans. Ce sentiment, en plus de l'inégalité perçue des indemnités d'après-guerre entre les soldats et les officiers, a fait en sorte que les troupes accordent moins de prix au respect de leur pacte avec la nation, surtout dans un camp de transit

« Tin Town », après l'émeute de Kinmel Park. (Le Musée canadien de la guerre AN19890086-591 #4)

où les autorités semblaient les ignorer et ne pas se soucier d'eux.

Le mélange volatil d'individus à Kinmel Park incluait des troupes de combat chevronnées, mais fatiguées et mécontentes de la situation. Ces hommes avaient remporté la guerre, ils étaient vivants, et croyaient mériter un meilleur traitement. Mais sans égard aux groupes les plus portés à la mutinerie, il y avait, dans le contexte de Kinmel Park, un mélange volatil de gens chevronnés et d'autres soldats et, comme certains le craignaient, il a suffi d'une étincelle pour l'enflammer. Des individus libérés de leur loyauté envers l'unité, qui mettaient en doute la chaîne de commandement du camp et souffraient de nervosité, étaient plus portés à agir pour exprimer leur désapprobation face aux préjudices apparents en mars 1919.

L'instruction aurait pu servir à promouvoir la cohésion au sein de l'unité, mais il n'en fut pas ainsi à Kinmel Park. Dans le sillage de la Première Guerre mondiale, l'instruction au camp de transit se résumait à peu de choses près à la marche sur route du matin. Il n'y avait aucune incitation à concevoir une activité plus créative et intéressante pour occuper les soldats. En plus de contribuer à la monotonie de la vie au camp, cette activité répétitive et dépourvue d'imagination doit avoir engendré du ressentiment[80]. Les refus de participer aux marches sur route, les 1er et 4 mars, prouvent une fois de plus l'inefficacité de la discipline imposée aux soldats à Kinmel Park. À plusieurs reprises à compter de février, les soldats s'étaient protégés face aux autorités du camp. Les troupes opposaient une résistance à l'arrestation et à l'incarcération de leurs semblables, et de plus, les autorités du camp ne prirent aucune mesure efficace, y compris un piquet à l'intérieur du camp, pour imposer la discipline.

Le manque de communication entre l'état-major du camp et les soldats en transit a mis en branle tous ces facteurs de désintégration et fourni l'élan nécessaire à la mutinerie. En particulier, le peu d'information pertinente au sujet des retards à l'embarquement a entraîné un échec lamentable du leadership déjà incertain du camp. Ce fut l'étincelle requise pour déclencher la mutinerie, et devant l'incapacité de mériter la confiance des soldats ou de réagir à leurs réclamations et à leurs observations individuelles ou collectives, le leadership informel a pris le pas sur le leadership formel. Ces chefs informels ont poussé les troupes de Kinmel Park à la mutinerie et attiré l'attention des autorités, tant canadiennes que britanniques[81].

On devrait tirer des leçons importantes des événements survenus à

Kinmel Park les 4 et 5 mars 1919. Pour les participants, ce fut le dernier recours pour faire connaître leurs préoccupations. Il y avait eu de nombreux indices de mécontentement croissant, et ils avaient été en majeure partie mal interprétés ou négligés. Les autorités ne se sont pas efforcées de connaître les préoccupations des soldats, et n'ont rien fait d'utile pour apaiser ces appréhensions. Une circulation exacte et pertinente de l'information dans les deux sens aurait entravé ces facteurs de désintégration et évité la divergence entre les objectifs du leadership de droit et de fait du camp. En dernière analyse, la mutinerie survenue à Kinmel Park, les 4 et 5 mars 1919, souligne qu'en présence de forces centrifuges capables d'annihiler l'efficacité organisationnelle, la communication de l'information est un puissant élément de cohésion que les chefs militaires négligent à leurs propres risques.

NOTES EN FIN DE CHAPITRE – CHAPITRE 11

Note de l'auteur: Les recherches et la rédaction de ce document auraient été impossibles sans l'appui de l'Institut de leadership des Forces canadiennes. Nous leur en sommes très reconnaissants.

1   Noel Barbour, « Gallant Protestors », *The Legion*, vol. 48, no. 10, mars 1973, p. 45.

2   Colonel G.W.L. Nicholson, *Histoire officielle de la participation de l'Armée canadienne à la première guerre mondiale : Le corps expéditionnaire canadien 1914-1919*, Ottawa, Imprimeur de la Reine, 1963, p. 489.

3   Eliot A. Cohen et John Gooch, *Military Misfortunes: The Anatomy of Failure in War*, New York, Free Press, 1990, p. 28.

4   Colonel A. Fortescue Duguid, *Disturbances in Canadian Camps and Areas 1918-19*, Section historique de l'Armée canadienne, mars 1941, 1, dossier 8779, bobine C-8375, document 2770, série III, C-1, groupe d'enregistrement [GE] 24, *Bibliothèque et Archives Canada [BAC]*.

5   Selon Joel Hamby, « les militaires en général ne semblent pas aimer s'occuper de problèmes systémiques profonds et préfèrent rendre la justice une fois, et poursuivre l'exécution de l'opération en cours ». Voir Joel E. Hamby, « The Mutiny Wagon Wheel: A Leadership Model for Mutiny in Combat, » *Armed Forces and Society*, vol. 28, no. 4, été 2002, p. 592.

6   Les forces armées sont une institution particulière; elles constituent un élément de la société en général, mais distinct de par sa fonction. Ceux qui choisissent la profession militaire peuvent facilement y trouver la mort et être blessés gravement au service de l'État, et le concept de « contrat de responsabilités illimitées » du Général Sir John Hackett résume parfaitement cette idée. Voir Sir John Winthrop Hackett, « Today and Tomorrow, » dans Melham W. Wakin,

éd., *War, Morality and The Military Profession*, 2e éd., Boulder, Colorado, Westview Press, 1989, p. 99.

7   « Les droits de représentation, de libre expression et d'action collective accordés au dix-neuvième et au vingtième siècles voulaient dire peu de chose pour les soldats et les marins, à qui ils étaient sévèrement retranchés. Le métier des armes s'attachait aux valeurs différentes que sont le devoir, le courage et l'honneur ». Voir Lawrence James, *Mutiny: In the British and Commonwealth Forces, 1797-1956*, Londres, Buchan & Enright, 1987, p. 32.

8   Renvois au droit militaire britannique cités dans Julian Putkowski, *British Army Mutineers 1914-1922*, Londres, Francis Boutle, 1998, p. 9.

9   E.P. Thompson, *The Making of the English Working Class*, Londres, Victor Gollancz, 1965, p. 13-15.

10   *Ibid.*, p. 14-18.

11   L'éminent universitaire britannique E.P. Thompson estimait à peu près dans le même sens que la mobilisation a lieu lorsque les intérêts de classe sont établis. Il écrivait « […] une classe apparaît quand certains hommes, partageant des expériences communes (héritées du passé et partagées) ressentent et organisent l'identité des intérêts entre eux-mêmes, et par rapport à d'autres hommes dont les intérêts sont différents des leurs (et habituellement contraires aux leurs) ». *Ibid.*, p. 9.

12   Hamby, « The Mutiny Wagon Wheel », p. 575-578 et 591.

13   *Ibid.*, p. 577.

14   *Ibid.*, p. 575-578.

15   *Ibid.*, p. 578-579.

16   *Ibid.*, p. 579-584.

17   La Figure 11.1 est tirée directement d' *Ibid.*, p. 577.

18   *Ibid.*, p. 584-586.

19   *Ibid.*, p. 587-588.

20   David Grossman, *On Killing: The Psychological Cost of Learning to Kill in War and Society*, Boston, Little Brown, 1995, p. 143-146.

21   Hamby, « The Mutiny Wagon Wheel », p. 588-591.

22   Le nouveau ministère des Forces armées du Canada outre-mer (OMFC), relevant du ministre d'Outre-mer, Sir Edward Kemp, avait commencé dès avril 1917 à planifier la démobilisation. Voir Desmond Morton, « 'Kicking and Complaining': Demobilization Riots in the Canadian Expeditionary Force, 1918-19 », *Canadian Historical Review*, vol. LXI, no 3, septembre 1980, p. 335.

23   « À l'exception du corps d'armée canadien qui, comme nous l'avons vu, rentra par unités, [suivant la recommandation du Lieutenant général Sir Arthur Currie, le commandant du Corps] on adopta le principe consistant à ramener en premier ceux qui étaient partis en premier. On divisa en dix-sept périodes de trois mois chacune la durée de la guerre et on assigna à chaque période deux groupes de militaires. Les dix-sept premiers groupes se composaient des hommes mariés et les dix-sept seconds de groupes des célibataires; les groupes d'hommes mariés avaient la préférence par rapport aux célibataires. Ainsi donc, si le principe directeur de la libération se trouvait dans l'ordre de l'enrôlement, les hommes chargés de familles prenaient le pas sur les célibataires ». Voir Nicholson, *Histoire officielle*, p. 489.

24 Aux camps de transit, on achevait la documentation relative au soldat qui recevait son certificat médical et dentaire définitif. Il pouvait obtenir un congé de démobilisation de huit jours à deux semaines. À son retour au camp, il était assigné à une compagnie d'embarquement pour attendre son départ pour le Canada. Selon Nicholson, le soldat passait en moyenne environ un mois en Angleterre, mais il fait observer que dans certains cas, on modifiait parfois la politique pour des raisons de commisération. Nicholson signale que, bien que ces rapatriements précoces fussent rares, ils causaient du « mécontentement » parmi les soldats qui ne comprenaient pas les circonstances en cause. En outre, pour bien remplir les navires, certains groupes de soldats récemment arrivés rentraient au Canada peu après leur arrivée au Royaume-Uni. Voir *Ibid.*, p. 530-532.

25 James, *Mutiny*, p. 115.

26 Morton, « 'Kicking and Complaining,' », p. 342.

27 Cité dans *Ibid.*, p. 340.

28 Contenu dans une lettre à Kemp du 11 février 1919. Cité dans *Ibid.*, p. 340-341.

29 « Les règlements étaient clairs : les soldats en attente de libération avaient droit à une livre ou deux chacun tous les quinze jours ». Voir *Ibid.*, p. 344.

30 La Figure 11.3 a été fournie par M. William Constable.

31 Putkowski, « The Kinmel Park Camp Riots 1919 », p. 15.

32 « Un lundi, une délégation est venue au quartier général du DM 2 d'une manière parfaitement réglementaire, accompagnée d'un porte-parole qui s'est entretenu avec le major. Cette délégation a été renvoyée au Capt Patterson qui s'est déchaîné contre elle et l'a expulsée, en disant qu'il n'écouterait pas ces idioties. Les membres de la délégation ont dit que si l'on ne faisait pas appel à Argyll House [le siège de l'OMFC à Londres] avant 22 h 30 le mardi [4 mars], ils déclencheraient une émeute. Le Col Colquhoun a répondu qu'il en avait appelé à Argyll House à plusieurs reprises sans avoir pu rien obtenir ». Cité dans *Ibid.*, p. 16.

33 Cité dans *Ibid.*, p. 16-17.

34 *Ibid.*, p. 17.

35 Morton, « 'Kicking and Complaining' », p. 344-345.

36 David Lamb écrit « Tarasevitch » au lieu de « Tsarevitch » et affirme que les journaux employaient aussi « Tarashaitch » ou « Tarouke ». Voir David Lamb, « Mutinies », Londres, Solidarity United Kingdom, 2002, p. 28 (document Internet). Disponible à http://www.geocities.com/cordobakaf/mutinies.html. Consulté le 18 octobre 2002.

37 *Ibid.*, p. 28-31.

38 James, *Mutiny*, 115.

39 En vue de réduire le nombre de tâches impopulaires, Colquhoun avait éliminé le planton qui aurait servi à intervenir en cas d'urgence, y compris en cas d'incendie ou d'agitation, comme ici. La police militaire du camp était à Rhyl et dans d'autres communautés voisines pour éviter l'agitation entre soldats Canadiens et résidants. Il n'y avait pas d'unités constituées à l'intérieur du camp, à l'exception du Canadian Reserve Cavalry Regiment, en mesure d'intervenir au nom des autorités du camp. Les responsables du Reserve Cavalry Regiment ont signalé qu'ils n'avaient pas de soldats dans la caserne à employer comme force d'intervention. Voir Morton, « 'Kicking and Complaining' », p. 345-346.

40 Les officiers n'obéirent pas tous à cet ordre. Le Major J.C. Stevenson du DM 4 conserva une boîte de munitions qu'il partagea avec les camps voisins. Voir *Ibid.*, p. 347.

41 Selon Morton, cette tâche ne fut pas accomplie efficacement, et les soldats trouvèrent deux voiturées d'alcool et de bière non gardées qu'ils ont pu distribuer et boire. Voir *Ibid.*, p. 346.

42 Selon Morton, on a relevé quelques cas d'attaque, mais rares. Il écrit aussi que les soldats du Corps expéditionnaire canadien se souvenaient de leur dette envers l'Armée du Salut et n'ont pas ciblé ses installations, et avaient au contraire du mépris envers le YMCA pour son arrogance et ses coûts jugés exorbitants. Voir *Ibid.*, p. 346-347.

43 Le Lieutenant J.A. Gauthier organisa la défense du camp 20. Après avoir constaté les premières agitations du 4 mars, il retourna au camp 20 et organisa son contingent de 50 hommes pour protéger le camp. Le matin du 5 mars, il retira son insigne de grade et se promena ensuite parmi les troupes séditieuses. En voyant qu'elles allaient attaquer le camp 20, il tenta de les en dissuader. Selon Morton, même si le Major Charles Maclean était le commandant du DM 1, ce fut Gauthier qui en inspira la défense. Gauthier persuada les soldats de la nécessité de protéger les dossiers pour éviter de perturber davantage le rapatriement, de sorte que plusieurs centaines de soldats aidèrent les autorités du camp. Voir *Ibid.*, p. 349.

44 James écrit que des fusils furent distribués à 13 h 30, l'avertissement de Gauthier fut donné vers 14 h, et les mutins se dirigèrent vers le camp 20 vers 14 h 30. Voir James, *Mutiny*, p. 115-116.

45 Morton, « 'Kicking and Complaining' », p. 349.

46 Lawrence James présente une courte liste des blessés et des morts et en décrit brièvement les circonstances. « Le Soldat Hickman fut tué par balle au camp 18 et plusieurs hommes furent blessés dans l'une des baraques. Le Soldat Gillan, l'un des gardes, fut touché dans le feu croisé en s'approchant d'un groupe de mutins entrés dans les étables de l'ASC (corps d'intendance de l'armée). Le Canonnier Haney fut tué d'une balle à la tête, le Caporal Young, d'un coup de baïonnette à la tête et Tsarevitch, le meneur présumé, mourut d'une blessure par baïonnette au bas de la poitrine. Les deux derniers hommes doivent avoir été blessés pendant le rude combat corps à corps entre les gardes et les mutins. La résistance féroce amena les mutins à hisser le drapeau blanc. Il y eut quatre morts, vingt-et-un blessés et soixante-quinze arrestations. Cinquante hommes accusés de mutinerie, dont vingt-sept furent déclarés coupables et reçurent des sentences allant de 90 jours à dix ans ». Voir James, *Mutiny*, p. 116-117.

47 Morton, « 'Kicking and Complaining' », p. 352-353.

48 Turner fit la tournée du camp aussitôt après la mutinerie.

49 Cour d'enquête du camp de Kinmel Park, dossier D-199-33, vol. 2770, série III, GE 9, *BAC*. Passage mis en italique par le présent auteur.

50 *Ibid.* Passage mis en italique par le présent auteur.

51 *Ibid.*

52 Les officiers ne furent pas tous prévenus de l'agitation potentielle. Le Capitaine R.J. Davidson du 21e Bataillon et commandant adjoint du DM 2 affirma : « Le déclenchement m'a surpris. Je savais qu'il y avait du mécontentement à propos des embarquements, mais je ne m'attendais absolument pas à une flambée de violence.

Je ne pense pas que cette éruption ait tellement été organisée [...] ». Voir *Ibid.*

53 *Ibid.*

54 Le Colonel Colquhoun était à Kinmel Park depuis septembre 1918, mais il était l'exception. Le Lieutenant-colonel French commandait depuis décembre 1918 et le Major Cooper n'occupait son poste que depuis le 3 mars 1919, mais il avait été employé à Kinmel Park avant cette date. Ibid.

55 *Ibid.*

56 « Toronto Men Explain Riots at Kinmel Camp », p. 1, 8 mars 1919, *Toronto Daily Star* (*TDS*).

57 *Ibid.*, p. 24.

58 *Ibid.*, p. 1.

59 Cour d'enquête du camp de Kinmel Park, dossier D-199-33, vol. 2770, série III, GE 9, *BAC*.

60 *Ibid.*

61 Au 10 mars, 61 hommes avaient été arrêtés et envoyés à l'extérieur de la zone. Voir ibid.

62 Cours martiales dans lesquelles les procès ont lieu sans jury. Le président et les membres de la cour devaient être des officiers commissionnés. Il n'existait pas de système officiel d'appel relativement aux sentences prononcées. Il y avait alors quatre types de cours martiales : celle du régiment, du district, de même que la cour martiale générale, et la cour martiale générale de campagne. La principale différence tenait à la gravité de l'infraction et aux pouvoirs de prononcé de sentence attribués à chacune. Les plus hautes, les cours martiales générale et générale de campagne, pouvaient juger les militaires de tous grades et prononcer des sentences pouvant aller jusqu'à la mort. La cour martiale générale réunissait cinq à neuf officiers et une cour martiale générale de campagne nécessitait trois officiers. Les accusations de mutinerie relevaient habituellement de la compétence de ces deux catégories de cours martiales. Étant donné la gravité de ces types d'accusations, on désignait habituellement un officier de cour martiale chargé de conseiller la cour sur la procédure et les questions de droit militaire. Toutefois, la poursuite et les membres pouvaient venir de l'unité de l'accusé ou d'ailleurs. La plupart des officiers qui y participaient possédaient une formation minimale en droit. Voir Putkowski, *British Army Mutineers*, p. 10. Morton indique que 59 soldats furent emprisonnés à Liverpool en attendant de passer en cour martiale, et les autres eurent des procès par voie sommaire dirigés pas leurs commandants. Voir Morton, « 'Kicking and Complaining' », p. 350.

63 Chris Madsen, *Another Kind of Justice: Canadian Military Law from Confederation to Somalia*, Vancouver, University of British Columbia Press, 1999, p. 51.

64 Cité dans Lamb, « Mutinies, » p. 39.

65 Morton, « 'Kicking and Complaining' », p. 353.

66 James Lamb laisse entendre, « [...] les hommes sous-estimèrent le caractère impitoyable et la détermination des officiers. Au cours d'une mutinerie, il est impossible d'aborder sans armes des officiers armés. À moins qu'une mutinerie ne soit à son maximum, les autorités prendront tous les moyens pour la mater. En cas de « nécessité », elles ne reculeront pas devant une effusion de sang ». Voir Lamb, « Mutinies », p. 38-39.

67 Cour d'enquête du camp de Kinmel Park, dossier D-199-33, vol. 2770, série III, GE

9, *BAC.*

68   Morton, « 'Kicking and Complaining' », p. 351-352.

69   Cour d'enquête du camp de Kinmel Park, dossier D-199-33, vol. 2770, série III, GE 9, *BAC.*

70   On a rapporté que des amis de Colquhoun avaient dit avoir reçu des lettres de lui dans lesquelles il décrivait le désordre dans le camp et affirmait que « des émeutes de faible intensité » se produisaient quasi chaque jour. Voir « Small-Scale Riots Common Occurrence », p. 1, 8 mars 1919, *TDS.*

71   La Section historique de l'Armée canadienne était de cet avis et a indiqué que les motifs du déclenchement des troubles étaient les retards et les annulations des embarquements, les pénuries de tabac, la nourriture médiocre et les inquiétudes au sujet de l'emploi après la guerre. Voir Duguid, appendice, bobine C-8375, document 2770, dossier 8779, III-C-1, GE 24, *BAC.*

72   Kemp, cité dans Desmond Morton et J.L. Granatstein, *Marching To Armageddon: Canadians and the Great War 1914-1919*, Toronto, Metropole Litho, 1989, p. 252-253.

73   James, *Mutiny*, p. 115.

74   *Ibid.*, p. 26-28.

75   Document Internet. Courriel de Julian Putkowski à wwi-l@raven.cc.ukans.edu. 4 décembre 1999. http://www.ukans.edu/~kansite/WWI-L/1999/12/msg00150.html. 12 octobre 2002. Voir aussi Putkowski, « The Kinmel Park Camp Riots 1919 », p. 14-15.

76   Putkowski, *British Army Mutineers*, p. 13-14.

77   Putkowski, « The Kinmel Park Camp Riots 1919 », p. 8-9.

78   Morton, « 'Kicking and Complaining' », p. 339-343.

79   Putkowski, « The Kinmel Park Camp Riots 1919 », p. 14-15.

80   *Ibid.*

81   On continue encore aujourd'hui de prendre des mesures énergiques de dernier ressort, dans l'Armée canadienne, pour modifier les conditions de vie des soldats. Les allégations relatives aux gestes des soldats dans l'incident relatif à l'Adjudant Matt Stopford au sein du groupement tactique 1st Princess Patricia's Canadian Light Infantry en Croatie pendant la Roto 2 de l'opération *Harmony* en sont la preuve.

12

Désaffection et désobéissance dans le sillage de la Première Guerre mondiale : L'attaque par des soldats canadiens du poste de police à Epsom le 17 juin 1919

NIKOLAS GARDNER

Les soldats canadiens ne se sont pas contentés de rentrer tranquillement chez eux après la fin de la Première Guerre mondiale. Au printemps 1919, des militaires canadiens cantonnés dans des camps de transit un peu partout en Grande-Bretagne se sont livrés à des émeutes et à des affrontements avec des civils et des policiers locaux, parfois avec des conséquences fatales. Selon l'interprétation des historiens, ces éruptions de violence s'expliquent surtout par la frustration des soldats du fait que leur rapatriement au Canada avait été plusieurs fois retardé. Cette frustration a indubitablement contribué à plusieurs de ces incidents, en particulier l'émeute de Kinmel Park en mars 1919, mais cette explication n'est pas toujours fondée. C'est le cas surtout pour l'attaque par des Canadiens du poste de police de la ville d'Epsom dans le comté de Surrey durant la nuit du 17 juin 1919. Après l'arrestation de deux soldats canadiens à Epsom ce soir-là, jusqu'à 800 soldats venus de l'hôpital pour convalescents de Woodcote Park tout près ont, pour libérer leurs camarades, attaqué pendant des heures le poste de police, tuant un des policiers et en blessant 14 autres.

Desmond Morton a évoqué brièvement cet épisode dans un article concernant les « émeutes de la démobilisation » en 1919, qu'il attribue en grande partie à la colère des militaires canadiens due à leur séjour prolongé en Angleterre[1]. Cependant, un examen plus attentif de l'incident d'Epsom révèle un tableau plus complexe. Nous allons d'abord examiner dans ce chapitre les relations entretenues par les soldats canadiens avec la population du comté de Surrey en 1919, puis les caractéristiques de l'hôpital pour convalescents de Woodcote Park, les individus qui y résidaient, de même que leurs interactions avec les habitants. Nous verrons également l'attaque même du poste de police, en montrant qu'elle a été causée par la montée des tensions entre les soldats canadiens et les habitants d'Epsom, tensions aggravées par la discipline militaire relâchée et insuffisante qui régnait à l'hôpital. Pour conclure, nous étudierons la nature des relations entre les militaires canadiens et la structure de commandement qui les encadrait, à la lumière de l'incident d'Epsom.

RELATIONS ENTRE LES ANGLAIS ET LES CANADIENS DANS LE COMTÉ DE SURREY EN 1919

À la fin de la Première Guerre mondiale, des milliers de soldats canadiens ont séjourné dans le comté de Surrey en attendant leur rapatriement. Ce comté, situé près de Londres au sud-ouest, abritait un grand camp de transit à Witley ainsi que l'hôpital pour convalescents, plus petit, de Woodcote Park, à Epsom. De plus, les soldats cantonnés au camp de Bramshott dans le Hampshire voisin visitaient régulièrement les localités du comté de Surrey. Toutefois, à mesure que l'année 1919 avançait, les relations entre les troupes canadiennes et les habitants se sont détériorées. Comme l'a expliqué Desmond Morton, la pénurie de navires convenables, la grève des travailleurs britanniques de même que la capacité insuffisante du réseau ferroviaire canadien pour transporter ensuite les militaires au Canada à partir des provinces de l'Atlantique ont eu pour effet de retarder le retour au pays d'un grand nombre de soldats. Par ailleurs, la gestion improvisée du processus de démobilisation en Angleterre donnait à ces hommes l'occasion d'exprimer leurs frustrations croissantes. Des milliers de soldats canadiens appartenant à diverses unités se mêlaient dans les grands camps de transit sous la surveillance d'officiers, de sous-officiers et de membres d'état-major qui ne les connaissaient pas et ont tous été incapables de maintenir la discipline à mesure que croissait le mécontentement. En juin, les problèmes disciplinaires se sont multipliés au camp de Witley avec l'arrivée de centaines d'hommes venant d'être libérés des prisons militaires et de soldats qui s'étaient vus interdire de rentrer au pays plus tôt à cause d'infractions disciplinaires. De ce fait, à la mi-juin, des milliers de soldats canadiens en colère ont déclenché des émeutes à Witley, détruisant alors « Tin Town », une agglomération de boutiques installées dans le campement par des marchands locaux[2].

Mais ces troubles ne se sont pas produits en vase clos, surtout dans le comté de Surrey où les militaires avaient souvent des contacts avec la population locale. Des centaines de militaires canadiens quittaient chaque jour leur campement pour aller se divertir dans les localités comme Epsom, Guildford et Woking. Les commerces locaux profitaient largement de cet afflux de visiteurs, mais au printemps 1919, divers facteurs sont venus accentuer les tensions entre les Canadiens et leurs hôtes. La tenue très négligée des soldats canadiens indisposait certains habitants. Un résidant s'est ainsi plaint dans une lettre à un journal local : « Je vois des militaires canadiens se promener à Guildford en portant des pantalons graisseux, avec la veste grande ouverte et des chaussures de cricket blanches. Je me demande ce que diraient nos autorités militaires si des "tommies" anglais se promenaient habillés ainsi[3]! » Un autre, déplorant l'indiscipline des soldats canadiens, a émis ce commentaire : « En plusieurs années de service dans l'armée, je n'ai jamais observé un tel mépris de la part des sous-officiers et des simples soldats envers les officiers qui les dirigent[4] ». En plus de leur indifférence apparente face à l'autorité et au protocole militaire, les soldats cantonnés dans le comté de Surrey enfreignaient la loi assez fréquemment. Tout au long du printemps 1919, les journaux locaux ont rapporté régulièrement les condamnations des soldats canadiens coupables d'infractions telles que des vols, des agressions et du désordre sur la place publique. Un sapeur canadien mal avisé a été condamné pour avoir essayé d'acheter 30 grammes de cocaïne à un pharmacien local[5].

Ces délits ne rehaussaient guère l'estime de la population locale pour les soldats canadiens. Mais l'animosité à leur endroit était particulièrement élevée chez les jeunes hommes de la région. À leur retour au foyer en 1919, les soldats anglais originaires du comté de Surrey, qui se retrouvaient souvent devant des perspectives économiques précaires, supportaient mal la présence des militaires canadiens, mieux payés que leurs homologues de l'armée impériale. Le fait que ces étrangers étaient « la coqueluche » des femmes locales alimentait sûrement l'hostilité des anciens combattants anglais, dont beaucoup en revenant chez eux trouvaient leur relation de couple brisée. La popularité des Canadiens irritait aussi les hommes de la région qui n'avaient pas servi dans l'armée[6]. Par ailleurs, d'après un journal local, des membres du Royal West Surrey Regiment composé d'hommes de ce comté avaient protesté parce qu'à leur avis, les membres du Corps expéditionnaire canadien avaient obtenu des éloges excessifs pour la capture de la crête de Vimy en 1917[7].

Vu l'ampleur du ressentiment vis-à-vis les Canadiens, il ne faut pas s'étonner que l'émeute à Witley à la mi-juin et l'attaque subséquente contre le poste de police d'Epsom n'aient pas été des incidents isolés. D'ailleurs, au printemps et à l'été 1919, on a assisté à des affrontements répétés opposant des soldats canadiens à des civils et à des policiers locaux. En avril et en mai, de violents incidents ont éclaté à Guildford impliquant des soldats du camp de Witley et des civils locaux, qui ont culminé par une série de bagarres nocturnes du 9 au 12 mai. Bien que les militaires canadiens aient sûrement contribué à ces actes de violence, le *Surrey Weekly Press* attribua le blâme surtout à des « bandes de jeunes "têtes chaudes" qui "brûlaient" d'avoir une vraie bagarre [...] »[8]. Le 25 juin, il y a eu dans la localité voisine de Woking une série de bagarres opposant des militaires canadiens à des civils locaux, ainsi qu'à des soldats néo-zélandais. La nuit suivante, la police de Guildford a arrêté deux civils saouls qui avaient clamé leur désir de « se battre sur-le-champ avec n'importe quel Canadien »[9]. Par conséquent, l'attaque du poste de police d'Epsom n'était pas due simplement à la frustration de soldats canadiens attribuable aux retards dans le processus de rapatriement; elle s'inscrit dans le contexte plus vaste de l'hostilité généralisée entre les Anglais et les Canadiens dans le comté de Surrey en 1919.

L'HÔPITAL POUR CONVALESCENTS DE WOODCOTE PARK

Ces frictions existaient aussi à Epsom, où se trouvait l'hôpital pour convalescents de Woodcote Park. Fait significatif, la nature des patients hospitalisés et la discipline trop laxiste venaient compliquer les relations entre les habitants d'Epsom et les militaires canadiens logés à cet endroit. Au cours des mois qui ont suivi la fin de la guerre, la population de l'hôpital a fluctué entre 2 000 et 4 000 individus en comptant les malades et les membres du personnel, et des centaines d'entre eux arrivaient et repartaient chaque semaine. À la mi-juin 1919, l'hôpital abritait environ 1 500 patients et 700 membres du personnel[10]. La vocation exacte de cet hôpital a fait l'objet de spéculations parmi les observateurs et les historiens modernes. Dans une lettre écrite au secrétaire de l'Intérieur britannique juste après l'assaut contre le poste de police d'Epsom, le commissaire de la police métropolitaine a mentionné que cet hôpital avait « surtout pour vocation de soigner les cas de maladie vénérienne [...] »[11]. De même, dans une lettre à Desmond Morton, l'historien Julian Putkowski, en parlant de l'hôpital de Woodcote Park, a écrit que c'était « l'établissement pour soigner les maladies vénériennes [...] ». Dans son bref compte rendu de l'assaut, Morton ne mentionne pas cet aspect. En réponse à Putkowski, il écrit ensuite pour préciser : « À ma connaissance, il n'y a aucune preuve que les convalescents à l'hôpital d'Epsom souffraient de maladies vénériennes, et je soupçonne que c'est une calomnie inventée pour ternir leur réputation[12] ».

La vérité se situe quelque part entre ces deux points de vue. L'hôpital pour convalescents de Woodcote Park n'avait pas uniquement, ni même principalement pour but de soigner les maladies vénériennes. Le journal de guerre de l'hôpital indique que son personnel dispensait au moins autant de soins dentaires. La confusion concernant sa vocation vient peut-être du fait que l'hôpital spécial canadien de Witley, qui apparemment s'occupait exclusivement des cas de maladies vénériennes, était situé à proximité[13]. Néanmoins, un pourcentage appréciable des malades hospitalisés à Woodcote Park se faisaient soigner pour des MTS. Or, ces malades n'étaient probablement pas en butte aux moqueries de leurs compagnons. D'ailleurs, les soldats se sont prévalus en grand nombre du programme de soins prophylactiques de l'hôpital, autrement dit ils suivaient un traitement préventif contre les MTS avant d'aller en permission à Epsom ou Londres et à leur retour, ce qui laisse croire qu'ils acceptaient de courir un tel risque en attendant leur rapatriement au Canada[14].

Les soldats souffrant d'une maladie vénérienne devaient suivre un long traitement désagréable qui contribuait à accroître leur frustration de voir leur retour au pays sans cesse retardé. Mais le pire, c'est qu'ils étaient obligés de porter un uniforme bleu et de rester sur le terrain de l'hôpital, alors que d'autres patients, en uniforme kaki, pouvaient quitter l'hôpital, souvent pour plusieurs jours à la fois[15]. Les autorités hospitalières s'efforçaient d'interner et d'identifier clairement les patients atteints de maladies vénériennes, en partie du moins pour répondre aux inquiétudes de la population quant à leur capacité au plan sanitaire de se mêler aux habitants en dehors de l'établissement. Mais au lieu de soulager les inquiétudes des gens, cette politique avait probablement pour effet de ternir la réputation de l'ensemble de l'hôpital à leurs yeux, puisqu'il abritait des malades d'un caractère douteux restant en grande partie cachés, et qui, pouvait-on craindre, risquaient de contaminer les autres militaires hospitalisés.

De plus, cette politique de ségrégation indisposait évidemment les patients atteints de MTS. La frustration d'un de ces malades ressort clairement dans le compte rendu de son procès pour voies de fait en février 1919 publié dans un journal local. D'après le *Surrey Advertiser and County Times*, le Soldat Winter s'était présenté au pub Star Beer House à Epsom; mais « parce qu'il portait la tunique bleue de l'hôpital, le tenancier a refusé de le servir ». Winter a répliqué en frappant le tenancier, après quoi on l'a expulsé. Il a alors « donné un coup de pied à travers la vitrine » du pub. À l'arrivée des policiers, Winter « s'est battu avec le constable Loudwell, et tous deux sont tombés par terre. On a alors fait venir une ambulance, et pendant que les infirmiers y installaient le prisonnier, celui-ci a frappé le constable Major qui était venu à la rescousse de son collègue ». Après avoir été tiré de force jusqu'au poste de police, « il a délibérément cassé une vitre d'un coup d'épaule »[16]. L'agressivité de Winter n'était peut-être pas caractéristique. Mais quoi qu'il en soit, la nature des patients hospitalisés à Woodcote Park avait une incidence considérable sur les relations entre les Anglais et les Canadiens à Epsom. Les malades suivant un traitement pour MTS se sentaient à juste titre stigmatisés et exclus de la collectivité locale. Parallèlement, leur présence à l'hôpital contribuait sans doute à rendre collectivement ses patients suspects aux yeux des habitants.

Comme le montre le cas du Soldat Winter, le maintien de la discipline parmi les patients de l'établissement, quel que soit leur type de maladie, posait constamment des difficultés. L'hôpital offrait un large éventail d'activités pour remédier à l'ennui et à la frustration des soldats qui attendaient anxieusement d'être rapatriés. Les pensionnaires pouvaient pratiquer plusieurs sports, dont la boxe et le badminton. Une équipe de soccer composée à la fois de membres du personnel et de patients affrontait les équipes d'autres hôpitaux de la région londonienne. Une équipe de baseball faisant partie de la « ligue de baseball anglo-américaine » au printemps 1919 était encore plus populaire; lors d'une partie mémorable, elle a réussi à vaincre une équipe de la marine américaine. Il y avait aussi à l'hôpital des séances de cinéma et un orchestre le soir, ainsi que des cantines et des salons de thé organisés par des sociétés caritatives locales. De plus, les pensionnaires pouvaient profiter de visites guidées des lieux réputés locaux comme le château de Windsor, et assister à des conférences données par « l'Université Kaki », un programme éducatif destiné aux militaires[17].

Les dirigeants de l'hôpital de Woodcote Park faisaient de toute évidence le maximum pour divertir les patients, mais ils n'étaient pas en mesure de contrôler leur conduite. Comme l'a souligné un policier haut gradé dans son rapport consécutif à l'attaque du poste de police d'Epsom, « le camp au complet semble dirigé suivant des principes très discutables [...] »[18]. En théorie, les malades demeuraient une douzaine ensemble dans des cabanes, sous la surveillance d'un caporal ou d'un sergent. Ce sous-officier devait effectuer l'appel à 21 h 30 chaque soir puis éteindre les lumières à 22 h 15, et faire un nouvel appel entre 6 h 30 et 7 h le lendemain matin[19]. En pratique, cette formule ne suffisait pas pour restreindre les déplacements des malades ou des membres du personnel. Vu le taux de roulement élevé des patients, il était virtuellement impossible pour les officiers d'établir des relations efficaces avec les sous-officiers et les membres du personnel, dont certains étaient eux-mêmes traités. En outre, les rares officiers en poste à l'hôpital faisaient pour la plupart partie du personnel médical ou administratif, si bien qu'ils n'avaient pas à exercer leur autorité quotidiennement sur les patients et les employés. Faute d'un leadership ferme par les officiers, les sous-officiers remplissaient sans enthousiasme leurs fonctions, assignées uniquement à titre temporaire en attendant leur retour au Canada. Par conséquent, dans certains cas, il n'y aurait pas eu de sanctions imposées quand des soldats manquaient à l'appel. Comme l'a raconté le Caporal Walter Hall Lees au cours de l'enquête sur l'attaque du poste de police d'Epsom, en procédant à l'appel le soir du 17 juin, il avait constaté l'absence d'un patient. Lees a expliqué : « Je pensais que le type était quelque part dans le campement, et je n'ai pas signalé son absence[20] ».

À part l'appel nominal, peu de mesures étaient appliquées pour garantir que les soldats demeurent dans le périmètre de l'hôpital. Au printemps 1919, seulement quatre policiers militaires s'y trouvaient en service en tout temps. Le complexe comptant cinq entrées, dont au moins une restait ouverte continuellement, le nombre de gardiens ne suffisait pas de toute évidence pour contrôler les déplacements des soldats. En outre, certains des policiers militaires suivaient eux-mêmes un traitement; on peut donc douter de leur zèle à faire respecter les règles prescrites. D'ailleurs, au moins un des policiers militaires a participé à l'assaut contre le poste de police[21]. Et même si les sous-officiers et les policiers militaires avaient rempli leurs devoirs de manière consciencieuse, les règles relativement permissives par rapport aux sorties empêchaient de surveiller les déplacements de nombreux militaires. Tous les patients portant l'uniforme kaki avaient le droit de sortir du complexe hospitalier et de circuler dans la ville d'Epsom entre 16 h et 21 h 30 chaque jour[22]. De plus, on accordait aux centaines de patients qui travaillaient tout en suivant leur traitement, un laissez-passer permanent qui leur permettait de rester hors de l'hôpital jusqu'à 23 h. Les sous-officiers chargés de la surveillance des cabanes s'endormaient habituellement après le couvre-feu, si bien que les soldats membres du personnel pouvaient sans problème revenir à n'importe quelle heure avant l'appel du lendemain matin. De plus, les pensionnaires obtenaient des permissions pour s'absenter de l'hôpital pendant plusieurs jours. Au moins un d'entre eux a payé à plusieurs reprises pour coucher dans une auberge à Epsom en 1919, en dépit de la proximité de l'hôpital[23].

En dehors du camp, les patients étaient laissés en fait sans surveillance. Les policiers militaires chargés de patrouiller le complexe de l'hôpital ne se rendaient pas dans la ville d'Epsom, malgré les centaines de soldats qui s'y trouvaient chaque soir. Le contingent pour Epsom de la police métropolitaine de Londres devait donc assumer le fardeau de préserver la paix entre les soldats et les habitants de plus en plus hostiles. Ce détachement, disposant de moins de 20 agents et constables en service à tout moment, s'efforçait de désamorcer les conflits majeurs. Les militaires canadiens hospitalisés à Woodcote Park n'étaient pas des prisonniers, et il paraissait tout à fait raisonnable de les autoriser à sortir en attendant leur rapatriement. Néanmoins, étant donné l'atmosphère trop permissive qui régnait à l'hôpital et les effectifs policiers insuffisants à Epsom, les tensions entre les soldats indisciplinés et les citoyens locaux pouvaient fort bien dégénérer et devenir incontrôlables. Ces tensions sont devenues manifestes à partir du début de 1919. À la fin de janvier, deux militaires hospitalisés à Woodcote Park, le Sapeur Franklin Brown et le Soldat Conrad Carl

Deacon, ont été jugés par le tribunal d'Epsom pour avoir assailli gravement, et en apparence sans provocation, le Soldat britannique Arthur Jones. D'après un journal local :

> Jones a dit que ce soir-là, un mercredi, pendant qu'il descendait la rue principale, il a croisé les prévenus qui s'engueulaient en utilisant un langage grossier. Il a alors prié Deacon de rentrer et de parler de façon plus décente. Deacon lui a demandé s'il était canadien, et il a répondu que non, il était un soldat anglais. Deacon l'a alors insulté puis l'a frappé et renversé par terre. Une fois au sol, l'autre prévenu lui a donné un coup de pied. Deacon s'est alors exclamé « laisse-le moi, je vais l'achever! », tout en lui portant un autre coup au visage. Après le dépôt d'autres preuves, les prévenus ont dit qu'ils étaient tous deux saouls et qu'ils ne savaient pas ce qui s'était passé[24].

Au cours des quatre mois suivants, les escarmouches opposant des soldats canadiens à des civils locaux dans la localité voisine de Witley sont venues éclipser les incidents à Epsom. Pourtant, les altercations dans cette ville impliquant des soldats canadiens étaient courantes au point que le corps de police local et les autorités de l'hôpital de Woodcote Park ont mis au point une formule pour accélérer les procédures judiciaires s'appliquant dans leur cas. Au lieu de porter des accusations contre les Canadiens saouls ou violents, les policiers se contentaient de téléphoner à la direction de l'établissement et demandaient qu'une escorte vienne les chercher au poste de police. Le Major P.J.S. Bird, remplissant les fonctions de capitaine-adjudant à Woodcote Park, s'est vite rendu compte que cette formule ne permettait pas de maintenir l'ordre efficacement dans la ville. Au printemps 1919, il a demandé l'ajout de policiers militaires pour patrouiller les rues d'Epsom, et a demandé d'interdire à tous les militaires canadiens l'accès aux établissements publics locaux[25]. Mais ni les dirigeants militaires canadiens, ni leurs homologues anglais, n'ont répondu favorablement à ses demandes.

Au début de juin, des affrontements violents éclataient quotidiennement le soir dans les rues d'Epsom. Les incidents n'étaient pas toujours provoqués par les soldats. En témoignant au procès d'un civil accusé d'avoir engagé le

Convalescents de la Première guerre mondiale à Epsom. (Départment de la Défense nationale, Bibliothèque et Archives Canada PA-22679)

combat avec un soldat canadien la nuit du 16 juin, le Sergent de police Blayden a expliqué ainsi les causes des troubles : « Les jeunes hommes démobilisés côtoient automatiquement les soldats canadiens. Ça part de là. Les gars se saoulent, et des querelles éclatent ». Interrogé plus avant par le juge, Blayden a poursuivi en disant : « Il y a un peu d'animosité entre les deux groupes – les troupes impériales et les soldats canadiens[26] ». Par conséquent, le 16 juin, la veille de l'assaut contre le poste de police, « une bande de garçons d'écurie », sans doute avec parmi eux des anciens combattants, « sont venus en ville pour donner aux Canadiens une raclée si possible ». La situation s'est envenimée au point que près d'une centaine de soldats et de civils ont participé à une bataille rangée en pleine rue. Même si, cette fois-ci, les policiers ont réussi à apaiser la situation en faisant une seule arrestation, ce n'était aucunement un incident isolé. Durant la semaine qui a abouti à l'attaque du poste de police, des troubles répétés ont obligé la police d'Epsom à déployer à tous les soirs des agents supplémentaires[27].

Aspect de plus mauvais augure encore que les tensions croissantes dans les rues d'Epsom au mois de juin, les militaires canadiens défiaient de plus en plus l'autorité de la police locale. Le soir du 12 juin, le Soldat Clifton Duby a été arrêté pour avoir utilisé un langage obscène, essayé de se battre avec des civils locaux et refusé de quitter les lieux quand un policier lui en a donné l'ordre. Lorsque le constable Stanford a essayé de le raisonner,

Duby l'a projeté au sol, tandis qu'un autre soldat canadien a sauté en arrivant par derrière sur le Constable Barltrop et l'a frappé d'un coup de bâton sur la tête. Au procès de Duby, l'inspecteur Pawley, à la tête du poste de police d'Epsom, s'est plaint que ce genre de conduite reflétait une tendance généralisée, et que chaque fois que les agents « arrêtaient un soldat canadien, même s'il était coupable de délits, ses camarades les attaquaient aussitôt »[28]. Par conséquent, l'assaut du 17 juin contre le poste de police d'Epsom n'était pas uniquement une manifestation spontanée de frustration due aux retards dans le processus de rapatriement. Indubitablement, l'ennui et l'irritation de voir leur séjour en Angleterre prolongé ont contribué à stimuler les instincts belliqueux des soldats canadiens en 1919. Mais bien avant le 17 juin, la gestion laxiste de l'hôpital pour convalescents de Woodcote Park et les tensions croissantes entre ses patients et la population civile locale ont entraîné des conditions propices à une éruption de violence à Epsom.

L'ATTAQUE DU POSTE DE POLICE D'EPSOM LE 17 JUIN 1919

Après les incidents de la semaine précédente, le regain de violence à Epsom durant la nuit du 17 juin n'était pas réellement étonnant. Comme l'a souligné le *Surrey County Herald* :

> Ce qui s'est passé mardi soir marque le point culminant d'une série de troubles nocturnes dans les rues, auxquels ont pris part non seulement les soldats canadiens, mais aussi des jeunes gens d'Epsom. Il y avait déjà eu plusieurs affrontements entre les deux camps, et on pouvait s'attendre cette nuit-là à des nouveaux éclats[29].

Le jour du derby d'Epsom, le 17 juin, les soldats et les civils très nombreux se sont mêlés dans les débits de boisson de la ville. L'incident déclencheur qui a mis le feu aux poudres ce soir-là reste hypothétique et varie selon les rumeurs. D'après une de ces rumeurs, un soldat canadien était attablé dans un pub avec son épouse quand un civil l'a agressé. À leur arrivée, les policiers ont arrêté le soldat, provoquant ainsi une réaction agressive de ses camarades[30]. Selon une autre version, un sergent est venu se joindre au couple. Il s'est ensuivi une bagarre entre les deux Canadiens, interrompue par l'intervention policière. Le sergent est alors parti, mais le soldat à insulté les policiers jusqu'au moment de son arrestation[31]. Au cours de l'enquête subséquente sur l'attaque contre le poste de police, le policier en cause n'a fait aucune allusion à une dispute entre les soldats canadiens. Ceci dit, le soir du 17 juin, certains militaires canadiens en sont sûrement venus aux mains avec des civils au pub Rifleman Beer House. Quand les agents de police sont arrivés et ont tenté de disperser les hommes impliqués vers 21 h 45, un soldat canadien du nom de McDonald a refusé d'obtempérer, s'est mis à lancer des jurons et a essayé de se battre avec un civil. Incapables de calmer le soldat agressif, les policiers l'ont amené au poste de police d'Epsom. Suivant l'exemple donné au cours des nuits précédentes, les camarades de McDonald ont suivi les policiers, en menaçant de libérer le soldat par la force. Deux autres constables sont alors intervenus et ont arrêté un second soldat, un certain A. Veinotte, pour cause d'inconduite et d'obstruction au travail des policiers[32].

Malheureusement, ces deux arrestations, faites dans le but de diminuer la tension dans les rues, ont eu pour effet de l'accentuer. Les militaires canadiens, croyant que McDonald et Veinotte avaient été arrêtés injustement, se sont empressés de protester. Une fois les deux soldats rendus au poste de police, un petit groupe d'une vingtaine de soldats canadiens se sont réunis à l'extérieur. Les policiers les ont refoulés, mais vers 22 h 30, une foule plus nombreuse et plus hostile d'environ 70 hommes s'était massée dans la rue devant le poste de police. Aux dires du Sergent de police Herbert Shuttleworth, les soldats voulaient obtenir la libération des deux prisonniers, en particulier McDonald, et criaient « on va sortir Mac de ce trou! » Pour apaiser les Canadiens en furie, les policiers leur ont annoncé que les deux soldats arrêtés seraient remis à une escorte militaire de l'hôpital de Woodcote Park. Toutefois, la foule devenait de plus en plus agitée et les hommes attroupés se sont mis à lancer des projectiles vers la bâtisse. L'officier en chef au poste, l'inspecteur Pawley, a été contraint d'ordonner à ses hommes de disperser par la force les Canadiens[33]. Ces efforts ayant porté fruit, et la menace qui pesait sur le poste de police étant apparemment écartée, Pawley a renvoyé les agents supplémentaires qu'il avait gardé au poste ce soir-là en prévision de troubles[34].

Mais la décision de Pawley s'est révélée prématurée. Après avoir été chassés du poste de police, les soldats canadiens sont retournés à l'hôpital, avec l'intention de mobiliser leurs camarades. Lorsque le Sergent de police George Greenfield a téléphoné à l'hôpital à 22 h 45 pour prendre les arrangements en vue du transfert des deux soldats incarcérés, un officier canadien lui a dit d'un ton nerveux : « On a des problèmes actuellement; attendez un peu, et je vous rappellerai[35] ». Cependant, les autorités à l'hôpital de Woodcote Park n'arrivaient pas à contrôler le retour des dizaines de soldats rendus furieux par l'arrestation de McDonald et Veinotte. Sans rencontrer d'opposition de la part des policiers militaires, les soldats ont commencé à réveiller les patients et les militaires membres du personnel en martelant avec des bâtons le long des murs des cabanes en tôle ondulée où ils dormaient, tandis qu'un joueur de clairon sonnait à répétition l'appel au « rassemblement »[36]. Les efforts peu vigoureux des officiers et sous-officiers pour empêcher l'attroupement des soldats en colère n'ont rien donné. Quelques-uns des sous-officiers ont bien essayé de dissuader les soldats dans leur cabane de se joindre à l'expédition vers le poste de police, mais sans trop insister. Le seul sous-officier interrogé subséquemment par la police métropolitaine ayant prétendu qu'il avait essayé d'empêcher le départ de ses subalternes, le Caporal Walter Hall Lees, s'est contenté alors « de rappeler aux gars qu'ils avaient peu de chances d'obtenir la libération de leur camarade [...] et qu'ils auraient tort de l'extraire du poste de police par la force »[37].

Alors que Lees s'est contenté de donner passivement des conseils, l'officier supérieur en service à Woodcote Park, le Major James Ross, a agi de façon plus vigoureuse pour prévenir l'attaque du poste de police. Ayant entendu le tumulte dans le camp, Ross a apostrophé les soldats pendant qu'ils se rassemblaient sur le terrain de l'hôpital. Selon son témoignage :

> J'ai pu avec difficulté leur parler, et je les ai exhortés, pour ne pas gâcher la réputation honorable méritée par les troupes canadiennes au front, à ne commettre aucun acte susceptible de discréditer de quelque manière les militaires canadiens. Je leur ai promis que les autorités militaires concernées examineraient leurs éventuels griefs.

Malgré ses efforts, le chef à l'hôpital, le Major Ross, n'a pas réussi apparemment à persuader les patients ou les membres du personnel militaire. Il a avoué : « Mon avis n'a pas été écouté[38] ».

Incapable de parler plus longtemps aux soldats en colère, Ross s'est rendu en vitesse à Epsom en espérant prévenir la police de leur arrivée imminente. Après avoir donné au Sergent-major régimentaire John Parson, le sous-officier supérieur à Woodcote Park, l'instruction d'amener la foule à Epsom en faisant des détours, Ross a pris un raccourci à travers un parc. Mais les émeutiers n'obéissaient plus à Parson, pas plus qu'à Ross, et ils ont simplement suivi le major vers le poste de police. N'ayant pas réussi à dissuader les soldats d'attaquer le poste ou à les détourner du but, Ross et Parson ont alors essayé, mais en vain, de les calmer. La foule devenait de plus en plus bruyante en approchant du poste, tandis que le joueur de clairon ignorait les demandes répétées de garder le silence. En guise d'armes, les soldats ont arraché les montants des clôtures en bois devant une maison et une chapelle. Ils se sont mis aussi à lancer des cailloux et des morceaux de bois à travers les vitres d'un hôtel, et en direction d'une ambulance envoyée à la hâte de l'hôpital, l'empêchant ainsi de venir prendre les prisonniers au poste de police[39].

On pouvait entendre clairement la foule réunissant entre 400 et 800 soldats, « la moitié en tenue kaki et l'autre moitié en uniforme bleu » pendant qu'elle approchait du poste de police d'Epsom vers 23 h 30. Se préparant au pire, l'inspecteur Pawley a alors rappelé d'urgence les agents qui n'étaient pas en service, et fait appel aux effectifs disponibles des autres postes du voisinage. Il a aussi massé sa troupe au complet devant la grille à l'extérieur de la pelouse devant le poste pour attendre les émeutiers[40]. À leur arrivée, la Major Ross s'est avancé pour discuter avec Pawley dans une ultime tentative pour éviter un violent affrontement entre les soldats et les policiers. Sa troupe étant très inférieure en nombre, Pawley a accepté de transférer les prisonniers sous la garde de Ross. Les deux hommes sont alors entrés dans le poste pour remettre en liberté McDonald et Veinotte. Toutefois, il a été pratiquement impossible d'en informer les enragés. Comme l'a rappelé le Sergent-major Parson dans une déclaration à la police, « les hommes situés juste autour de la porte ont compris que le Major Ross agissait dans l'intérêt de toutes les parties concernées, mais certains hommes à l'arrière de la foule ont commencé à lancer des bâtons et d'autres projectiles ». Debout à la porte du poste,

Parson tentait de calmer les émeutiers pour qu'ils restent au-delà de la grille, pendant que Ross s'occupait de libérer les prisonniers. D'après Parson, « le Major Ross n'ayant pas encore réapparu au bout d'un certain temps, les émeutiers se sont mis à lancer des projectiles. J'ai encore une fois lancé un appel au calme. Les hommes près de moi ont arrêté de lancer des objets et demandé aux autres d'arrêter eux aussi, et durant un bon moment, ils se sont calmés[41] ».

Mais cette tranquillité nouvelle de la foule n'allait pas durer. Voyant que Ross tardait à réapparaître, les soldats ont apparemment conclu qu'il avait été lui aussi arrêté. Parson s'est bientôt retrouvé sur la ligne de feu, des soldats à l'arrière de la foule ayant recommencé à lancer des projectiles vers le poste. Après qu'un morceau de brique l'eut atteint derrière la tête, Parson s'est empressé de retraiter de l'autre côté de la grille[42]. Ni Parson ni Ross n'avaient pu contrôler réellement la foule, mais au moins, les soldats s'étaient quelque peu retenus en leur présence. Or, à présent que Ross se trouvait à l'intérieur du poste et que seuls quelques hommes situés autour de l'entrée pouvaient apercevoir Parson, les instincts agressifs de la populace reprirent le dessus. Les émeutiers lancèrent à nouveau des morceaux de bois et des roches à travers les vitres du poste, au risque de blesser les gens à l'intérieur. Ironiquement vu les intentions de la foule, cela empêchait le Major Ross et l'inspecteur Pawley de relâcher les deux prisonniers canadiens, puisque la porte devant le passage menant à la cellule se trouvait directement devant une des fenêtres visées[43].

Ross décida alors de revenir à l'entrée de la grille pour tenter de calmer la foule. Toutefois, la pluie d'objets atteignant la façade l'obligea à sortir par une porte arrière et à grimper par-dessus plusieurs murs et clôtures. Au moment où il est réapparu à l'entrée de la grille, il ne pouvait plus faire grand-chose puisque les lancers de projectiles avaient dégénéré en une attaque en règle. Selon un témoin, la majorité des soldats présents n'ont pas participé à l'assaut, se contentant d'observer la scène d'un parc voisin[44]. Néanmoins, le nombre de soldats animés d'intentions violentes l'emportait de loin sur les effectifs policiers. Quand les soldats ont franchi la grille et fait irruption sur la pelouse devant le poste, les policiers ont donc été contraints de battre en retraite à l'intérieur. La porte avant du bâtiment, renforcée en hâte par des madriers, a résisté aux efforts des émeutiers pour l'abattre. Mais sur un côté du bâtiment, les soldats canadiens ont réussi à pénétrer dans le passage menant aux cellules des prisonniers, après avoir arraché les barreaux de fer d'une fenêtre. Une fois à l'intérieur, ils ont forcé la serrure de la cellule du Soldat McDonald et l'ont libéré[45].

En dépit du succès obtenu par leurs camarades sur le côté du bâtiment, les soldats devant le poste sont devenus de plus en plus frustrés de voir que la porte tenait bon, tandis que les policiers à l'intérieur repoussaient leurs efforts pour pénétrer par les fenêtres adjacentes. Sans se soucier apparemment des prisonniers canadiens qu'ils étaient venus libérer, les émeutiers ont alors menacé de mettre le feu au bâtiment. D'après le témoignage du Sergent de police Greenfield, « j'ai entendu plusieurs soldats canadiens crier "mettons le feu à la foutue bâtisse et on va vous rôtir, vous et vos fumiers [...]" Les soldats se sont mis à lancer des morceaux de bois par la fenêtre dans la salle d'entrepôt, et tout laissait croire qu'ils allaient mettre leur menace à exécution[46] ».

Dans ces circonstances, le Sergent de police Thomas Green, un officier qui n'était pas en service mais qui avait réussi à entrer dans le poste par derrière après le début de l'assaut, a suggéré de mener une charge pour dégager la pelouse à l'avant. Au départ, Pawley était réticent à quitter le bâtiment, vu le grand nombre d'émeutiers et leur degré d'agressivité. Toutefois, vu leurs menaces d'abattre la porte avant et d'incendier le poste, il ne voyait pas d'autre solution. Laissant derrière plusieurs policiers pour défendre la partie avant du bâtiment, Pawley a chargé avec une douzaine d'autres policiers contre le flanc extérieur de la foule. L'épisode le plus violent de la soirée s'est produit quand les policiers sortis par l'arrière ont attaqué les émeutiers sur le côté et à l'avant du bâtiment, en utilisant des matraques et des bâtons rudimentaires. Beaucoup de soldats canadiens ont répliqué avec leurs propres armes improvisées[47]. De nombreux soldats et policiers ont été blessés dans la mêlée consécutive. Malgré de multiples blessures, le Sergent Green a continué à se battre, même après avoir été mis par terre. Malheureusement, le soldat Allan McMaster l'a par la suite frappé à la tête, avec une barre de fer semble-t-il. Le crâne fracturé, Green n'a jamais repris conscience[48].

Malgré la perte du Sergent Green et de plusieurs autres hommes ayant subi des blessures au cours de la charge, la phalange de policiers a réussi à chasser les émeutiers de la pelouse devant le poste. Mais en atteignant la rue, les policiers se sont retrouvés « désespérément inférieurs en nombre », de sorte qu'ils ont vite retraité dans le bâtiment. Tout de même, la charge avait brisé l'élan de l'attaque, puisque plusieurs des chefs de l'émeute avaient eux-mêmes été blessés à la tête. Par conséquent, les soldats canadiens n'avaient guère envie de relancer l'assaut; ce répit a permis à la police de relâcher le prisonnier restant, Veinotte[49]. Rendons crédit à certains soldats canadiens qui se sont rendus compte que le Sergent Green était dans un état critique et qui l'ont transporté dans une maison voisine. D'après le propriétaire de la maison, Charles Polhill :

> Quand les six soldats transportant le Sergent Green me l'ont amené vis-à-vis l'entrée, un d'eux a dit : « On veut un endroit pour le déposer ». J'ai répondu : « Amenez-le en faisant le tour par derrière », vu que je pensais que c'était un soldat canadien blessé. Ils ont répliqué : « Ouvrez la porte d'en avant. On veut qu'il aille là, et si vous ouvrez pas la porte, on va la fracasser! »

Une fois le policier blessé mis dans la maison de Polhill, des Canadiens sont restés avec lui pendant une demi-heure, lui baignant le front à l'eau froide et frottant ses mains avec du sel avant de repartir le 18 juin vers 0 h 30[50].

À part ce petit noyau, peu de soldats canadiens ont continué à flâner sur la scène du crime. L'attaque ayant perdu son ressort, la plupart des émeutiers sont retournés par petits groupes à l'hôpital entre minuit et 1 h. Le Capitaine John Hutchinson, un médecin militaire à Woodcote Park, a intercepté plusieurs de ces soldats et les a questionnés sur leurs allées et venues plus tôt dans la soirée. Les individus interrogés par l'officier ne semblaient ni préoccupés ni avoir de remords. Comme l'a rappelé Hutchinson, « j'ai arrêté deux ou trois petits groupes et j'ai demandé aux types où ils étaient allés. Ils ont répondu à Epsom, en ajoutant qu'ils avaient eu du bon temps. « On est allé chercher ce qu'on voulait, et à présent, on retourne se coucher[51] ».

LES SUITES DE L'ATTAQUE

Les punitions consécutives n'ont été ni sévères, ni particulièrement justes pour les Canadiens ayant pris part à l'assaut. Le Colonel Frederick Guest, commandant de l'établissement de Woodcote Park, a rassemblé les patients et le personnel de l'hôpital le matin du 18 juin et les a informés du décès du Sergent Green. Le commandant a puni les coupables, mais il s'est abstenu de leur interdire l'accès à Epsom, demandant plutôt aux patients et aux membres du personnel de ne pas y aller. C'est seulement plus tard ce jour-là que le Quartier général des Forces canadiennes a décrété que l'accès à la ville d'Epsom était interdit désormais aux soldats canadiens[52]. La réticence du commandant à sévir s'explique probablement en partie du fait que les hommes sous ses ordres n'avaient pas tous participé à l'assaut. Toutefois, chose significative, cette clémence était due aussi à la crainte de Guest de se mettre à dos les patients et les membres du personnel de l'hôpital, sur lesquels il n'avait guère de contrôle. L'inspecteur de la police métropolitaine John Ferrier était pressé d'entreprendre son enquête sur l'attaque, mais Guest l'a prié d'attendre pour interroger des soldats canadiens à l'hôpital « jusqu'à ce qu'on puisse faire venir de Ripon une troupe de 400 soldats, pour ne pas qu'un interrogatoire risque de provoquer une nouvelle flambée de violence »[53].

Moins de 24 heures après l'attaque, une troupe considérable de soldats armés s'est déployée à l'hôpital. Leur présence excluait de nouveaux actes de violence de la part des patients et des employés; pourtant, les officiers et sous-officiers canadiens persistaient à n'offrir qu'une assistance limitée pour l'enquête policière. Même les officiers et sous-officiers qui s'étaient entretenus avec les soldats ayant participé à l'attaque ont prétendu ensuite être incapables d'identifier un seul des coupables. Bien qu'il eut parlé avec plusieurs soldats revenant en petits groupes à l'hôpital, le Capitaine Hutchinson a soutenu « je ne peux pas identifier personne. Je ne connais pas du tout les patients, et je ne me trouvais pas assez près des membres du personnel militaire pour les reconnaître[54] ». Quant au Sergent-major Parson, qui était présent tout au long de l'attaque, il n'a pu identifier que deux soldats blessés à Epsom. Même le Major Ross, qui avait accompagné les émeutiers jusqu'au poste de police et qui leur avait adressé la parole plusieurs fois pour les retenir, s'est dit incapable de reconnaître un seul des coupables. Selon son témoignage :

> À cause de l'obscurité totale dans le camp au moment où j'ai parlé aux hommes, et parce que je m'adressais à la foule en général et non à des individus en particulier, il m'est impossible d'identifier des soldats qui se trouvaient parmi la foule, sauf un jouer de clairon que j'avais déjà vu au camp[55].

À part le joueur de clairon et les soldats qui s'étaient faits soigner pour des blessures après l'assaut, les officiers et sous-officiers de l'établissement ont été incapables d'identifier quiconque avait pris part à l'assaut. L'absence de contacts des médecins militaires et des officiers préposés à l'administration avec les patients de l'hôpital, et le grand roulement des patients peuvent expliquer que Ross et les autres responsables n'aient pas pu désigner les coupables. Mais vu leurs interactions poussées avec les émeutiers le soir du 17 juin, ces déclarations nous laissent un peu sceptiques. L'inspecteur Ferrier avait sûrement des soupçons. Il s'est plaint ainsi dans un rapport paru en juillet :

> Étant donné l'extrême réticence de presque tous les militaires interrogés au camp de Woodcote Park, il a été très difficile d'obtenir des renseignements concrets grâce auxquels on aurait pu identifier les hommes venus du camp ce soir-là qui ont attaqué le poste de police[56].

Devant le manque de témoignages révélateurs permettant d'identifier les coupables, les enquêteurs de la police se sont basés à la place sur des preuves médicales. Le 19 juin, Ferrier s'est rendu à l'hôpital militaire canadien d'Orpington pour y interroger les patients et les membres du personnel provenant de Woodcote Park qui avaient été blessés à la tête l'avant-veille. Ceux qui pouvaient justifier leurs allées et venues ce soir-là, et justifier leurs blessures, n'ont pas été embêtés. Mais le 20 juin, la police a porté des accusations de participation à une émeute et d'homicide involontaire contre six soldats canadiens blessés, ainsi que le joueur de clairon identifié par le Major Ross. Évidemment, ces hommes n'étaient pas les seuls individus impliqués dans l'attaque. Un des accusés a ainsi protesté en apprenant les accusations portées contre eux : « C'est seulement ceux qui ont subi des coups qui écopent; il y a beaucoup d'autres coupables; c'est injuste[57] ».

Quoi qu'il en soit, cette méthode plutôt raisonnable a permis d'identifier au moins certains des soldats ayant participé à l'assaut. Bien qu'aucun d'eux n'ait avoué une telle participation, les accusés ne pouvaient expliquer la cause de leurs blessures à la tête, qui avaient été selon toute probabilité infligées par les matraques des policiers sur la pelouse devant le poste d'Epsom. De plus, il y avait parmi les accusés le Soldat Allan McMaster, responsable de la mort de Green. À la fin de juillet, cinq des sept accusés, dont McMaster, ont été acquitté de l'accusation d'homicide involontaire, mais déclarés coupables de participation à une émeute. En arrivant à ce verdict, les jurés ont suggéré au juge dans un esprit assez conciliant de « tenir compte du service militaire de ces hommes, et du fait qu'ils ignoraient peut-être les lois du pays et n'avaient pas réalisé la gravité de leurs actions ». Le juge était apparemment d'accord. Avant d'imposer les peines, il a dit aux accusés :

> [...] je suis content que le jury n'ait pas rendu un verdict d'homicide involontaire contre vous, et je regrette moi-même énormément de voir dans une aussi mauvaise posture des soldats qui ont bien servi le pays, et qui ne sont pas des criminels dans le sens normal du terme [...]

Il a alors condamné chacun des prévenus à une peine de 12 mois d'emprisonnement à partir de leur incarcération initiale[58]. Finalement, les Canadiens ne sont restés en prison que cinq mois, avant d'obtenir leur pardon du Prince de Galles en décembre 1919. Apparemment, cette punition relativement clémente n'avait pas suffi à guérir les remords du soldat McMaster. Le 31 juillet 1929, il s'est présenté de son propre chef à la police de Winnipeg pour avouer le meurtre du Sergent Green, en disant « ça me préoccupe depuis longtemps, et j'ai décidé de confesser mon crime pour soulager ma conscience »[59]. Toutefois, les membres de la police métropolitaine, peu intéressés à rouvrir le dossier, ont envoyé alors à leurs homologues de Winnipeg un message indiquant que, vu que McMaster avait été condamné pour participation à une émeute et emprisonné subséquemment, « il n'est pas recherché par nos services »[60].

CONCLUSION

On peut fort bien comprendre la frustration des soldats canadiens obligés de rester en Grande-Bretagne au printemps 1919. Après plusieurs mois, et souvent plusieurs années, passés outre-mer, durant lesquels ils avaient contribué dans une large mesure à la victoire des puissances de l'Entente, ces hommes avaient vu leur rapatriement retardé à maintes reprises. Leur impatience croissante a sans nul doute joué dans les éruptions de violence qui se sont produites dans les camps de transit, dont ceux de Kinmel Park et Witley, et dans des villes comme Guildford et Epsom. Toutefois, l'argument de la frustration ne suffit pas en soi pour expliquer l'attaque du poste de police d'Epsom. En 1919, dans l'ensemble du comté de Surrey, il y avait des tensions généralisées entre les soldats canadiens et la population locale, en particulier les soldats anglais démobilisés. Les bagarres opposant les deux groupes de militaires survenues au printemps avaient accentué cette animosité réciproque. À Epsom, la nature particulière de l'hôpital pour convalescents de Woodcote Park avait aussi fait monter la pression. Ainsi, la présence de soldats en quarantaine traités pour des maladies vénériennes rendait les habitants d'autant plus méfiants envers les Canadiens, tandis que les patients vêtus de bleu rageaient d'être obligés de rester à l'intérieur du complexe hospitalier.

La faiblesse relative des autorités militaires et civiles à Epsom a favorisé dans une large mesure les gestes de frustration et les manifestations de haine. Ni les membres du personnel, ni les procédures en vigueur à Woodcote Park ne permettaient de contrôler les milliers de patients et d'employés qui se trouvaient à l'hôpital en 1919. Et même si les dirigeants de l'hôpital avaient disposé des moyens requis pour contrôler les patients et les employés, ils n'auraient probablement pas tenté de le faire, par crainte de provoquer la colère des soldats anxieux et pressés de rentrer au Canada. Faute d'un contrôle suffisant de la part des dirigeants militaires, les policiers locaux avaient le fardeau de contenir les excès des soldats canadiens à Epsom. Or, le détachement de la police à Epsom était beaucoup trop restreint pour venir à bout des centaines de soldats qui envahissaient la ville quotidiennement. De plus, le respect pour les états de service des militaires canadiens durant la guerre, de même que les retombées économiques attribuables à leur présence, incitaient probablement les policiers et les autorités judiciaires de cette ville à considérer avec indulgence leur conduite désordonnée quand c'était possible. Dans ce contexte caractérisé par une autorité déficiente, les tensions croissantes entre les soldats canadiens et les civils de la localité ont fini par éclater le 17 juin, entraînant de graves dommages à la propriété, de nombreuses blessures et le décès malencontreux d'un agent de police en devoir.

En plus de montrer les conséquences des tensions opposant les Anglais et les Canadiens ainsi que l'insuffisance des mesures disciplinaires en vigueur, l'assaut contre le poste de police fait ressortir les piètres relations entre les soldats canadiens et la structure de commandement supérieur en 1919. Dans des études récentes portant sur l'indiscipline et la désobéissance parmi les armées en lice au cours de la Première Guerre mondiale, les chercheurs ont défini ces relations selon un concept contractuel. D'après ce modèle, les soldats avaient à exécuter des tâches précises et à respecter un code de conduite bien défini; en retour, ils s'attendaient à ce que leurs supérieurs prennent soin d'eux et les dirigent adéquatement. Quand les soldats avaient l'impression que les autorités ne respectaient pas ce contrat implicite, soit en leur imposant des exigences supplémentaires, soit en négligeant leurs responsabilités envers eux, ils réagissaient par des actes de désobéissance collective[61].

Bien que ce modèle aide à expliquer le comportement des soldats canadiens frustrés dans divers camps de transit, de toute évidence, l'assaut contre le poste de police d'Epsom n'était pas un acte d'insubordination visant la structure de commandement des Forces canadiennes. L'incident d'Epsom démontre plutôt les problèmes qui peuvent surgir quand le contrat liant les soldats et leurs dirigeants cesse d'être appliqué. En 1919, les officiers à Woodcote Park n'étaient pas tellement portés à imposer les règles de discipline applicables en temps de guerre à des soldats qui avaient contribué à vaincre l'ennemi, et d'ailleurs, les officiers eux-mêmes voulaient eux aussi rentrer chez eux dès que possible. De toutes manières, le roulement rapide des patients de l'hôpital rendait extrêmement difficile l'imposition de règles strictes. Cette situation s'est avérée problématique dans le cas des convalescents et des membres du personnel militaire à l'hôpital. L'Allemagne ayant capitulé en novembre 1918, ces hommes avaient rempli leurs principaux devoirs de soldats. Or, en 1919, ils se sont retrouvés pour une longue période à Woodcote Park, désoeuvrés et laissés plus ou moins sans surveillance. Dans ce contexte, ils agissaient dans une large mesure comme les recrues au Canada en 1916. En l'occurrence, malgré les tentatives de supervision d'officiers inexpérimentés, les nouvelles recrues, n'ayant pas grand-chose à faire, s'attaquaient à des gens et à des commerces de leur localité soupçonnés de sympathiser avec l'ennemi[62]. De même, les soldats à Woodcote Park vivaient dans un milieu où leurs propres rôles et responsabilités, autant que ceux de leurs supérieurs, étaient mal définis ou appliqués. Ce contrat implicite n'étant plus respecté, ils se trouvaient des « ennemis » dans leur ville de cantonnement, qu'ils malmenaient avec une relative impunité. Les problèmes disciplinaires étaient difficilement évitables étant donné la situation ambiguë dans laquelle se sont retrouvés en Angleterre des milliers de soldats canadiens à la fin de la Première Guerre mondiale. Quoi qu'il en soit, cette situation a eu des conséquences fatales à Epsom en [63]juin 1919.

NOTES EN FIN DE CHAPITRE – CHAPITRE 12

1   Desmond Morton, « "Kicking and Complaining": The Demobilization Riots in the Canadian Expeditionary Force in England, 1918-1919 », *Canadian Historical Review*, vol. LXI, no. 3, septembre 1980, p. 334-360.

2   *Ibid.* Voir également Julian Putkowski, *The Kinmel Park Camp Riots*, Hawarden, Wales, Flintshire Historical Society, 1989.

3   Lettre de W.R. Horne au rédacteur en chef, p. 8, 27 juin 1919, *The Surrey Weekly Press* [*SWP*].

4   Lettre signée « J.W. » au rédacteur en chef, p. 3, 20 juin 1919, *Surrey County Herald* [*SCH*].

5   « The Doping Evil », p. 2, 2 mai 1919, *SWP.*

6   « Soldiers & Civilians », p. 5, 16 mai 1919, *SWP*; lettre de Julian Putkowski à Desmond Morton, 14 mai 1980, dossier divers 130, 2007, Department of Documents, *Imperial War Museum* [*IWM*].

7   « Soldiers & Civilians », p. 5, 16 mai 1919, *SWP.*

8   « Men and Matters », p. 4, 16 mai 1919, *SWP*; lettre de Putkowski à Morton, 14 mai 1980, dossier divers 130, 2007, *IWM.*

9   « Civilians & Canadians », p. 7, 27 juin 1919, *SWP*; « Canadian at Woking », p. 2, 27 juin 1919, *The Surrey Herald and Egham and Staines News.*

10   Hôpital canadien pour convalescents de Woodcote Park, Epsom, journal de guerre, janvier à mai 1919, vol. 5039, mfT[10930], III-D-3, GE 9, *Bibliothèque et Archives du Canada* [*BAC*]; « Le raid contre le poste de police d'Epsom», p. 3, 17 juin 1919, *SCH.*

11   Note de service du commissaire de la police métropolitaine au secrétaire d'État, Home

Office, 18 juin 1919, MEPO 2/1962, *The National Archives* [*TNA*].

12 Morton à Putkowski, 23 mai 1980; Putkowski à Morton, 14 mai 1980, dossier divers 130 (2007), *IWM*.

13 Hôpital spécial canadien, Witley, journal de guerre, janvier à mars 1919, vol. 5041, mfT^{10932}, III-D-3, GE 9, *BAC*.

14 Hôpital canadien pour convalescents de Woodcote Park, Epsom, journal de guerre, mai 1919, vol. 5039, mfT^{10930}, III-D-3, GE 9, *BAC*. Pour connaître l'attitude des soldats par rapport aux maladies transmises sexuellement, voir le livre de Philippa Levine, *Prostitution, Race and Politics: Policing Venereal Disease in the British Empire*, New York et Londres, Routledge, 2003, p. 150.

15 « Epsom. Urban Council Matters », p. 7, 28 juin 1919, *Surrey Advertiser and County Times* [*SACT*]; « The Raid on the Epsom Police Station », p. 3, 27 juin 1919, *SCH*. À propos du traitement des maladies vénériennes, voir l'ouvrage de Levine, *Prostitution, Race and Politics*, 149 et 370n.

16 « Ewell. A Violent Canadian », p. 6, 22 février 1919, *SACT*.

17 Hôpital canadien pour convalescents de Woodcote Park, Epsom, journal de guerre, janvier à mai 1919, vol. 5039, mfT^{10930}, III-D-3, GE 9, *BAC*.

18 Inspecteur détective divisionnaire John Ferrier, « Special Report », poste de police de Wandsworth, 25 juillet 1919, MEPO 2/1962, *TNA*.

19 Déclaration du Caporal Francis George Clowery, 26 juin 1919; déclaration de William Henry Dower, 26 juin 1919; déclaration de Horace Nunn, 27 juin 1919, MEPO 3/331, *TNA*.

20 Déclaration du Caporal Walter Hall Lees, document non daté, *Ibid.*

21 Déclaration du Capitaine-adjudant P.J.S. Bird, 5 juillet 1919, *Ibid.*

22 « The Raid on the Epsom Police Station », p. 3, 27 juin 1919, *SCH*.

23 Déclaration de Maud Elizabeth Maidment, document non daté; déclaration de William Lloyd, 19 juin 1919; déclaration de William Henry Dower, 19 juin 1919, MEPO 3/331, *TNA*.

24 « Assault by Canadian Soldiers », p. 7, 1 février 1919, *SACT*.

25 « The Raid on the Epsom Police Station », p. 3, 27 juin 1919, *SCH*.

26 « Canadians and Civilians », p. 3, 20 juin 1919, *SCH*.

27 *Ibid.*, Ferrier, « Special Report », Wandsworth Station, 21 juin 1919, MEPO 3/331, *TNA*.

28 « Canadians and Epsom Police », p. 3, 20 juin 1919, *SCH*.

29 « Epsom Police Station Raided », p. 6, *Ibid.*

30 « Fatal Rioting at Epsom », p. 5, 21 juin 1919, *SACT*.

31 Putkowski à Morton, 14 mai 1980, dossier divers 130, 2007, *IWM*.

32 Déclaration du Sergent de police Herbert Shuttleworth, 18 juin 1919, MEPO 3/331; rapport de l'inspecteur Charles Pawley, 20 juin 1919, MEPO 2/1962, *TNA*.

33 Déclaration du Sergent de police Herbert Shuttleworth, 18 juin 1919; déclaration du constable George Barton, 18 juin 1919, MEPO 3/331, *TNA*.

34 Déclaration de l'inspecteur Charles Pawley, 21 juin 1919, *Ibid.*

35 Déclaration du Sergent de police George Greenfield, 19 juin 1919,*Ibid.*

36 Déclaration du Major James Ross, 20 juin 1919; déclaration du Caporal Francis

George Clowery, 26 juin 1919, *Ibid.*

37 Déclaration du Caporal Walter Hall Lees, 24 juin 1919, MEPO 3/331, *TNA.*

38 Déclaration du Major James Ross, 20 juin 1919, MEPO 3/331, *TNA.* Voir également l'article « Epsom Police Station Raided », p. 6, 20 juin 1919, *SCH.*

39 Ferrier, « Special Report », poste de police de Wandsworth, 21 juin 1919; déclaration supplémentaire du Sergent-major régimentaire John Norton Parson, 3 juillet 1919; déclaration de Stephen Stables, chauffeur, 28 juin 1919, MEPO 3/331, *TNA.*

40 Déclaration de l'inspecteur Charles Pawley, 21 juin 1919, *Ibid.*

41 Déclaration supplémentaire du Major James Ross, 3 juillet 1919, *Ibid.*

42 Déclaration supplémentaire du Major James Ross, 3 juillet 1919; déclaration de Robert Todd, 21 juin 1919, *Ibid.*

43 Ferrier, « Special Report », poste de police de Wandsworth, 21 juin 1919, *Ibid.*; « The Raid on the Epsom Police Station », p. 2, 27 juin 1919, *SCH.*

44 Ferrier, « Special Report », poste de police de Wandsworth, 21 juin 1919; déclaration du Soldat Edward Le Pointe, 23 juin 1919, MEPO 3/331, *TNA.*

45 Ferrier, « Special Report », poste de police de Wandsworth, 21 juin 1919, *Ibid.*

46 Déclaration du Sergent de police George Greenfield, 17 juillet 1919, MEPO 3/331, *TNA.* Voir également la déclaration du Sergent de police William Kersey, 17 juillet 1919, *Ibid.*

47 Ferrier, « Special Report », poste de police de Wandsworth, 25 juillet 1919, MEPO 2/1962; déclaration du Sergent de police George Greenfield, 17 juillet 1919, MEPO 3/331, *TNA.*

48 Ferrier, « Special Report », poste de police de Wandsworth, 21 juin 1919; déclaration du Sergent de police intérimaire Shirley, 6 juin 1919, *Ibid.*; lettre de Chris Newton, constable en chef, police de Winnipeg au commissaire de la police métropolitaine, 1 août 1929; MEPO 2/1962, *TNA.*

49 Déclaration du Sergent de police George Greenfield, 17 juillet 1919, MEPO 3/331, *TNA.*

50 Déclaration de Charles Polhill, 11 juillet 2005, *Ibid.*

51 Déclaration du Capitaine John Hutchinson, 27 juin 1919, *Ibid.*

52 « Epsom Police Station Raided », p. 6, 20 juin 1919, *SCH.*

53 Ferrier, « Special Report », poste de police de Wandsworth, 25 juillet 1919, MEPO 2/1962, *TNA.*

54 Déclaration du Capitaine John Hutchinson, 27 juin 1919, MEPO 3/331, *TNA.*

55 Déclaration du Major James Ross, 20 juin 1919; déclaration du Sergent-major de régiment John Norton Parson, document non daté, MEPO 3/331, *TNA.*

56 Ferrier, « Special Report », poste de police de Wandsworth, 25 juillet 1919, MEPO 2/1962, *TNA.*

57 Ferrier, « Special Report », poste de police de Wandsworth, 21 juin 1919, MEPO 3/331, *TNA.*

58 Ferrier, « Special Report », poste de police de Wandsworth, 24 juillet 1919, *Ibid.*

59 Newton au commissaire de police, 1er août 1929, MEPO 2/1962, *TNA.*

60 Lettre du commissaire adjoint de la police métropolitaine à Newton, 3 août 1929, *Ibid.*

61 Voir notamment L.V. Smith, *Between Mutiny and Obedience: The Case of the French*

Fifth Infantry Division during World War I, Princeton, Princeton University Press, 1994; G.D. Sheffield, *Leadership in the Trenches: Officer-Man Relations, Morale and Discipline in the British Army in the Era of the First World War*, Londres, Macmillan, 2000; et Nikolas Gardner, « Sepoys and the Siege of Kut-al-Amara, December 1915-April 1916 », *War in History*, vol. 11, no. 3, juillet 2004, p. 307-326.

62 P.W. Lackenbauer et N. Gardner, « Citizen-Soldiers as 'Liminaries': the CEF Soldier Riots of 1916 Reconsidered », dans l'ouvrage d'Yves Tremblay, éd., *L'histoire militaire canadienne depuis le XVIIe siècle*, Ottawa, ministère de la Défense nationale, 2001, p. 155-166.

APPENDICE 8.1

Sanctions communes pour infractions mineures : 19e Bataillon, 1915-1918

Note : Ces chiffres ne comprennent pas les sanctions imposées au personnel du 19e Bataillon temporairement assigné à d'autres commandements.
Source : « 19e Bataillon (parties 1 à 4) », Ordres quotidiens, partie II, 1915 à 1918, volume 71, série 1, GE 150, BAC.

APPENDICE 8.2

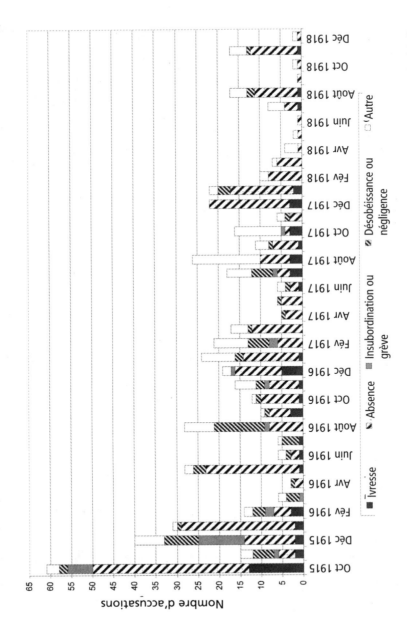

Infractions mineures : nombres et types d'accusations, 19e Bataillon, 1915-1918

Note : Ces chiffres ne comprennent pas les accusations portées contre le personnel du 19e Bataillon temporairement assigné à d'autres commandements.

Source : « 19e Bataillon (parties 1 à 4) », ordres quotidiens, partie II, 1915 à 1918, volume 71, série 1, GE 150, *BAC*.

APPENDICE 8.3

Infractions mineures et absences sans permission au sein du 22e Bataillon lors de la présence de l'unité au front

Période (selon le mois et l'année)

Légende : —Infractions mineures ---Absence sans permission

Source: Jean-Pierre Gagnon, Le 22e Bataillon (Canadien-francais), Étude socio-militaire, Ottawa et Québec, 1986, Graphique 8, 284.

APPENDICE 8.4

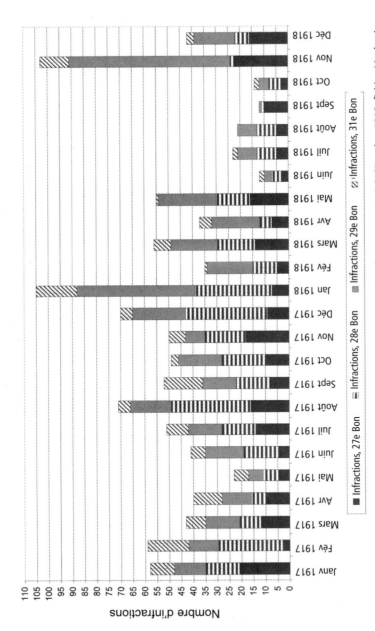

Infractions mineures : 6e Brigade, 1917-1918

Source : Quartier général de la 6e Brigade d'infanterie canadienne, Discipline, janvier 1917 à décembre 1918, fichier 11, dossier 1, volume 4123, III-C-3, GE 9, *BAC*.

APPENDICE 8.5

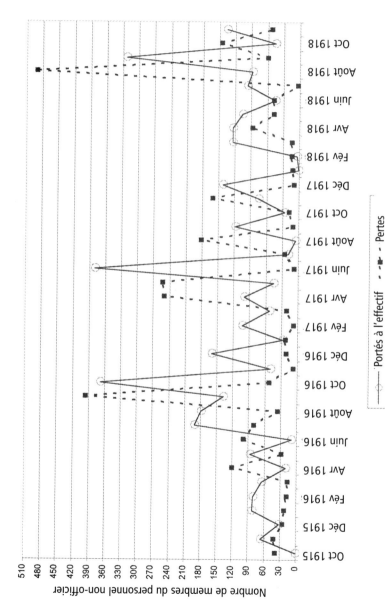

Déplacements du personnel : 19e Bataillon, 1915-1918

Source : Effectif à la fin de chaque mois, volume 1, fichier 22, volume 1874, C-6-i, GE 24, *BAC* et « Pertes par jour – France et Belgique », volumes 492 à 495, GE 150, *BAC*.

APPENDICE 8.6

Tableau 1: Infractions mineurs, octobre 1915 à octobre 1918

Bataillon[1]	Absence sans permission	Ivresse	Autre infractions	Total
22e	1660	262	553	2475
19e	278	54	215	547

Tableau 2: Infractions mineurs, janvier 1917 à décembre 1918

Bataillon[2]	Absence sans permission	Ivresse	Autre infractions	Total
19e	140	20	111	271
27e	71	26	145	242
28e	125	36	158	319
29e	149	69	187	405
31e	58	22	76	156

Tableau 3: Nombre de cas instruit en cour martiale selon l'année[3]

Bataillon	1915	1916	1917	1918	1919	Total
18e	5	16	32	24	8	85
19e	1	6	26	20	2	55
20e	3	7	35	38	8	91
21e	2	26	26	22	9	85
22e	9	27	80	54	15	185
24e	2	19	29	37	22	109
25e	4	29	25	29	6	93
26e	1	10	26	33	6	76
27e	2	11	14	17	2	46
28e	7	13	19	16	10	65
29e	3	18	23	29	8	81
31e	8	5	8	7	6	34
Total	47	187	343	326	102	1005

Tableau 4: Infractions jugées par les cours martiales, 1915–1919

Bataillon	Absence	Désertion	Ivresse	Insubordination et désobéissance[5]	Autre infractions[6]	Total des infraction jugées
18e	29	13	19	25	38	124
19e	12	10	10	8	30	70
20e	27	22	12	23	51	135
21e	20	23	11	17	43	114
22e	28	63	20	27	93	241
24e	13	20	11	41	57	142
25e	12	11	2	22	47	120
26e	11	14	10	13	57	105
27e	5	15	6	9	24	59
28e	9	16	19	27	29	100
29e	16	8	24	26	32	106
31e	3	2	15	8	18	46
Total	195	217	185	246	519	1362

Tableau 5: Discipline et commandement

Bataillon	Nombre de cas en cours martiales, 1915 à 1919	Nombre d'infractions mineurs[7], 1917 to 1918	Nombre de change-ments de comman-dement[8] avant le 11 nov 1918
18e	85	?	3
19e	55	375	4
20e	91	?	3
21e	85	?	4
22e	185	1438	5
24e	109	?	6
25e	93	?	6
26e	76	?	6
27e	46	242	2
28e	65	319	2
29e	81	405	6
31e	34	156	2

NOTES DE L'APPENDICE 8.6

1. Gagnon, *Le 22e Bataillon*, tableau 24, 287, « 19e Bataillon (Parties 1-4) », Ordres quotidiens, partie II, 1915 à 1918, volume 71, série 1, GE 150, *BAC*. Les chiffres donnés ne comprennent pas les infractions commises par le personnel du 19e Bataillon temporairement assigné à d'autres unités ou commandements.

2. Chiffres pour le 19e Bataillon, tirés de *Ibid*. Chiffres pour les 27e, 28e, 29e et 31e Bataillons, provenant du quartier général de la 6e Brigade d'infanterie canadienne, Discipline, janvier 1917 à novembre 1918, fichier 11, dossier 1, vol. 4123, III-C-3, GE 9, *BAC*.

3. Chiffres tirés de la base de données de *Bibliothèque et Archives Canada* nommée *Cours martiales de la Première Guerre mondiale*. Voir http://www.collectionscanada. ca/archivianet/cours-martiales/index-f.html.

4. *Ibid*. Une personne peut être accusée et jugée pour des infractions multiples.

5. Pour des raisons pratiques, les infractions contre les articles 6, 8, 9 et 10 de l'*Army Act* ont été regroupées sous cette rubrique.

6. Comprennent l'accusation très dominante de « conduite préjudiciable au bon ordre et à la discipline ». Voir l'article 40 de l'*Army Act*.

7. Les chiffres pour les 19e, 27e, 28e, 29e et 31e Bataillons sont tirés du tableau 3 ci-dessus. Le tableau visant le 22e Bataillon est tiré de l'histoire de M. Gagnon et couvre la période d'octobre 1916 à octobre 1918. Voir Gagnon, *Le 22e Bataillon*, tableau 24, 287. Les nombres d'infractions mineures des autres bataillons n'ont pas encore été calculés.

8. Ces chiffres sont tirés des listes d'unités et de commandants du fichier 85, vol.1886, C-6-d, GE 24, *BAC*.

APPENDICE 11

Extraits de « Riot in Canadian Camp: Twelve Killed and Many Injured. V.C. Trampled to Death, » 7 mars 1919, *The Times*.

Mardi soir, les hommes ont tenu une grande réunion, qui a été suivie d'une émeute folle. La flambée a commencé au Camp Montréal à 21 h 30, au cri « Allez, les Bolcheviques! » poussé, dit-on, par un soldat canadien de nationalité russe. Les hommes se sont rués vers les logements des officiers, et pour s'encourager, ils ont bu tout l'alcool qu'ils ont pu trouver. Ils se sont ensuite dirigés vers les magasins, ont désarmé les gardes, et à l'aide de leurs fusils, ont fracassé les portes et les fenêtres et se sont emparés du contenu des magasins. Ils ont répandu des cartons de cigarettes et de cigares partout sur le sol, avant d'aller démolir tout le camp. Ils ont démonté les magasins militaires qui fournissaient les soldats et peu après, il ne restait plus rien debout. Toutefois, personne n'a touché aux bâtiments de l'église de armée et de l'Armée du salut. Les émeutiers se sont rendus ensuite aux logements des femmes, lesquelles étaient couchées, et ont emporté leurs vêtements. Les femmes n'ont pas été blessées, mais ont dû demeurer au lit le lendemain car elles n'avaient rien à se mettre. Le lendemain, les émeutiers se sont promenés dans le camp déguisés en femmes.

Le mercredi en mi-journée, on aurait dit que des légions de chars avaient traversé le camp. Malheureusement, une charrette de brasseur contenant 48 barils de bière est arrivée au camp. Les hommes se sont emparés de cinq réservoirs, ont brisé les barils et ont bu la bière. Ils ont ensuite commencé à tirer tout autour. Dans l'une des parties éloignées du camp, un jeune soldat montait la garde et tâchait de faire son devoir. En réponse à son défi, l'un des émeutiers l'a tué à bout portant.

Un peu plus tard, un major du Nouveau-Brunswick, qui avait mérité la VC, a tenté de s'interposer, mais les émeutiers l'ont jeté par terre et piétiné à mort, après qu'il eut essayé de les empêcher d'accéder à une partie encore intacte des logements des officiers. Un autre officier allé parmi les émeutiers a été si molesté qu'il en est mort au bout de quelques heures. [Ces deux décès ne se sont pas produits – Note de l'auteur]

Pendant ce temps, on avait arrêté certains des hommes. Les émeutiers ont exigé leur libération. Après un refus du colonel, les émeutiers les ont relâchés eux-mêmes. Toute cette agitation a eu lieu la nuit et les meneurs, une vingtaine, la plupart d'origine étrangère, ont été emmenés à l'extérieur. Les soldats canadiens du camp ont expliqué la cause de l'agitation et expriment maintenant des regrets. Selon leurs dires, ils ne pensaient pas que les choses iraient à ce point, et la bande d'émeutiers est allée plus loin que prévu.

L'agitation a semé l'émoi à Rhyl, lorsqu'on a appris que 5 000 à 6 000 hommes du camp allaient raser la ville.

Hier, un officier du War Office est arrivé au camp en avion et a constaté le calme qui y régnait. Il s'est adressé aux hommes, et leur a dit que les Canadiens qui tuaient des Canadiens commettaient un meurtre. Il leur a donné l'assurance que dans quelques jours, environ la moitié des Canadiens du camp devraient être sur le chemin du retour. Les autres devraient suivre sous peu. Les hommes ont acclamé cette déclaration, en disant que c'était tout ce qu'ils voulaient.

Extraits de « The Camp Riot: Further Details », 8 mars 1919, *The Times*.

Tout était calme hier à Kinmel Park, en Galles du Nord. On a rapporté officiellement cinq tués et vingt-et-un blessés. Une enquête au sujet des victimes s'est ouverte hier, et a été ajournée jusqu'à la semaine prochaine. Dans une déclaration formulée hier matin, le Brigadier-général M. A. Colquhoun a affirmé qu'on n'avait porté aucune attaque envers les officiers et qu'on les a traités avec la plus grande courtoisie. « J'ai circulé moi-même librement parmi les hommes », a-t-il poursuivi. « En fait, certains d'entre eux interrompaient leur pillage pour me saluer et le reprenaient ensuite ». Les rapports sur les dommages sont très exagérés. Environ cinquante à soixante hommes ont échappé au contrôle et ont attaqué quelques cantines. Les hommes d'un camp, prévoyant le danger, se sont armés et ont tiré, contrairement aux ordres formels. Cela s'est passé mercredi, quand il y a eu les décès. Le camp des femmes n'a pas été attaqué. En fait, on a traité les femmes avec le plus grand respect. Aucun homme n'est entré dans leurs chambres pendant que celles-ci étaient occupées. Un homme a hissé le drapeau rouge pour tenter d'introduire le bolchevisme, mais on a tiré sur lui.

Compte tenu de la splendide discipline et de l'excellence que les troupes canadiennes ont toujours maintenues depuis le début de la guerre en Angleterre et en France, nous regrettons l'« incident » survenu à Kinmel Park. On estime que la discipline est élevée parmi les troupes canadiennes, comparativement à d'autres. De plus, il est regrettable qu'on ait exagéré les comptes rendus sur l'incident. Aussitôt après l'armistice, Kinmel Park a été établi en tant que zone de concentration pour les troupes canadiennes stationnées près de Liverpool avant de s'embarquer pour le Canada. C'est là qu'on remplit tous les documents, et les troupes sont classées dans l'ordre d'appel sous les drapeaux, suivant leur destination au Canada. Compte tenu de la pénurie de navires, les autorités canadiennes se félicitent de leur splendide dossier dans l'envoi des troupes au Canada.

Toutefois, au cours du mois de février (1919), le ministère du Transport maritime n'a pas été en mesure de fournir suffisamment de navires pour exécuter le programme tel que promis aux Canadiens. Pour cette raison, le tiers du programme prévu en février et au début de mars n'a pu être rempli. Il a donc fallu « refouler » des troupes de Kinmel Park vers diverses régions d'Angleterre, en passant par la France. Les Canadiens étaient donc déçus, et certains d'entre eux avaient déjà passé quatre ans outre-mer sans être retournés chez eux...

Aussitôt averti de la situation, le chef d'état-major général, le Lieutenant-général Sir Richard Turner VC, KCB, s'est rendu à Kinmel Park et s'est adressé aux hommes à quinze endroits différents. Ils ont semblé lui être reconnaissants de ses explications, et il n'y aura probablement pas d'autres troubles...

Si le contingent d'hommes prévu initialement pour février avait été autorisé à s'embarquer, on pense qu'il n'y aurait pas eu d'agitation. Mais il faut admettre que la situation dans le transport maritime, notamment en raison des grèves, est difficile à contrôler. Toutefois, il reste à espérer que ces retards ne se reproduiront plus.

Nous n'essayons pas le moins du monde de justifier l'inconduite des hommes ayant pris part à l'agitation. Bon nombre des contrevenants sont déjà en état d'arrestation, et ces hommes ainsi que d'autres participants, seront sévèrement punis.

Certains dommages ont été provoqués au cours de l'agitation, et l'on a constaté que des civils y étaient mêlés. Jusqu'à maintenant, douze de ces civils ont été arrêtés et remis aux autorités civiles.

Au cours de l'agitation, trois émeutiers ont été tués, ainsi que deux plantons. Vingt-et-un soldats ont été blessés, dont deux officiers. Le compte rendu selon lequel un major à qui l'on avait décerné la VC a été tué ou blessé est sans fondement. Les troupes en attente à Kinmel Park sont concentrées en unités représentant les districts militaires du Canada auxquels elles se rendront. Elles ne sont pas dans leurs unités d'origine. Ces escadres constituent des formations mixtes formées de personnel appartenant à de nombreuses unités différentes. Ce classement se fait par respect pour les volontés des autorités du Canada, en vue d'éviter des retards à leur arrivée dans le Dominion.

Une Cour d'enquête présidée par le Brigadier J.O. MacBrian CB, CMG, DSO, a été convoquée pour mener une enquête approfondie sur toutes les circonstances liées à l'agitation.

COLLABORATEURS

Martin Hubley a obtenu une maîtrise d'études sur la conduite de la guerre au King's College de Londres, et poursuit actuellement un doctorat spécialisé dans l'histoire de l'empire britannique à l'Université d'Ottawa. Sa thèse porte sur la désertion, le recrutement forcé et l'identité à la station de l'Amérique du Nord de la Royal Navy de 1745 à 1815. Il a rédigé des études pour plusieurs revues spécialisées, y compris *The Northern Mariner/Le marin du nord*, *Social History/Histoire sociale* et le *War Studies Journal*.

Thomas Malcomson enseigne au George Brown College de Toronto (Ontario). Il rédige actuellement à l'University York une thèse de doctorat sur le contrôle et la résistance à bord des navires militaires britanniques des stations de l'Amérique du Nord et des Indes occidentales pendant la guerre de 1812. Il a rédigé plusieurs articles sur l'histoire maritime et navale. Il est coauteur de *HMS Detroit: the Battle for Lake Erie* avec son frère, Robert, et il a collaboré à *Life-Span Development* avec John Santrock, Anne MacKenzie-Rivers et Kwan Ho Leung.

James Paxton a récemment obtenu son doctorat à l'Université Queen's de Kingston, Ontario. Il est enseignant au Collège Moravian de Bethlehem en Pennsylvannie. Son doctorat était sur l'étudés des Six-Nations dans l'État de New-York et dans le Haut-Canada.

Howard Coombs a pris sa retraite du service à temps plein dans les Forces canadiennes en 2002. Il est diplômé de l'École d'état-major des Forces canadiennes, du Collège de commandement et d'état-major de la Force terrestre canadienne, et de l'United States Army Command and General Staff College (collège de commandement et d'état-major général de l'armée américaine). Il est actuellement candidat au doctorat à l'Université Queen's où il étudie l'histoire militaire canadienne du XXe siècle. Il est également adjoint à l'enseignement à Queens's, associé de recherche à l'Institut de leadership des Forces canadiennes, instructeur à temps partiel au Collège des Forces canadiennes de Toronto, et commandant (Réserve) du Princess of Wales' Own Regiment, une unité d'infanterie basée à Kingston. Il a publié récemment, en collaboration avec d'autres, *The Operational Art – Canadian Perspectives : Context and Concepts* aux Presses de l'ACD en 2005 et il a également signé, en collaboration avec le Général Rick Hillier, un article intitulé « La planification de la réussite : les problèmes posés par l'application de l'art opérationnel en Afghanistan après le conflit », paru dans le numéro d'automne 2005 de la *Revue militaire canadienne*.

Le **Major James D. McKillip**, officier de l'arme blindée, travaille actuellement à la Direction-Histoire et patrimoine, au Quartier général de la Défense nationale, à Ottawa. Il a servi en Allemagne, en Iraq, en Égypte, au Koweït, en Afghanistan et dans de nombreuses régions d'Afrique. Il est candidat au doctorat au département d'histoire de l'Université d'Ottawa et il a été récipiendaire de la médaille d'or de l'Université d'Ottawa.

Carman Miller a fait ses études à Acadia, à Dalhousie et au Kings College de Londres, et enseigne l'histoire canadienne à l'Université McGill, où il a été titulaire d'une chaire au département d'histoire et doyen de la Faculté des arts. Il a notamment rédigé *The Canadian Career of the Fourth Earl of Minto, Painting The Map Red: Canada and the South African War, 1899-1902* et *Canada's Little War: Fighting for the British Empire in Southern Africa, 1899-1902*. Il a également rédigé quelque 30 articles ou chapitres d'ouvrages et fourni plus de 30 articles au *Dictionary of Canadian Biography*. En 2002, il s'est vu décerner la médaille du Jubilé d'or de la Reine pour sa recherche universitaire et les services rendus à la communauté.

M. Whitney Lackenbauer est professeur adjoint d'histoire canadienne à l'Université St- Jérôme, Université de Waterloo. Ses champs de recherche actuels portent sur la sécurité dans l'Arctique, les peuples autochtones et la conduite de la guerre, ainsi que les répercussions des activités militaires sur l'environnement. Ses livres à paraître incluent *Battle Grounds: The Canadian Military and Aboriginal Lands* (UBC Press, 2006) et un ouvrage rédigé avec Chris Madsen, *Kurt Meyer on Trial: A Documentary Record* (Presses de l'ACD, 2007). Il a rédigé trois autres ouvrages, a établi une courte monographie sur les fermetures de bases militaires, et a publié récemment des articles dans la *Revue militaire canadienne*, le *Journal of the Canadian Historical Association*, l'*Urban History Review* et l'*Ontario History*.

Craig Leslie Mantle a obtenu une maîtrise en arts en histoire militaire canadienne de l'Université Queen's en 2002 et travaille depuis en qualité d'historien à l'Institut de leadership des Forces canadiennes. Il est candidat au doctorat à l'Université de Calgary et il a rédigé *The Unwilling and The Reluctant: Theoretical Perspectives on Disobedience in the Military*, publié par les Presses de l'ACD en 2006.

M. David Campbell a terminé son doctorat à l'Université de Calgary où il s'est spécialisé en histoire militaire. Ses recherches portent surtout sur l'histoire sociale et opérationnelle du Corps expéditionnaire canadien pendant la Première Guerre mondiale. Il habite actuellement à Halifax (Nouvelle-Écosse) où il enseigne.

Le **Lieutenant-colonel Ian McCulloch** s'est enrôlé dans les Forces canadiennes en 1977 et il a reçu plusieurs affectations au sein du Royal Canadian Regiment. Il détient un baccalauréat spécialisé en journalisme de l'Université Carleton et une maîtrise d'études sur la conduite de la guerre du Collège militaire royal du Canada. Le Lieutenant-colonel McCulloch a servi à titre d'officier d'échange au sein du 1er Bataillon, Royal Regiment of Fusiliers, et de commandant du Black Watch (Royal Highland Regiment) of Canada. Cet étudiant passionné d'histoire militaire a publié dans de nombreuses revues et de nombreux ouvrages, et il a servi de conseiller en histoire au canal « Arts and Entertainment » et à la Société Radio-Canada. Il est actuellement le principal chargé de dossier du programme d'instruction et exercices militaires de l'OTAN au Commandement suprême des Forces alliées-Transformation à Norfolk, en Virginie.

M. Nikolas Gardner enseigne l'histoire à l'University of Salford, dans le Grand Manchester, au Royaume-Uni. Il a écrit sur la discipline et l'insoumission chez les soldats canadiens, britanniques et indiens pendant la Première Guerre mondiale.

GLOSSAIRE

ACD	Académie canadienne de la Défense
AD	Archives Deschâtelets
ADSO	Assistant Deputy Sub-Divisional Officer
BAC	Bibliothèque et Archives Canada
Bde	Brigade
Bgén	Brigadier-général
BIC	Brigade d'infanterie canadienne
Bon fus aéromobile CA	Bataillon de fusiliers aéromobile du Canada
Bon	Bataillon
Capt	Capitaine
CBH	Compagnie de la Baie d'Hudson
CEB	Corps expéditionnaire britannique
CEC	Corps expéditionnaire canadien
CEMG	Chef d'état-major général
CHR	*Canadian Historical Review*
CIAC	Corps d'intendance de l'Armée canadienne
Cmdt	Commandant
CO	Office des colonies
Cpl	Caporal
DCM	Médaille de conduite distinguée
DH	Documentary History
DHP	Direction – Histoire et patrimoine
DIC	Division d'infanterie canadienne
Div	Division
DM	District militaire
D-Q	Drocourt-Quéant
DSO	Ordre du service distingué
É.-U.	États-Unis
G Prév	Grand prévôt
GB	Grande-Bretagne

GPA	Grand prévôt adjoint
HMSO	His Majesty's Stationery Office
ILFC	Institut de leadership des Forces canadiennes
IWM	Imperial War Museum
JAG	Juge-avocat général
Lcol	Lieutenant-colonel
LDN	Loi sur la défense nationale
LOB	Laissé hors de la bataille
LSM	Loi du service militaire
Lt	Lieutenant
Maj	Major
MDN	Ministère de la Défense nationale
MG	Groupe d'archives
Mgén	Major-général
Mit	Mitrailleuse
ML	Mitrailleuse lourde
MML	Manual of Military Law
MMN	Musée maritime national
MQUP	McGill-Queen's University Press
MR	Militaires du rang
MTS	Maladie transmise sexuellement
MUA	Archives de l'université McGill
NACB	Navy and Army Canteen Board
NSM	Navire de Sa Majesté
OA	Officier d'administration
OGC	Officier général commandant
OMFC	Overseas Military Forces of Canada
OUP	Oxford University Press
PC	Punition en campagne ou peine du piquet
PM	Police militaire
PPCLI	Princess Patricia's Canadian Light Infantry
QG bon	Quartier général du bataillon
QG	Quartier général
QUA	Queen's University Archives
R.G.C.N.-O.	Royale gendarmerie à cheval du Nord-Ouest
RCD	Royal Canadian Dragoons
RCFA	Royal Canadian Field Artillery
RCR	Royal Canadian Regiment

RCRI	Royal Canadian Regiment of Infantry
RG	Groupe d'archives
RN	Records of Niagara
RN	Royal Navy
S/off	Sous-officier
SAC	South African Constabulary
SACT	*Surrey Advertiser and County Times*
SCH	*Surrey County Herald*
Sdt	Soldat
Sgt	Sergent
SM	Sous-ministre
SMC	Sergent-major de compagnie
SRC	Société Radio-Canada
SWP	*Surrey Weekly Press*
TDS	*Toronto Daily Star*
TH	Transport hippomobile
TM	Transport motorisé
TNA	The National Archives of the United Kingdom
UAP	University of Alberta Press
UBC	University of British Columbia
UCS	*Upper Canada Sundries*
UTP	University of Toronto Press
V.C.	Croix de Victoria
WLUP	Wilfrid Laurier University Press
YMCA	Young Men's Christian Association

INDEX

Note de la rédaction: En ce qui concerne les personnes qui ont le même nom, le prénom ou la première initiale et non pas le titre ou le grade a été utilisé pour établir l'ordre alphabétique suivant.

12e comte de Dundonald, 175

Acadian Club, 213–214, 253
Ackling, Soldat Walter, 279, 287
Açores, 40
Adamson, Lieutenant-colonel Agar, 404–405, 407
Adjudant général, 130, 139, 206, 212, 216, 218, 231, 434
Adjudant général adjoint, 128
Adriatic, 448
Afrique du Sud, 19, 173–174, 177, 179–180, 183, 187–188, 190, 192, 217
Akenson, Donald, 122–124, 127, 135, 141
Alberta Hotel, 242
Albertan, 206
Alfred (corsaire américain), 58
Allan, Lieutenant-colonel J.A.W., 320
Allemagne, 204, 212, 256, 416, 442, 449, 482
Allison, E.P., 254
Amérique du Nord, 37, 54, 56–57, 68, 72
Amiens, 333, 393, 396, 404, 408
« Amis du Canada », 160
Amirauté, 33–36, 38–40, 50–51, 53–55, 69, 73, 75
Angleterre, 405, 426, 434, 444, 447, 449–450, 461–462, 471, 483, 497
Apathiques et les rebelles, Les: Des exemples canadiens de mutinerie et de désobéissance, de 1812 à 1919, 13–14
Archibald, Lieutenant-gouverneur Adams, 157, 161
Armée allemande, 392
Armée américaine, 104–106, 110
    23rd U.S. Infantry, 106
Armée britannique, 104, 173, 176, 310, 362, 368, 377, 449
Armées
    First, 397
    Third, 396
Corps
    4th, 419
Brigades
    1st Mounted Infantry
    Heavy (cavalry)
    Light (cavalry)
Unités
    41st Regiment of Foot, 99
    49th Regiment of Foot, 99
    60th Regiment of Foot
    Newfoundland Regiment of Volunteers, 47
    Royal Newfoundland Regiment, 43, 46, 48
    Royal West Surrey Regiment, 464
Armée canadienne, 256, 271, 273, 309, 427, 447
Battalion of Incorporated Militia, 109
Corps expéditionnaire canadien (CEC), 200, 202, 205, 243, 251, 255, 258–259, 277, 283, 285–286, 289, 315, 317–318, 359–360, 362, 377–378, 392, 433–435, 464
Divisions

1re, 437
2e, 21, 309–312, 314–316,
    318–320, 322, 324–325,
    329–332, 336–337 339–341,
    343–345
3e, 362, 375, 413, 435–436,
    441, 443, 445, 448
4e, 362, 391
Brigades
    6e , 331–332, 339–340, 490
    7e 22, 391–393, 395, 417
    9e , 375
Bataillons
    2nd (Coloured) Canadian
        Construction Company, 450
    2e Pionniers, 328–329
    3e Bataillon de mitrailleuses
        canadien
    10e Troupes ferroviaires canadi-
        ennes
    15e , 441
    18e, 327
    19e , 316, 318, 321, 327,
        331–333, 335–336, 339,
        487–488, 491
    20e, 320
    21e, 323, 326
    22e, 311, 320, 331, 333–335,
        339–340, 344, 359, 489
    24e, 328–329
    25e, 316, 340
    26e, 320
    27e, 339
    28e, 325, 339–340, 343
    29e, 339
    31e , 325, 333, 339–340
    42e, 392, 395, 402
    43e, 21, 359, 362–363,
        366–367, 373–374,
        376–377
    49e , 400
    56e , 112, 142
    63e , 252
    66e , 251
    69e , 220, 238, 240
    70e , 239
    72e, 391, 396
    82e, 241
    90e, 239

108e, 223
118e, 205, 209, 211, 234, 246
135e, 238
140e, 219–220
142e, 227, 242
144e, 228–229, 235
171e, 229–231, 235, 240
179e, 222
211e, 224
214e, 217
217e, 218
218e, 244
233e, 224
239e, 215–216
Autres
    2nd Field Ambulance Depot
    4th Canadian Siege Battery, 219
    4e Train divisionnaire, 283
    77e Batterie, 218
    Boy's Battalion, 440
    Canadian Reserve Cavalry
        Regiment, 439
    Corps de foresterie, 441
    Police militaire de la garnison
        (PM Grn), 229, 235
    Troupes ferroviaires, 441, 506
    Lord Strathcona's Horse
        (Strathcona's Horse), 173,
        181–183, 186–187, 222
    Niagara Light Dragoons, 105
    Princess Louise Dragoon
        Guards, 182
    Princess Patricia's Canadian
        Light Infantry (PPCLI), 392,
        415–418, 420
    Royal Canadian Dragoons
        (RCD), 173, 181, 184
    Royal Canadian Field Artillery
        (RCFA), 173, 181, 183
    Royal Canadian Regiment
        (RCR), 173, 176, 392, 394,
        398–399, 401–404, 410,
        414–415, 418
    Royal Canadian Regiment of
        Infantry (RCRI), 173,
        176–178, 180, 182
Armée du Salut, 495
Armée républicaine irlandaise, 449
Armistice, 22, 392, 395, 402–403, 407,

415–417, 420, 497

Army Act (britannique), 315, 330, 447

Arras, 256, 333, 393, 397, 400, 404

Askin, Charles, 99, 101

Baden-Powell, Major-général Robert S.S., 183, 187–190

Baie de Boston, 58

Baie de Burlington, 91

Baie de Carlisle, 55

Bapaume, 398, 400

Barbade, 55, 65

Barltrop, Agent de police, 471

Bastard, 134

Bates, Porte-étendard George, 132

Batoche, 152

Beasely, Richard, 108–109

Beatty, Sir David, 272

Belcher, Major Robert, 183

Belfast-Bergendal, 182

Belgique, 22, 320, 335, 337, 395, 407, 491

Bell, Lieutenant-colonel Arthur, 340

Belmont, 177

Benenati, Ralph, 227

Benson, Major-général T., 215

Bercuson, David, 245

Berlin, Ontario, 205, 209–210, 212–215, 217, 232, 234, 236–237, 240–241, 246, 256

Bermudes, 55, 59, 61, 77

Bethune, 335

Bibliothèque et Archives Canada (BAC), 6, 64, 91, 113, 127, 142, 152–153, 159, 165, 179, 188, 284, 296, 332, 343, 363, 373, 402, 417, 470

Billingsly, Carabinier George, 230

Bird, Major P.J.S., 469

Bird, Will, 361, 402

Black, Capitaine George, 447

Blayden, Sergent de police, 470

Blecourt, 403

Bligh, Capitaine, 31, 41, 246

Bligh, John, 38

Bloemfontein, 191

Blood, Sergent-major Granville P., 205, 212–214, 234, 247–249, 256

Boers, 173–175, 178, 182, 184, 192, 319

Bois de Bourlon, 397, 399

Bois du Sanctuaire, 403, 405

Bonang, Soldat Albert William, 362, 364–365, 367–369, 374, 377

Borden, Frederick, 192, 258

Borden, Robert, 199, 447

Boskett, Soldat John, 275, 278, 282

Boston, 56, 58

Bowden, Sergent, 215

Boyd, Quartier-maître James, 60

Bradith, Lieutenant, 137

Bramshott, 271, 273, 276, 283–284, 294, 298, 378, 462

Breakenridge, James, 121, 126, 129–131

Brennan, Caporal, 234

Brest, 34

Brock, Major-général Isaac, 89–91, 96–97, 99–100, 102–103

Brockville, 119, 129, 133

Brown, Sapeur Franklin, 468

Buller, Général Sir Redvers, 182–183

Bulletin de doctrine et d'instruction de l'Armée de terre, Le, 22

Burlington, 91, 104, 106

Burns, E.L.M., 361, 393

Butler, Jonathan, 41

Butler, Major, 239

Byrn, John, 49, 57, 74

Caldin, Soldat John, 285–286

Calgary, 200, 205, 207–208, 215, 217, 223–226, 234–235, 238, 240–241, 244–245, 249, 251, 253, 255

Camblain, L'Abbé, 329

Cambrai, 391–393, 395–398, 400–401, 403, 409, 415

Cameron, James, 65

Camp Borden, 214

Camp Dibgate, 373

Camp Maitland, 184

Camp Sarcee, 225–226

Camp Witley, 377

Campbell, David, 21

Campbell, Sergent, 244, 374

Canada, 11, 16–17, 20, 22, 64, 91, 93, 96, 99, 107, 111, 119, 135, 151, 153–157, 159–161, 175, 178–180, 182–184, 187–189, 191–192, 199–205, 209, 215, 234, 243, 248, 259, 283, 310,

315–318, 321, 323, 336, 341, 392,
394, 369, 420, 425–426, 432–434,
437, 445, 449, 452, 461–462, 465,
467, 481, 483, 497–498
Canal de l'Escaut
Canal du Nord, 394, 397
Canton de Leeds and Lansdowne, 18,
119–120
Cape Cod, 56
Cape Town, 176
Capitaine général et gouverneur en chef
des Canadas, 140
Carabiniers à cheval du Cap, 185
Carden, Capitaine J.S., 63, 72
Caserne disciplinaire Wandsworth, 377
Casernes du régiment de la marine de
Chatham, 55
Cavendish-Bentinck, William (duc de
Portland), 42
Celtic, 448
Cent jours, 345
Chadwick, William, 209, 259
Chambre des communes, 191, 199, 252,
255
Chandler, Major William Kellman, 367,
369
Chapin, Abner, 134
Chapman, Sergent Charles, 55
Château de Windsor, 467
Chatham, 35, 55
Chatham Marine Regiment Barracks
Chattell, Major, 411
Checkley, William, 67
Chef d'état-major de la Défense
Chef d'état-major général (CEMG), 203,
397, 497
Chef d'état-major général du Ministère des
forces militaires canadiennes outre-mer
Chemin de fer Canadien Pacifique, 153
Child, Capitaine John, 236
Chippawa, 92, 110
Chubb, Sergent-major de compagnie
Charles William, 274–275, 278, 280,
282, 288
Cités à l'ordre du jour, 174
Clark, Brigadier-général John Arthur, 391,
393–401, 403, 408–415, 417–420
Clark, Colonel Thomas, 98, 108
Clausewitz, Carl von, 271

Cleonkey, Wilard, 133
Clergy, Soldat Charles, 362, 368
Clout, Caporal G.J., 442–443
Code de justice militaire, 35
Codrington, Sir Edward, 62, 72
Coffin, Colonel Nathaniel, 128, 139–140
Cohen, Sergent, 244
Colline, 70
Colombie-Britannique, 447
Colonie du Cap, 184
Colquhoun, Colonel Malcolm A.,
435–437, 439–441, 446, 449, 496
Commandant en chef, 44, 53, 177–178,
377, 397
Commissaire de la police métropolitaine,
465
Commissaire du district de Johnston
Compagnie de la Baie d'Hudson (CBH),
153–154, 159
Comté de Waterloo, 209, 214
Concordia Club, 209, 211, 232, 236, 240
Concordia Singing Society, 210
Conseil du commerce et du travail, 247
Conseils des soldats, 416
Cook, Tim, 219
Coombs, Howard, 5, 16, 18–19, 22
Cooper, Major H.W., 436–437, 443, 446
Corbett (pseudonyme), 62–63
Cork, 68
Corps canadien, 203, 310, 313, 327, 330,
342, 392, 397, 406–407, 414, 433
Corps de santé royal du Canada
Corps d'intendance de l'Armée canadi-
enne (CIAC), 20, 271, 273, 276, 283
Cour martiale de district, 276
Courcelette, 333–334
Courtney, William, 41
Cox, Joseph, 134
Crimée, 272
Croix de Victoria (V.C.), 174, 186, 362,
495
Croix-Rouge, 215
Cruikshank, Ernest A., 120, 206, 225, 250
Cuddy, Chef de police Alfred, 207, 250
Cuff, Soldat Sidney Herbert, 362, 377
Currie, Lieutenant-général Sir Arthur,
327, 341–342, 392, 396–397, 405,
415, 419, 433
Cut Knife Hill, 152–153

Dailey, Sergent John, 48–49
Dance Academy, 239
Dancey, Capitaine S.N., 212
Dancocks, Daniel, 401, 413
de Balinhard, Major J.C., 236
de Rottenburgh, Major-général, 128
Deacon, Soldat Conrad Carl, 469
Deal, Sergent, 232
Dean, Maître d'équipage Joseph, 61
DeBarathy, Lieutenant Sidney, 240
Debett, Samuel, 49
Deedes, Major Henry Granville, 276
Demerara, 63–65, 68
Dening, Greg, 246
Derby d'Epsom, 471
Desjarlais, Soldat George, 283, 287
Deslauriers, Soldat Teddy, 182
Détroit de Gibraltar, 55
Deuxième Guerre mondiale, 14
Directeur des prisons militaires en campagne, 377
District d'Eastern, 139
District de Johnstown, 121, 127
District de Niagara, 91, 96, 107
Dogger Bank, Bataille de, 272
Doolan, W.F., 326
Douai, 398, 400–401, 409
Dougal, Capitaine d'aviation George
Doughlass, Metty, 130–131
Draper, Lieutenant-colonel Dennis Colburn, 375
Drummond, Lieutenant-général Sir Gordon, 110–111, 128–129, 133, 139–140
Drury, Lieutenant-colonel Charles W., 181
Dubuc, Major Arthur, 334
Duby, Soldat Clifton, 470–471
Duguid, A.F., 410
Dunbar, Joel, 134
Duncan, James, 66
Dunkirk, 377
Dunn, Soldat Philo Stuart, 278, 290
Durrand, Major, 251
Dyer, Brigadier-général Hugh, 392–395, 403, 405–407
Dyer, Sous-lieutenant George, 63, 68, 70

École des officiers du Corps canadien, 313
Écosse, 52
Eder, Markus, 57, 74
Edgar, Nouvelle-Écosse
Edmonton Bulletin, 250–251
English, John, 79, 256
Ens, Gerhard
Éperon de Bellevue, 362
Epsom, 23, 461–472, 477–478, 480–483
États-Unis (É.-U.), 59, 61, 63, 71–72, 89, 92, 95, 102, 105, 107, 112, 119–122, 126, 130, 134, 142, 163
Europe, 61, 89, 111, 209, 214, 256, 320, 433
Evans, Major Thomas Dixon, 181
Ewing, Lieutenant-colonel Royal, 392, 395–396, 408–411, 413, 415, 418–419

Fages, Brigadier-général A.O., 230–231
Favell, Capitaine d'aviation Thomas, 58
Féniens, 163
Ferguson, Frank, 361
Ferrier, Inspecteur John, 478–479
Fieldhouse, Soldat Fred, 239
Finnis, Richard, 65
Fisk, Capitaine A., 37
Flanagan, Thomas, 155–156
Flandre, 230, 336
Flintshire, 447
Flory, Soldat Frank, 418
Foch, Maréchal, 397
Foley, John, 66
Fontaine-Notre-Dame, 397
Force de campagne du Natal, 182
Forces canadiennes, 5–6, 11, 13–14, 26, 313, 478, 482
Forsyth, Capitaine, 135–138
Fort Erie, 93, 98–99, 105
Fort Garry, 151, 155, 159–160
Fort George, 99, 104, 108
Forty Mile Creek, 94, 105, 108
France, 6, 17, 33, 45, 283, 296, 320, 337, 341, 377, 407–408, 433, 440, 450, 491, 497
Fraser, Capitaine, 247–248
Fraser, Donald, 361
Fraternité des Féniens, 163

French, Lieutenant-colonel J.P., 436, 443
Fresnoy, 331
Front occidental, 310

Gagnon, Jean-Pierre, 311, 331, 333, 489
Gallipoli, 255
Galpobi (pseudonyme), 63
Gananoque, 119, 121, 123, 135–141, 143
Gardiner, Robert, 63
Gardner, Nikolas, 23, 209, 214, 223
Gaudet, Lieutenant-colonel, 320
Gault, Hamilton, 405–407, 417, 420
Gauthier, Lieutenant J.A., 439
Gibson, Craig, 337
Gilles, Archibald, 49, 74
Giraud, Marcel, 155
Goddard, Capitaine E.H., 229
Goderich, 327
Gordon, Simon, 130–131
Gorlan, David, 61
Goulet, Elzear, 160
Gouvernement du Canada, 151
Gouvernement provisoire, 155, 159, 162
Grace, Caporal L.E.
Graham, Soldat Wilfred John, 362–363, 368, 371, 377
Granatstein, Jack, 448, 450
Grand Hotel, 185
Grand prévôt (G Prév), 222, 438
Grand prévôt adjoint (GPA), 229, 319
Grande-Bretagne, 50, 89, 95, 107, 120, 203, 204, 461, 481
Grande-Bretagne (GB)
Gray, William, 121, 124, 126
Green, Sergent de police Thomas, 476–478, 480
Greenfield, Sergent de police George, 473, 476
Greenwich, 49
Gregg, Lieutenant Milton Fowler, 399
Griffin, James, 65
Grimes, Lieutenant Albert Edward, 373
Grimsby, 94
Grossman, Lieutenant-colonel David, 432
Groupe d'embarquement 21, 436–437
Guerre d'Afrique du Sud, 19
Guerre de 1812, 13, 18, 24, 31–32, 36, 54, 56–57, 61–62, 89, 95, 98, 113,
119–120, 123, 134–135, 141, 143
Guerre de Sept Ans, 98
Guest, Colonel Frederick, 478
Guildford, 463–464, 481
Gwatkin, Willoughby, 203

Hackett, Lieutenant, 60
Haig, Sir Douglas, 397
Halifax, 39, 49, 52, 60, 180–181, 316
Hall, Major-général Amos, 99
Hall, médecin, 68
Hamby, Joel, 429–430, 432
Hampshire, 273, 462
Hanni, A., 212
Harris, Soldat Claude Norman, 287
Harvey, Lieutenant, 60
Haskins, Joseph, 126
Haut-Canada, 18, 89–93, 95–96, 99, 102–103, 106–107, 110, 113–116, 119–123, 126–129, 131, 134–135, 139, 141–143
Assemblée, 97, 110, 120, 130
Président, 110
Haverford, 436–437, 451
Hayward, Sergent P., 232
Hearn, Lieutenant-colonel J.H., 217–218
Herchmer, Lieutenant-colonel Laurence, 181
Hicock, Porte-étendard Nathan, 132
Hill, Lieutenant-colonel Claude, 403
History of Leeds and Grenville Ontario, 136
Hitsman, J. Mackay, 138
Hodgins, Major-général W.E.S., 218
Hogarth, Brigadier-général Donald, 437
Hollywood, 31
Holmes, Richard, 381
Hôpital militaire canadien, 479
Hôpital spécial canadien, 465
Howarth, Soldat Thomas
Hubley, Martin, 18
Huby, Sergent Thomas, 274, 280–281, 288–289
Hughes, Sir Sam, 201–203, 213, 256
Hutchinson, Capitaine John, 477–478
Hutton, Major-général E.T.H., 192
Hutton, Maurice, 202

Idaho, 180
Îles Britanniques, 189, 318, 433
Îles Sous-le-Vent, 55, 57
Immigration Hall, 229
Imperial Hotel, 221
Incredible War of 1812, The, 138

Institut de leadership des Forces canadiennes, 5, 11, 13–14
Insubordonnés et les dissidents, Les: Des exemples canadiens de mutinerie et de désobéissance, de 1920 à nos jours, 14
Irish in Ontario, The: A Study in Rural History
Irlande, 68
Irlande du Nord, 449
Irwin, Anne, 244, 257

Jackson, Paul, 205
James, Lawrence, 428–429, 449
Jarvis, Major Arthur Murray, 319–320, 322–325, 329–330, 332, 334–338, 344
Jones, Capitaine William, 125, 131
Jones, F.L., 447
Jones, John, 67
Jones, Soldat Arthur, 469
Journal de l'Armée du Canada, Le, 22
Joyce, Valentine, 36
Juge de paix, 121
Juge-avocat général (JAG), 199, 253, 259
Jutland, Bataille de, 272

Kavanaugh, Père, 160
Keegan, John, 242
Kelsey, Lieutenant Samuel, 135
Kemmel, 336
Kemp, A.E., 199
Kilborn, David, 134
Kingston, 119, 133–134, 137
Kingston Gazette, 137
Kinmel Park, 22, 425–427, 429, 432, 434–438, 440, 444–445, 448–451, 453–454, 461, 481, 496–498
Kipling, Rudyard, 175
Kitchener, 209, 214
Kroonstad, 184

La Havane, 59
Lac Erie, 87, 91
Lac Ontario, 19, 91
Lackenbauer, P. Whitney, 20
Lapointe, Arthur, 359–361
Larson, Soldat R.L., 239
Lassie, 417
Laurier, Sir Wilfrid, 199, 255
Lavery, Brian, 32
Lawry, Sergent Robert, 240
Leavitt, T.W.H, 136
Lees, Caporal Walter Hall, 467, 473
Legge, Capitaine Arthur Kaye, 38
Lens, 333, 335
Lethbridge, Colonel Robert, 137–138
Lewis, L.B., 257
Ligne Drocourt-Quéant (D-Q), 394, 396–397
Ligne Marcoing, 397–400, 404
Ligue de base-ball anglo-américaine
Liliefontein, 174, 184
Lipsett, Major-général Louis James, 375, 393, 397, 405
Liquor Act, 224
Lisbonne, 50
Little, Capitaine G.W., 396, 409–412, 414–420
Liverpool, 181, 497
Lochead, Lieutenant-colonel W.M.O., 209–213, 246–249
Loi du Service militaire, 420, 443, 448
Loi sur la milice de 1808
Lois des quotas, 33–34
London Corresponding Societies
London Metropolitan Police
London, Ontario, 226–227, 235, 237–242, 249–250
Londres, Angleterre, 24, 33, 35, 41, 48, 50, 53. 154, 405, 436–437, 440–441, 445–446, 462, 465, 468
Loomis, F.O.W., 393, 397, 413, 419–420
Lord Dundonald, 182
Lord Frederick Roberts, 178
Lord Howe, 33–34, 39
Lord Kitchener, 180, 187
Lord Lucan, 272
Lord Milner, 187
Lord Raglan, 272
Lord St. Vincent, 36

Lord Strathcona, 181
Losinger, Isabella, 326
Lossing, Benson J., 135
Loudwell, Agent de police, 466
Lougheed, Lieutenant Edgar Donald, 273–277, 280–294, 297
Lougheed, Sénateur James A., 204–205
Lower, Professeur Arthur, 119
Loyalistes de l'Empire-Uni, 92–93, 113, 119–120, 135
Lundy's Lane, 114
Lusitania, 210
Lydenburg, 174, 182

MacBrien, Brigadier-général James, 440
Macdonald, l'hôtel, 251
Macdonald, Major George, 406
MacEwan, Lieutenant William, 108
MacFarland, Major, 106
MacGillivray, Major G.L., 437, 441
Machdodorp, 182
MacLennan, A.D., 238
MacLeod, Major G.W., 404
Macphail, Capitaine Andrew, 309
Madère, 50, 55
Madsen, Chris, 10, 447
Mafeking, 174, 184, 188
Major, constable, 466
Malcomson, Thomas, 18, 62, 75
Manche, 40, 338
Manitoba, 19, 151–152, 158, 161, 163–164, 221, 228
Mantle, Craig, 13
Manual of Military Law (*MML*), 330
Marchant, Richard, 66
Marching to Armageddon, 448
May, Lieutenant-colonel, 225
McArthur, Sergent John Colin, 275, 280
McCulloch, Lieutenant-colonel Ian, 22
McDonald, Soldat, 472–474, 476
McDougall, William, 154
McGillivray, Major Percy Crannell, 273–274, 297
McKegney, Patricia, 209
McKillip, Major James, 19
McKinery, Lieutenant-colonel, 251

McKnight, Eric, 417
McLaughlin, Ken, 204
McLean, Major E.M., 227
McLennan, Lieutenant-colonel Bartlett, 403, 408
McMaster, Soldat Allan, 476, 480
McNeel, Capitaine R.E., 210
McPerry, Prévôt caporal Charles (caporal de gendarmerie militaire), 363–372
Médaille de conduite distinguée (DCM), 174
Meighen, Brigadier-général Frank Stephen, 276, 294
Mer du Nord, 35
Merritt, Capitaine William Hamilton, 105
Merritt, Soldat Samuel George, 298
Métis, 19, 151–157, 160–164
Middleton, Major-général Frederick, 152
Milice canadienne154, 160–161, 318
Militia Act, 97–98, 109, 123
Miller, Professeur Carman, 19
Millman, Lieutenant McKinley, 238
Ministère de la Guerre, 188
Ministère de la Milice et de la Défense, 204, 253, 432
Ministère du Transport maritime, 497
Ministre de la Justice, 253
Ministre de la Milice et de la Défense, 191, 201, 225
Moar, Soldat Charles, 362–369
Monchy-le-Preux, 393, 404
Mons, 392, 402, 416–417
Montréal, 190
Moore, Capitaine F.W.L., 190
Morgan, William, 328–329
Morin, Wabishka, 160
Morrison, Caporal Bert, 438
Morton, Desmond, 200, 202, 434, 437–438, 448, 450, 461–462
Morton, W.L., 155
Mouvement Canada First, 161
Mr. Bligh's Bad Language, 246
Muller, E.C., 215–217
Murchison, Soldat Roderick, 281, 284
« Mutiny Wagon Wheel, The: A Leadership Model for Mutiny in Combat », 429

Napoléon, 89, 111

National Poolroom,226–227, 235, 241–242

Navy and Army Canteen Board (NACB), 439

Neault, André, 162

Nepean, Evan, 29, 50

New Jersey, 92

New York, 92

News Record, 209

Newton, Chef de police adjoint C.H.C., 240

Niagara, 91–92, 94, 96, 103–109, 112–113

Nichol, Colonel Robert, 103

Nicholson, Colonel G.W.L., 426–427, 448, 450

Nivelles, 22, 391, 395, 416, 420

Nore, 18, 32–33, 35–40, 45–46, 54, 61, 71–72

Northland, 437

Nouveau-Brunswick, 53, 190, 200, 219, 235, 495

Nouvelle-Écosse, 52–53, 56, 215, 450

O'Neill, Lieutenant Joe, 327, 341–342

Obadiah, Roi, 94

Océan atlantique, 57, 205, 462

Official History of the Canadian Army in the First World War, 426

Ogdensburg, 129

Oliver, Frank, 252

Omeara, Surgeon B.E., 68

On Killing, 432

Ontario, 19, 119, 122, 136, 154, 157–163, 202, 205, 209, 226, 316, 438

Ordre du service distingué (D.S.O.), 174, 394, 396, 398, 403–404

Orpington, 479

Ottawa, 152, 182, 188, 212, 218, 231, 237, 250, 253–254, 489

Otter, Lieutenant-colonel William Dillon, 176–181

Paardeberg, 174

Paine, Thomas, 33

Palmer, Robert, 392

Pannekoek, Fritz, 156

Paris, 24

Parker, Richard, 36, 43, 45

Parlement (britannique), 34

Parson, Sergent-major John, 474–475, 478

Passchendaele, 331, 362, 373, 393, 403–404

Pawley, Inspecteur, 471–476

Paxton, James, 18–19

Peacock, Soldat Arthur, 288

Peake, Capitaine William, 64

Pearson, Lieutenant-colonel Thomas, 128, 2133, 139

Pedley, Charles, 46

Peine du piquet (FP), 362, 368, 371, 376

Pelegrino, Soldat Julio, 224

Péninsule du Niagara, 104, 108, 112

Pennsylvanie, 92

Perkins, Soldat Albert, 178

Perth, 200

Petawawa, 202

Pictorial Field-Book of the War of 1812, The, 135

Point Douglas, 151

Police à cheval du Nord-Ouest, 174, 319

Portsmouth, 34, 69

Portugal, 50

Poste de police d'Epsom, 464–465, 467, 471–472, 474, 481–482

Powell, Capitaine A.H., 190

Powell, Henry, 68

Première Guerre mondiale, 13, 17, 20–22, 197, 199, 201, 234, 256, 272–273, 277, 284, 309, 311, 360–361, 368, 377, 393, 426–427, 453, 461–462, 470, 482–483

Prescott, 137

Presses de l'Académie canadienne de la Défense (ACD), 13, 16

Preston, Joseph, 65

Preston, Lieutenant-colonel James, 105

Preston, Roger, 66

Pretoria, 177–178, 180–182, 184

Prevost, Sir George, 89, 105, 109, 140

Primmett, Soldat Henry James, 362, 368–369, 371, 377

Prince de Galles, 480

Prison militaire numéro 10, 377

Pugsley, Christopher, 334
Punition en campagne (FP), 316, 318, 321–323
Putkowski, Julian, 368, 449, 465
Pye, Edwin, 201, 214, 233

Quartier général des Forces canadiennes, 478
Quartier-maître général, 437
Québec, 89, 105, 142, 157–158, 182, 190, 202, 219, 229, 235, 240–241. 250, 489
Queenston, 92
Queenston Height, 103
Quinn, Soldat P., 237

Radcliffe, Brigadier-général P. de B., 313–314
Raillencourt, 399
Raismes, forêt de, 392
Ramillies, 398
Randall, Jack, 185
Redaugh, 126
Regina, 217, 234, 236, 250, 333
Regina Leader, 217
Reine Victoria, 181
Reninghelst, 338
Réticents et les récalcitrants, Les: Points de vue théoriques sur la désobéissance chez les militaires, 11, 13, 16
Révolution américaine, 98, 144
Révolution française, 33
Rhyl, 425, 434, 437–438, 442, 444, 450, 496
Riall, Major-général Phineas, 110–111
Ridout, Thomas, 108
Riel, Louis, 152–154, 156–157, 159–163
Rifleman Beer House, 472
Rink, Cornelius, 217–218, 250
Ripon, 378, 478
Riverside Hotel, 206, 209, 240–241, 250
Rivière Grand, 98
Rivière Hart, 174
Rivière Niagara, 89, 91, 99
Rivière Rouge, 151–158, 160–164
Rivière Zand, 174
Roach, James, 65
Roach, John, 67

Roberts, Soldat R., 242
Rodger, N.A.M., 36, 74
Roi George V, 210
Roslin Castle, 184
Ross, Major James, 473–475, 478–479
Roumanian Hall
Royal Navy (RN), 18, 31–33, 36, 54–55, 61–62, 72
  Escadrons
    Méditerranée, 36
    Terre-Neuve, 38
  Stations
    Amérique du Nord, 56–57
    Antilles
    Terre-Neuve, 38–39, 51
  Navires (NSM)
    Adelphi, 39
    Bounty, 31
    Cambrian, 38–39, 42
    Epervier, 32, 54–63, 71–74
    Espiegle, 32, 63–68, 71–75
    Ferret, 55
    Forrester, 55
    Goliath, 68
    Latona, 32, 37–50, 52–54, 73–74
    Macedonian, 63–64
    Mercury, 41
    Nereid, 39
    Peacock, 63–64, 69–70
    Pluto, 41, 51, 53–54
    Rifleman, 55
    Romney, 41–42, 51, 53
    Romulus, 40
    Royal William, 39, 42
    Sceptre, 55
    Shark, 51
    Surprize, 50–52
    Venus, 41
Royale gendarmerie à cheval du Nord-Ouest, 407
Russell, Major-général A.H., 313–314
Russell, Soldat William, 242
Rutherdale, Robert, 231
Ruttan, Lieutenant-colonel H.N., 221

Sailly, 397, 399
Saint John, 219, 235, 238, 240–241

Sale, Major C.E., 327–328
Saskatchewan, 19, 152, 165, 217
Saxton, Charles, 40
Schaefer, Soldat E., 213
Schofield, Capitaine Ira, 125, 132, 137
Scott, Sergent de police Joseph, 220
Scott, Thomas, 157
Seaford, 394
Secrétaire d'État à la Guerre, 434
Secrétaire de l'Intérieur, 42, 465
Section historique de l'Armée canadienne, 427
Selkirk, 223
« Semaine noire », 177
Servos, Capitaine Daniel, 100
Sewell, Lieutenant H.A., 230
Shankland, Lieutenant Robert, 362
Shannon, Colonel L.W., 228, 250
Sheaffe, Major-général Roger, 101, 104
Sheerness, 35, 37, 40
Sheppard, George, 90
Sherwood, Lieutenant-colonel Livius Peter, 121
Shoreham-by-Sea, 359
Shorncliffe, 283
Shuttleworth, Sergent de police Herbert, 472
Simon, Benjamin, 134
Slade, Capitaine d'aviation Jason, 41
Sliter, Hiel, 137
Smerlies, Peter, 226–228
Smith, Benjamin
Smith, Caporal Harold Reuben, 365–366, 369–370, 372
Smith, David W., 95–96
Smith, George, 41
Smith, John, 65, 68, 94
Smith, Maître d'équipage Francis, 67
Société Radio-Canada (SRC)
Soldiers of the King: The Upper Canadian Militia 1812 – 1815
Somme, 255–256, 330–336, 344, 412
Soper, Lieutenant Levi, 132
Sotheron, Capitaine Frank, 41, 43
South African Constabulary (SAC), 173–174, 183, 187
Spearhead to Victory, 413
Spence, Soldat Harry Hamilton, 280, 286–287

Spence, Thomas, 160
Spithead, 18, 32–39, 46, 54, 63, 65, 71–72
Spragge, Shirley, 127, 133
Sprague, Douglas, 155–156
St. Helen's, 38–39
St. John's, 32, 37, 39, 41–42, 44–52
St. Thomas, 65
Stacey, C.P., 90
Stanford, Agent de police, 470
Stanley, George F.G., 90
Star Beer House, 466
Statton, Soldat Thomas, 279
Steele, Lieutenant-colonel Samuel B., 181–183, 188–190, 192
Stephens, Soldat William Alfred, 284
Stevens, Johathon, 133
Stewart, Charles J. T., 392, 394, 396, 399, 405–408
Stone, Colonel Joel, 119–123, 126–130, 132–141, 143
Stone, Mme, 138
Stoney Creek, 106
« Study of Disaffection in Upper Canada in 1812-15, A », 144
Sturgess, Francis, 66
Surinam, 65, 69
Surrey, 23, 461–464, 481
Surrey Advertiser and County Times (SACT), 466
Surrey County Herald (SCH), 471
Surrey Weekly Press (SWP), 464
Sutcliff, Robert, 93

Taché, Évêque Alexandre-Antonin, 162
Tamise, 35
Tappert, C.R., 212–213, 236, 248
Taylor, Capitaine John, 63–72
Taylor, James, 162
Temperance Act, 223
Terre de Rupert, 153–155, 157
Thackeray, Lieutenant-colonel R.G., 435, 437
Thompson, E.P., 122–123
Thompson, Soldat H.H.
Tilloy, 22, 395, 398, 400–402, 409, 411–416
Times, 438, 495–496
« Tin Town », 434, 452, 463

Tomsha, Soldat George, 217

Topp, Major C.B., 404, 410–411, 419

Toronto, 158, 210, 214, 316

Toronto Daily Star (*TDS*), 444

Toronto Star, 212

Tough, Frank, 156

Tremblay, Lieutenant-colonel Thomas, 320, 334

Tsarevitch, Sapeur William, 438

Turner, Capitaine Richard, 186

Turner, F.J., 155

Turner, Lieutenant-général Sir Richard, 434, 442, 497

Twenty Mile Creek, 110

United States Navy
  Navires (USS)
    Chesapeake, 120
    Hornet, 64–65, 70
    Peacock, 56, 59–61
    United States, 63–64

Université Kaki, 467

Urquhart, Major Hugh Macintyre, 376

Valcartier, 202

Van Rensselaer, Major-général Stephen, 106–107

Vancouver, 394

Veinotte, A., 472–474, 477

Veitch, Soldat John, 374

Verdun, 255

Victoria Park, 209

Vimy, 256, 331, 335, 464

Vincent, Brigadier-général John, 96, 104–106

Vrooman, Isaac, 107

Waldegrave, l'Honorable William, vice-amiral de la flotte Bleue, 38–42, 44–54, 73

Wales, Capitaine Richard, 55–63, 67, 71–72

Walker, M., 134

Walker, Sergent D.J., 228–229

Walker, Sergent John Campbell, 374

Wallace, Soldat A.L., 436, 441–443

Wallis, Thomas, 66

Warm, John, 66

Warren, Colonel John, 97

Warren, Vice-amiral Sir John Borlase, 58, 62

Waterloo, 209, 213–214, 247

Webster, Caporal suppléant, 244

Weller, Soldat Edward, 281, 283, 285

Wellor, M., 126

Wenek, Lieutenant-colonel K.W.J., 242

West, Albert Cook, 362

Westrehem, 362, 365–366, 376

White Lunch Restaurant, 205–206, 238

White, Sergent William, 274–275

Wickham, Inspecteur de police W.C., 220

Willets, Lieutenant-colonel C.R.E. « Dick », 392, 398, 403–404, 410

Williams, Jeffery, 405, 407, 418

Williams, Major R.H.K., 238, 240–241

Williams, Sergent John, 47

Williams, Sergent-major de compagnie suppléant E.J., 444

Williamson, Soldat, 212

Wiltsee, Capitaine Joseph, 124–125

Wiltsie, Lieutenant-colonel Benoni, 121, 128, 130–133, 142

Windsor, 215, 217, 234, 239, 254

Windsor Garage Company, 215

Winnipeg, 19, 161–163, 165, 221–222, 228, 235–236, 239–240, 250, 480

Winslow, Donna, 234–235, 237, 257

Winter, Soldat, 466

Wise, Lieutenant-colonel John, 340

Woking, 463–464

Wolseley, Colonel Garnet, 151–152, 158–160

Woodcote Park Convalescent Hospital, 461–462, 464–469, 471–474, 477–479, 481–483

Woodrow, Lieutenant Charles Sydney, 276, 293

Worcester, 184

Yarmouth, 35, 39

York, 89, 98–99, 104, 108, 113, 139

Young Men's Christian Association (YMCA), 229, 284, 439–440

Young, Soldat Bert, 275, 292

Ypres, 204, 206